U0534993

四川省社会科学"十三五"规划 2019 年度项目"天府文化的内涵与历史嬗变研究"(项目编号:SC19B010)成果

本书由成都大学文明互鉴与"一带一路"研究中心资助出版

杨玉华 等著

成都大学文明互鉴与『一带一路』研究中心学术丛书
杨玉华 主编

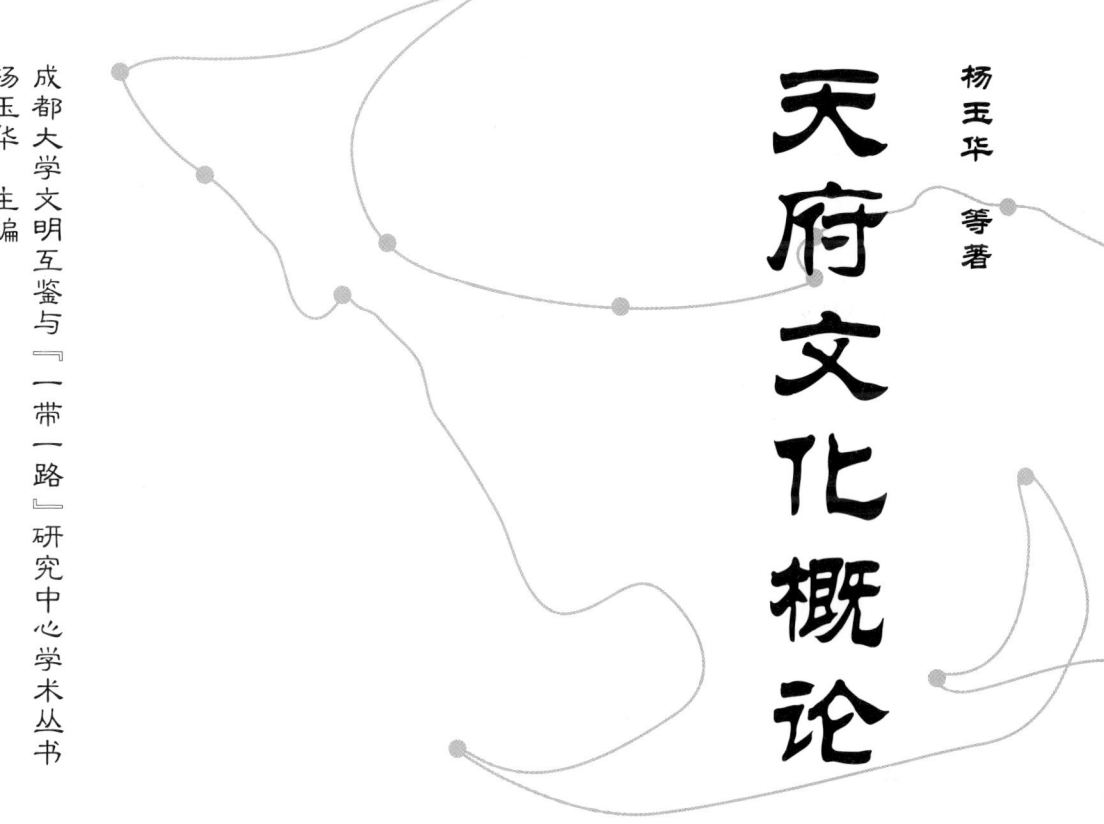

天府文化概论

中国社会科学出版社

图书在版编目（CIP）数据

天府文化概论/杨玉华等著. —北京：中国社会科学出版社，2022.10
（成都大学文明互鉴与"一带一路"研究中心学术丛书）
ISBN 978-7-5227-1043-3

Ⅰ.①天… Ⅱ.①杨… Ⅲ.①地方文化—概论—成都 Ⅳ.①G127.711

中国版本图书馆CIP数据核字（2022）第220162号

出 版 人	赵剑英
责任编辑	张　潜
责任校对	党旺旺
责任印制	王　超

出　　版	中国社会科学出版社
社　　址	北京鼓楼西大街甲158号
邮　　编	100720
网　　址	http://www.csspw.cn
发 行 部	010-84083685
门 市 部	010-84029450
经　　销	新华书店及其他书店
印　　刷	北京明恒达印务有限公司
装　　订	廊坊市广阳区广增装订厂
版　　次	2022年10月第1版
印　　次	2022年10月第1次印刷
开　　本	710×1000 1/16
印　　张	36.5
插　　页	2
字　　数	474千字
定　　价	189.00元

凡购买中国社会科学出版社图书，如有质量问题请与本社营销中心联系调换
电话：010-84083683
版权所有　侵权必究

成都大学文明互鉴与"一带一路"研究中心学术丛书编辑委员会

顾　　问	曹顺庆	张　法	项　楚
	谢桃坊	姚乐野	曾　明
主　　任	刘　强	王清远	
副 主 任	杨玉华		
委　　员	何一民	王　川	潘殊闲	谭筱玲
	袁联波	张　起	代显华	张学梅
	魏红翎	李　敏	马　胜	诸　丹
	周翔宇			
主　　编	杨玉华			
副 主 编	魏红翎	周翔宇	
秘　　书	李天鹏	黄毓芸	

成都大学文明互鉴与"一带一路"研究中心学术丛书总序

  习近平总书记指出:"文明因交流而多彩,文明因互鉴而丰富"。"文明互鉴"是构建人类命运共同体的人文基础,是增进各国人民友谊的桥梁,是维护世界和平与推动人类社会进步的动力,而"一带一路"则是文明互鉴的重要路线、渠道和阵地。尤其是在时逢"百年未有之大变局"的今天,在多元文化碰撞、交流日益密切的时代语境下,实施"一带一路"倡议,促成各国文明、文化的交流、互鉴、共存,以消除不同文明圈之间的隔阂、误解、偏见,对于推动国家整体对外交往及中华优秀文化的传承、传播、创新,建构"美美与共、和而不同"的全球性文明,乃至建构人类命运共同体都具有紧迫的现实意义和深远的历史意义。

  成都是一座具有4500年文明史、2300多年建城史的城市,是中国首批24座历史文化名城之一,有着悠久厚重的历史文化积淀,创造过丰富灿烂的文明成就,形成了"创新创造、优雅时尚、乐观包容、友善公益"的天府文化精神。成都又是"南方丝绸之路"的起点,从古蜀时代开始,就形成了文化交流、互鉴的优良传统,留下了文明互鉴、互通的千古佳话。作为"一带一路"节点城市、"南方丝绸之路"起点城市，成都在新时代建构人类命运共同体的文明互鉴与"一带一路"倡议中占有重要地位，扮演着重要角色。必当趁势而上、大有作为。

成都大学是一所年轻而又古老的学校，其校名可追溯到1926年以张澜先生为首任校长的"国立成都大学"。虽然1931年后即并入国立四川大学，但却取得了骄人的成绩，不仅居四川三所大学（国立成都大学、国立成都师大、公立四川大学）之首，而且在全国教育部备案的21所国立大学中，也名列第七。并且先后有吴虞、吴芳吉、李劼人、卢前、伍非百、龚道耕、赵少咸、蒙文通、魏时珍、周太玄等著名教授在此任教。因此，成都大学乃是一所人文底蕴深厚、以文科特色见长的高校。即便从通常所认为的1978年建校算起，也仍然产生了白敦仁、钟树梁、谢宇衡、常崇宜、曾永成"五老"，并且都是以传统的文史学科见长的教授。成都大学作为成都市属唯一的全日制本科院校，理应成为成都文明互鉴、对外交往、文化建设以及提升国际化水平的重镇和高地。

站在新的历史起点上，成都大学在实施"五四一"发展战略，实现其高水平快速可持续发展的进程中，如何接续其深厚人文传统，再现文科历史荣光，建成成都文化传承发展创新高地，在成都世界文化名城及"三城""三都"建设中，擘画成大方案、提供成大智慧、贡献成大力量，就成了成大人的光荣使命和重大责任。因此，加强与兄弟院校的合作，特别是依托四川大学的高水平学术平台、师资、项目，借智借力，培育人才，建设学科，积累成果，不断发展壮大成都大学的人文社会科学，就成了不二选择。

正是在这样的背景下，成都大学进一步强化拓展与四川大学的合作，在其"中华多民族文化凝聚与全球传播省部共建协同创新中心"

下成立"成都大学文明互鉴与'一带一路'研究中心"（以下简称"中心"）。"中心"以中华多民族优秀传统文化研究的学科体系、学术体系和话语体系建构为基础，旨在为促成中华优秀传统文化与多元文化对话、互鉴及未来的创新发展而搭建支撑平台、凝聚社会共识、建立情感纽带，指导引领成都大学文科高水平建设和高质量发展。中心立足西南、心系天下，充分发挥成都作为"一带一路"节点城市、"南方丝绸之路"起点城市的独特优势，以学术研究为依托，以理论研究、平台构建、学科培育、人才培养、智库建设为抓手，积极参与构建当代中国国家文化，就文明互鉴、"一带一路"倡议、中华优秀传统文化的传承、传播、创新做出实质性的贡献。

要实现上述目标，需要搞好顶层设计，精心编制中长期规划，汇聚和培育一支高水平人才队伍，立足成都大学人文社科的现实基础和优势，久久为功，集腋成裘，推出一批高水平的标志性研究成果，充分彰显学术创新力，逐渐提高"中心"的影响力。因此，编撰出版"成都大学文明互鉴与'一带一路'研究中心学术丛书"就成了重点工作和当务之急。

"成都大学文明互鉴与'一带一路'研究中心学术丛书"每年从成都大学人文社科教师专著中遴选，并全额资助出版。每年一辑，一辑八种左右。开始几辑不分学科系列，待出版的专著积累到一定数量或每年申请资助出版专著数目较多时，方按学科类别分为几个系列。如天府文化系列丛书、成都大学学术文库、重点优势学科研究系列丛书（如古典学、文艺学、比较文学等）。资助出版的著作为专著、译著、古籍整理（点校、注疏、选注等），以创新性、学术性、影响力为入选标准。力求通过10年的持续努力，出版80部左右学术著作，使丛书在学界产生较大的规模效应和影响力，成为展示成都悠久厚重历史文化积淀、中国人文社科西部重镇丰硕成果的"窗口"和成都大学深厚人文传统、雄厚社科实力和丰硕"大文科"建设成就的一张靓丽名片。合抱之木，起于茎寸。百年成大，再铸辉煌！但愿学界同仁都来爱护"丛书"这株新苗，在大家精心浇灌壅培下，使之茁壮成长为参天大树！

杨玉华

2021年11月6日

于成都濯锦江畔澡雪斋

序

　　成都建城始于战国时期秦国灭蜀后的公元前311年，迄今已有约2300年的历史。秦王朝在西蜀设置蜀郡，治所在成都，自唐代以来为府治之所。清代之四川省成都府领川西平原十三县，民国时期的成都市直隶四川省政府。历史上成都为巴蜀地区的政治、文化和经济中心，并对中国西南具有十分重要的意义。新中国成立后，成都的辖区不断扩展，1982年有东城、西城、金牛、龙泉驿、青白江五区以及金堂、双流两县；1984年撤销温江专区，其所属各县全部归入成都市。现在的成都平原经济区是一个新的地域概念，包括川西平原及周边的成都、德阳、绵阳、资阳、眉山、乐山、雅安和遂宁等地，可称之为天府文化区。天府本指土地肥沃、物产丰富、地势形便、人民殷富之区域，故中国某些富饶之地亦有此称，但近世学术界习惯称四川都江堰灌区的川西平原为天府，因其最符合天府之本义。成都大学为适应地方政府、学术界和社会对天府文化研究的需求，特于2017年10月成立天府文化研究院，以推动地方文化的发展。

　　杨玉华先生既研究中国古代文学，又致力文学理论与比较文学的研究，已有多种专著问世。他于近年调入成都大学主持教学与科研工作，申请到"天府文化内涵及其历史嬗变研究"的省级社科课题。在普查资料的基础上，从严格的文化意义进行全面的历史考察，形成新的地域文化理论，建构了关于成都平原经济区的理论框架，合力完成了《天府文化概论》。我有幸先获阅读此稿，它应是一部中国地域文化研究的优秀专著。此著对天府文化区做了全面深入的文化阐释，探讨了古蜀、水利、学术、文学、家族、女性、出版、宗教、科技、美食、工艺和游乐等历史文化，构成一个系统。由此展开若干专题作历史发展过程的论述，在涉及某些有争议的学术问题时，均听取各家意见，最后作出审慎的结论。此著结构合理，具有严密的系统，善于吸收学术界研究成果，论述平实谨严，既具有普及的意义又含蕴学术的价值。它将为四川发展成都平原经济区提供历史与文化的参考，亦将为四川地域文化研究开拓新方向。

我曾表示，我们研究的地域文化易出现蔽障。一是将地方文化从整个中华文化中分离出来，而夸大其意义；二是迎合地方的需求而背离历史，或附会地方传说；三是在力求实用价值时有违于学理。中国的地域文化研究有优良的历史传统，应将它置于合理的地位，以学理的眼光客观地阐释其在中华文化中的意义；其中优秀的成果必定能应用于现实而产生良好的社会效益。近日一位学术专访的记者对我说，现在读者的文化水平已高，对学术著作有明晰的判断。我认同此说，坚信真正的评论者是广大的读者。

四川省社科院研究员　谢桃坊
2021 年 11 月 9 日
于成都百花潭侧之爽斋

目录

绪　论　天府文化概念内涵及主要内容 …………………… 1

第一章　辉煌灿烂的古蜀文化 …………………………… 34
　第一节　宝墩遗址 …………………………………………… 34
　第二节　三星堆遗址 ………………………………………… 42
　第三节　金沙遗址 …………………………………………… 50
　第四节　南方丝绸之路 ……………………………………… 57
　第五节　巴蜀图语 …………………………………………… 64

第二章　泽被千秋的治水文化 …………………………… 71
　第一节　大禹治水 …………………………………………… 71
　第二节　鳖灵治水 …………………………………………… 76
　第三节　李冰父子治水 ……………………………………… 83
　第四节　历代治水功臣及其事迹 …………………………… 92

· 1 ·

第三章　博大精深的学术思想文化 …… 106
第一节　教育 …… 106
第二节　思想文化及学术 …… 111

第四章　争奇斗艳的文学艺术 …… 121
第一节　文学 …… 121
第二节　绘画 …… 173
第三节　戏曲音乐 …… 179
第四节　书法 …… 189
第五节　其他民间艺术 …… 199

第五章　薪火相传的文化世家 …… 212
第一节　科名世家 …… 213
第二节　儒学世家 …… 243
第三节　文史世家 …… 272

第六章　惊才绝艳的天府女性文化 …… 290
第一节　天府女性文化的发展及其原因 …… 291
第二节　天府女性文化的特色 …… 293
第三节　天府女性文化的代表性人物 …… 298

第七章　源远流长的出版传播文化 …… 321
第一节　唐代的雕版印刷 …… 321
第二节　五代宋初刻印的《十三经》及文人诗文等 …… 325
第三节　佛、道典籍的刻印 …… 327

第四节　蜀大字本 ·················· 331

第五节　交子的印制 ················ 333

第八章　影响深远的宗教文化 ············ 336

第一节　道教 ···················· 336

第二节　佛教 ···················· 357

第三节　基督宗教和伊斯兰教 ·········· 379

第九章　高度发达的科技文化 ············ 392

第一节　冶金 ···················· 392

第二节　钻井术与井盐开采 ············ 402

第三节　天然气利用 ················ 407

第四节　医药学 ·················· 409

第五节　历数在蜀 ················ 415

第十章　闻名世界的美食文化 ············ 421

第一节　中国主要产粮区 ············ 421

第二节　果蔬王国 ················ 424

第三节　川茶 ···················· 432

第四节　川酒 ···················· 439

第五节　川菜及成都名小吃 ············ 447

第十一章　巧夺天工的工艺美术文化 ········ 459

第一节　蜀锦蜀绣 ················ 460

第二节　制车及其他物件（车官城、工官城） ···· 469

第十二章 "诗意栖居"的游乐文化 490

第一节 蜀人好游乐 490

第二节 大游江、小游江 496

第三节 各种节会 501

第四节 花市 502

第五节 灯会 508

第六节 农家乐 511

第十三章 天府文化的创造性转化和创新性发展 515

第一节 天府文化的特质 515

第二节 整理出版有关典籍及研究成果 523

第三节 传承非物质文化遗产 536

第四节 天府文化与文创产业发展 542

第五节 恢复、新建天府文化标志性建筑物 546

第六节 培育一支研究、传承、创新天府文化的人才队伍 548

第七节 扩大天府文化在世界的传播与影响 552

参考文献 555

后 记 569

绪论　天府文化概念内涵及主要内容

一　成都文化的认祖归宗

"天府文化"作为一个表示地域文化的概念，近几年才频繁出现。重庆成为直辖市前，讲到四川文化，人们一般都称之为"巴蜀文化"。重庆直辖后，人们经常用"蜀文化"指称四川文化，偶尔也用"天府文化"来指称。而在提到成都的文化时，一般则称"成都文化"，很少有用"天府文化"指称成都文化者。但自从2017年4月成都市十三次党代会报告中明确提出"传承巴蜀文明，发展天府文化"，且将"天府文化"的基本特点概括为"创新创造、优雅时尚、乐观包容、友善公益"后，"天府文化"逐渐成为成都及四川媒体出现频率极高并赢得广泛回应与拥赞的热词之一。紧接着，成都市委、市政府采取了一系列举措，强力推进"天府文化"研究、发掘、传播与建设。如创办《天府文化》杂志，在成都大学成立"天府文化研究院"，出台《建设西部文创中心行动计划（2017—2022年）》，从"涵养天府文化"（搭建天府文化研究、展示、传播平台）、"厚植文化传承"（搭建天府文化传承、保护、转化平台）、"提升公共文化服务水平"三个方面提出发展天府文化的具体措施及"让天府文化成为彰显成都魅力的一面旗帜"

的发展目标。总之，政府民间、线上线下，"天府文化"耳熟能详，人们竞相谈论，热闹非凡。然而，在这热闹的背后，却是对"天府文化"概念内涵、规律特点等学理探究的沉寂，相关研究及论文很少，"天府文化"成了一个囫囵模糊、缺乏明晰界说、大家都在说但都说不清的概念，这对发展天府文化显然是十分不利的。本课题即想在这方面初步探索，略陈管见，抛砖引玉，以期引起学界的关注与讨论。

二 "天府"释义

"天府"有四个义项。第一，周官名，属春官，掌祖庙的守护保管。凡民数的登记册、邦国的盟书、狱讼的簿籍，都送天府保存。后泛指朝廷的仓库。第二，星宿名，亢宿、房宿都有四星，并称天府。第三，人身体部位及经穴名。《素问·至真要大论》："天府绝，死不治"注谓天府在肘后之侧上腋下。第四，土地肥沃。《战国策·秦策》："大王之国，西有巴蜀汉中之利，北有胡貉代马之用，南有巫山、黔中之限，东有崤、函之固。田肥美，民殷富，战车万乘，奋击百万，沃野千里，蓄积饶多，地势形便。此所谓天府，天下之雄国也。"此乃苏秦说秦王之言，所谓"天府"，实指"八百里秦川"的关中平原。此后，汉初张良在论证定都关中之优势时也说关中平原是"金城千里，天府之国也"①，显然是着眼于地理、交通、物产等条件而说的。两汉之世，由于以成都市为中心的成都平原得都江堰自流灌溉系统之利，社会经济得到持续发展，又不像关中平原屡经战乱破坏，故"沃野千里，号为陆海，旱则引水浸润，雨则杜塞水门，故记曰水旱从人，不知饥馑，时无荒年，天下谓之天府也"②。所以诸葛亮在他的治蜀方略

---

① 司马迁：《史记》卷55《留侯世家》，中华书局1982年版，第2044页。
② 常璩著，任乃强校注：《华阳国志校补图注》卷3《蜀志》，上海古籍出版社1987年版，第133页。

《隆中对》中也说:"益州险塞,沃野千里,天府之土,高祖因之以成帝业。"① 唐代陈子昂也说,"夫蜀都天府之国,金城铁冶,而俗以财雄。"② 可见,自三国迄清代,"天府"或"天府之国"虽可指关中平原或成都平原,乃至其他富庶繁盛之地,但随着唐代以后中国经济中心的南移,加之五代以后,关中地区战乱频繁,元气大伤,昔日荣光逐渐黯淡,成都平原后来居上,骎骎乎凌驾关中平原之上而独享"天府之国"的美誉。明清时期,"湖广填四川"促进了经济的发展,成都平原日益富庶,成为名副其实的"天府","天府之国"的美誉一直流传至今。而关中平原则在清代后已无人再称之为"天府之国"了。当然,"天府之国"既为肥沃富足之通名,亦可用以称呼其他类似地区。如:

华北北部(明清时期):"京师古幽蓟之地,左环沧海,右拥太行,北枕居庸,南襟河济,形胜甲于天下,诚所谓天府之国也。"③

江淮以南地区(北宋):"嗟乎!江淮而南,天府之国。周世宗之威武,我太祖之神圣,非一朝一夕而得……"④

太原附近(五代时期):"唐邕天保……十年从幸晋阳,除兼给事黄门侍郎,领中书舍人。帝尝登童子佛寺望并州城曰:'此是何等城?'或曰:'此是金城汤池,天府之国。'帝云:'我谓唐邕是金城,此非金城也。'其见重如此。"⑤

闽中(明代):"禹奠山川,鱼鳖咸若;周登俎豆,鲂鳢是珍……闽故神仙奥区,天府之国也。并海而东,与浙通波;遵海而南,与

---

① 陈寿:《三国志》卷35《诸葛亮传》,中华书局2006年版,第912—913页。
② 陈子昂:《临邛县令封君遗爱碑》,载《全唐文》卷215,中华书局2014年版,第958页。
③ 李贤撰、方志远点校:《大明一统志》,巴蜀书社2017年版,第1页。
④ 李觏:《盱江先生全集》卷28《寄上孙安抚书》,康熙四年刻本。
⑤ 王钦若编:《册府元龟》,中华书局1960年版,第462卷。

广接壤。"①

盛京（清代），即沈阳："盛京山川浑厚，土壤沃衍。盖扶舆磅礴，郁积之气所钟，洵乎天府之国，而佑我国家亿万年灵长之王业也。"②然而这只是偶有其例，用"天府之国"称呼其他富庶之地并非常态。特别是清末迄现在，在人们心目中，"天府之国"乃成都平原之专称，故又有东南"天堂"（苏杭），西南"天府"（成都）之说。

三 "天府文化"的范围和义界

前已言及，我们常用"巴蜀文化"称谓重庆未直辖前的四川文化，常用"蜀文化"称谓当今的四川文化，而用"成都文化"称谓成都市行政辖区内的历史文化。那么，成都市十三次党代会提出的"天府文化"，其大致范围如何？不用"成都文化"而用"天府文化"概念，其用意又何在呢？仔细推究，主要基于如下原因。

第一，"蜀文化""四川文化"的概念当然包括了成都文化，但都不能突出、彰显成都文化，况且成都市作为四川省管辖的一个市（尽管是省会城市，还是副省级），实不宜越俎代庖，以党委政府名义提出应如何传承发展"蜀文化""四川文化"，说白了，只能从省委、省政府角度提出，而不宜从成都市角度提出。

第二，以前所用的"成都文化"，其地域虽然与成都市行政辖区一致，但又显得太狭隘、小气、普通，而不能彰显其历史性、包容性、丰富性和独特性，且"地名＋文化"的方式太多太滥。因此，虽然现代以来人们多用"成都文化"概念，但随着成都平原经济区、成都城市群一体化建设发展的加快，再继续沿用此概念已名不副实，总觉得

---

① 屠本畯：《闽中海错疏序》，载程丽珍主编《江北历代名门望族资料选编》，宁波出版社2018年版，第306页。

② 清高宗：《钦定满洲源流考》卷19《御制盛京土产杂咏十二首》，四库全书本。

不是十分贴切、完满。

第三，用"天府文化"来指称以成都为中心的成都平原文化，既无"蜀文化""四川文化"之宽泛，又可免"成都文化"概念的过实过窄，因而不失为一个能体现成都文化内核与特色的概念。如前所言，历史上的"天府之国"，主要指成都平原，也即我们今天所说的"1+7"成都平原经济区（成都+德阳、绵阳、资阳、眉山、乐山、雅安、遂宁）。这个区域是四川省最肥沃、最富庶的地区，国土面积8.7万平方公里，占全省17.9%；到2020年年底，人口达4193.49万，占50.12%；GDP达到29523.29亿元，占全省的60.7%。这一区域，就是我们的"天府文化区"。如果认真梳理历代最能代表蜀地文化的物质文明与精神文明成果，那么可以发现绝大部分也出于这个区域。更重要的是，"天府"概念历史悠久（三国时已指成都平原）、包容性强（可以成都市为中心，又可延展至整个成都平原）、知名度高（秦汉以来，中国有不少地方称"天府"或"天府之国"，但清以后则专指成都平原）、独特性鲜明（成都是一座文化个性突出、文化特征鲜明的城市，富庶、温润、休闲、美味、诗意、乐观、幽默、优雅……这都是初来成都的人容易获致的印象）。因此，用"天府文化"来指称以成都为中心的成都平原文化，有厚重的历史纵深感和巨大的弹性、张力，可谓恰到好处。这也是自市党代会报告提出此一概念后，即得到各方广泛响应、赞同的原因。

至此，我们可以尝试为"天府文化"下一界说，即"天府文化"是指以成都平原为空间，从古蜀文明一直传承延续到现在的物质文明与精神文明的总和，是蜀文化的主干和核心，是蜀地民众千百年来的智慧结晶，是中华大地众多地域文化中的奇葩。天府文化历史悠久、自成系统、特色鲜明、成果丰硕、魅力无穷。数千年来，天府文化以其独特的地域特色、丰富的物质人文成果、强烈的创新创造精神、博采众长的兼容并蓄气度以及优雅时尚的蜀风雅韵焕发出持久的文化吸引力、感染力与美的征服力，闪烁着耀眼的文化光辉。

四 天府文化的历史嬗变

天府文化历史悠久，灿烂辉煌。成都作为成都平原的中心城市、天府文化的核心和策源地，至今已有4500年的文明史和2300多年的建城史。在长达数千年的历史发展中，天府文化也经历了产生、发展、鼎盛、衰微、复兴、转型等历史进程，呈现出明显的阶段性。而文化又是由物质文化、制度文化与精神文化构成的庞大系统，每一系统又可细分为不同的子系统。比如精神文化中就包括思想学术、文学艺术、政治宗教等内容，而每个子系统在统摄于大系统的发展变化及其规律特征时，在不同的历史时段往往又呈现出自身的发展变化特点，造成了文化发展嬗变及其复杂的情形，也使我们在总体论述某一文化（比如天府文化）发展变化时只能就一般发展趋势和总体发展状况进行描述和论析，而很难就文化的各个方面拉出一条历时性的发展线索。就本课题而言，对于天府文化十二个方面的内容，虽然始终贯穿了"史"的观念，但主要着力点还在于对这些方面作总体的、专题的研究，比如发展状况、人物史事、贡献创造、地位意义等。因此，完全可以把此书作为天府文化十二个方面内容的专题研究。所以，论题中的"历史嬗变"落实到具体的写作中，就主要表现为天府文化发展的历史分期，而这样的分期作为一种论析的前提和基础，并没有也不需要在每个专题中都标记出来，如此方可避免不必要的单调和重复。

关于成都历史（包括文化史，迄今为止，仍没有以《成都文化史》或《天府文化史》为题的著作问世）的分期，目前比较有代表性的观点有以下几种。

《成都通史》编纂委员会主编的《成都通史》①，此书分七卷，把成都自古蜀至1949年中华人民共和国成立前的成都历史分为七段，即古蜀时期、秦汉时期、魏晋南北朝隋唐时期、五代两宋时期、元明时期、清时期、民国时期。每个时期在成都发展链条中的地位和作用，并未在分期中标示，而是放在具体行文中加以论述。

但在"导论"中，又以"成都生长与发展的基本轨迹"为题，把成都的发展历史分为五个阶段，即成都城市的起源与初步发展；秦汉三国（蜀汉）时期成都的第一次繁荣；唐宋时期成都城市发展的第二次繁盛；明清时期成都城市社会的发展；晚清、民国时期城市转型和发展。② 可以看出，除前两个阶段与《成都通史》分期完全吻合外，其他三个时期都未与朝代分期相对应，甚至没有提到魏晋南北朝与元代，揆诸成都历史（包括文化史）的发展，我们认为此种分期更为科学合理，因为城市及其文化的发展显现出的阶段性不一定与朝代一一对应，比如有史家认为"安史之乱"是中国历史的分界线，"非唐之中，乃千百年封建社会之中"，因为自此以后中国的封建社会就开始走下坡路了。

张学君、张莉红的《成都城市史（修订本）》③，全书共分四编，即第一编：先秦到魏晋南北朝成都城市的产生与发展；第二编："扬一益二"——隋唐到两宋成都城市的繁荣；第三编：元明清时期成都城市的兴衰；第四编：近代成都城市的演变。虽主要着眼于城市及其文化的发展流变，但分期与上述《成都通史》亦大致相同。其他如贾大泉、

---

① 《成都通史》编纂委员会主编：《成都通史》（七卷本），四川出版集团·四川人民出版社2011年版。
② 段渝：《成都通史·古蜀时期·导论》，四川人民出版社2011年版，第11—27页。
③ 张学君、张莉红：《成都城市史（修订本）》，四川人民出版社2020年版。

陈世松主编《四川通史》（七卷）[①]，何一民、王毅编著的《成都简史》[②] 等，亦有对成都发展历史分期的内容，但大同小异，并没有原创性的观点，故略而不论。根据自己研习天府文化的心得，综合诸家论述，对天府文化的历史发展嬗变分期论述如下。

古蜀时期（从"五代蜀王"中最早的蚕丛氏到公元前316年张仪、司马错灭巴蜀）是天府文化的起源与初步发展期。前述成都有4500年的文明史，其中有一半的年代（两千多年）属于此一时期。关于古蜀文化的地位和作用，李学勤先生说得很透彻：古蜀文明有其独特的史源，有独特的文化模式和文明类型，是一支高度发达的灿烂的古代文明。李学勤、段渝等都认为古蜀文化（主要有宝墩文化、三星堆文化、十二桥文化（包括金沙文化）等）是与中原夏商文化平行发展的另一个文化中心。以前普遍认为古蜀文化是在中原夏商文化的影响下发展起来的，与中原夏商文化是"母子"关系、"源流"关系的认识是不准确的。"五代蜀王"中的蚕丛氏，其生活年代比夏朝还要早，相当于"五帝"时期（《蜀王本纪》）。特别是三星堆遗址和金沙遗址的发现发掘，古蜀文明的高度发达使我们深感震撼，纵目人、金面具、摇钱树、太阳神鸟、金箔以及具有域外文明特征的海贝、象牙、金权杖等，无不说明古蜀文明的高度成就及与中亚、西亚，甚至欧洲的交流交往。那种认为蜀为"四塞之国"，较为封闭保守的观点，看来并不正确，古蜀文化或许是先秦时期中国众多区域文化中与异域文化交流最深最广的区域文化，成都是当时中国对外交往的"门户"城市。除此之外，到了开明王朝，还创设了自己的礼乐文化与制度，说明当时精神文化已较发达，特别是至今仍未能准确解读的"巴蜀图语"，更证明了古蜀文化已有自己的文字系统，这也是文明发达的要件之一。再比如"南

[①] 贾大泉、陈世松主编：《四川通史》（七卷），四川人民出版社2010年版。
[②] 何一民、王毅编著：《成都简史》，四川人民出版社2018年版。

方丝绸之路",早在公元前13—14世纪即已开通,竟然比张骞通西域所走的"北方丝绸之路"早一千年左右(段渝等),这完全出乎一般人的想象。总之,古蜀文化是一支早熟的文化,由于公元前316年巴蜀被秦所灭,暂时中断了古蜀文明的发展路径,再加上时代久远,存世史料和地下出土文物不足,故对这一古老的长达两千多年的文明,我们的了解仍非常有限。但随着研究的日益深入和地下出土文物的日益丰富,我们对它的了解将更全面和系统,古蜀文化的光芒将更加辉煌夺目。

秦汉三国时期(指从公元前316年秦惠王灭巴蜀至三国时蜀汉灭亡的五百多年)是天府文化发展的第一次繁盛期。这一时期,其物质文化和精神文化都达到了新的高度,出现了新的特征。物质文化的高度发展主要表现在农业水利、手工业、商业等几个主要方面。农业方面,由于李冰等历代蜀守治理水患,特别是都江堰的兴建所形成的自流灌溉系统,使水患不断的成都平原成为"水旱从人,不知饥馑,时无荒年"的"天府之国",成都地区很快成为全蜀农业经济中心,从此,沃野千里、物产丰富、富饶美丽就与成都紧紧地联系在一起。秦汉时期,成都手工业发达,创造了多项中国第一和世界第一的历史文化记录。汉代成都的冶铁、制盐、丝织、漆器,甚至刀具制造,都在全国享有盛名。以织锦业为例,大约在东汉时期,朝廷就在成都成立了专门管理蜀锦生产的机构——锦官,所以成都又可称"锦官城"。蜀锦甚至成了对外作战军费开支的重要来源,故诸葛亮说:"敌国之资,唯赖锦耳。"除了设立"锦官"外,朝廷还在成都设立了"车官""工官"等专门的管理机构,可见当时手工业及制造业之兴盛。农业、手工业与水运的便利,极大地促进了商业的发展,因而成都"列备五都",成为汉代著名的"五都"(即洛阳、临淄、邯郸、宛和成都五个商业城市)之一,并且有人口35万,仅次于首都长安,位居全国第二

(据汉平帝元始二年统计)。用现在的话来说,已是当时的"一线城市"。

此一时期成都的精神文化主要表现为教育、文教、史学及思想学术等方面。天府文化历史悠久,有源远流长的著述传统。从先秦开始,著名学者、思想家、重要著作就不断涌现,为两汉三国时的文化繁荣打下了良好的基础。"文翁兴学"提升了蜀人的文化素养和文明素质,为天府文化的全面兴盛创造了教育、人才等条件。就此阶段天府文化中的精神文化层面而言,主要有这几个方面。一是文翁兴学导致了"蜀学比于齐鲁"①的兴盛局面;二是出现了司马相如、王褒、严君平和扬雄四大文学家,赢得了"文宗自古出巴蜀"的美誉;三是兴起了修撰巴蜀古史之风。仅《蜀本纪》就有八家之多,形成了天府文化史上第一个竞修地方史志的高潮;四是神仙方术的思想传统催生了道教。道教产生于成都大邑鹤鸣山绝不是偶然,因为蜀中自古神仙方术思想就较为流行,而道教就是在神仙方术、民间信仰以及道家思想的影响下形成的;五是出现了一批专门研究语言文字的学者和著作,如司马相如的《凡将篇》、扬雄的《方言》等都是其中的佼佼者。

两晋南北朝至隋时期(即从265年西晋建立到618年隋朝灭亡,353年)是天府文化发展的低谷期。两晋南北朝时期,是中国历史上朝代更迭频繁、战争战乱频仍、个体生命受到摧残最严重的时期。没有和平安定的环境,人们为了生存保命而自顾不暇,难以有更多的心力来从事文化创造。尽管也有"诗穷而后工"(欧阳修)、"国家不幸诗家幸,赋到沧桑句便工"(赵翼)等用鲜血和泪水浇灌出的文化之花,但那只是文化中的某几个门类,并不代表文化的全面繁荣。因此,像全国一样,此时期天府文化的发展缺少"重量级人物"和"拳头产

---

① 常璩著,任乃强校注:《华阳国志校补图注》卷10《先贤士女总赞上·张宽传》,上海古籍出版社1987年版,第521页。

品",属于文化发展长河中的低谷期。如果硬要列出几条,则有几点可以一提。一是道教的迅速发展,出现了范长生、李八百等高道。曹学佺的《蜀中广记》卷七十一至卷八十为《蜀中神仙记》,竟然用十卷的篇幅来记载道教人物与史事,而其中很多人物便活动于此一时期;二是出现了氐族人建立的成汉政权。大量的北方流民避乱于巴蜀,增进了民族融合与文化交流,逐渐形成了蜀人能吃苦耐劳、狡黠中又带有豪爽的"北人"特点;三是继续保持着全国著名商业城市的地位。左思的《蜀都赋》中"市廛所会,万商之渊""既丽且崇,实号成都"及王羲之的《蜀都贴》、《成都贴》中对蜀中山水风物之向往都表现出尽管此时期战乱不息、社会动荡不安,但成都仍相对安定富庶,仍是当时全国最有吸引力的旅游目的地城市和最宜居的城市之一。

唐宋时期(618年唐朝建立至1279年南宋亡,共661年)是天府文化发展的鼎盛期。唐宋时期,是天府文化的鼎盛时期,物质文化和精神文化都极为兴盛,赢得了"扬一益二"的美誉。就物质文化层面而言,唐宋时期成都的农业和手工业都极度繁盛。"安史之乱"后,由于藩镇割据,不向中央王朝交纳赋税,故国库收入主要依赖江南和剑南,而宋代全国"财利贡赋"三分之一来自西蜀,[①] 可见蜀地在国家全局中占有多么重要的战略地位。以农产品而论,当时西蜀的茶叶、酒、锦都是宫中必不可少的贡品,"剑南之烧春"还是当时全国名酒之一。[②] 以手工业而言,唐宋时期的造纸、印刷、制瓷等迅速发展,取得很高成就。商业方面则有"十二月市"等各种专业性节会,"茶马古道"异常繁忙,与南昭、吐蕃也长期保持着良好的贸易关系。特别是

[①] 详见宋·吕陶《净德集》卷14《成都新建备武堂记》:"夫蜀之四隅,绵亘数千里,土腴物衍,资货以蕃,财利贡赋率四海三分之一。"

[②] 详见李肇《唐国史补》卷下:"酒则有郢州之富水,乌程之若下,荥阳之土窟春,富平之石冻春,剑南之烧春。"

世界上第一张纸币"交子"在成都诞生，更是在世界经济史、货币史、出版印刷史上具有里程碑的意义。

与高度发达的物质文化媲美的是唐宋时期精神文化的高度繁荣。此一时期，文学、戏剧、绘画、音乐、舞蹈、书法等各种艺术门类皆高度繁荣，并且出现了陈子昂、李白、杜甫、"三苏"、陆游等蜀籍或流寓蜀地的诗（词）人，留下了大量脍炙人口的"成都诗"（文），在天府文化史上留下了浓墨重彩的篇章。除此之外，天府文化中女性文化的高度发达也在此时期得以集中体现。就学术思想文化而言，史学、理学、经学皆高度繁荣，并且出现了华阳范氏、丹棱李氏、井研李氏等众多文化世家和史学世家，特别是出现了像李焘《续资治通鉴》这样"《春秋》之后才有此书"[①]的学术名著。特别值得一提的是，代表蜀中学术特点的区域性学术流派——"蜀学"也发展成熟于此一时期，并一直延续到现在。唐玄宗、唐僖宗的相继入蜀，不但把成都提升到"南京"的地位，而且留下了一批世家望族和专门人才，推动了天府文化的繁荣发展。天府文化的众多中国第一、世界第一，"剑南""江南"的相提并论，"自古诗人例入蜀""自古文宗出巴蜀""诗家律手在成都"的"巴蜀文学定律"的形成，游乐之风的遍及城乡，"大游江""小游江"的举城若狂，摩诃池的波光帆影、万里桥的送往迎来、青羊宫的二十里花市、西楼的纵酒轻歌以及武侯祠、杜甫草堂的文化盛宴，都成为后人心驰神往并缅怀不已的昔日荣光。

元明及清代中叶时期（即1271年忽必烈定国号为元至乾隆中期，500年左右）是天府文化的衰退期。昔日荣光不复存在，农工商让位于他省，天府文化也难与吴越、齐鲁等地域文化争锋，主要原因当然是

---

① 脱脱等：《宋史》卷388《李焘传》，中华书局1985年版，第11919页。

连续的、长期的战乱。战乱破坏了生产力、破坏了经济、也破坏了人的文化创造力。整个元代，巴蜀地区文化全面衰退，当时流行的文体——元杂剧著名作家中，没有一个川人。在全国文坛上有影响的学者仅虞集一人。明代近三百年，巴蜀地区的经济文化有所恢复，出现了大学者杨慎、理学家赵贞吉、易学家来知德等一批杰出人物，天府文化出现复兴的迹象。可是好景不长，明末清初，巴蜀地区出现了连续八十年的战乱和天灾，致使清初成都已残破得不能作为四川巡抚驻地，只能在保宁（今阆中）暂驻了十几年，直到康熙四年（1665），即明亡20年后，各官署才全部迁入成都。到顺治十八年（1661），全川人口也只有八万左右，于是才开始了大规模的移民，即"湖广填四川"。正如袁庭栋先生所云："明末清初长期的、大范围的、深度的破坏，使巴蜀地区在明代已有所恢复的社会正常秩序遭到毁灭性打击，人口锐减、四野荒芜、残垣遍地、文物尽毁，其残破程度为我国几千年历史所罕见。"[1] 此论深刻有见，语颇沉痛。因此，此一时期在文化上的表现亦缺乏可圈可点的成绩。除前面提到的，也只有达州的唐甄（1630—1704）和以费密（1625—1701）为代表的新都费氏家族（有"四费"之称）还值得一提了。

　　清中叶至清末时期（从清代乾隆中期到1911年清亡，约150年）是天府文化的复兴期。从清代中叶开始，随着"湖广填四川"的移民政策推行，四川（包括成都）的人口逐渐增长，嘉庆时期四川人口总数达到了5182458户、20755770人，以目前成都市所属区市县范围合计，当时成都总户数为1059763户、人口数为3647127人，占全省人口的17.6%，[2] 这远远超过了明末清初战乱前的规模。随着人口的增长，四川的经济有了明显的复苏，其显著标志是农业的复苏与发展，粮食大

---

[1] 袁庭栋：《巴蜀文化志》，巴蜀书社2009年版，第13页
[2] 李世平：《四川人口史》，四川大学出版社1987年版，第168—175页。

量增加,并能如汉代一样外运①。以农业的复苏为基础,手工业、商业也呈现出复兴局面,随着产业的复兴,文化也呈中兴之象,具体来说可概括为如下数端。

一是文学的复兴。出现了被誉为清代蜀中"三才子"的彭端淑(约1699—1779)、李调元(1734—1802)、张问陶(1764—1814)。他们在全国都有较高的知名度,张问陶作为"性灵派"代表甚至可与袁枚相提并论。除诗歌之外,词、散文、戏曲都呈现出极其兴盛的局面,如"川剧"的形成与鼎盛,"竹枝词"创作的盛极一时,都为清中叶以后的天府文化增添异彩。

二是书院的兴盛。当时的天府大地,可谓书院林立、弦诵之声不绝,一派繁盛之景。其中最著名的是锦江书院和尊经书院,对于发展蜀地教育、造就蜀中人才居功甚伟。其具体情况可参看胡昭曦先生的《四川书院史》及魏红翎教授的《尊经书院史》,此不多赘。

三是竹编、年画、丝织等各种手工业及民间艺术的蓬勃发展。

四是人才济济、名人辈出。清末民初的数十年,巴蜀大地人才辈出,成为各个方面的翘楚,这在天府文化史上从来没有过,也充分说明天府文化的全面复兴。在此,我们还是引一段袁庭栋先生的话来作结:"清代末年,继日益强劲的复兴之风,巴蜀大地人才辈出,硕果累累,充分展现了文化的全面复兴,经学大师廖平,革命家邹容、彭家珍、喻培伦、吴玉章、张澜,书法家顾印愚,史学家张森楷,名医唐宗海等是较早一批在全国知名、卓有建树的人物。新文化运动主将吴虞、文学家谢无量、版本目录学家傅增湘、诗人赵熙等是第二批。然后,新文学巨匠郭沫若、巴金,少年中国学会发起人王光祈、周太玄,革命家朱德、邓小平、陈毅、聂荣臻、刘伯承、罗瑞卿,史学家蒙文

---

① 袁庭栋:《巴蜀文化志》,巴蜀书社2009年版,第13页

通，音律学家赵少咸，国画大师张大千、张善子、陈子庄、石鲁，著名作家李劼人、沙汀、艾芜，著名诗人吴芳吉，经济学家陈豹隐，金石书法大师乔大壮，数学家何鲁，著名记者范长江，文学家何其芳、赵景深，哲学家贺麟，佛学大师能海，地质学家黄汲清……真可谓群星璀璨，光耀中华。"①

民国至现在（从1911年辛亥革命建立中华民国至现在，一百多年）为天府文化的转型与复兴期。1911年的辛亥革命推翻了清王朝的统治，也结束了数千年的封建社会，具有数千年历史的天府文化也发生了巨大的转型，并在新的历史条件下，再度复兴，其颇可注意者有如下数点。

一是西方教育体制，特别是高等教育体制的引入对西方文明的传播和城市文化的引领有重要作用。

二是经历过从全盘否定传统文化到"汲取精华，弃去糟粕"，再到"创造性转化、创新性发展"的曲折过程及中华优秀传统文化全面复兴的过程，目前正处于第三阶段。

三是新闻媒体对文化的抑扬褒贬具有重要的引领作用。

四是培育新的文化核心价值观需要多管齐下、假以时日。

五是要在传承天府文化中探索凝练时代表达。

由于本课题论述的重点主要是从古蜀时期到清末的天府文化，民国以后偶有涉及，故在此就从略了。

五 "天府文化"的主要内容

天府文化成就辉煌、成果丰硕，对中华及世界文明贡献巨大，举其荦荦大端，略有如下几个方面。

---

① 袁庭栋：《巴蜀文化志》，巴蜀书社2009年版，第14页。

(一) 辉煌灿烂的古蜀文化

古蜀文化历史悠久，自成体系，成就辉煌。以时代而言，相继出现了宝墩文化、三星堆文化、十二桥文化等；以帝王世系而论，则相继出现了蚕丛、柏濩、鱼凫以及望帝、丛帝等"五代蜀王"。而举世闻名的广汉三星堆遗址和成都金沙遗址，就是古蜀文明辉煌成就的集中体现。

三星堆遗址的发现，始于1929年，其文化遗存分为四期。最早的在新石器时代晚期，最晚的在商末周初。这里，有高大的城墙与深广的城壕，有全世界最大的青铜雕像群和最长的黄金权杖，有玉石礼器、青铜酒器和印度洋海贝。这些都表明当时国家已经形成，经济文化发展的水平已经不低，对外交流的渠道早已通向远方。

金沙遗址位于今天成都市主城区之内的西二环与西三环之间，通过近些年来的多次发掘，证明了成都是一个延续时间长达四千多年的历史文化名城。在金沙，出土了震惊世界的、已被确定为我国文化遗产标志的太阳神鸟金箔，出土了大量的玉器、金器、陶器、石器、青铜器、象牙，从中不仅可以看到当年的文化发展程度之高，也可以看到当年蜀中与中原地区、华东沿海地区，乃至南亚、西亚等已经有着明显的文化交流。

三星堆文化与金沙文化是古蜀文明的代表和标志，是长江上游的一个最重要的古代文明的中心。早期蜀文化的高度发展，也为中华民族及其文明起源的多元一体论提供了一个有力的佐证，它说明早在夏商时期，在曾被认为"西辟之国而戎狄之长也"[①]的蜀地，存在着一个独立发展的、独具特色的、又与外界保持着交流的古蜀文化。古蜀文明有其独立而悠久的史源，有独特的文化模式和文明类型，是一

---

① 刘向编，李维琦点校：《战国策·秦策一》，岳麓书社2006年版，第185页。

支高度发达的灿烂的古代文明，李学勤、段渝等都认为古蜀文化是与中原夏商文化平行发展的另一个文明中心。

（二）源远流长的丝路文化

成都是南方丝绸之路的起点。所谓"南方丝绸之路"，是指除"北方丝绸之路"（也称"草原丝绸之路"）、"海上丝绸之路"外的第三条中西交通道路。由于它是由成都南行经云南到缅甸、印度、巴基斯坦等地的，故称"南方丝绸之路"。它是古代成都连接缅甸、印度等国的一条国际交通路线，又称"身毒（印度）道"。印度孔雀王朝（前321—约前187）第一代王的大臣考底利耶著的《故事论》中，已有"支那帕塔（Cinapatta）"之记载，意为"支那成捆的丝"；另外还有一句"桥奢耶和产生在支那的成捆的丝"，"桥奢耶"也指丝，或是蜀地丝织品之译名（罗开玉、谢辉）。段渝则认为上述印度文献中的"支那"，不论从史实还是音读考证，当为成都之称。他认为早在商代（公元前14、15世纪），成都平原的广汉蜀王都和成都，就已初步成为中国西南同南亚、西亚进行经济文化交流的枢纽，其时代明显早于"北方丝绸之路"（史有明证从西汉张骞通西域开始）和"海上丝绸之路"。"南方丝绸之路"作为民间商道不但开通时间早，而且一直很活跃。在考古资料方面，大量外来品如琉璃、琥珀、水晶、轲虫（海贝）等，在云、贵、川这一时期的墓葬、遗址（如三星堆、金沙遗址等）中都有普遍发现。这说明，成都不但是"南方丝绸之路"的起点，而且是中国最早与外国通商并进行文化交流的地区，是中国最早的出口商品"丝绸"的产地，甚至是西方世界认识中国的最早城市（区域），乃至西方世界把成都当作中国的标志，致使本用于称呼成都的"支那"一词，成为对整个中国的称呼。从这种意义上说，成都是中华文明和西方交流的最早发源地之一。

（三）泽被千秋的治水文化

"予观蜀之山川及其图记，能雄九丘者，盖乘成水利以富殖之，其国故生生不穷"①，准确指出成都平原的富庶与繁荣乃以水为始，因水而成，治水而兴。

一是大禹治水。大禹治理洪水乃是"岷山导江，东别为沱"，即根据地势和水系分布，将洪水引入沱江金堂峡泄走。

二是鳖灵治水。除了决玉垒山以除水害，还开凿了金堂峡。鳖灵治水为后来的李冰治水提供了先例和经验，有十分重要的意义，如制作杩槎、竹络笼石技术等一直沿用至今。

三是建设都江堰水利工程。李冰修建的都江堰无坝引水自流灌溉系统是世界古代水利史上一项最为成功的创举。水利工程设计思路中所体现的顺应自然、因势利导、系统思维等科学理念至今仍对人类有重大价值。都江堰水利工程建成后，形成了自流灌溉系统，实现了对自然资源的永续利用，两千多年来一直造福蜀人，因此，李冰父子又是中国古代最能体现科学发展观和正确政绩观的杰出代表。

四是"穿二江成都之中"。所谓"二江"，即指郫江与检江，是流经成都的两条大动脉。李冰"穿二江"之后，成都"二江抱城"的格局才基本形成。大概"二江"乃自然河道，李冰加以疏浚整治。

此外，李冰还在成都城外郫江边（今九里堤）新建一打捞木材的码头，致使岷山的"梓、柏、大竹，颓随水流，坐致材木，功省用饶"②。

五是"穿石犀溪"及建造"七星桥"。李冰"穿石犀溪"，即开凿一条新的人工河，贯穿"二江"，既开辟了一条航道，方便交通运输，又可

---

① 张俞《蜀望丛帝新庙碑记》，载傅增湘原辑，吴洪泽补辑《宋代蜀文辑存校补》，重庆大学出版社2014年版，第808页。
② 常璩著，任乃强校注：《华阳国志校补图注》卷3《蜀志》，上海古籍出版社1987年版，第133页。

防洪分水。此外，李冰还在"二江"之上，"造七桥，上应七星"①。

李冰之后，历代对都江堰水利系统工程都有修复、加固、扩充之措置，出现了许多治水功臣，他们的石像至今仍伫立在离堆公园主干道两侧，供游人瞻仰凭吊。因此，天府文化中的治水文化又是千百年来无数优秀官吏与劳动人民智慧的结晶，至今仍有启迪后人的重要意义。

（四）博大精深的思想学术文化

1. 教育

蜀地人文荟萃，这与自汉代以来教育的高度发达大有关系，正是教育提升了蜀人的文化素养和文明素质，为历代人文的兴盛奠定了基础。一是西汉时文翁兴学，使"蜀学比于齐鲁"②，蜀中成为中国文化教育最发达的地区之一。二是书院发达。不仅规模大、数量多，而且名师名人辈出，在中国教育史上颇足称道。三是抗战期间全国著名高校纷纷南迁，成都名校汇集，名师云集，成为大后方的教育文化中心之一。当时高校多分布在华西坝，故与重庆的沙坪坝、北碚夏坝、江津白沙坝合称"四坝"，成为中国抗战时期教育文化重镇。

2. 思想文化及学术

古蜀文明历史悠久，且自成体系，特色鲜明。从先秦开始，著名学者、思想家、重要著作就不断涌现。一是古蜀王国有自己的文字系统。古蜀文字"巴蜀图语"至今仍不能完全通晓释读，成为不解之谜。二是先秦蜀人著作已对中原文化产生影响。《山海经》中的《海内经》四篇与《大荒经》五篇可能产生于巴蜀；《臣君子》与《鹖冠子》两

---

① 常璩著，任乃强校注：《华阳国志校补图注》卷3《蜀志》，上海古籍出版社1987年版，第133页。

② 常璩著，任乃强校注：《华阳国志校补图注》卷3《蜀志》，上海古籍出版社1987年版，第141页。

书是《汉书·艺文志》中仅见的巴蜀地区著作,《尸子》亦为尸佼(商鞅之师)在蜀地所作。三是汉代蜀学勃兴。出现了严遵等一批专精道家思想的学者;出现了一大批以《华阳国志》为代表的地方史志著作;出现了好几部语言文字学著作。四是宋代蜀学的鼎盛。北宋学者吕陶说:"蜀学之盛,冠天下而垂无穷……"①,可见蜀学在当时的重要地位。宋代蜀学最有特色的是儒学和史学。儒学又可分为两大系统,即正统的儒学经典研究和理学研究,二者皆成绩斐然。宋代蜀学中最有特色和成就的是史学。名家辈出,名著迭出,较著者有华阳(今成都)范镇、范祖禹,新津张商英、张唐英,丹棱李焘、李埴,井研李心传、牟子才等。特别是李焘的《续资治通鉴长编》1063卷,历时40年方成,专记北宋九期史事,其价值超过官修的《宋史》。此外,因家学渊源而成为家族性学统传承,也是宋代蜀学的显著特征。如眉山苏氏(苏洵、苏轼、苏辙、苏过、苏籀)、华阳范氏(范镇、范百禄、范祖禹、范冲)、井研李氏(李舜臣、李心传、李道传、李性传)等都是有名的学术世家。五是元明清时期的蜀学。由于宋元之际与明清之际的两次长期且大规模的战乱,蜀学已不复两汉、唐宋时期那种群星灿烂、名著纷呈之盛况。到了清代中期以后,蜀中学术才得以复兴,呈繁荣之象。纵观元明清蜀中学者,最著名的当数杨慎(1488—1559),现存世著作150多种。在整个明代"记诵之博、著作之富,推慎为第一"②,"为古来著书最富第一人"③(李调元《函海·序》)。此外,唐甄、费密、廖平、宋育仁、张森楷、傅增湘等也在全国有一定影响。

---

① 吕陶:《净德集》卷14《府学经史阁落成记》,曾枣庄、刘琳主编《全宋文》第37册,巴蜀书社1994年版,第417页。
② 张廷玉等:《明史》卷192《杨慎传》,中华书局1974年版,第5083页。
③ 李调元:《函海》序,中国香港宏业书局1968年版,第3页。

(五)争奇斗艳的文学艺术

成都是中华文学艺术的沃土和渊薮。"蜀居华夏之坤,号称'天府',岷峨江汉,载育其英,汉唐以来,原为文人之薮。"① 两千多年来,名家名作辈出,文学、绘画、书法、音乐、戏曲以及糖画、皮影等各种艺术形式和民间艺术都高度发达,取得了辉煌的成就。

1. 自古文宗出西蜀。

一是创造了中国文学艺术史上的多个第一以及一系列栩栩如生的文学典型形象(如三国故事中众多的人物形象),为中国文学长廊增光添彩。如第一个成熟且最有名的汉赋作家司马相如为蜀人,蜀人常璩的《华阳国志》为中国最早的地方志,"三苏"为中国家族中名家最多、影响最大的"文学家族",中国最早的词集《花间集》由后蜀赵崇祚在成都编成,中国历史上第一幅春联为后蜀孟昶所书的"新年纳余庆,嘉节号长春"等等。

二是蜀中历代名家名作辈出。说到蜀中多文人,真可谓灿若星辰。具体可分为两类。一是土生土长的蜀地文人。二是流寓蜀地或虽未到过蜀地却心向往之、形诸载籍歌咏的诗人作家。据杨世明的《巴蜀文学史》、祝尚书的《巴蜀宋代文学通论》等论著所载,历代这两类文人作家总数达200人左右。这样庞大的作家阵容,如此众多的名家名作,恐怕任何地方都难望其项背!更何况,在这些生长于蜀、歌咏蜀中风物、与蜀地有浓厚情结的作家中,有众多的一流作家,司马迁、司马相如、诸葛亮、李白、杜甫、白居易、李商隐、"三苏"、黄庭坚、陆游、范成大、杨慎、张问陶、李调元、郭沫若、巴金、李劼人……这一串光彩夺目的名字,足以使成都享有中国的文人渊薮、文化圣地、文学高地之美誉而无愧色。

---

① 张邦伸:《锦里新编》序,巴蜀书社1986年版,第1页。

三是形成了"自古诗人皆入蜀"的"巴蜀文学定律"。此一论断，主要说明"入蜀"与提高诗歌造诣之间的关系，亦即入蜀诗人得蜀地"江山之助"，能写出脍炙人口的佳作，于是形成了一种风气，即诗人竞相入蜀，争取受到蜀中山水风习之陶染而提升诗艺诗境，这也从另一种角度解释了蜀地为何历代都是诗人作家荟萃云集之地。杜甫是中国文学史上最伟大的诗人，而他最好、流传最广的诗又大都是在留寓成都期间写成的，这有力地证明了杜甫在蜀中诗歌的"登峰造极"，由此，"入蜀"与"杜甫"又自然联系在一起。甚至可以说，"自古诗人皆入蜀"的论断，其最典型的个案和榜样就是杜甫。

2. 风格独特的"西蜀画派"

蜀地艺文发达，绘画历史悠久，名家辈出，并且形成了具有独特风格的"西蜀画派"。从唐末到北宋，蜀中原有的画家加上流寓蜀中的外地画家，在社会比较安定富庶的成都地区形成了一个数量大、流派多、环境好的创作群体，人称西蜀画派。孙位、赵公祐、范琼及常粲、常重胤父子等可为其代表。宋人郭若虚在《图画见闻志》卷二共列有唐代末期的知名画家27人。其中蜀中画家有7人，流寓蜀中的外地画家有12人，共有19人，超过总数的70%。在西蜀画派的众多画家与作品中，大致可分为宗教绘画与非宗教绘画两大部分。为佛教、道教寺庙宫观画壁画是唐代绘画的重要方面，很多画家都在这种场所大显身手，蜀地也不例外，而其中最重要的当推大圣慈寺壁画。西蜀画派的非宗教绘画作品对后世影响最大，它又可分为人物、山水、花鸟三个方面。此外，文同与苏轼开创的文人画（又称士人画），在我国文化史上有相当重要的地位，是蜀文化对我国文化的一大贡献。

宋代以降，蜀中绘画虽非昔日之盛，然不时仍有名家出现，乃至到了现代，仍有谢无量、张大千等大家名世，蜀中绘画传统之深厚，由此可以概见。此外，蜀中的书法、篆刻、雕塑等亦极为兴盛，代有名家，在中国艺术史上占有重要地位。

3. 歌舞戏曲的兴盛

一是蜀戏冠天下。成都是古典戏剧之乡。早在一千七百多年的三国蜀汉初期，成都便有了戏剧的雏形——参军戏。唐代和前后蜀时期成都戏剧艺术达到了当时全国最高水平。最先出现的古典戏剧艺术形式——唐杂剧，这个名称也见于有关成都的记载为最早。西蜀也是猴戏和傀儡戏的产生地。成都还是我国历史上戏班成立最早、地方戏曲中最早男扮女装的地方。蜀伶多有文才，故岳珂的《桯史》说："蜀伶多能文，俳语率杂以经史"，任半塘先生认为："蜀戏可云冠天下。天下所无蜀中有，天下所有蜀中精。"

二是"天府之花"——川剧。川剧是四川的代表性戏曲剧种，成都是川剧的主要发祥地和繁盛区，也是川剧"四条河道"（4个地域流派）中，"上坝"派的艺术中心。蜀地自三国蜀汉出现"参军戏"，唐代出现"杂剧"之后，宋代出现"川杂剧"。明代，已见"川戏"艺人及其戏班远至金陵（今南京）演出的记载，昆曲、弋阳腔也于明末传入成都。清代雍正、乾隆年间，"花部"（地方戏）勃兴，继有梆子腔、皮黄腔入川。省外诸腔在流传过程中逐渐被四川语音及民间曲调所同化，成为流行至今的川剧昆腔、高腔、胡琴和弹戏，后来渗入四川本土的灯戏，形成风格统一的四川地方剧种。民国初，各路声腔戏班的艺人在成都组成三庆会剧社，集五种声腔的剧目于一班，正式形成了五腔同台的演出形式。

川剧的表演细腻生动，表现手法丰富多彩，具有深厚的现实主义传统。同时大胆使用艺术夸张手法，人物、语言富有生活气息和幽默感。传统表演自成体系，变脸、吐火、藏刀、踢慧眼、钻火圈等特技与剧情、人物心境紧密结合，神奇而夸张地为演出增加了浪漫主义色彩。此外，以蜀绣工艺绣制的川剧服装、色彩明快的脸谱也相得益彰，突显了川剧的地域特色。

关于蜀地的音乐歌舞之盛，我们从杜甫的《赠花卿》："锦城丝管日纷纷，半入江风半入云。此曲只应天上有，人间能得几回闻"以及"数十里丝竹竞奏，笑语喧然"[①] 等记载中可略见一斑。

（六）世界最早的出版传播文化中心

"四川从唐代开始就是（中国）造纸中心"（李约瑟语），唐代成都是世界上最早发明和使用雕版印刷术的地区，成都印刷制品被称为"西川印子""蜀刻龙爪本"。现存有剑南西川成都府《樊赏家历》残页，西川过姓《金刚经》残页，成都府成都县龙池坊卞家印刷的《陀罗尼经咒》，这是世界上现存最早的一批印刷品，而卞家、过家等书坊则是我国最早的民间出版社。

在唐代雕版印刷的基础上，五代两宋时期成都地区印刷术继续发展。后蜀宰相毋昭裔除了主持蜀石经的印刻，还主持雕版刻印了我国古代最早的一批文学总集和类书。"宋时蜀刻甲天下"，蜀中仍是全国三大印刷术中心之一。我国历史上也是世界历史上刻印的第一部巨型佛藏——《开宝藏》、1000卷的《太平御览》、1000卷的《册府元龟》都是在成都地区雕版刻印的（《册府元龟》在眉山）。两宋蜀刻书籍种类丰富，而且有校勘认真、版质好（多用梨木）、字画端楷（多用颜体、柳体）、版式疏朗、刻工精细、墨色漆亮、纸质上乘等优点。特别是大字本，字大如钱、墨香纸润，被后世学者评为宋刊"蜀本大字皆善本"（钱大昕语），是我国雕版印刷史上公认的精品。有趣的是，在蜀刻宋代书籍中，还出现了我国（当然也是世界）最早的不准翻刻的声明文字，开印刷史上版权保护之先河。

---

① 李昉等撰：《太平广记》卷303《崔圆》，中华书局1961年版，第2342页。

讲到各代蜀地印刷业的发达,就不能不提及诞生在成都的世界上最早的纸币——交子。宋初,蜀地商业繁荣,商品交易扩大,而该地区流行铁钱,铁钱体重值小,"市罗一匹,为钱二万"[①]。这两万枚铁钱,如为小钱,重130斤,大钱重24斤,使用起来极为不便。于是蜀中有些商人便制楮(纸)为券,表里印记,隐秘题号,朱墨间错,私自参验,以代铁钱流通。这种楮券被称为"交子",其性质与现在的存款凭据相近,既可随时兑现,也可流通于世。后来将交子收归官办,禁民私造,设置专门机构——益州"交子"务,发行"官交子"。后来逐步发展,纸币终于通行全国。元世祖时期,纸币又传到波斯,再传入世界各地。因此成都在建设全面体现新发展理念的公园城市示范区及"五中心一枢纽"中,有一个建设"西部金融中心"的内容,可以说是有极深厚的文化底蕴和历史传承的。

(七)影响深远的宗教文化

1. 道教的诞生地

道教是我国土生土长的宗教,对中国文化影响深远,而其诞生地就在成都大邑县鹤鸣山。相传东汉顺帝(126—144在位)时,张陵在鹤鸣山修炼,造作道书,自称天师,创立五斗米道,后来发展为中国道教的主要流派正一道,此山也成为道教的发源地。此后,随着道教的传播,青城山的影响逐渐扩大,成为与鹤鸣山齐名的道教名山。许多著名的道士如五代的杜光庭、北宋的陈希夷、元明的张三丰等都到鹤鸣山或青城山修道传教。

2. 佛教重镇

一是佛教圣地雾中山的普照寺,建于东汉明帝永平十六年(73),仅比中国佛教第一寺——洛阳白马寺(建于公元68)晚五年,并且很

[①] 脱脱等:《宋史》卷180《食货志下》,中华书局1985年版,第4377页。

可能是佛教从"南方丝绸之路"入蜀后所建，故称"佛教南来第一寺"。二是众多的唐宋石刻造像，证明了蜀中佛教的兴盛。据有关统计，巴蜀地区现存高度或长度在 10 米以上的大佛就有 20 座之多，占全国的 70%，其中最大的当然是世界第一的乐山凌云大佛。而在全世界排名前十的大佛中，巴蜀大佛就占据了 5 名，其地位之高不言而喻。三是峨眉山从西晋以来就一直是我国著名的佛教名山（宋代以前也是道教名山），先后建过一百七十余所寺庙（到近代仍有 73 所），在明代中期僧人最多时达到三千余人，出过很多高僧大德。印度僧人宝掌和尚、尼泊尔僧人阿罗婆曾先后来过峨眉，历代名人留下的题咏更是不计其数。1996 年，被联合国教科文组织批准为世界自然与文化遗产。四是唐代玄奘法师在成都受戒修行的大慈寺，其壁画群的规模与气势皆可与举世闻名的莫高窟媲美。五是圆悟克勤与昭觉寺。昭觉寺建于唐代贞观年间，其规模宏大，建筑雄伟，素有"第一禅林"的美称。宋代名僧圆悟（1063—1135）曾两度住持该寺，其著作《碧岩录》不仅是中国佛教临济宗的重要经典，且对日本佛学影响深远，故昭觉寺亦被日本禅宗视为祖庭。六是蜀中名刹众多。除上面提及者外，如成都的石犀寺、万佛寺、金绳寺、多宝寺、文殊院，龙泉的石经寺，新都的宝光寺，金堂的大中祥符寺，什邡的马祖寺等都是著名的佛寺。至于明末以来基督教、伊斯兰教在蜀地的传播，第八章将作简略论述。据统计，截至 1920 年，四川的教堂数量仅次于广东与江苏，位居全国第三，由此亦可概见域外宗教在川的兴盛。

（八）高度发达的科技文化

1. 冶金

从三星堆遗址中发掘的古蜀王国青铜器来看，当时的冶铸技术已相当高，且明显有别于中原而自成体系、独具一格，可见蜀中是中国冶金术起源的若干个中心之一。蜀中的黄金加工工艺也达到当时全国最高水平,三星堆遗址中出土的金权杖与金沙遗址中出土的太阳神鸟金箔可为代表。

2. 钻井术与井盐开采

《华阳国志·蜀志》载:"(李冰)又识察水脉,穿广都盐井。"是指钻井术及盐井开采术乃蜀人所发明。李约瑟在其著名的《中国科学技术史》第一卷第二分册中也指出了这一事实:"今天在勘探油田时所用的这种钻深井或凿洞的技术,肯定是中国的发明,因为我们有许多证据可以证明,这种技术早在汉代就已经在四川加以运用。"①

3. 天然气与石油的开采

公元前61年临邛开采天然气,用来制盐、煮饭、照明,被称为"火井",这是世界上开发利用天然气的最早记载。我国是世界上最早发现与利用石油的国家,而最早钻井将石油从井中取出加以利用的事例,也发生在蜀地。

4. 医药

前蜀波斯后裔李珣(亦为"花间派"的词人)所著的《海药本草》是记载海外药物进入中国的第一本著作。宋神宗时,华阳人唐慎微所著的《经史证类备急本草》是中国第一部最完备的药典,共载药物1746种。李约瑟评论此书"达到前所未有的高水平""要比十五和十六世纪早期欧洲的植物学著作高明得多。"②

5. 自成一体的天文星象学

自古即有"天数在蜀"之说,实为对古蜀天文学发达的形象化描述。在历代一大批蜀地天文学家中,最杰出的是活动于汉武帝时期的

---

① [英]李约瑟:《中国科学技术史》第一卷第二章,科学出版社1975年版,第251页。
② [英]李约瑟:《中国科学技术史》第一卷第六章,科学出版社1975年版,第289页。

阆中人落下闳，他是我国第一部完整的历法《太初历》的主要编制者，在古代天文学上有若干重要的贡献。

(九) 闻名世界的美食文化

1. 中国最重要的产粮区

"秦资其富，以兼七雄；汉阶其力，遂奄四海"[①] 的强大经济实力，使成都平原成为中国西部的粮仓。"安史之乱"后，剑南西川的财赋收入成为唐王朝战胜藩镇割据的最重要的战略支撑。宋代，北宋文人记载认为，全国"财政贡赋"三分之一来自蜀中。成都地区是全国著名的稻米生产基地，更是川陕驻军粮饷供应之地。特别是南宋，全国国土面积大为缩小，政府的财政主要依靠江南和西蜀，而各种赋税中农业占了相当比例，这也从侧面说明当时成都农业的发达。至于抗战期间，川人做出的重大贡献与牺牲，新中国成立后川人为全国人民解决"吃饭吃肉问题"所做出的巨大的贡献（大量川粮川猪外调）等，则已广为人知，在此不加赘述。

2. 享誉千古的川酒川茶

与生活富足、物产丰富相联系的是著名的"川酒"与"川茶"。一是川酒。蜀中酿酒有悠久的历史，郫县（今郫都区）的郫筒酒、青城山的乳酒、嘉州的东岩酒、剑南之烧春（酒）等，都享有盛名。经过长期发展，今天有名的川酒有"六朵金花"之说，即宜宾五粮液、什邡剑南春、泸州老窖（高端者为"1573"）、成都水井坊、古蔺郎酒（青花郎与红花郎）、遂宁沱牌大曲（高端者为"舍得"）。川酒已成为我国白酒业中之翘楚。二是川茶。中国是茶的原产地，蜀中又是我国种茶、制茶、饮茶最早的地区之一。袁庭栋认为，在我国的饮茶史（也是世界的饮茶史）上，巴蜀地区（主要又在蜀地）占

[①] （明）郭棐：《四川总志序》，载嘉庆《四川通志》，凤凰出版社2011年版，第5页。

十个"第一"①，其中目前知道最早开茶馆卖茶的是一位"蜀妪"，而西汉卓文君亦为有记载之当垆卖酒女性第一人，可见蜀中女性之不同凡响。

此外，成都还是中国茶楼（馆）最多的城市。清末傅崇矩的《成都通览》载，当时成都全城有街巷516条，而竟有茶馆454家，几乎每条街都有茶馆。蜀人嗜茶饮茶之风炽盛，乃至有这样的说法，即成都人有一半在茶馆，还有一半在来茶馆的路上。虽有夸张，亦可见蜀人好茶之一斑。而独具特色的盖碗茶也是成都最先发明的。

3. 具有重要国际影响的川菜及成都名小吃

一是川菜。川菜是中国四大菜系之一，历史悠久，源远流长，唐代诗人杜甫对川菜有"蜀酒浓无敌，江鱼美可求"的赞誉；南宋诗人陆游在《思蜀》中写道："老子馋堪笑，珍盘忆少城。流匙抄薏饭，加糁啜巢羹。"可见在唐宋之时，川菜已经受到人们的喜欢，至今在川菜中犹有"太白酱肉""东坡肘子""东坡鱼"的流传。明清以来，大批外籍官员入川，厨师随行，把南北各地的饮食习尚和名馔佳肴带进四川，使得名厨荟萃天府，佳肴竞相争艳。川菜吸收南北各家烹饪之长，形成一套完整而独特的烹饪艺术，被誉为中国烹调艺术园地里的一朵奇葩。

二是成都名小吃。"日斜戏散归何处？宴乐居同六合居，三大钱儿买好花，切糕鬼腿闹喳喳。清晨一碗甜浆粥，才吃菜汤又面茶。凉糕炸糕耷耳朵，吊炉烧饼艾窝窝。叉子火烧刚买得，又听硬面叫饽饽，稍（烧）麦馄饨列满盘，新添挂粉好汤团。"概要描绘了成都琳琅满目的风味小吃。

成都风味独特、品类繁多的小吃，与其佳肴一样脍炙人口。从各

---

① 袁庭栋：《巴蜀文化志》，巴蜀书社2009年版，第235—236页。

色小面到抄手、饺子，从腌卤到凉拌冷食，从锅煎蜜饯到糕点汤圆，从蒸煮烘烤到油酥油炸，琳琅满目，各味俱全，种类不下二百余种。如总府街的赖汤圆，荔枝巷的钟水饺，长顺街治德号的小笼蒸牛肉，耗子洞的张鸭子，洞子口的张老五凉粉，铜井巷的素面，等等。今天，有的名小吃已迁新址，但依然沿用旧名。

（十）巧夺天工的工艺美术文化

1. 蜀锦与蜀绣

蜀锦。蜀地生产的锦绣，是世界上最早的丝织品，也是通过三条"丝路"中最古老的"南方丝绸之路"出口贸易到欧洲的最早的中国产品。21世纪以来，考古学家在新疆地区——古代北方丝绸之路必经地区不断发现汉魏至隋唐的织锦，其中大部分为蜀锦。此外，"海上丝绸之路"沿线也有发现。可见，蜀锦从先秦开始就是中外交流的重要物品。

在中国的丝绸工艺之中，当之无愧的最高代表首推锦和绣，成都的丝绸工艺品之中，就生长着这样一对艳丽绝俗的姐妹花——蜀锦和蜀绣。早在春秋战国时期，以成都为中心的古蜀国就以"布帛金银"之饶而闻名于国内诸侯。至迟到西汉初年，成都地区的丝织工匠就在织帛（一种丝织物）技艺的基础上发明了织锦。西汉文学家扬雄的《蜀都赋》中曾这样描写当时成都的锦与刺绣："若挥锦布绣，望芒兮无幅……发文扬采，转代无穷"，在这里，"挥锦布绣"就是织锦，即"展帛刺绣"。可见，在汉代，蜀中的蜀绣和蜀锦生产已很发达了。所谓"锦"，是用多种彩色丝织成的多彩提花织物。由于用料考究，工艺复杂，因而"其价如金"。经过长时期的发展和创新，蜀锦逐渐形成自己的独特风格。它具有图案丰富多彩，色彩鲜艳持久，对比性强，质地坚韧厚重，织造变化多端等特色，两千多年来，始终在中国的丝锦发展史上占据着重要地位。

蜀锦自产生之初，就以精巧豪华而著称于世，因而长时期以来一直受到政府的重视。大约在东汉时期，朝廷在成都设置了专门的机构"锦官"，以管理蜀锦的生产，其官署就设在成都东南的"流江"岸边，是为"锦官城"。后来，"锦官城"又成为成都的别名，因此杜甫诗中的"晓看红湿处，花重锦官城"写的就是春雨过后成都繁花似锦的美丽景象。三国蜀汉时期，蜀锦号称"独步天下"，甚至成为政府开支的主要来源。据文献记载，公元238年，魏明帝曹叡赠送日本女王许多礼物，其中也有蜀锦。至今日本还珍藏着中国唐代的"蜀江锦"，成为中日两国人民友好往来的宝贵见证。

唐宋时期，蜀锦的织造工艺和美术图案发生重大变化。宋代，蜀锦和定州缂丝、苏州苏绣同列为当时国内三大丝织名产。清代同治、光绪年间，蜀锦一度呈现出盛极一时的局面。同江南享有盛名的南京云锦、苏州宋锦齐名，后来又加上了广西的"僮锦"，从而形成享誉至今的"四大名锦"。

蜀绣。蜀绣产生之后，一直受到人们的青睐，西晋人常璩的《华阳国志》就把蜀绣同金、银、碧、锦同列，誉为蜀中之宝。到了宋代，蜀中"织文锦绣，穷工极巧"，在当时号为"冠天下"。到了二十世纪初，蜀绣工艺有了突破性的飞跃，逐渐形成了严谨细致、平齐光亮、车拧到家的独特地方风格。许多图案新颖、制作精美的绣品纷纷问世，当时被誉为"天下无双之物"，与苏绣、湘绣一起被誉为中国"三大名绣"。后来又加上了广东的"粤绣"，从而形成了现在人们津津乐道的"四大名绣"。

2. 工艺漆器

漆器，又称卤漆，从古至今，它都是成都的一朵绚丽的工艺美术之花。成都漆器历史久远，在广汉三星堆发现殷商时期的漆器印痕。至迟到战国中期，成都已能生产比较完美的各式漆器。秦汉之际，发达的楚地卤漆工艺流入成都，蜀、楚两地卤漆工艺交流融合、相得益彰而达到鼎盛，成都一举成为全国漆器生产中心。西汉在成都设置了由中央政府直辖的"工官"，其主要任务之一，就是生产漆器。20世纪以来，在国内四川、湖南、湖北、贵州，乃至朝鲜、蒙古、越南等国，都发现了大量有"成亭""成市""蜀郡西工""成都郡工官"等烙印或戳记的精美漆器。著名的长沙马王堆一号汉墓中曾出土了大量漆器，其中绝大部分是成都所造。这些器物色彩鲜明和谐、图案美丽生动、线条流畅，虽埋藏了两千多年，仍色泽如新。唐代以后，成都漆器仍不时有精品发现。

此外，蜀人富巧思。除上述蜀锦、蜀绣、漆器工艺外，蜀地的竹编、扇子、手杖（张骞即已记载）、盆景以及珠宝金银加工都技艺非凡，闻名遐迩。

（十一）"诗意栖居"的游乐文化

蜀人好游乐，于玩赏游乐中实现生活的艺术化，达到诗意生存的人生高境。用德国哲学家海德格尔的话来说，这就是"诗意（地）栖居"。出行游乐，是我国传统的群众文化活动，各地均有，而且多与年节有关，诸如春节舞龙、元宵观灯、清明扫墓、端午赛舟、七夕乞巧、中秋赏月、重阳登高，等等，蜀中皆与各地相同。但相较而言，蜀地的出行游乐活动更有特色，更有气势，更有群众性，更有知名度，"蜀人好游乐"成为地域文化的鲜明特征。

前蜀后主王衍的《醉妆词》云："者边走，那边走，总是寻花柳。那边者，者边走，莫厌金樽酒。"生动描述了五代时期成都五光十色的游赏娱乐盛况。北宋田况说："蜀人好游乐"[1]，苏轼说："蜀人游乐不

---

[1] 详见田况《成都游乐诗》："四方咸传，蜀人好游乐无时。"

知还"①，著名政治家韩琦说："蜀风尚侈，好遨乐"②，几乎异口同声地指出了蜀人好游乐、蜀地游乐文化发达的特点。此种风气在秦汉时即已流行，到唐宋时达于极盛，而宋及以后记载尤多。

唐宋时期的这种群众性的出行游乐活动，一直延续到现代，其中最典型的是成都的灯会、花会以及乡村旅游。

---

① 详见苏轼《和子由蚕市》："蜀人衣食常苦艰，蜀人游乐不知还。千人耕种万人食，一年辛苦千春闲。"
② 详见韩琦《安阳集》卷5《故枢密直学士礼部尚书赠左仆射张公神道碑》："蜀风尚侈，好遨乐。公从其俗，凡一岁之内游观之所与夫饮馔之品，皆著为常法。"

第一章　辉煌灿烂的古蜀文化

博大奇绝的古蜀文化魅力无穷，宝墩遗址、三星堆遗址、金沙遗址的发掘及巴蜀图语的发现揭开了古蜀文化神秘的面纱。这些珍贵的遗产表明，古蜀文明作为长江上游古代文明的中心，不仅具有较高的文明程度，且具有与中原古代文明判然有别的文明形态，是中华文化长河中璀璨辉煌的重要片段。

第一节　宝墩遗址

一　宝墩遗址的发现

1930年夏，新津县某青年前往龙马乡村小学访友，无意间发现宝墩村随处可见汉砖残余，又见新开的水沟底颇多早期绳纹夹砂陶片，并觅得石斧一柄。20世纪50年代初，四川省开展文物调查，宝墩村进入考古视野，时暂定名为"新津龙马战国古城遗址"。20世纪70年代后，新津县业余考古爱好者经长时间考察遗址，认定其为"新石器时代的古城遗址或古寨堡"，这一发现引起了省市专业考古部门的重视。[1]

---

[1] 朱鸿伟：《宝墩文化：4500年前的成都》，《先锋》2017年第5期。

1995年，成都市文物考古研究所、四川大学考古系及日本早稻田大学联合对宝墩村进行考古发掘，发现该城址。宝墩遗址位于成都平原新津县城西北约5公里的龙马乡宝墩村，东北约4公里有西河流过，西南半公里有铁溪河从西北流向东南，此处以前习称"龙马古城"。位置为东经103°45′、北纬30°26′，海拔472~474米，地貌为西北高东南低，缓慢倾斜。遗址所在区域为亚热带湿润气候区，以水稻、小麦、油菜等粮油作物和蔬菜为种植业大宗，多常绿树木和竹林植被覆盖。[①]城址平面呈长方形，东北—西南向，方向45°，以东北垣、东南垣北段、西北垣北段保存较为完整，东南垣南段、西北垣南段皆残留一段，西南垣尚存一定高度，西南垣与西北垣的拐角保存较好。据城垣计算，城址长约10000米，宽约600米，整个城址面积约60万平方米。[②]考古学家据城址文化特征分析，将其命名为宝墩文化第一期，年代上限属距今4500年左右的新石器时代后期。

2009年11月，成都文物考古研究所对宝墩古城遗址进行调查和试掘，在此次地面调查中，于古城遗址外围发现了游埂子、碾墩子、石埂子、狗儿墩、胡墩子、胡坟园、高地、大埂子等几处长条形土埂。通过解剖发掘，证实这些土埂乃是宝墩文化时期的夯土城墙，进而确认在原城墙以外四个方向都有城墙和壕沟，其中东北边外城与内城城墙重合。外城墙体宽度残存15~25米，残存高度1.5~4米，夯筑方式与内城墙完全一致。墙体外侧壕沟宽10~15米。从平面形状看，外城大致呈不甚规整的圆角长方形，方向与内城一致，约北偏东45°，城墙周长近6.2千米，以外城墙外侧墙基为界，面积约268万平方米。宝墩

[①] 何琨宇：《宝墩遗址：成都平原史前大型聚落考古新进展》，《中国文化遗产》2015年第6期。

[②] 中日联合考古调查队：《四川新津县宝墩遗址1996年发掘简报》，《考古》1998年第1期。

遗址是继浙江良渚、山西陶寺、山西石卯古城之后发现的国内第四大新石器时代城址，也是我国西南地区龙山时代最大的城址，是成都平原史前城址群中时代最早、面积最大的一个。

此外，考古工作者在20世纪90年代还陆续发现了郫县古城村、温江鱼凫、都江堰芒城、崇州双河及紫竹村、大邑盐店与高山等一批古城遗址，它们都属于宝墩文化范围。2016年，考古人员还在大邑高山古城遗址发掘出一百一十六具人骨，其中从十具人骨口中拔出了上颌侧门齿，同时还在以西北风格为主的城池内发掘出长江中游风格的陶豆。①

二 宝墩文化的特征

（一）生产活动

宝墩遗址考古结果显示，该时期人们过着定居的农业生活，兼营采集渔猎。考古发现的小型房屋多为方形的地面木骨泥墙建筑，在宝墩遗址中还发现了木骨印痕的红烧土块，推测墙体经火烘烤。更为重要的是，当时的人们已开始修筑高大的城垣，宝墩古城平面呈长方形，城垣的构筑方法为堆筑，呈斜坡状堆积，夯筑的方法为拍打。

宝墩文化时期人们的生产工具主要为石器，石器多为通体磨制，偏于小型化，以斧、锛、凿为主，还有少量的石刀、石铲、箭镞和矛。斧平面形状多为顶窄刃宽的长条形，弧刃、弧顶，是几种工具中最大的一类，长6~10厘米。锛比斧小，磨制比斧精细，形制较单一，直刃、弧顶，刃明显宽于顶。凿磨制最为精细且规整，石质也较好，个

---

① 张义奇：《蜀都水香 依水而生的天府锦城》，西南交通大学出版社2019年版，第15页。

别似玉质，有扁平长条形、圭形和刃口内凹的窄长形等，还有一端为圭形，一端为直刃的双端刃形。铲和刀均穿孔，但发现极少且残，刀为横长形，上下均有刃。石镞为扁平棱形，磨制也较精细。另外发现的陶质生产工具有纺轮和网坠。[1] 从宝墩文化的种种迹象判断，宝墩时期的社会已经出现了一定程度的劳动分工，社会的凝聚力主要来自共同的信仰与血缘关系，他们有共同的祖先崇拜。[2]

（二）饮食习惯

近年来的植物考古显示，宝墩文化时期的人们以种植水稻为主，也种植少量的粟，食用如野豌豆、野豇豆等豆类，还有薏苡。[3] 考古工作人员在宝墩遗址发掘中辨认出的农作物种子，水稻种子占了半数以上，粟、黍一类只是作为一种补充。由于人口的快速增长，人多粮少的矛盾越发突出，人们急需通过多种方式来缓解困境，除了可能采取一些限制人口增长速度的措施之外，开发新的高产农作物成为首选。在宝墩文化早期，人们的主食开始发生明显变化，水稻已经开始变为主要农作物。而成都平原河网密布，洪涝灾害频繁，容易淹没农田，进而导致饥荒，以往的旱地作物生产仍需继续，以备灾荒之年，粟和黍的重要性在宝墩文化晚期已有了明显的提升。[4]

（三）居住条件

宝墩人居住的房屋基址为方形或长方形建筑，多为单间，双室套间很少。可以推测出，宝墩人先挖墙基槽，于槽内埋密集圆竹，内外

---

[1] 江章华、颜劲松、李明斌：《成都平原的早期古城址群——宝墩文化初论》，《中华文化论坛》1997年第4期。
[2] 刘修兵：《宝墩遗址：4000年前的王者之城》，《中国文化报》2014年5月13日第7版。
[3] 刘修兵：《宝墩遗址：4000年前的王者之城》，《中国文化报》2014年5月13日第7版。
[4] 李雪艳：《宝墩文化早期水稻成主食》，《成都日报》2018年2月6日第7版。

抹泥，最后经火烘烤，形成"竹骨泥墙"建筑。这种建筑形式在成都平原一直沿袭到很晚的历史时期，三星堆文化也是这种建筑形式。此外还发掘出有特殊用途的干栏式建筑。近年来，考古人员还在宝墩遗址城内陆续发现了多组大型建筑基址，这些建筑基址规模大、筑坑规矩、筑网清晰、规格较高，单体面积均在200平方米以上，应为宝墩文化时期类似宗庙的大型公共礼仪性建筑。① 宝墩遗址现存的城墙最高处高出地面超过5米，宝墩城墙能有如此规模，加之城内发现的诸多大型建筑基址，宝墩可谓"王者之城"②。

（四）典型器物

宝墩文化的典型器物为陶器与石器，近年出土情况显示，宝墩出土陶器以泥质陶居多，其次为夹砂陶。如图1-1所示。泥质陶以灰白陶、灰黄陶及灰陶为主，另有少量黄褐陶。夹砂陶以黄褐陶和黑褐陶为主，灰陶次之。纹饰较发达，泥质陶以水波纹、戳印纹及附加堆纹为主，另有少量细绳纹、刻划纹、瓦棱纹和弦纹。夹砂陶器表面多装饰粗绳纹，另有部分附加堆纹、戳印纹、折线纹及凹弦纹。制作方法以泥条盘筑加慢轮修整为主。主要器类有罐、壶、尊等。出土石器有打制石器和磨制石器。其中打制石器有刮削器、砍砸器、石片、细小石器等；磨制石器有凿、镞、矛、锛、斧、饼和石坯。③ 虽然宝墩器物的具体特点在不同阶段略有差异，但以上器物基本代表了该时期器物的典型性，是宝墩文化特征的重要方面。

---

① 刘修兵：《宝墩遗址：4000年的王者之城》，《中国文化报》2014年5月13日第7版。
② 刘修兵：《宝墩遗址：4000年的王者之城》，《中国文化报》2014年5月13日第7版。
③ 四川大学历史文化学院考古学系、成都文物考古研究院、新津县文物管理所：《成都市新津县宝墩遗址田角林地点2013年的发掘》，《考古》2018年第3期。

图1-1 宝墩部分出土器物①

(五) 自然环境

宝墩文化遗址所在区域为冰水冲积而成的扇状平原，形成二级阶地；其东部地区为西河、黑石河、羊马河、金马河等河流形成的冲洪积平原，形成一级阶地和河漫滩，故宝墩遗址所在区域阶地不甚发育，区内地形起伏不大。宝墩古河道众多、河流改道频繁。古河道经历了三次河流发育过程，据考古年代学判断，三次河流发育过程分别对应宝墩文化晚期、西汉时期、东汉时期。三次河流发育过程也是古河道由大到小，最后演变成湖沼的过程。宝墩遗址所在地区除了受灾变气候影响易发突发性洪水之外，新津地区坡降较低，处于几大河流的汇集处，相较成都平原其他古城址，宝墩古城更易受到洪水的侵袭。②

---

① 何琨宇：《宝墩遗址：成都平原史前大型聚落考古新进展》，《中国文化遗产》2015年第6期。
② 黄明：《新津宝墩遗址古地理变迁的初步研究》，硕士学位论文，成都理工大学，2013年。

三　宝墩文化的来源及地位

20世纪90年代以来,考古工作者先后发现了宝墩古城、郫县古城、鱼凫古城、芒城古城、双河古城、紫竹古城、高山古城、盐店古城等遗址,这些遗址文化面貌相近,陶器以绳纹花边罐、折沿罐、敞口圈足尊、宽沿平底尊、喇叭口高领罐、宽沿盆为主要类型,纹饰以绳纹或线纹为主,制作方法主要为泥条盘筑加慢轮修整,这种文化与周边其他地区文化面貌有所不同,距今约4500年,考古界称之为宝墩文化。关于宝墩文化的来源问题,学界看法不一,主要观点有以下两种。

（一）源于营盘山文化

黄昊德、赵宾福等认为"宝墩文化可能是由营盘山文化发展而来"[1]。陈德安指出"宝墩文化继承了营盘山文化晚期的某些因素"[2]。李星星判定"宝墩文化可能是从西部峡谷山地最早进入平原边缘的远古族群的文化遗存"[3]。周丽表示"赞同成都平原的史前文化当是源于岷江上游以营盘山文化为代表的一类文化遗存"[4]。江章华则认为"应将岷江上游地区类似于营盘山的新石器文化遗存归入'马家窑文化'",还指出"宝墩文化很可能与岷江上游的马家窑文化有关系"[5]。何琨宇表示"宝墩文化当主要源自川西北以姜维城、营盘山遗址为代表的马家窑类型以及稍晚的下关子遗存,其与沙乌都遗存时代相当。"[6] 蒋成、

---

[1] 黄昊德、赵宾福：《宝墩文化的发现及其来源考察》,《中华文化论坛》2004年第2期。
[2] 陈德安：《古蜀文明与周边各文明的关系》,《中华文化论坛》2007年第4期。
[3] 李星星：《从"都广之野"到"邛都之野"——略论蚕丛及古蜀族群历史变迁》,《中华文化论坛》2009年第2期。
[4] 周丽：《成都平原史前文化陶器纹饰研究》,《江汉考古》2017年第1期。
[5] 江章华：《岷江上游新石器时代遗存新发现的几点思考》,《四川文物》2004年第3期。
[6] 何琨宇：《试论宝墩文化的源头》,《南方民族考古》2016年第12辑,第23页。

陈剑[①]等学者持相似论断。

(二) 源于长江中游地区

部分学者认为，无论是陶器的器形还是纹饰，宝墩文化皆可从长江中游地区找到源头。而长江中游地区主要是指三峡东邻地区，宝墩文化的陶器与汉东屈家岭、石家河文化核心地区的器物并不太像，却很像高庙文化、大溪文化的继承者。其原因可能是屈家岭文化由汉东地区开始兴起，将原大溪文化排挤到西部地区进而使得部分大溪文化居民的后裔远迁成都平原。刘俊男指出："成都平原的宝墩文化源于长江三峡东邻地区，这与屈家岭文化、石家河文化强劲对外扩张，将原大溪文化后人挤向长江中游的西部地区（即三峡东邻地区）分不开。锁龙遗址与成都平原的宝墩文化雷同而时间略早即是很好的证明。"[②]

无论宝墩文化来源于何处，它的发现都完善了古蜀文明发展演进的脉络。以成都平原史前城址群为代表的宝墩文化（公元前2700—公元前1800）；以三星堆遗址为代表的三星堆文化（公元前1800—公元前1200）；以成都金沙遗址为代表的十二桥文化（公元前1200—公元前500）；以成都商业街船棺、独木棺墓葬为代表的战国青铜文化（公元前500—公元前316）。此后秦灭巴蜀，辉煌壮美的古蜀文明最后融入汉文化圈，成为中华文明的重要组成部分。可以说"宝墩古城是目前我们能接触到的关于成都平原文明起源的最古老章节，同时它也是中华文明版图灿烂的一章，对探索长江上游地区的文明起源有着极为重要的意义"[③]。

---

① 蒋成、陈剑：《岷江上游考古新发现述析》，《中华文化论坛》2001年第3期。
② 刘俊男：《宝墩文化来源研究》，《中华文化论坛》2019年第2期。
③ 牛梦笛、李韵：《四川宝墩遗址：能否揭开三星堆文明之谜》，《光明日报》2014年5月5日第9版。

第二节 三星堆遗址

一 三星堆发掘始末

三星堆遗址在四川省广汉市西北的鸭子河南岸，分布面积12平方千米，距今已有3000~4500年历史，是迄今在西南地区发现的范围最大、延续时间最长、文化内涵最丰富的古城、古国、古蜀文化遗址。

三星堆遗址的发现可追溯至20世纪20年代末。1929年，广汉月亮湾农民燕道诚在自家门口清淘水沟时，无意间挖出一个堆满玉石器的坑，玉石数量达四百余件。随后这些玉石流入坊间，三星堆"宝物初显"，而"广汉玉器"也名噪一时。

1934年3月16日起，华西协合大学古物博物馆（四川大学博物馆前身）启动了三星堆首次科学发掘，时任华西协合大学古物博物馆馆长的葛维汉（美籍学者）和助理林名均通过探沟法发掘，找到了燕氏发现玉石器的原坑，出土器物及残件六百余件，引起学界极大关注。

1937年全面抗战爆发，三星堆发掘暂时搁置，新中国成立后再次启动。1956年，考古人员对新繁水观音和三星堆遗址进行了调查。1963年，考古学家冯汉骥提出三星堆遗址可能是古代蜀国都邑的论断。在冯汉骥倡导下，三星堆月亮湾的科学考古发掘正式开始。这次发掘因为历史原因，成果一直未能公之于世。直至20世纪90年代整理成果时，学界才发现当时就已在此处发掘了房址、墓葬。

1980年11月至1981年5月，四川省文管会、省博物馆和广汉县文化馆在三星堆进行发掘，发现房屋基址18座、灰坑3个、墓葬4座、玉石器一百一十多件、陶器七十多件及十万多件陶片。年代上限距今4500年，延续至距今3000年左右，即从新石器时代晚期至相当中原夏、商时期。由于三星堆遗址古文化在四川地区分布较广，又具有一群区别于其他任何考古学文化的特殊器型，发掘者建议将这一考古学文化命名为"三星堆文化"。从此，对三星堆展开大规模的科学考古。1986 年，三星堆第一、二号祭祀坑相继现世，大型青铜立人、青铜神树、纵目面具、青铜神像、黄金面罩、金杖、大量玉器和象牙不断出土，轰动国内外。

21 世纪以来，三星堆遗址的大规模考古勘探和试掘工作仍持续进行，遗址分期、遗迹面貌、文物内涵、文化概况、文化影响等方面的研究收获颇丰。2021 年，三星堆考古又取得了重大突破。距离 1986 年 1、2 号祭祀坑的发现 35 年后，新发现的 6 个祭祀坑的发掘再次引起了轰动。这 6 个祭祀坑是 2019 年 11 月至 2020 年 5 月发现的，平面均呈长方形，规模在 3.5~19 平方米。目前，3、4、5、6 号坑已发掘至器物层，7 号和 8 号坑正在清理坑内填土，现已出土金面具残片、鸟形金饰片、金箔、眼部有彩绘的铜头像、大型青铜面具、青铜神树、象牙、精美牙雕残件、玉琮等珍贵文物五百余件。其中，5 号坑中出土大量黄金制品，包括一张独特的金面具，与 1、2 号坑中出土的金面具相比，此次出土的金面具，显得格外厚重且与众不同。3 号坑内出土百余根象牙和上百件青铜器，被三星堆遗址工作站站长雷雨称为"顶尊跪坐人像"的大口尊，从口部到肩部附有诡异的龙或牛装饰，是前所未有的青铜器，堪称国宝级文物。此外 6 号坑还发现了一具内外涂抹朱砂的神秘"木匣"。随着祭祀坑的发现和学术研究的不断深入，三星堆在世界的影响日益扩大。

二 三星堆文化面貌

（一）三星堆的文化崇拜

三星堆出土文物中的图腾反映了当时三星堆先民的自然崇拜、神灵崇拜及祖先崇拜，其崇拜的对象主要包括太阳、鸟（鸡）、龙（羊）、虎、鱼、凫、蚕、竹等。三星堆文化中太阳崇拜是最为重要的信仰，这在三星堆二号坑出土的两件青铜神树中表现得尤为突出。最大的一号神树，枝干皆是弯弯向下，枝条之上有规律地立着九只神鸟。有学者推测，神树顶部还有一只鸟站立，应是十只神鸟。在中国古代神话中，有十日并行危害百姓而引发后羿射日的故事。此外，不少志怪小说中亦有神树与太阳运行密切相关的传说。《山海经·海外东经》记载："汤谷上有扶桑，十日所浴，在黑齿北。居水中，有大木，九日居下枝，一日居上枝。"《山海经·大荒东经》又记："汤谷上有扶木，一日方至，一日方出，皆载于乌。"明确指出太阳是由金乌鸟背负，十个太阳轮流在扶桑木上停歇，便有了日出日落。青铜神树与扶桑树的造型极其相似，是这些远古传说最直观的形象展示，而神树上未见的那只神鸟或为"居上枝"当值的太阳。如图1-2所示。

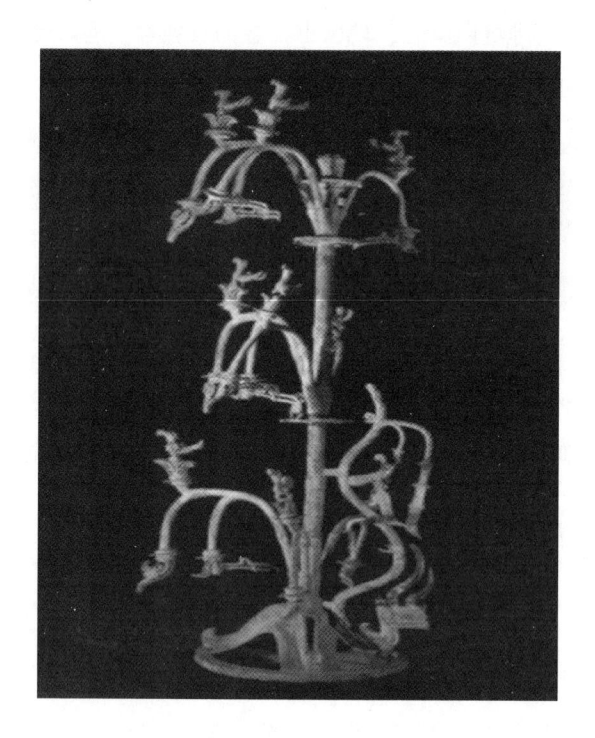

图1-2 三星堆出土青铜神树

此外，三星堆二号坑出土有一种青铜"轮形器"，呈圆形，直径约70厘米；中心似轮毂的大圆泡直径约20厘米，有5根似轮辐的放射状直条与外径相连。这应是三星堆先民太阳崇拜的遗物。"轮形器"的中心大圆泡可释为太阳，放射状直条可谓四射的光芒。[1]三星堆二号坑出土的一尊高达2.6米的大型青铜立人像，也揉进了太阳神的形象。[2] 说明三星堆先民已经观察到，太阳能促进树木花草及农作物生长、成熟，是光明、温暖的象征，因此将太阳奉为丰产之神、保护之神。

（二）三星堆先民的祭祀

据考古学家对三星堆祭祀坑的研究，祭祀坑内的器物都是用于祭祀的神像和礼器祭品，反映了三星堆古国以原始宗教为主的信仰习俗；祭祀坑的建造与瘗埋方式，也具有独特的宗教内容和含义；祭祀坑是特定的宗教礼仪活动的最终结果，它们与三星堆土台等"祭台""青关山一号大房子"等"神殿"或"神庙"，共同构成了三星堆祭祀仪式的基本形态。三星堆祭祀坑的形制大致可分为"大型长方坑、中型长方坑、红烧土坑、不规则浅坑、小型圆坑"[3] 五类，三星堆先民所用祭祀方法有"燔燎""瘗埋""血（灌）祭""悬""尸祭"五种，其礼祭的对象主要为"祭天""祭地""祭社""祭山及四方之神""祭祖和祖先神"[4]。从神像、礼器、祭品的规格、数量、形态来看，当时祭祀的规模和场面都达到了非常宏大和热烈的程度，可能产生过广泛而深远的影响。因此考古学家认为"三星堆古国时期通过反复地进行各种规模和形式的祭祀活动，不断强化了神权国家的思想理念、向心力量

---

[1] 屈小强、李殿元、段渝：《三星堆文化》，四川人民出版社1993年版，第171页。
[2] 屈小强、李殿元、段渝：《三星堆文化》，四川人民出版社1993年版，第177页。
[3] 赵殿增：《三星堆祭祀形态探讨》，《四川文物》2018年第2期。
[4] 屈小强、李殿元、段渝：《三星堆文化》，四川人民出版社1993年版，第228—239页。

和统治能力，成为一处影响宽广的宗教祭祀中心"①。

(三) 三星堆先民的酒文化

三星堆出土文物中有数量惊人、品种繁多的陶质及青铜质酒器，如陶质酒器盉、杯、尖底盏、觚、壶、勺、缸瓮等，青铜酒器尊、罍、彝等。与酒器一同出土的尚有众多饮食器皿，如陶制的碗、碟、盘、豆、罐等，一定程度上反映了三星堆先民在饮酒时，佐以美味佳肴的情景。② 三星堆出土的酒器甚至已构成一个完整的系列，从酿酒器到盛酒器再到饮酒器无一不备，可见当时饮酒已成为不可或缺的生活内容。

酿酒器如三星堆出土的酿酒用的高领大罐，高约40厘米，腹部圆鼓，腹以上是粗壮的高领、直口，下腹部作反弧线内收接小平底。这种高领罐，由于领高、口直，十分适宜封口密闭，既可避免杂菌入侵，又可创造有利于发酵的厌氧条件。这种高领罐还有一个优点，下腹部反弧内收，便于受热；小平底虽不稳却宜于埋在灶坑边的热灰中保温。由于它在设计上的独到和优良，已有学者将其命名为"三星堆式发酵罐"③。盛酒器如酒缸，从残片看缸壁厚度约12厘米，腹径超过120厘米，可谓非常结实。酒壶的样式则多种多样，有短颈长腹的，有长颈圈足的，不一而足。饮酒器如陶质的觚和瓶形的杯，尤以瓶形杯的数量最多。它的外形粗看像北方烫酒用的陶瓷酒瓶，器形细长，容量在200毫升左右。设计上充分考虑了饮酒的需要，即开口呈喇叭形便于吮啜，瓶颈细束可以保证下面的酒糟不随酒液进入口腔；而容器最大的空间在底部，也是为了使该瓶有足够的容量盛酒。此外尚有舀酒把勺，三星堆及其他古蜀文化遗址均发现"鸟头形把勺"，这类勺把柄较长，头部被雕塑成各种长喙的鸟头、兽头或钩形，便于勾住酒器口沿，使

---

① 赵殿增：《三星堆祭祀形态探讨》，《四川文物》2018年第2期。
② 屈小强、李殿元、段渝：《三星堆文化》，四川人民出版社1993年版，第286页。
③ 肖平：《古蜀文明与三星堆文化》，四川人民出版社2010年版，第143页。

之不致沉落酒中。

(四) 三星堆先民的手工业

一方面，三星堆先民的重工业技艺高超。青铜冶铸业是三星堆文明社会极其重要的手工业门类，考古研究表明，三星堆青铜铸造拥有"独具特色的青铜配方、炉火纯青的浇铸工艺、匠心独运的造型艺术、光彩夺目的青铜文物"①，可见早在三千多年前，古蜀王国的青铜文化就完全能与商王朝的青铜文化媲美。其次，三星堆文化遗址还出土了众多陶器、玉器，这些器物都具有浓厚的地方特色，反映了三星堆先民陶器、玉器手工业较高的制作水平。

另一方面，三星堆先民的纺织业则是轻工业水平的重要体现。三星堆出土了数量、种类众多的陶纺轮，其中一种以石壁芯为原料再加工钻孔而成，器形一般呈圆饼状；另一种是陶质纺轮，以泥质黑陶为主，饰有篦点纹和凸弦纹，制作较为精细。② 这些出土器物表明当时三星堆先民已采用了较为先进的纺织技术。

(五) 三星堆器物上的古文字

三星堆遗址发掘成果显示，出土的陶器上多有刻画符号，有学者提出"同一种符号出现在不同的器物上，说明其含义已经固化，约定俗成。其意义，正如大汶口陶器上的刻画符号一样，为较早期的古文字"③。又"陶器上发现的刻画符号雄辩证明早期蜀文化在四千年前已具备文明社会的主要标志，即城市、冶金和文字"④。如图1-3所示。

---

① 屈小强、李殿元、段渝：《三星堆文化》，四川人民出版社1993年版，第294—301页。
② 冯汉骥、童恩正：《记广汉出土的玉石器》，《四川大学学报》1979年第1期。
③ 段渝：《巴蜀古文字的两系及其起源》，《考古与文物》1993年第1期。
④ 林向：《三星堆遗址与殷商的西土》，《四川文物》1989年第1期。

✕ ∧ ⌇ ᛐ 🏛 ⾶ ⌒ ♨

图1-3 三星堆出土器物上的刻画符号①

近年来，考古学者还在三星堆地区出土的玉（石）器上发现了指南针及"东""西""南""北"四个方位字。这一发现不仅将中国指南针的发现史推到了更远古的时代，上面所刻的"东""西""南""北"四个方位字的发现，更显现出三星堆先民对空间的认识，由此推断"这些古文字比甲骨文更古老……中国文字的发展史至少在万年或万年以上。"② 文字是民族必备的文明要素之一，三星堆文化或已具备了这一要素。

（六）三星堆先民的音乐艺术

1929年广汉发现的第一个三星堆玉石礼器坑中就出土了大量圭、璋、瑽、璧、凿、琼、斧等玉石器，其中一件石瑽乐器是出土最早的古蜀国乐器，此后又陆续有数量庞大的乐器被发现。尤其是在1986年发现了两个大型的祭祀坑，出土了大量的乐器，这些乐器大多具有发声功能。③ 有学者指出："虽然出土的铜铃、似锣挂饰、磬等器物属于发声乐器，但是另外的璧、理、环、戈、凿、斧等器物也可以作为祭祀礼器或者舞蹈用具，从古蜀国的音乐结构上猜测，这些器物也扮演着在音乐中发声的角色。"④ 又"三星堆出土的乐器用材贵重，制作精良，完全可以与商王朝的音乐文化相媲美，虽然种类较少，但是当时

---

① 屈小强、李殿元、段渝：《三星堆文化》，四川人民出版社1993年版，第461页。
② 张如柏、张玉玉：《三星堆玉（石）器上发现的指南针及古文字新释》，《成都理工大学学报》2013年第4期。
③ 胡艳津：《从出土音乐文物看三星堆时期古蜀国的音乐形态》，《金田》2011年第10期。
④ 赵殿增：《三星堆考古发现与巴蜀古史研究》，《四川文物》1992年第1期。

社会对音乐的关注程度都是一样，都在努力挖掘音乐的社会功效"[1]。遗址出土器物中的音乐元素都可折射出三星堆先民的音乐艺术风采。

三 三星堆文化的地位及影响

20世纪80年代始，学者们先后对三星堆遗址进行分期，虽然不同学者的分期结论有所不同，但将遗址分为三阶段和四时期已基本成为共识。三星堆遗址一直与周边，乃至更远地区的考古学文化有着密切的交流。一期时与良渚文化、石家河文化等在稻作农业、陶器制作、玉（石）器形制等方面有很多相似之处；二期、三期时与中原地区的夏、商文化有特征相似的陶器、铜器和玉器；四期时与关中地区在陶器形制等方面往来密切，在越南也发现有与三星堆文化相似的玉石器。发掘者将三星堆遗址的文化遗存命名为三星堆文化，后有学者又进一步细分为边堆山文化（后改为宝墩文化）、三星堆文化和十二桥文化，这是目前关于三星堆遗址考古学文化构成情况的主要观点。此外关于三星堆遗址所属考古学文化源流的观点相对统一，即上述三种考古学文化是同一个文化系统的不同阶段，三者是继承和发展的关系，其来源地主要有川西北山地和长江中游地区两种说法。[2]

21世纪以来，三星堆文明的探寻工作一直没有停止过，但与全球世界级的古文明遗址研究成就相比较，现有的考古发现还不足以全面展现三星堆文明的整体面貌。著名学者李学勤曾指出："三星堆发现的重大价值还没有得到充分的估计。实际上，这一发现在世界学术史上的地位，完全可以与特洛伊或者尼尼微相比"，"它的价值和作用应当站在世界史的高度上来认识"[3]。这是对三星堆文明所具有的世界性意

---

[1] 蒋修辉：《古蜀国音乐源流考》，《大众文艺》2017年第8期。
[2] 雷雨：《三星堆古蜀文明探索之路》，《中国文物报》2019年7月23日第4版。
[3] 霍巍：《三星堆文明的世界性意义》，载《四川日报》2018年11月2日第6版。

义极其深刻的阐释。

第三节 金沙遗址

一 金沙遗址的发掘

金沙遗址位于四川成都市区西部的二环路、三环路之间，东距市中心仅5公里，地处青羊区苏坡乡金沙村和金牛区黄忠村。现已探明的分布面积约5平方公里，北达羊西线，东临同和路及青羊大道，西至三环路，南接清江中路和西路。处于成都平原的腹心地带，分布范围内地势平坦，相对高差不过5米。遗址内及周围河流较多，遗址南面1.5公里处为清水河；遗址北侧为郫江故道（今已湮没）；摸底河由西向东蜿蜒曲折地横穿遗址中部，把金沙遗址分为南北两半，北为黄忠村，南为金沙村。在成都市区西部、南部的故郫江及今南河沿河地带，考古发现了较多商周时期的遗址，其中以十二桥遗址发掘面积最大、出土器物最多、最具典型性，故学界将其统称为"十二桥遗址群"[1]。

金沙遗址的发现可追溯至20世纪末。1995—2000年，成都市文物考古研究所先后三次对成都金牛区黄忠村的黄忠小区进行了文物勘探和考古发掘，经三次发掘，考古人员定到黄忠村遗址是一处典型的古蜀文化遗址，分布面积约1平方公里，时代约当商代晚期至西周早期，但当时并未意识到它竟是一处古蜀中心遗址。2001年2月8日，青羊区金沙村修建"蜀风花园城"大街下水沟时，在施工区内发现了大量玉石器、铜器和象牙。成都市文物考古研究所便于次日开展考古发掘，对位于摸底河以南的青羊区金沙村"蜀风花园城"内的"梅苑""兰

---

[1] 孙华：《成都十二桥遗址群分期初论》，《四川考古论文集》，文物出版社1996年版，第123页。

苑""体育公园"几个地点及"金沙园"进行了全面的文物勘探，勘探面积达1平方公里。在此范围内确认了4处重点堆积区，对其中3处进行了发掘，发掘总面积共计约17000平方米，初步了解到该遗址的文化内涵及性质。① 可以说金沙遗址是四川继三星堆遗址之后最为重大的考古发现。

二 金沙遗存及文化特征

目前在金沙遗址范围内所发现的重要遗迹包括四类，即大型建筑基址区、大型祭祀活动区、一般生活居址区、墓地。考古专家认为，这些现象反映了金沙聚落内已有明显的功能分区，都城已具有相当的规模，社会组织结构可能较为复杂。②

金沙遗址中已经出土了六千余件金器、铜器、玉器、石器、漆木器，还有数以万计的陶器及成吨的象牙，数千件的野猪獠牙、鹿角等。这些遗存也充分反映了金沙古文明的重要特征及文化面貌。

（一）崇拜与信仰

金沙遗址出土的器物中以金器（达二百余件）最为突出，是中国先秦时期出土器数量和种类最多的遗址。金器以金箔、金片为主，其中"太阳神鸟"金饰（又称"四鸟绕日金饰"）最具典型意义及代表性。如图1-4所示。此件形制为圆形，内有镂空图案，外径12.5厘米，内径5.29厘米，厚0.02厘米，用极薄的金箔制作而成，在工艺上采用了精湛的锤揲与切割技术。图案分内外两层，采用镂空的表现形式，内层图案中心为一镂空的圆圈，周围有十二道等距离分布的象牙状的弧形旋转芒，这些外端尖锐似象牙或细长獠牙的芒，呈顺时针旋

---

① 朱章义、张擎、王方：《成都金沙遗址的发现、发掘与意义》，《四川文物》2002年第2期。

② 成都金沙遗址博物馆编：《金沙遗址》，五洲传播出版社2006年版，第15页。

转的齿状排列；外层图案是四只逆向飞行的神鸟，引颈伸腿，展翅飞翔，首足前后相接，围绕在内层图案周围，排列均匀对称，飞行方向与内层图案的旋转方向相反。2005年8月16日，"太阳神鸟"金饰正式成为中国文化遗产标志；2005年10月12—17日，"太阳神鸟"金饰的蜀绣制品搭载神舟六号飞船在太空遨游后返回地球。

图1-4 金沙遗址出土的"太阳神鸟"金饰①

学界普遍认为，"太阳神鸟"金饰反映了古蜀人的崇日观念。在各种原始崇拜观念中，太阳崇拜是最普遍的观念，这主要是由于太阳与自然万物的密切关系，它对人类的生存繁衍起至关重要的作用，所以先民们自远古以来就对太阳怀着敬畏崇拜之情，并由此产生了各种崇拜形式。有学者指出，"崇鸟和崇拜太阳，不仅是古代蜀人精神世界中的主题观念，而且是古蜀各部族的共同信仰"②。同时，"金沙遗址出土的这个'太阳神鸟'所代表的古蜀人所使用的历法，与同一时期的中原地区的历法相类似，都是相当完备的阴阳历，一年有12或13个

---

① 成都金沙遗址博物馆编：《金沙遗址》，五洲传播出版社2006年版，第47页。
② 黄剑华：《太阳神的绝唱——金沙遗址出土太阳神鸟金箔饰探析》，《社会科学研究》2004年第1期。

月,会置闰月,有四时的概念。说明蜀中的历法确实先进"①。近年来也有学者提出新的见解,认为金饰上的图案反映了"负阴抱阳的圜道;动水对炎火的制约;从而引申出预防灾患的意识"②。

(二) 祭祀与丧葬

金沙出土的金器中有一件宽19.5厘米、高11厘米、厚0.04厘米、重46克的金面具,如图1-5所示。这是目前中国发现的同时期形体最大、保存最为完整的金面具。此件面部呈方形,额齐平,长刀形眉凸起,大立眼,三角形鼻高挺,有两个鼻孔,阔嘴,长方形耳朵,耳垂处各有一圆孔,下颌齐平,内折,显得十分威严。化学成分分析表明,该面具用自然沙金加工而成,含金量超过80%。制作时先用自然沙金加工、热锻成型,再整体锤揲成型,成型时应垫有模具,制作工艺达到了很高的水平。

图1-5 金沙遗址出土金面具③

---

① 刘道军:《金沙遗址中"太阳神鸟"的象征意义》,《成都大学学报》2006年第2期。
② 冯广宏:《金沙"太阳神鸟"文化解读》,《西华大学学报》2007年第1期。
③ 成都金沙遗址博物馆编:《金沙遗址》,五洲传播出版社2006年版,第50页。

考古学家认为，金面具很可能是古蜀国举行神秘宗教祭祀活动时所使用的。金面具表面虽打磨得十分光亮，内壁却较为粗糙，且与之同时出土的几件面具大小不一，因此很可能是粘贴在青铜人头像或木质人头像上的，而非用于活人佩戴。面具在古蜀人的精神世界里，不仅是一种通神的工具，更是一种娱神的法器，以极其珍贵的黄金面具覆盖于青铜人头像上，不仅显示了其崇高的地位，而且让神灵欢愉，以此得到神灵的庇护。它们从一个特殊的角度，揭示了古蜀社会祭祀活动的昌盛，反映了古蜀先民独特的崇尚心理和精神世界。①

此外，据考古学家对墓葬的考察，金沙遗址中的墓葬有以下特点。第一，都有一定的排列顺序，墓葬之间很少有叠压和打破的关系；第二，墓葬都为土坑，墓坑都为西北—东南向，头朝西北或东南；第三，墓葬以单人葬为主，亦有少量夫妻合葬墓；第四，约半数以上墓葬有随葬品，一般为陶器和石器，个别墓有少量玉器和青铜器。这些特点反映出，金沙先民的墓地都有一定规划，墓葬方向的选择反映了他们希冀灵魂不死而追溯先人迁徙路线返归故里的观念，且从墓葬形式差异可见金沙遗址内已有明显的社会分层与等级划分。②

（三）生产与生活

金沙遗址当中广泛分布着一般性的生活居址，显示出当时社会的人口已相当密集。在这些生活区内，发现有大量房址、灰坑、陶窑、水井、水塘等，一定程度上反映了金沙先民的生活状况。

考古研究表明，在金沙遗址生活区发现的小型房屋建筑多采用"木（竹）骨泥墙"式的建筑形式。房屋周围还有大量灰坑，形状、

---

① 张擎：《金沙遗址黄金面具揭秘》，《中国文化报》2014年12月30日第7版。
② 成都金沙遗址博物馆编：《金沙遗址》，五洲传播出版社2006年版，第40—43页。

大小各异，大多是生活废弃物的堆积坑。这一区域出土了大量陶器，种类丰富，包括盛器、酒器、礼器等。此外还发现了木质、铜质、石质的农业生产工具及一些纺轮、网缒、箭镞等。这些日常用品反映了金沙时期以繁盛的农业经济为基础，同时还辅之以狩猎、捕鱼、畜牧等多种经济手段。

生活居址附近还有少量水井，水井是在地面上开挖一个较深的坑，坑中埋入一个无底的大陶罐，周边用卵石进行回填，起到过滤水的作用。而在金沙遗址"芙蓉苑"还发现有小水塘，面积约100平方米，有两条沟渠与之相连，从岸上到塘中尚有用圆木搭建的取水平台。可以推测金沙先民除饮用井水外，还大量使用地面水。[1]

（四）环境与气候

金沙遗址祭祀坑中曾出土大量象牙，其中一处象牙多达八层，最长的象牙达1.6米，摆放规律，极其壮观。中国古代方术家有用象牙魔力殴杀水神之法，而成都平原在修建都江堰前，河流长期泛滥成灾，因此金沙先民认为用象牙祭祀可镇水怪。

经考古鉴定，金沙遗址中的象牙种属均为亚洲象，这些大象很可能来自四川本地。[2] 基于对该地区河流、动物、植物等各方面的考古结果，学界认为当时成都平原植被以草本植物为主，局部地区为低洼的湿地。总体气候属热带和亚热带的温暖气候，存在着温暖温润和温暖干旱气候交替的现象。这种情况反映出，金沙时期成都平原可能到处都是茂密高大的森林，成群的动物生活其间。这样温暖湿润、动植物众多的自然环境应适合野生大象的生存。[3]

---

[1] 成都金沙遗址博物馆编：《金沙遗址》，五洲传播出版社2006年版，第34—39页。
[2] 黄剑华：《金沙遗址出土象牙的由来》，《成都理工大学学报》2004年第3期。
[3] 成都金沙遗址博物馆编：《金沙遗址》，五洲传播出版社2006年版，第20—27页。

三 金沙的价值及与三星堆的关系

从大量的遗存和出土文物分析，金沙遗址的文化堆积年代大约在商代晚期至春秋早期（约当公元前1200—前650），其中以商代晚期至西周时期①的遗存最为丰富。这个时期的金沙可能是继三星堆文明之后古蜀国的又一个政治、经济、文化中心，极有可能是这一时期古蜀王国的都邑所在。② 金沙遗址遗存蕴含着极其丰富的文化内涵，不仅向世人展示了古蜀王国灿烂的历史文化，而且为人们了解古蜀人的社会生活、精神观念及艺术成就等方面提供了珍贵的资料。

学界认为，金沙遗址的时代与三星堆遗址的时代有部分重合，说明三星堆古城和金沙曾并存。金沙遗址与三星堆遗址出土的遗物大多相似，并且都突出了对太阳神的崇拜。但金沙时期的祭祀活动已不同于三星堆时期将大量表现祭祀对象、祭祀者和祭祀场景的器物供奉于宗庙与神庙之中的做法。另外，金沙祭祀区出土青铜器的种类和数量较少、形体小而轻薄、多锻造成型、采用镂孔或彩绘装饰，并用大量石雕、木雕、玉器、漆器等代替青铜制品。主要原因是金沙时期缺乏铜料，铜矿资源匮乏也为解释当时成都平原权力中心由三星堆转移到金沙提供了新线索。从总体上看，三星堆和金沙两地的文化具有同一性和延续性，从三星堆到金沙，文化与社会的发展脉络并未中断。相对于三星堆文化、金沙文化以及更晚的战国时期的大量遗址和墓葬，成都平原相当于春秋时期的考古发现却很少。另外，到了战国时期，成都平原已完全不见三星堆遗址和金沙遗址出土的那些遗物，此时的

---

① 一说"商代晚期至春秋初期"。
② 成都金沙遗址博物馆编：《金沙遗址》，五洲传播出版社2006年版，第15页。

巴蜀文化与此前的文化全然不同。①

第四节　南方丝绸之路

至迟自公元前2000年中叶开始，在近东、中亚、南亚到中国西南四川盆地这一广阔的连续空间内，存在着相同或相似文化因素集结的连续分布现象。这一广阔的连续空间，就是古代亚洲最大、距离最长的文化交流纽带。② 这条纽带由四川盆地出云南至南亚和东南亚的一段，便是"南方丝绸之路"。

一　南方丝绸之路的起点

南方丝绸之路，汉晋称"蜀身毒道"，可分为零关道（牦牛道）、五尺道、滇缅永昌道、南夷牂柯道、滇越进桑道。这些陆上交通路线以四川成都平原为中心，向南辐射，联系今东亚的泰国、越南、缅甸和南亚印度诸国，甚至可达大夏（今阿富汗北部）及以西地区，往南可与南方海上丝路相连。③ 三星堆出土的上千枚来自印度洋北部沿海地区的齿贝以及由西亚经南亚入蜀的金杖、雕像文化因素等，证明早在商代中叶，即公元前十四五世纪，"蜀身毒道"即已开通。④

古蜀国的成都平原正是南方丝绸之路的起点。先秦时期成都或已成为商业城市，有学者认为"成都"得名系由"成草""成亭"演变而来，体现了成都工商业城市发展规模水平的轨迹。⑤ 据《华阳国志》

---

① 曾江：《三星堆文化与金沙文化存在延续性》，《中国社会科学报》2016年1月8日第6版。
② 段渝：《古代巴蜀与南亚和近东的文化交流》，《社会科学研究》1993年第3期。
③ 蓝勇：《南方丝绸之路》，重庆大学出版社1992年版，第12页。
④ 屈小强、李殿元、段渝：《三星堆文化》，五洲传播出版社2006年版，第553页。
⑤ 沈仲常：《从出土的战国漆器看"成都"的得名》，《四川文物》1985年第2期。

记载，秦灭巴蜀（前316）后，蜀守张若负责正式修筑成都城，城围十里，分大城、少城两部分。少城在西，分南北两部，是工商业集中的地方。战国时期李冰修都江堰，成都平原得到了更大的发展。汉初文翁兴学，地方文化亦得到长足进步。西汉时，成都已成为中国西南政治经济文化中心，是当时的五大商业都市之一，人口仅次于长安。魏晋时期成都商业亦颇繁盛，故左思的《蜀都赋》中描述"市廛所会，万商之渊。列隧百重，罗肆巨千。贿货山积，纤丽星繁"。唐宋时，成都为中国西南政治经济文化中心，是唐代控驭西南、通道缅印的总站。时成都商业繁荣，大市区有四市，南门外还有新南市，甚至已出现夜市。可以说先秦至宋元以来成都商业的发展，带动了南方丝绸之路地区商业经济的发展，也对大西南社会经济发展及中外文化交流产生了积极影响。

二　蜀地与对外贸易

对外贸易是南方丝绸之路最活跃的功能，道路开辟后，各类经济贸易活动便开始频繁地开展。在南方丝绸之路的对外贸易中，蜀地向外输出的商品主要有"蜀布、蜀锦、邛竹杖、蒟酱、铁器、铜器"[①]等。对外贸易的货币主要是一种产于印度洋的海贝；对外贸易的性质既有民间自由贸易，又有官方贸易，方式为直接贩运和转口贸易两种。直接贸易中，蜀地商人亲自贩运商品前往外地出售；转口贸易中，从成都平原出发，需经蜀商、滇商、外国商人多次转口完成交易。

蜀地众多的对外贸易商品中，以蜀布最为突出。《史记·西南夷列传》："元狩元年，博望侯张骞使大夏来，言居大夏时见蜀布、邛竹、杖。"自《史记》载张骞言，提出"蜀布"二字，《汉书》《通典》《通

[①] 蓝勇：《南方丝绸之路》，重庆大学出版社1992年版，第35—44页。

鉴》及其他两千年来的史籍均沿用这两个字。而"蜀布"究竟是何物，后世学者说法不一，有细棉布、橦花布、黄润、苎麻布等，其中蜀布为苎麻布的观点最为学界所认同。中国是苎麻的重要产地，它喜高温湿润的气候及微酸性的土壤，北方盐碱土和南回归线下的强酸性土皆无法生长，只有长江以南的低山浅谷地带才是它的原生地。它被人类取来绩织成布是从四川盆地西南部开始的，由蜀推行到巴，由巴推行到湘、赣、皖、浙。至东汉初江浙的苎麻布才行销到中原，称为"越布"，与蜀布皆以地区命名，以别于中原之麻布。当时不称为苎布是因为苎麻这种植物中原本无，造字未及，故以产地称之。蜀布最早在蜀驰名的原因，在于印缅等热带、亚热带人苦热。苎麻布色最白，不畏水湿，汗渍不污，疏能散热，故在热带特别畅销。我国海上交通自魏晋始，唐、宋乃盛。唐以前，印、缅与中国的交通唯有蜀、滇之间的陆路。无论中国苎麻业如何发达，苎布外销必自蜀地始。蜀印商路亦必以输出苎布为主，故此路又可称为"蜀布之路"。①

蜀布之外又以蜀锦影响最为深远。考古发掘显示，早在先秦时期（公元前221年之前），蜀锦就开始传播于北方丝绸之路。1982年，湖北荆州市江陵县马山砖厂一号墓发现大批战国丝织物，其中包括织锦②；湖南长沙曾发现过战国织锦③，考古学家充分论证，认为这些战国织锦均为蜀地所产。汉代成都蜀锦生产已具有一定规模，随着中国丝织业重心南移，尤其是三国时期对西南的经营，其时蜀锦生产已在全国享有盛誉，在成都置锦官，在城西南置锦官城，有"锦里"之称。当时蜀锦已成为重要外销品，从考古发掘出土的资料看，时"蜀锦主

---

① 任乃强：《中西陆上古商道——蜀布之路》，《文史杂志》1987年第1期。
② 荆州地区博物馆：《湖北江陵马山砖厂一号墓出土大批战国时期丝织品》，《文物》1982年第10期。
③ 熊传新：《长沙新发现的战国丝织品》，《文物》1975年第2期。

要传播于蒙古国、新疆等北方丝绸之路和日本等海外丝绸之路"①。唐宋时蜀地亦是中国西南纺织中心,故有锦城之称。唐代卢求的《成都记序》:"(成都)人物繁盛,悉皆土著,江山之秀,罗锦之丽。"因此历史上有"扬一益二"的说法。蜀锦在唐代与"齐纨""楚练"齐名,宋代称"蜀土富饶,丝帛所产,民织作冰纨绮之物,号为天下冠"②,又"蜀以锦擅名天下,故城名以锦官,江名以濯锦"③。唐贞观年间(627—649),窦师纶作益州大行台兼任检校工造时,创造性地织出了"天马""道麟""对雉""斗羊"等十余种花样,被誉为"益州新样锦",成为全国纹样设计的模本,蜀锦进入新的发展高峰。此外,蜀地的织锦工,还能够在锦上缕金为花,织成一种美丽的"碧罗笼裙"。这种缕金的技巧,为明代的织金锦缎开了先河,也是唐代蜀地织锦工艺上的一大进步。织锦业的进步和织锦工艺的发展使蜀锦大量进入丝绸之路。有学者评价:"蜀锦在历史上丝绸之路的广为传播,丰富了南亚、中亚、北亚甚至欧洲文明的内容,从而沟通了中国与世界各个文明区的经济文化交流,这不仅对于中国认识世界和世界认识中国,而且对于西方古典文明的发展,都做出了积极和卓越的贡献。"④

三 蜀地与文化交流

南方丝绸之路作为一条跨地区、跨国家、跨大洲的国际贸易线,让多种民族、地区和国家的文化在此交流、交汇,乃至交融。南方丝绸之路所具有的文化交流特性,也反映出古蜀文明与南方丝绸之路沿途的滇文化区以及东南亚、南亚、西亚,乃至地中海地区的文化交流关系。

---

① 唐林:《蜀锦与丝绸之路》,《中华文化论坛》2017年第3期。
② 杨仲良:《续资治通鉴长编纪事本末》卷13,太宗淳化四年条,中国台北文海出版社1967年版。
③ 杨慎:《全蜀艺文志》卷56《蜀锦谱》,线装书局2003年版,第1679页。
④ 唐林:《蜀锦与丝绸之路》,《中华文化论坛》2017年第3期。

(一) 青铜文化的传播

广汉三星堆遗址、成都金沙遗址等地先后出土了大量的青铜器，在中国，乃至世界青铜文化中独树一帜。有学者指出三星堆为先秦时期长江上游的青铜文化中心[1]。据古蜀遗址出土青铜器的规模看，整个成都平原当之无愧为长江上游，乃至西南地区的青铜文化中心。

1. 青铜武器

成都平原作为当时的青铜文化中心，在整个先秦时期持续不断地将青铜文化向周边地区，尤其是滇地、东南亚地区扩散，对当地的青铜文化产生了强烈的、明显的影响。如青铜权杖，作为古蜀国巫师通天通神的宗教性器物以及蜀王权力的象征物，却在盐源地区、滇池地区、洱海地区相继出土，而在那些出土青铜权杖的地方又未有相关材料能证明其被古蜀王国直接统治。可以推测青铜权杖的发现应是古蜀地区青铜文化南下所造成的，也是这些地区受古蜀文化影响的物证表现。[2] 此外有学者发现红河流域与古蜀地区青铜至铁器时代考古学文化所呈现出来的文化面貌众多的一致性[3]，越南青铜时代至铁器时代诸考古学文化遗物中的部分器物、纹饰，也同古蜀地区稍早的同类器物相似或相同[4]，均反映出古蜀地区青铜文化的传播与影响。

2. 青铜乐器

蜀地出土的青铜乐器类型较齐全，包含了我国青铜乐器的基本种类，展示了古蜀青铜艺术辉煌成果的一个重要侧面。巴蜀青铜乐器出

---

[1] 幸晓峰、沈博、钟周铭：《南方丝绸之路文化带与中国文明对外传播与交往》，电子科技大学出版社2017年版，第156页。

[2] 幸晓峰、沈博、钟周铭：《南方丝绸之路文化带与中国文明对外传播与交往》，电子科技大学出版社2017年版，第157页。

[3] 幸晓峰、沈博、钟周铭：《南方丝绸之路文化带与中国文明对外传播与交往》，电子科技大学出版社2017年版，第158页。

[4] 雷雨：《从考古发现看四川与越南古代文化交流》，《四川文物》2006年第6期。

土地点相对集中于川东地区古代巴人聚居地，几乎每县都有春秋战国时期的青铜乐器出土，器型多与楚国青铜乐器相近，如涪陵小田溪土坑墓出土的14件制编钟、錞于、钲、铎；新都战国木椁墓出土的5件制编钟，反映出蜀文化与楚文化的密切交往。另有阿坝州茂县出土的成套编钟，反映出战国晚期蜀文化与秦国青铜文化的交往。蜀地发现的铜鼓，有上百件之多，春秋战国时期至汉代的各种类型均可见到，还有三国时期铜鼓及清代少数民族铜鼓，主要分布在南方丝绸之路沿线，反映出蜀地移民和文化的南传。西昌地区是巴蜀大石墓比较集中的地区，大石墓中的随葬品有铜铃、铜口哨等比较粗糙的青铜乐器，反映出汉族文化对这一地区少数民族文化的影响。[①]青铜乐器的传播，再次证明蜀地文化在中华文化传播中的重要作用。

（二）多民族文化的交融

蜀地特殊的地理位置和由多民族积聚所形成的人文生态，使先秦时期以土著艺术为主体相对独立的古蜀艺术，逐渐纳入以中原艺术为主体的汉族艺术中。蜀地也逐渐成为南北艺术的交流中心及西南地区汉族艺术与少数民族艺术的汇集地。古蜀艺术积淀着秦汉时期汉族艺术的精华与多民族艺术交流融合的成果，集南北文化于一体，融合各民族、宗教艺术，呈现出独特的文化面貌。

汉武帝开西南夷后，西南少数民族文化接受和融入中原文化，得到快速发展。两汉时期，蜀文化取得辉煌成就，在教育、文学、艺术、经学和哲学、语言文字学、科学技术、建筑、宗教以及丧葬习俗等方面，形成了既能代表汉朝文化水平，又具有地方特色的蜀文化，在许多领域涌现出著名学者和专业人才，出现历史上蜀文化繁荣发展的又

---

① 幸晓峰、沈博、钟周铭：《南方丝绸之路文化带与中国文明对外传播与交往》，电子科技大学出版社2017年版，第153页。

一次高峰，成为全国文化最发达的地区之一。如城市建筑艺术成为新型的艺术形式，城镇建设和道路建设得到长足发展；绘画、漆画、蜀锦等艺术也取得了众多杰出成果；许多用于葬礼的碑文、石阙石刻画像砖石、陶俑等艺术种类，都展现出蜀地雕塑艺术的繁荣发展。东汉时期，中国本土宗教道教在四川发源，开启了道教艺术之端，蜀地成为中国早期宗教艺术的发源地之一，也是道教艺术发展最为繁盛的地区之一。

（三）巴蜀文化与西域文化、东南亚文明

古蜀道的开通，连接了成都与"丝绸之路"起点西安。汉唐时期成都成为西南地区文化中心，也成为西域文化和佛教文化北进南传的一个中心，佛教法事活动和民俗节庆活动相生共荣，市场与寺院同处，形成成都佛教文化的独特风格。

成都文殊院、大慈寺、爱道堂、昭觉寺、近慈寺、石经寺、宝光寺等，均是保存完好的佛教寺院建筑，佛教文化资源极为丰厚。成都现存南北朝时期的石刻造像，保存完好，内容丰富，具有极高的研究价值。如2014年12月，成都文物考古研究所在下同仁路发掘出土百余件精美佛像。这批石刻佛像多属于南朝时期，是成都首次大规模出土的南朝造像。

五代前蜀皇帝王建墓室棺壁上的二十四伎乐石刻图像是汉唐宫廷燕乐与西域乐舞、佛教乐舞融合的杰作，也是目前我国遗存最早的大型乐舞表演雕刻，积淀着盛唐时期中华文明对外交流融合、博大精湛的艺术成就。2011年成都十陵街道青龙村五代后蜀宋王赵廷隐墓葬出土的十四座彩绘伎乐俑，与前蜀永陵二十四伎乐组成的宫廷乐队石刻相呼应，再现了五代时期蜀地相对稳定、宫廷雅乐及西域佛教乐舞南传的情景。汉唐以来，汉传佛教文化由中原传入蜀地后，继续向西南各地传播，扩大了传播范围，从多方面促进了南北文化及本土文化与外来文化的融合。此外有学者考证,"支那"一词与成都的渊源也反映了古蜀在早期中西交通史上的重要影响。①

从远古时代起,古蜀地区也是中国与东南亚文化联系的重要一环。据童恩正先生研究,古代东南亚的若干文化因素来源于巴蜀,大致有农作物中的粟米种植,葬俗中的岩葬、船棺葬、石棺葬,大石文化遗迹以及一些青铜器的器形和纹饰等。② 段渝考证认为,中国南方青铜时代中,最有可能实现同东南亚文化交往的地区是云南。可是云南青铜文化发生较迟,不足以给东南亚以太大的影响。紧邻云南北部的巴蜀地区,则不仅青铜文化发祥很早,而且辉煌灿烂,辐射力也相当强劲。巴蜀青铜时代不仅青铜文化,而且其他方面的若干因素也很发达,优于南面的滇文化。滇国青铜时代从巴蜀文化中吸收借鉴了若干因素,就是很好的证据。③ 这些研究都表明,以古蜀为重心的中国西南古代文明曾经对包括东西方在内的世界古文明做出了重要贡献。

第五节　巴蜀图语

一　巴蜀图语的概念

前已言及,三星堆遗址发掘出土的陶器上多有刻画符号。近年来,考古学者还在三星堆地区出土的玉(石)器上发现了指南针及"东""西""南""北"四个方位字。四川地区所出土的战国铜器上常见一些图像符号,这些符号有的是个体单符,有的是成组联符。绝大多数符文铜器出土于战国土坑墓中(个别出土于岩洞中)。此外在个别匋纺

---

① 段渝:《古蜀时期》,四川人民出版社2011年版,第375页。
② 童恩正:《试谈古代四川与东南亚文明的关系》,《文物》1983年第9期。
③ 段渝:《巴蜀古代文明与南方丝绸之路》,载《南方丝绸之路研究论集》,巴蜀书社2008年版,第16—17页。

轮上、木梳上、漆耳杯上也有图像符号。此种图像符号，已见的大约有单体符文百余个，成组的联文符图则有约二百组。虽难以组成篇章词句，但显然是当时人们表达语意的特殊符号，因名"巴蜀图语"[1]。

20世纪20年代，成都西门外的白马寺一带陆续出土了许多造型特异的古代青铜器。这些青铜器是工人在挖土烧砖时发现的，由于缺乏保护，很快被哄抢一空，不久这些青铜器又从工人手中流到古董商手中。一些古董商发现这些青铜器不仅造型怪异，上面还有一些动、植物形的花纹与一些像文字的符号，消息一经传出，青铜器价格迅速上涨。收藏家开始对这些青铜器进行研究，由于当时人们所认识的古代青铜器主要出土于中原地区，成都发现的这些看似形制古朴的青铜兵器，则被误认为夏代中原文物，甚至写入考古书籍。20世纪40年代，考古学家卫聚贤在《说文》上撰文认为这些青铜器是春秋战国时期的巴蜀文物，据此提出"巴蜀文化"的概念，并一直沿用至今。20世纪80年代，四川省博物院研究员李复华、王家祐把这些青铜器上的符图命名为"巴蜀图语"。

目前已发现的巴蜀图语超过二百余种，主要分布在铜兵器、铜乐器、铜玺印等器物上，其中九成以上刻于铜兵器。典型的巴蜀图语是虎纹、手心纹和花蒂纹等，由于其形状非常像装饰性的符号，所以一开始并未将它看作文字。随着考古证据不断增多，不少学者认为巴蜀图语是巴蜀古族用来记录语言的工具、族徽、图腾或宗教符号，是一种象形文字，是巴蜀文字的雏形，这亦是目前国内唯一一种未破译的公元前的古文字。巴蜀文字滥觞期可以推至三星堆的考古发现，出土的陶器上刻画的符号可视为巴蜀文字的渊源。有考古学家认为，巴蜀文字发源于蜀，后来传播到川东地区，成为巴蜀地区通用的文字。这些蕴

---

[1] 李复华、王家祐：《关于"巴蜀图语"的几点看法》，《贵州民族研究》1984年第4期。

藏着丰富的形制、玄妙的纹饰的图语，成为窥探古蜀文明奥秘的窗口。

二　巴蜀图语的考证与释读

"巴蜀图语"这种象形图画是成语的图案提示，许多单体图像（单符）的象形直接提供了"看图识字"的线索，比如龙、虎、蛇、蛙、龟、蝉、鱼、鹿、蜂、孔雀等鸟兽虫鱼图像，应具有部落或氏族徽号的意义；又如树、草、枝等植物图像，应是具有神意或徽号旗帜的专用标志。巴蜀图语的单符尚有兵器，如戈、矛、刀、钺；生活生产器物，如瓶、罐、壶、罍、伞盖、牛角、方舟等。但有部分单符属于"会意"或"指示"，因远离当时具体社会而难以知其本意，如图1-6。

图1-6　巴蜀图语单符①

目前学界已对部分巴蜀图语做了考证与释读，举述如次。

（一）船形图语

1989年7月，万县甘宁乡高粱村发现了一件虎纽錞于，此錞于"圜如碓头，大上小下，椭圆筒形，肩部隆起。顶盘盘沿外侈，中置四肢伫立虎纽，绕虎有五组镌刻符号"，这些符号"同已知的巴蜀兵器上的符号相同"②。其中有一种船形符号，如图1-7所示。有学者认为这种符号"船头高翘，还设有望楼"，"船上又立有鸟状神树"，"巴蜀的水上居民（夷）用船出徒与捕鱼，用船作战与祭祀，死后又用船为棺

---

① 李复华、王家祐：《关于"巴蜀图语"的几点看法》，《贵州民族研究》1984年第4期。
② 廖渝方：《万县又发现虎纽錞于》，《四川文物》1991年第1期。

(也可能以舟为居)。这种船户可能就是'蜑'或'鱼凫'族民"①。还有学者认为"船形符号中靠近船头的图像是神树而不是望楼","船形符号上的神树祭祀的正是以日神为代表的天界诸神,它是太阳崇拜的产物,同时又是太阳崇拜的象征";而船形符号上靠近船尾的鸟状物即离鸟,"离鸟即凤,为'阳之精'","万县甘宁虎纽錞于船形符号上的神树既为太阳树,神鸟亦为太阳鸟,那么,那只两头高翘的神秘之舟自然应是太阳船"②。可以说船形图语一定程度上反映了古蜀先民的生活方式、崇拜信仰。

图1-7 船形图语拓片③

(二) ⊠鱼形图语

巴蜀图语中"⊠"这一符号较为常见,有学者以百花潭出土的战国铜壶上的图纹为证,认为"⊠"为"射箭的靶子,古称为'侯'的东西",进而认为"⊠即女阴,为女性生殖器符号,其上的'巴'♠则

---

① 李复华、王家祐:《关于"巴蜀图语"的几点看法》,《贵州民族研究》1984年第4期。
② 程地宇:《魂归太阳:神树、离鸟、灵舟》,《三峡学刊》1994年第4期。
③ 程地宇:《魂归太阳:神树、离鸟、灵舟》,《三峡学刊》1994年第4期。

相当于矢，即男性生殖器符号；两者重合，是表示生殖的一个环节——性交；用事物表示就是箭矢射中靶侯"①。还有学者认为，"✕"为两个三角形对顶角叠压而成，而三角形在中国古代图纹中多为鱼的代表，或为鱼头或为鱼尾，多个三角形的组合还代表鱼的数目。因此巴蜀图语"✕"符号即抽象鱼纹，与半坡彩陶图文"✕"同义，表示极数"五"。这一符号一方面隐含"鱼生人"的生殖崇拜意识，另一方面它又是死而复活的神奇力量的符号化。既是生命永恒的象征，又是灵魂不灭的标志。②

（三）丵钟形图语

巴蜀图语中有一种"丵"钟形符号，这类符号出现次数虽不算多，但内涵丰富，又常与其他符号共出。目前刊布的材料显示，带有"丵"的器物共10件，均为印章。一是什邡市城关战国墓 M33 出土铜印；二是新都区马家镇战国木椁墓出土铜印；三是蒲江县东北乡 M2 出土铜印；四是荥经县北郊同心村 M21-B 出土铜印；五是荥经县北郊同心村 M22 出土铜印；六是什邡市城关战国墓 M10 铜印；七是荥经县烈太乡自强村 M1 铜印；八是荥经县附城乡南罗坝村 M5 出土骨印；另两枚为《巴蜀铜印》著录铜印，出土地不详。③ 关于"丵"的原形，学界主要有三种观点。第一，铎。李学勤④、沈仲常⑤、孙华⑥均认为"丵"是"铎"，但未进行具体论说。第二，牙璋。吴怡指出："巴蜀印章上面的'铎'文之说，只是一种猜想，并无实物证明。而'铎'的形状当为

---

① 张文：《巴蜀符号琐谈》，《四川文物》1992年第2期。
② 程地宇：《鱼的主题二重奏：生命的礼赞与祖灵的复活——释"巴蜀图语"符号"✕"》，《三峡学刊》1994年第4期。
③ 严志斌、洪梅：《巴蜀印章钟形符号考察》，《四川文物》2015年第5期。
④ 李学勤：《论新都出土的蜀国青铜器》，《文物》1982年第1期。
⑤ 沈仲常：《新都战国墓出土铜印图像探原》，《江汉考古》1982年第2期。
⑥ 孙华：《巴蜀文物杂识》，《文物》1989年第5期。

两侧无齿，其器在巴蜀墓葬几乎不见出土"，而"牙璋的前部称之为'射'，射本部两侧有齿饰，有的二齿、三齿，有的六齿、七齿不等……新都马家战国木椁墓出土的铜方印章上面的'铎'在本部两侧有三齿，形状与牙璋十分相似。"① 第三，钟。此说由高大伦②提出，严志斌、洪梅进一步指出："'䒑'两侧的齿是钟枚，三排钟枚是青铜纽钟或甬钟的常制。'䒑'底部的突起是钟纽，四川荥经县北郊同心村墓葬铜印上的'䒑'符号作'♡'形，明显表现出其为纽钟所特有的钟纽。"③

"䒑"与"♛"曾共出，"♛"是巴蜀符号中对青铜罍的象形摹写。青铜罍在巴蜀文化中确实有着特殊的地位与作用。早在商代晚期，青铜罍就被社会上层加以使用了，并逐渐形成了以五个为基准的列罍制度。有学者认为罍与钟"都是蜀文化的重要礼器。"④。这些列罍的出现与使用，明确说明巴蜀文化对罍的重视，较其他铜器有更重要的意义，并以此形成了独特的使用礼规。"䒑"与"♛"的组合均出现于印章中，拥有"䒑"与"♛"印章者，当是蜀人社会中的高地位者，"'䒑'应该是蜀人文化中具有社会等级身份含义的符号"⑤。

（四）笋形图语

当前见于发表的巴蜀符号器物约 850 件，在二百四十余种巴蜀符号中有一类作""形的笋形符号。这种符号的年代分布范围从战国中期延至秦代，集中于战国中期晚段至战国晚期这一时间范围内，流布时间较短。笋形符号目前仅见于铜剑、铜矛、铜戈三类兵器上，其

---

① 吴怡：《浅析铜罍在巴蜀青铜文化中的地位及其特点》，《四川文物》2002 年第 5 期。
② 高大伦：《蜀文化礼器初探》，载卢丁、工藤元男主编《羌族社会历史文化研究——中国西部南北游牧文化走廊调查报告之一》，四川人民出版社 2000 年版，第 297 页。
③ 严志斌、洪梅：《巴蜀印章钟形符号考察》，《四川文物》2015 年第 5 期。
④ 高大伦：《蜀文化礼器初探》，载卢丁、工藤元男主编《羌族社会历史文化研究——中国西部南北游牧文化走廊调查报告之一》，四川人民出版社 2000 年版，第 296 页。
⑤ 严志斌、洪梅：《巴蜀印章钟形符号考察》，《四川文物》2015 年第 5 期。

中尤以铜剑多见，应是一种兵器专属的符号。在大的地域分布上散布于巴蜀文化区（在巴人区的分布稍广），又在冬笋坝、宝轮院、同心村、小田溪等墓地内呈聚集性分布。与"▱"符号共出的符号有虎、🐾、〰、✕、ʅʅ、⌒、○、▦、✹、𐤓、目、凵、🐾。其中出现频率较高的是虎、🐾、〰、✕、🐾、ʅʅ。而虎、🐾是巴蜀图语中最常见的符号，〰、✕、🐾、ʅʅ与▱相关性则更强。▱〰✕组合出现的频率最高，因此有学者推测："▱〰✕是巴蜀符号的一个固定的组合，而且三个符号的组合顺序保持一致，如果巴蜀符号构成了语言体系，则▱〰✕很可能就是一个固定的习语。"①

三　巴蜀图语的价值

目前关于巴蜀图语大致有三种说法。第一，巴蜀图语是巴蜀古族用来记录语言的工具、族徽、图腾或宗教符号；第二，巴蜀图语是巴蜀文字的雏形；第三，巴蜀图语就是古彝文。有学者认为三星堆文明和古彝族文化可能同源，其中阿牛木支认为，自三星堆遗址发现以来，其一直在四川、云南、贵州一带的彝族人之中获得了某种隐秘的认同，三星堆文化与彝族文化在器物、文字等方面非常相似，三星堆文明和古彝族文化可能同源。他认为若能在考古发现、毕摩的经书以及文献找到与"神秘字符"一样的字或句子，通过考古发现和研究找到生活方式、迁徙路线、祭祀方式等方面的印证的话，那将是对三星堆古文明研究的一个突破。要之，巴蜀图语在中华民族文字起源中有着举足轻重的地位，与仙居蝌蚪文一样未被完全破解，它的解读将对世人了解神秘的古巴蜀文化起决定性的作用，也是揭开三星堆文明秘密的关键。

---

① 严志斌、洪梅：《试析巴蜀文化中的笋形符号》，《四川文物》2017年第1期。

第二章 泽被千秋的治水文化

古蜀的膏腴之地虽有着天然的舟楫灌溉之利，上古时代却经常受到岷江洪水的侵害。夏秋之季，岷山雪融，江水暴涨，奔腾的洪流一泻千里，呼啸而下，摧枯拉朽，便会吞噬成都平原的田地、村庄，危害蜀人的生命和财产。成都各大考古遗址多有被洪水冲刷、淹没留下的淤积遗存，甚至有被多次冲刷又反复重建的遗址。然而，在洪水淤积层之上往往又出现若干新的文化遗存重新展示出蜀人繁荣的社会生活景象，充分反映了古蜀人治服洪水的历史。蜀人重建家园的无畏与气概谱写出一曲曲气吞山河的赞歌，也留下了泽被千秋的治水文化。

第一节 大禹治水

一 "大禹治水"的传说

禹，夏后氏、姒姓，名文命或禹，字（高）密。史称大禹、帝禹、神禹，为夏后氏首领、夏朝开国君王。禹父名鲧，被帝尧封于崇，为伯爵，世称"崇伯鲧"或"崇伯"，其母为有莘氏之女修己。相传禹治理洪水有功，受舜禅让而继承帝位，国号夏。并分封丹朱于唐，分封商均于虞。禹死后葬于会稽山上（今浙江绍兴），今仍存禹庙、禹陵、禹祠。"大禹治水"的故事可谓妇孺皆知，但文献及考古未能确切说明大禹其人其事，关于他的事迹均从神话传说中来，因而版本众多，概括起来约有以下三种。

第一，尧、舜时天下洪水泛滥，民不聊生，帝命鲧、共工等人先后治水无果。禹采用疏导的方法治水成功，让百姓过上了安居乐业的生活。《孟子》《史记》《淮南子》《论衡》等典籍中都有类似记载。

第二，上古时期龙门未开、吕梁未发，黄河泛滥，大禹治理黄河平息了水患。《吕氏春秋》《史记》《商君书》《淮南子》《汉书》《太平御览》等典籍中都有类似记载，这里大禹所治之水特指黄河。

第三，上古时期洪水泛滥，凡有河要穿过山的地方皆为禹所导，或凡有水患之处皆为禹所治。这里大禹治水指治理天下河流，不再局限于黄河，主要是河、济、淮、泗四渎，之后还连同江汉、岷江等大小河流，反映禹治水范围之大。《荀子》《墨子》《吕氏春秋》《庄子》《说苑》等典籍中都有类似记载。

这些典籍所载相关材料均讲述上古时期天下洪水浩渺，禹则奉命导山治水，虽文字略有差异，但故事梗概一脉相承。

二 "禹生西羌"与"禹生石纽"

学界对"禹生西羌"或"禹生石纽"的看法不一。其中一些学者认为"石纽"为地名，今四川汶川、茂县、理县、北川各县自古以来皆有丰富的禹迹和传说，也都有"石纽"或"石纽山"的题刻，关于石纽地望的说法主要有四种。第一，北川羌族自治县禹里乡石纽山所在之处村名为"石纽"，从古至今一直沿用此名；第二，汶川县绵虒镇飞沙关"石纽山"，题刻所在之处村名为高店村；第三，理县通化乡

"石纽山",题刻所在之处村名为"汶山村";第四,茂县石鼓乡,虽有石龙对石鼓的民谣和石鼓改石纽的传说,但石鼓村、石鼓乡地名却一直沿用至今。据考证,以上四处题刻以北川羌族自治县的"石纽"二字题刻,与东汉景云碑"石纽"较为相似,故此题刻年代最早。而其他两处"石纽山"三字题刻较晚,可认定为清人所题。[1] 另一部分学者认为"石纽"并非地名,而是"禹生于石"说法的演化。先秦两汉文献记载中,除了有"禹生石纽"的说法外,亦有不少如"禹生于石""禹生石坳""禹生昆石"之类的记载。而石是夏民族的崇拜物,"禹生于石"传说随着夏遗民迁入蜀地,与川西北的大石传说相融合,演变成"禹生石纽"。"禹生石纽"传说是"禹生于石"神话叙事的置换变形,是神话传说流传过程中的"时空记忆"[2],"石纽石夷之说即由禹生于石之说推演而出"[3]。

"禹生石纽"或"禹生西羌"的传说虽广为流传,但传说不等于信史。这些传说一方面来自古代四川岷江上游羌人对民族祖先大禹的崇拜,大禹历来被视为生于西羌之人,他是华夏民族普遍崇奉的祖先。战国时期辗转迁徙至岷江上游的羌人部落,与当地"六夷""九氐"等各族群相处,他们需要以大禹神灵来建构本族群的认同。岷江上游羌族普遍崇拜大禹,汶川、石泉两地的禹生石纽遗迹,实际是羌人不同部落崇拜大禹的遗迹。历史上禹生石纽的汶川、北川之争,反映的是岷江上游羌族部落的历史记忆。战国时期河湟流域羌人支系的历史性大迁徙,使他们进一步从边地向华夏文化中心靠近,与成都平原汉人发生频繁的经济文化互动,因此"禹生石纽"传说及其遗

---

[1] 李德书:《北川、汶川、理县、茂县、什邡禹迹考辨》,《成都理工大学学报》(社会科学版) 2008 年第 2 期。
[2] 杨栋:《"禹生石纽"传说的文化阐释》,《中原文化研究》2015 年第 5 期。
[3] 杨宽:《禹、句龙与夏后、后土》,载吕思勉、童书业《古史辨》(第 7 册),上海古籍出版社 1982 年版,第 361 页。

迹的形成，是在羌人定居岷江上游之后。① 另一方面这些传说也来自古代蜀地治水的需求。顾颉刚指出："禹的问题，依我看来，同颛顼一样，是一个真传说而不是真史实。禹是何时何地的人物，我不敢答。但我敢说，治洪水是迫切的需要，开发水利是战国时极发达的技术，整理水道是战国时极详密的计划，在这些工作进行之下，禹的形像自有日益扩大之趋势。""这个工程在什么时候开头，禹的传说就会在那个时候到达四川，也就会在那个时候在四川发扬光大。"② 据考证，古代文献中所载禹的故事的发生地多集中在河南省西部的洛阳盆地，这一地区分布着河南龙山文化、二里头文化和商文化。四川岷江上游地区分布着时代较早的营盘山文化，稍晚一些的沙乌都遗存。成都平原上分布着宝墩文化、鱼凫村文化和三星堆文化。三地区的考古学文化各不相同。"禹生石纽"的故事随着治水工程而流传到古代的蜀地。③

"禹生西羌"或"禹生石纽"虽不一定为确定史实，但这一传说的来源与其涵盖的文化现象都反映出大禹与蜀地深厚的渊源。

三 蜀地的大禹遗迹

大禹的传说在古蜀文明中留下了不少遗迹。如三星堆二号坑曾出土了一尊青铜人头像，它异于其他铜像之处，在于其耳三穿，别的铜像无一例外为一穿，如图2-1所示④。此尊耳三漏的头像在造型上也

---

① 张泽洪：《岷江上游羌族的大禹崇拜——以禹生石纽为中心》，《黑龙江民族丛刊》2003年第4期。
② 顾颉刚：《论巴蜀和中原的关系》，四川人民出版社1981年版，第41—42页。
③ 宋治民：《"禹生石纽"的考古学考察》，《四川文物》2012年第4期。
④ 此尊铜人头像出土于二号祭祀坑，编号为A型（K2②：83），其形貌为"头顶圆，戴辫索状帽箍，短发，宽额，脸瘦削，长刀眉，大眼，蒜头鼻，阔口，耳郭丰厚。耳郭外缘上钻有三圆孔"。参见四川省文物考古研究所编《三星堆祭祀坑》，文物出版社1994年版，第169页。

与众不同，其头戴辫索状帽箍，极具平民特征。这些头像多为古蜀人祭祀的对象，地位尊崇，可以推测这尊耳三漏又具平民色彩的头像大有来历。传说禹以白衣砥行显名，可知禹也是平民出身。今本《竹书纪年·帝禹夏后氏》记禹"虎鼻大口，两耳参镂，首带钩铃，胸有玉斗，足文履已"，其中"两耳参漏""虎鼻大口"与出土头像形态正契合。有学者指出："蜀地自来传有禹生于石纽的说法，其说不仅见于西南方志，亦见于正典文献，故绝非空穴来风之说，于此传说大背景下，又出土此尊可疑之青铜头像，实太'巧合'。"[1] 可以认为三星堆出土铜像的形象一定程度上受到了大禹传说的影响。

图 2-1 三星堆二号祭祀坑出土铜像

又如 2004 年 3 月吉林省文物考古研究所三峡考古队在云阳县发掘出土的一通东汉熹平二年（173）巴郡朐忍令景云碑，此碑文为阴刻隶书，凡 13 行，每行约 30 字，全文共 367 字。碑成于隶书成熟和鼎盛的东汉后期，不仅是近百年来巴蜀出土汉碑中罕见的精品，而且为巴蜀古史增添了前所未有的材料。碑文中有"术禹石纽，汶川之会"诸字，

---

[1] 张伦敦：《试论禹与蜀地之渊源关系——边缘视野下"禹兴西羌"考辨》，载《"长江流域区域文化的交融与发展"会议论文集》，四川大学出版社 2013 年版，第 95 页。

这一记载提供了大禹在石纽、汶川两地召集宗族各支举行盟誓和盟会的新证。①

虽然大禹治水的传说版本众多,但大禹在治水过程中,依靠艰苦奋斗、因势利导、科学治水的理念,克服重重困难,终于取得了治水的成功。由此形成的公而忘私、民族至上、民为邦本、不怕困难的大禹精神已成为中华民族精神的源头和象征,在天府文化,乃至中华文明发展史上产生了重要影响。

第二节 鳖灵治水

一 鳖灵治水始末

早在史前和夏商时代,古蜀人就同洪水做过英勇的斗争,传颂着大禹治水的事迹。两周之际,为治服岷江上游特大洪水,古蜀国又进行了大规模的治水活动,这就是历史上有名的"鳖灵治水"。相传鳖灵治水约在大禹之后一千余年,其治水事迹较全面的记载,始见扬雄的《蜀王本纪》:楚国有个叫鳖灵的人,有一天不小心失足落水被淹死,尸首不是顺流而下,而是逆流而上,一直冲到郫。更奇怪的是,刚打捞起来,他便复活了。望帝听说有这样的怪事,便让人把鳖灵叫来相见,两人谈得很投机。望帝觉得鳖灵不但聪明有智慧,而且很懂得水性,是个人才,便让他做蜀国的丞相。鳖灵任丞相不久,一场大洪水暴发了,原因是玉垒山挡住了水流通路。这场洪水之大,和尧时暴发的洪水差不多,人民沉浸在水潦里,痛苦不堪。鳖灵带领人民治水,把玉垒山凿开一条通路,让洪水顺岷江畅流而下,由是解除了水患,

---

① 李德书:《从东汉景云碑看巴蜀古史新证》,载《全国第一二届禹羌文化学术研讨会论文集》,电子科技大学出版社2016年版,第147页。

人民得以安居乐业。鳖灵治水归来,望帝因他治水有功,自愿把帝位禅让给他。鳖灵接位后,号称丛帝,又称开明帝(丛帝陵墓位于四川省成都市郫都区望丛祠内,与望帝陵墓相邻,如图2-2所示。此即鳖灵治水的大概始末。

图2-2 鳖灵遗迹——四川省成都市郫都区望丛祠内丛帝陵

对于鳖灵的人和事,历来有两种看法。一种疑其本无,认为鳖灵实际上是不存在的神话人物,如童书业的《古史辨》(七)中所论,鳖即玄鱼,玄鱼即鲧,鳖灵治水乃是鲧禹传说的翻版[1]。卫聚贤则直指鳖灵为四川传说中的"二郎",实即李冰。[2] 今人也有讲"鳖灵"二字快读即成"冰"音者。[3] 这种观点尚属理论推测,仍缺乏具有说服力

---

[1] 吕思勉、童书业:《古史辨》7上,上海古籍出版社1947年版,第328页。
[2] 卫聚贤:《二郎》,《说文月刊》1942年第9期。
[3] 杨继忠:《李冰是"秦蜀守"吗?》,《社会科学研究》1983年第1期。

的史料证据。另一种信其实有，认为鳖灵为实有的历史人物，其治水业绩亦为史实。如冯广宏指出，鳖灵治水虽然是神话，却是口径一致的神话，基本材料应属可靠。神话的背后，就是历史事实，揭去这层面纱，历史的真面目就会显露出来。①他考证认为，鳖灵的入蜀路线史志可征、鳖灵所建蜀国史册可稽、鳖灵王蜀年代文献可考，这诸多依据可证其实有。②这一论断有较充分的史实依据及深入的分析与考证，如果没有相反证据的话，鳖灵治水当有其实。

二　鳖灵治水的地点

由于鳖灵的史料既少又零星，因此关于鳖灵治水的各种细节均有不同说法，其中争议较大的便是鳖灵治水的具体地点，有四说。

（一）巫山说

这一观点认为鳖灵治水之地在四川盆地东部的巫山，相关典籍记载如来敏的《本蜀论》："时巫山峡而蜀水不流，帝（按：指望帝杜宇）使令（按：指鳖灵）凿巫峡通水，蜀得陆处。"应劭的《风俗通义》也有相同的记载："帝使鳖令凿巫山，然后蜀得陆处。"阚駰的《十三州志》、王象之的《舆地纪胜》等舆地之书，也主张这种看法。

（二）玉山说

以扬雄的《蜀王本纪》记载为代表，书中记述："时玉山出水，若尧之洪水，望帝不能治，使鳖灵决玉山，民得安处。"

（三）玉垒山说

以常璩的《华阳国志·蜀志》记载为代表，书中记述："会有水

---

① 冯广宏：《鳖灵事迹重考》，《天府新论》1986年第1期。
② 冯广宏：《洪水传说与鳖灵治水》，载《巴蜀历史·民族·考古文化》，巴蜀书社1991年版。

灾，其相开明决玉垒山以除水害。"

（四）金堂峡说

宋王象之的《舆地纪胜》引《国志》佚文："会巫山壅江，蜀地潴水；鳖灵遂凿巫山峡，开广汉金堂江，民得安居。"此书还说沱江金堂峡南岸，"石门有巨迹三、四尺，旁大刻'鳖灵迹'三字"。明曹学佺的《蜀中名胜记》引古代《图经》，也说金堂峡"相传为鳖灵所凿"。

不少学者对这些记载做了研究，较著者如冯广宏[①]、段渝[②]等。他们通过考证，分别对以上四说进行了辨析。

一是，"巫山说"。冯广宏指出，从自然地理条件来看，巫山江岸与成都直线相距 600 公里，海拔高程相差近 500 米，即使巫山崩塌阻断长江，洪水也难以达到成都平原。三峡水库修筑百米高的大坝，最高水位不过 175 米；1905 年重庆海关所记长江最高洪水位亦只有 193 米；而成都、郫县地面高程都在 490 米以上，故巫山说事实上是不能成立的。但巫峡一带历史上常有山崩滑坡，壅阻江流之事。当时或曾有过类似情况，与蜀国水患性质相同，于是民间传说就联系到鳖灵治水上去，将他在蜀国的功业搬到巫山；进而又把疏通巫峡，说成凿开三峡，由人力衍化成神力。段渝也认为，凿巫峡之说显系附会不可信。三峡形成于地质年代学上的第三纪初，至今已有数千万年之久，而且也绝非人工所能开凿。所以此说仅为神其本事而已，没有丝毫真实性。

二是，"玉山说"。冯广宏考证，"玉"字篆文与"巫"相近，玉山说当是巫山说的另一版本。《山海经》中玉山一名共见三处。《西次

[①] 冯广宏：《洪水传说与鳖灵治水》，载《巴蜀历史·民族·考古文化》，巴蜀书社 1991 年版。

[②] 段渝：《成都通史 古蜀时期》，四川人民出版社 2011 年版。

三经》中玉山为"西王母所居",地在青海、新疆;《中次八经》荆山系列中第十九山为玉山,地在湖北、河南;此二处均与蜀无关。《中次九经》岷山系列中第十二山的玉山,位于风雨山之后,熊山之前,位置与巫山接近。故"玉山说"当与"巫山说"同源,由其衍化而来。段渝则指出,玉山远处成都平原之东,其海拔高度也大大低于成都平原。倘若玉山出水,泛滥成灾,无论如何也威胁不到成都平原的安全。但四川盆地东部以至三峡之地曾为蜀壤,若玉山泛洪,对当地形成大的威胁,以致蜀王派遣鳖灵前往整治,清壅除塞,消除水患,也是可能的。

三是"玉垒山说"。冯广宏认为这里所用的"决"字和"玉"字,是承袭《蜀王本纪》。"玉垒山说"实质上是"玉山说"的翻版。段渝则力主"玉垒山说",他认为玉垒山即湔水(今白沙河)发源地以北的九顶山。历史上岷江上游泛洪,就是从这里直奔成都平原的。而首当其冲者,便是杜宇之都郫。杜宇命鳖灵治水,正在此处。今都江堰宝瓶口,即是鳖灵决玉垒山之处,目的在于分引岷江之洪水入沱江。这也就是《水经·江水注》中所说"开明之所凿也,郭景纯所谓玉垒作东别之标者也"的由来。开明氏所凿的玉垒山,就是鳖灵治水之处,即今都江堰市玉垒山。同时指出,鳖灵治水为战国末叶李冰在蜀治水,壅江作堋(堰),引水以溉田,分洪以减灾,"穿二江成都之中",提供了先例和经验,有着极为重要的意义。

四是"金堂峡说"。段渝认为金堂峡是自然峡口,非人力斧凿而成。冯广宏则力主"金堂峡说",他根据《金堂县志》的记载,指出金堂江峡也有巫山之名。嘉庆十六年本《金堂县志》地图中,金堂峡口上游有"巫江镇"的地名,但缺乏进一步的文字材料。古代地名称"巫"常因有神巫居住之故,而神巫之所以落脚,或因地貌有特异之处。巫峡处的巫山和金堂峡处的龙泉山,同属箱形褶皱山;而峡谷形状又同呈S形;推测或许古时两地均可称为巫山,沱江此段遂有巫江之名。现在金堂峡中段左岸炮台山和右岸云顶山,山腰岩石上一边有一个石刻脚印,民间流传这是鳖灵左右二足蹬开峡口时所留下的,至今尚存。他认为金堂峡说治水位置最具体,合理性最强,当属治水传说的原型。

可见,鳖灵治水具体地点的众多说法中,较有据可依的主要是"玉垒山说"及"金堂峡说"。无论何种说法,鳖灵治水都反映了古蜀文明的进步。

三 鳖灵治水的方法

(一) 蜀国水患

如果以"金堂峡说"为出发点可以推测,蜀国水患基于涝渍,性质"若尧之洪水",原因是"壅江不流"。成都平原是龙门山脉和龙泉山脉包围着的盆地,略带菱形,地势西北略高,东南较低。平原上川流纵横,底坡平缓,加之雨量集中于夏秋,常有暴雨洪水出现。平原西部素号"西蜀天漏",北部则有鹿头山暴雨中心,每年汛期几乎都有水患。不过一般洪水过程均少于七天,峰过水消,人民生活就恢复正常,而且波及范围仅限于江河沿岸。显然蜀国水患,不过是这种一时性的洪水。平原上行洪河道,有三个出口。西南部有新津岷江河谷和华阳府河河谷,这两处河谷开阔,没有阻滞的可能;唯有东部的沱江穿越龙泉山处的金堂峡,全长12公里,最窄处谷宽仅200米,古代可能更窄,存在着壅塞的条件。一是两岸山岩为侏㑩系蓬莱镇组砂岩与泥岩互层,软弱的泥岩易于风化,常被剥蚀成凹腔,上面带有裂隙的砂岩失去支撑,往往自行崩坠,至今河底还堆积着许多巨大的孤石。二是龙泉山脉在这里有一条北东方向的大断裂带,此带存在着

· 81 ·

每百年发生一次5级以上地震的危险,1933年受叠溪地震波影响,峡谷出口处凉水井曾产生岩崩,至今那里的地名还叫垮梁子,并可见崩塌遗迹。三是鳖灵所处时代,气候偏湿润;从《春秋》记鲁国大水约10年就有一次可知,蜀国洪水可能同样频繁;洪水冲下的竹木杂物与河谷中的孤石纠结,壅塞很难避免;《四川通志》上就曾有过乾隆九年,"三皇峡水淹凡三十丈"的记录。如果暴雨或地震诱发岩崩,峡谷内就会形成一道天然坝,阻断江流;此处沱江流域面积6600平方公里,每年降雨汇流足以产生二至三亿立方米的径流量,水不能正常宣泄,必向陆上横溢,上游平原区将汇成一个新的湖沼。现在金堂峡口底部高程为425米,金堂赵镇一带高程在450米以下,常年洪水尚时有淹泛;广汉与金堂交界处高程为465米,在峡谷壅塞后亦将成为洪泛区。此时,今德阳、广汉、新都一线之东,将成一片泽国,人们只能"筑巢而居,悬釜而炊",给社会经济带来极大破坏,政治形势也难以稳定;在这种条件下,望帝忧心如焚,不惜重用一个流亡的客卿,委以治水重任。

1986年广汉西北三星堆遗址的考古发掘,为金堂峡壅塞造成蜀国水患提供了实证。遗址文化堆积可分16个层次,其中第8层相当于商末周初,从出土文物的集中,可以断定那里是蜀国的大都市。第7层是青灰色黏土,堆积呈水平状,且不随地形起伏而变化,田野观察应属淤泥;这一层厚度不一,最厚处约50厘米,出土器物较少,杂质更少,从中发现的柳叶形铜剑推断,应属西周以后之物。这些迹象表明,古城当时必遭洪水淹没而被迫放弃。《华阳国志》有"开明王自梦郭移,乃徙治成都"的记载;王逸的《楚辞章句》又说"楚人名泽中为梦中",可见"梦"是楚人方言,古九泽楚有云梦,《禹贡》作"云土梦"。准此,所谓"梦郭"意指水泽中的城,当为洪泛区中的广汉。三星堆遗址与金堂峡直线距离不过35公里,峡谷壅阻后首当其冲而沦没洪涛之内。①

(二) 治水方法

扬雄的《蜀王本纪》记载"使鳖灵决玉山",宋王象之的《舆地纪胜》引《国志》佚文又说"鳖灵遂凿巫山峡"。可以进一步推测鳖灵治水的方法主要分为两部分,其一是排干涝渍,其二是挖通壅阻。根据地形条件,排涝干渠当沿龙泉山西北麓布置,大致走现今东山干渠那条路线,将渍水引入黄龙溪泄入岷江,这可能是"东别为沱"传说的原型。此渠虽向西南,而古人习惯称河道下游为"东",不能以真正方向来理喻。排干渍水后,峡谷内部的壅塞物,就不难清除了。由于都是些土方工程,当时采用竹竿、木棒、石斧、石铲之类的工具,完全可以实施。②

鳖灵治水是巴蜀古史中文献可征的较早的科技活动,是人类改造自然的一项伟绩,亦是天府水利文化的重要组成部分。

第三节　李冰父子治水

一　李冰其人

李冰(前？——前228)是战国时杰出的水利工程专家、四川都江堰的设计和组织者。籍贯一说先秦郿(今陕西眉县)人,一说山西人。据史学家考证,为郿人的可能性更大。其一,"郿"为古眉县的专用字,别无他用。其二,都江堰"二王庙"碑石记载为先秦郿人。他的

---

① 冯广宏:《洪水传说与鳖灵治水》,载《巴蜀历史·民族·考古文化》,巴蜀书社1991年版。
② 冯广宏:《洪水传说与鳖灵治水》,载《巴蜀历史·民族·考古文化》,巴蜀书社1991年版。

姓名在史籍中的记载也残缺不全,《史记·河渠书》记"蜀守冰",有名无姓;《汉书·沟洫志》记"蜀守李冰"。《史记》和《汉书》简约地记载了他"凿离堆,避沫水之害,穿二江成都中"的事迹。史家们根据各种典籍推算他是秦昭王时期人,在公元前276—251年前后担任蜀郡太守。

秦昭襄王平蜀后(约前256—前251),委派李冰为蜀郡太守,任内他在儿子二郎和王啜的协助下,从四川灌县南桑下开"离堆"(即"分水鱼嘴"),下接金刚堤,附以飞沙堰、平槽等工程,总称为都江堰。据《华阳国志·蜀志》记载,李冰曾在都江堰安设石人水尺,这是中国早期的水位观测设施。他巧妙地利用岷江出口的天然地势和弯道环流规模,采用无坝引水的形式,建成了震古烁今的伟大水利工程并沿用至今。鱼嘴分水堤、飞沙堰泄洪道、宝瓶引水口,三位一体浑然天成,一举三功,有效地解决了引水灌溉、排洪泻沙、旱涝调水等问题,变水害为水利,灌溉面积三百余万亩,使成都平原变为天府之地,从此蜀郡沃野千里,号为"陆海",展现了"天孙自有千针线,难绣西川百里图"的秀美山河。

此外,他还组织和主持修筑桥梁和修凿青衣江的囤崖(今四川夹江境内),治导什邡县(今什邡市)的洛水,疏汶井江(今崇州市西河)、白水江(今邛崃市南)等水道工程,修治的沫水(即大渡口)与岷江合流地段,效果良好,又穿广都(今成都双流区境)盐井诸陂池工程等。他在四川什邡洛水镇修建水利工程时,病逝于此,葬于洛水镇旁边的章山之上,被后人尊为川主。

二 治水传奇——都江堰水利工程

都江堰的主体工程是将岷江水流分成两条,其中一条水流引入成都平原,这样既可以分洪减灾,又达到引水灌田、变害为利的目的。

都江堰渠首枢纽主要由宝瓶口、鱼嘴、飞沙堰三大主体工程构成。三者有机配合，相互制约，协调运行，引水灌田，分洪减灾，具有"分四六，平潦旱"的功效。

(一) 宝瓶口

宝瓶口起"节制闸"作用，是前山（今名灌口山、玉垒山）伸向岷江的长脊上凿开的一个口子，是人工凿成控制内江进水的咽喉。李冰在无火药、不能爆破的情况下，以火烧石使岩石爆裂，大大加快了工程进度，终于在玉垒山凿出了一个宽20公尺，高40公尺，长80公尺的山口。因形状酷似瓶口，故取名"宝瓶口"，又把开凿玉垒山分离的石堆叫"离堆"，因与其山体相离，故名。离堆在开凿宝瓶口以前，是湔山虎头岩的一部分。由于宝瓶口自然景观瑰丽，有"离堆锁峡"之称，属历史上著名的"灌阳十景"之一。如图2-3所示。

图2-3　都江堰宝瓶口

(二) 鱼嘴

"鱼嘴"是都江堰的分水工程，因其形如鱼嘴而得名，位于岷江江心，把岷江分成内外二江。西边叫外江（又称流江、检江），俗称"金马河"，是岷江正流，主要用于排洪；东边沿山脚的叫内江（又称郫江），是人工引水渠道，主要用于灌溉。宝瓶口引水工程完成后，虽然起到了分流和灌溉的作用，但因江东地势较高，江水难以流入宝瓶口，李冰父子率众又在离玉垒山不远的岷江上游和江心筑分水堰，用装满卵石的大竹笼放在江心堆成一个狭长的小岛，形如鱼嘴，岷江流经鱼嘴，被分为内外两江。外江仍循原流，内江经人工造渠，通过宝瓶口流入成都平原。如图图2-4所示。

图2-4 都江堰鱼嘴分水堤

（三）飞沙堰

"泄洪道"具有泄洪排沙的显著功能，故又叫它"飞沙堰"。飞沙堰是都江堰三大组成部分之一，是确保成都平原不受水灾的关键。飞沙堰的作用主要是当内江的水量超过宝瓶口流量上限时，多余的水便从飞沙堰自行溢出；如遇特大洪水的非常情况，它还会自行溃堤，让大量江水回归岷江正流。另一作用是"飞沙"，岷江从万山丛中疾驰而来，挟着大量泥沙、石块，如果让它们顺内江而下，就会淤塞宝瓶口和灌区。古时飞沙堰是用竹笼卵石堆砌的临时工程，如今已改用混凝土浇筑。为了观测和控制内江水量，李冰又雕刻了三个石桩人像，放于水中，让人们知道"枯水（低水位）不淹足，洪水（高水位）不过肩"。还凿制石马置于江心,以此作为每年最小水量时淘滩的标准。如图2-5所示。

图2-5 都江堰飞沙堰

都江堰水利工程对蜀地社会产生了深远的影响。都江堰等水利工程建成后,蜀地发生了天翻地覆的变化,千百年来危害人民的岷江水患被彻底根除。唐代杜甫云:"君不见秦时蜀太守,刻石立作五犀牛,自古虽有厌胜法,天生江水向东流,蜀人矜夸一千载,泛滥不近张仪楼。"从此,蜀地"旱则引水浸润,雨则杜塞水门,故水旱从人,不知饥馑,时无荒年,天下谓之天府"。水利的开发,使蜀地农业生产迅猛发展,成为闻名全国的鱼米之乡。西汉时,江南水灾,"下巴蜀之粟致之江南",唐代"剑南(治今成都)之米,以实京师"。渠道开通,使岷山梓柏大竹"颓随水流,坐致材木,功省用饶"。而且有名的蜀锦等当地特产亦通过这些渠道运往各地。正是由于李冰的创建,才使成都不仅成为四川而且是西南政治、经济、交通的中心,同时成为全国工商业和交通极为发达的城市。

都江堰是全世界迄今为止仅存的一项伟大的"生态工程",它开创了中国古代水利史上的新纪元,标志着中国水利史进入了一个新阶段。都江堰水利工程，是中国古代人民智慧的结晶，是中华文化划时代的杰作，更是古代水利工程沿用至今，古为今用、硕果仅存的奇观。与之兴建时间大致相同的古埃及和古巴比伦的灌溉系统以及中国陕西的郑国渠和广西的灵渠，都因沧海变迁和时间的推移，或湮没、或失效，唯有都江堰独树一帜，源远流长，奔流不息，至今还滋润着天府之国的万顷良田。它既是世界文明的奇迹，也是中华智慧的瑰宝。

三 后世对李冰父子的纪念

（一）祭祀活动

纪念李冰父子的活动始于何时，因无明文记载，已无从查考。东汉李冰圆雕石像的出土[①]说明在1800多年前的东汉时代，灌区人民已经开始纪念李冰，此后历代均有纪念李冰的活动与记载。

一是南北朝时期。南朝齐明帝建武时（494—498），益州刺史刘季连将都江堰渠首"望帝祠"迁到郫县，以原庙改祀李冰，名"崇德庙"。

二是唐及五代。唐太宗贞观年间（627—649），褒封李冰"神勇大将军"。唐玄宗幸蜀，赐封李冰为"司空相国"。唐代"春秋设斗牛"纪念李冰。五代后蜀时封李冰为大安王，又封应圣灵显王。

三是两宋时期。宋太祖赵匡胤治修崇德庙，扩大了庙基，增塑了二郎像。伏龙观也成了纪念李冰的庙宇。陆游的《伏龙洞观孙太古画英惠王像》，足以说明李冰在宋代已经封王。宋太祖开宝七年（974）改封李冰"广济王"，定为每年祭招一次，宋代中期改为春秋二祭。宋代的祭招活动，规模宏大。范成大的《离堆行》中有"刲羊五万大作

[①] 1974年都江堰市岷江（外江）发掘出一尊东汉建宁元年（168）雕刻的李冰石像。

社，春秋伐鼓苍烟根"的诗句。《独醒记》中说："永康军崇德庙祀李冰父子……祀礼之盛，每岁用羊四万余头。凡买羊以祭，偶产羊羔者亦不敢留。"

四是元明时期。元文宗至顺元年（1330），封李冰为"圣德广裕英惠王"，祭祀规格为"帛一、羊一、系一、登一、删一；箕二、簇二；豆四、尊一、爵三、炉一、蹬二"；二郎祭品与冰同。典礼程序为主祭官公服，行二跪六叩礼，奠帛、读祝；送神、望燎；告礼成，退。祝文为："维神世德，兴利除患。作绷穿江，舟行清宴。灌溉三郡，沃野千里。膏腴绵洛，至今称美。盐井浚开，蜀用以饶。石人镇立，蜀害以消。报崇功德，国朝褒封。兹值春祀，理宜肃恭。尚飨。"这种祭祀规格一直沿用到明末。

五是清代。清雍正五年（1727），加封李冰"敷泽兴济通佑王"，并赐"绩垂保障"额。光绪三年（1877）加封李冰"通佑显英王"，并赐"功昭蜀道"额。次年加封为"通佑显惠襄护王"，赐"陆海金堤"额。灌区为李冰立庙很多，称为川主庙。

六是1912年以来。1938年，四川省政府颁定《崇祀显英王庙伏龙观典礼仪式》。程序为全体肃立；奏乐，设迎神位；还神；授花；引赞导主祭，官恭谊王位前立正；唱纪念歌；进席，献帛，晋爵，献爵；进食，献食；主祭官诣读诸位前肃立读祝；全体向李二郎父子位前行三鞠躬礼；奠爵；焚祝帛；奏乐；设送神位送神（唱民工歌送）；礼成，鸣炮。先到伏龙观祭李冰，再到二王庙祭二郎。官祭一般清明岁修完毕结合放水庆典一起举行。祭完李冰父子即到杨泗庙江边祭祀后鸣炮放水。

官祭之外，尚有民祭。传说农历六月二十四日是二郎生日，后两日为李冰生日。因此六月二十四日前后，川西受益区人民不辞艰苦跋涉，扶老携幼，带着祭品，来庙祭拜，每日多达万人以上。《灌县乡土志》记载:"每岁插秧毕,蜀人奉香烛,祀李王,络绎不绝。"

民俗风情虽然随着社会和时间的变化有所改变,祭祀李冰的习俗却始终如一。四川至今还流传着"只要都江堰还在,李冰的精神便会代代留传,轰鸣的江水就是至圣至善的遗言"的赞颂。

(二) 二王庙

蜀人感激李冰父子功德,南朝齐明帝建武时(494—498),在都江堰建"望帝祠",即后来的"二王庙"。南北朝时建"望丛祠"于郫,以此庙供奉李冰父子,更名为"崇德庙"以表达对其崇敬之意。自五代王建据蜀后,因李冰父子相继被封为王,所以定名为"二王庙"至今,如图2-6所示。

图2-6 二王庙

庙门前壁上有清代末年绘制的《都江堰灌溉区域图》,是极为珍贵的历史资料。庙内观澜亭下,一排丹墙石壁上镌刻着两则治水"三字经"。一则为清同治十三年(1874)灌县知县胡圻依据历代都江堰治水经验编成的"三字经",文曰:"六字传,千秋鉴。挖河心,堆堤岸。分四六,平潦旱。水画符,铁桩见。笼编密,石装健。砌角嘴,安羊圈。立湃阙，留漏罐。遵旧制，复古埝。"另一则是清光绪三十二年（1906），成都知府文焕对原"三字经"做修改，又重刻于二王庙石壁上。内容为："深淘滩，低作堰。六字旨，千秋鉴。挖河沙，堆堤岸。砌鱼嘴，安羊圈。立湃阙，留漏罐。笼编密，石装健。分四六，平潦旱。水画符，铁桩见。岁勤修，预防患。遵旧制，毋擅变。"后人总结的治水"八字经"："乘势利导，因时制宜""具湾截角，逢正抽心"被认为饱含哲理的治水真谛，至今广为传颂。像"二王庙"这种纪念有功于人民的历史人物的庙宇并不鲜见，但像"二王庙"这样有两千多年历史，从未中断过鼎盛香火的庙宇却为数不多。

（三）李冰陵园

相传二千多年前，已近晚年的李冰逝世于什邡洛水的石亭江治水工地上，并葬在洛水的章山上。为纪念李冰，什邡市在章山上修建了李冰陵园，如图 2-7 所示。据说这是他的衣冠冢，真正的陵墓在章山后岩公墓治某处的一个秘密地点。《新唐书》记载："什邡，武德二年（619）析雒置，有李冰祠山。"明曹学佺所著的《蜀中名胜记》称："什邡公墓化（治），上有升仙台，为李冰飞升之所。"《古蜀记》也说："李冰功配夏后（夏禹王），升仙在后城化（治），藏衣冠于章山冢中矣"，"章山后岩有大冢，碑云，秦李冰葬所"，为人们拨开层层迷雾，洗去满头雾水。根据王家佑、李仲屿、冯广宏、罗开玉、徐式文等学者的研究，和史籍如《重修金相寺碑记》里的记载以及国内外著名文史水利学家的有关著述论证和考察，后城山升仙台被确认为李冰卒逝之地，而章山后岩有大冢的公墓治，则是李冰的真正葬所。

1991年春，什邡重修李冰陵园。陵园大门前塑巨大的李冰站立石像，大门上石阶处有九龙石雕、陵园碑记、祭坛，依山而砌的石梯为蜀中第一长梯。石亭中有 1993 年 9 月 22 日江泽民为李冰陵园的题词"创科学治水之先例，建华夏文明之瑰宝"。陵门由张爱萍将军手书的

"秦李冰葬所"作门额，山顶为李冰墓园，墓园周围有反映古蜀人生活风貌的各种图案，墓前还有石龟、石碑等。

图2-7 李冰陵园

第四节 历代治水功臣及其事迹

天府地区土地肥沃、物产丰饶，然而能够取得"水旱从人，不知饥馑"的繁荣景象，与历代治水功臣的贡献密不可分。

一 汉唐时期治水功臣

(一) 文翁

文翁，西汉文帝、景帝时人。相传文翁原名党，字翁仲，庐江郡舒县人（即今安徽庐江县一带）。他曾任蜀郡太守，在蜀时曾采用竹木材料修筑陂塘，发展小型水利。又曾穿湔江口兴建引水渠，创建了灌溉繁县（今彭州南部及新都一带）一千七百顷（约合12万亩）农田的灌区，成为历史上最早扩引都江堰水源的功臣。文翁在任时还曾创办学校，提倡教育，为提高蜀人文化水平做出了显著贡献。文翁寿终于蜀，吏民为之建立祠堂，春秋祭祀不绝。

（二）诸葛亮

诸葛亮（181—234），字孔明，三国时琅玡郡阳都县（今山东沂县南）人，是历史上著名的政治家、军事家，其丰功伟绩几乎家喻户晓。诸葛亮任蜀汉丞相期间，十分重视水利。由于认识到都江堰是农业的根本，国家之所资，于是专门设立堰官加以专管，还征集一千二百人专门护堰，建立了长效机制，为历代所不及。此外相传章武三年（223）诸葛亮曾亲自发布过成都九里堤的《护堤令》。奉节县城市水源缺乏，诸葛亮创用竹筒管道接引山区泉水入城，开城市供水之先河。

（三）高俭

高俭（577—647），字士廉，渤海蓨（今河北景县南）人，唐贞观元年（627）至五年（631）出任益州（今成都）大都督府长史。为史有明文继汉文翁之后扩展都江堰灌区的又一人。高俭任益州长史期间，正值四川社会经济复苏、人口繁生的阶段，都江堰灌渠附近的田地，价格日趋昂贵，每顷约值一千两银，民间经常发生侵夺田地的事件。高俭为了从根本上消除这种不正常现象，在原有渠道的基础上，布置和扩建了许多分支渠，以扩大灌溉面积，使灌区农户共同富裕。

（四）刘易从

刘易从（生卒年不详），唐徐州彭城（今江苏徐州）人。武后时（690—704）任彭州长史，在任时曾引都江堰内江水源扩大灌区，灌溉今彭州市南部农田。《新唐书·地理志》记载"彭州濛阳郡九陇县，武后时，长史刘易从决唐昌沱江，凿川派流，合堋口琅歧水，溉九陇、唐昌田"，即指其事。唐彭州九陇县治，在今彭州市天彭镇西；唐昌即原崇宁县治，濒柏条河右岸。堋口琅歧水为一山溪，自今彭州市海窝子湔江出口处向南流入青白江。刘易从为继高俭之后扩引都江堰水源、

◆◆| 天府文化概论

发展平原灌区的又一功臣。

(五) 章仇兼琼

章仇兼琼,唐颍川(今河南许昌市)人,开元二十三年(735)至天宝五年(746)任益州长史、剑南节度使兼采访使,对四川地区水利多有建树,先后整修过温江新源水、新津通济堰、新开眉山岷江左岸引水工程蟆颐堰以及扩治成都城北万岁池,用以蓄水灌田等。具体情况如下。

第一,修治温江航渠。温江新源水上原有隋代蜀王杨秀兴建的引水航渠,用以流放成都西部山区砍伐下来的竹木,年久淤塞。开元二十三年(735),兼琼根据这一航渠的故道,重新修治,使之恢复功能。

第二,修复彭山通济堰。新津县西南二里古代有远济堰,彭山县有通济堰,实为岷江右岸引水干渠,年久淤废。开元二十八年(740),兼琼重新修复,即后世所称通济堰,其规模亦有所扩大。这一工程从新津邛江口引渠南下,干渠长一百二十里,尾水至眉州(今眉山)西南仍然注入岷江。干渠下分四个筒口,分别接引四条支渠,保灌当时眉州通义(今眉山)、彭山二县农田一千六百顷(约合今16万亩)。

第三,修建眉山蟆颐堰。眉州东七里的蟆颐堰,是兼琼在开元年间所新修的,这一工程沿蟆颐山筑堤导引岷江水源,分东、中、西三条干渠引水,以控灌眉山、青神等县农田。至清代灌区面积尚有七万二千余亩。

第四,整治成都万岁池。成都城北十八里有万岁池(一般认为即今白莲池),原为战国时张若修建成都城墙时取土挖成,天宝年间兼琼加以整治,并沿池筑堤蓄水,除作为城市供水水源外,还可供农田灌溉。

兼琼治水有方,是古代少数水利专家之一。据《东斋纪事》所载,兼琼善于根据河流缓急条件,采用不同的工程结构,灵活修建竹笼卵石的软堰和巨木大石的硬堰，因地制宜。兼琼所留种种业绩，一直为后人所称道。

(六) 高骈

高骈（？—887），字千里，唐末幽州（今北京西南）人。僖宗乾符年间（874—879）任成都尹，后为剑南西川节度使。高骈任成都尹时，曾扩建罗城，引城西的都江堰引水干渠郫江（内江）折而向东，绕城北然后折南，绕城东南与流江（检江）相合。在成都西北则建縻枣堰堤以防洪水。城内的水道布置，高骈也打下了一定基础。高骈建罗城、修縻枣堰一事，对后来的成都城市水利影响甚大。

二 宋元时期治水功臣

(一) 席益

席益，宋高宗时成都府官。祖父席旦，大观二年（1108）任成都府官，曾布置疏淘成都城内河渠水道，深得民心，绍兴年间，席益贯彻其祖父席旦的主张，每年初春疏浚成都城中的环街大渠，并设立三道闸门控制。同时测绘渠系水道图，用以指导工程整治，是历史上少数运用水利勘测和图件依据的治水有功者。

(二) 赵不忍

赵不忍（1121—1187），字仁仲，宋乾道初年任成都路转运判官，巡视都江堰务。时都江堰岁修中流弊甚多，办事官吏贪污作弊，偷工减料，每年洪水都会把工程冲毁，经常满足不了灌溉需求，所以常有饥荒。赵不忍到任后亲自检查督工，清查官吏不法行为，加以惩治，从此都江堰灌区用水条件大为改善。赵不忍调离时，欢送的人群从成都一直延伸到双流，许多群众挡住道路，不让车马离开，足见其深受蜀人爱戴。

（三）赵抃

赵抃（1008—1084），字阅道，号知非子，衢州西安（今浙江省衢州）人。景祐元年（1034）进士及第，任武安军节度推官，历任泗州通判、殿中侍御史、天章阁待制、河北道都转运使、右谏议大夫、参知政事等职。曾四度入蜀，五任蜀职，在蜀中政绩有声，兴修农田水利，引城西河水灌溉城南，筑长圳引南溪水入新阳坂，灌田数千亩。赵抃又是有名的廉吏，史载他历任地方大员，但皆廉洁奉公、两袖清风，离任时唯"一琴一鹤（一龟）而已"。

（四）李秉彝

李秉彝，字仲常，通州潞县（今北京市通州区）人。宋末元初出任都提举漕运使，在北方运饷做出成绩。至元丙寅年（1266），被任命为陕西按察副使，巡行灌州（今都江堰市），都江堰当时工程简陋，一遇洪水经常冲坏，每年都要调集大量劳力修复，群众负担很重。秉彝主张改用砌石结构坚筑，但群众思想不通，怕涨洪水时水势增剧，危害成都。秉彝就让人在水沟里做砌石模型加以观察，结果水势虽猛，却从石上溢过，由此证明不会造成灾害。于是按砌石方案改造渠首工程，三月完成。从此堰头坚固，大水到来时从石堰顶上行进，没有壅阻也没有损坏，民众心悦诚服。

秉彝在宋末元初社会动荡阶段，不但主持了都江堰大修，还从根本上改进了渠首结构，胆识非凡。创用模型试验来说服群众，在四川水利史上亦属创举。

（五）吉当普

吉当晋（一作吉达布），蒙古族人，元顺帝元统二年（1334）任四川肃政廉访使。时都江堰渠首岁修工程点多达132处，每年征调兵民劳力数百人，大修时最多达一万余人。规定每人服役70天，不服劳役的按天日交纳三串代役钱，富者困于交钱，贫者困于出力。吉当普上任后，亲自查勘访问，得知岁修要害132处，遂与灌州判官张宏商议以砌石结构改造渠首工程，使耐久性增加，以减少岁修劳役，得到张宏的支持。为了试验砌石结构的可靠性，张宏还自己出钱在小河上做了模型试验。吉当普后行文至各有关部门征求意见，取得了一致看法。

至元元年（1335）十一月，吉当普主持的都江堰渠首结构改造工程开工，以一万六千斤铁铸成大龟，安置于大石镶砌贯以铁柱的鱼嘴分水堤上，砌体用桐油麻丝石灰浆砌并锚以铁锭；并将护堤、护岸一律改为砌石结构。在分水、汇水处均以砌石修建闸门，控制蓄泄。大修期间，还改建合并了马坝渠、金马渠等，废除了一些渠堰。未及处理之处，也做好规划，责成各县负责完成。

吉当普大胆改造工程结构，曾受到各种保守势力的阻挠和破坏，或决三洞之水以灌其坎，或毁都江之石以坏其成，但吉当普不为所动，坚持施工。经过五个月的努力，大功告成。沿渠不但灌溉水源得到满足，而且还设立了几千处水力加工作坊，产生了很大效益。

吉当普改造都江堰结构的创举，对后世产生了深远影响，明代几次大修改造，无不以吉当普方案为基本模式。

三　明清时期治水功臣

（一）卢翔

卢翔，字凤仲，苏州常熟人，明弘治三年（1490）进士，正德八年（1513）任四川按察司佥事，主管水利。卢翔任水利佥事期间，重视都江堰岁修工作，主张运用六字治水诀来提高岁修质量，以弥补当时渠首竹笼简易工程常有毁损之不足。卢翔认为岷江引水，水势湍急，用砌石结构是不符合自然条件的，因此在岁修管理上下了很大功夫，如规定每三石粮的田户要出劳力一个，将劳力组成八班，每八年轮流应役一次。在正德十五年（1520）疏浚都江堰渠首时要求严格，曾淘挖出古代铁板，卢翊又曾玺刻六字治水诀，论述其深切含义。

（二）左廷瑞

左廷瑞，明嘉靖初年新繁知县，后调绵竹知县。绵竹县原有绵远河引水堰十四处，但右岸地势较高，进水量不足，群众用木石临时扎堰壅高水位，效果既差，又常发生争水纠纷。廷瑞到任后，决心改善绵远河工程布置及进水条件，首先查勘访问，弄清地形条件和水道高低数据，然后做出施工计划，核实计工，发动群众，按田亩比例组织劳力，要求民工自带工具参加施工；自嘉靖十年（1531）农历正月动工，仅三月就完成了任务，工食都由受益农户摊出，既不贷款，又不惊动远邻，取得了一定成功。

左廷瑞所做的基础处理设计是清挖地表浮土，直至老土，然后用大块料石回填，料石间用坚木贯穿，以加强整体性；各层纵横交错砌置，层间铺垫黄黏土；出地面后的填土上，栽种杨榆速生树种。在渠道分水位置设节制闸、泄水闸，用木叠梁作闸门，春夏用水期下闸以控制水量，秋冬不用水则将叠梁移放江边的管理房内，以免朽坏。左廷瑞治水虽在一县以内，但技术措施正确，成效显著，在当时有较大影响。

（三）施千祥

施千祥，明嘉靖年间四川按察司佥事，主管水利。嘉靖二十九年（1550）改造都江堰渠首结构，大胆设计铸造了铁牛型分水鱼嘴，完成了水利史及冶铁史上的一大创举。

早在嘉靖年间，佥事周相就查勘了都江堰渠首，得知大修要害之处有九，计划全部改为砌石结构，后因经费关系未曾实施。施千祥到任后，认为事贵有序，功贵因时，应抓住关键，即先用铁石结构对鱼嘴堤坝加以改造。于是与崇宁知县刘守德、灌县知县王来聘设计铁牛鱼嘴。这一新工鱼嘴下部为砌石贯铁结构，鱼嘴顶端铸铁牛两头，首合尾分，形如人字，代替原来的砌石鱼嘴端部。每牛长约一丈余，牛背高度与原堤顶相当。当时巡抚李香、巡按鄢懋卿以及驻成都的蜀王府，都十分支持这一新方案，蜀王还捐铁一万斤，银一百两，作为赞助。当时已是初春二月，岷江水量渐增，有人想推迟施工，施千祥不同意，坚决按计划行事。刘守德贯彻这一决心，昼夜督工，截流淘淤，清基至底，筹集工料，不几天全部完成。于是在当年农历二月二十四日，集中大炉十一座，大锅五十余口，现场熔铁浇铸铁牛，共用铁六万七千斤，经过一昼夜功夫，铁牛鱼嘴终于完成。前来观看的群众成千上万，欢声雷动，各级官吏也一致钦赞施千祥的决心和勇气。施千祥是继吉当普之后对都江堰枢纽结构大胆改革的又一人，所致力的堰首改造实践，对后世产生了深远影响。

（四）刘之勃

刘之勃（？—1644），字安侯，陕西凤翔人，明崇祯七年（1634）进士，十五年（1642）出任四川巡抚。当时农民起义席卷全国，四川政局也产生动荡，刘之勃采取了一些改革弊端的措施，同时认识到水利对民生的重要性，决心大修都江堰。

当时不少官吏认为大修费用过高，但刘之勃决心很大，愿意拿出薪俸捐助，于是在崇祯十五年（1642）冬季开工，次年农历正月底即完成大修任务，工期共四月。大修后水流顺畅，灌区内的农田得到了充分灌溉，当年就收到实际效益。

刘之勃在明代行将覆亡、自身即将被杀的形势下，尚能坚持大修工程，为民解困，实属难能可贵。

（五）大朗

大朗和尚（1615—1685?），俗名杨今玺，四川重庆人，明末举人，明亡后至保宁府天峰寺出家为僧。历驻梁山县双桂堂、大邑县兴化寺、什邡县慧剑堂、眉州清池寺，后应双流知县袁景先之约，驻锡双流县三圣寺。

大朗见双流一带干旱缺水，于是提出在温江刘家濠开渠引金马河水灌田的建议，因这时双流与新津合县，官府不予资助，于是大朗下定决心，募化修堰。沿途查勘地形水势，绘出草图，征询意见，动员群众。遇到民间施钱施米，大朗都不接受，只要大家在缘簿上写上"乐施"字样，表示支持赞助修堰。如遇户主不理，大朗就坐在其家门前几天几夜，不吃不喝。就这样感动了远近乡民，协助宣传集资，直至施工。

顺治十七年（1660），大朗说服温江、新津知县，正式按其规划方案修堰，在金马河左岸取水，干渠穿过杨柳河与金马河之间的狭长地带，总长一百多里，灌溉温江、双流、新津三县农田六万八千亩。建成后，群众感戴大朗功德，命名为大朗堰。

大朗晚年隐居新繁县龙藏寺，即寿终于其寺。光绪四年（1878），总督丁宝桢因年年干旱，各地一律歉收，唯独大朗堰灌区获得丰收，悬念其功，向朝廷请求给以封号。不久清廷下旨，封赠大朗为紫阳真人。此后又因以"真人"称号赠给和尚似有未当，又加封静惠禅师。

（六）黄廷桂

黄廷桂（？—1759），字丹崖，汉军镶红旗（今内蒙古集宁西南）人，雍正九年至乾隆四年（1731—1739）、乾隆十八至二十年（1753—1755）两次任四川总督，致力水利事业，因地制宜，维修都江堰，重修通济堰，提倡兴修小型水利，在其倡导下四川水利事业蓬勃发展。

黄廷桂主张滨江诸县大力引水灌溉，对于受干旱威胁的丘陵山区，则要求勘修塘堰。当时新都、芦山等十个州县，以及青神莲花坝、乐山平江乡、三台南明镇先后兴办水利工程，扩大了灌区。

新津、彭山自古建有通济堰，是较大的岷江引水工程，至清初已经淤塞。雍正十一年（1733），黄廷桂仿照都江堰竹笼卵石工程，垒石为堤，疏浚旧渠，修复通济堰引水干渠至彭山回龙寺，下分七条支渠，初步恢复灌区一万六千余亩。乾隆十八年（1753）黄廷桂再任四川总督时，支持眉州知州张兑及彭山知县张凤翥等重新扩建通济堰，延伸干渠八十余里至眉山，恢复旧有支堰四十二条，扩大灌区为七万三千余亩。

（七）王来通

王来通（1702—1779），号自明道人，清雍正、乾隆年间灌县二王庙道士，一生热心公益事业，关心水利。在担任二王庙住持的四十余年中，广植林木，增修庙宇，施水施药，为当地群众办了不少好事。

乾隆十九年（1754），王来通等五人查勘地形，在横山寺凿岩开渠；设闸引水，称为长流堰；乾隆二十三年至二十九年（1758—1764），又续开引水渠至太平场长生宫，称同流堰；两堰灌田不下万亩。

王来通久居都江堰头，熟知都江堰水利技术，自乾隆初年起，即约请王廷珏等人协助编纂有关都江堰文献资料，汇为一册，名为《灌江备考》，乾隆八年（1743）付梓刊行。此后又陆续收集补充，于乾隆二十六年（1761）改编成《灌江定考》《汇集实录》，是四川第一部水利技术文献总集。此外王来通还撰有《做鱼嘴活套法》等文，介绍修堰经验。

（八）刘士朝

刘士朝，清嘉庆时合江县锁口乡居民。年轻时曾在外经商，嘉庆初年始由二里场迁居至锁口乡黄泥塝。由于购进的沙溪沟右岸坡田30亩缺水灌溉，刘士朝在嘉庆十四年（1809）从城隍坳溪的观音沟引水，经2.5公里长的土渠，在七丁山斑竹嘴处试用陶管组装，构成倒虹管，跨过沙溪沟至青龙嘴出水，以灌坡田。因陶管强度不够，在26米水头下爆裂，于是改用承插石质管节构成倒虹管，全长266米，内径13.5厘米，经一年多的努力，取得了成功。这一工程在当时省内是规模最大的一处，建成于嘉庆十五年（1810）。

嘉庆十九年（1814），刘士朝又利用水力，修建水碾作坊。由于这几项工程都比较成功，得到群众的赞叹。当时流传的民谣说："沙溪沟，古怪多，水碾水磨水爬坡。"刘士朝对自己创造性修建的倒虹管工程相当自豪，临死前嘱咐后人认真维修，坟墓就在倒虹管进口上侧。咸丰四年（1854），刘士朝的三儿刘廷高死后则葬在倒虹管出口一侧。刘家对倒虹管精心维护，新中国成立后依然完好无损，至今尚存。

（九）强望泰

强望泰（？—1866），字莩圃，陕西韩城人，青年入川，自道光七年至二十四年（1827—1844）曾八次任成都府水利同知，对维修都江堰建立了功勋。曾著有《两修都江堰工程纪略》自述："每年淘滩作堰，躬与役徒为伍，虽严寒风霜，不敢告劳。"强望泰于道光五年（1829）曾赴懋功（今金川）总理屯务；道光十六年（1836）秋任合州知州时，曾查勘治平合川嘉陵江虮门、巨梁二滩，改善航道；后擢任保宁府、潼川府知府。咸丰四年（1854）任潼川府知府时，自拟《关防告示》，略可概括其一生。《告示》言强望泰"捧檄来川，已逾一纪（即十二年），凡经营堰工，总理屯务，权符保郡，摄篆合阳，不敢不视国事如家事，视民事如己事。绝贪缘而瘴疠皆清，只是一腔白水；甘淡泊而间阎少累，何妨两袖清风"。

强望泰于道光初年入川，前后宦蜀二十余年，于同治五年（1866）病逝，著有《斯未录》文集二卷存世。

（十）丁宝桢

丁宝桢（1820—1885），字稚璜，贵州平远（今织金）人，咸丰三年（1853）进士。光绪二年（1876），代吴棠任四川总督。到任后严劾贪吏，澄肃吏治；成立机械局，发展实业；又改盐政为官运商销，每年增加百余万两的财政收入。因污吏奸商受到限制，对其造谣中伤，朝廷也收到很多告状和弹劾的公文，成都将军恒训还攻击宝桢修堰失误、盐运有妨商民，流弊很大，但宝桢不服，据理争辩，朝廷因宝桢深得民心，始终未下手。光绪十一年（1885）宝桢病故于任内。

光绪三年（1877），丁宝桢面对连年争水风潮，深感都江堰有大修的必要。于是申请动用省库银两。改用砌石结构大修都江堰。施工中经常轻骑简从，亲冒霜雪，沿河督促。首先深淘淤沙，务使一律廓清；然后将鱼嘴上移至索桥以上，分水堤和护岸工程皆用大石砌筑，铁锭联扣，以灰油胶结。工程共耗银十三万两。成绵道尹丁士彬、灌县知县陆葆德参与此次工程，付出了一定努力。但大修完工后不到三个月，岷江洪水大至，各处工程受到严重毁损，一时舆论鼎沸。当年十二月，军机大臣恩承、童华抵川调查，处以丁宝桢降三级、革职留用处分，丁士彬、陆葆德则革职留用，罚赔工银，继办此后堰工。光绪四年（1878）十一月，再次兴工加固补修。

丁宝桢在都江堰水利管理上也做了一些整顿，限定渠首岁修经费总额，免除各用水州县的摊派，杜绝了咸丰十年（1860）以来滥支工款的弊端。光绪五年（1879）灌县、温江、崇庆等地就排干并恢复原有的受淹农田八万二千余亩，收到了治水效益。

四 1912—1949年间治水功臣

（一）税西恒

税西恒（1889—1980），又名绍圣，四川泸县人。1912年以公费生赴德国就读柏林工业大学机械系，1917年获德国工程师称号，并在西门子公司任职。1920年归国，任四川泸州道尹公署建设科科长；次年即向杨森建议开发龙溪河洞窝水能资源。是年，在杨森的支持和地方人士的赞助下，税西恒联合15人发起募股集资；1922年开始向德商订购设备和材料，延聘人才，于1924年在河上兴建拱形挡水堰，并开始兴办洞窝水电站。税西恒亲自参加设计、施工，克服了钢材不足等困难，于1925年建成了装机140千瓦的洞窝水电站，开四川兴修小水电的先声。

此后，税西恒又在洞窝上游，兴建谷西滩、德龙桥梯级小水电站，同时任重庆自来水公司总工程师。于1932年建成重庆市大溪沟观音梁水厂，自嘉陵江取水，提水水头112米。税西恒还曾参与岷江上游水利考察，提出兴建较大水电站的计划；1953年中央水利视察团考察了洞窝水电站，曾呈报中央给税西恒颁发奖状，表扬其在困难条件下艰苦办电。

(二) 卢作孚

卢作孚（1893—1952），四川合川县人。1925年创办民生（轮船）公司，经营嘉陵江合川至重庆段及川江上下游航运事业。1935年11月至1937年6月以实业家身份任四川省建设厅厅长，在水利方面多有建树，重视加强基础资料搜集，提出设立水文观测站的建议。此后根据资源委员会要求，于1936年1月在全省分三个水文区（第一区岷江，驻灌县，主任周郁如；第二区大渡河、马边河及青衣江，驻乐山，主任张华；第三区嘉陵江及乌江，驻巴县，主任税西恒），分别建立一批江河水文观测站。在任期间，利用原建设厅水利科的基础，又于1936年6月在灌县成立四川省水利局，直属建设厅，主管全川水政，是为四川省有独立的水利专管机构之始。

（三）何北衡

何北衡（1896—1972），字恩枢，四川罗江县（今德阳市罗江镇）人。1924年毕业于北京大学法律系。1937年继卢作孚任四川省建设厅厅长，关心水利建设。1939年担任川康水利贷款委员会主任，驻眉山。次年返成都再任四川省建设厅厅长，兴办了多处水利工程。兴修水利中利用其知名于工商金融界的条件，在水利建设经费的筹措方面，也做出了相当贡献。

（四）张沅

张沅（1880—1952），字之聪，四川资中县人。清光绪二十九年（1903）留学日本，就读于东京帝国大学土木系。1912年归国，任成都水利知事，参加大修都江堰之役。

张沅长期担任都江堰流域堰务管理处处长，1935年主持大修都江堰渠首枢纽，将鱼嘴位置西移二十余米，深挖地基，安设地符（即大木排架），采用混凝土砌条石重修鱼嘴堤，使工程坚固耐久，取得了成功。1936年成立四川省水利局，张沅升任局长兼总工程师。1944年，张沅专任都江堰流域堰务管理处处长。1947年暴雨洪水，都江堰水位骤升，张沅与其子夜间手提马灯，巡视渠首工程，认真负责。

张沅于1952年3月病逝于成都，终年七十二岁。

第三章　博大精深的学术思想文化

天府之国沃野千里，西蜀剑南人杰地灵，经数千年的发展，创造了博大精深的天府文化，在诸多地域文化中脱颖而出，光耀千古。从古蜀时代开始，蜀地历来人文兴盛，文化教育、思想学术及文学艺术都繁荣兴盛。就学术文化而言，教育、史学、经学、理学，乃至医卜星象之学都极一时之盛。在此，仅择其要者做简要论述。

第一节　教育

教育是人文之基。蜀中人文荟萃，学术思想文化高度繁荣，这与自汉代以来教育的高度发达大有关系，正是教育提升了蜀人的文化素养和文明素质，为历代人文的兴盛奠定了基础。而论及蜀中教育，乃不能不首推文翁兴学。文翁治蜀兴学的事迹，载于《汉书·循吏传》，此不具引。但从中可以看出以下几点。

一是重视教育。文翁鉴于巴蜀地区当时教育比较落后，一方面派青年到长安学习，一方面又在成都设立官办学校"文翁石室"（学官就是官学）。这是我国历史上第一所地方官办学校，到武帝时又向全国推广，推动了蜀郡和全国教育事业的发展，在中国教育史上留下了浓墨重彩的一笔。

为了办好学校,文翁一方面对入学者实施激励政策,一方面还让这些学生参与处理公共事务等社会实践活动,提高其实际能力和水平。还采取"上挂培养"方式派青年才俊到长安"授业博士,或学律令",为地方发展培育高层次人才。

文翁的教育成就受到后人的高度赞扬。一方面,文翁为蜀中教育发展培养了大量的教师①;另一方面,由于教育的发展而人才辈出,促进了蜀中经济社会的全面发展,使成都在西汉后期成了"列备五都"的国家"一线"城市,这一切,都与文翁以教育为基础的一系列"治蜀"措置(如文翁治水亦颇有成效)密不可分。

特别值得一提的是,成都城内修建且保存至今的学宫"文翁石室",成为中国最早的地方官办学校,且历两千多年仍弦歌不辍,因此"蜀学比于齐鲁"②,蜀中成为中国文化教育最发达的地区之一。在文翁办学的带动下,各州县学也纷纷建立起来,巴蜀地区形成了较为完备的学校教育体系。官学的兴盛带动了私人讲学的发展,从西汉开始,巴蜀私人讲学之风大盛,并且产生了蜀汉谯周、南朝严植之等杰出教育家。

二是书院发达。蜀中历来书院发达,不仅规模大,而且名师名人辈出,在中国教育史上颇足称道。书院是我国自唐代到清末的重要教学阵地,它既是学者讲学之地,又是收徒之所,不少有一定文化的学子到书院中学习研修,可以看作一种高于蒙学以学习儒学为主的学校,初期大多属于私办。唐代的书院只是士人的读书处,如在今遂宁的张

---

① 据《华阳国志·蜀志》说是"诣博士受七经,还以教授"。
② (晋)常璩撰,任乃强校注:《华阳国志校补图注》,上海古籍出版社1987年版,第252页。

九宗书院①。到了宋代，书院成了独立于官学、私学之外的教育机构。它以学者讲学为主，集教学、学术交流、藏书为一体，发挥着重要的教育文化功能。宋代巴蜀地区书院发达，共有书院29所，较著名的有：范政在今涪陵建的北岩书院，理学大师程颐曾在此作《伊川易传》，大诗人黄庭坚曾在此讲学；著名学者高定子在今夹江建的同人书院；名臣王十朋在今奉节建的莲峰书院；著名诗人冯时行在今丹棱建的栅头书院；任逢在今合川建的濂溪书院（原理学大师周濂溪读书处）。这其中，最著名的是理学家魏了翁在今蒲江建的鹤山书院。魏了翁是蒲江人，他不仅在蒲江，而且先后在今泸州、邛州、眉山分别都建有鹤山书院。建立于宋宁宗嘉定三年（1210）的四川蒲江鹤山书院，藏书达10万卷以上，为宋代各书院之首，超过了宋初中央崇文馆的国家藏书8万卷的规模。鹤山书院声名远播，宋理宗曾亲自为鹤山书院题额。巴蜀文化发达，文人集聚，私人藏书蔚为大观，对推动巴蜀地区以书院、私学为依托，传播理学发挥了重要作用。据《宋史·魏了翁传》载，他"开门授徒，士争负笈从之，由是蜀人始知义理之学"。元代的书院多受到政府控制，到了明代，才普遍出现了地方官府建立的书院。

巴蜀地区的书院教育在明清时期有了进一步的发展，根据嘉庆《四川通志》卷七八、七九的资料统计，明代时四川有书院99所（明代全国有书院1239所），到了清代发展到394所。"书院以育英俊，义学以养童蒙"②。当时青年学子学识的提高主要依赖于书院，若干知名学者均在书院担任山长或主讲授徒，如成都的锦江书院，就曾由著名学者兼诗人彭端淑主持多年，声名远播。他所写的《为学一首示子侄》

---

① 据嘉庆《四川通志》卷七九所载，此书院建于唐贞观九年，很可能是中国最早的一所书院。

② （清）恩成修，（清）刘德铨纂：道光《夔州府志》卷三六《开县新设义学记》，清光绪十七年刻本。

一文是至今教育界评价很高的教育学论文，曾长期被选为语文教材。下面简要介绍锦江书院和尊经书院。

锦江书院。即成都锦江书院，位于四川成都。清康熙四十三年（1704）四川按察使刘德芳在文翁石室旧址上修建。成都锦江书院有讲堂、学舍等，诸生为秀才以上生员。教学要求"先经义而后时文，先行谊而后进取"。采宋王安石"三舍之法"，实行正课、附课和外课。初定正课、附课生各50人，外课生视成绩和正、附课生名额盈缺而定，先约20人，是为候补。膏火正课生月给米1.5斗、银1.5两，附课生减半，外课生无。康熙六十年（1721）四川提学方觐增建讲堂、学舍，增加生额，扩大规模。雍正十一年（1733）列为省城书院，经费由政府所拨学田收入开支。乾隆三十九年（1774）四川总督文绶等又增修讲堂学舍等设施，添置田产，再次扩大规模。嘉庆十九年（1814）成都知府李尧栋仿古制建石室于讲堂后。嘉庆二十四年（1819）四川总督蒋攸铦鉴于规制不备，学子懈怠，特制定《锦江书院条规》10条，以行整顿，加强教学管理。道光二十八年（1848）扩大办学规模，增加招生名额。在原额基础上增加为正生60人，附课60人，外课约30人，共计150人左右。咸丰七年（1857）增附课生28名，外课名额不限。学生总人数已逾200人。历任山长有顾汝修、敬南华、张晋生、侯度、姜锡嘏、易简、牛树梅、彭端淑等著名学者。"锦江六杰"之一的李调元，"文名籍甚"的举人张邦伸等均为院中高材。光绪二十七年（1901），成都锦江书院与尊经书院合并，次年（光绪二十八年）四川总督奏准在锦江书院原址设成都府中学堂，于尊经书院原址设四川通省大学堂，旋即改名为四川省城高等学堂。锦江书院是清代四川地区延续最长的官办省级书院，与今日的四川大学有着密切的渊源关系，是四川高等教育的历史源头之一。

尊经书院。和锦江书院一样，尊经书院也是一所官办书院。其学生由四川省内各府按比例在秀才、贡生中选送，书院择优录取。但和锦江书院不同的是，尊经书院并不以科举为目的，而更注重培养学生的真才实学。书院创设之初，本着"中学为体，西学为用"的方针，原拟设天文、地理、算学及格致等课，但因风气未开，师资不够，最终成为经、史、辞章人才的培养之所。1874年5月，工部侍郎、四川宜宾人薛焕，偕省内官绅15人，上书四川总督吴棠和四川学政张之洞新建书院，得到张之洞的支持以及川督和清廷的批准，定名为"尊经书院"。尊经书院创办时，张之洞正在四川担任全省的最高教育长官。他是尊经书院的实际创办人。当时四川学风不佳，科场弊端甚多。张之洞为了矫正学界风气，确立了"首励以廉耻，次勉以读有用之书"的原则。他亲自为书院制定了十八条章程，亦即书院学规，对办学方针、师生关系、学生奖惩、课程设置、教学方法等，都提出了原则性的要求。鉴于川中风气闭塞，缺少参考书籍和学习资料，张之洞慷慨捐出薪俸，为书院购买了一千多卷书籍，还先后写了《书目答问》《輶轩语》两书，不仅用于指导尊经书院诸生和全省教育界人士学习，而且成了清末新式书院和学堂的必读之物。由于该书简洁扼要，便于一般读者，很快就在国内流行开来，至今仍是国学研究者重要的参考书。对于张之洞来说，尊经书院不仅是一所学校，也是社会教化的一个"策源地"。他曾表示："欲治川省之民，必先治川省之士。"这也可以看作尊经书院的办学宗旨。因此，该校自始就反对学生只习时文，而提倡厚植根基，尤其倡导"通经学古"，实即"通经致用"的学术风气。张之洞于尊经书院出力甚多，也寄望极高。在调任回京路上，他还给继任四川学政谭宗浚写信说："身虽去蜀，独一尊经书院，惓惓不忘。"他还向谭宗浚推荐了五位学生。其中，就有"戊戌六君子"之一的杨锐和对康有为的变法思想启发甚巨的学者廖平。光绪四年（1878），在四川总督丁宝桢的力邀下，王闿运出任首任尊经书院山长，直到光绪十三年（1887）回湘，在川长达八年之久。王氏以经、史、辞章等教育学生，规定学生每日读书必记下心得体会。为了提高学生的理解能力，他提倡"以抄助读"的方法，让学生抄书。为了鼓励学生，王闿运还把学生们在经、史、辞章方面的优秀论文集结成册刊印。除王闿运外，当时著名的革新派人士宋育仁也担任过尊经书院山长。尊经书院培养了一大批影响四川近现代政治、思想、经济、文化和科学发展的名人。例如，为变法图强，英勇牺牲的戊戌六君子之一杨锐；离经叛道、托古改制的今文经学大师廖平；力主新学的四川维新变法核心人物宋育仁；为推翻清朝、建立民国，舍身炸死良弼，被孙中山先生封为大将军的彭家珍；领袖群伦、叱咤风云的辛亥革命时期的著名人物吴玉章、张澜、罗伦、蒲殿俊；清代四川唯一的状元、曾任京师大学堂首席提调和四川高等学校校长的骆成骧等。光绪二十七年（1901），在全国废书院、兴学堂的风气影响下，四川总督奉旨宣布将锦江、尊经书院与1896年成立的四川中西学堂合并为四川通省大学堂（稍后改称四川省城高等学堂），从而揭开了四川近代高等教育史上新的一页。此后，在它的基础上，先后设立了一系列新式高等专门学堂，并最终在1931年合并组建为当时西部地区唯一的国立大学——国立四川大学。

三是名校名师云集。抗战期间全国著名高校纷纷南迁，成都名校汇集，名师云集，成为大后方的教育文化中心之一。当时高校多分布在华西坝，故与重庆的沙坪坝、北碚夏坝、江津白沙坝合称"四坝"，成为中国抗战时期的教育文化重镇。

第二节 思想文化及学术

古蜀文明历史悠久，且自成体系，特色鲜明。从先秦开始，著名学者、思想家、重要著作就不断涌现。

一是古蜀为中华人文渊薮之地，文化学术历来发达。古蜀文字"巴蜀图语"的产生，说明古蜀文明已高度发达。虽至今大多仍不能通晓释读，成为不解之谜，却为后来思想文化学术的繁荣奠定了良好基础（此点在论述"古蜀文明"时已论及，此处从略）。

二是先秦蜀人著作已对中原文化产生影响。据学者考证，目前所知晓的可能产生于巴蜀地区的最早著作是《山海经》中的《海内经》四篇与《大荒经》五篇；《臣君子》与《鹖冠子》两书是《汉书·艺文志》中仅见的巴蜀地区著作，《尸子》亦为尸佼（商鞅之师）在蜀地所作。

三是汉晋蜀学勃兴。出现了一批专精道家思想的学者。其中以"专精《大易》，耽于《老》《庄》"[1]的严遵（字君平）最为著名。学者对史志研究十分重视。当时出现了一大批地方史志著作，今天尚可见到的仍有扬雄的《蜀王本纪》、陈寿的《三国志》、常璩的《华阳国志》等。出现了好几部语言文字学著作。如司马相如的《凡将篇》，扬雄的《训纂篇》《方言》等。

四是宋代蜀学的鼎盛。北宋学者吕陶说："蜀学之盛，冠天下而垂无穷者，其具有三。一曰文翁之石室，二曰周公之礼殿，三曰石壁之《九经》。"[2] 可见蜀学在当时的重要地位。宋代蜀学最有特色的是儒学和史学。儒学又可分为两大系统。

第一，正统的儒学经典研究。其主要特点是继承了汉代的特点，或者说保持了蜀地学术的传统，以《周易》《春秋》为重要研究对象，而其中特别突出的是《易》学研究。正如李焘在《太玄经疏》的跋语

---

[1] （晋）常璩撰，任乃强校注：《华阳国志校补图注》，上海古籍出版社1987年版，第532页。

[2] （宋）袁说友编，赵晓兰整理：《成都文类》卷30，中华书局2011年版。

中所说:"蜀人盖多玄学","严(遵)扬所传,固自不绝"①。据许肇鼎《宋代蜀人著述存佚录》统计,全部经学著作之中,《易》学占23.57%,《春秋》学占20.7%。据统计,宋代巴蜀治《易》学可考见者69位,著作94种②。繁荣的《易》学研究,赢得了"易学在蜀"的崇高声誉。"易学在蜀"一语出自宋代著名理学家程颐,首见于《宋史·谯定传》。说的是程颐、程颢两兄弟年轻时随父入蜀,"游成都,见治篾箍桶者挟册,就视之,则《易》也"。二人大为惊讶,正想问个究竟,哪知那箍桶匠率先发问:"若尝学此乎?"接着手指"《未济》男之穷"一卦请二程剖析。兄弟俩一时无法回答,此人竟能从容解读,此事给二程留下了极为深刻的印象。后来二程成为一代理学大师,袁滋问《易》于颐,颐曰:"易学在蜀耳,盍往求之?"袁滋入蜀访问,久无所遇。"已而见卖酱薛翁于眉、邛间,与语,大有所得,不知所得何语也。……篾叟、酱翁,皆蜀之隐君子也。"可见当时蜀中民间易学之发达。在此背景下,涌现出一批对后世影响很大的《易》学家,较著名的有陈抟、龙昌期、谯定等。

陈抟(871—989),字图南,自号扶摇子,宋太宗赐号希夷先生,故又称陈希夷,普州崇龛(今四川安岳)人。他自幼"读经史百家之言,一见成诵,悉无遗忘";在此基础之上,"好读《易》,手不释卷"③,一生著作丰富。他打破了传统的儒家学术体系,融儒、释、道三家为一体,而又以道家学术为核心,开启了宋代三教合一的新的思想潮流。他本人也被道教界奉为高道,称为"老祖"。《易》学史上最为重要的《太极图》《河图》《洛书》,据目前所见的资料,最早均传自陈抟,是《易》学研究中象数派和河洛研究的始祖。他说:"易道无

---

① (元)马端临:《文献通考》卷28引。
② 胡昭曦、张泽茂:《宋代蜀学刍论》,《四川大学学报》1993年第4期。
③ (元)脱脱:《宋史》,中华书局1985年版,第13421页。

往而不可也，苟惟束于辞训，则是犯法也，良由未得悟焉。果得悟焉，则辞外见意，而纵横妙用，唯吾所欲，是为活法也。故曰学《易》者当于羲皇心地中驰骋，无于周、孔言语下拘挛。"① 这种蔑视权威、自创新学的精神不仅开创了"先天易学"，而且为宋明理学的形成起到发端启路的重大作用。宋代学者周敦颐、邵雍、程颢、程颐、朱熹、蔡元定等都是他的学术传人。陈抟的著作，只有《正易心法》注文保存完整，其余皆散佚，只能在其他著作中见到一些引述。

龙昌期，北宋陵州（今四川仁寿）人，世称武陵先生或君平先生，是"名动士林，高视两蜀"的著名学者，范仲淹曾赞许他"治《易》，深达微奥"②，不仅在京师与诸家论《易》，还被请到福州"为众人讲《易》"③。他曾"著书百余卷"，单是关于《易》学的就有《周易祥符注》《周易绝笔书》等，只因为他学术多"异端"④，受到当局的严重打击，著作被毁，故而如今已无法看见。但他曾受到著名政治家兼学者文彦博这样的评价："龙昌期气正行介，学纯虑深，窥古今治忽之原，穷圣贤变通之旨，旁通百氏，阐发微言，别注六经，颇有新意，高出诸儒之疏舛，洞见圣人之旨归。"⑤ 可见他在世时的影响之大。

谯定，涪陵人，生活于两宋之际，一生以研究《易》学为主，著有《易传》，惜已佚亡。他长期向程颐学习，"得闻精义，造诣愈至"。程颐被贬涪陵，"北山有岩，师友吟咏其中，涪人名之曰读易洞"⑥。"定《易》学得之程颐，授之胡宪、刘勉之，而冯时行、张行成则得定

---

① （宋）麻衣道者：《正易心法》四一章注，南汇吴省兰听彝堂本。
② （宋）范仲淹撰，李勇先等校点：《范仲淹全集》卷14《资政殿大学士礼部尚书赠太子太师谥忠献范公墓志铭》，四川大学出版社2002年版，第351页。
③ （元）脱脱：《宋史》，中华书局1985年版，第9942页。
④ （元）脱脱：《宋史》，中华书局1985年版，第9942页
⑤ （清）刘喜海：《宋赐龙昌期敕并文潞公札子》，载《金石苑》第六册，文物出版社1982年版。
⑥ （元）脱脱：《宋史》，中华书局1985年版，第13461页。

之余意者也。"① 胡宪是著名学者胡安国之子，与刘勉之都是闽中学者，为朱熹之父朱松好友。朱松临终，"属其子熹受学于宪与勉之"②；"熹之得道，自勉之始"③。由此可知朱熹与谯定的师承关系。

第二，理学研究。陈抟是融合儒释道三家以治《易》的，他的《太极图》传给周敦颐，才有了《太极图说》；他的《先天图》传给邵雍，才有了著名的《皇极经世书》。因此，陈抟是宋代理学的开山祖师。甚或可以说，巴蜀是宋代理学的策源地。北宋理学的几位主要代表人物都曾到巴蜀地区讲学与治学，如周敦颐到过合州（今合川），傅耆、张宗范等都曾向他问学；据传邵雍曾到夔州（今奉节），其子邵伯温、孙邵溥、邵博都曾入蜀，邵氏之学"遂盛行于蜀"；程颢、程颐在巴蜀游踪甚广，什邡、汉州（今广汉）、涪州（今涪陵）都有其遗迹。巴蜀学子不少成为"伊川高第"，谯定则是其代表。当时蜀人中治理学著名的则有张栻、魏了翁等，因在第五章"文化世家"还要论述，此处就从略了。

第三，宋代蜀学中最有特色和成就的是史学。宋代蜀学名家名著辈出，较著者有华阳（今成都）范镇、范祖禹、范冲，双流王珪、邓洵武，新津张商英、张唐英，新繁（今新都）句涛，丹棱李焘、李埴，遂宁杨济曾，井研李心传兄弟、牟子才，蒲江高斯得，汶川谢方叔等。因其中大多拟在第五章"文化世家"中论述，此处仅介绍一下王偁。

王偁，自季平，眉州（今眉山）人。生卒年不详，活动于南宋初年。他在史学上的重要贡献是撰写了《东都事略》130卷，是早于《宋史》的北宋时期纪传体史籍。有的学者（如汪琬等）认为，元人修《宋史》，北宋部分的水平明显高于南宋，其重要原因之一就是参考

---

① （元）脱脱：《宋史》，中华书局1985年版，第13461页。
② （元）脱脱：《宋史》，中华书局1985年版，第13465页。
③ （元）脱脱：《宋史》，中华书局1985年版，第13463页。

并取材于《东都事略》。《四库全书总目提要》在评价此书时曾说："宋人私史卓然可传者，唯偁与李焘、李心传之书而三，固宜为考宋史者所宝贵矣。"这种评价是完全正确的。王偁还有《西夏事略》，是研究西夏史的重要著作，今传于世。

蒙文通先生曾言："两宋之世，史学特盛，超越汉朝。蜀中史著之多，方志之富，更为特出。总宋蜀中四路图经，无虑千卷……殆于方方有志，以余之浅陋，所考见者将两百种……佚闻旧典，往往而在，可谓特盛，比诸他省，固远过之。"[1] 可见蜀地史学史著之盛。

第四，出现了一批文化世家。因家学渊源而成为家族性学统传承，也是宋代蜀学的显著特征。如眉山苏氏（苏洵、苏轼、苏辙、苏过、苏籀），华阳范氏（范镇、范百禄、范祖禹、范冲），绵竹张氏（张咸、张浚、张栻），阆中陈氏（陈尧叟、陈尧佐、陈尧咨、陈渐），华阳王氏（王琪、王珪、王仲甫），华阳宇文氏（宇文粹中、宇文虚中），蒲江高氏（高载、高稼、高定子、高斯得），大邑计氏（计用章、计有功），新津张氏（张唐英、张商英），中江苏氏（苏易简、苏耆、苏舜元、苏舜钦），简阳刘氏（刘孝孙、刘泾），资中李氏（李石、李占、李开），宜宾程氏（程公说、程公许），井研李氏（李舜臣、李心传、李道传、李性传），丹棱唐氏（唐庚、唐文若），仁寿虞氏（虞允文、虞简刚、虞集）等都是有名的学术世家，也是学术地理生态学的重要研究对象。因后面还要设"文化世家"专章详尽论述，此处从略。

五是元明清时期的蜀学。宋元之际与明清之际的两次长期而大规模的战乱，使蜀中人口锐减，经济衰退，导致学术文化事业的凋敝，已不复两汉、唐宋时期那种群星灿烂、佳作纷呈之盛况。到了清代中期以后，蜀中学术才得到复兴，呈繁荣之象。现将元明清蜀中著名学者及其著述

---

[1] 蒙文通：《华西大学图书馆四川方志目录·序》，四川大学出版社1991年版，第115页。

简介如下(其中杨慎、费密因第五章还要论及,此处从略)。

唐甄(1630—1704),初名大陶,字铸万,号圃亭。四川省达县(今四川省达州市通川区蒲家镇)人,中国明末清初的思想家和政论家。出身于官僚地主家庭,父唐阶泰,曾任明朝吴江县知县。唐甄性至孝,服侍亲疾,衣不解带,等到父亲去世,独处殡室三年,因为故乡沦陷,遂卜地葬于虎丘。清顺治十四年(1657)中举人,任山西长子县知县不到10个月,因受逃犯牵连被革职。后曾经商,因赔本乃流寓江南,靠讲学卖文维持生活。康熙四十三年(1704)卒,年75岁。他思想学说中的进步性主要表现为批判封建制度和君主专制,提倡社会平等,主张经世致用之学等。唐甄与遂宁吕潜、新都费密,合称"清初蜀中三杰",与王夫之、黄宗羲、顾炎武并称明末清初"四大著名启蒙思想家",在中国政治思想史上占有重要地位。

唐甄的社会政治启蒙思想,集中反映在他历30年而成的《潜书》中。《潜书》是唐甄遗世的唯一著作,也是他最重要的著作。此书原为《衡书》,仅13篇,"衡"表示"志在权衡天下"之意。后因"连蹇不遇",只得将其潜存起来,加以补充,改名为《潜书》。《潜书》共97篇论文,分为上下两篇。上篇论学术,重在阐发"尽性"与"事功"相互统一的心性之学;下篇论政治,旨在讲求实治实功抑尊富民的治世之术。潘耒称其"论学术则尊孟宗王,贵心得,贱口耳,痛排俗学之陋;论治道则崇俭尚朴,损势抑威,省大吏,汰冗官,欲君民相亲如一家,乃可为治。"① 因此,《潜书》"上观天道,下察人事,远正古迹,近度今宜,根于心而致之行,如在其位而谋其政"②。《潜书》在体例上模仿汉代王充的《论衡》,旨在针砭时弊,汲取明末政治腐败导致农民起义的教训,提出一系列抨击君权专制和倡导以民

---

① (清)唐甄:《潜书》序言,古籍出版社1955年版,第5页。
② (清)唐甄:《潜书》,古籍出版社1955年版,第204页。

为本的进步政教观点和主张，诸如善政养民、摒弃程朱理学、以实学济世扶危、治国平天下，等等。此书不仅奠定了唐甄在清初启蒙思潮中的历史地位，而且对当时的儒学思想发展也产生了深远的影响。据有关资料考证，《潜书》最早于清康熙四十四年（1705）由其女婿王闻远刊刻行世，新版本则有中华书局 1955 年版，1963 年又出版了增订本，以后曾多次重印。

廖平（1852—1932），字季平，井研人。1876 年入尊经书院学习，深受王闿运影响，治今文经学，1884 年撰《穀梁古义疏》，次年撰《今古学考》。此后，一直以治学和教学终其身。在清末的社会剧变之中，廖平深受周围条件之影响，其治学的主旨不断变化，共有六变。他主张"为学须善变，十年一大变，三年一小变，每变愈上，不可限量"[1]。今天看来，他的学术观点在第三变之后，愈变愈奇，很多看法让人难于接受。但在他这种大胆求变、不断求新的追求之中（特别是第三变之中），有不少可贵的闪光点，对当时以及后代的学术研究有着重要的影响。比如康有为的《孔子改制考》《新学伪经考》就颇受廖平思想之影响。廖平著述丰富，现存 118 种之多，大部分收入《六译馆丛书》之中。舒大刚、杨世文点校，上海古籍出版社（2015 年 4 月）出版的《廖平全集》（全 16 册），是目前收录廖平著作的最好版本。

宋育仁（1857—1931），字云子，富顺人，尊经书院学生，于 1884 年写成《周官图谱》《周礼十种》两书，从经学研究中表达了维新改制的主张。1886 年中进士后，长期在北京为官，眼界大开，特别是将目光移向海外的新天地，1891 年写成了著名的《时务论》。1894 年被派出使欧洲，对西欧诸国做了详尽的考察，写成《采风记》一书。归国之后，又将《时务论》加以修订。两书发行之后，风行一时，宋育

---

[1] 廖平：《经话甲编》卷 1，尊经书局，清光绪二十三年刻本。

仁被称为"新学巨子"。他跨出了旧传统的樊笼，用全新的观点对当时的社会危机进行了剖析，提出了在中国实行资本主义性质的经济民族主义和民权主义的主张。宋育仁不仅著书立说，还是一位维新图强的实践者。1896年他被任命为川省矿务商务总局监督，次年就在重庆创办了四川第一份近代报刊《渝报》，亲任经理，宣传维新变法、救亡图存。1898年他被聘任为尊经书院山长，又在成都设立蜀学会，创办了成都第一份近代报刊《蜀学报》，亲任经理，吴之英任主笔，廖平任总撰。这两份报均为"蜀中开风气而设"，"以通经致用为主"[①]，在蜀中的确起到了"开先风"的作用。

张森楷（1858—1928），号石卿，合州（今合川人），他呕心沥血一生，从事史学研究，著述达27种，最主要的有《通史人表》及附录共352卷、《二十四史校勘记》337卷、《史记新校注》133卷、《合川县志》83卷。他是我国近代极有水平的史学家，用力之勤，罕出其右。他这些著作的手稿先后与盛昱、翁同龢、李慈铭、缪荃孙、王懿荣、康有为、俞樾、陆心源、丁丙、罗振玉、陈衍、刘师培、宋育仁等人切磋，深受嘉许。《二十四史校勘记》中除《宋史》以下诸史因未得善本，是重校之外，其余各史都经过几次校勘。《史记新校注》则前后费时50年，据以校勘的各种版本二十余种，参校版本三十来种，引用文献二百来种。遗憾的是，由于这几部著作卷帙太大，虽经多方努力，他在世时绝大部分未能付梓，他的学术成果一直未能为广大研究者所知。几经辗转之后，他的《二十四史校勘记》书稿只有部分残存于南京图书馆，中华书局整理二十四史时曾据以参考。《史记新校注》一稿据说已流入中国台湾。《通史人表》稿已不知下落。只有《合川县志》于1922年刊行，得以流传至今。

[①] 宋育仁：《蜀学会章程》，《蜀学报》1898年第1期。

傅增湘（1872—1949），字沅叔，号藏园，江安人，我国近代最著名的版本目录学家。他一生之中校书八百余种、一万六千三百余卷，收藏宋、金刊本一百五十余种、四千六百余卷，元刊本数十种、三千七百余卷，特别是1916年所得宋绍兴二年刊本《资治通鉴》和1928年所得宋淳熙十三年宫廷写本《洪范政鉴》，是海内争睹的珍中之珍，合称"双鉴"，名重一时。他一生中所见珍本之多、藏书之富、校勘之精，为近代学者所仅见。傅增湘也是一位著名的教育家，从1905年开始，先后创办天津女子公学、高等女学、北洋女子师范，曾任京师女子师范学堂总理、直隶提学使，1917—1922年任内阁教育总长。五四运动中，他因反对镇压学生与拒签免蔡元培北大校长令，愤而辞职，悄然离京，隐居扬州。故而学生代表在向当局所提条件中有"挽留傅增湘、蔡元培"的要求。著名画家徐悲鸿、张善子、张大千在成名之前，都曾受到他的大力支持与奖掖，当代版本目录学家如王重民、赵万里、谢国桢、吴丰培、陈乃乾等都是他门下弟子。傅增湘一生著述二百余万言，有《双鉴楼善本书目》《双鉴楼藏书记》《藏园群书题记》《藏园群书经眼录》等，编成《宋代蜀文辑存》100卷，主编《绥远通志》稿本160卷。他还自费影印宋本《周易正义》，刻印《蜀贤遗书》（含宋本《方言》《王荆公诗注》等蜀人著作12种）、《双鉴楼丛书》（含《家世旧闻》等12种）、《宋代蜀文辑存》，传播四方，嘉惠学林。还值得一提的是，他临终前，将平生珍藏全部分赠北京图书馆与家乡四川省（后归川大图书馆）。在1959年编印的《北京图书馆善本书目》中，傅氏旧藏精品即有二百八十余种之多。

此外，辛亥前后，巴蜀思想界的著名人物还有邹容（1885—1905）、吴虞（1872—1949）等，在此就从略了[①]。

[①] 此章写作中，对袁庭栋先生的《巴蜀文化志》相关内容多有参取，在此深表谢忱。

第四章 争奇斗艳的文学艺术

成都是中华文学艺术的沃土和渊薮。"蜀居华夏之坤，号称'天府'，岷峨江汉，载育其英，汉唐以来，原为文人之薮。"① 两千多年来，天府大地产生了众多的名家名作，创造了中国文学史上的多个第一以及一系列栩栩如生的文学典型形象，为中国文学长廊增光添彩。自文翁兴学以来，由于教育水平的普遍提高，成都的文学开始兴盛，出现了自古文宗出巴蜀、自古诗人例入蜀、诸家律手在成都等精彩纷呈的文化盛况。成都的绘画、戏曲、书法等方面也得到了很好的发展，成就了天府文化的彬彬之盛。

第一节 文学

"文学"一词的含义随着时代的不同而衍生出略微不同的变化。一般而言，文学观念的演进可分为三个阶段。第一个阶段为周秦时期，此时的文学具有文章、博学两种意思，文即为学，学不离文，这是最初对文学的看法，《论语·先进》中的"文学：子游，子夏"即为此

---

① （清）张邦伸：《锦里新编》序言，巴蜀书社1984年版。

意。第二阶段为两汉时期,"文"与"学"往往分而论之,"文"代表文章,与当前的"文学"概念接近;而"学"则指专业上通其理,识其事。第三阶段为魏晋南北朝时期,"文学"一词的含义即华美的语言所形成的带有感情性的作品,即陆机的《文赋》中所说的"诗缘情而绮靡",这一概念已与我们今天对"文学"的定义非常接近了。本文所说的"文学"即第三阶段的"文学"概念。《汉书·地理志》记载:"景武间,文翁为蜀郡,教民读书法令",自"文翁兴学"以来,蜀地始向文。事实上,蜀地文学滥觞于古蜀先秦时期,巴蜀先民曾创造出颇具文学意味的"巴蜀图语",在古蜀文化中即具有鲜明的文学基因。自秦占领巴蜀,乃至统一六国形成大一统王朝之后,实行"书同文"的教育政策,为蜀地文学融入关中及中原文学奠定了坚实的基础。蜀地得天独厚的自然环境造就了生机盎然的文学氛围,也创造了瑰丽灿烂、成就辉煌的天府文学。

一 秦汉时期的蜀地文学

考古资料显示,先秦古蜀时期具有一套较为独特系统的文化。根据蒙文通先生的研究,先秦时期《山海经》的叙事及史事记载与诸如《竹书纪年》《世本》的中原文化系统史书有很大的差别。但其记载中也有不少同西南巴蜀地区有密切联系,故此书可能是巴、蜀地域所流传的代表巴蜀文化的典籍。[①]

《山海经》,著者不详。其书三万字左右,记载有四十个邦国,五百五十座山,三百条水道以及这些邦国、山、水道的地理关系、风土民俗和重要的物产。全书分为《山经》与《海经》两大部分。其中《山经》包括《南山经》《西山经》《北山经》《东山经》《中山经》,

---

① 具体论述参见蒙文通《巴蜀古史论述》,四川人民出版社2019年版,第159—200页。

亦被称为《五藏山经》。《海经》主要有《海外经》《海内经》和《大荒经》三种，其中《海外经》有《海外南经》《海外西经》《海外北经》和《海外东经》；《海内经》有《海内南经》《海内西经》《海内北经》和《海内东经》；《大荒经》有《大荒东经》《大荒南经》《大荒西经》《大荒北经》。

此书的记载太过离奇，至今无人能够完全准确释读，因此在清代所编纂的《四库全书》中将其归入小说家类。根据蒙文通先生的研究，《山海经》中所记载的人物事迹并不属于中原系统，而是来源于另外一种文化系统。而且，在记载四方方位名的顺序上也与中原的"东南西北"顺序不同。《山海经》的大量篇幅记载有西南地区的风土人情。例如，《海内东经》中有"岷三江首，大江出汶山，北江出曼山，南江出高山。高山在城（成）都西，入海在长州南"。《海内经》中说道："西南黑水、青山之间，有都广之野，后稷葬焉。"

《山海经》是了解先秦古蜀的重要文献材料之一，也是先秦巴蜀文学的重要代表之一。从文学研究角度而言，其想象力较为丰富，饱含神话思维，对浪漫主义文学创作传统具有巨大而深远的影响。

如果说先秦时期蜀地的代表文学作品只是一枝独秀，那么西汉早期，由于蜀郡郡守文翁的教化，蜀地的文学在起步时期就有了跨越式发展，蜀地的文学家因"文章冠天下"而闻名遐迩。《汉书·地理志》记载："景、武间，文翁为蜀守，教民读书法令，未能笃信道德，反以好文刺讥，贵慕权势。及司马相如游宦京师诸侯，以文辞显于世，乡党慕循其迹。后有王褒、严遵、扬雄之徒，文章冠天下。系文翁倡其教，相如为之师。"[①] 这一时期的蜀地文学从时间上来讲，创作的高峰期主要是在汉代；从形式上来讲，是以赋体、神话为主；从文学的内

---

① 班固：《汉书》卷28《地理志》，中华书局1962年版。

容上来讲，包含了政治、社会、哲学等多方面。两汉时期，蜀地出现的主要文学家代表有司马相如、扬雄、严君平、王褒，汉赋"四大家"（司马相如、扬雄、班固、张衡）中，蜀占其二（司马相如、扬雄），而这些人物在文学上的成就极高，以至于蜀地后来被赋予了"自古文宗出巴蜀"的美誉。

司马相如（约前179—前118），字长卿，蜀郡成都人，是西汉时期著名的辞赋大家，代表作为《子虚赋》《上林赋》《大人赋》等，其事迹见载于《史记·司马相如列传》和《汉书·司马相如传》。

司马相如少年时期就比较喜欢读书，也喜欢击剑，可以认为是一个文武全才。司马相如早年并无学名，因学而知蔺相如。因佩服蔺相如之为人而改名为相如。司马相如善于文辞，这里的"文辞"主要是指汉武帝时期比较流行的"大赋"。秦汉时期，大赋取代了骚体，成为当时的代表性文体。它的主要特点是"铺采摛文，体物写志"[1]，"铺采摛文"主要从文体艺术形式方面强调文辞的华美和大气；而"体物写志"则从文体思想内容方面通过罗列事物来表达自己对政治上某种弊端的委婉"谏言"。例如《史记·司马相如列传》中记载司马相如所作的《子虚赋》即有这样典型的赋体特征："以'子虚'，虚言也，为楚称；'乌有先生'者，乌有此事也，为齐难，'无是公'者，无是人也，明天子之意。故空借此三人为辞，以推天子诸侯之苑囿。"[2] 对于这样的辞赋表达方式，司马迁认为司马相如的赋"多虚辞滥说"，但总体上发挥了与《诗》之讽谏同样的功效。但是，梁刘勰对他的批评则较多，他认为司马相如作赋"竞为侈丽宏衍之词，没其讽喻之义"[3]。

---

[1] 刘勰著，黄叔琳注：《增订文心雕龙校注》卷2《诠赋》，中华书局2012年版，第96页。

[2] 司马迁：《史记》卷117《司马相如列传》，中华书局1982年版，第3003页。

[3] 刘勰著，黄叔琳注：《增订文心雕龙校注》卷1《辨骚》，中华书局2012年版，第55页。

司马相如在辞赋上的成就不但令他赢得了汉武帝时期朝野上下的赏识，而其蜀人的身份也成为汉武帝选派其为沟通西南夷的不二人选。《史记·司马相如列传》记载："会唐蒙使略通夜郎西僰中，发巴蜀吏卒千人，郡又多为发转漕万余人，用兴法诛其渠帅"，这引起了蜀地的极大恐慌，为了安抚蜀地民众，汉武帝派遣身为蜀人的司马相如去制止唐蒙，司马相如写下《告巴蜀太守檄文》来安抚巴蜀的民众。①《史记·西南夷列传》中有记载："……蜀人司马相如亦言西夷邛、莋可置郡。使相如以郎中将往谕，皆如南夷，为置一都尉，十余县，属蜀。"②司马相如的蜀人身份为其沟通西南夷提供了信任保证，而其文采卓然的安抚书也发挥了重要作用。

司马相如作为使者斡旋西南夷与蜀父老之间时，曾经提出这样的观点："盖世必有非常之人，然后有非常之事；有非常之事，然后有非常之功。非常者，固常人之所异也"③，这样的"非常"之论也适用于司马相如文学之成就。他的文学成就在当时很受认可，且对后世也有巨大影响。《汉书·枚皋传》中记载："司马相如善为文而迟，故所作少而善于皋。皋赋辞中自言为赋不如相如"④，再如，《汉书·东方朔传》中记载："是时朝廷多贤材……董仲舒、夏侯始昌、司马相如……司马迁之伦，皆辩知宏达，溢于文辞。"⑤ 司马相如所作赋"弘丽温雅"，蜀地辞赋家扬雄"每作赋，常拟之以为式"⑥。历史学家班固和文论家刘勰将司马相如称为"辞宗"，明代王世贞将其誉为"赋圣"，肯定了司马相如辞赋的文学价值和历史价值。鲁迅则评价汉武帝时期

---

① 司马迁：《史记》卷117《司马相如列传》，中华书局1982年版，第3045页。
② 司马迁：《史记》卷117《司马相如列传》，中华书局1982年版，第2995页。
③ 司马迁：《史记》卷117《司马相如列传》，中华书局1982年版，第3051页。
④ 班固：《汉书》卷51《枚路传》，中华书局1962年版，第2368页。
⑤ 班固：《汉书》卷51《枚路传》，中华书局1962年版，第2864页。
⑥ 班固：《汉书》卷51《枚路传》，中华书局1962年版，第3516页。

的文人,称"赋莫若司马相如,文莫若司马迁"①。

司马相如给后世留下了宝贵的文学资源,其作品类型包含小学类、辞赋类、政论类等。其中小学类《凡将篇》,赋类二十九篇,政论类《荆轲论》,其他还有《遗平陵侯书》《与五公子相难》《草木书篇》等,但是目前留存下来的司马相如的作品主要在《史记》和《汉书》当中。

王褒(前?—前61),字子渊,是继司马相如后蜀地(今四川资阳人)又一大辞赋家。王褒"生于穷巷之中,长于蓬茨之下",出身不高,但是非常有才华,在西蜀以"辩才"著称。时汉宣帝欲效仿汉武帝广用能人贤臣,益州刺史王襄"欲宣风化于众庶",因此请王褒作颂三篇。据《汉书·何武传》记载:"益州刺史王襄使辩士王褒颂汉德,作《中和》《乐职》《宣布诗》三篇。"②这三篇颂以《鹿鸣》之声歌之,何武就是其中一个歌者。一次在太学歌唱时被汉宣帝听到,得知颂歌为王褒所作,又经王襄举荐,于是汉宣帝诏王褒,并命其作《圣主得贤臣颂》。王褒的成功应对赢得了汉宣帝的认可,他与张子侨等并作为"御用文人"陪伴汉宣帝左右。之后,又被封为谏大夫。在太子身体不安时,王褒往侍,并"朝夕诵读奇文及自所作",直到太子痊愈。王褒侍奉太子期间作《甘泉宫颂》《洞箫赋》,这两篇奇文皆被太子奉为经典,并要求"后宫贵人左右皆诵读之"③。神爵元年(前61),王褒奉命前往益州祭祀金马碧鸡之神,途中写下了《碧鸡颂》,颂曰:"持节使王褒谨拜南崖,敬移金精神马缥碧之鸡,处南之荒。深溪回谷,非土之乡。归来归来,汉德无疆。廉平唐虞,泽配三皇。"④遗憾

---

① 鲁迅:《汉文学史纲要》,载《鲁迅全集》第九卷,人民文学出版社2005年版,第431页。
② 班固:《汉书》卷64《王褒传》,中华书局1962年版,第2822页。
③ 班固:《汉书》卷64《王褒传》,中华书局1962年版,第2830页。
④ 范晔:《后汉书》卷86《西南夷列传·邛都》,中华书局1965年版,第2853页。

的是，就在祭祀途中王褒因病而逝。

《汉书·艺文志》著录王褒有赋十六篇，今多散失。根据杨世明教授统计，王褒目前作品所存篇目主要有《圣主得贤臣颂》《四子讲德论》《洞箫赋》《九怀》《僮约》《甘泉宫颂》残篇及《碧鸡颂》。王褒较为擅长的就是辞赋，刘勰将其列入十名辞赋英杰之中。而北齐的常景则以王褒为"偶像"之一，称赞王褒"王子挺秀质，逸气干青云。明珠既绝俗，白鹄信惊群"[1]，而对其《洞箫赋》尤为认可。王褒的政论体文章《四子讲德论》"以对话回答方式铺展，抑扬反复，引经据典，极歌功颂德之能。此文借鉴大赋的写法，在技巧上很讲究"，而《圣主得贤臣颂》则通过论述圣主与贤臣之间的辩证关系，强调贤臣的积极作用。[2]

王褒所作的《僮约》虽非辞赋，但亦被赞为"奇玮"[3]。此文虽是一篇游戏之文，但是为了解当时的社会历史情况提供了宝贵的文献资料。

扬雄（前53—公元18），字子云，蜀郡成都人。祖上从晋之杨（地名）迁徙到成都，到了扬雄这一代基本以农桑为业，家庭比较贫困，但他从来不因此烦恼。扬雄少年时期博览群书，对训诂学尤为精通，因为口吃不善言辞而更倾向于思考，推崇清静无为且不好名利，好读经典，比较有自己的原则。扬雄时期，司马相如已经是一个辞赋传奇，因此在其喜好辞赋时，他的主要模仿对象就是他的同乡前辈司马相如，例如其所作《甘泉赋》《河东赋》《羽猎赋》《长杨赋》即是模仿司马相如的《子虚赋》和《上林赋》两篇。除了司马相如，他还比较欣赏屈原，且对屈原投江而死的命运深表同情，因此写了一篇

---

[1] 魏收：《魏书》卷82《常景传》，中华书局1974年版，第1803页。
[2] 杨世明：《巴蜀文学史》，巴蜀书社2003年版，第57—58页。
[3] 萧子显：《南齐书》卷52《贾渊列传》，中华书局1972年版，第909页。

《反离骚》投入岷山诸江河之中祭吊屈原。《反离骚》之外，又作《广骚》《畔牢愁》，但这三篇仅有《反离骚》留存下来，载于《汉书·扬雄传》。之后因受到引荐而侍诏，后"除为郎，给事黄门"。五十岁左右时，他逐渐放弃辞藻华丽的辞赋体，转向小学类和《易》类等方面的研究，代表作品有《太玄》《解嘲》《解难》《太玄赋》《法言》《琴清音》《训纂》《州箴》《官箴》《逐贫赋》，而《方言》是扬雄最后一部作品。扬雄的这些作品都带有模仿经典的痕迹，《汉书·扬雄传》中提到扬雄"好古而乐道，其意欲求文章成名于后世，以为经莫大于《易》，故作《太玄》；传莫大于《论语》，作《法言》；史篇莫善于《仓颉》，作《训纂》；箴莫善于《虞箴》，作《州箴》……"①。虽然扬雄的作品很多都是效仿经典而作，但是这并不妨碍他作品的质量上乘，当时"刘歆及范逡敬焉，而桓谭以为绝伦"②。

王莽始建国元年（9），扬雄被任命为中散大夫，后作《剧秦美新》，这成为扬雄的"污点"，后世时有人因此批评他。例如朱熹就称他为"莽大夫"，这与说他是"乱臣贼子"无异。根据杨世明教授的统计，"扬雄的著作，《隋书·经籍志》著录有集五卷，已佚。宋谭愈辑有五卷本，已非旧帙。明万历时遂州郑朴有增补本六卷。此外有明张燮辑刊五卷本，张溥《汉魏六朝百三名家集》一卷本，汪士贤刊二十一家集三卷本，《四库全书》抄本等。今之整理本有张震泽《扬雄集校注》、郑文《扬雄文集》、林贞爱《扬雄集校注》"③。

扬雄的作品中有《蜀王本纪》和《蜀都赋》记载蜀地的历史和当时成都的社会生活。《蜀王本纪》记录了蜀地的先王蚕丛、柏濩、鱼凫、杜宇等，多为神话故事，因此在后世多为史家所质疑。不过，从

---

① 班固：《汉书》卷87《扬雄传》，中华书局1962年版，第3584页。
② 班固：《汉书》卷87《扬雄传》，中华书局1962年版，第3584页。
③ 杨世明：《巴蜀文学史》，巴蜀书社2003年版，第63页。

三星堆遗址和金沙遗址所出土的文物来看，这些古蜀传说来源已久，有一定史实依据，并非完全是扬雄杜撰。《蜀都赋》是扬雄对四川成都地理山川、物产资源、都城景象等的记录，这篇赋为外界了解蜀地提供了很多资料。扬雄开创了作赋赞扬都城的先河，此后班固的《两都赋》、张衡的《二京赋》、左思的《三都赋》，皆导源于此。扬雄对"城市"的赞美意味着成都的"都市文化"研究从汉代就开始了。

扬雄的哲学思想主要来源于其老师严君平，因为严君平作品不多，故影响力也稍逊于扬雄。严君平在蜀中的地位堪比仲尼，人们认为严君平与孔丘一样学识广博。三国时期蜀国王商曾为严君平立祀，晋人黄甫士安的《高士传》、常璩的《华阳国志》都有关于严君平事迹的记载。严君平之所以地位卓然，盖因其所著的《老子指归》。《指归》共13卷，前7卷注《老子》德经，后6卷注《老子》道经，宋代之后只存前7卷。① 唐宋诸家《老子》注释中引有《指归》佚文百余处，加上留存之半，尚可窥见《指归》的基本思想。今存《指归》有两种版本，一是六卷本，题为《道德指归论》，列"卷一至六"，收于《秘册汇函》《津逮秘书》《学津讨原》《丛书集成初编》中；一是七卷本，题为《道德真经指归》，列"卷七至十三"，收于《道藏》《怡兰堂丛书》中。六卷本不引《老子》经文，每篇前以注《老子》章首几字为题，如《上德不德篇》《得一篇》《上士闻道篇》等，比七卷本多缺一卷，即缺《老子》"人之饥也"至"信言不美"几篇的释文。

后汉时期也出现了很多文学名家，例如杨终（《后汉书》卷四十八）、张皓（《后汉书》卷五十六）、张纲（《后汉书》卷五十六）、翟酺（《后汉书》卷四十八）等。

---

① 严遵：《老子指归》，中华书局1994年版。

二　三国魏晋南北朝时期的蜀地文学

东汉末年，战乱不断，中国进入了第二个分裂时期。刘备在益州建立了自己的地方政权，并称之为"蜀"。这一时期的分裂在很大程度上影响了蜀地的文学。魏晋南北朝时期蜀地具有代表性的文学家主要有诸葛亮和李密。前人曾有："读诸葛孔明《出师表》而不堕泪者，其人必不忠。读李令伯《陈情表》而不堕泪者，其人必不孝。"① 之言，总体而言，与两汉时期蜀地的文学相比，三国魏晋南北朝时期蜀地的文学则逊色不少。

诸葛亮（181—234），字孔明，琅琊阳都（今山东沂水）人。东汉司隶校尉诸葛丰的后代。诸葛亮少孤，跟随叔父诸葛玄于战乱时避难襄阳隆中。谋士徐庶向势力尚未壮大的刘备推荐诸葛亮。《三国志·诸葛亮传》记载："诸葛孔明者，卧龙也……此人可就见，不可屈致也……宜枉驾顾之。"② 因此，刘备三次前往诸葛亮的住处，请到了诸葛亮，这就是历史上为人津津乐道的"三顾茅庐"的故事。诸葛亮不负刘备所托，为其分析当时天下形势，提出具有远见卓识的治国方略，这就是著名的《隆中对》。诸葛亮在蜀国的创立和发展中起到了关键作用。从文献记载看，诸葛亮在当时以及之后都以政治家的身份闻名于世。实际上，诸葛亮"少有逸群之才"，且根据陈寿对其作品的收集，可以发现诸葛亮具有较深的文学功底。其中文学性质较强的作品主要有《出师表》。

《出师表》虽然是在出师北伐之前写成的，但其目的并非与后主刘禅商议国事，其主要目的是向刘禅谏言，希望他能够"亲贤臣，远小人"，不辜负其父刘备的宏伟大志。刘勰称赞此表"志尽文畅"，苏轼

---

① 祝尚书：《宋人总集叙集》卷10《忠义集序》，中华书局2004年版，第512页。
② 陈寿：《三国志》卷35《诸葛亮传》，中华书局1982年版，第913页。

认为此文"简而直,尽而不肆……非秦、汉以来以事君为悦者所能至也"①,高度评价了此文的价值。

《出师表》是诸葛亮所作文学价值较高的作品。诸葛亮的大部分作品都以军事、政治主题为主。三国归晋之后,陈寿将诸葛亮的文章、兵书、奏折编辑成《诸葛亮集》又称《诸葛氏集》。在《三国志》本传中载有《诸葛氏集目录》,共二十四篇,十万四千一百一十二字。裴松之注《三国志》时多次引用《诸葛亮集》。中华书局有《诸葛亮集》出版,天津古籍出版社亦有《诸葛亮集校注》出版。

李密,字令伯,犍为武阳人(今四川彭山)。在蜀为郎。"晋泰始初,诏为太子洗马,以祖母年高无人奉养而上疏陈情",这就是《陈情表》②的由来。作为千百年来脍炙人口的名篇,《陈情表》层次分明,结构巧妙,语言精美,如"茕茕孑立""相依为命""日薄西山"已成为成语。最关键的是真情自然流露,以深挚浓郁的祖孙之情,引起后世千千万万读者的共鸣,具有较高的文学价值和艺术生命力。

三 隋唐五代时期的蜀地文学

分裂时代结束后,蜀地得到了休养生息的机会,以成都为主的蜀地城市经济得到了较快发展,物产资源也得到了极大开发,农业、手工业以及商业都繁荣发展,这自然得益于其优越的自然地理条件。成都在此时有了"扬一益二"的美誉,不少文人墨客纷纷入蜀,极大地丰富了蜀地的文化。隋唐五代时期,是中国古典诗歌最为流行、兴盛的时期,这与科举取士将诗赋列入考试内容有关。隋唐五代成都物质生活的富足为精神生活的丰富奠定了良好的基础。此时的成都成为文

---

① 苏轼:《苏轼文集编年笺注》卷10《乐全先生文集叙》,巴蜀书社2011年版,第12页。

② 房玄龄等:《晋书》卷88《李密传》,中华书局1974年版,第2275—2276页。

人骚客的天堂，成为诗人们抒发情感、描摹物象的美好之地，初唐"四杰"、陈子昂、李白、杜甫、高适、岑参、高骈、白居易、薛涛、雍陶、韦庄等著名诗人都曾经为蜀地的文学增添色彩。

历魏晋南北朝，蜀地文坛在很长一段时间都没有太大影响力。到了唐初，蜀地的文学发展才初放异彩，其中做出重要贡献的即王勃、杨炯、卢照邻和骆宾王，他们被誉为"初唐四杰"。

王勃（650—676），字子安，绛州龙门（今山西河津）人。他与蜀地的渊源发生在669年。他在《入蜀纪行诗序》中谈道："总章二年（669）五月癸卯，余自长安，观景物于蜀。遂出褒斜之隘道，抵岷峨之绝境……观天下之奇作。……嗟乎！山川之感召多矣，余能无情哉！爰成文律，用宣行唱，编为三十首，投诸好事焉"[①]。王勃从长安入蜀，惊叹于此地的山川秀美，风景迷人，这促使他必须将这些美好的景致风物记录下来。王勃在蜀中的这几年时间也来过成都地区，并留下了不少名篇。例如《益州夫子庙碑》《益州德阳善寂寺碑》《益州绵竹县武都山净慧寺碑》《彭州九陇县龙怀寺碑》《为人与蜀城父老书》等文。王勃在蜀地创作了大量的文学作品，为蜀地文学的兴盛奠定了基础。杨炯的《王子安集序》中就这样肯定道："远游江汉，登降岷峨。观精气之会昌，玩灵气之脏蟹。考文章之迹，征造作之程。神机若助，日新其业。……每有一文，海内惊瞻。"[②]而最能说明王勃与蜀中关系的是他的名篇《送杜少府之任蜀州》，诗歌不但以豪健之笔写出了"无为在歧路，儿女共沾巾"的男儿分别之奇情壮采、"海内存知己，天涯若比邻"之信任与期许，而且"风烟望五津"一句中的"五津"或指岷江的白华津、万里津、江首津、涉头津、江南津五个渡口，或指今天新津区的治所五津镇，

---

① 王勃：《王勃集》卷4《入蜀纪行诗序》，三晋出版社2017年版，第50页。
② 杨炯：《杨炯集笺注》卷3《王勃集序》，中华书局2016年版，第264页。

都充满了浓郁的蜀地色彩，凸显出鲜明的成都印象，不愧为众多歌咏描绘成都景物风情之作中的名篇。

杨炯（650—693），华阴（今陕西华阴）人。他与蜀地的缘分发生在垂拱元年（685），当时他被降级当了梓州司法参军。其代表作主要有《梓州官僚赞》三十则，《梓州慧义寺重阁铭》《遂州长江县先圣孔子庙堂碑》《大唐益州大都督府新都县学先圣庙堂碑文》《泸州都督王湛神道碑》《益州温江县令任君神道碑》《为梓州官僚祭陆郪县文》《广溪峡》《巫峡》《送梓州周司功》《送刘校书从军》《和刘长史答十九兄》等。

卢照邻，字升之，幽州范阳（今河北涿州）人。在十几岁的时候，就跟着曹宪、王义方学习《仓》《雅》及经史，在小学、经学和史学方面都有很深厚的功底，非常善于写文章。最开始在邓王府做典签，邓王非常器重他，并称赞他为邓王府中的司马相如。龙朔二年（662）做新都（今新都）尉，开启了与成都的情缘。卢照邻在成都的这几年写下了《十五夜观灯》《文翁讲堂》《相如琴台》《石镜寺》《宿玄武二首》《九陇津集》《游昌化山精舍》《赠柳九陇》《赠益府群官》《益州城西张超亭观妓》《辛司法宅观妓》《奉使益州至长安发重阳驿》《至望喜瞩目言怀贻剑外知己》《赠益州裴录事》《还京赠别》《相乐夫人檀龛赞》《益州长史胡树礼为亡女造画赞》《对蜀父老问》《益州至真观主黎君碑》等。从其作品中我们可以看出其对蜀地感情深厚，且与蜀地文臣交流不少，对蜀地的文学具有很大的影响。

卢照邻在成都留下的不仅有诗歌，还有一段哀感顽艳的爱情故事。在成都，卢照邻与一位姓郭的女子有了感情，并对她许下了成亲诺言，怎奈疾病缠身，没有实现诺言。不明真相的郭氏曾向骆宾王抱怨"别时分明相约束，已取宜家成诫勖"。因此，骆宾王还曾经写过一首《艳情代郭氏答卢照邻》代替郭氏谴责卢照邻》。①但是他们都不知道实际上卢照邻当时已经疾病缠身,最终在痛苦中投颍水结束了自己的生命。

骆宾王,婺州义乌(今属浙江)人。骆宾王少年时期就善于写作,尤其擅长五言诗,曾经作《帝京篇》,当时人们对此称赞不绝,"以为绝唱"②。骆宾王与蜀地发生关系是在咸亨二年、三年(671—672)。主要作品有《圣泉诗序》《秋日于益州李长史宅宴序》《代女道士王灵妃赠道士李荣》。可以看到,骆宾王应该在蜀地时间较短,因此留下的作品不多。

"初唐四杰"的入蜀,为蜀地带来了文学"生机",催生了蜀地文学的繁荣。陈子昂的出现就是一个典型代表。

陈子昂(661—702),字伯玉,梓州射洪(今四川射洪县金华镇)人。陈家是豪富之家,但是陈子昂能够"独苦节读书",非常善于写作。《感遇诗》三十首是陈子昂最初所作,京兆司功王适见而惊曰:"此子必为天下文宗矣!"③被赞誉为文宗的陈子昂不仅仅有文学才华,还有很大的政治抱负。针对当时的文风和政治风气,陈子昂都提出了自己的革新观点。

陈子昂在其《感遇诗》三十首中表达了自己对现实政治的不满。例如,"圣人不利己,忧济在元元。黄屋非尧意,瑶台安可论!吾闻西方化,清净道弥敦。奈何穷金玉,雕刻以为尊?云构山林尽,瑶图珠翠烦。鬼功尚未可,人力安能存!夸愚适增累,矜智道逾昏"。此诗是对武则天对佛教"偶像崇拜",大肆铸造佛像的一种批评,他认为这是一种浪费人力物力,无助于政治稳定的行为。再如,"丁亥岁云暮,西山事甲兵。赢粮匝邛道,荷戟争羌城。严冬阴风劲,穷岫泄云生。昏

---

① 参见袁庭栋、张志烈《历史文化名人在四川》,四川人民出版社1985年版,第41页。
② 刘昫等:《旧唐书》卷190《文苑·骆宾王传》,中华书局1975年版,第5006页。
③ 刘昫等:《旧唐书》卷190《文苑·陈子昂传》,中华书局1975年版,第5018页。

瞫无昼夜,羽檄复相惊。拳踢竞万仞,崩危走九冥。籍籍峰壑里,哀哀冰雪行。圣人御宇宙,闻道泰阶平。肉食谋何失,藜藿缅纵横"。此诗则是批评武则天不顾百姓和社会实情而随意发动战争。陈子昂曾做过右卫胄曹参军,后在万岁通天元年(696),任建安王武攸宜参谋,随军东征,抵御契丹。他多次向武攸宜就军事问题进谏,结果惹怒了武攸宜,被降为军曹。郁郁之下,写下了流传千古的《登幽州台歌》。这是一首充满"宇宙精神"的奇作。虽只有短短四句,但写尽了英雄灵魂深处的孤独与悲哀,写尽了前贤已逝、往圣"绝学"后继无人的隐忧,同时也成功塑造了一个顶天立地、遗世独立、四顾茫茫而唯有长歌当哭的诗人自我形象。这不仅仅是陈子昂的个体形象,而是报国无门、功业难成、"疾没世而名不称",甚至是欲挽狂澜于既倒、明知不可为而为之,最终赍志以殁而"长使英雄泪满襟"的众多仁人志士融合而成的综合性形象。反复吟诵此诗,我们仿佛看到屈原、司马迁、诸葛亮、阮籍、李白、岳飞,甚至龚自珍等一系列历史人物正向我们迤逦走来,引领我们走进历史深处,引发我们深沉的思考,激起我们强烈的共鸣。我想,这就是该诗千百年来脍炙人口的原因所在。实际上,在东征的过程中,他创作了不少边塞诗,开辟了一种"刚健""光英朗练""继承风雅,并反对建安、黄初以后几百年的诗风,比之'四杰'显得彻底得多,甚至有些偏激"[①]。《旧唐书·陈子昂传》中评价他:"褊躁无威仪,然文辞宏丽,甚为当时所重。有集十卷,友人黄门侍郎卢藏用为之序,盛行于代。"[②] 陈子昂的作品在当时就有非常大的影响,这种影响将他标举汉魏风骨及兴寄的主张也带入了当时的创作之中,使得当时的诗风为之一变。后人对陈子昂涤荡六朝绮靡文风,开创遒劲浑朴之风的历史功绩给予高度评价。韩愈说:"国朝盛文章,

---

① 参见杨世朋《巴蜀文学史》,巴蜀书社 2003 年版,第 117 页。
② 刘昫等:《旧唐书》卷 190《文苑·陈子昂传》,中华书局 1975 年版,第 5024 页。

子昂始高蹈。"(《荐士》)元好问说:"论诗若准平吴例,合铸黄金陈子昂。"(《论诗绝句三十首》)明张颐在《陈伯玉文集序》中赞扬他"崛起四南,以高明之见,首唱平淡清雅之音,袭骚雅之风,力排雕镂凡近之气。其学博,其才高,其音节冲和,其辞旨幽远,超轶前古,尽扫六朝弊习,譬犹砥柱屹立于万顷颓波之中,阳风勃起于重泉积阴之下,旧习为之一变,万汇为之改观。"[1] 都可见后人对他的评价之高。

陈子昂在当时文坛上的成功为巴蜀文学添上了浓墨重彩的一笔,而巴蜀最伟大的天才诗人李白的出现则标志着诗歌高潮的到来。对于李白,众多文学家都表现出自己的尊重与崇拜。在这之中就有杜甫、韩愈和元好问等。他们高度评价李白的诗歌成就,赞颂李白作品中的纵恣浪漫、奇情壮采。

李白(701—762),字太白,祖籍陇西成纪(今甘肃天水附近),出生于碎叶城(今吉尔吉斯斯坦托克马克),五岁跟随父亲迁徙到四川彰明县的青莲乡,因此自号青莲居士。自五岁入蜀,李白在蜀地生活了二十多年,"五岁诵六甲,十岁观百家,轩辕以来,颇得闻矣"。"十五观奇书,作赋凌相如"。司马相如作赋的成就在当时和后世的评价是极高的,而李白认为自己十五岁就可以达到司马相如的水平,可见其才能不同凡响且自负。大概在十八岁时,他隐居在家乡的大匡山,潜心跟随隐士赵蕤学习。二十岁后,他"开始在蜀中漫游,曾登峨眉、青城诸名山。这些生活经历,对李白豪放的性格和诗风的形成有重要影响,但也造成他的思想的复杂性"[2]。为了实现自己的"四方之志",为天下人所知,他"仗剑去国,辞亲远游",步入新的广阔天地。

李白对成都也是非常有感情的。他感叹"蜀道之难,难于上青天",同时也感慨"蚕丛及鱼凫,开国何茫然",因为地理因素,巴蜀地区自

---

[1] 转引自杨世明《巴蜀文学史》,巴蜀书社2003年版,第122页。
[2] 游国恩:《中国文学史》,人民出版社2002年版,第72页。

古以来都是一片神秘的地域。而且正是巴蜀的富饶支撑着大唐,正是因为成都平原的富庶,才能为"安史之乱"后的唐王朝提供丰裕的粮食和稳固的财税,同时为玄宗与僖宗提供避难之所。最能体现李白与成都亲密关系的莫过于组诗《上皇西巡南京歌十首》。天宝十四载(755),安禄山在范阳起兵造反,第二年六月攻陷长安,玄宗仓皇奔蜀。八月,太子李亨即位于灵武,尊玄宗为太上皇,以成都为南京。肃宗至德二载(757)十二月,玄宗还长安。《上皇西巡南京歌十首》,乃李白在宿松(今属安徽安庆)闻玄宗还都后所作。太白为蜀人,熟悉蜀中山川形胜,热爱蜀中土地之肥沃、环境之优美,故借上皇幸蜀之由,写下同题十首的组诗,赞美歌颂故乡的美好。诗中以成都比长安,一则曰:"草树云山如锦绣,秦川得及此间无"(其二);再则曰:"柳色未饶秦地绿,花光不减上阳红"(其三);三则曰:"水绿天青不起尘,风光和暖胜三秦"(其九),认为成都与帝都长安相比而无愧色,表现出太白对成都的热爱、依恋与作为蜀人的自信自豪,从中也可看出成都的美丽繁盛。看来,汉代"五都"之一,唐代"扬一益二"的成都乃名副其实,不愧"天府"之称!我们且看其中第二首。

  九天开出一成都,万户千门入画图。草树云山如锦绣,秦川得及此间无。

天地开辟,巧构成都,足见成都之"既丽且崇",不同于其他之城邑。以"九"天之合力开"一"富饶美丽之成都,以数字对比之间,愈见造化之竭心尽力与成都之不同凡响。万户千门,皆如图画般美丽,亦为对成都风物的赞美之词。杜甫有诗云:"城中十万户,此地两三家"(《水槛遣心二首》),足见当时成都的恢宏壮丽。成都平原,沃野千里,气候温润,水旱从人,植物繁茂,生态优美。"草树云山",乃自然风物之彰明较著者;"如锦绣",则以享誉中外的蜀锦蜀绣比天然之风光景致，谓蜀之所产，自然人工各臻其妙、相得益彰。前三句合力写足成都之美，逼出最后一句之设问，秦川之不及成都便不言而喻、不答而答案自足。

在李白的年代，成都还有散花楼这样的地标性建筑，多亏李白写了《登锦城散花楼》，我们今天才能想见此楼的崔嵬缥缈、气势非凡。

　　　　日照锦城头，朝光散花楼。
　　　　金窗夹绣户，珠箔悬银钩。
　　　　飞梯绿云中，极目散我忧。
　　　　暮雨向三峡，春江绕双流。
　　　　今来一登望，如上九天游。

此为李白早年作品，但已展示了青年诗人的诗歌天才。诗以时间为主轴展开描述，通过对楼的外在形貌及自己登楼所见所感的描写，勾勒出散花楼的华丽雅致和宏伟壮观，抒发了诗人对家乡风景名胜的热爱自豪之情。在众多的成都题咏中特点鲜明、脍炙人口。

一、二两句写日出锦城，朝霞满楼，流光溢彩，气象万千。城、楼互见，一片繁盛景象。三、四两句正面描写楼之华丽。"金窗""绣户""珠箔""银钩"，珠光宝气，炫人眼目，极写楼之"美"。五、六两句则极写楼之"高"及登高望远的快意。从中亦可体会诗人顺"飞梯"拾级而上，不时停下来眺望观赏，直到最高一层，乃披襟迎风，长啸呼快的情景。登高不仅可望远，而且还能散忧消愁，此意古诗之中常见。如"建安七子"之一的王粲的《登楼赋》开篇就说："登兹楼以四望兮，聊暇日以消忧"即是例证。七、八两句写登楼所见所想。作者登楼眺赏，流连忘返，不觉已由"朝"到"暮"。当此时也，天空中下起了绵绵春雨，作者往东而望，想象此雨似乎会一路向东，洒过三峡。盖因雨水流入锦江，最终流经三峡顺长江而下，故作者有此联想。作者再往南眺望，则看到郫江、检江双双从成都城边流过，此句为实写眼前所见。因写景生动贴切，千年传诵，不愧名句。最后两句写登楼远眺之所感，此番之登楼玩赏，惚如游天宇天宫，浩浩乎如凭虚御风而不知其所止；飘飘乎遗世独立如羽化而登仙（苏轼《前赤壁赋》）。真是爽哉快哉，叹为观止。此外，全诗色泽秾丽，对仗工巧，特别是"金窗"和"暮雨"两联，奔放流走，整饬中夹有散句，体现出参差错落之美，代表了李白早期诗歌的风格特色。

李白因其浪漫主义创作手法而在中国文学史上占有重要地位，在诗歌发展高峰的盛唐，李白与杜甫成为高峰上的巅峰，如双峰对峙、二水分流，各有千秋，辉耀千古。龚自珍说："庄、屈实二，不可以并，并之以为心，自白始；儒、仙、侠实三，不可以合，合之以为气，又自白始也。"[1] 精辟指出了李白的思想渊源及其作品的艺术特色。

杜甫（712—770），字子美，祖籍京兆杜陵，生于河南巩县。他与蜀地的交集最早发生在760年。杜甫到了成都之后，诗风发生了较大改变，在成都的生活一定程度上治愈了其颠沛流离、居无定所的心灵创伤。初到成都，他就写下了"我行山川异，忽在天一方。但逢新人民，未卜见故乡……喧然名都会，吹箫间笙簧。"[2] 又如《江村》："清江一曲抱村流，长夏江村事事幽。自去自来堂上燕，相亲相近水中鸥。老妻画纸为棋局，稚子敲针作钓钩。多病所需惟药物，微躯此外更何求？"[3] 从这首诗中可以看到尽管当时他的身体并不好，但是他的心情还是比较愉快恬静的，且从诗文中可以看到一幅安逸闲适的春景画。在成都他游览了许多名胜古迹，写下了《成都府》《蜀相》《石镜》

---

[1] 参见裴斐、刘善良编《李白资料汇编》卷3《龚自珍》，中华书局1994年版，第1177页。
[2] 杜甫著，仇兆鳌注：《杜诗详注》卷9《成都府》，中华书局1979年版，第725页。
[3] 杜甫著，仇兆鳌注：《杜诗详注》卷9《江村》，中华书局1979年版，第747页。

《石笋行》《琴台》《晚秋陪严郑公摩诃池泛舟》《绝句》《春夜喜雨》《丈人山》等诗文。尽管身处远离战乱的蜀地,他依旧无法避免生活的艰难,例如《茅屋为秋风所破歌》:"八月秋高风怒号,卷我屋上三重茅。茅飞渡江洒江郊,高者挂罥长林梢,下者飘转沉塘坳。南村群童欺我老无力,忍能对面为盗贼。公然抱茅入竹去,唇焦口燥呼不得,归来倚杖自叹息。俄顷风定云墨色,秋天漠漠向昏黑。布衾多年冷似铁,娇儿恶卧踏里裂。床头屋漏无干处,雨脚如麻未断绝。自经丧乱少睡眠,长夜沾湿何由彻!安得广厦千万间,大庇天下寒士俱欢颜!风雨不动安如山。呜呼!何时眼前突兀见此屋,吾庐独破受冻死亦足!"[①] 茅飞屋破,雨大屋漏,彻夜难眠,念念不忘的却是"大庇天下寒士俱欢颜",其仁爱之心、真挚之情、悲悯之怀都在在可见。

杜甫在蜀中待了八年时间,在成都生活了四年多。杜甫离开后,成都一带发生战乱,他在云安得知此事,写下了《怀锦水居止二首》。之后的岁月中,杜甫再也没有享受过在成都的安逸生活,迎接他的基本是颠沛流离的日子。在这段时间他创作的诗歌也以忧国、忧民、悲己为主,例如《诸将五首》《承闻河北诸道节度入朝欢喜口号绝句十二首》《喜闻盗贼蕃寇总退口号五首》《秋兴八首》《负薪行》《最能行》《又呈吴郎》《秋日夔州府咏怀奉寄郑监李宾客一百韵》等。

杜甫与成都的关系,不仅仅是写下了二百七十多首诗和留下了杜甫草堂,而是所形成的杜诗文化不但成为天府文化的重要内容,而且深刻影响了天府文化的建构与发展。

第一,杜甫在成都期间留下的二百七十多首诗,大多是杜诗中艺术成就最高的作品。据王兆鹏、孙凯云的《唐诗名篇百首的定量分析》一文,在唐诗百首名篇中,杜甫以 16 篇高居榜首;且据《杜诗详注》

---

① 杜甫著,仇兆鳌注:《杜诗详注》卷 10《茅屋为秋风所破歌》,中华书局 1979 年版,第 833 页。

《杜诗镜诠》等对这16篇的创作地点一一考察,其作于巴蜀者7篇(《蜀相》《春夜喜雨》《茅屋为秋风所破歌》《丹青引赠曹将军霸》《闻官军收河南河北》《旅夜抒怀》《登高》),远胜于在其他地域的作品(京洛6篇,荆湘2篇,齐鲁1篇),这有力证明了杜甫在蜀中诗歌的"登峰造极",由此,"入蜀"与"杜甫"又自然联系在一起。甚至可以说,"自古诗人皆入蜀"的论断,其最典型的个案和榜样就是杜甫。正是因为杜甫的成都诗成为中国古典诗歌的典范,才使成都赢得了诗歌之城的美誉,杜甫草堂也赢得了诗歌圣殿的桂冠。

第二,许多成都的史事人物、风景名胜因杜诗的题咏而得到凸显,并且成为成都的风景名胜、旅游地标、文化记忆,可以说,杜甫杜诗与成都结下了不解之缘。

第三,强化了"巴蜀文学定律"。所谓的"巴蜀文学定律"就是对"自古诗人例入蜀""自古文宗出西蜀""诗家律手在成都"等巴蜀文学历来高度发达繁荣之文学现象、特征的规律性总结。那么,巴蜀文学为何高度发达、长盛不衰呢?认真梳爬,我认为有如下数端。

一是"得江山之助"。蜀中山川雄伟,风景秀丽。入蜀诗人得蜀地"江山之助",激发奇情壮采,提高技巧境界,催生名篇佳作。于是,诗人作家竞相入蜀,争取受蜀中山川景物的感发而提升文技诗境,即把入蜀"锻炼"(也可叫"采风""体验生活")作为诗人作家成长的必由之路。这方面,杜甫是典型的例子。前已论及,此不多赘。既然中国文学史上最伟大的诗人的最好作品都诞生于蜀地,那就说明蜀中(成都)是催生名篇佳作的沃土和圣地,诗人们竞相入蜀来"朝圣",追攀前贤,希望得到灵感和护佑,也就理所当然了。甚至可以说,"自古诗人皆入蜀"的论断,其最典型的个案和榜样就是杜甫。程敏政诗云"入蜀杜陵诗益壮",李调元诗云"猿啼万树褒斜月,马踏千峰剑阁霜。自古诗人例入蜀,好将诗句贮行囊",赵熙诗云"万山一一来时路,尽谱乡心向《竹枝》。从古诗人多入蜀,花潭老杜望君时","自古诗人皆入蜀"之论由此定型。此外,从中国文学史上看,历代有名的作家诗人,或为蜀人(如司马相如、王褒、扬雄、李白、花蕊夫人、"三苏"、虞集、杨慎、李调元、张问陶、赵熙、吴虞,乃至现当代的郭沫若、巴金、艾芜、沙汀、李劼人等),或有过入蜀经历(如司马迁、诸葛亮、"初唐四杰"、杜甫、元稹、薛涛、白居易、韦庄、张咏、赵抃、陆游、范成大、汪元量、王士禛等),或虽未至蜀地,却对成都心驰神往,形诸歌咏(如张籍、金圣叹等),都和蜀地有或深或浅的关系。这是一个值得深入研究的现象。

二是蜀中物丰居易。据说白居易应举初至京,以诗谒顾况。况谑之曰:"长安米贵,居大不易。"而成都平原因其得天独厚的自然地理条件,历来土地肥沃,物产丰富,生活成本较低,居之颇易。在历代诗人题咏成都之作中,有不少赞颂成都美食美景的作品。如扬雄、左思在其《蜀都赋》中对成都丰富物产有多角度的铺张扬厉的描写,杜甫对青城乳酒、大邑白瓷的赞颂,"三苏"诗文中对故乡风物的怀念以及陆游诗中对成都诗酒游乐生活的眷恋追怀等,无不透露出由于其生活的富足与安适而独具的吸引力、感召力。可以说,正是成都物产的丰富和安居乐业吸引了大批文人作家入蜀。

三是"诗家律手在成都"。白居易有诗云"诗家律手在成都",较为概括地描述了唐宋时代许多重要作家在同一历史时段集聚成都,形成"奇文共欣赏,疑义相与析"的相互切磋研究氛围和优良文学生态,为诗人作家提供最理想的创作环境的情形。比如女诗人薛涛与西川节度使韦皋、高崇文、武元衡、王播、段文昌、李德裕等六人皆有唱和。与著名诗人王建、元稹、白居易、刘禹锡、杜牧等亦有唱和,其中元稹、白居易、刘禹锡都到过蜀地,俨然形成一蜀中文学集团。至于《花间集》的编撰、以"三苏"为首形成的蜀中诗人群(如韩驹、唐庚等）以及南宋时以范成大和陆游为中心的西蜀作家群，则完全是蜀中文学生态优良的具体体现。

四是蜀地本土文化的浪漫神秘。蜀中地域文化特色突出，神仙方术等神秘文化流行，使蜀文化具有一种神秘浪漫的气质。鳖灵（乌龟）竟会变为人而擅于治水，望帝之魂先变为杜鹃鸟啼血而又变为杜鹃花的传说，五丁迎金牛拽大蛇而"地崩山摧壮士死"的神话，严君平精于《易经》竟能观天象而发现有凡人进入银河冲犯了牵牛星的小说家言以及生长于"都广"之野的神木——扶桑，道教创始人张道陵、晋代高隐范长生的种种神迹逸事等，无不神秘传奇，浪漫玄幻。文人好奇喜变，最好寻幽探秘，这种神奇而浪漫的别样本土文化，对其具有独特的吸引力。

五是蜀中高度发达的游乐文化。宋初张咏有诗云"蜀国富且庶……狂佚务娱乐"（《悼蜀四十韵》），苏轼也说"蜀人游乐不知还"（《和子由蚕市》），前蜀后主王衍的《醉妆词》云"者边走，那边走，只是寻花柳。那边走，者边走，莫厌金樽酒"，等等，都生动描述了当时成都多姿多彩的游赏玩乐生活盛况，且他们几乎异口同声地指出了蜀人好游乐及蜀地游乐文化发达的特点。此种风气在秦汉时即已流行，到唐宋时达于极盛，而宋以后记载尤多。仅以《岁华纪丽谱》所载，宋代成都人的游乐活动一年即有24次之多，大致有游江、游山、游寺、郊游等几大类，并且参与者众，官民同乐，城乡同乐。"村落闾巷之间，弦管歌声，合筵社会，昼夜相接。"（张唐英《蜀梼杌》卷下），单是唐安镇，就有"三千官柳，四千琵琶"（陆游《夜雨怀唐安》诗自注）。游乐是文学创作的温床和触媒，高度发达的游乐文化，为诗人作家感物抒情提供了对象、平台和机缘，且文学史告诉我们，许多作品往往就是在游戏中、玩乐中滋生其情志，并最终胎息成为作品的。"自古诗人例入蜀"，与此种游乐文化的吸引力不无关系。

六是蜀中文学批评发达。文学批评与文学创作之间可以互相促进，形成良性循环。青年诗人作家入蜀投师请益，切磋诗艺，往往能提高写作技巧，写出优秀作品，故蜀中文学批评的发达也成为吸引诗人作家竞相入蜀的一个重要原因。关于蜀中文学批评的发达，需要做专题深入研究。在此只能略引端绪。首先，司马相如、扬雄、李白、欧阳炯、田锡、"三苏"、韩驹、唐庚、杨慎、李调元、张问陶等蜀地作家、理论家的文学理论及批评，丰富了中国古代文论宝库，是中国文学批评的重要组成部分。特别是苏轼的文学理论及批评，在中国文学批评史上占有重要地位。其次，通过对诗人作家作品的笺注及研究来进行文学批评，其风气也是从蜀中开始的，如赵次公、郭知达等注杜诗，王十朋注苏（轼）诗，任渊、史容、史季温注宋祁、山谷、后山诗，李壁注王荆公诗等。这样一种通过对重要诗人作家作品的笺释和对诗人生平事迹的考索来更精准地理解评价具体作品的活动，其实质上也是一种文学批评。这也是促使蜀地文学兴盛、形成良好文化传统的一个重要原因。最后，杜甫、陆游等流寓蜀中的诗人作家产生于蜀地的文学批评，也应当成为蜀中文学批评不可或缺的部分。因为其经验体会来自蜀地，因而带有更鲜明的地域文化特色。

此外如蜀中女性文化的发达，司马相如与卓文君才子佳人型爱情的榜样以及"美酒成都堪送老，当垆乃是卓文君"的独特的人酒俱美的市井风情，都可看作"自古诗人例入蜀"的原因。

杜甫创作的诗歌共一千多首，这些诗歌基本都与社会现实有关，因此他的诗被誉为"诗史"。杜甫的诗歌中蕴含着儒家"兼济天下"的情怀，他总是怀着悲悯之心关注人民，关注百姓，对朝廷的平叛，他也极力支持，并且非常关注政治发展。因此他被誉为"诗圣"，也被誉为"伟大的现实主义诗人"①。

除了著名的"李杜",高适、岑参这两位边塞诗人都曾经到过成都,并留下过作品。高适在成都为官期间,留下的作品不多。而岑参则在成都创作了不少诗文,在"武侯庙、文公讲堂、扬雄草玄台、司马相如琴台、严君平卜肆、张仪楼、昇仙桥、万里桥、石犀,都有诗"②。高适的成都之作,以《人日寄杜二拾遗》最为有名:"人日题诗寄草堂,遥怜故人思故乡。柳条弄色不忍见,梅花满枝空断肠。身在远藩无所预,心怀百忧复千虑。今年人日空相忆,明年人日知何处。一卧东山三十春,岂知书剑老风尘。龙钟还忝二千石,愧尔东西南北人。"这是高适晚年诗作中最为动人的一篇。杜甫接读时,竟至"泪洒行间,读终篇末"(《追酬高蜀州人日见寄(并序)》)。正是因为此诗将杜甫、人日、草堂绾合在一起,方才为成都人民创造了一个节日,即"人日(正月初七)游草堂",为杜诗文化的传播,为成都诗歌文化的发展都做出了重要贡献。其他诗人还有武元衡、元稹、白居易、刘禹锡、段文昌、贾岛、薛涛等,他们都是在元和、长庆时期进入蜀地,为蜀地的文学增添了色彩。

在杜甫去蜀三十年后,有一位女性诗人流寓成都,并在成都留下了自己的精美诗篇和美好故事,那就是薛涛。

薛涛,字洪度,长安(今陕西西安)人。她自小就随父亲到了蜀地,父死,她就长期居住在成都。薛涛是一名早慧有才华的女子。由于父亲早逝,且唐时的社会风气相对开放,因此薛涛与许多官员有交往,在文坛上享有盛名。贞元元年(785),韦皋镇守蜀地,召薛涛侍酒,由于通晓音律,薛涛入了乐籍,五年后才得以脱籍,居住在浣花

---

① 黄仁生、罗建伦点校:《唐宋人寓湘诗文集》卷2《杜甫》,岳麓书社2013年版,第74页。

② 参见杨世明《巴蜀文学史》,巴蜀书社2003年版,第160页。

溪。当时武元衡镇守蜀地，他专门向朝廷推荐薛涛为校书郎，虽然最后没有得到官方认可，但当时民间已经称之为"女校书"。至此，凡是美貌的妓女都可被称为女校书。薛涛除了通晓音律，还非常擅长写诗，"与韦皋、高崇文、武元衡、王播、段文昌、李德裕等，均有唱和。与诗人元稹、白居易、王建等亦有酬答"[1]。关于薛涛的作品，今存约九十首。她的诗主要以清丽雅致的语言见长，也写过一些现实关怀的诗。间有突破闺阁藩篱，雄健豪壮之作，如《筹边楼》。

平临云鸟八窗秋，壮压西川四十州。诸将莫贪羌族马，最高层处见边头。

短短四句之中，寥寥二十八字之内，熔叙述、描写、议论、抒情于一炉，且开阖跌宕，顿挫含蓄；辞情慷慨，寄托遥深。完全可与宋代杰出女词人李清照的《夏日绝句》"生当作人杰，死亦为鬼雄。至今思项羽，不肯过江东"媲美。唐代诗人元稹的《寄赠薛涛》诗云：

锦江滑腻峨眉秀，幻出文君与薛涛。言语巧偷鹦鹉舌，文章分得凤凰毛。纷纷辞客多停笔，个个公卿欲梦刀。别后相思隔烟水，菖蒲花发五云高。

正好移来作为对薛涛诗的评价。薛涛除了在诗文、音律上负有盛名，文献记载她还创制了"薛涛笺"。"浣花溪人多业纸，涛命工匠专制红色小笺，人号'薛涛笺'"。晚年的薛涛居住在城西北碧鸡坊，大和六年（832）卒。

晚唐时期进入蜀地的诗人主要有李德裕、李商隐、温庭筠、薛逢、薛能、李频、李洞、贯休、罗隐、韦庄、崔涂、郑谷等，晚唐五代时

---

[1] 参见杨世明《巴蜀文学史》，巴蜀书社2003年版，第160页。

期,蜀地的文学经历了长期发展,已渐趋兴盛。外来文人的入蜀为蜀地的文学增添风采,蜀籍的文学家诸如苑咸、刘湾、苏涣、马逢、苻载、仲子陵、雍裕之、李远、雍陶、罗衮、唐求、黄崇嘏、花蕊夫人等都为晚唐五代的巴蜀文坛奉献了力量。这时候蜀中相对安定,且文人较多,花间词派在这一时期形成,创作者被称为"花间派"词人。其中的典型代表就是温庭筠和韦庄。

温庭筠(812—870),字飞卿,太原祁县(今山西)人。温庭筠在蜀中诗文并不多,但是质量较高。例如《赠蜀府将》:"十年分散剑关秋,万事皆随锦水流。志气已曾明汉节,功名犹自滞吴钩。雕边认箭寒云重,马上听笳塞草愁。今日逢君倍惆怅,灌婴韩信尽封侯。"而《锦城曲》则是一首通过描写锦城(蜀地)的风景物产和历史传说来渲染蜀地美丽浪漫及神秘之美的作品。

> 蜀山攒黛留晴雪,簝笋蕨芽萦九折。江风吹巧剪霞绡,花上千枝杜鹃血。杜鹃飞入岩下丛,夜叫思归山月中。巴水漾情情不尽,文君织得春机红。怨魄未归芳草死,江头学种相思子。树成寄与望乡人,白帝荒城五千里。

对于此诗的主题,真是寻绎再三,难得确解。有些鉴赏类书籍认为此诗的主题乃是写"织锦女工的悲惨生活","犹如古代的《包身工》",并且揭示了"阶级对立""对统治阶级的绝望"以及"革命的即将到来",且引《唐六典·工部》中"一入工匠后,不得别入诸色"一语来说明织锦女工"终生不能出去(离开)"等,再三诵读原作,总觉得这些说法过于牵强,不符合诗情词旨,不能贴切解释全诗的风格意境与具体字词。如果硬要概括一下此诗主题,那么我们只能说是写锦城(蜀地)的风物人情及历史传说的。但其中有大量的跳跃、联想及"蒙太奇"手法,故而对很多意象"不能确指,但能确感(叶嘉莹语）"，有一种炫人眼目而又扑朔迷离之感。

温庭筠是花间词派的创始人，他的诗词创作工于体物，有声调色彩之美，在艺术上有独到之处，其典型代表有《菩萨蛮·小山重叠金明灭》："小山重叠金明灭，鬓云欲度香腮雪。懒起画蛾眉，弄妆梳洗迟。照花前后镜，花面交相映。新帖绣罗襦，双双金鹧鸪。"使用华丽的语言描述了闺中女性精致的妆容，辞藻讲究，典丽精工，开辟了一代"花间词派"。后蜀广政三年（940）赵崇祚编选《花间集》，首选温庭筠的六十六首词，肯定了温庭筠"花间词派"首创的地位。

韦庄（836—910），字端己，京兆杜陵（今陕西省西安市长安区）人。唐乾宁元年（894）进士，依王建为掌书记。建称帝，一切诏令，皆出庄手，官至吏部侍郎、同平章事。访得成都杜甫草堂旧址筑室以居。有《浣花集》。他是"花间词派"重要词人，诗歌创作亦极有特色，其代表作是长篇七言歌行《秦妇吟》。他的《乞彩笺歌》是关于蜀地造纸文化的珍贵史料。

浣花溪上如花客，绿暗红藏人不识。留得溪头瑟瑟波，泼成纸上猩猩色。手把金刀擘彩云，有时剪破秋天碧。不使红霓段段飞，一时驱上丹霞壁。蜀客才多染不供，卓文醉后开无力。孔雀衔来向日飞，翩翩压折黄金翼。我有歌诗一千首，磨砻山岳罗星斗。开卷长疑雷电惊，挥毫只怕龙蛇走。班班布在时人口，满袖松花都未有。人间无处买烟霞，须知得自神仙手。也知价重连城璧，一纸万金犹不惜。薛涛昨夜梦中来，殷勤劝向君边觅。

韦蔼天复三年癸亥（903）所作的《浣花集序》谓庄自广明元年庚子（880）至天复三年作诗"千余首"，又谓庄于天复二年（902）"浣花溪寻得杜工部旧址"，"因命芟夷，结茅为一室"。此诗云"浣花溪上如花客""我有歌诗一千首",故疑此诗作于天复三年①。彩笺指浣花笺。韦庄居蜀,留下了不少诗词作品,而此篇专写成都的造纸技艺以及彩笺的美丽珍贵,尤难能可贵。诗分两层。第一层写五色彩笺制作精工、色彩明丽、图案生动,异常珍贵;第二层写"我"有佳作千首,须最美丽珍贵的彩笺抄录誊写方能传之不朽,而才女托梦,叫我向你(即诗题中"乞"的对象)求取。韦庄的诗歌善于长篇铺叙,其《秦妇吟》是唐诗中最长的作品,他曾因此诗被称为"秦妇吟秀才"。本篇也是如此,长于铺排,善于点染,描绘渲染,生动传神。千年之后,犹使后人对如此纸中"尤物"怀想不已!韦庄还作有三首《河传》词,描绘了晚唐五代时期成都的美好景物。引录于下,可作为"花间成都"的样本细细玩赏。

河传·春晚

春晚,风暖。锦城花满,狂杀游人。玉鞭金勒,寻胜驰骤轻尘,惜良辰。翠娥争劝临邛酒,纤纤手,拂面垂丝柳。归时烟里,钟鼓正是黄昏,暗销魂。

河传·锦里

锦里,蚕市。满街珠翠,千万红妆。玉蝉金雀,宝髻花簇鸣珰,绣衣裳。日斜归去人难见,青楼远,队队行云散。不知今夜,何处深锁兰房,隔仙乡。

河传·锦浦

锦浦,春女。绣衣金缕,雾薄云轻。花深柳暗,时节正是清明,雨初晴。玉鞭魂断烟霞路,莺莺语,一望巫山雨。香尘隐映,遥见翠槛红楼,黛眉愁。

---

① 聂安福:《韦庄集笺注》,上海古籍出版社2002年版,第348页。

四　两宋时期的蜀地文学

经过唐代的发展积淀，两宋时期巴蜀文学的发展达到巅峰。这一时期，蜀地产生了不少文学家，这些文学家出川做官，影响力较大，使得蜀地的文学影响力提高；再有，这一时期蜀地文学的数量增加，出现了许多文化（文学）世家，标志着天府文化的成熟。例如"铜山三苏"（梓州铜山县，即今德阳市中江县广福镇。也有学者认为苏氏籍里应为绵州盐泉，即今四川绵阳，[①] "眉山三苏""阆中三陈"等都属于典型代表。入蜀的文人也为当时蜀地文学的发展贡献了力量，典型代表有陆游、范成大。两宋时期蜀地也出现了一些文学理论与批评论著，形成了评注名家诗文的风气。在所谓"千家注杜"热潮中，有名的郭知达、赵次公等都是蜀人，他们对杜诗文化的普及和杜诗的经典化做出了重要贡献。宋代蜀地的文化、文学都达到了集大成的鼎盛局面。

之所以能够取得如此大的成就，其中重要的原因之一就是得益于当时印刷业的发展。晚唐五代及两宋时期，雕版印刷术比较成熟，蜀中成为印刷业中心，成都和眉山都是印刷业重镇。高度发达的印刷业为书籍的印制提供了方便，蜀中"近水楼台先得月"，率先享受到了印刷术带来的知识传播普及的便利，促使蜀地文风高涨。最负盛名的是"眉山三苏"，即苏洵、苏轼、苏辙。三苏当中，文学成就最高的是苏轼。他不但是杰出的文学家，在书法上造诣很深，还是一个绘画的高手，因此他在中国文学史和中国艺术史上都占有重要的地位。

苏轼（1037—1101），字子瞻，号东坡居士，眉州眉山人。苏轼是一个全能式的艺术大师，他的诗文词众体兼善。他是宋代诗歌的领袖人物，与黄庭坚并称"苏黄"；又是豪放派词人的代表，与辛弃疾合称

[①] 详见张邦炜《宋代盐泉苏氏剖析》，载邹重华、粟品孝主编《宋代四川家族与学术论集》，四川大学出版社2005年版，第81—82页。

"苏辛";散文创作成就突出,名列唐宋"八大家"。先谈他的词。苏轼是豪放派词人的代表,他使得宋词能够自具面目而完全可与唐诗相媲美,使词成为宋代的代表性文体,并以自己的开创性创作在中国文学史上占据重要地位。苏轼在写作上丰富了词的风格,开创了一代豪放之风;再者,苏轼提高了词的地位。在宋初,词是难登大雅之堂的,而苏轼直接扭转了这种局面;苏轼的词题材广泛,他在《与蔡景繁书》中说:"新词,此古人长短句诗也。"① 认为词是一种诗的类型,诗也是一种词,这样一来,凡是诗能做的,也可用来作词。刘熙载说:"东坡词颇似老杜诗,以其无意不可入,无事不可言也。"② 其中《江城子·密州出猎》就是豪放的典型:"老夫聊发少年狂,左牵黄,右擎苍,锦帽貂裘,千骑卷平冈。为报倾城随太守,亲射虎,看孙郎。酒酣胸胆尚开张,鬓微霜,又何妨!持节云中,何日遣冯唐?会挽雕弓如满月,西北望,射天狼。"③ 再如《水调歌头·明月几时有》:"明月几时有?把酒问青天。不知天上宫阙,今夕是何年。我欲乘风归去,又恐琼楼玉宇,高处不胜寒。起舞弄清影,何似在人间。转朱阁,低绮户,照无眠。不应有恨,何事长向别时圆?人有悲欢离合,月有阴晴圆缺,此事古难全。但愿人长久,千里共婵娟。"④ 在中秋之夜,高兴地喝酒,喝得大醉,做下这首词,同时思念弟弟苏子由。以疏放之笔抒思念深情,表现了苏词清丽绵缈的另一面相。再如《念奴娇·赤壁怀古》:"大江东去,浪淘尽,千古风流人物。故垒西边,人道是,三国周郎赤壁。乱石穿空,惊涛拍岸,卷起千堆雪。江山如

---

① 苏轼:《苏轼文集编年笺注》卷55《与蔡景繁十四首之四》,巴蜀书社2011年版,第319页。
② 刘载熙:《艺概笺释》卷4《词曲概》,中华书局2019年版,第535页。
③ 苏轼:《苏轼文集编年笺注》卷55《与杨元素十八首之十二》,巴蜀书社2011年版,第294页。
④ 苏轼:《苏轼文集编年笺注》附录二《苏轼词集·水调歌头(明月几时有)》,巴蜀书社2011年版,第5页。

画,一时多少豪杰。遥想公瑾当年,小乔初嫁了,雄姿英发。羽扇纶巾,谈笑间,樯橹灰飞烟灭。故国神游,多情应笑我,早生华发。人生如梦,一尊还酹江月。"① 词中描写了赤壁古战场,描述了周瑜在三国赤壁大战中的潇洒、雄姿英发,而现在的"我"神游当年的战场,有些多愁善感,已经生出白发。人生啊,犹如一场梦,举起酒杯祭奠一下这万古的明月吧!虽然这首词略带感伤,但是整体而言并不颓废,足证作者的乐观。苏轼的乐观旷达的个性在其词中也有体现,如《定风波·莫听穿林打叶声》:"三月七日,沙湖道中遇雨。雨具先去,同行皆狼狈,余独不觉。已而遂晴,故作此词"。

莫听穿林打叶声,何妨吟啸且徐行。竹杖芒鞋轻胜马,谁怕?一蓑烟雨任平生。料峭春风吹酒醒,微冷,山头斜照却相迎。回首向来萧瑟处,归去,也无风雨也无晴。"②

从词风上来看,这首词非常的清新朴素,语言上利用了当时的口语,表达出作者豁达的心境及"也无风雨也无晴"的随遇而安、达天知命的放旷人生态度。

苏轼的词风与前代晚唐完全不同,这与当时的文化革新有很大关系。宋初的文人在政治上的参与感比较强,他们不满足于晚唐以来的绮靡华丽之词,认为这些作品不能够对政治起到讽谏的作用,也不能给整个社会风气带来正确的导向,因此他们倾向于写一种比较朴素豪放的词,当时的范仲淹、欧阳修、王安石都有词风豪放的作品。苏轼则继承了前辈学者们的词风,加之以恢宏变化,从而开创了一种新的

---

① 苏轼:《苏轼文集编年笺注》附录二《苏轼词集·念奴娇(赤壁怀古)》,巴蜀书社2011年版,第8页。
② 苏轼:《苏轼文集编年笺注》附录二《苏轼词集·定风波(莫听穿林打叶声)》,巴蜀书社2011年版,第18页。

词风，也开创了一种新的流派。

宋诗在成就上虽然比不上唐诗，但是宋诗也有自己的特点。而苏轼的诗在当时也具有较大的影响力。钱基博曾经谈道："天性洒脱，清旷自怡，及自为诗，学杜不得其沉郁，学韩又难为生划，而以白香山之容易，抒柳子厚之秀淡，上窥陶彭泽之旷真，旁参李太白之豪俊；其辞则跌宕昭彰，其境则清深旷邈，而托之禅悦，焯有理趣。"①说明苏轼受李杜的影响比较大，他也比较欣赏陶渊明和韩愈。苏轼推崇陶渊明诗的"平淡"，他在《评韩柳诗》中说："柳子厚诗在陶渊明下，韦苏州上。退之豪放奇险则过之，而温丽靖深不及也。所贵乎枯淡，谓其外枯而中膏，似淡而实美，渊明、子厚之流是也。"②苏轼的诗在继承中不断突破和发展。他继承了前代文人的温丽之风，杂糅了李白的豪俊，又将禅理运用到诗文中。随着年龄和经历的增长，他的诗文又实现了自我突破，在南迁之后，"已入化境，由绚丽归于平淡，能做到淡而有味"③。钱基博对苏轼的诗评价是比较高的，他认为苏轼的诗"言景如画，言情如话，不须矜才使气，兴会所到，险境发以雄，精理透之显；而行所无事，意思闲暇，抒以养气，显发以奥，四通六辟，使人心神融释；凡经史传记百家之言，信手拈来，无不贯穿协和，尽是毫飞墨喷，自然水到渠成，脱然畦封，似不经意而出；然句如坚城，而气极和厚，盘硬而不入于生涩，流宕而不落于率易，此所以卓然名家为不可及也。"④清人赵翼的《瓯北诗话》评苏诗云："天生健笔一枝，爽如哀梨，快如并剪。有必达之隐，无难显之情，此所以继李杜后为一大家也。"所论颇得苏诗精髓。

---

① 参见钱基博《中国文学史》，华中师范大学出版社 2011 年版，第 500 页。
② 苏轼：《苏轼文集编年笺注》卷 67《题跋八十六首·评韩柳诗》，巴蜀书社 2011 年版，第 18 页。
③ 参见杨世明《巴蜀文学史》，巴蜀书社 2003 年版，第 261 页。
④ 钱基博：《中国文学史》，华中师范大学出版社 2011 年版，第 505 页。

苏轼的诗词在当时的西夏、辽皆有流传，而"三苏"在当时即已闻名遐迩。作为唐宋八大家之一的苏轼，其文在当时的文坛也占有一席之地。苏轼的文章中文学性较强的是文赋，存世二十九篇，著名的有前、后《赤壁赋》。苏轼的记叙文也很有特点，"或记游，或叙事，往往杂而议论，构思新奇，寓意深刻，读之耳目一新"[1]，代表作有《喜雨亭记》《超然台记》《凌虚台记》《放鹤亭记》《石钟山记》《方山子传》。陆游的《老学庵笔记》云："建炎以来，尚苏氏文章，学者翕然从之，而蜀士尤盛。亦有语曰：苏文熟，吃羊肉；苏文生，吃菜根。"可见当时苏氏文章在社会上的影响之大。

苏轼是豪放派词人的代表，也是宋诗创作中的佼佼者，文章写起来也是得心应手，是宋代文坛上不可多得的大文豪。他的创作对巴蜀文学有很大影响，"韩驹、李石、郭印、史尧弼、员兴宗、李流谦、吴泳等人的著作，莫不瓣香苏氏。"

陆游（1125—1209），字务观，号放翁，越州山阴（今浙江绍兴）人。他于乾道六年（1170）入蜀，并写下了《入蜀记》六卷。他在成都担任安抚司参议官的闲职，因为朝廷抗金不力，收复无望，他非常愤懑，常常寄情于山水诗酒。在淳熙二年（1175），范成大任四川制置使，与陆游交好，因此请他到成都担任参议官。旧友相聚，十分放松，常常一起饮酒酬唱，行为"不拘礼法，恃酒颓废"，还自号为"放翁"。成都的生活扩大了他的视野，他常在成都诸多风景名胜中流连忘返，并常形诸题咏。最终他将自己一生的诗作题名为《剑南诗稿》，可见蜀中生活在他心目中的分量。在历代流寓成都的诗人中，陆游的成都诗多达上千首，为成都诗之最。仅咏成都海棠花便达数十首，可见他对成都是何等的热爱、依恋与不能忘情。陆游的成都诗作中有一类

---

[1] 杨世明：《巴蜀文学史》，巴蜀书社2003年版，第271页。

是抒发收复失地的爱国之情的,例如《三月十七日夜醉中作》①。

  前年脍鲸东海上,白浪如山寄豪壮;
  去年射虎南山秋,夜归急雪满貂裘。
  今年摧颓最堪笑,华发苍颜羞自照。
  谁知得酒尚能狂,脱帽向人时大叫。
  逆胡未灭心未平,孤剑床头铿有声。
  破驿梦回灯欲死,打窗风雨正三更。

  还有一类是描写成都风景的,成都丰富的物产、富足的生活、独特的风土人情都奔凑到他的笔端,如《成都书事》②。

  剑南山水尽清晖,濯锦江边天下稀。
  烟柳不遮楼角断,风花时傍马头飞。
  芼羹笋似稽山美,斫脍鱼如笠泽肥。
  客报城西有园卖,老夫白首欲忘归。

  陆游还写了一些描写成都"繁花(华)"情景的诗,例如《花时遍游诸家园》③。

  看花南陌复东阡,晓露初干日正妍。
  走马碧鸡坊里去,市人唤作海棠颠。
  为爱名花抵死狂,只愁风雨损红芳。
  绿章夜奏通明殿,乞借春阴护海棠。

---

① 李德辉编:《唐宋馆驿与文学资料汇编》,凤凰出版社2014年版,第662页。
② 张春林编:《陆游全集》,中国文史出版社1999年版,第102页。
③ 张春林编:《陆游全集》,中国文史出版社1999年版,第105页。

再如《江上散步寻梅偶得三绝句》[1]。

其一：小园风月不多宽，一树梅花开未残。剥啄敲门嫌特地，缓拖藤杖隔篱看。

其二：钟残小院欲销魂，漠漠幽香伴月痕。江上人家应胜此，明朝更出小南门。

其三：小南门外野人家，短短疏篱练白沙。红稻不须鹦鹉啄，清霜催放两三花。

再有《看梅归马上戏作》："平明南出笮桥门，走马归来趁未昏。渐老更知闲有味，一冬强半在梅村"，"江路疏篱已过清，月中霜冷若为情？不如折向金壶贮，画烛银灯看到明。"[2] 陆游是宋代伟大的爱国主义诗人，由于他的政治理想与当时政坛并不契合，因此他并不能受到重用，故他的满腔热情就抒发到了诗文上。在成都生活了近十年的陆游，领会到成都繁花似锦、物产丰富，并将这些体验记录下来，形成了愈加成熟的诗文风格，为蜀中留下了宝贵的文学瑰宝。

除此之外，宋朝的范成大、程垓、韩驹、唐庚、张俞都曾经在蜀地留下作品，为巴蜀的文学贡献了自己的力量。

范成大（1126—1193），字至能，一字幼元，晚号石湖居士，苏州吴县（今江苏苏州）人。著名的南宋诗人，与杨万里、陆游、尤袤合称南宋"中兴四大诗人"。宋高宗绍兴二十四年（1154）进士。孝宗乾道三年（1167）任处州知州。淳熙二年（1175）任四川制置使、成都知府，至淳熙四年（1177）因病东归。淳熙五年（1178）任参知政事。晚年隐居故乡石湖。有《石湖集》。

---

[1] 张春林编：《陆游全集》，中国文史出版社1999年版，第149页。
[2] 张春林编：《陆游全集》，中国文史出版社1999年版，第151页。

范成大与陆游的关系密切，两人在蜀地经常唱和诗词。范成大早年作诗受到江西派的影响，也比较擅长模仿中晚唐时期的诗歌风格与技巧，例如其《乐神曲》就是仿照王建的作品。另外，他在博采众长的基础上突破了江西诗风的笼罩。尤其许多近体诗，委婉清丽中带有峻拔之气，有他自己的特点。其诗风格轻巧，好用僻典、佛典。范成大有《戏题索桥》诗，描写的是至今仍在的都江堰安澜索桥。

织篁匀铺面，排绳强架空。染人高晒帛，猎户远张罿。薄薄难承雨，翻翻不受风。何时将蜀客，东下看垂虹。

索桥即今安澜索桥，位于都江堰离堆公园内。桥飞架岷江南北，横跨都江堰水利工程，在宋代被称为"许评事桥"。诗人在《吴船录》中记载："绳桥长百二十丈，分为五架；桥之广十二绳，相并排连，上布竹笆。横立大木数十于江沙中，辇石以固其根，每数十木作为一架；挂桥于半空，大风过之，掀举幡幡然。大略如渔人晒网，染家晾帛之状"。成都水系发达，桥梁众多，其中如七星桥、万里桥、驷马桥、安顺廊桥、九眼桥等都是历史悠久、闻名遐迩的成都名胜，是城市不可磨灭的文化记忆。而范成大所写的"索桥"亦为其中之一，位于岷江都江堰鱼嘴分水堤上，是我国著名的五大古桥之一。索桥是我国古人利用本地竹木资源创建的悬空过渡桥梁形式之一，也是世界桥梁建筑的典范。据李膺的《益州记》等古籍所载，李冰所建"七星桥"中的夷星桥就是"笮桥"，即索桥（也叫绳桥），故可知在先秦时期，蜀人即已掌握制造索桥的工艺技术。安澜索桥的建造当较早，但确切年代已不能详考。此桥曾多次建、毁，直至嘉庆年间塾师何光德夫妇募资修建后更名为"安澜桥"。民间为了纪念何氏夫妇，又称之为"夫妻桥""何公何母桥"等，而范成大这首诗，描绘的正是南宋时的索桥风貌。范成大在成都的时间仅两年多，却留下了一系列歌咏成都风物的作品，其中不乏名篇佳作，此诗即为其中之一。范成大还有一首《三月二日北门马上》，最能道出成都与扬州—剑南与江南—川西与竹西（扬州亦可称"竹西"，姜夔《扬州慢》词云："淮左名都，竹西佳处"）的神似：

  新街如拭过鸣驺，芍药醲酴竞满头。十里珠帘都卷上，少城（指成都少城）风物似扬州。

这可看作唐代"扬一益二"在宋代的嗣响！

程垓，眉山（今四川眉山）人，其作词存有157首。他的代表作有《满庭芳》《酷相思》《摸鱼儿》等，他的词风格比较婉转，多写羁旅行役、离愁别绪，情意凄婉。

韩驹（1080—1135），陵阳仙井（治所在今四川仁寿）人，代表作有《陵阳集》四卷。韩驹善于用典，非常注意用字的独特性。由于其经历过"靖康之难"，因此他的诗感情真挚深沉，经常带有怀念旧京的情感。韩驹为"江西诗派"的成员，刘克庄的《后村诗话》却说："吕公（吕本中）强之入派（江西诗派），子苍（韩驹字）殊不乐。"则可知韩驹亦有突破"江西诗派"藩篱，"直欲别作一家"（见《陵阳集》卷首小传）的一面，甚至有深情绵渺、不假雕饰，显然有别于江西诗派诸家"生吞活剥"之作。如《九绝为亚卿作》（其三、其四、其五、其八）云：

  更欲樽前抵死留，为君徐唱木兰舟。临行翻恨君恩杂。十二金钗泪总流。

  世上无情似有情，俱将苦泪点离樽。人心真处君须会，认取侬家暗断魂。

  君住江滨起画楼，妾居海角送潮头。潮中有妾相思泪，流到楼前更不流。

妾愿为云逐画樯,君言十日看归航。恐君回首高城隔,直倚江楼过夕阳。

虽为代言体,但体贴女子的情感何等细腻贴切,抒发了其与恋人的缠绵悱恻、难分难舍之情,感人至深,且语言清新易懂,颇富民歌风韵,不类江西诸公声口。又如《夜泊宁陵》:"汴水日驰三百里,扁舟东下更开帆。且辞杞国风微北,夜泊宁陵月正南。老树挟霜鸣窣窣,寒花垂露落毵毵。茫然不悟身何处,水色天光更蔚蓝。"情景交融,意脉绵密,章法井然,然而又有法而无法,流转圆通,浑然一体,不愧名作,显示出韩驹诗的另一面相。王十朋说韩驹的诗"非坡非谷"(《梅溪先生文集》后集卷二《陈郎中赠韩子苍集》)可谓别具慧眼之论。

唐庚(1070年—1120年),字子西,眉州丹棱唐河乡(今属四川省眉山市丹棱县)人,北宋诗人、文学家。《宋史》有传,主要代表作有《名治》《察言》《闵俗》《存旧》《内前行》诸篇。对于作诗,唐庚深有体会,他认为"作诗甚苦,悲吟累日,往往反复修改数四,然后成篇"[1]。正是有这样严谨的态度和反复推敲,才成就了其"简练精悍,工于属对,巧于用事,且多新意,不沿袭前人"的风格。[2] 唐庚是在苏轼父子的影响下成长起来的蜀中作家,时号"小东坡"。他的《白鹭》一诗是一首即景抒愤之词,也是一首揭露朋党之争、抨击株连之策的呼吁正义之诗。诗云:"说与门前白鹭群,也宜从此断知闻。诸君有意除钩党,甲乙推求恐到君。"其布局谋篇之法,景中寓理之机杼巧思,都可看到苏轼《题西林壁》("横看成岭侧成峰")的痕迹,但情绪更为激烈愤慨。运用两个毫无关系的事物间的突然"联系",凸显了

---

[1] 唐庚:《唐庚诗集校注》,中华书局2016年版,第3页。
[2] 参见何宝民主编《中国诗词曲赋辞典》,大象出版社1997年版,第134页。

这种"联系"的荒谬、突兀及不合常情，使朋党及株连之法的荒谬乖张跃然纸上，收到很好的讽刺效果。此外，如《春日郊外》云："城中未省有春光，城外榆柳已半黄。山好更宜看积雪，水生看欲倒垂杨。莺边日暖如人语，草际风来作药香。疑此江头有佳句，为君寻取却茫茫。"则又可看出他作诗每每"悲吟累日，反复改正"，而最后终能自然流畅、意如己出的特点。

张愈，益州郫（今四川成都郫都区）人，北宋文学家。苏舜卿尝谓其诗"优游感讽，意不可尽，吾不能也"。《宋史》有传，略记其生平事迹。

> 文彦博治蜀，为置青城山白云溪杜光庭故居以处之。丁内艰，盐酪不入口。再期，植所持柳杖于墓，忽生枝叶，后合抱。六召不应。喜弈棋。乐山水，遇有兴，虽数千里辄尽室往。遂浮湘、沅，观浙江，升罗浮，入九疑，买石载鹤以归。杜门著书，未就，卒。
>
> 妻蒲氏名芝，贤而有文，为之诔曰："高视往古，哲士实殷，施及秦、汉，余烈氤氲。挺生英杰，卓尔逸群，孰谓今世，亦有其人。其人伊何？白云隐君。尝曰丈夫，趋世不偶，仕非其志，禄不可苟，营营末途，非吾所守。吾生有涯，少实多艰，穷亦自固，困亦不颠。不贵人爵，知命乐天，脱簪散发，眠云听泉。有峰千仞，有溪数曲，广成遗趾，吴兴高躅。疏石通迳，依林架屋，麋鹿同群，昼游夜息。岭月破云，秋霖洒竹，清意何穷，真心自得，放言遗虑，何荣何辱？孟春感疾，闭户不出，岂期遂往，英标永隔。抒词哽噎，挥涕丸澜，人谁无死，惜乎材贤。已矣吾人，呜呼哀哉！"①

南宋时期成都出现了袁说友主编的巴蜀文学总集《成都文类》，

---

① 参见脱脱等《宋史》卷458《张愈传》，中华书局1985年版，第13441—13442页。

这也是标志着巴蜀文学成熟繁荣的重要事件。《成都文类》共五十卷，内有赋一卷，诗歌十四卷，文三十五卷，时间跨度为西汉到宋孝宗淳熙年间。此书分门别类非常的详细，为后来的研究者提供了非常珍贵的材料。

五　元明清时期的蜀地文学

元代的巴蜀文学比较沉寂。在这一时期，巴蜀地区经历了战乱，经济还未恢复，而文化也备受打击，元代成都文学的影响力也比较微弱。但还是有著名的虞集为蜀文学增添光彩。

虞集（约1272—1348），字伯生，号道园，又号邵庵。祖籍成都仁寿（今四川省眉山市仁寿县）。元代著名学者、诗人。少受家学，尝从吴澄游。成宗大德初，以荐授大都路儒学教授，历国子助教、博士。仁宗时，迁集贤修撰，除翰林待制。文宗即位，累除奎章阁侍书学士。卒赠江西行中书省参知政事、护军、仁寿郡公，谥号"文靖"。曾领修《经世大典》，著有《道园学古录》《道园遗稿》。虞集诗风"典雅精切，格律谨严，深沉含蓄，纵横无碍"，"擅长七古和七律"。他的《归蜀》书写了对故乡的浓浓"乡愁"。

> 我到成都才十日（一本作"住五日"），驷马桥下春水生。渡江相送荷子意，还家不留非我情。鸐鹎轻筏下溪足，鹦鹉小窗呼客名。赖得郫筒酒易醉，夜深冲雨汉州城。

虞集为宋丞相虞允文五世孙，原籍仁寿，为蜀中著名文化世家。他博学多闻，诗文俱工。文章为有元一代冠冕，诗歌与杨载、范梈、揭傒斯齐名，人称"虞、杨、范、揭"四大家。王叔载于四大家中，特推举虞集，谓其"光芒变化，诸体咸备，当推道园，如宋朝之有坡公也"[①]。足见后人对其评价之高。而在诸体之中，以七律七绝最为擅长，上引

---

① （明）瞿佑：《归田诗话》卷下，知不足斋本。

《归蜀》即为表现乡愁乡情的名作。

首联写回乡又别,无限依恋。元代在元世祖至元二年(1265)就有每年祭祀华山的制度。皇帝不能亲自祭祀时,则派人代祀。从标题可知,虞集此次即是完成代祀公务后回乡的。颔联写好友渡江相送,自己有"还家不留"的苦衷。换言之,回家乡来去匆匆,自己也是情不得已。虞集原籍虽为四川仁寿,但随父虞汲侨居临川崇仁(今属江西),且"漂泊栖迟近百年"(《至正改元辛巳寒食日示弟及诸子侄》)。诗中虽未明言回乡匆遽的具体原因,却给读者留下丰富的想象。或因公务催迫,或因家事急需,甚或是官场中有重大变局……这种回乡而不能久留、叶落而不能归根的背井离乡的漂泊羁旅之苦可谓古今相续,如出一辙,这其实是人类历史发展的悖论。外面的世界、远处的精彩对我们具有强大的吸引力,而原生之地、故乡母亲又不时地召唤我们、拉拽我们回到原处,人类正是在这样的矛盾历程中走向未来。颈联写舟行水中之景。鱼鹰从小舟上到溪水中捕鱼,鹦鹉站在小窗外呼唤客人的名字,真是一派川西田园美景。尾联写借酒以消乡愁,一场大雨把酒浇醒,才发现已到汉州。吟读至此,我们会很容易想起宋代词人柳永的名句:"今宵酒醒何处?杨柳岸,晓风残月。"(《雨霖铃》),只不过柳词为拟想之词,而虞诗则为实写,但所抒发的怅惘之情是一样的。

明清时期,巴蜀文学有所恢复发展,而成都地区也涌现出一批优秀的文学家。这其中的典型代表有杨慎、四费、三彭和三张。同时出现了不少文学世家,天府文学再度繁荣。

杨慎(1488—1559),字用修,号升庵,新都(今属四川成都)人。杨慎是明代巴蜀最有成就的学者、文学家。现存著作一百五十余种。在整个明代"记诵之博、著作之富,推慎为第一"[①],"为古来著

[①] (清)张廷玉等:《明史》,中华书局1974年版,第5083页。

书最富第一人"①，他的作品主要有赋、诗、词曲、杂文、杂记等。他的词中较为著名的有《临江仙》："滚滚长江东逝水，浪花淘尽英雄。是非成败转头空。青山依旧在，几度夕阳红。白发渔樵江渚上，惯看秋月春风。一壶浊酒喜相逢。古今多少事，都付笑谈中。"② 这首词是"杨慎晚年作的《廿一史弹词》第三段'说秦汉'的开场词。到清初，毛宗岗父子评点《三国演义》，选置于全书卷首。此后随着《三国演义》的流行，此词亦为流行，传诵不绝"③。

杨慎的小令中很多都表达了其对家乡的思念，感情真挚，因此文笔比较突出。明人杨南金在《升庵长短句序》中说："太史公谪居滇南，托兴于酒边，陶情于滇云，而溢流于夷僚。昔人云：吃井水处皆唱柳词；今也不吃井水处亦唱杨词。吾闻君子之论曰：公辞赋似汉，诗律似唐，下至宋词元曲，文之末耳，亦不减秦七、黄九、东篱、小山。噫，一何多能哉！"④ 可见当时对杨慎词曲的评价还是比较高的。

杨慎对家乡怀有非常深厚的情感，因此他辑了蜀地文人的诗词歌赋等作品，即《全蜀艺文志》。该书按照文体来排列，共六十四卷，其中赋二卷，诗二十二卷，诏策、赦文、敕一卷，表、疏、状一卷，书笺一卷，书一卷，序三卷，记十卷，檄、难、牒一卷，箴、铭、赞一卷，颂一卷，碑文三卷，杂著三卷，碑目一卷，谱六卷，碑跋一卷，尺牍一卷，行纪三卷，行纪题名一卷。全书共收录有名氏者631人，诗文1873篇。在所收的一千八百余篇诗文中，有三百五十余篇不见于其前的文献，可见其珍贵的文献价值。此书至今仍是研究巴蜀文学的重要工具书。

---

① （清）李调元：《函海》序，人民出版社2012年版。
② 饶宗颐初纂，张璋总纂：《全明词》，中华书局2004年版，第823页。
③ 杨世明：《巴蜀文学史》，巴蜀书社2003年版，第399页。
④ 杨慎：《升庵词品笺证》附录二《序跋》，中华书局2018年版，第562页。

还有一部大型的研究蜀地文化不可或缺的著作为曹学佺编的《蜀中广记》，这是曹学佺在四川任官的时候编制的一部大型文献，包括名胜记三十卷、边防记十卷、人物记六卷、宦游记四卷、蜀郡县古今通释四卷、风俗记四卷、方物记十二卷、神仙记十卷、高僧记十卷、著作记十卷、诗话记四卷、画苑记四卷，全书共一百零八卷。曹学佺平生好学，对诗、词、散文颇有研究，比较擅长写景抒情诗。《蜀中广记》犹如一部蜀中文化的百科全书，惜至今未得到深入研究。《四库全书总目提要》中说"谈蜀中掌故者，终以《全蜀艺文志》及是书（按：指《蜀中广记》）为取材之渊薮也"[①]。最近四川大学古籍所杨世文先生点校的《蜀中广记》已由上海古籍出版社出版（2020 年 11月），这不啻为天府文化研究者的一大福音。然仍有必要在此基础上进行详尽的笺注校释及深入研究，以此带动蜀中方志整体研究水平的进一步提升。

明清之际，成都地区较为出名的文人以家族著称。新繁四费是典型代表。新繁四费主要指费经虞、费密、费锡璜、费锡琮，后三者常常以"新都三费"而闻名于世。第五章将对费氏家族作详尽介绍，此处重点论述其文学成就。

费经虞（1599—1671），字仲若，号鲜民，新繁（今属四川成都新都）人。他是费密之父。崇祯十二年（1639）中举。担任过诸如云南昆明令、云南同知、桂林知府等官。明末清初避世不任官，以讲学受徒为业，最后流寓江南，终老泰州。费经虞在外寓居、躲避战乱，终身与家乡无缘，写下了《思蜀》诗以表达思乡之情："垂老无家只自怜，不堪往事益凄然。当门慈竹八千里，昨日疏梅二十年。即使丁男安稼穑，遂无姓氏到烽烟。春时更觉伤人意，寒食青青麦满田。"这是

[①] （清）永瑢、纪昀等：《四库全书总目》卷70《史部》二十六，中华书局1965年版。

作者晚年寓居泰州，感觉自己居无定所，缥缈无家，故而思念家乡之作。他还有一首《往定军山下潘氏授徒》诗，也是感慨西南地区多战乱，百姓流离失所，无家可归的惨状的："国乱民生蹙，西南久困兵。流离心不定，乡塾事犹清。花启新蓬户，书传旧读声。一官如梦断，垂老只诸生。"此诗为作者在明代末期所作。当时天下大乱，西南地区更是久经战乱，百姓只能流离在外。作者因工于诗文而当上了私塾的先生。感慨以前做官的时候如同前世之梦，颠沛流离之感见于字里行间。

费密（1625—1701），字此度，号燕峰，新繁（今成都新都区）人，费经虞之子。费密从小就勤学好问，曾经做过道士。后来坠入井中摔断了腿，导致跛脚，因此人称"跛道士"。他一生也未做官，后来跟随父亲在泰州，终老于斯。费密在泰州期间，闭户著书，后人对其作品赞誉极高，认为他是清初蜀中诗人第一，称其才学堪比杨慎。王士禛记载与费密的交往过程说："余在广陵，偶见成都费密诗，极击节，赋诗云'成都跛道士，万里下峨岷。虎口身曾拔，蚕丛句有神。大江流汉水，孤艇接残春。十字须千古，胡为失此人'。密遂来定交，如平生欢。"李调元也高度评价费密，认为"自杨升庵、赵文肃、任少海、熊南沙四大家后，古学几凌递，费氏父子起而振之，其诗以汉魏为宗，遂为西蜀巨灵手"，这其中他说的费氏父子即费密及其子费锡璜和费锡琮。费密的诗还为一代伟人毛泽东所欣赏。1958年成都会议期间，毛泽东主席曾叫人收集历代诗人咏成都之作数十首研究吟咏，其中就有费密的《朝天峡》。诗云："一过朝天峡，巴山断入秦。大江流汉水，孤艇接残春。暮色愁过客，风光感榜人。明年在何处？杯酒慰酸辛。"境界阔大，气势雄壮，又融入颠沛流离之感与国破家亡之情，难怪当时的文坛领袖王士禛会如此击节赞叹，而一代伟人毛泽东也会于数百年后还欣赏吟咏此诗了。

费锡璜（1664—?），字滋衡，费密次子。从小聪慧好学，继承了家学，特别擅长诗文。其所作的《怀故乡亲友》："西蜀东吴万里思，青春白发只移时。人分南浦王孙草，家滞东陵圣母祠。天外片帆来渺渺，城边双鸟去迟迟。迩来锦里乡书断，泪洒长江只自悲。"抒发了自己对成都父老乡亲的思念。沈德潜的《清诗别裁》选其诗十首，评曰："熟古乐府，诗中苍苍莽莽，时有古音。然亦不无粗率处。"费锡璜的诗文以至情至真见长，他的《卖儿行》诗描述了被父母卖掉为奴的孩子的悲惨生活，感叹穷苦人生活的不易。

  人生贫，慎勿卖儿，卖儿不若杀之。请告丈人，天寒无衣，腹中苦饥，有儿安得不卖儿？人生贫，但当夫妇儿女同卖作他家奴。慎勿卖儿，卖儿不若杀之。儿有过，主人当笞，儿无过，主人当笞。儿早行出门，为主人担水，担水归，办饭煮糜，又为主人网鹿豕与麕。儿日午为主人牧羊牧牛，儿腹饥，主人不知，儿离牛羊十步五步，主人知之。主人笞儿，儿急呼，重复笞之。主人笞儿，儿不敢啼，谓儿伴死，重复笞之。儿呼亦笞，儿不呼亦笞，儿无大罪过，何用笞儿为！儿头无毛，臀无皮，臂如黄瓜，面如青梨。儿是爷娘心头肉，头发是爷娘心中丝，爷娘见儿，泪流如绠縻。多谢丈人，人生贫，慎勿卖儿，卖儿不若杀之。①

这首乐府诗是费锡璜作品的典型代表，语言朴实自然，押韵灵活，用对白的方式进行叙事，具有古乐府之遗风，从中似乎还可听见汉乐府民歌中《孤儿行》等诗的声口情貌。

费锡琮（1661—1725），字厚藩，号树栖，祖籍新繁（今新都），出生于江苏江都。费密长子，费锡璜之兄。子承父志，锡琮在诗文上也非常擅长，他的文风比较雄迈。他平日研讨子史，旁及百家，与人

---

① 郎业成：《石嘴山诗论》，白山出版社2016年版，第276页。

· 166 ·

议论古今时务，往往识见高卓，人无能及。著作有《白鹤楼诗集》《阶庭偕咏集》行世。

新繁费氏虽然长期寓居在外，但其对成都以及寓居之地的文学影响颇深，尤其在诗文上，他们对故土的怀念和眷恋，颇让人动容。

除传统的诗文外，明清时期，市井文化发达，戏曲和竹枝词的繁盛就是典型表现。这一时期较为著名的作家有李调元、张问陶、杨燮等。

李调元（1734—1803），清代四川戏曲理论家、诗人，四川罗江县（今四川省德阳市罗江县调元镇）人。其对戏曲的理解比较深刻，他主张仿照元人朴素自然的风格，并细致梳理了蜀地戏曲的发展脉络，极大地丰富了四川戏曲理论。他所著《童山全集》则编纂了诗话、词话、曲话、剧话、赋话等多达五十余种。李调元所著诗文似乎不如其戏曲理论上的贡献大，光绪本《国朝全蜀诗钞》卷十四评价李调元云："少作多可存，晚年有率易之病，识者宜分别观之。"[①] 李调元与彭端淑皆为锦江书院高才生，他对成都感情颇深，多有题咏风景名胜之作。

如《同庆阁》。

> 同庆阁虽改，回澜塔尚存。窗含西岭雪，门泊下江船。竹啸疑箫吹，桃花似火燃。却怜清净地，登眺百忧煎。

明万历二十一年（1593），四川布政使余一龙建洪济桥，桥有九孔，民间称"九眼桥"。桥成，又在南岸东侧建一寺庙，曰回澜寺。寺东建有三级式楼阁，为同庆阁（又称回澜塔），老百姓称之为白塔，回

[①] 胡传淮、四川省遂宁市历史文化研究会编：《芝溪集》，遂宁历史文化研究会2003年版，第71页。

澜寺也就称之为白塔寺。后寺与塔皆毁于战火，其址修为民居，即今白塔寺街。在九眼桥侧，与海会寺相近。李调元自乾隆五十年（1785）发回原籍，削职为民后，遂不复出，以著述与游览家乡名胜自娱。成都本是诗人早年读书游栖之地（调元曾就读锦江书院），屡经宦海风波，故地重游，倍感亲切情深，故而写下了一系列描述成都历史、风物、景致的诗篇，此乃其中之一。首联说当年的同庆阁已不可见，但回澜塔仍巍然屹立。颔联化用杜甫诗句，说登阁望远，可看到西岭雪山皑皑的白雪和从长江中下游地区（江苏、安徽、浙江、江西等地）到成都的船只。"下江船"，与"下江人"类似，指从长江中下游来的船只，亦即杜诗中的"东吴万里船"。颈联以竹、花、箫为代表，极力描绘成都自然风物之美及音乐歌舞之盛，突出了成都绿色之城（竹）、音乐之城（箫）、鲜花之城（桃花）的特色。尾联一反前意，继承前人"登高而悲"的主题，写自己登阁驰目骋怀，时值大好春日，然家事国事煎逼于心，令诗人愁肠百结。诗人在《过锦江书院观旧日读书屋》诗中有句云："不为烽烟逼，重来岂有闲？"看来，诗人此番游成都、登览同庆阁，并非全属闲情雅致，而是有"烽烟"相逼，故在奔波流离中倍感故乡风物的美好。他还有一首《豆腐》，颇能道出豆腐的神形状貌及功能作用，且篇末寓讽，对"贫人"深表同情，为"感于哀乐，缘事而发"的佳作。

  家用为宜客用非，合家高会命相依。石膏化后浓于酪，水沫挑成绉似衣。剁作银条垂缕滑，划为云段截脂肥。近来腐价高于肉，只恐贫人不救饥。

张问陶（1764—1814），字仲治，一字柳门，号船山。四川遂宁人，生于山东馆陶。张问陶的成就离不开家学渊源，在父亲的指导下，问陶从小博览群书。且在少年时期就崭露头角，写出了《壮志》一诗，颇有才志。清乾隆五十年（1785）偕夫人回川省亲回遂宁，其间写诗甚多。乾隆五十三年（1788）中举，次年初，返回四川，在成都、遂宁小住。乾隆五十五年（1790）进士。历任翰林院检讨、江南道监察御史、吏部验封司郎中。嘉庆二年（1797），在家丁父忧三年。其间，往来于遂宁、成都、北京。嘉庆十五年（1810）任山东莱州知府。后辞官寓居苏州虎丘山塘。存诗三千多首，有《船山诗草》行世。乾隆五十三年（1788）张问陶中举后，返回四川，在成都作了不少诗，如《青羊宫》。

  石坛风乱礼寒星，仿佛云车槛外停。常为吾家神故物，铜羊一角瘦通灵。

青羊是青羊宫的镇宫之宝，位于青羊宫三清殿阶沿之上两旁。铜羊两只都是青铜铸成。诗人此诗自注云："铜羊为先文端故物，自京移归，施于青羊宫，今甚灵异。"据同治《成都志》记载："铜羊，在青羊宫内，高二尺余，长三尺。旧有铜羊，明末献贼之乱失去。国朝雍正元年，遂宁张文端公鹏翮于京师肆中，见有青铜兽类似青羊宫旧物，因市归，仍置青羊宫内以补其迹，上有隶书'藏梅阁珍玩'五字。"这只铜羊是由张问陶的先祖，当时任大学士的张鹏翮于雍正元年（1723）在北京市场上购得，专门奉献给青羊宫以符其名的，此为独角铜羊。相传，独角铜羊为南宋宰相贾似道"半闲堂"铜熏炉，也有人说是明代官宦人家的熏衣器。自从被送进青羊宫后，被信众奉为圣物，故亦称"神羊"。另一只为双角铜羊，乃由成都张柯氏延请云南匠师陈文炳、顾体仁于道光九年（1829）铸造，以配独角铜羊。两只羊现置三清殿左右两侧，相映成趣，给人们带来无穷的趣味和遐想。国家恢复宗教政策开放青羊宫后，两只铜羊被列为省级保护文物，置放于三清殿内，2004年6月，在中国（成都）道教文化节之际，青羊宫特按原铜羊比例放大三倍，制造了一对铜羊，在举行隆重的"神羊现世开光典礼"后，恢复了原来摸"神羊"的习俗。原物放置于青羊宫的道教文物陈列室内。

　　此诗描述诗人到成都青羊宫游览礼拜的情景。由于青羊宫的镇宫之宝独角铜羊为自己的先祖所捐献，故而对青羊宫又有了一份特殊的亲切之情。首句写进入青羊宫三清殿石坛前礼拜神像，又到斗姆殿礼拜斗姆及七星。当时的青羊宫地势很高，不但为道教名观，亦为锦城绝好的观景之地，故云"风乱""星寒"。唐乐朋龟的《西川青羊宫碑铭》说它"风阜崔嵬，楼台显敞……烟粘碧坛，风行清磬。"亦可想见其登览望远的情形。次句写青羊宫巍然屹立，犹如仙山琼阁，需驾云车方能到达。乃极言出入其间者皆神仙高道，突出其作为川西道教名观的神秘色彩。三、四两句意思连贯，说我先祖所捐献的独角铜羊已被信众奉为神灵（摸羊消灾），那只瘦硬的羊角完全可以感通神灵了。此二句表达了对先祖关心乡邦文化的骄傲与自豪。张问陶写有不少描绘家乡名胜风物的作品，引录数首，见其一斑。

惠陵
偏安王业苦经营，豪王都从乱世生。直与皇天争败局，恨天余地出奇兵。
笙箫鸣咽刘郎浦，旌旆苍凉白帝城。两汉存亡关一死，荒陵愁绝杜鹃声。

忆家园
不安旅食响枯肠，忽忆郫筒酒正香。爨婦调羹频下豉，厨人烧笋估持梁。
味堪适口新巢菜，滑可流匙好蔗霜。却笑季鹰归较晚，天涯无事早还乡。

嘉定州中
平羌江水绿迢遥，梦冷峨眉雪未消。爱看汉嘉山万叠，一山奇处一停桡。

泸州
滩平山远人潇洒，酒绿灯红水蔚蓝。只少风帆三五叠，更余何处让江南。

　　杨燮，字对山，号六对山人。四川成都人，清嘉庆六年（1801）

举人，曾任教谕，有《树茶轩存稿》。其所作的《锦城竹枝词百首》是描写清代嘉庆、道光年间成都社会生活百态的组诗。①

六 近现代时期的蜀地文学

从"湖广填四川"后，四川的经济有所发展，且文化也有所恢复，但是都没有达到宋代时期的影响力。鸦片战争后，处于长江上游的四川地区，也较为缓慢地受到全国近代化大浪潮的影响。时局的变化带动了思想文化的发展，继张之洞和王闿运对此地教育之改革，蜀学开始名声大噪，其中较为有名的便有王闿运和廖平。

王闿运（1833—1916），字壬秋，室名湘绮楼，湖南湘潭人。他因受丁宝桢邀请，入蜀主讲尊经书院。在尊经书院的时候，他编写《今文尚书》《尚书大传补注》《礼记笺》《夏小正王氏注》《春秋经传解诂》《四书大全补注》《湘军志》《湘绮楼八代诗选》《夜雪集》，校订《神农本草》3卷，编选《尊经书院初集》。王闿运对经史子集的理解是比较深刻的，而最深刻的是《仪礼》之学，他非常重视对礼制的探讨。在蜀中所作诗文不多，但也有与成都有密切关系的，比如《八音谐》词（成都新绿寄怀张永州）："云暗少城东，看夕阳昏处，新绿初显。惆怅独归路，送天边归眼。湘水泛舟何时？早燕子、分明樯上见。算别后，便佳期误了，垂杨如线。七载西山看暮云，料旧梦无迹，郡斋苔暖。游屐更迢遥，独啼鹃相唤。有些残剩山川，对暮色、付教天

---

① 竹枝词，是民间的一种诗体，由古代的巴蜀民歌演变发展而成。唐代诗人刘禹锡把民歌变成文人诗体，写下了一系列风格独特、形象生动的作品，对后代的影响极大。竹枝词在漫长的历史发展中，由于社会历史变迁和作者个人思想情调的影响，其作品大体可分为三种类型。一是由文人收集整理保存下来的民间歌谣；二是由文人吸收、融合竹枝词精华而创作的有浓郁民歌色彩的诗歌；三是借竹枝词格调而写的七言绝句，这一类文人气较浓，但仍冠以"竹枝词"之名。"竹枝词"也叫"竹枝"。参见杨玉华《成都最美古诗词100首详注精评》，成都时代出版社2020年版，第151页。

管。客里放春归,讶道楚江潮满。"① 此词描写成都初春的景色,看到成都的景色却想起家乡的种种往事,不禁惆怅万分,表达了自己思念家乡的浓厚情感。

廖平(1852—1932),四川井研(今四川井研县)人,曾在尊经书院就读,是王闿运的弟子。他是一位著名的经学家,张之洞曾经称赞他"天资最高,文笔雄奇拔俗,于经学、小学极能研索,一说即解,实为仅见,他日必有成就。……时文、诗赋兼工……实蜀士一时之秀"②,我们目前看到的廖平的作品大部分都是以经学为主,也有一些与医学有关,但是从张之洞的评价中我们看到在尊经书院就读的廖平实际上掌握了诗文的写作范式,文学素养也较高。

辛亥革命之后,成都地区也产生了一批杰出的作家,诸如沙汀、艾芜、巴金、郭沫若、李劼人等。这些文学家经历了新旧两个时期,因此他们的文学作品也不免打上了时代的烙印。这一时期的文学成就以小说、诗歌为主。比如巴金、沙汀、艾芜和李劼人都创作出非常优秀的小说,而郭沫若则在诗歌上的成就较高,其《女神》更是影响深远。

成都平原孕育了无数的优秀蜀士,也吸引着无数优秀的文学家入蜀游历居住。这些蜀籍和入蜀的"外乡人"为蜀地的文学带来了生机,也带来了繁荣。纵观成都平原的文学发展,可以看到唐宋时期发达的经济孕育了优秀繁荣的文学作品,而战乱的魏晋南北朝及元明时期文学家的数量和文学作品的质量都受到影响。新时代"百花齐放、百家争鸣"的文艺指导思想为天府文学的繁盛提供了新的土壤。

---

① 王闿运:《湘绮楼诗文集》,岳麓书社2008年版,第8页。
② 王承军:《廖季平先生年谱长编》卷3《肄业尊经及初变》,中华书局2019年版,第43页。

第二节 绘画

在古蜀先秦时期，成都的绘画主要呈现在三星堆、金沙这些古遗址之中，其主要载体是所出土的祭祀品。但是这些绘画并非为了日常生活而作，而是为了满足先秦古蜀时期的祭祀"神性"需求。到了汉代，绘画成为一种风尚且主要是在建筑物壁上。成都也同样如此，所留下绘画的内容主要有山神、海灵、奇禽、异兽等，成都绘画的真正繁荣是在唐五代时期。其主要原因是唐代玄宗、僖宗皇帝的相继避难入蜀。二帝的入蜀为成都带来了大量的人才、艺术，这为成都形成独具特色的西蜀画派奠定了坚实的基础。根据统计，两宋四川著名画家70人，其中北宋65人，南宋5人，这些人为西蜀画坛带来了新的生机和成就。本文所指西蜀画派是指唐五代及两宋时期，以成都为重要发展阵地的画家和绘画评论家及其所形成的风格特色。西蜀画派也经历了形成、发展、繁荣和衰落的过程。

"安史之乱"后，许多著名画家也聚集在成都地区，譬如自称会稽山人的孙位，攻画人物，尤善画水；南海人张询，攻画山水；张南本，攻画佛像人物龙王神鬼。[1] 他们中很多人在大慈寺留下了浓墨重彩的一笔，当时有"举天下之言唐画者，莫若成都之多，就成都较之，莫若大慈寺之盛"的壮观景象。[2] 西蜀画派的非宗教绘画作品对后世影响最大，又可分为人物、山水、花鸟三个方面。

人物画是自魏晋以来中国画的主流，非宗教题材的人物画与宗教

---

[1] 参见黄瑞欣《五代时期西蜀绘画的发展与演变》，《郑州大学学报》（哲学社会科学版）2003年第4期。

[2] 李之纯：《大圣慈寺画记》，载《全蜀艺文志》卷41，线装书局2003年版，第1247页。

题材同样流行,其中最有名的当数五代宋初的常重胤。他曾为唐僖宗"御容"写真;前蜀皇族王宗裕想为自己的爱妾写真,又不愿让人久视,只让他看一眼,凭记忆描绘,仍然是"姿容短长,无遗毫发,其敏妙皆此类也"。

山水画在我国古代是从唐代才开始繁荣的,吴道子将山水画推向了最高峰,李思训又创青绿山水,被尊称为"李将军"。蜀中最杰出的山水画家是成都李升,"创成一家之能,俱尽山水之妙。每含毫就素,必有新奇,蜀人皆呼升为'小李将军'"。

前后蜀时期成都地区因其优越的安逸和平局面,西蜀画派开始走上繁荣之路,其成就最大的是花鸟画,黄筌是其代表。花鸟画作为我国传统绘画的一个门类,此时期达到了鼎盛,具有较高的艺术水准,完全当得起白居易"画无常工,以似为工,学无常师,以真为师"之评。① 后蜀时期,画品可以作为与邻国通好的礼物,黄休复的《益州名画录》记载:"与淮南通好之日,居寀与父同手画《四时花雀图》《青城山图》《峨眉山图》《春山图》《秋山图》,用答国信。"② 唐末、前后蜀在成都的画家中,比较出名的有贯休、黄筌。

贯休(832—912),婺州兰溪人(今浙江省兰溪市)人,是唐末五代时期著名的画僧,尤其擅长人物画,代表作有《十六罗汉图》。此十六罗汉,"庞眉大目者,朵颐隆鼻者,倚松石者,坐山水者,胡貌梵相,曲尽其态",在当时就有很大的影响。翰林学士欧阳炯(即为《花间词》作序者)写有《禅月大师应梦罗汉画歌》。

  西岳高僧名贯休,高情峭拔凌清秋。天教水墨画罗汉,魁岸古容生笔头。时捎大绢泥高壁,闭目焚香坐禅室。忽然梦里见真

---

① 白居易:《白居易集》,中华书局1979年版,第937页。
② 黄休复:《益州名画录》,四川人民出版社1982年版,第72页。

仪,脱下袈裟点神笔。高握节腕当空掷,窸窣毫端任狂逸。逡巡便是两三躯,不似画工虚费日。怪石安拂嵌复枯,真僧列坐连跏趺。形如瘦鹤精神健,骨似伏犀头骨粗。……休公休公逸艺无人加,声誉喧喧遍海涯。五七字诗一千首,大小篆字三十家。唐朝历历多名士,萧子云兼吴道子。若将书画比休公,只恐当时浪生死。休公始自江南来入秦,于今到蜀无交亲。诗名画手皆奇绝,觑你凡人争是人。瓦棺寺里维摩诘,舍卫城中辟支佛。若将此画比量看,总在人间为第一。①

欧阳炯很直观地记录了他看到贯休罗汉图的感受,并且称赞贯休的艺术造诣应该是上天赏赐。贯休是一位得道高僧,在梦中看到了罗汉们的真容,因此能够毫不费力地表现出罗汉们的风采。他称赞贯休的艺术造诣非常高,其声誉远播海内外。不仅如此,贯休的书法、诗文造诣不凡,超过了很多唐朝的名家,可以说是一位诗、书、画皆通的得道高僧。

黄筌(约903—965),字要叔,成都(今四川成都)人。西蜀画院的宫廷画家,历仕前蜀、后蜀,官至检校户部尚书兼御史大夫。北宋时,任太子左赞善大夫。尤其擅长花鸟画,他长期供奉在宫廷内,所画皆为内廷珍藏的珍禽瑞鸟,奇花异石,色彩富丽典雅,具有极高的欣赏价值。黄筌的花鸟画法是先用淡墨勾画轮廓,再加色彩,形似与气韵兼而有之,对后世影响极大(黄筌作品保存至今的有藏于故宫博物院的《写生珍禽图》)。他的画风融汇了多家风采,并且能够在多家融合之中形成自己的风格,这与其拜师经历有很大的关系。他13岁时拜师刁光胤学习花鸟画,后又师从孙位学人物,向李升学山水。北

---

① 贯休:《贯休歌诗系年笺注》,中华书局2011年版,第1309—1310页。

宋郭若虚称赞他"全该六法，远过三师"①。

黄筌曾经与子合画《青城山图》《峨眉山图》《春山图》《秋山图》作为礼物送给南唐，这说明黄筌画作的水平已经被世人所知，并且他的作品能够作为蜀之国宝馈赠给邻国作为外交礼物。他的花鸟画甚至可以达到以假乱真的效果。后蜀广政七年（944），孟昶收到南唐送过来的六只仙鹤，他命黄筌为六只仙鹤作图。黄筌根据六只仙鹤的姿态，很快就画成"唳天""警露""啄苔""舞风""梳翎""顾步"等不同姿态的仙鹤。画面栩栩如生，迷惑了真正的仙鹤，引得他们立于画侧。再如广政十六年（953），孟昶因新建八卦殿而命黄筌在殿内画壁画春夏秋冬、花鸟鱼兽等，黄筌在半年后顺利完成。此画中的鸟雉形象过于逼真，引得当时一头白鹰张开翅膀去啄画上的鸟雉。由于黄筌长期供职于宫廷之内，他的画也具有富丽之色，被当时称为"黄家富贵"。后蜀灭亡后，黄筌在北宋供职于翰林图画院，他的画风影响了北宋的宫廷画派几乎一个世纪。

黄筌的两个儿子黄居宝、黄居寀深受其父影响，也是画中高手。黄居宝绘画觉悟高，所画作品极其富有创新精神。而黄居寀则成就更高，其作品的成就不输于其父，尤其擅长花鸟，深得其父真传。他的作品一经上市，立刻被抢购一空。

黄筌在绘画上的造诣可谓是西蜀画派的一个招牌，其绘画对宋代画坛产生了深远的影响。而且他的工笔勾勒画法更是影响了无数后世画家，譬如现当代画家张大千等人都要从黄筌处获得绘画灵感，最终成为国画大家。

四川画坛在唐末五代时期的繁盛，促使成都地区画学著作也兴旺一时，其中比较重要的有黄休复的《益州名画录》、李之纯的《大圣慈

---

① 郭若虚：《图画见闻志》卷2《纪艺上·黄筌》，浙江人民美术出版社2019年版，第61页。

寺画记》、旧题费著的《蜀名画记》、邓椿的《画继》等。前三者在杨慎的《全蜀艺文志》中有记载，而后者则在当代所作的《成都通史》中有详细说明，此不再赘述。

　　宋代神宗时期，还有一位著名的画家苏轼。上文提到，苏轼在文学上的造诣比较高。而实际上他在书法、绘画上的造诣也很高。苏轼擅长画墨竹，且绘画比较重视神似，主张绘画要表达个人情感，要有寄托，而反对寸摩尺拟的所谓"形似"。提倡"诗中有画、画中有诗"的文人画艺术，提倡充满诗情画意的文人画风格，而且明确地提出了"文人士大夫画""士大夫写意画"的概念，对之后"文人画"的发展奠定了一定的理论基础。"苏轼在创作时倡导和追求心灵的高度自由和情感的愉悦。这种审美愉悦体现在创作过程中，就是文思如泉涌，无阻无碍，行云流水，舒展自如。"① 其作品有《枯木怪石图》《潇湘竹石图》等。"苏轼的《枯木怪石图》中，笔墨不多，只有枯木一株，干瘪枝曲，逆顺有势，倚石起伏，野趣横生。他的用笔看起来像稀疏草草，不求形体相似，其用笔的轻重缓急、盘根错节，都体现出苏轼很深的用笔功底。"② 苏轼在其绘画中善用竹、石等物体，比较喜欢用自己心中的物象，而并非事物本来的形象，善写意而不强求形似，这便是典型的"以意为主"的风格。比较典型的还有《潇湘竹石图》："苏轼的《潇湘竹石图》反映出来的是一种人与自然和谐发展的生存理念，表露出苏轼对事情的认同态度和其所包含的感情，反映了作者的绘画艺术达到了极高的境界。"③ 苏轼的绘画理论在很大程度上受到魏晋隋唐画家的影响，他非常欣赏王维的《蓝田烟雨图》，认为"味摩诘

---

① 崔广生：《浅论苏轼绘画的审美观和创作观》，《名作欣赏》2019年第3期。
② 魏铭童、徐辉：《文人画最有力的提倡者——苏轼》，《美与时代（中）》2019年第7期。
③ 魏铭童、徐辉：《文人画最有力的提倡者——苏轼》，《美与时代（中）》2019年第7期。

之诗，诗中有画；观摩诘之画，画中有诗"，这对他的绘画创作也有很大的影响。苏轼在《书朱象先画后》中提出："能文而不求举，善画而不求售。曰：文以达吾心，画以适吾意而已。"①他的主张对后世的创作影响较大，后世的很多画家在绘画的时候都喜欢营造一种意境。文人画的意境理论还影响到了日本。在江户时期，日本兴起了模仿中国文人画的南画。日本的文人画希望能够摆脱颜色浓丽、精工细化的绘画，推崇反映人类内心情感的、能够达致情景交融意境的南画。尽管最终文人画意境理论并未在日本广泛传播，但可以看到苏轼的绘画理论对东亚的影响。

宋代擅长文人写意画的还有绵阳的文同，擅于画竹，有"墨竹大师"之称，开创了"文湖州竹派"。其画作对当时苏轼、金朝王庭筠父子、元代李衎等诸多画家都有重要影响。四川仁寿县黑龙潭石壁有一块所谓的隐形碑，灰白色的石面光滑无迹，泼水后却呈现出一枝墨竹，当地人相传是文同作品。

两宋以降，西蜀画派逐渐走向衰落，这样的局面直到近代才有所改变。产生了一大批在国内，甚至国际上都影响较大的著名国画大师，如张大千、谢无量、岑学恭等。

张大千（1899—1983），四川内江人，是中国著名的国画大师，尤其擅长山水画，创造了"大风堂画派"。其代表作主要有《乔木高士》《寿桃镜心》《黄山文笔峰》《晴麓横云》《阿里山浮云》《金笺山水》《鱼石图》《峨眉金顶图》。他的很多代表作都以泼墨、泼彩为主要特点，这就是他与其弟共创的"大风堂画派"的主要特点。张大千被称为中国泼墨画家。20世纪50年代，张大千游历世界，赢得了巨大的国际声誉，被西方艺术画坛称赞为"东方之笔"。

---

① 苏轼：《苏轼文集编年笺注》卷70《书朱象先画后》，巴蜀书社2011年版，第602页。

在 20 世纪的中国画家中，张大千无疑是其中的佼佼者，他师古人，师近人，继承了唐宋元明清时期画家的众多优点，在山水画上的贡献颇多，无愧于国画大师的称号。

岑学恭（1917—2009），满族，绥远新城（今呼和浩特）人。曾任四川省文史馆巴蜀诗书画研究会会长、四川省政协书画研究院院长、成都市政协书画院院长。岑学恭先生注重民族传统的北宗山水画技法，用笔苍劲，功力深厚，作品多取材于巴山蜀水，创作出《三峡朝晖》《雾中神韵》《雨中峡谷》《急流勇进》等精品，所画山水大气磅礴，催人奋发。他以其卓尔不群的画风，开辟了新的画派，被称为"三峡画派"，而他本人也被称为"岑三峡"。

西蜀画派的兴起源自唐二帝的避难入蜀，带去了大量绘画人才，并培养出黄筌这样优秀的绘画大家，直接促进了西蜀画派在前后蜀时期的繁荣，西蜀画派的影响持续到北宋神宗时期，这之后便走向衰落，但是在近现代，西蜀画派在一定程度上得到了复兴发展。以张大千、岑学恭为代表的蜀中画家，在继承西蜀画派优良传统的基础上，大胆创新，与时俱进，创作了许多具有典型中国气派，又有浓郁巴蜀韵味的作品，使西蜀画派再度辉煌。

第三节　戏曲音乐

音乐和戏曲都属于表演艺术。音乐侧重于利用声乐来表达情感，而戏曲则在声乐的基础上添加故事情节，能够起到很好的寓教于乐的作用。凭借着得天独厚的自然气候条件和优渥富裕的物质条件，成都音乐和戏曲的发展一直处于全国前列。

一　音乐

从出土文物来看，成都音乐方面的成就在很早就体现出来了，出土的汉代说唱俑、俳优俑以及汉代的画像砖上都出现了不少乐舞场景，说明汉代时期成都的音乐成就已经非常高了。根据出土文物资料，秦汉三国成都地区流行的乐器有编磬、箫、鼓、拍乐俑、笛、竽、琴、铜鼓等。而且这些乐器有的或许并非中原本土所有，而是从其他少数民族地区传过来的，表现了汉晋时期民族在音乐方面的交融。

唐"安史之乱"后，成都的音乐发展渐趋繁荣。唐二帝都曾经避难入蜀，成都成为"南京"，并带去了大量的宫廷书法家、绘画家以及音乐家。而成都的音乐也继承了长安音乐体制，其燕乐、俗乐以及宗教音乐都有很大的成就。对此，杜甫的《成都府》进行了描绘："喧然名都会，吹箫间笙簧。"[1] 他还有一首《赠花卿》把成都的音乐盛况描绘得更为生动："锦城丝管日纷纷，半入江风半入云。此曲只应天上有，人间能得几回闻？"[2] 这说明在杜甫入成都后的印象中不但有其富饶的生活环境，还有其音乐的发达。五代时期的成都继承了唐末的音乐成就，王建墓中所出土的二十四伎乐的石刻就是这种音乐成就的最好证明。据专家考证，二十四伎乐演奏的正是霓裳羽衣曲。而从装束舞容上看，主要演奏的是龟兹音乐，可见成都在当时是一座相当开放的城市。《宋史·地理志》谈到蜀地，说其"好音乐，少愁苦"。成都音乐的发达不仅体现在城市中，而且乡村地区也盛行音乐，当时成都郊外"村落闾巷之间，弦管歌声，合筵社会，昼夜相接"[3]。

唐五代时期，音乐发达的一个重要表现就是乐器的多样化，王建墓石刻二十四乐舞伎的出土为唐五代成都音乐的发达提供了实证材料。这组石刻共二十四幅，每幅镌刻伎乐一人，其中舞伎2人、乐伎22

---

[1] 杜甫著，仇兆鳌注：《杜诗详注》卷9《成都府》，上海古籍出版社1992年版，第725页。
[2] 张潜：《读书堂杜工部诗文集注解》卷8《赠花卿》，齐鲁书社2014年版，第507页。
[3] 赵崇祚编：《花间集校注》，中华书局2014年版，第6页。

人。乐器共 20 种、23 件。其中有本土所生产且闻名全国与后世的雷氏琴。苏轼述"雷公琴"的特点为"其岳不容指而弦不収,此最琴之妙而雷琴独然……琴声出于两池间,其背微隆若薤叶然。声欲出而隘,裴回不去,乃有余韵,此最不传之妙"①。黄延矩评雷威琴曰:"岳虽高而弦低,虽低而不拍面。按若指下无弦,吟振之则有余韵。"② 《琴雅》:"贞元中,成都雷生所制之琴,精妙无比,弹之者众。"③ 这说明雷氏家族所制作的琴是最好的。雷琴之所以受到如此高的评价,是因为其选材精良,形制完美,音色细腻,音量增大。《乐府杂录》中说:"蜀中雷氏斫琴,常自品第。第一者以玉徽,次者以瑟瑟徽,又次以金徽,又次者螺蚌之徽。"④ 明人何宇度的《益部谈资》云:"世传雷威制琴,不必皆桐。遇大风雪之日,酣饮,着蓑笠独往峨眉深松中,听其声连悠扬者伐之,斫以为琴。有爱重者,以松雪名之,故世称雷威琴也。"⑤

两宋时期,成都经济发达,城市繁荣,因此音乐艺术也得到了进一步的发展。具体而言,音乐的发展从贵族走向世俗化;游乐活动伴随着音乐出现。这主要得益于成都地区的城市经济发展,市坊分离的局面有所改变,且各种集市、夜市发达。

首先,音乐的发展世俗化。成都地区在五代时期作为地方政权的都城存在,因此燕乐在一定程度上受到重视,城市"雅"乐的成分占很大一部分。到了宋代,成都作为宋朝的重要城市之一,经济的作用大于政治的作用,勾栏瓦舍的出现和发达,使得民间技艺表演有了固定的场所,因此俗乐有了很大的发展空间。

---

① 苏轼:《东坡题跋》卷 6《杂书琴事·家藏雷琴》,中华书局 1985 年版,第 115 页。
② 黄休复:《茅亭客话》卷 10 "黄处士",中华书局 1985 年版,第 64 页。
③ 转引自关也维《唐代音乐史》,中央民族大学出版社 2005 年版,第 105 页。
④ 李肇:《唐国史补》卷下,上海古籍出版社 1979 年版,第 58 页。
⑤ 杨世文《蜀中广记》校点本,上海古籍出版社 2020 年版,第 750 页。

其次，成都的音乐发展受成都游乐活动的影响较大。张仲殊在《望江南·蚕市》中谈道"成都好，蚕市趁遨游。夜放笙歌喧紫陌，春邀灯火上红楼。车马溢瀛洲"①。蚕市是成都十二月市之一。成都的十二月市代表成都每个月都会举办应季的市场交易活动，"正月灯市，二月花市，三月蚕市，四月锦市，五月扇市，六月香市，七月七宝市，八月桂市，九月药市，十月酒市，十一月梅市，十二月桃符市"②。在市场交易中不但有经济活动，而且还有很多娱乐活动，这其中就有民间艺人的表演。

二 戏曲

《新唐书·礼乐志》记载："玄宗既知音律，又酷爱法曲，选坐部伎子弟三百，教于梨园。声有误者，帝必觉而正之，号皇帝梨园弟子。"③ 可知，玄宗以天子身份而为梨园祖师。其后，唐庄宗继之。成都虽然偏处西南一隅，却有悠久的戏剧传统。安史之乱后，成都的杂剧发展较为繁盛，出现了傀儡戏、讽刺戏以及武打戏等不同的戏曲类型。傀儡戏，即木偶戏。《北梦琐言》中记载崔安潜镇蜀期间"频于使宅堂前弄傀儡子，军人百姓，穿宅观看，一无禁止"④。讽刺戏，则是借助戏曲来讽刺社会状况，带有揭露批评社会现实的意味。这样的戏曲往往需要演员冒很大的风险，一旦讽刺安排不当就有生命危险。武打戏则以《灌口神队》比较典型，这一类的戏曲需要演员着戎装，披金甲，珠帽锦袖，执弓挟矢。舞台表演艺术上则需要用武打动作吸引

---

① 唐圭璋编：《全宋词》，中华书局1965年版，第550页。
② 参见成都市地方志编纂委员会办公室编《成都精览》，电子科技大学出版社2014年版，第13页。
③ 欧阳修、宋祁：《新唐书》卷22《礼乐志》，中华书局1975年版，第476页。
④ 孙光宪：《北梦琐言》卷3 "崔侍中省邢狱"，上海古籍出版社1981年版，第17页。

观众，这一类的戏曲也非常受欢迎。唐代吉师老的《看蜀女转昭君变》①描绘了蜀女演唱王昭君故事的盛况。

> 妖姬未著石榴裙，自道家连锦水濆。檀口解知千载事，清词堪叹九秋文。翠眉颦处楚边月，画卷开时塞外云。说尽绮罗当日恨，昭君传意向文君。

宋元时期成都的戏曲延续了前代，以讽刺戏、傀儡戏比较出名。宋人岳珂所说："蜀伶多能文，俳语率杂以经史，凡制帅幕府之燕集，多用之。"宋人周密也说："蜀优尤能涉猎古今，援引经史，以佐口吻资笑谈。"俳优们借古讽今、抨击时弊，寅褒贬于谈笑，敢言人所不敢言，是值得称道的。

到了明清时期，川剧作为一种重要的戏剧形式在成都诞生、形成和兴盛。川剧是我国著名的地方剧种之一，主要流行于四川，兼及贵州、湖北、云南的部分地区。作为我国地方戏剧中较为古老的剧种，川剧直接继承和发展了我国民族戏曲的优秀传统，无论是反映广义的社会生活，还是描绘风土人情，都渗透着四川人民在政治、经济、伦理、宗教、哲学、美学等方面的思想感情，具有不同于其他剧种的独特的艺术风格和浓郁的地方色彩。最早时期，川戏作为一种被嘲讽的对象以及"丑角"的姿态见于明代散曲家陈铎的口中。

川戏的诞生和形成是在明朝时期，这一时期的川戏使用散语来道白，重表演和形体动作，唱腔唱段较少而散语较多。这样的戏曲在民间具有很强的生命力。当时主要上演的戏目有《刘文斌》《刘电光》

---

① 周振甫主编：《唐诗宋词元曲全集》第 14 册，载《全唐诗》卷 774，黄山书社 1999 年版，第 5666 页。

《说骨牌名》《数生药名》《对花名》等。很多戏目不但能在川内演出，还能在川外演出。其艺术性也在不断地提升。川戏的戏剧艺术发展甚至影响了很多文学家、戏曲家。杨升庵就是其中一位，他所作的《洞天元记》《太和记》诸杂剧及《陶情乐府》等都深受川戏影响，盛行一时。任半塘先生认为"蜀戏可云冠天下，天下所无蜀中有，天下所有蜀中精"[1]。

清朝初期，在"湖广填四川"的大移民之后。川戏开始受到其他剧种的影响，并且在清朝时期完成了"五腔"川戏的风格，这标志着川剧的正式形成。据研究，苏昆于康熙二年（1663）进入四川，逐步适应环境，开始川化，并且向"川昆"过渡；秦腔入川时间不详，肯定早于昆曲，经常在陕西馆登场演出，后与乱弹腔、梆子腔、吹调并存，川剧的弹戏就此产生；徽调入川，融汇成川剧的胡琴戏，至迟在乾隆年间，成都已经有好几个专门唱胡琴的川剧班；被称为"四川土戏"的灯戏，在清初进入城市，在全川流播，并流向省外，日趋繁荣。川剧到了晚清才完成。川剧的正式形成实际上意味着它发展到了一定程度并且被民众所认可。清代川剧的剧目异常丰富，主要有六个种类，即高腔四大本、江湖十八年、五袍四柱、弹戏四大本、目连戏、灯戏。可以说，今存的所谓"川剧传统剧目"，绝大多数都是清代留下的戏曲文化遗产。

早期川剧以班社为活动单位，对川剧的传播与交流，对各种外来声腔逐步地方化并最终形成独特的川剧艺术起重要作用。在乾隆、道光年间四大声腔最初传入四川时，较早的班社便已先后出现，他们多以不同的声腔组班，各唱一种声腔，活动在某一地区，拥有一批独特剧本和优秀演员，形成不同风格流派。当地群众按不同的声腔分别呼

---

[1] 任半塘：《唐戏弄》，上海古籍出版社2006年版，第232页。

之为"昆腔班子""高腔班子"或"丝弦班子",并且各种班社往往通过四川的各条水路分布于各地,活跃于水域沿线的广大城乡,这就逐渐形成资阳河、川北河、下川东、川西坝四大地域性流派。其中的川西坝的中心成都,是川剧艺人实践的重要场所。康子林是其中佼佼者。康子林,一作"芷林",四川邛崃人,生于1870年,8岁在成都拜师学艺,12岁开始登台表演,17岁已名噪剧坛。擅长"尖子功""变脸功"。清末,已经享受"戏圣"的崇高称号。1912年,他团结成都川剧艺人组织"三庆会",打破旧的戏班制度,在实行川剧改良、培养川剧人才等方面做出了非凡的贡献。川西坝传统剧目有《长生殿》《马房放奎》《三尽忠》《南阳关》《霸王别姬》《杨广逼宫》《清风亭》等,其中以"三国戏""列国戏"为多。清末川人非常喜欢看川剧,人们可以为了看一场戏跑几十里路,站上几个时辰。清末民初四川川剧几乎无处不在,乡会、庙会要请戏班唱戏,会馆、行帮祭祀神也要唱戏,在重大节日、婚丧寿喜时候也会请戏班唱戏。正规戏班的川剧演出,多在场坝、庙宇、会馆及场镇的戏台上进行。人们边吃瓜子、甘蔗等边观戏,常常"戏场人散蔗片多",戏台称为"万年台"。清末成都开始兴建以演戏为主的茶园,同时供应茶水、点心及饭食。冯家吉在《锦城竹枝词》中有"梨园全部隶茶园,戏目天天列市垣。卖座价钱分几等,女宾到处最销魂"[1]。当时茶园专辟有挂帘遮掩的女宾席。演出时,堂倌、小贩穿梭其间,十分热闹。关于清代蜀中戏曲的兴盛,可以几首嘉庆时举人、著名的竹枝词作家杨燮的《锦城竹枝词》[2] 加以说明。

---

[1] 林孔翼编:《成都竹枝词》,四川人民出版社1986年版,第91页。
[2] 锦城竹枝词:杨燮的《锦城竹枝词百首》犹如一幅嘉、道间成都的社会风俗画,描写了风物景致、风俗节庆、特产名物、生产生活等诸多方面,名之为"18世纪上半叶成都社会生活百态图"也毫不过誉,是我们研究当时成都市井生活的重要史料。

川人终是爱高腔，几部丝弦住老郎。彩凤不输陈四喜，泰洪班里黑娃强。

只说高腔有荀莲，万头攒看万家传。生夸彭四旦双彩，可惜斯文张四贤。

清唱洋琴赛出名，新年杂耍遍蓉城。淮书一阵莲花落，都爱廖儿哭五更。

玉泰班中薛打鼓，滚珠洒豆妙难言。少年健羡多花点，学向元宵打十番。

无数伶人东南住，顺城房屋长丁男。五童神庙天涯石，一路芳邻近魏三。

迎晖门内土牛过，旌旆飞扬笑语和。人似山来春似海，高妆女戏踏空过。

此六首诗出自《锦城竹枝词百首》。这是杨燮描写清代嘉、道间成都社会生活百态的组诗。高腔，即川剧中高腔、胡琴、昆腔、灯戏、弹戏五种声腔中的一种。川剧高腔曲腔丰富，帮腔伴唱，最具地方特色，是主要演唱形式。川剧言语生动活泼，幽默风趣，充满鲜明的地方色彩，有浓郁的生活气息和广泛的群众基础。川剧有按杰出艺人称派，即旦行浣（花仙）派、丑行傅（三乾）派、曹（俊臣）派等。如按流行地区可分为前述四派。"川西派"，以成都及其区县为中心，以胡琴为主；"资阳河派"，包括自贡及内江地区，以高腔为主；"川北派"，包括南充及绵阳的部分地区，以弹唱为主；"川东派"，以重庆为中心的川东一带，戏路杂，声腔多样化。在川剧史上，表演艺术家有咸丰、同治年间的萧遐亭、岳春等，光绪、宣统年间的傅三乾、黄金凤等，清末民初的杨素兰、唐芷林、唐广体、浣花仙等以及1912—1949年间的箫楷成、天籁、曹俊臣、鄢炳章等。这六首诗都是讲川戏川剧等曲艺表演及其演员生活等艺坛情形的。成都自古就有"蜀戏冠天下"的美誉，历代艺文兴盛也是丰富厚重的天府文化的鲜明特点，故从这一组描写戏曲表演及其艺人生活的诗作中，我们可以看到当时文艺界的繁盛景况。

第一首说，在川剧的五种声腔中最令川人喜爱的还是高腔，当时的川剧常在老郎庙演出。第二首介绍了川剧高腔表演中的"名角儿"。第三首说，四川曲艺中的清音（清唱）和扬琴都非常有名，颇可一拼（赛）。第四首说，玉泰戏班中的薛打鼓武功最了得，其滚珠洒（撒）豆表演最为绝妙传神。第五首说，很多好的川剧演员都住在顺城街、五童庙、天涯石和成都东南一带，且在此生儿育女，居家度日。大家相邻而居，可以相互交流切磋技艺，连当时名震京师的著名演员魏长生也住在东较场口。第六首说，每年立春时成都东门都要举行造迎"土牛"的"鞭春"活动，游行队伍举的旗幡在空中迎风飘扬。春回大地，万人欢聚，好一派热闹景象，而最令人难忘的是女演员踩着岌岌可危的高跷在人群中穿行。此首虽与川剧无关，但描写的也是节庆活动中的民间艺术表演，也可以归入文艺表演一类。总之，这一组诗涉及当时川剧表演的诸多方面，从中可见到川剧艺术的盛况。如能与杨燮《锦城竹枝词百首》中的其他此类作品以及定晋岩樵叟、吴好山、冯家吉、刘师亮、刑锦生、彭懋琪等的竹枝词作家同一题材的作品对读，对当时成都戏曲文艺之盛就会有更深入具体的理解。

晚清时期，成都川剧的发展达到鼎盛，当时成都能够上演的剧目近400种。晚清时期，随着"西学东渐"的逐步进行，成都的戏曲也开始了一场"改良运动"，在20世纪初，成都组织了"戏曲改良工会"，从剧目、剧本内容和演员多个方面对戏曲进行改良，其目的是"辅助教育"。根据当时改良运动的要求，演员上台表演的动作都要接受审核，而剧本的改良则是改良运动中非常关键的一步。明清时期，戏曲为了吸引观众的眼球，经常上演凶戏、淫戏，因此，对这一类剧目的改良颇为关键。晚清政府请来了成都的"五老七贤"作为剧本的创作者。其中比较著名的是赵熙、黄吉安等一大批杰出的川剧作家，创作了《情探》《闹齐廷》《柴市节》《三尽忠》《刀笔误》《离燕哀》等近200部作品。赵熙的《情探》从情感、主题等多个方面改编原来剧本，摒弃了传统剧本中的单调和矛盾冲突弱化的缺点，成就了一份优秀的剧本。黄吉安，创作川剧剧本八十余种，时人称之为"黄本"，尊誉为川剧中的莎士比亚。改良川剧中还出版发行了《川剧大观》《川剧大全》《川剧选粹》《蜀剧苑》等剧本集，对于净化舞台，普及川剧，提高创作质量，加强川剧的思想性、文学性、艺术性和现实性起了积极作用。辛亥革命后，川剧艺人在共和思想的启迪下，对旧的戏班制度进行了一些改革。1912年，成都八家戏班联合组成"三庆会"。在名旦杨素兰、名生康子林的倡议下，提倡改良川剧，纯洁艺术表演，在全川起模范作用，不仅师徒关系较融洽，分配办法较公平，而且培养出一大批川剧优秀表演艺术家，编出了大批新剧本。1913年，成都出现新的剧团"教育会"，大演颂扬辛亥革命的新剧目，如《重庆独立》《陕西独立》《黄兴挂帅》《炮打尹昌衡》《祭邹容》《徐锡麟刺恩铭》等时装戏。因当时没有得到较好的培植和提倡，不久便消失了。黄炎培的《蜀游百绝句》云：

　　川昆别调学难工，便唱皮黄亦不同。蜀曲亢音与秦近，帮腔几欲破喉咙。

这表现了外省人对川剧的印象。到了近现代，除在"文革"川剧的发展遭受了打击，在新时期川剧在传统戏、时装戏等方面的演出都在不断地进行创新，但是由于现在娱乐方式较多，川剧也成为一种非物质文化遗产而被保护起来，接下来川剧的发展不但要处理好传统与现代的关系,还要面临演员的断层,进一步的市场化需要川剧人在很多方面做出革新。

第四节　书法

秦并巴蜀前,巴蜀地区存在着"巴蜀图语",这并非真正意义上的书法艺术。秦并巴蜀后,汉字在巴蜀推行,逐渐产生了书法艺术。成都的书法艺术产生于秦汉时期,这一阶段的书法作品主要出现在一些印章、漆器以及墓葬铜器铭文上,这一时期的书法并非专门从事书法写作或者精于书法的书法家,而是一些技术工人。他们所刻的文字也是现实功能超过鉴赏功能的。这一时期的书法以篆体、隶书为主,书法水平参差不齐。一般来说,西汉及蜀汉工官作坊生产的漆画,直接出于专业画师之手,东汉及蜀汉画像砖的底稿一般亦是出于专业画师之手,其艺术水平较高。一般木雕、陶塑、石刻等,主要出于专业匠人之手,反映了当时的一般艺术水平。[①]

五代十国时期,成都的书法界并无太多名家,但是善于书法者有韦庄、冯侃、黄居宝、释贯休、滕昌祐、释梦归,《孟蜀石经》书丹者张德钊、杨钧、孙逢吉、周德正、张绍文等人。这些书法家为成都的书法艺术做出了巨大贡献,并为宋代书法大家的出现奠定了一定的基础。

经历了五代十国的战乱,宋初"儒学文章扫地而尽。宋兴百年之间,雄文硕儒比肩而出,独字学久而不振,未能比踪唐之人"[②]。这说明书法界艺术水平的恢复花费了好长时间,这也是当时宋初较为缺乏

[①] 罗开玉、谢辉:《成都通史》卷2《秦汉三国》,四川人民出版社2011年版,第461页。
[②] 欧阳修:《欧阳修全集》卷137《范文度摹本〈兰亭序〉二》,中华书局2001年版,第2163页。

书法家的原因。但是五代十国时期,成都地区的稳定生活使宋初产生部分著名书法家成为可能。其中比较著名的有李建中、王著。

李建中(945—1013),字得中,其先京兆人,五代时期迁居四川。太平兴国八年(983)李建中中进士,后官至工部侍郎。宋高宗在概述宋初书家时也说:"本朝承五季之乱,无复字画所称,至太宗皇帝,始搜罗法书,备尽求访。当时以李建中字形瘦健,姑得时誉,犹恨绝无秀异。"①欧阳修也说:"五代之际有杨少帅,建隆之后称李西台,二人者笔法不同,而书名皆为一时之绝。"②《宋史》记载:"建中善书札,行笔尤工,多构新体,草、隶、篆、籀、八分亦妙,人多摹习,争取以为楷法。"③就连宋代大书法家苏轼,在青年时期练习书法,也以李建中为楷模。李建中的字帖现存有《土母帖》《同年帖》《贵宅帖》《齐古帖》,他的书法"典重温润,盛德若愚"④。书法家黄庭坚说:"西台出群拔萃,肥而不剩肉,如世间美女,丰肌而神气秀者。"⑤西台,即指李建中,因其曾经三次做西京留守,因此当时人称之为李西台。根据以上史料可认为,李建中的书法对其后的苏轼等大书法家都有很大的影响。

王著(?—992),字知微,祖籍京兆渭南,成都人。原为后蜀明经及第,曾任平泉、百丈、永康主簿。后蜀投降后,他担任隆平主簿,十一年不代。王著擅长书法,笔迹优美,颇有家法。宋太宗曾经因为字书有错误,因此想要令学士删定,却找不到精通此术之人。太平兴国三年(978),转运使侯陟推荐王著,因此他被改任卫寺丞、史馆祗

---

① 转引自陈世松、贾大泉主编,周原孙:《四川通史》第4册,四川大学出版社1994年版,第362页。

② 欧阳修撰,李之亮笺注:《欧阳修集编年笺注》卷73,巴蜀书社2007年版,第404页。

③ 脱脱等:《宋史》卷441《李建中传》,中华书局1985年版,第13056页。

④ 王伯敏:《中国美术通史》第4卷,山东教育出版社1996年版,第185页。

⑤ 吴光田编注:《黄庭坚书论全缉注》,河北教育出版社2008年版,第96页。

候，太宗委托他摹勒《淳化阁帖》，这应是他在书法史上的最大贡献。太平兴国六年（981），召见王著，并赐绯，加著作佐郎、翰林侍书与侍读，在御书院当值。

太宗朝政闲暇时间，经常观赏书法精妙诸家字体，曾经令中使王仁睿拿着自己所写之札供王著评价，王著回应："还有进步空间。"因此，太宗在书法上更加勤奋，但每次都只能得到王著这样的回应。仁睿责怪并问他这样做的原因。王著则回答道："帝王始攻书，或骤称善，则不复留心矣。"① 在这之后，太宗一直很重视他的书法评价。这说明当时王著的书法是非常出名的。当时学写诰敕的人也多效仿王著的书法。淳化三年（992），太宗将内府所藏自汉至唐的名迹，合南唐的《升元帖》令王著临榻摹刻，成《淳化秘阁法帖》十卷。后来称宋代刻帖，往往以此为代表。当代和后世书法家对王著的书法褒贬俱有。黄山谷说："王著极善用笔，若使胸中有书数千卷，不随世碌碌，则书不病。"② 《书史会要》云："王著笔法圆劲，不减徐浩，少令韵胜，其所书《乐毅论》学虞永兴，可抗行也。"③ 这些评论指出了王书的优点，也指出了王书缺乏丰厚文化底蕴的不足之处。

除了李建中，王著以外，宋初比较出名的书法家还有勾中正、陈尧叟兄弟、梁鼎、张维、苏舜钦等人。

苏舜钦（1008—1048），字子美，宋代开封人。北宋著名文学家，擅长草书。《宋史》称他"善草书，每酣酒落笔，争为人所传"④。文征明说："子美字画出于颜鲁公、徐季海之间，而端劲沉着，得于颜公为多。"⑤ 苏舜钦于草书最服膺怀素，今传《怀素自叙帖》前六行，为

---

① 脱脱等：《宋史》卷296《王著传》，中华书局1985年版，第972—973页。
② 曾枣庄主编：《宋代序跋全编》卷112《跋周子发帖》，齐鲁书社2015年版，第3126页。
③ 祝嘉著，周倍主编：《书学史》，河南人民出版社2016年版，第255页。
④ 脱脱等：《宋史》卷422《苏舜钦传》，中华书局1985年版，第13081页。
⑤ 转引自陈云君《中国书法史论》，人民日报出版社1987年版，第195页。

苏舜钦补书。宋人评论苏舜钦的草书，将其列为妙品。北宋末年，御府尚藏苏舜钦行书《吴中诗草》《游山草》《学馆卧病》等诗，《梦归》等诗，草书《雉带箭》等诗。苏舜钦之兄苏舜元，《宋史》亦称其"尤善草书，舜钦不能及"①。刘克庄对二苏的草书十分赞赏，给予很高的评价："二苏草圣，独步本朝。"②

苏舜钦擅长草书，被誉为"草圣"，其行书、楷书也有很高的价值。但是，他并没有专门的书论著作，仅散见于欧阳修的一些著作当中。他的书法及其"学书为人生一乐事""以心为本"的抒发性情的书学思想，都显现出宋代"尚意"书风的征兆。宋代欧阳修和书法四大家都多多少少受他书学思想的影响，他奠定了宋代"尚意"的书法风格。

北宋中期，宋代书坛出现了苏蔡黄米四大书法家，宋代书法艺术开始有了新气象。其中眉山人士苏轼则写下了宋代成都书坛浓墨重彩的一笔。苏轼的文人立场，使得其将书法视为文之余、德之外显，有别于当时苦学晋法的蔡襄、米芾。苏轼以"君子"定位自己，主张学习魏晋之理，得晋法蕴含的自由精神，把流露学问之博、性情之真、君子之气、笔法纯熟的自然书写，视为学者之书的精髓。苏轼个性刚毅、忠直，有"天下士"的气概，而人品（心）与书品（迹）合一的自然书写，也使其书有了忠君爱国的文化内涵，成为后代文人竞相仿效的典范。③ 苏轼对魏晋书法的推崇，主要表现为其对二王的崇拜。凡能学"二王"者，苏轼均赞许有加。《评杨氏所藏欧蔡书》："自颜、柳氏没，笔法衰绝，加以唐末丧乱，人物凋落磨灭，五代文采风流，

---

① 脱脱等：《宋史》卷422《苏舜钦传》，中华书局1985年版，第13081页。
② 刘克庄：《刘克庄集笺校》卷102《题跋·跋苏才翁二帖》，中华书局2011年版，第4264页。
③ 蒋志琴：《从意造和境界看苏轼书法理论的特色》，《书法》2020年第10期。

扫地尽矣。独杨公凝式笔迹雄杰,有'二王'、颜、柳之余,此真可谓书之豪杰,不为时世所汨没者。国初,李建中号为能书,然格韵卑浊,犹有唐末以来衰陋之气,其余未见有卓然追配前人者。"① 苏轼推崇魏晋书法,尤其是王羲之与王献之。这一论调成为"崇帖派"的重要论据,影响深远。② 苏轼对书法的理解是:"书必有神、气、骨、肉、血,五者缺一,不为成书也。"主要思想是"我手写我心,我书故我在",苏轼的《小篆般若心经赞》:"心忘其手手忘笔,笔自落纸非我使。"③ 苏轼的《书所作字后》:"献之少时学书,逸少从后取其笔而不可,知其长大必能名世。仆以为不然。知书不在于笔牢,浩然听笔之所之,而不失法度,乃为得之。然逸少所以重其不可取者,独以其小儿子用意精至,猝然掩之,而意未始不在笔。不然,则是天下有力者莫不能书也。"④《虔州崇庆禅院新经藏记》:"口不能忘声,则语言难于属文,手不能忘笔,则字画难于刻雕。及其相忘之至也,则形容心术,酬酢万物之变,忽然而不能知也。"⑤《与二郎侄》:"凡文字,少小时须令气象峥嵘,彩色绚烂,渐老渐熟,乃造平淡。其实不是平淡,绚烂之极也。"⑥ 苏轼"自然"书法批评观,以魏晋风尚为审美参照,批判粉饰雕琢,崇尚萧散简远、天然清真;强调创作主体情感的自然流露,诟病对他人艺术语言的套用,认为当以我之法,抒我之意;称赞创作中的"信手自然",指出应驾驭规律、突破成法,摆脱有意识的追求;追求至味之"淡",揭示书法创作是由必然走向自然的过程,注重匠心

---

① 孔凡礼校:《苏轼文集》,中华书局1986年版,第2187页。
② 参见许外芳《浅论苏轼对魏晋书法的推崇》,《书法赏评》2020年第3期。
③ 孔凡礼校:《苏轼文集》,中华书局1986年版,第618页。
④ 苏轼:《论书》,载华东师范大学古籍整理研究室《历代书法论文选》,上海书画出版社1979年版,第314页。
⑤ 孔凡礼校:《苏轼文集》,中华书店1986年版,第1980页。
⑥ 顾之川校:《苏轼文集》,岳麓书社2000年版,第710页。

经营之后对技巧的泯灭，技道两进，返璞归真。①

　　苏轼的书法思想对北宋书坛产生的影响是巨大的，最为显见的一个例证是他对黄庭坚的指导。黄庭坚将苏轼书法分为早、中、晚三个时期，即早年姿媚、中年圆劲、晚年沉着。他在《山谷集》里说："本朝善书者，自当推（苏）为第一"，他也学习苏轼师法古人，"钱穆父、苏子瞻皆病予草书多俗笔。盖予少时学周膳部书，初不自痛，以故久不作草。数年来犹觉湔拔尘埃气未尽，故不欲为人书"②。

　　苏轼的词、诗、书法的造诣都较高，其影响不仅仅是眉山地区，实际上他对成都、四川，乃至整个中国的影响都是巨大的。苏轼著名的墨迹主要有《天际乌云帖》《赤壁赋》《寒食诗帖》《桤木诗帖》《祭黄几道文》《答谢民师论文帖》等。苏轼长期从事书法实践，因而在书法理论上也有一些独到见解，他自诩："我虽不善书，晓书莫如我。"③首先，他主张书法应重自然情趣。其次，重创新，主张"出新意于法度之中"。最后，重学识修养，尤重人品。苏轼擅长行书、楷书，与黄庭坚、米芾、蔡襄并称"四大家"。他曾经学习晋、唐、五代的各大书法家例如李邕、颜真卿等的创作风格，并在此基础上进行融会贯通，自成一家。苏轼之后，宋代四川书坛唯眉山苏过，新津张商英，成都李时雍、徐琰，绵竹蒲云，南宋邛州魏了翁等善书，其成就皆远逊于苏轼。

　　元代亦重书法，在全国赵孟頫号称盖代的书家。四川成都地区比较重要的是邛崃人魏元裕，魏了翁的玄孙。其代表作为《跋张浚与虞允文书》帖。

---

　　① 李梦媛：《苏轼"自然"书法批评观探析》，《大学书法》2020年第3期。
　　② 转引自任强《苏轼的绝笔——台北故宫博物院馆藏〈江上帖〉鉴赏》，《艺术品鉴》2020年第22期。
　　③ 苏轼：《苏轼文集编年笺注》附录一，巴蜀书社2011年版，第8页。

谨按，宋绍兴三十一年十一月，虞允文以儒臣参谋军事，败金主亮于采石，荐立大功。三十二年正月，张浚起于废黜。二十年之后差判建康兼行宫留守。高宗视师江上，浚迎谒道左，风采隐然，军民以手加额，恃浚为重。时杨存中为江淮荆襄宣抚使。允文为副使，中外以存中失望。二月，改允文试兵部尚书，充川陕宣谕使，措置军马，与蜀将吴璘相见议事。当其起行，此张浚手书之所以作也。浚堂堂国老，不附和议，为秦桧所挤于外，至是年已六旬余矣。观其老笔槎枒，入咮若拙，而忠言谠论，不减年少。虞允文字彬父，年已五十三，誓死报国，宣谕川陕，与张公道同气合，所以相勉者，蔼然见乎私书之间。后彬父之出使也，与王之望会于西县，与吴珙、李道会于襄阳，与吴璘会于河池，前后博议经略中原之策，令董庠守淮东，郭振守淮西，赵樽次信阳，李道进新野，吴珙、王彦合军于商州，吴璘、姚仲以大军出关辅，因长安之粮取河南，因河南之粮会诸军以取汴，则兵力全而饷道省。至如两河，可传檄而定。驿疏上闻。是知张浚之书不虚发于友契，而彬父之行岂轻诺於张公哉？二公忠义肝胆悬照今古，向非奸桧卖国，则韩、岳、张、刘之兵净天下如反掌，使乘舆还京，宗社按堵矣。呜呼痛哉！张、虞其忍言之。至顺辛未夏五月十又九日，临邛魏元裕书①。

此书帖落款"临邛魏元裕拜书"，书帖钤印"仲宽"，此帖书于元文宗至顺辛未年（1331），纸本，楷书，纵九寸五分，横一尺二寸三分，凡二十一行，每行字数不一，共四百四十六字。《中国书法鉴赏大辞典》评价该帖"圆融含蓄、点画雄浑、厚重。钩、挑、转折有力。

---

① 李修生主编：《全元文》卷1608《跋张浚与虞允文书》，凤凰出版社1998年版，第368页。

笔力矫健、硬朗，刚柔互用。有些点画柔润温雅。点画形象多变，极避雷同。尤以撇、捺变化最为丰富。结体取侧势，力矫体端貌正之风。其用抑右扬左之法，汲取纵势的结字，独具特色。"[1] 此帖目前收藏于"中国台湾"故宫博物院。

清代，成都比较著名的书法家是何绍基。何绍基有"锦水春风公占却，草堂人日我归来"名联，书法颇可称道。他的对联比较多，书艺也较高，被誉为"书联圣手"。他的书法被誉为清代第一，楷体、篆书、隶书都较为擅长，但尤其擅长草书。主要代表作有《惜道味斋经说》《东洲草堂诗·文钞》《说文段注驳正》等。当时蜀中知名书家颇众，骆成骧、颜楷等所谓的"五老七贤"皆学有功底，多为名家。其中谢无量成就最大。

谢无量（1884—1964），字无量，号希范，四川乐至人。清末任成都存古学堂监督。民国初期为孙中山秘书、参议长，也担任黄埔军校教官等职。后来从事教育和著述。新中国成立后，曾任川西博物馆馆长，书法方面的造诣颇高。他的字体比较随性，受老庄思想的影响较深。谢无量博古通今，内涵深厚，具有诗人的气质，正因如此，能够在书法上做到卓尔不凡，形成独特的风格。《中国书法鉴赏大辞典》中谈道谢无量"对魏晋六朝的碑帖曾下过相当的工夫。从行笔来看，受钟繇、二王及《张黑女墓志》的影响极为明显。从结体来看，则可窥见《瘗鹤铭》以及其他六朝造像的迹象。尽管他师承这些碑帖，但决不做他们的奴隶，而能融会贯通，博采众长，创造出自己的书体，在中国书史上确立了自己的流派。"谢无量的书法艺术受到全社会的极大推崇，是公认的20世纪中国十大杰出书法家之一。著名书法家沈尹默赞誉说："无量书法，上溯魏晋之雅健，下启一代之雄风，笔力扛鼎，

---

[1] 刘正成主编：《中国书法鉴赏大辞典》，大地出版社1989年版，第861页。

奇丽清新……株守者岂能望其项背也。"著名书法家林思进评价谢无量的书法为康南海后第一人。他说:"近代书法,以康南海为第一;南海而后,断推无量。"邓穆卿说:"无量书法,世称'孩儿体'。初看偏偏倒倒,似信手涂鸦;再看,在其偏偏倒倒中透出一股天真灵气,单个字苍劲挺秀,列阵成篇则绰约多姿;如再细细玩味,更会见出许多妙处,令人称绝;既有汉魏碑之刚健,又含晋唐帖之秀媚,严谨处似真楷,流走处直若行草,雍容凝重者如颜。"① 国民党元老于右任曾说:"四川谢无量先生笔挟元气,风骨苍润,韵余于笔,我自愧弗如。"② 又说谢无量的书法是"干柴体",笔笔挺拔,别有一种韵味,是受宋朝朱熹的影响。

谢老书法既有稚子的生拙又有大儒的韵致。天质与神秀便是始境与尽境,把二者统一起来,便升入化境。社会生活如此,艺术如此,书法亦如此。书法望之至简,入之弥深。谢老耽史哲、娴诗文、行万里、善参悟,集学者、作者、游者、思者、书者于一身,诸艺贯通,融万事万物于心中腕下,方恣意潇洒。"常行于所当行,常止于不可不止。"这是要求书法要自然流露,书者要学养兼修,这样才能真实地体现自己的性情与灵魂,体现自己的学养与禀赋,体现自己个体的存在及与众不同。云无心以出岫,书无意而天然。容天地于襟怀,凝万物于笔端。若此,翰逸神飞矣。③ 老报人车辐在《车辐叙旧》中回忆道:"20世纪30年代,我在成都会府一家古玩玉器商店看到谢无量先生为其题匾,书碗大的颜鲁公字体,气度雄俊,苍润沉淡,可见先生功底厚,来路不凡,有人评为'行草为一代之冠'。"又回忆说:"抗战中借居成都,书法综南北,碑帖并取,法度端严,妙造深微,一变而为

---

① 刘正成:《中国书法鉴赏大辞典》,中国人民大学出版社2006年版,第861页。
② 冯其庸:《冯其庸文集》卷5《剪烛集》,青岛出版社2013年版,第54页。
③ 邓威:《云无心以出岫——谢无量先生书法管窥》,《书画世界》2019年第2期。

有创造性的'孩儿体',以其对当时浑浊社会,走笔作书,大而化之,不择笔墨,不用浓墨,不盖图章,但必取润格。"①

  谢无量是典型的学者和诗人型书法家,他的书法和诗歌合一,成就相当,也和他全面而深厚的学养相关联。谢无量书自作诗中,字里行间的书卷气,蕴涵着他的诗人气质。纯真、朴厚、雅逸的气息不仅可以从点画中体察,也能从字句中品味,这正是谢无量书法和诗歌的相通之境。②谢无量早期的书法风格可以从他早年的一些信札中看出端倪,清新自然,具有浓浓的书卷气,是典型的文人书法。谢无量题张毅崛藏的《宋拓圣教序》云:"右军风格最清真,貌似如何领得神。浪比俗书趁姿媚,古今皮相几多人。"③ 这首诗用"清"和"真"二字概括王右军的书法风格。足可见谢无量对王羲之书法的认可和欣赏。这两个审美标准也是他在自己作品中所追求的。④ 谢无量的学术研究倾向对其书法风格的转变产生了积极影响,研究平民文学时期关注对民间书法的学习,研究经典文学时期关注对经典书风的学习。因此,谢无量书法风格的形成是其修养和阅历的自然体现。⑤ 谢无量生前无意成书家,写字为文章余事。故其平常写完字从来不盖印章,仅署"无量"二字。其实他自己有印章,并且不少印章还出于1912—1949年间的治印名家之手。还可以印证他对于书法的基本态度,当然也可以视为他对于自己书法的自信。他曾说过,别人看的是

---

  ① 杨代欣:《大学者 大书家谢无量》,《文史杂志》2017 年第 5 期。
  ② 刘晓东:《谢无量书法与诗歌的合一》,《中国书法》2017 年第 2 期。
  ③ 冯其庸:《冯其庸文集》卷 5《剪烛集》,青岛出版社 2012 年版,第 36 页。
  ④ 杨勇:《树风声于当时 标新意于来者——谢无量书法蠡测》,《中国书法》2019 年第 12 期。
  ⑤ 李林:《谢无量学术研究倾向对其书法艺术风格的影响》,《商丘师范学院学报》2014 年第 8 期。

字而非印章。①

谢无量师法二王，游心篆隶和南北碑刻，熔铸唐宋诸大家精华，从而形成自己独特的书法风格。书法家胸中蕴藏的学说、襟怀风度，不可能不形诸翰墨，自然会在字里行间打上自己的烙印。谢无量具有渊博精深的学识、雄厚的诗文功底，加之他精研钟、王，切磋篆隶及南北碑刻而不囿于藩篱，博采众长，善撷精粹，融真草隶篆为一体。如此陶铸而成的独特书体，自然矫矫不俗，卓然成家，既具羲之的灵动，又兼献之的神俊。其落笔刚峻而墨涩，结体庄和而取势排宕。南北碑刻的凝练散朗，悉露汇于点画之中；格调高雅，独具精诣，一经问世即名噪南北。②

谢无量在书法上的革新来源于其随性的性格，他的书法淡泊闲逸、气宇轩昂。笔法上任性而为，"言有尽而意无穷"，是不可多得的书法精品。谢无量还是"成都诗词"的著名作者之一，他的《成都近郊河心村》，描绘了川大及望江公园一带的田园风光，至今读来，仍令人无限神往！

第五节　其他民间艺术

自秦时李冰治水以来，都江堰修建并得到历代地方政府的重视，这样的条件造就了有"陆海"之称的成都平原，也成就了成都平原"天府之国"的美名。在这样的自然地理环境浸润下，成都人民和其他移居此地的人民在此地创造了无数的财富，也造就了诸如糖画、瓷胎竹编、皮影、火龙灯舞、竹麻号子这样的民间瑰宝，民间艺术的很多

---

① 田旭中：《学厚识远 胸旷韵高——写在谢无量诞辰130周年、逝世50周年》，《文史杂志》2015年第2期。
② 马宣伟：《谢无量及其书法艺术》，《文史杂志》2002年第2期。

技艺也被列入世界非物质文化遗产行列,继续发挥着其重要作用。

一 成都糖画

糖画,俗称"糖饼儿""糖灯影儿",成都糖画从地域上来讲是指广泛流传于成都市及其周边地区的糖塑工艺,从表现手法上来讲有其独特之处。与同列入中国非物质文化遗产保护名录的江苏丰县糖人贡主要采用梨木模具造型、湖北天门主要靠"吹""塑"成型不同的是,成都糖画主要用小勺子舀糖在石板上浇出图案造型。艺人一般以铜勺作笔,糖稀为墨,将事先熬制好的麦芽糖用铜勺盛起,以滴、画、抹、泼洒等手法快速地在一块大理石板或砂石板上绘出图形。一些立体浮雕形的糖画作品,例如花篮等,还需要用到模具,在糖半干的状态下用钢铲铲起后用手塑形。作为民间传统艺术的糖画,不仅食之有味,而且观之若画,具有独特的艺术欣赏价值。通常认为是在"糖丞相"的基础上演化而来,有着悠久的历史。而关于"糖丞相",起源主要有两种,一说在汉代。朱望子的《糖丞相》诗咏道:"液蜜为人始自汉,印成袍笏气轩昂。狻猊敛足为同列,李耳卑躬属并行。枵腹定知无肺腑,虚心自应没肝肠。儿童尽与相亲近,丞相无嗔可徜徉。"一说在明朝。清代褚人获的《坚瓠补集》记载,明代新年祭祀神灵时,民间就要熔化糖霜,用模具印铸各种动物、人物作为祭祀用品。糖霜铸造人物时常常采用文武大臣的形象,因此被戏称为"糖丞相"。关于糖画的技艺,《本草纲目》记载:"以白糖煎化,模印成人物狮象之形者为飨糖,《后汉书》注所谓猊糖是也。"[1]咸丰、同治年间,成都出现了不少著名的糖画艺人,他们的糖画技艺十分高超,还收了不少徒弟,每当青羊宫举办花会时,他们都会与师徒们齐聚二

---

[1] 李时珍:《本草纲目 金陵本14》卷33,中国医药科技出版社2016年版,第3551页。

仙庵，在这个平台上展露手艺，相互竞争交流，引得无数人围观叫好，争相购买，非常受欢迎。成都的糖画在发展过程中不断吸收皮影、剪纸等民间艺术的表现手法，因此，成都的糖画又被称为"糖灯影儿"。糖画在发展的过程中逐渐形成了以块面、线条为特点的民间特种造型艺术。在糖画艺术中，艺术家们以铜勺糖浆为笔墨，在冰冷的石板上刻画出一个个栩栩如生的形象。清朝时期，糖画的制作工艺已经非常成熟，糖画题材也越来越广，作画技术也越来越复杂。糖画形象经常采用龙凤、鱼鸟和鸡、猴、桃等寓意吉祥的图案，图案和创作题材主要来源于群众的现实生活，融合了人们的祈福愿望和审美理想，反映成都及周边地区百姓的日常生活喜好、风土民情、故事和传说，进入现代还结合了川剧故事和动漫等题材。从造型和绘制技法上讲，糖画和剪纸艺术、皮影艺术的一些手法比较相似，造型生动，具有张力，极富特色。其绘制过程看似简单，却很考验艺人的功底，因为糖液非常容易凝固，所以在制作的时候讲究一气呵成、行云流水。从糖画的线条中最能看出糖画艺人的功底，好的糖画线条细腻流畅，犹如国画中的白描及西洋画中的速写风格。由于味道甘甜，造型特别，糖画制品深受少年儿童的欢迎。因此，在庙会、花会等场合都能看到糖画艺人的影子。

据史料记载，清末成都糖画业颇为兴盛，遍布街市，深深融入了百姓生活，"转糖饼儿"已经和贴年画、点兔儿灯一样，成为节庆时丰富群众文化生活的重要内容。清朝时期，糖画行业还有行会。因为糖画这一行需要靠天吃饭，因此他们供奉的神是太阳神，他们的行会叫太阳会。"太阳会中设正副会首各一人，散班四人，其余人员由糖画艺人来公推。每年农历冬月二十前后聚会一次。相传农历十九是太阳神的生日，四川各地艺人都要汇聚于此，请戏班唱戏来致敬太阳神。太阳会的分配以成都为例，糖画艺人较为集中所以分为东门和西门两个会。东门,在成都孙家巷(包括南门),会期为农历冬月十六日,杨绍清、李绍云等人担任会首。西门,在成都小西天庙(包括北门),会期为农历冬月二十三,何建安、蔡建成等人担任会首。太阳会开始的年代现在已经没有记载可以考究,但我们可以根据老艺人的口述及他们的师承关系来推断一二,再联系四川清初的经济发展来看,可推断太阳会的出现大概在乾隆嘉庆年间。"①

  新中国成立后,尤其是改革开放以后,糖画再次快速发展,它出现在全国各地的大街小巷,尤其是灯会、庙会等节庆文化活动中,栩栩如生的大金龙、大刀关公等成为人们津津乐道的话题。21世纪以来,随着经济的发展和社会的进步,中国传统文化的保护和传承得到了国家和社会的高度重视,社会认同不断增强,保护传承意识逐渐深入人心。糖画行业有了突飞猛进的发展。糖画的传承人技艺更加精湛。1988年,全国第二届烹饪大赛上,成都糖画艺人蔡树全用3.5万千克糖制作了一条超过7米的龙,龙体晶莹剔透、金光闪闪,龙体上还有超过4万张的鳞片,大有凌空欲飞之势,惟妙惟肖,活灵活现,令观看者赞叹不已。1989年,第二十届成都灯会上,糖画民间艺人合作用超过两吨的糖精心制作了一条超过16米的巨型立体的龙,并且将糖画融于彩灯之中,让人们感叹糖画人的创新精神。90年代的一次成都灯会上,糖画艺人们创造性地制作了"九龙壁"图画,让人叹为观止。成都糖画艺人的国家级代表性传承人樊德然先生拥有一门绝技,即用糖画为戏曲人物画像,他能制作出《西游记》《水浒传》《三国演义》等题材的戏曲作品中上百个人物的糖画形象,被誉为"糖画泰斗"。秉承川人的文化艺术生活特性,成都糖画具有广阔的创作和发展空间,如今依然具有顽强的生命力。1993年,成都市

---

① 刘嘉侨:《浅析四川民间糖画艺术》,《大众文艺》2019年第21期。

锦江区成为"民间糖画艺术之乡"。1996年，成都市锦江区为对糖画艺术进行研究，成立了民间糖画艺术协会，并且提出"立足四川，走向全国，冲出亚洲"的口号。2008年，成都糖画被列入第二批国家非物质文化遗产。国家和四川省以及成都市相继颁布了《中华人民共和国非物质文化遗产法》《四川省非物质文化遗产条例》《成都市市级非物质文化遗产名录管理办法》，四川省和成都市还相继成立了非物质文化遗产保护中心，并且从2007年5月，成都开始举办两年一届且具有世界影响力的"成都国际非物质文化遗产节"，也在大力推广糖画艺术。传承人唐小杰也在不断地推动糖画艺术的发展。早些时候他会参加重要集会或者公园展出，后来他开始积极创办成都糖画教学机构、四川糖画公众号以及与国内各大媒体结合报道糖画，使中外人士都更加了解这项民间艺术。

但随着民众物质生活水平的提高，各式各样精美糖果的出现，蔗糖再也不是稀罕品，加之人们精神生活日益丰富，都对糖画造成了很大冲击。糖画在保护、传承和发展方面仍然面临着较大的困难。主要有糖画艺术和实物保存难；优秀传承后继乏人和糖画市场定位不准确等方面的问题。

首先，糖画艺术和实物保存难。在改革开放以前，糖画以食用为主，都是现吃现做，艺术性无法体现，其制作工艺的步骤、图案的设计、资料的保存等方面都不被重视。现在，成都糖画的价值除了吃，还要保存其艺术性和技术性。艺术性方面，糖画的图案设计需要保留也需要创新；技术性方面，糖画的制作是一个重要问题，还有一个重要问题是如何使这种糖画保存较长时间。现代技术的进步能够对原材料和制作工艺进行改良，但即便改良后保存的时间也不足一年，还是属于短命的艺术。在第四届成都国际非遗节上，糖画协会的二十多位艺人用九百多斤白糖创作出15幅如蜀绣般精巧秀丽的艺术品，这些糖画是用新型糖浆制作的，但也仅能保持三四个月不变质。

其次，没有优秀的传承人。这主要与经济的发展与政府的投入有密切关系。改革开放之后，经济的发展使得年轻人有更多的择业空间，可能不会选择糖画作为终身职业。成都市公布了六批市级非物质文化遗产代表性传承人，其中只有14名糖画传承人，平均年龄六十多岁。再加上糖画技艺的学习需要投入很长的时间，学习成本高，回报低。传统糖画的学习一般采用学徒制，以前的艺人是跟随师父学习一两年后才算出师，先练习倒糖本，再练习线条，倒出的线条均匀且不断才算合格。现在年轻人大多不愿意长时间学习，急于求成，导致基本功不够扎实，很难做出传统的图案，使糖画技艺保护的本真性遭到了破坏。也无法开拓更广的市场，不能够维持日常生活。虽然政府在糖画方面也有投资，但是由于这是一种濒临灭绝的技艺，没有很广的市场，因此很难吸引资本持续投入。

最后，糖画的市场定位不准确。糖画在早先作为一种甜品存在，市场针对小儿，因此市场比较广。但是现在城市的发展，再加上人们的健康意识提高，这种摆摊设点式、走街串巷式已经不再贴近当今人们的生活。再加上生活水平的提高，糖画作为一种甜品已经不再稀奇。因此，糖画需要转变市场定位为艺术品。但是由于"糖"这一原料无法保证整洁性，目前的原材料、制作工具、展示方式、包装方式、宣传营销方式等各方面都没有找到很好的市场定位。

二 灯影戏

成都灯影戏，又称为皮影戏，是傀儡戏的一种，是成都传统戏剧剧种，是颇具成都地方特色的戏曲表演艺术。成都皮影戏最早产生于清道光年间，是一种来源于"他者"，却又是完全不同于"他者"的一个全新的影戏表演系统。其一，皮影的表演剧目，主要是以唱传统的川戏为主。表演时的伴奏乐器,唱腔都需符合川戏的要求。其二,成都灯影是大灯影,它的身高通常是其他种类如陕灯影、京灯影、川北灯影的两倍。其三,由于成都灯影的身材硕大,需要牛皮构件具有更高的挺括度和足够的硬度,故成都灯影的制作方式亦与其他皮影有别。成都灯影是用錾子錾出来的錾灯影,而非用刀片刻制而成,这样更利于表现人物的细部。特别是成都灯影是面向近代成都市民受众的城市灯影。① 成都皮影吸收了来自陕西的"渭南影子"和川北的灯影风格,在迎合川剧艺术的基础上产生了成都的皮影。成都皮影与其他地区皮影的最大区别在于两方面。首先,成都皮影规格尺寸大于其他皮影,一般大过同类其他皮影的一倍或更多。这样就更能满足于雕刻工艺去表现皮影的细部,这极大地提高了艺术欣赏价值。其次,由于成都皮影的规格尺寸容许,才能实现唯有成都皮影才有的手掌可动功能,这增加了皮影人物的内心表现力,也提高了观赏效果。② 清代周询在其所著《芙蓉话旧录》卷四《灯影》中谈道:"灯影戏各省多有,然无如成都之精备者。……其演具以透明之牛皮为之,冠服器具,悉雕如戏场所用者。……其余唱功及锣鼓管弦,无一不与戏剧吻合。……衣帽花纹及生、旦、净、丑之面孔皆雕凿而成,浸以各种颜色,灯下视之,鲜明朗澈,悉与戏剧无异。"③ 而实际上,成都的皮影戏的确与川剧具有非常密切的联系。首先,成都灯影戏的唱腔均用川剧调,包括昆、高、胡、弹、灯五种声腔,以高腔和胡琴腔为普遍。高腔班多演武戏,武打场面是紧锣密鼓,影人枪来剑往,上下翻腾,热闹非常,组成一个"帮、打、唱"的整体,尤具四川地方色彩。胡琴班多演文戏,其唱腔音韵缭绕,影人动作细腻优美,动人心弦。其

---

① 罗兰秋:《湮没在历史记忆中的成都皮影》,《四川戏剧》2020 年第 1 期。
② 罗兰秋:《成都皮影渊源与流变续考》,《艺术评论》2018 年第 11 期。
③ 周询:《芙蓉话旧录》,四川人民出版社 1987 年版,第 64 页。

次，很多皮影戏的名角后来下海进入川剧行列，并成为川剧中的著名演员。"民国时期，金堂皮影九成班，专唱胡琴和昆曲戏，由罗一安主办，在成都唱了七八年，当时的川剧名旦浣花仙、正生贾培之都是在九成班先唱灯影后下海的"[①]。九成班是当时成都地区较为受欢迎的灯影班子，著名的川剧名角就是出自于此。

  清道光年间，灯影艺人在社会上已经有一个被承认的职业称谓了，被称为"某灯影"。灯影艺人在社会上知名度较高，一般使用姓氏加"灯影"二字。咸丰（1850—1861）短短十一年间，成都灯影已经发展成为重要的表演方式之一。这说明在成都地区，皮影具有很大的受众人群，并在成都的娱乐活动中占有一席之地，这除了有川剧与皮影的互相成就，还有玩友们的大力支持。据记载，"九成班早先是一架灯影戏班，浣花仙便出身于此。灯影戏最讲究唱腔。浣花仙的师傅罗告化儿，一脸怪麻子，唱腔却玉润珠圆，委婉动听，而又极富于变化……九成班的拿手戏是《南华堂》《朱紫国》《宝莲灯》《碧游宫》等。它摆起十殿来，许多大戏班子都不及。川剧中不少剧目就是从灯影戏中吸取过来的。后来，成都有一批玩友成立了一个进化社，这些人大都是浣花仙的信徒，不久便索性把箱子送给浣花仙，由他于1918年又新成立了一个九成班"[②]。说明当时的玩友具有雄厚的财力，也愿意奉献自己的演出品给专业的演员。灯影戏的成本较低，能够实现演出自由最大化。演皮影戏的设备非常轻便，一块空坝架起影窗和灯箱就行，一个戏班六七人和一箱影子就能演四五十出戏。演出时，一般由2~3人操作影人，其余人以锣鼓、胡琴等伴奏，灯影艺人多是多面手，全班人分别任生旦净丑角色，提手既可自提自唱，也可由旁人

[①] 转引自戴德源《果然皮里有春秋——成都灯影戏溯考》，《四川戏剧》1992年第5期。
[②] 转引自戴德源《果然皮里有春秋——成都皮影戏溯考》，《四川戏剧》1992年第5期。

帮唱。

成都皮影戏的表现方式较为自由，且剧目与川剧有密切关系，主要有历史传说、民间故事、爱情戏、武打戏等，而灯影也包含"人""物"多种形式。由于成都灯影的制作技艺高超，影人一般高40～60厘米，从头到脚设置十三个关节，很多部位可以做到分离，达到一物多用的效果。影物也具有同样的功效，灯影戏中车轿马桥、上天入地、劈山倒海等场景都能够完美展现。清末民初，成都灯影戏进入鼎盛时期，由于它既可代替唱大戏，费用又少，辗转便捷，很快从城市普及到乡村。无论逢年过节，喜庆丰收，祈福拜神，婚丧嫁娶都少不了搭戏台唱影。长期以来，这一古老的民间艺术为人民群众所喜闻乐见。

20世纪30年代，娱乐方式的增加，再加上人才的流失，成都的灯影戏开始没落，到了20世纪40年代，成都灯影已经成为一种较为稀缺的民间艺术。1943年1月14日，成都的地方报纸《新新新闻》第八版"文化动态"栏目上，登载了一则报道：

> 华大博物馆以灯影戏不仅为民间"电影"供民间娱乐，且系一种民间艺术，特将历年所藏之陕灯影，川北灯影，十殿，小西天，白蛇传及动物器具等名贵影子于十三日起十五日止，每日午前九至十二时，午后二至四时于该馆陈列室公开展览。今日为第一日。前后参观有五大学男女学生及城内外人士，参观者均极感兴趣。又该馆以此映灯影艺术表演方便，都市尤为难观，特定十五日午后七时起在华大教育学院举行灯影表演，表演剧目有小西天（丝弦），即孙悟空大战红孩儿；白蛇传（高腔），即盗灵芝，水漫金山寺。票价为二十元。①

---

① 江玉祥：《华大博物馆与皮影戏艺术》，《四川文物》2004年第4期。

皮影已经作为一种民间艺术被收藏入华大博物馆（今四川大学博物馆），且当时成都市内很难见到这样的艺术表演方式，如果参观者要观赏还需要购票。表演方式和表演对象的改变固然使皮影的"雅"性增加，但这恰恰证明了皮影作为一种民间喜闻乐见的娱乐方式已经衰落。

1947年六月号《戏剧精英》发表的未署名文章《近年的复兴》记录：

> 过去市面盛传有外籍人重金征购灯影，运回本国在博物馆陈列之谣，时有金融界闻人娄仲光君素嗜音律，未忍此种固有艺术品散失，不惜财力征购万子伯遗品，并延名技工修整一新，更名为'虎幄音乐社'，特予整理后珍藏，此乃硕果仅存之名贵川灯影。又近年亦有玩友感觉此种艺术确有保存及提倡之价值，亦收集或新制，故迄今成都灯影箱子尚有五六家，但均不及虎幄之精美，三十三年秋，曾于复兴门外展览数月，颇受社会人士欢迎。①

成都皮影已经濒临灭绝，当时的有识之士对皮影艺术品进行了整理珍藏，但是当时的灯影也只剩下五、六家，而最优质的也仅一种。到了20世纪40年代，皮影只能作为一种展览而存在，而并未与影艺人一起成就一段惟妙惟肖的艺术表演。

皮影艺术的发展历经风雨，起落兴衰，因社会动荡和连年战乱以及外来文化的冲击，盛极一时的皮影行业百户凋零。新中国成立后，一些残存的影班又重获新生。特别是改革开放后，为了弘扬中华传统文化，在党和政府的关怀扶持下，正积极挖掘保护这一古老的文化遗

---

① 转引自戴德源《果然皮里有春秋——成都皮影戏溯考》，《四川戏剧》1992年第5期。

产，使之重展风采。①

三　火龙灯舞

火龙灯舞，是成都特有的传统民间节庆表演，有时也特指黄龙溪火龙灯舞，2008 年被国家列入非物质文化遗产扩展名录，是一种古老的传统舞蹈。火龙灯舞起源于宋朝，其最原始的功效是为祈雨而举行的一项重要的祭祀活动。现在则是具有欣赏功效的传统民俗。黄龙溪的"火龙"造型是蛇身鹿角、虎眼狮鼻、牛耳鹰爪、马鬃鱼鳞和鱼须兽角。

黄龙溪的火龙灯舞一般出现在正月初二至正月十五，元宵节的节日氛围与火龙灯舞的融合具有十分浓郁的地方文化特色。火龙灯舞一般由会首群体、舞龙队员、乐器手、破阵人几个部分组成。会首一般选用德高望重、富裕且为人公正的乡贤担任，这样他们才能够积极参与及组织投资。舞龙队员一般需要年轻力壮的青年人，1912—1949 年间很多的袍哥也是舞龙队员。他们往往身体健康且勇敢，对火龙感兴趣。乐器手的限制不那么多，但也需要精通乐器的男子。破阵人又被称为"文化破阵"人，一般也由青壮年组成。舞火龙前一般要进行祭祀活动，整个"舞龙队"装扮完成，焚香祷告，用鸡冠血祭祀神灵。祭祀完毕后就正式开始舞龙活动。龙头打头阵，龙身紧随而行。高潮部分在"烧火龙"。烧火龙需要利用特制的火药，热量低，火焰艳丽耀眼，却不伤害人身，舞龙人需要用桐油涂满赤裸的上身，在火焰之中穿梭。火龙融龙、灯、舞、火于一体，神奇美妙，壮观不已。

火龙灯舞不仅仅是一种舞蹈，其舞龙队不畏艰难、勇敢拼搏、团结合作的舞龙精神才是灯舞最难能可贵的。当地对天的敬畏和生命的

---

① 成锦：《成都皮影戏》，《四川戏剧》2004 年第 2 期。

珍惜共同构建了黄龙溪镇的历史记忆。社区也是通过火龙灯舞来完成共同的历史构建和历史记忆的。

四 竹麻号子

《竹麻号子》，是一种流传于四川省邛崃的地方民歌，于2008年被列为第二批国家级非物质文化遗产。《竹麻号子》是造纸工人在打竹麻时所唱的一种劳动号子，主要保留在邛崃境内的平乐镇。它唱腔质朴、粗放、高亢，具有浓郁的川西地方特色。[①] 打竹麻时，工人们手持长长的钉耙，共同捶打，工人们需要协调合作，便在此期间唱起《竹麻号子》。《竹麻号子》中经常使用"哟啊""哟嚛"这样的语气词，这些便于工人们在发力时歌唱，能够起到抒发情感、增加力量和统一动作的作用。竹麻号子的唱腔和曲调包括高腔、平腔、连环扣、银丝调和扯麻花等，富于节奏和变化。唱词的内容也很丰富细腻，乐段的随意性和伸缩性较强，随着号子的节奏由慢到快，造纸工人们的动作也越来越刚劲有力，当竹麻快被打完时，工人们的情绪和《竹麻号子》的咏唱也达到高潮，给人以一鼓作气和热烈奔放的艺术美感。

《竹麻号子》包括"上工号子""中午号子""收工号子"等段落。现存的歌并不很多，再加上目前已经不使用这种方式来调节情感，因此，《竹麻号子》作为一种表演艺术形式被保留下来。20世纪50年代，经过收集整理的《竹麻号子》被搬上舞台，成为川西坝子独具特色的民俗文艺节目。这一源于生活的古朴号子，曾参加四川省文艺调演并获奖，还到人民大会堂参加全国民歌精英会演，得到观众的喜爱和高度评价。目前可知，《竹麻号子》的传承人是杨祚钦，他能够比较

---

① 王小盾：《邛崃〈竹麻号子〉研究的赋学意义》，《四川师范大学学报》（社会科学版）2014年第3期。

完整的传唱《竹麻号子》。根据杨祚钦老人的讲述，《竹麻号子》至迟在清代末期便已形成固定的曲调，并且广为传唱。杨祚钦的祖上三代都是歌唱《竹麻号子》的能手，其高祖杨成相一生以造纸为业，其祖父和父亲也是当地赫赫有名的造纸工人，因此不难看出，当地很多能唱竹麻号子的人都是子承父业，在从事手工造纸的同时，学会演唱《竹麻号子》。

《竹麻号子》作为一种非物质文化遗产被保留下来，并且一直在创新，还成为四川成都地区较有特色的艺术表现形式。

第五章　薪火相传的文化世家

天府之国地杰人灵、文脉昌盛。早在古蜀、秦汉时期，即有"忠臣孝子，烈士贤女，高劭足以振玄风，贞淑可以方蘋蘩"[①]。延及唐宋、明清、近代，此地同样人才辈出，史不绝书。这些才子先贤或因其德行修养而受到后世景仰，或因功勋卓绝的事业而被历史铭记，或因传经布道、著书立说而流芳百代。从整个天府文化的历史嬗变进程来看，他们的出现并不是孤立、偶然的。在其身后，是一个个依托天府地理、物产、文化、历史而生成，以血缘和婚姻关系为纽带的家族群体，是以经学、史学、文学、艺术、医学、科技"承传世袭，出类拔萃的书香门第和文化世家"[②]。这些家族"一世其官，二世其科，三世其学"，成为天府文化承续发展的鲜活载体。[③] 考察天府大地上的这些文化世家，将有利于从个人与群体、家族文化与地域文化的交互关系中更深刻地把握天府文化的发展演进。

[①] 常璩著，任乃强校注：《华阳国志校补图注》卷10《先贤士女总赞论》，上海古籍出版社1987年版，第521页。
[②] 毛远明、刘重来主编：《中国文化世家 巴蜀卷》，湖北教育出版社2004年版，第15页。
[③] 世官、世科、世学三大标准是薛凤昌在评价江南世家望族时提出的，如今已成为衡量文化世家的通行标准。参见薛凤昌《吴江叶氏诗录序》，载《邃汉斋文存》，清稿本。

文化世家的形成机理复杂多元，其类型极为丰富。按照不同的标准，文化世家可以有多种划分方式。① 参照前人的研究范式，结合天府文化名人其及家族的历史贡献、现实影响，我们拟从科名功业、经义道德、文史成就三个维度来对天府文化世家加以考察。

第一节　科名世家

自隋唐以来，科举考试对个人、家族的影响不断增强。许多家族都积极培养子弟参加科举考试，努力争取科名，从而享受国家赐予的经济、文化特权，以维持家族在地方上的影响。这些家族的优秀者在通过科举考试进入仕途后，每每怀抱远大政治理想，投身国家事业，建立不朽功勋。其事迹又会反过来激励家族后人，继续向着"科举正途"迈进，科名世家即由此形成。

一　阆中陈氏

阆中陈氏是北宋阆州以陈省华、陈尧叟、陈尧佐、陈尧咨父子兄弟为核心成员而形成的世家大族。据司马光的《陈氏四令公祠堂记》所记，陈省华以小吏出身，官至京尹；其三子相继登科，"接踵为将相，始大其家，子孙繁衍，多以才能致显官，棋布中外，故当世称衣冠之盛者，推陈氏"②。元代关汉卿创作的剧本《状元堂陈母教子》，

---

① 王少华将唐代中州的文化世家分为"史学世家"和"文学世家"。兰秋阳、邢海萍将清代的文化世家分为"以诗著称的世家""以文著称的世家""善画工书的世家"及"兼邃经史的世家"。王玉海则在研究中将文化世家分为"科举世家""文学世家""经学和史学世家"三种。王少华：《唐代中州的文化世家》，《商丘师范学院学报》2001年第1期；兰秋阳、邢海萍：《清代文学世家及其学考略》，《河北北方学院学报》2009年第4期；王玉海、姜丽丽、刘涛：《江南文化世家研究以无锡秦氏和昆山徐氏为例》，知识产权出版社2011年版，第5—7页。

② 司马光：《温国文正公文集》卷66《陈氏四令公祠堂记》，四部丛刊本。

集中演绎陈氏科第之盛、陈母教子有方；明清地方政府也在陈尧叟兄弟的"旧居"设立了书院，用其刻苦攻读、联袂登第的事迹来鞭策激励后学，继续向举业发起冲击。由此可见，阆中陈氏正是科名世家的典型代表。

与四川地区大多数文化世家一样，阆中陈氏也是一个移民家族，约唐末由北方迁居入蜀。据《宋史·陈尧佐传》："其先河朔人，高祖翔为蜀新井令，因家焉，遂为阆州阆中人。"① 欧阳修为陈尧佐撰神道碑文称："自公五世以上，为博州人。皇高祖翔当五代时为王建书记，建欲帝蜀，以逆顺祸福譬之，不听，弃官于阆州之西水，遂为西水人。"② 1975 年在阆中河溪乡出土的《宋故华州助教陈府君墓志铭》追溯陈氏渊源又称："其先博陵人，七世祖讳翔，在唐为并门掌书记。王建入蜀，辟为从事，为建陈逆顺，忤建意，出为阆之新井令，因弃官，辟居西水。"由这些史料信息可以确定，陈氏先祖陈翔在唐末即已出仕为官并履任蜀中，因不满王建称帝而弃官隐居于阆州，后世遂为蜀人，经四传而至陈省华。陈翔的功业名望虽然还不太显赫，但其事迹恰恰说明，阆中陈氏正是一个因仕宦而入蜀的家族。在其先世的活动轨迹中，已经有了科名功业的基因。

（一）陈氏先世

陈翔定居阆州后，生子陈诩，陈诩生子陈昭汶，"三世不显于蜀"③。后因陈尧叟兄弟显贵，陈诩被朝廷追赠为"齐国公"，陈昭汶被追赠为"楚国公"。值得注意的是，在陈氏后人自修的《陈氏族谱》

---

① 脱脱等：《宋史》卷 284《陈尧佐传》，中华书局 1985 年版，第 9581 页。
② 欧阳修：《欧阳文忠公集》卷 20《太子太师致仕赠司空兼侍中文惠陈公神道碑》，四部丛刊本。
③ 欧阳修：《欧阳文忠公集》卷 20《太子太师致仕赠司空兼侍中文惠陈公神道碑》，四部丛刊本。

中，却另行臆推了两代先祖，称始迁祖名廷臣，字翔诩，为著作佐郎；二世祖名顺信，字昭汶，在孟蜀担任转运使。① 以同时代人欧阳修所著的《神道碑文》和出土的《宋故华州助教陈府君墓志铭》对勘，后人修撰的《陈氏族谱》显然是有错误偏失的。但这种"虚加官职"的做法，正说明阆中陈氏是一个重视科名功业，希望以仕宦成就作为家族文化标志的世家。

(二) 陈省华

陈省华（939—1006），字善则，陈昭汶之子。孟蜀时初入仕为阆州西水县尉，入宋后继任陕西陇城县主簿，栎阳、楼烦、济源县令，是阆中陈氏自陈翔之后再次获得朝廷公职的第一人，也是陈氏家族在北宋兴起的关键人物。陈省华为官，以勤政爱民自励，任县令时，每每兴水利、抑豪强，广施德政，有遗惠在民。与此同时，他还十分重视对子弟的教育。在外任职期间，陈省华携尧叟、尧佐、尧咨三子赴任，公务之余，便授以经书，督责苦读，父子间教学相长，切磋不倦。后来三子接连登科，升任要职，陈省华也因此受到嘉奖，职位屡次超迁，由滑州、苏州、潭州知州，三司盐铁判官、京东转运使一路升至吏部员外郎、鸿胪少卿、光禄卿权知开封府。宋真宗景德三年（1006），陈省华逝世，朝廷再次追赠其为太子少师、秦国公，葬于河南新郑。

(三) 陈尧叟

陈尧叟（961—1017），字唐夫，陈省华长子，宋太宗端拱二年（989）状元及第，随即被授予光禄寺丞、直史馆，深得皇帝信任。此后，陈尧叟由京职外放历练，先后在四川、河南、陕西、广西、河北等地任官，清正廉明，多有惠政，特别是为少数民族地区移风易俗，

---

① 佚名：《陈氏族谱》卷3，四川省阆中市图书馆藏清咸丰稿本。

发展生产、减轻劳役、赋税负担做出了卓越贡献。数年后，陈尧叟再次转任京职，在整顿国家公文系统、清理马政、裁汰冗官方面也有突出成就。宋真宗咸平四年（1001），陈尧叟升任同知枢密院事；大中祥符五年（1012），又升同平章事充枢密使，成为宋代文官系统中最核心的宰执大臣，达到人臣功业的顶点。以此为标志，阆中陈氏家族的发展史也进入了最为辉煌的时期。四年后，陈尧叟因病离任，结束了个人的仕宦生涯。①

陈尧叟一系子孙较知名的有陈师古，陈尧叟长子，以父恩得赐进士出身，后任都官员外郎，宋庠曾为其撰写官敕。陈师古先后出任了曹州等七地的地方主官，颇有政绩。死后还被朝廷赠予金紫光禄大夫的荣誉职衔。

陈知和，陈尧叟孙，陈师古的第三夫人贺氏所出，初任武官，后易文职，任河阳节度推官、硖石县知事、宁国节度推官、彰德节度判官、果州通判、赵州通判，再知洛州、歙州、房州、泗州，提点广东刑狱，以朝请大夫致仕。勤政惠民，颇有治声。

陈知章，陈尧叟孙，自幼苦读，有过目不忘之能，官大理评事、将作监丞，年二十四而卒。陈知章子陈造（1046—1082），早孤，以恩入仕，先后任黔州等地司户参军、扬州节度推官，权知江都县。因积极推行变法而得到王安石的信任。

（四）陈尧佐

陈尧佐（963—1044），字希元，陈省华次子，端拱元年（988）进士。在陈氏三兄弟中，陈尧佐的科名不及兄与弟，却是入仕时间最早，政绩最突出的。在地方任职时，陈尧佐曾经"十典大州，六为转

---

① 脱脱等：《宋史》卷284《陈尧叟传》，中华书局1985年版，第9584—9588页。

运"①，行政足迹遍及南北。作为地方主官，他为政宽严相济，深得人心，既能整肃吏治纲纪，又能保全下属，引导其向善。同时，陈尧佐也关心百姓疾苦，重视水利建设和救灾赈荒，能够为百姓排忧解难、兴利除害，有极好的官声。在中央为官期间，陈尧佐历任知制诰、翰林学士、三司副使、枢密副使、参知政事、同中书门下平章事等要职，达到了文臣事业的巅峰。康定元年（1040），陈尧佐以太子太师致仕。

陈尧佐一系子孙出仕最多。陈述古，陈尧佐长子，以父恩得授官，由临左藏库、三门白波发运使起，逐渐迁任京西转运副使、三司盐铁副使、河北都转运使、陕西都转运使、泾原路经略等地方要职，后以右正议大夫致仕。

除陈述古外，陈尧佐十子皆以父荫入官。次子陈求古，官国学博士，比部员外郎。三子陈学古，官主客员外郎。四子陈道古，官虞部员外郎。五子陈博古，官大理评事、馆阁校勘。六子陈修古，官殿中丞。七子陈履古，官秘书正字。八子陈游古，官光禄寺丞。九子陈袭古，官大理寺丞。十子陈象古，官太常寺丞。

陈尧佐一系的第三代中，有陈知雄（1022—1093），以祖荫得官，初为将作监主簿，后迁光禄寺丞，为人正直重气节，敢与上官力争是非曲直，后因此被贬黜归隐。

陈知俭（1034—1080），陈博古之子，自幼有"克绍祖考"之志，先任无锡、鄢陵知县，后又升任转运判官、发运副使、转运副使等职。任职期间，为官清廉，断狱公正，以治行闻名于世，被司马光、吕公著、文彦博等人器重。陈知祥，以父恩得官，初为商水县尉，后任当潞城、韦城知县。其子陈兖（1084—1143），生当两宋之际，能为国尽忠，任职期间，在金兵及地方武装叛军的进攻下，能坚守城池，保卫

---

① 欧阳修：《欧阳文忠公集》卷 20《太子太师致仕赠司空兼侍中文惠陈公神道碑》，四部丛刊本。

一方民众，深得宋高宗赏识，最终升任淮南东路宣抚使知扬州、湖南宣抚使知谭州，成为一方大员。

（五）陈尧咨

陈尧咨（970—1034），字嘉谟，宋真宗咸平三年（1000）状元及第。榜下即授将作监丞、济州通判，与其兄长一样深得皇帝优宠。后又转知光州、荆南府、永兴军、河南府、邓州、秦州、同州、开封府、澶州、天雄军等。知永兴军时，曾兴修水利，惠及一方。除此之外，陈尧咨"无论学术道德还是仕宦地位都逊两兄一筹"，"所至多豪侈不法，鲜有可称者"，"所作所为，严重阻碍了他本人的仕进道路，也败坏了家族名声"。① 因此，陈尧咨在宦海沉浮多年后，最终卒于天雄军任上。

陈尧咨一系受其个人仕途坎坷的影响，后人事业不及陈尧叟、陈尧佐两系。陈尧咨子七人，陈敏古、陈宗古、陈荣古、陈召古、陈垂古、陈本古、陈臻古，孙陈知德等，均受祖父恩荫而为官。②

（六）陈渐

除"三陈"子弟外，阆中陈氏以科名闻世的人物还有陈尧封与陈渐父子。陈尧封是陈省华之侄，与"三陈"为堂兄弟。宋太宗淳化年间，陈尧封与陈渐同时参与进士廷试，太宗皇帝将取中陈渐，渐推辞不就，请先父而后子。宋太宗同意了陈渐的请求，遂赐陈尧封为进士。后至真宗咸平年间，陈渐才出仕为官。初任天水县尉，后因精通扬雄的《太玄经》，召试学士院，授仪州军事推官，又先后调任陇西防御推官、颍州长史、凤州团练推官、耀州节度推官等职。③

---

① 胡昭曦、蔡东洲：《宋代阆州陈氏研究》，载邹重华、粟品孝主编《宋代四川家族与学术论集》，四川大学出版社2005年版，第61—62页。
② 张熙惟：《中华名门才俊 陈氏名门》，泰山出版社2005年版，第108—113页。
③ 脱脱等：《宋史》卷284《陈渐传》，中华书局1985年版，第9589—9590页。

阆中陈氏家族自陈尧叟三兄弟之后,开枝散叶,子孙繁盛,又大多取得了科名官职。家族事业从北宋发展至南宋,前后经历一百八十余年。其后世子孙受时代环境、个人志向影响,不再以入仕作为人生目标,最终未能克绍祖业。纵观陈氏家族发展史,"从总体上来说,是一个政治性大家族,不是学术世家"①。关于其家族文化的延续、世家的形成,陈知俭自称:"吾家所以能显大于世,自非曾祖父勤施仁政于民,三祖父力学以取富贵,何从而致之乎!"② 从上述陈氏家族代表人物的事迹可以看出,陈知俭的评价是基本符合事实的。所以胡昭曦、蔡东洲两位先生将陈氏家族的兴起归结为时代机遇、家庭教育、苦修儒业、婚姻关系四大要素,并进一步指出:"究其兴盛之由,自然离不开国家右文政策及由此形成的读书风气,更重要的还是省华夫妇的严厉教育和三兄弟刻苦自砺。"③ 陈省华以小吏入仕,勤政爱民,奠定了陈氏世宦的基础;陈尧叟、陈尧佐、陈尧咨兄弟以举业科名光大门楣,恩荫子孙,终使家族昌盛,人才辈出。一个以科名功业为纽带的世家大族由此形成。

二 盐泉苏氏

盐泉苏氏家族,是以苏易简、苏耆、苏舜钦、苏舜元祖孙数人为核心成员而形成的文化世家。④ 与阆中陈氏相似,盐泉苏氏也是一个以科举功名、政治事迹显耀当时、名传后世的大家族。无论在其先世的

---

① 张熙惟:《中华名门才俊 陈氏名门》,泰山出版社2005年版,第113页。
② 司马光:《温国文正公文集》卷66《陈氏四令公祠堂记》,四部丛刊本。
③ 胡昭曦、蔡东洲:《宋代阆州陈氏研究》,载邹重华、粟品孝主编《宋代四川家族与学术论集》,四川大学出版社2005年版,第78页。
④ 关于苏氏家族的籍里,旧有梓州(今四川三台县城关镇)、梓州铜山(今四川中江广福镇)、绵州盐泉(今四川绵阳)三说。据张邦炜先生考证,以盐泉说较为可信,今从之。张邦炜:《宋代盐泉苏氏剖析》,载邹重华、粟品孝主编《宋代四川家族与学术论集》,四川大学出版社2005年版,第81—82页。

创业过程中，还是在苏易简以下历代子孙的个人事迹中，科举因素、政治因素都是十分突出的文化符号。

（一）苏氏先世

盐泉苏氏也是移民家族。唐末黄巢之乱时，既无科名又无官职的苏传素为避兵乱，举家迁至四川，成为盐泉苏氏始祖。唐昭宗乾宁元年（894），苏传素长子苏捡返回长安参加科举考试，中进士第一，状元及第，开苏氏入仕之先。后又历任扬州刺史、中书舍人，官至宰相，并与朱温联姻。苏传素次子苏拯，同样以科举入仕，官至容管经略使。唐朝覆亡后，他坚守岭南，与南汉抗衡，保全生民无数，被当地百姓世代祭祀。① 苏传素幼子苏振留居四川，任铜山县令，最终卒于任上。五代时，苏振之子苏寓仕于后蜀，任剑州司马，颇怀拯危救国之志，曾上书后主孟昶请求革除弊政，但最终未获重用。苏寓由是挂冠归隐，定居盐泉青溪。苏寓之子苏协，于后蜀广政十八年（955）得中进士，延续了家族科举入仕的传统。作为割据政权的行政官员，苏协最初主要在四川地区任官，先后出任过彭州掾、合州判官、陵州判官等职。入宋后，又任怀州法曹、河南户曹。② 总体来看，苏氏自留蜀以来，累世皆有重要成员出仕。由唐历五代而至北宋，一直保持仕宦家族的政治传统。只是苏振、苏寓、苏协等人最高官职不过县令、司马、曹掾，在整个家族的发展史中，他们尚处于积蓄力量的阶段。

（二）苏易简

苏易简（958—996），字太简，十岁能诵五经，名传京师。宋太宗太平兴国五年（980），苏易简年仅二十二岁，参加科举考试，"不起

---

① 苏舜钦：《苏舜钦集》卷14《先公墓志铭并序》，上海古籍出版社1981年版，第173页。

② 苏舜钦：《苏舜钦集》卷14《先公墓志铭并序》，上海古籍出版社1981年版，第173页。

草,凡三题,千余言数刻而就"①。由此中进士第一,状元及第。入仕后,苏易简所任皆清华之选。先为中书舍人、充翰林学士承旨,参与编撰《文苑英华》。继而知审官院、知审刑院、掌吏部选,颇受宋太宗重视,"或一日至三召见"②。最终于淳化四年(993)升任给事中、参知政事,跻身宰执行列。此后,苏易简因与同僚赵昌言相争,被太宗转放外任,出知邓州、陈州。这次仕途上的小小挫折竟让他备受打击,整日借酒浇愁,以至酗酒而死,年仅三十八岁。虽然苏易简英华早逝,但他年少登科、官至宰执,毕竟光大了盐泉苏氏的门楣。其父苏协便因儿子而被皇帝特别眷顾,受赐五品服,升任光禄寺丞、开封兵曹。不仅如此,苏易简的成功还为子孙进一步入仕打下了坚实的基础。其长子苏寿受荫为官,先后出知泗州、越州、歙州,累官至水部郎中。三子苏宿受荫,官至大理评事。四子苏叟(993—1037)同样以父恩入仕,获得了华容尉、阆中主簿、平陆录事参军、杭州录事参军、溧阳令等低级职衔。除此兄弟三人外,苏易简的次子苏耆一系更是科名独盛。

(三)苏耆

苏耆(987—1035),字国老。幼以父恩授通直郎、秘书省正字。宋真宗即位,改奉礼郎。景德四年(1007),赐进士出身,转大理评事,寻迁大理寺丞。历知乌程县、开封县,召为太常博士、三司户部判官。后又任尚书祠部员外郎、知明州。其间,他疏浚广德湖,灌溉四百余里,使得一州境内无凶年。再任京西转运使,改兵部员外郎,加直集贤院。一年后,改任河东转运使,也卓有政绩。再改陕西转运使,调粟二十万斛以赈洛中之饥,全活饥民无数。仁宗景祐二年

---

① 厉鹗:《宋诗纪事》卷3"苏易简",上海古籍出版社2013年版,第73页。
② 毕沅:《续资治通鉴》卷17,上海古籍出版社1987年版,第79页。

(1035）苏耆因病逝世，时年四十九岁。

苏耆是盐泉苏氏一门中承上启下的关键人物。一方面，他承续祖、父功业，与兄弟一起以恩荫入仕，忧国爱民，颇有政绩。另一方面，他还积极通过政治联姻、严格训子，使更多的后人走上仕途，扩大家族的政治影响。苏耆共有三女，长女共经历了两次婚姻，先后嫁与大理评事雍扶、定国军节度掌书记杨献民。次女嫁给了青年才俊韩维，韩维是北宋名臣韩亿之子，韩绛、韩缜的兄弟，后来也高中进士，官至门下侍郎。三女嫁太常寺奉礼郎寇仲坚。由此可见，苏耆通过女儿的婚姻而构建的亲属关系网，全部具有政治联姻性质。与此同时，苏耆的三个儿子也在其影响下顺利以科第入仕。

（四）苏舜元

苏舜元（1006—1054），字叔才，一字才翁，苏耆长子，宋仁宗天圣七年（1029）赐进士出身。历知咸平县、眉山县，后升任福建、京西、河东、两浙等路提点刑狱使，京西转运使，三司度支判官。其人以诗文、书法名世，同时也是著名的清官循吏。他为官刚正不阿，关心民瘼。辖区内遭遇灾荒，灾民遍野，苏舜元"发廪以赈之"，"出粟以活饥者"。遇到士兵受军校虐待而哗变，他孤身入营，"慰劳罢之"，"易其军校"。西夏元昊兴兵入犯，他"条上御贼方略"。逢久旱不雨，他又兴修水利，挖掘水井，为百姓灌溉、生活用水提供方便，时人称之为"苏公井"[①]。仁宗至和元年（1054），苏舜元卒于开封。

苏舜元有子七人，长子苏涓曾任大理寺丞、朝散大夫、知潞州。次子苏澥初任朝请郎、京西提点刑狱，后升秘阁校理、江东提举，所至皆有实绩。三子苏注任朝散郎、司勋郎中。四子苏洞任右赞善大夫、

[①] 蔡襄：《蔡襄全集》卷35《苏才翁墓志铭》，福建人民出版社1999年版，第758—759页。

将作监，均是受父恩荫授职。五子苏洪（一作苏鸿）、六子苏洎、七子苏汶初时年幼，未被授官，后皆中进士，传承了家族事业。苏舜元两女，分别嫁与进士虞大蒙、承议郎郭逢原，政治联姻也在继续。苏舜元的孙辈中，长孙苏之颜为无为军判官，三孙苏之冉为梁县尉。四世孙有七人，但政治事迹均已不可考。自此以下，苏氏子孙便无入仕名人，可见其家势已逐渐衰微。

（五）苏舜钦

苏舜钦（1008—1048），字子美，苏耆次子，宋仁宗景祐元年（1034）进士。苏舜钦自幼胸有大志，慷慨负气节。入仕后先任光禄寺主簿，又知蒙城、长垣两县，屡任地方，"所至皆有善政"。后升任大理评事、监在京楼店务、集贤校理、监进奏院，"位虽卑，数上疏论朝廷大事，敢道人之所难言"[①]。任京职期间，苏舜钦与范仲淹、杜衍、富弼交好，成为"庆历新政"的急先锋，由此遭到政敌打击压制。庆历四年（1044），反对派借故罗织罪名，新政支持者贬谪殆尽。苏舜钦也因此获罪除名。经过这一番挫折，苏舜钦愤懑不平，将一腔报国之志转向了诗文创作。他充分发挥青年时期就具有的文学才华，在文辞中融入改变现实的积极诉求，慷慨豪迈、热情奔放的诗歌抒发愤世嫉俗、勃郁不平之气。庆历八年（1048），苏舜钦重新被起用，转任湖州史，未上任而卒。

苏舜钦有苏泌、苏液、苏激三子，但只有长子苏泌有确切的出仕记录可考。他曾先后出任将作监丞、湖北转运判官，主要在地方履职。苏舜钦的长女嫁与进士陈绂。

（六）苏舜宾

苏舜宾（？—1040）字圣辟，苏耆第三子，进士。曾娶韩亿之女

[①] 欧阳修：《居士集》卷31《湖州长史苏君墓志铭》，载《欧阳修集编年笺注》第二册，巴蜀书社2007年版，第529页。

为妻,进一步巩固了苏氏与韩氏的家族地位。历任光禄寺主簿,知会稽县、太康县,累官至大理评事。他曾汇集历代谏争奏议之事,编为《献纳大典》100卷,在政治文献的编撰整理方面有突出贡献。宋仁宗康定元年(1040),苏舜宾受诏试学士院,因病而卒,最终未能赴试。其子女事迹无考。①

从核心人物的活动轨迹中不难看出,盐泉苏氏家族事业发展的最辉煌阶段,主要是苏易简、苏耆、苏舜元等祖孙三代在政坛活跃的时期。对其家族兴盛的原因,可以从多个方面进行总结。首先,当然是苏氏长入以来的科举、政治传统。从苏捡高中状元、苏拯中进士、苏振出任县令开始,这个家族的文化基因就已经带有浓厚的政治色彩。其次,则是苏易简在科举上的重大突破以及其子孙的持续努力。最后,通过政治联姻加强家族影响,"苏耆联姻宰相之家,对于保持苏氏的'大家著姓'地位,总的来说是有利的"②。同时,这样一个科名世家的衰落也与政治因素密切相关。苏易简因事业不得志郁郁而终,苏舜钦受政治风波影响而被贬黜,再加上苏耆、苏舜元、苏舜宾皆早逝,没来得及在仕途上争取更高的地位、更大的成就,直接导致家族后人缺乏有力的引领和支撑。随着苏舜钦将个人事业重心转向文学,苏氏的政治影响进一步减弱,最终在一二传之后消失无闻。

三 成都宇文氏

宇文氏是唐宋时期四川地区一个声势煊赫的文化世家,其支脉之广、人才之多在当时的文化世家中显得极为突出。同时,宇文氏还是一个保持着长期政治影响力的科名世家。在数百年的时间内,家族有

---

① 杨倩描:《北宋人物辞典 下》,河北大学出版社2015年版,第652页。
② 张邦炜:《宋代盐泉苏氏剖析》,载邹重华、粟品孝主编《宋代四川家族与学术论集》,四川大学出版社2005年版,第98页。

大批成员通过科举、恩荫入仕，在四川及全国其他地区为官，并对当时的朝局产生了影响。

宇文氏在入蜀之前居于河南，唐文宗太和年间，先祖宇文礼仕宦于蜀，于是便定居成都，成为当地望族。换言之，四川宇文世家本身就是由政治原因而迁来蜀中的。此后，宇文氏族人逐渐分居成都及其周边地区，支脉旁分，衍为成都、双流、广都、绵竹、严道、阆中等六房。六房之中，严道、阆中两支谱系已不可考；其余四房族人虽然分居成都、绵竹两地，但互相之间都有亲缘关系——"广都与绵竹同祖，成都与双流同祖，此二祖又为兄弟"①，故而家族成员间的交往十分密切，实为一个覆盖两郡四县的文化大家族。宋代以后，绵竹宇文氏又回迁郫县，与成都、双流、广都三房同属成都治下。因此，作为一个文化世家而言，成都宇文氏一家四房完全可以作为一个整体对象来加以研究。

（一）双流支脉

成都宇文氏家族是一个典型的科名世家。据宋人《氏族谱》所记，在其双流一房中，宇文册在北宋时首成进士。其子宇文昌龄又以少年登进士第。第三代宇文常、宇文千、宇文宰亦为官显贵。在第四代人物中，则有宇文价、宇文任成进士，宇文仍、宇文僎出仕为官。传至第五代，宇文价之子宇文震、宇文任之子宇文㡳又各登进士高第。五代人科第相望，功名煊赫，迭盛将近百年。②

宇文昌龄，字伯修，举进士甲科，先后任职荣州推官，秦凤路提举常平、两浙提举常平。宋神宗时拜监察御史，又转比部、吏部员外

---

① 邹重华：《宋代四代宇文氏婚姻关系考》，载邓小南主编：《宋史研究论文集2008》，云南大学出版社2009年版，第257页。
② 佚名：《氏族谱》"宇文氏"，载《巴蜀丛书》第1辑，巴蜀书社1988年版，第265页。

郎，京西转运副使，迁太常少卿直秘阁。后历知梓州、寿州、河中府、邓州、郓州、青州等地。徽宗时任刑部、户部侍郎，以宝文阁侍制知开封府，再出知青州、杭州、越州，卒年六十五。①

宇文常，字权可，宇文昌龄之子，累官至知黎州，宋徽宗政和年间，固守北宋与大理的旧时边界，为化解两国边界冲突做出了贡献。后任提举成都路茶马，革除旧时弊政，使宋朝军马储备大大增加。改知夔州，累官至中大夫。②

宇文价，字子英，宋孝宗隆兴元年（1163）进士，后任秘书郎、著作佐郎、起居舍人。累迁兵部尚书，出知遂宁府、襄阳府。以善诗文名著一时，为理学名儒魏了翁所推重。③

(二) 广都支脉

宇文氏广都一房，首登第者为宇文邦彦。其子宇文阆中、宇文粹中、宇文虚中皆成进士，宇文粹中甚至还高中第三。另一子宇文时中亦为官有声，仕至龙图阁学士知潼川。第三代人物中为官者有宇文师尹、宇文师皋、宇文师申、宇文师献。第四代入仕者则有宇文绍节、宇文绍直、宇文绍良、宇文绍寅、宇文绍奕、宇文绍猷、宇文绍彭、宇文绍庄等人。其家族政治影响一直延续到南宋，"视双流亦不胜书"④。

宇文邦彦，宋神宗元丰年间登第成进士。其妻黎氏，刻苦持家，喜读书，能通晓经书大意，以之相夫教子。

宇文粹中（？—1139），字仲达，宇文邦彦子。宋徽宗崇宁二年

---

① 曾枣庄、刘琳：《全宋文》第101册，上海辞书出版社2006年版，第301页。
② 杨倩描：《北宋人物辞典 下》，河北大学出版社2015年版，第1044—1045页。
③ 王小红：《巴蜀历代文化名人辞典 古代卷》，四川人民出版社2018年版，177页。
④ 佚名：《氏族谱》"宇文氏"，载《巴蜀丛书》第1辑，巴蜀书社1988年版，第266页。

(1103）登进士第三，历任翰林学士承旨、宣奉大夫。宣和六年（1124）擢升尚书右丞，出任江宁知府。宋室南渡后，提举亳州明道宫，授秘阁直学士、濮州知州，迁光禄大夫、潼知府。绍兴元年（1131）致仕归乡。绍兴九年（1139）逝世，追赠少保。

宇文虚中（1079—1146）原名黄中，字叔通，宇文邦彦子。宋徽宗大观三年（1109）进士，仕至签书枢密院事、资政殿大学士。多次被派遣出使金国，高宗时使金，被扣留任官，至翰林学士、知制诰。因与宋朝密谋反金，被察觉，全家遇害。宋孝宗时，赠开府仪同三司，谥肃愍，后又加少保，赐姓赵氏。[1]

宇文师申（1111—1162），字德闻，宇文时中长子。南宋初，知合州，修缮学宫，使郡邑大治。

宇文师献（1128—1174），字德济，宇文粹中子。以父荫补承务郎，为德阳县丞。后知绵州，整顿科条，察除蠹弊，节省用度，经理学校，推行乡饮酒礼，移风易俗、激励士人气节，颇有良吏之声。后改知阆州，卒于任。[2]

宇文绍节（？—1213），字挺臣，本为宇文虚中族孙，虚中与其子师瑗使金朝死难，宋孝宗以绍节为师瑗子，补官仕州县。后中进士第，累官至端明殿学士、签书枢密院事。卒，赠少师，谥忠惠。

(三) 成都支脉

成都一房，自宇文朴、宇文谷以下，第二代宇文临望、宇文久望、宇文日华，第三代宇文如石、宇文如圭，第四代宇文开仲俱成进士，"积世名位视双流、广都为显，而科第亦不愧族望"[3]。

---

[1] 脱脱等：《宋史》卷371《宇文虚中传》，中华书局1985年版，第11526—11529页。
[2] 粟品孝：《成都通史 五代（前后蜀）两宋时期》，四川人民出版社2011年版，第357—358页。
[3] 佚名：《氏族谱》"宇文氏"，载《巴蜀丛书》第1辑，巴蜀书社1988年版，第266页。

宇文朴，宋徽宗政和年间登进士第，其父宇文降因子显贵而获得朝廷赠官。

宇文久望，宇文朴从子，宋孝宗淳熙年间任成普县令，爱民如子。逢县中久旱成灾，宇文久望组织民工开凿水渠，引水灌溉。又遍祷群神，祈雨有验，多次成功化解灾情。百姓喜而颂其德政。①

（四）绵竹支脉

绵竹一房，由宇文之邵首登进士第。其子宇文辉通经入仕，状元及第。宇文辉之子宇文思忠、孙宇文师孟因为与广都宇文氏相善，被视同一家，皆受其恩荫而入仕。此外，宇文辉从弟宇文彬又于元丰年间得中进士，回迁郫县。宇文辉之子宇文仲再中进士，另一子宇文仔亦得官。②

宇文之邵（1029—1082），字公南，宋仁宗嘉祐二年（1057）年进士，知曲水县。宋神宗时，官至太子中允，上疏直言国事，未获采纳，遂愤然辞官归乡，时年未满四十。司马光、范镇皆称赞他不慕富贵而以学行表见于世。程珦入蜀为官，礼聘宇文之邵主持汉州学务，其二子程颢、程颐亦向宇文之邵问学。对二程理学思想的形成有一定影响，学生称之为"止止先生"。黄宗羲誉之为"蜀学之先"。后人辑其遗文为《止止先生宇文公集》。③

综括以上所列，在两宋之际，成都宇文氏四房族人中，至少有二十余人成为进士，其中还有一人为状元、一人高中第三。除此之外，出仕为官者更不可胜计。仅从这一份简单的统计中，就能看出该家族科名之盛。

---

① 曾枣庄、刘琳：《全宋文》第259册，上海辞书出版社2006年版，第137—138页。
② 佚名：《氏族谱》"宇文氏"，载《巴蜀丛书》第1辑，巴蜀书社1988年版，第267页。
③ 黄宗羲、全祖望：《宋元学案》卷6《士刘诸儒学案》，中华书局1986年版，第262页。

四 华阳王氏

华阳王氏是两宋之际非常著名的科名世家，前后六世十余人以科举登高第、成显宦，号称"衣冠盛事堪书日，六世词科只一家"，"三朝遇主惟文翰，十榜传家有姓名"。其家族成员中进士人数之多、科名质量之高，在一众科名世家中都算得上十分抢眼。

（一）王氏先世

关于华阳王氏入蜀前的情况，传世文献记录不多。宋初眉山人吕陶撰《承事王府君墓志铭》称："王氏出姬姓，其先居太原。自唐僖宗幸蜀，有从而西者，遂为华阳人，至先生五世矣。曾祖某、祖某、考某，皆乐隐晦不仕进。先生讳某，字仲符，……一试未第，遂归岷山之下。"① 此处提及的太原，是王姓的郡望，一般上溯王姓世系都会以太原作为重要节点，但这并不能作为华阳王氏入蜀前的确切居住地。不过，根据吕陶所述，还是可以大致判断华阳王氏原籍应该在中国北方，约在唐末僖宗时避乱入蜀，其后遂定居华阳。而吕陶为之撰写铭文的王仲符一系，应当只是华阳王氏中的一支。王仲符以上四代，名讳皆已无考。但通过这一支族人，可以略微看出王氏家族在唐末至宋初的整体情况。从定居华阳开始，至后蜀、北宋之交，宗族传承已历四五世。支脉分衍，成员众多，名讳、世系、活动毕皆不可详考，但总体上科名不显。近百年的时间里，华阳王氏尚处在积蓄力量的阶段。

（二）王景图与王永

王景图，华阳王氏族人，先世谱系已不可考。他在五代时期成功登第为进士，是华阳王氏登科入仕的第一世，为家族在政治上开辟了一条大道。此后，王景图一系即成为引领华阳王氏的主脉，"十世登

---

① 吕陶：《净德集》卷23《承事王府君墓志铭》，中华书局1985年版，第257页。

科"的壮举由此开启。①

王永，王景图之子，孟蜀时入仕，任西畿令。宋灭蜀，王永随后主孟昶归降，授右补阙，迁起居舍人。在宋廷期间，王永再中进士，成为华阳王氏"十世登科"的第二世，使家族的科名事业又向前迈进了一步。②宋太宗时，吴越国纳土投降。王永奉皇命前往接收土地、厘定赋税。至任以后，他以散布恩义、感召新附百姓为工作重点，将不合理的税收尽皆免除，减免税额三分之二，让利于民，使"民皆感泣"。回朝复命时，宋太宗一开始对税赋减少表示不满，但经过王永的解释，让利示恩的政治策略最终还是得到了皇帝的高度认同。③作为一名降臣，王永能坚守政治原则，又敢于决断，不仅为其个人发展创造了良好的条件，也使整个家族更好地融入了宋朝政治的新秩序之中。此后，王永屡获升迁，累官至京东转运使。后因从孙王珪拜相，追赠荣国公、太师、中书令兼尚书令。经过王景图、王永两代人的努力，华阳王氏终于通过科举顺利走上了仕途。

（三）王贽

王贽，王永之子，北宋初年以进士起家，是华阳王氏"十世登科"的第三世。王贽任官，初为侍御史、三司判官，先后出任了包括两浙转运使在内的九地转运使，又知十州府，"所至有能名"④，"有重名天

---

① 庄绰：《鸡肋编》卷中"十世登科"，中华书局1983年版，第76页。
② 一说王永即王景图，景图是其字。但据李清臣所撰王珪神道碑文，明言王景图是王珪高祖，王永是王珪曾祖，则二人应是父子关系。又，关于王永中进士的时间，王善军先生推测："王永入宋后考中进士的可能性是有的。"杜大圭：《名臣碑传琬琰集》卷8《王太师珪神道碑》，文海出版社1967年版，第131页；王善军：《宋代华阳王氏家族的科举和仕宦》，载邹重华、粟品孝主编《宋代四川家族与学术论集》，四川大学出版社2005年版，第217页。
③ 脱脱等：《宋史》卷312《王珪传》，中华书局1985年版，第10241页。
④ 杜大圭：《名臣碑传琬琰集》卷8《王太师珪神道碑》，文海出版社1967年版，第131页。

下"①。可以说，王贽不仅延续了家族以科举出仕的传统，而且任职区域更广，职级也明显高于祖、父，政治声誉更隆。他的"仕宦是较为成功的，产生了一定的社会影响"②。除本人政绩突出外，王贽还善于训子。其五子王皋、王覃、王准、王巩、王罕"亦多显者"③。王贽后来也因孙王珪拜相而被朝廷追赠为魏国公、太师、中书令兼尚书令。经王贽训诫引导，王氏子孙的事迹更加辉煌。

王准，王贽之子，北宋时登第为进士，是华阳王氏"十世登科"的第四世。以善文辞而擢任秘阁校理，历任太常博士，终三司盐铁判官。后因子王珪拜相而被朝廷追赠为汉国公、太师、中书令兼尚书令。④

王罕，字师言，王贽之子，以恩荫知宜兴县，历任广东转运使、潭州知州、度支副使、明州知州，终光禄卿。为政通达，不加危罚。善理财，曾均平宜兴湖田赋税；又善治兵，任广东时，曾整备军务，使侬智高不敢犯。兄王准逝世后，教养其子王珪。⑤

(四) 王珪

王珪（1019—1085），字禹玉，王准之子。宋仁宗庆历二年（1042）举进士甲科第二，从此开启仕途生涯，是华阳王氏"十世登科"的第五世，也是家族中科名最盛的人物。历官扬州通判、直集贤院、知制诰、翰林学士、知开封府。神宗熙宁三年（1070）拜参知政

---

① 王珪：《华阳集》卷40《寿安县太君吕氏墓志名》，商务印书馆1935年版，第556页。
② 王善军：《宋代华阳王氏家族的科举和仕宦》，载邹重华、粟品孝主编《宋代四川家族与学术论集》，四川大学出版社2005年版，第217页。
③ 沈括在《梦溪笔谈》中记录了"王方贽均杂税"一条。观其事迹，实为王永之事；文末记"王方贽"诸子皆显贵，开列姓名则是王贽之子。显然是将王永、王贽父子混同了。沈括：《梦溪笔谈》卷9《王方贽均杂税》，上海古籍出版社2015年版，第65页。
④ 杜大圭：《名臣碑传琬琰集》卷8《王太师珪神道碑》，文海出版社1967年版，第131页。
⑤ 脱脱等：《宋史》卷312《王珪传》，中华书局1985年版，第10243—10245页。

事，熙宁九年（1076）进同中书门下平章事、集贤殿大学士，正式拜相。后加尚书左仆射兼门下侍郎、封郇国公。宋哲宗时，进封岐国公。卒后获赠太师，谥号"文恭"。王珪一生历仕仁、英、神、哲宗四朝，典内外制十八年，为相十六年，历经濮议之争、王安石变法、熙河开边、元丰改制、讨伐西夏、哲宗之立等影响宋朝的大事，对北宋中后期政局产生了重要的影响。王珪凭借文学功力位居高职。他的文笔华丽气派，讲究典事对仗，台阁味比较浓重。其为政也因随时俯仰、少有诤谏而遭诟病。[1] 钱钟书先生在《宋诗选注．序》中说："从此以后，宋诗也颇尝过世态炎凉或者世价涨落的滋味。在明代，苏平认为宋人的近体诗，只有一首可取，而那一首还有毛病……"[2] 而这一首诗，正是王珪的《恭和御制上元观灯》（《华阳集》卷四），可见王珪之诗还是很有特色才得到后人好评的。

（五）王氏后人

华阳王氏经王珪拜相后，科名更加繁盛，参加科举而高中进士者代不乏人。

在王珪的兄弟辈中，王琪，字君玉，是王贽之孙，与王珪为从兄弟。宋仁宗时举进士，任江都主簿，建义仓、置营田、减僧尼、罢鬻爵、禁锦绮、行乡饮、复制科、兴学校，颇有实绩，仁宗嘉之，升为馆阁校勘、集贤校理。后为舒州通判、知复州、开封府推官、直集贤院、两浙淮南转运使、修起居注、盐铁判官、知制诰，又出知润州、邓州、杭州、扬州，以礼部侍郎致仕。王琪曾增订刊刻王洙的《杜工部集》于苏州，颇有功于杜诗的传播。又是著名的词人，《全宋词》录其词十一首。他的《望江南》词十首在当时颇为有名。王玞、王珣、

---

[1] 脱脱等：《宋史》卷312《王珪传》，中华书局1985年版，第10241—10243页。
[2] 钱钟书：《宋诗选注·序》，人民文学出版社1982年版，第11页。

王璪，皆是王贽之孙、王覃之子，兄弟三人分别仕致尚书比部员外郎、尚书职方员外郎、杭州南新县令。

在王珪的子侄辈中，王仲修为王珪长子，宋神宗元丰年间登第，是华阳王氏"十世登科"的第六世。王珪之侄王仲均，举进士。王仲原（？—1108），神宗时登进士第，后任学官，于宋徽宗崇宁年间扩建，清裁冒额，卓有治绩。① 王仲甫，以辞赋登科。② 又有王仲猷，荫官太庙斋郎。③

在王珪的孙辈中，王仲原之子王耆登第，是华阳王氏"十世登科"的第七世。王珪侄孙王昂，字叔兴，于宋徽宗政和八年（1118）高中状元，大魁天下，除秘书省校书郎，累官起居舍人、秘书少监，继续着家族的仕宦之路。又有王昺于宣和六年（1124）登第。

此后，王氏第八世后人王寀，"擢癸未进士"；王宏，"就己丑特进"。第九世王祖愿，为"乡贡进士"。第十世王曧，"以博学宏词合格赐第"。④ 至此，华阳王氏终于完成了十世登科的壮举。整个家族，不仅高中进士的人数多，中考名次靠前者也大有人在。南宋时，王氏家族因与秦桧联姻，在秦桧去世后，王氏也受到牵连，仕宦大衰。

五 仁寿虞氏

仁寿虞氏是以南宋"中兴名相"虞允文、"沧江先生"虞刚简祖孙以及元代名儒虞集为主要成员的文化世家。虞允文在南宋历史上具有巨大的政治影响力，直接为家族振兴奠定了基础；而自虞刚简以至

---

① 许光疑：《故朝请郎尚书仓部员外郎致仕飞骑尉赐绯鱼袋王公墓志铭》，载河南省文物研究所《千唐志斋藏志》，文物出版社1984年版，第1310页。
② 厉鹗：《宋诗纪事》卷29"王仲甫"，上海古籍出版社2013年版，第737页。
③ 王珪：《华阳集》卷40《寿安县太君吕氏墓志名》，商务印书馆1935年版，第557页。
④ 王善军：《宋代华阳王氏家族的科举和仕宦》，载邹重华、粟品孝主编《宋代四川家族与学术论集》，四川大学出版社2005年版，第218页。

虞集，其主要成就则转向了学术领域，所以仁寿虞氏实际上是一个兼跨政治与学术的文化家族，可以将此作为一个科名世家转型的案例来加以认识。

(一) 虞氏先世

仁寿虞氏入蜀之前的先祖，往往被追溯至唐初名臣虞世南。但据当代学者考证，各种族谱、碑铭中对虞世南至仁寿虞氏始迁祖之间的世系传承记载是模糊不清、充满矛盾的。鉴于此，"虞世南是否果真是仁寿——崇仁虞氏的远祖，而今很难断定"①。对仁寿虞氏的世系梳理，当从入蜀时开始。

唐僖宗时，皇室避乱南下，虞殷（一说虞敦人）率族人随之入蜀，定居隆州仁寿。据欧阳玄为虞集所撰的《神道碑》记载，虞氏在仁寿的传承情况为虞殷生九子，长子为虞赏。虞赏生六子，次子为虞琚。虞琚以下多世皆单传，为虞庚、虞承、虞询、虞继、虞崇。虞崇第三子虞昭白。②但在赵汸为虞集所作的《行状》中，虞氏先世的世次传承则是虞敦人传子虞赏，虞赏传子虞琚，虞琚传子虞庚，虞庚传子虞询，虞承传子虞继崇，虞继崇传子虞昭白。③世次较欧阳玄所记为少。不过无论按照哪一种记载，仁寿虞氏在虞昭白之前都已经有多世的积累，是一个"家富族滋"的世家大族。④虞昭白，即是虞允文的曾祖父，因子孙功绩而被朝廷追赠为太师、周国公。其子虞轩是虞允文的祖父，虽然也没有走上仕途，但他"好善积德"，在乡梓间有很高的威

---

① 张邦炜：《宋元时期仁寿——崇仁虞氏家族研究》，载邹重华、粟品孝主编《宋代四川家族与学术论集》，四川大学出版社2005年版，第239页。
② 欧阳玄：《圭斋文集》卷9《元故奎章阁侍书学士翰林侍讲学士通奉大夫虞雍公神道碑》，四部丛刊本。
③ 赵汸：《东山存稿》卷6《邵庵先生虞公行状》，康熙四十一年长洲顾氏秀野草堂刻本。
④ 朱存理辑：《珊瑚木难》卷5《杨椿书虞秦公祺传》，上海古籍出版社1991年版，第399页。

望,后亦获赠太师、魏国公。

(二) 虞祺

虞祺(1077—1147),字齐年,虞轩之子,虞允文之父。宋徽宗政和五年(1115)进士。入仕后久在地方任职,有"才臣"之美誉。后升任太常博士、潼川路转运判官,一心为民,不畏强势。宋高宗时知大宁监,对高额征收的盐税予以减免。后升知梓州,因拒不贡纳方物而触忤秦桧,被免官。晚年"闭户著书,不预外事"。他逝世时"远近哭泣相吊,时论伟之"①。朝廷因其子虞允文显贵而追赠虞祺为太师、秦国公。虞祺是仁寿虞氏以科举起家的第一人,对于整个家族政治事业的发展具有重要意义,为虞氏家族在南宋以后的兴旺打下了坚实的基础。同时他还训子有方,对后代起"典型陶范"的作用,是仁寿虞氏在迁蜀数百后得以真正崛起的奠基人。

(三) 虞允文

虞允文(1110—1174),字彬甫,是虞祺的儿子。他自幼聪敏,勤奋好学,"六岁诵九经,七岁能属文"。宋高宗绍兴二十四年(1154),虞允文考中进士。先后出任彭州通判及黎州、渠州权知州。后调回京城,由秘书丞转任礼部郎官,升任中书舍人、参知政事兼知枢密院事。乾道三年(1167)出任四川宣抚使、知枢密院事。乾道五年(1169)八月,升任尚书右仆射、同中书门下平章事兼枢密使、制国用使,一手握定军政大权。后又再次出镇四川。淳熙五年(1174),虞允文逝世,赠太师,谥"忠肃"。

虞允文幼受庭训,继父亲虞祺之后再次以科举出身,活跃于南宋初期,出将入相数十年,其武功文治皆可称道。在军事方面,虞允文

---

① 佚名:《乾隆纂集仁寿全志》,载《中国志方志荟萃 西南卷》第2辑第8册,九州出版社2016年版,第125页。

最大的功绩是指挥了大败金军的采石矶之战。在登第后不久，虞允文奉命出使金国，见其大举训练水军，敏锐地意识到金军有可能继续南犯。回国后，他就上疏提醒朝廷注意防备。绍兴三十一年（1161）九月，金主完颜亮果然率军南下，企图一举攻灭宋朝。十一月时，金军主力进抵长江防线，准备从采石矶渡江。虞允文时任江淮督视府参谋军事，奉命前往采石犒师。当时宋军仅有残兵一万八千余人，寡不敌众。虞允文积极开导士兵，组织他们背水死战，迅速提升了士气。在其指挥下，宋军奋勇坚守，粉碎了金军突破长江防线的企图，赢得"采石大捷"。采石之战是中国历史上著名的以少胜多的经典战例，宋军以不足两万的兵力，击败金军近四十万人，取得辉煌胜利，使新建的南宋朝廷转危为安。次年，虞允文出任川陕宣谕使，与大将吴璘密切配合，趁势收复了部分失地。

在文治方面，虞允文除了以宰相身份全力支持抗金事业外，还特别留意培养、提拔人才。平时但凡见闻某人可取言行，便将其记下。最后将人才分为三等，辑成《翘材馆录》一书，以收用贤才。在虞允文推荐和选拔的人才当中，官至宰相者有洪适、梁克家、周必大、留正、赵汝愚；知名之士则有胡铨、王十朋、李焘、吕祖谦、辛弃疾、杨万里等。[1]

（四）虞刚简

虞刚简（1163—1226），字仲易，世称"沧江先生"，是虞允文之孙。以祖父恩荫入官，历知华阳县，通判绵州、知万州、知简州，擢夔州路、利州路提点刑狱使，卒于任。虞刚简为官地集中在四川地区，有移风易俗、捍卫边疆之功，但他的主要成就不在于政治而在于学术，他推动了理学在四川的广泛传播。虞刚简创办的沧江书院，是南宋时

---

[1] 脱脱等：《宋史》卷383《虞允文传》，中华书局1985年版，第11791—11800页。

期全国有名的讲学中心。在沧江书院讲学的有著名学术家族华阳范氏的范仲黼、范子该、范子长、范荪（时人称为"四范"）以及薛绂、邓谏从、虞刚简、程遇孙、宋德之共九人，合称"二江九先生"①。所传之学，为川中理学名家张栻之学。而宋代理学思潮，也正是通过沧江书院学者的传播，而得以在成都及其周边地区快速发展。

（五）虞氏支系

虞允文有子三人，皆受恩荫。长子虞公亮，荫奉议郎、直秘阁。其诸子除次子虞刚简外，多在地方任职，颇著实绩。长子虞易简，荫承议郎，任枣阳军使、知大宁监。三子虞方简荫宣教郎，历知江安县、夹江县、长宁军、普州、蓬州、邛州，所任皆受百姓爱戴。四子虞秋荫宣教郎，知青神县、茂州。五子虞夷简荫宣教郎，历任郫县丞、永康军别驾、知荣州、知富顺监，振恤贫民，政绩显著。

虞允文次子虞公著，荫朝散郎后入仕，历知开州、渠州，累官至中奉大夫。虞公著长子虞普荫承奉郎，曾权知石泉军，累官至兵部尚书、直宝文阁，政治影响在虞氏支脉子孙中最为深远。其弟虞曾、虞泰、虞时、虞会、虞香分别任职什邡县丞、眉山县丞、邵阳县主簿、登仕郎、通仕郎。在第三代、第四代、第五代人物中，虞普次子虞从龙曾任惠州通判。虞从龙长子虞汲在南宋末年曾任黄冈尉。②虞汲子虞采曾任掌管库藏的小吏，另一子虞槃官至嘉鱼县令，为政有治绩。

虞允文三子虞杭孙，荫奉议郎，历任余杭县丞，知长宁军、大理寺丞、中奉大夫。其子孙事迹无考。

---

① 黄宗羲、全祖望：《宋元学案》卷72《二江诸儒学案》，中华书局1986年版，第2413—2415页。
② 张邦炜：《宋元时期仁寿——崇仁虞氏家族研究》，载邹重华、粟品孝主编《宋代四川家族与学术论集》，四川大学出版社2005年版，第247—248页。

（六）虞集

虞集（1272—1348），字伯生，虞汲之子，学者称"邵庵先生"，以文章、讲学、学术而知名，与揭傒斯、柳贯、黄溍并称"元儒四家"，又与揭傒斯、范梈、杨载并称为"元诗四大家"。虞集幼承家学，后又从一代名儒吴澄问学。元成宗大德初年，被荐为大都路儒学教授，历任国子助教、博士，迁集贤殿修撰，除授翰林待制，累官至奎章阁侍书学士、通奉大夫。其所任多为教职及文学侍从之职。其所著诗文上万篇，但遗留下来的已不多，门人将其汇编为《道园学古录》80卷。后代另编有《道园遗稿》16卷。虞集还著有《古字便览》一卷，任《经世大典》总裁，这是后来明朝初年编修《元史》的主要依据之一。虞集早年任国子助教时，以师法严厉著称。他将道和文结合起来，其学问以博学、精思、致用为特色。他为吴澄的学说不厌其烦地加以阐释，是吴澄所开创的元代江左理学的主要传人。总的来说，虞集比其父虞汲、曾祖父虞刚简学术地位更高。

虞集诸子中，虞安民受父荫出仕，累官吉州路安福州知州。虞延年任武缘县博合砦巡检。虞翁归修习儒业，参与科考，但未能中试。

总的来看，仁寿虞氏家族从虞祺、虞允文而下，至虞集、虞安民，共历八世，仕宦遍布全国各地，由南宋初年延续到元朝末年。但是从政治成就上看，虞祺首登甲科，虞允文则是集大成者。自虞刚简、虞集而下，政治影响逐渐萎缩，学术影响却不断扩大，家族文化的重心已然发生转移。

六　新都杨氏

明代以后，天府文化的发展进入了一个低谷期。从科名仕宦的角度来看，明代四川以科举出仕的知名人物数量已远不如唐宋。不过，在这样一个相对沉寂的时代，仍然有"一门七进士"的新都杨氏家族延续着天府科名世家曾经的辉煌。以杨廷和、杨慎为代表的杨氏家族在明代中期的政坛上终于大放异彩。

(一) 杨氏先世

元末，江西吉安杨氏家族的一支为躲避欧普祥之乱，迁徙到湖北麻城。红巾军起事后，杨氏为躲避祸乱，又在杨世贤的带领下一路西迁，来到了四川。因为新都地理环境优越，社会稳定、物产富庶，便成为杨氏家族最后的落脚点。杨世贤本人终身务农，并没有出仕。其子杨寿山，曾入赘新都李家，为人乐善好施，当时人称"李佛子"，晚年复改回原姓。经过两代人的积累，杨氏终于有了一定的物质积蓄，可以供子弟读书仕进。代表家族首先走上仕宦道路的，是杨寿山之子杨玫。

杨玫，字美玉，研习《春秋》而成为生员，明宣德年间，杨玫作为学业优长的贡生，选授贵州永宁州吏目，掌管政务文书，后卒于任所。[①] 杨玫为官清廉，拒不接受土官的赠金，深受当地百姓爱戴。

(二) 杨春

杨春（1436—1516），字元之，杨玫第三子。自幼勤奋好学，以"学问赅博，心地平坦"著称，早晚研读《周易》不倦。于成化元年（1465）乡试中举，成化十七年（1481）进士（杨春科场不顺，中进士晚于其长子杨廷和三年，所以他实际上是新都杨氏得中进士的第二人）。后省母归乡，久未授官。六年后始任行人司正，执掌宗藩册封、大臣征聘事宜，皆能奉公守法，使诸司慑服。弘治年间，杨春年过六十，始升任湖广按察司佥事，专门负责督查学政。凡被杨春赏识的人，

---

① 焦竑：《国朝献征录》卷15《特进光禄大夫左柱国少师兼太子太师吏部尚书华盖殿大学士赠太保谥文忠杨公廷和行状》，载《续修四库全书》史部第525册，上海古籍出版社2002年版，第487页。

必登科第。两年后，杨春致仕归乡，年八十而卒。后因子杨廷和显贵，获赠光禄大夫、柱国、少保兼太子太保、户部尚书、文渊阁大学士。①

杨春共生七子，长子杨廷和。次子杨廷平，举人。三子杨廷仪，弘治十二年（1499）登第，是新都杨氏家族的第三名进士（晚于其兄杨廷和及其父杨春）。历任兵部职方司郎中、吏部考功司郎中、吏部文选司郎中，后改太仆寺少卿、太常寺少卿，升太仆寺卿、太常寺卿、工部侍郎、兵部侍郎，致仕。四子杨廷简，早卒。五子杨廷宣，举人。六子杨廷历，国子监生。七子杨廷中，县学生员。"一门科第之盛，莫之或过。"诸子之中，又以杨廷和最为显贵。②

（三）杨廷和

杨廷和（1459—1529），字介夫，杨春长子。四岁就知晓音律，每日可记诵书若干卷，十三岁考中乡试，传为"神童"。成化十四年（1478），二十岁就考中进士，登第时间尚在其父杨春之前。所以，杨廷和实际上才是新都杨氏成为进士的第一人。后考选翰林院庶吉士，散馆后授翰林院检讨，再进修撰，升翰林侍读，改左春坊左中允，侍皇太子讲读。再升左春坊大学士，充日讲官。正德二年（1507）以户部尚书兼东阁大学士入阁参预机务，正德七年（1512），升任内阁首辅，特进一品，位极人臣，登上了仕宦顶峰。嘉靖三年（1524），大礼议起，杨廷和与皇帝议不协，被迫请辞乞归。③纵观杨廷和的一生，在仕途上可谓平步青云，节节高升。从弱冠登第，到参预机务、特进首辅，其间很少有大的起落，都是不断往上升迁，因其生性沉静审密，为文简畅，主持修撰《实录》《会典》，充当经筵讲官，是其仕进的主

---

① 李东阳：《李东阳续集》文续稿卷10《明故封光禄大夫柱国少保兼太子太保户部尚书文渊阁大学士杨公神道铭》，岳麓书社1997年版，第265—266页。
② 李东阳：《李东阳集》卷6《留耕轩记》，岳麓书社2008年版，第1013页。
③ 张廷玉等：《明史》卷190《杨廷和传》，中华书局1974年版，第5031—5039页。

要脉络。在职期间，他为官清正，虽身居高位，老却"同于寒素"。他关心民间疾苦，为家乡"通水利""修县城""置义田"，很受时人称道。他一生博学弘毅，光明正大，积极倡导励行"新政"，对明朝之中衰起到一定振起作用。同时，杨廷和在科考、仕途上的巨大成功也为杨氏后人营造了不可多得的有利条件。在杨家历代积累的仁义与文德的加持下，前人官职、社会地位、学术修养，是致使杨家"一门七进士"的关键因素。

（四）杨慎

杨慎（1488—1559），字用修，号升庵，新都人。他父亲杨廷和官居内阁首辅，他的两位叔叔也是著名的诗人和学者。他生于京师，长期在京师接受父亲与叔父的教育，自幼苦读，六岁知句读，诵唐诗，学书法，有"嗜书癖"。弘治十四年（1501），杨慎跟随父亲回乡守制，跟从祖父杨春学习《周易》，两年时间便掌握了全部经义。正德二年（1507），杨慎二十岁，在四川乡试中考中《易》魁，成举人。明武宗正德六年（1511），殿试第一，状元及第，成为新都杨氏家族中登进士第的第四人。但是从登名次和仕途起点来看，杨慎则远高于祖、父。中试后，杨慎先被授予翰林院修撰之职，参与编修《武宗实录》。后遇武宗微行潜出居庸关，他曾上疏抗谏。明世宗继位后，杨慎复任翰林修撰兼经筵讲官。嘉靖三年（1524），"大礼议"事起，杨慎坚守原则，敢于与皇帝对抗，最终触怒了明世宗，被杖责罢官，谪戍云南永昌卫。时年37岁。此后，除因公私事务获准几次短暂回川外，一直在云南度过。在滇南时，曾率家奴帮助平定寻甸安铨、武定凤朝文叛乱。此后三十余年间，他遇赦不得免，只能以著述为业。嘉靖三十八年（1559），杨慎在戍所逝世。明穆宗时追赠光禄寺少卿，明熹宗时追谥"文宪"。杨慎天才英发，兴趣广博，聪敏明达，精力过人，遭打击之后，郁闷激昂，故而更发奋于学术，撰写和编撰各类著作四百多种

(今存150种），其范围包括诗文创作、古今历史、经学、民间文学整理、音乐与戏曲的研究与创作、音韵文字、文学批评、金石书画、地方史志、典章制度、自然科学等，是我国文化史上最具特色的百科全书式的大学者。在整个明代，"记诵之博、著作之丰，推慎为第一"（《明史·杨慎传》）。李调元在《函海·序》中称他"为古来著书最富第一人"，由于他治学面广，著作丰富，一反空疏之风，对明代实学和后世影响很大。他所编纂的《全蜀艺文志》为研究巴蜀文化最为重要的著作之一，可与曹学佺的《蜀中广记》并称"双璧"。

（五）杨氏后人

除杨廷和、杨慎外，新都杨氏家族中以科名显耀者尚多。杨惇（1489—1557），字用叙，杨廷和次子，中嘉靖二年（1523）进士，是新都杨氏得中进士的第五人，官至兵部职方司主事。杨恂，杨春之孙、杨廷和从子，嘉靖五年（1526）进士，是家族中考中进士的第六人。杨恒，杨廷和第三子，以恩荫任中书舍人，累官至大理寺寺副。杨恺，杨春之孙、杨廷和从子，正德八年（1513）举人。杨忱，杨廷和第四子，正德十一年（1516）举人。杨志仁，杨廷和孙，以恩荫出仕，曾任湖广都司经历。杨斯仁，杨廷和孙，生员。杨其仁，杨廷和孙，荫国子监生。杨同仁，杨慎子，生员。杨宁仁，杨慎子，生员。杨有仁，字以义，本为杨惇之子，后过继与杨慎，万历二年（1574）成进士，是新都杨氏家族中的第七位进士，官至兵部郎中。杨兴仁，杨廷和孙，荫指挥同知。杨金吾，杨慎孙，荫尚宝卿。杨宗吾，荫指挥同知。

尽管这些家族成员的科名不如杨廷和、杨慎耀眼，但他们终究都在科考、仕途方面有很好的成绩，这即是新都杨氏家风家学延续的最好证明。从对地方的影响来说，杨氏家族不仅造福了新都的文教发展，也以家族的努力与成就增加了地方文化的厚重感与文化影响力，这即是科名世家对于天府文化的卓越贡献。

第二节 儒学世家

自汉武帝独尊儒术以来，经学兴盛，儒者以治经为业，出现了许多累世传经、通经入仕的世家大族。唐宋以后，经学与科举的结合更加紧密，学者除了以经义赴试，博取高第之外，也有专心研究儒家经传、性理之学者。这种治学传统在宗法社会中以家族亲缘的形式不断传承，成为"世业"，由此而形成了新的儒学世家。在这种儒学世家中，可能也有佼佼者通过科举出仕，功名显赫；但他们往往更注重家族学术传统、学术旨取、学派家法的传承。

一 眉山苏氏

以苏洵、苏轼、苏辙父子为代表的眉山苏氏是中国历史上大名鼎鼎的文化世家。三苏父子同为唐宋古文八大家，苏轼兄弟在政治上也有一定的作为，其文史成就、科名功业都有值得称道之处。但作为"宋代蜀学之冠"，就整个家族长时段的存继发展而言，对儒学的深入研究才是眉山苏氏家族文化传承的主线。在前后十余世的家族史中，治经业儒者比比皆是。①

（一）苏氏先世与旁支

眉山苏氏先祖在唐代居于山西赵州栾城。武则天时，宰相苏味道被贬眉州刺史，卒于任。其第二子苏份留居眉山，遂有眉山苏氏一支。苏份之后，苏氏家族在蜀中繁衍生息，约历三四代人，其世系已不可详考。

---

① 曾枣庄：《三苏后代考略》，载《三苏研究》，巴蜀书社1999年版，第48—76页；舒大刚：《三苏后代研究》，巴蜀书社1995年版。

苏泾，为苏洵五世祖，事迹不详。苏泾生子苏钊，以侠气闻于乡里。苏钊第五子苏祜，生当前后蜀后期，年少而贤，以才干精敏知名。苏祜第四子苏杲（944—994），为人孝友诚信，治家有方，且好善乐施。在他的打理下，苏氏家族不仅有了丰厚的物质积累，还在乡间间获得了良好的名声。后因重孙苏辙显贵，苏杲被赠官太子太保。苏杲生子苏序（973—1047），字仲先，志向高远，读书明理，粗知大义，能作诗以显其志。为人轻财好义，笃信儒说而不语怪力乱神。生子三人，苏澹、苏涣、苏洵，亲自教导。后因苏涣为官而赠官尚书职方员外郎、太子太傅。① 经过五代人的酝酿积累，在苏序身上，儒学世家的学术属性已开始显露。

苏澹，以文学举进士，早卒。

苏涣（1001—1062），字公群，又字文父，从小受父亲苏序教诲，即笃志儒学，手抄《史记》《汉书》不辍。宋仁宗天圣元年（1023）中乡试，次年登科成进士。累官至提点利州路刑狱。在家族文化的长期熏陶下，苏涣酷好读书，至老不息。一生著述极多，有《苏氏怀章记》一卷，杂文奏疏若干，又有《南麓退翁》诗集千余章。苏涣生三子，苏不欺、苏不疑、苏不危。其中，苏不欺，字子正，官太子舍人，其子苏千能、苏千秋、苏千钧皆中进士，苏千乘、苏千之亦入仕为官。苏不疑，字子明，官承议郎、嘉州通判。苏涣的曾孙辈中，有苏元老，字子廷，幼孤而好学，专治《春秋》经，亦善做文章。苏元老与从祖苏轼、苏辙多有书信往来，以切磋精进学问。后中进士，官至太常少卿，著有《苏元老文集》三十二卷。②

---

① 曾巩：《曾巩集》卷43《赠职方员外郎苏君墓志铭》，中华书局1984年版，第586—587页。
② 金生扬：《眉山苏氏家族与学术》，载邹重华、粟品孝主编《宋代四川家族与学术论集》，四川大学出版社2005年版，第150—152页。

从眉山苏氏先世与旁支的传承情况来看，经过多代人的努力，苏氏家族逐渐完成了早期的创业积累，有余力培养子孙读书上进。家族长辈对后代的教训培养，使得"业儒"成为传统。当然，先世和旁支成员在学术上的成就远远及不上"三苏"，他们才是使眉山苏氏声名鹊起的关键人物。

(二) 苏洵

苏洵（1009—1006），字明允，二十七岁始发奋读书，通六经百家之说。因多次科举不第，遂绝意功名，潜心学术，取《论语》《孟子》《韩子》及其他圣人贤人之文，而兀然端坐，终日读之。宋仁宗嘉祐年间，苏洵带领二子苏轼、苏辙至京师，受到文坛盟主欧阳修的赏识，由是名声大噪，公卿大夫争相传诵其文字。朝廷召其赴试舍人院，苏洵托病不肯应召。后经韩琦推荐，被任命为秘书省校书郎，转任文安县主簿。与项城令姚辟同修《太常因革礼》。晚年喜读《周易》，作《易传》未成而卒。另著有《谥法》三卷，《嘉祐集》二十卷。[①] 苏洵善作散文，论点鲜明，论据有力，语言锋利，纵横恣肆，具有雄辩的说服力。其作诗不多，擅作五言古体，质朴苍劲。特别值得注意的是，苏洵在谱学领域也有巨大贡献。他创造了现代修谱方法之一的苏氏谱例，影响巨大，时至今日仍然是许多地方和姓氏的修谱范例。其修谱体例平行开列同辈人物，不同世序则以上下相承，这种纵横相间的表格可以记录家族世系。在表中人名之下，再注出其仕宦、行迹、配偶、死葬、享年并依次书写子孙后代，各代标明辈分。其谱例以五世为表，以宗法为则，详近而略远，尊近而贬远，主张睦族、恤族、化俗。篇幅大，记载内容多。重视对家族谱系人物的整理记录，正体现了文化世家对家族历史和学术传承的看重。

[①] 脱脱等：《宋史》卷443《文苑》，中华书局1985年版，第13093—13097页。

（三）苏轼

苏轼（1036—1101），字子瞻，号东坡居士，苏洵长子。幼时得母亲亲授经史，接触了正统的儒学教育；又得父亲教导，至二十岁时已博通经史，长于文章。宋仁宗嘉祐二年（1057）试礼部，以《春秋》经中式登第。后经欧阳修、韩琦等人推荐，入值秘阁、史馆。神宗熙宁年间，因反对王安石遭受贬斥，长期在外任官。哲宗时，复因论时不合，长期出知外郡。后卒于常州。宋高宗时追赠太师，孝宗时追谥"文忠"。苏轼英姿天纵，在政事、经学、文学、书法、绘画方面皆有突出成就。他继承苏洵遗志而作《东坡易传》九卷，又作《论语说》五卷，晚年居南海作《东坡书传》十三卷（有版本为二十卷），又著《东坡志林》五卷、《东坡乐府》，另有文集、诗集传世。[1] 其学术理论自成一系，与弟弟苏辙一道，开创了宋代"蜀学"一脉。

（四）苏辙

苏辙（1039—1112），字子由，苏洵次子。年十九，与兄苏轼同举进士，因直言敢谏未获高第，授商州推官。神宗时，因触忤王安石且受兄苏轼牵连，被贬外任。哲宗时内迁，渐升至尚书丞、门下侍郎，位列执政。后屡起屡落，终以太中大夫致仕，隐居许州颍滨，不复与人相见。卒后追复端明殿学士。南宋高宗时，追赠太师、魏国公。孝宗时追谥"文定"。苏辙长于经学、史学，善治《老子》。其学术思想融通儒、释、道三家，比其兄苏轼更重佛道。所著有《诗集传》二十卷、《春秋集解》十二卷、《论语拾遗》《古史》六十卷、《老子解》二卷、《龙川略志》十卷、《龙川别志》二卷、《栾城集》八十四卷。[2]

---

[1] 曾枣庄：《苏轼评传》，四川人民出版社1981年版，第319页。
[2] 脱脱等：《宋史》卷339《苏辙传》，中华书局1985年版，第10821—10835页。

（五）苏轼后人

苏轼有子四人，除幼子苏遯早夭外，苏迈、苏迨、苏过俱善诗文。其后三支子孙繁衍，多能承其家学。

苏迈（1059—?），字伯达，苏轼长子。长年在地方任副职，仕宦不显。后随叔父苏辙居颍昌，终老于此。苏迈能承父风，在文学、政事、书法艺术方面皆有一定成就。苏符（1087—1156），苏迈次子，自幼心负大志，苦读力学。曾前后随侍祖父苏轼十五年。后以叔祖苏辙恩荫授官，辗转各地任职。高宗绍兴五年（1135），赐同进士出身，后累官至敷文阁直学士。卒于蜀中原籍。毕生著述合为文集二十卷、制诰表章十卷。苏符生八子，其七俱因靖康之变而亡，唯有苏山幸存，后入仕，官至司农少卿、直秘阁、潼川府曹等。

苏迨（1070—?），字叔寄，苏轼次子。幼时随父任官，早受庭训。后以恩荫出仕。苏迨生子苏篑，无后，以苏过之孙苏岘（1018—1183）为后。苏岘，字叔子，官至秘阁修撰，喜作诗，有《绮语编》三卷。其子六人，苏枬官至江西提举，苏格早夭，苏梥出继，苏极荫将仕郎，苏栘、苏杞皆成进士。

苏过（1072—1123），字叔党，长期随侍苏轼，尝受命作《孔子弟子别传》，深得父亲认可。后出监太原税监，知郾城县，权通判中山府，皆有政绩。苏过能文，且善书法、绘画，有《斜川集》二十卷传世。苏籥，苏过长子，生子苏峤、苏岘。苏岘出继苏篑。苏峤，字季真，历官谏省、给事黄门、显谟阁侍制、知太平州。有《苏季真奏议》。生子苏朴，知钱塘县。

苏迈、苏迨、苏过三世以下，后人还有苏昭，为苏轼曾孙，官至徽猷阁侍制。苏弼，为苏轼四世孙，曾任威州刺史。苏垲，为苏轼六世孙，入元为宁波府学教授，善书，工辞藻。

（六）苏辙后人

苏辙生子三人，苏迟、苏适、苏逊。

苏迟（？—1155），字伯充，苏辙长子，随苏辙居颍昌。官至权刑部侍郎、权工部侍郎。以徽猷阁侍制致仕。苏简（？—1166），字伯业，苏迟长子，以祖恩荫承务郎，后以龙图阁致仕。著有《山堂文集》二十卷，又藏有《东坡易传》。苏谔，苏简长子，以祖恩得官，累官朝议大夫，著有《拙斋集》。苏林，字伯茂，苏简长子，以祖恩得官，仕致江南东路提点刑狱。曾大量收存、刊刻陆游诗文。其子苏熙、孙苏圭、重孙苏镇皆入仕。苏林弟苏郁，以苏林次子苏照为子，苏照生子苏在，苏在生子苏镐，在宋元之际以学术风谊名重当时。苏镐生子苏友龙，过继于苏镇为子，从名儒许谦受业，官至朝列大夫、浙江行省左右司都事。苏友龙生六子，四仕于元，一早卒，三子苏伯衡仕于明，博览群书，善作古文，有《苏平仲文集》十六卷传世。

苏适（1068—1122），字仲南，苏辙次子，官至承议官。以苏迟之子苏籀为子。苏籀（1091—？），字仲滋，随侍苏辙居颍昌，又侍苏迟居婺州，以荫入官。著有《双溪集》十五卷、《栾城遗言》一卷，能传家学。苏诩，苏籀长子，入仕，曾刊长家本《栾城集》，又校证并刊刻苏轼的《诗集传》，刊行其父的《双溪集》。苏诩生子办森，入仕，曾参订周必大的《玉堂杂记》。

苏逊（1074—1126），字叔宽，曾职监淮西酒，又通判泸州、潼川府。尝为《古史》作注，与父苏辙校论《春秋集解》。苏筠，苏逊长子，曾由祖父苏辙讲授《论语》，所讲文稿所成书即苏辙《论语拾遗》。[1]

---

[1] 金生扬：《眉山苏氏家族与学术》，载邹重华、粟品孝主编《宋代四川家族与学术论集》，四川大学出版社2005年版，第150—167页。

苏氏家学，由苏序、苏洵兴起，至苏轼、苏辙而集其大成。其后世子孙传习，大多是对东坡兄弟学术的继承和阐发。以此为主线，眉山苏氏绵延十余世，经历宋、元、明三朝，最终形成了一个学识广博、声名远播的经学世家。

二 绵竹张氏

以张浚、张栻为核心人物的绵竹张氏家族是宋代四川地区又一个非常著名的儒学世家。尽管张浚在历史上多以抗金名将的身份被人们所熟知，但他本人其实仍是一个研究经典的学者。而其子张栻在理学上的巨大成就更是为家族打上了深深的学术烙印。综合绵竹张氏历世人物的生平事迹来看，该家族可称得上是一个以学术传家的儒学世家。

（一）张氏先世

张氏先祖是唐朝名相张九龄弟张九皋之后。张九皋徙居长安，生子张抗，张抗生子张仲方，张仲方生子张孟常，张孟常生子张克勤，张克勤生子张绲，张绲生子张纪，张纪生子张璘。唐末，张璘以儒术任国子祭酒，随僖宗避乱入蜀，居于成都。[①] 张璘生子张廷坚，以荫为符宝郎，唐朝覆亡后，耻于为割据政权所用，遂不复出仕。张廷坚生子张文矩，早逝，后因子张纮出仕，获赠官大理评事。[②] 张文矩死后，其妻杨氏避川中寇乱，携三子张纮、张洵、张絃迁居绵竹，张氏自此遂为绵竹人。

（二）张纮

张纮（996—1063），字元之，张文矩长子。少时慷慨有大志，从

[①] 朱熹：《朱文公集》卷95《少师保信军节度使魏国公致仕赠太保张公行状》，四部备要本，第1666页。

[②] 宇文之邵：《宋故朝清郎守殿中丞骑都赐绯鱼袋张公墓志铭》，载高文、高成刚编《四川历代碑刻》，四川大学出版社1990年版，第152页。

师治学，刻苦勤奋。三次参与科举考试，皆不中。遂弃去举业而博览群书。宋仁宗庆历年间，西夏与北宋交兵，张纮因所著的《御戎策》三十篇而受到朝中公卿赏识、推荐，授官将作匠簿，官至知雷州。从此，绵竹张氏开始登上仕途。①

（三）张咸

张咸（1048—1099），字君说，张纮子。居家力学，于宋神宗元丰二年（1079）举进士，是绵竹张氏家族中的第一个科举进士。元祐三年（1088）举贤良方正、能直言极谏特科第一，因得罪权贵，落选家居。绍圣元年（1094）复举贤良方正、能直言极谏科，授宣德郎，签书剑南西川节度使判官厅公事。张咸学识渊博，勤于治学，"辰夕探讨披阅，寒暑饥渴，未尝释卷，故六艺、百家、历代文史，无不该贯"，有文集二十卷传世。②张咸生五子，即张潨、张潮、张潞、张滉、张浚。

（四）张浚

张浚（1098—1164），字德远，号紫岩，张咸之子。宋徽宗政和八年（1138）进士，建炎三年（1129）任知枢密院事，力主抗金，并建议经营川陕，被任为川陕宣抚处置使。绍兴八年（1138），因上疏反对议和，多次遭弹劾，后受秦桧排挤，被贬至长沙十余年，秦桧死后才官复原职。后再往淮上督军，又遭右正言尹穑弹劾，罢相，以少师、保信军节度使判福州。后病死于江西余干。追封魏国公，谥"忠献"。张浚临终时，因为不能雪耻恢复中原而终身遗憾，无颜面对先人，吩咐儿子不归葬四川，故其子张栻将他安葬于湖南宁乡。③

---

① 胡昭曦等：《宋代蜀学研究》，巴蜀书社1997年版，第293页。
② 佚名：《奉议郎张君说墓志铭》，载杨慎《全蜀艺文志》卷47，线装书局2003年版，第1436页。
③ 脱脱等：《宋史》卷361《张浚传》，中华书局1985年版，第11297—11311页。

除了力主抗金，忠勇报国外，张浚在学术上也有精深造诣。他著有《紫岩易传》传世。《四库全书总目》称该书"立言醇粹，凡说阴阳动静，皆适于义理之正"①。又著《杂说》十卷，对《书》《诗》《礼》《春秋》都有注解。又有奏议二十卷及《中兴备览》一书。《宋元学案》亦将他与当时另一名臣赵鼎并立为《赵张诸儒学案》，加以表彰。其学下传子张栻、门人杨万里、王十朋等。

（五）张栻

张栻（1133—1180），字敬夫，号南轩，张浚子，南宋著名理学家、教育家，湖湘学派集大成者。张栻天资聪颖，自幼随父侨居外地。宋孝宗隆兴元年（1163），以父荫补官，辟宣抚司都督府书写机宜文字、直秘阁。内赞密谋，外参庶务，幕府诸人皆不能及。乾道五年（1169）出知严州，次年召为吏部侍郎。寻兼侍讲，除左司员外郎。在朝未足一年而召对至六七次，所言大抵都是劝皇帝修德立政、用贤去奸、畏天恤民、选将练兵、志图恢复雪耻之类。在张栻十年的政治生涯当中，在朝为官的时间不足一年，其余时间则辗转于地方。

在学术上，张栻师从五峰先生胡宏，在理学上造诣颇深，与朱熹、吕祖谦并称"东南三贤"。后与李宽、韩愈、李士真、周敦颐、朱熹、黄干同祀石鼓书院七贤祠，世称"石鼓七贤"。著作有《南轩先生论语解》十卷、《南轩先生孟子说》七卷、《南地易说》三卷、《南轩先生文集》四十四卷、《诸葛忠武侯传》一卷、《张宣公全集》六十一卷，又有《书说》《经世纪年》《希颜录》《洙泗言仁说》《太极图说》《南岳倡酬集》等。② 张栻生子张焯，早逝。张焯生子张明义、张明曦。张明义生子张翱、张翔。俱不显。

---

① 永瑢等：《四库全书总目》卷2，中华书局1965年版，第8页。
② 黄宗羲、全祖望：《宋元学案》卷50《南轩学案》，中华书局1986年版，第1609—1611页。

（六）张氏后人

绵竹张氏自张咸以下，由其五子分为五系。

张滫一系，张栎，张滫子，不显。张杓，张滫子，以荫承事郎、四川制置司干办公事、累赠朝散郎。张杓生子张庶，字晞颜，少年时受到张浚的教育，后师事张栻，又问学于蜀中学者孙松寿。张庶生子张圯、张墀，不显。

张潮一系，张枸、张栖，俱张潮子，未仕。张榛，张潮子，以恩荫承务郎。

张潞一系，张桿，张潞子，未仕。

张滉一系，张滉，字昭远，宋高宗绍兴七年（1137）赐进士出身，除知镇江府，历知抚州、永州。张杅（？—1178）字介仲，张滉子，与张栻父子关系甚笃。

张浚一系，除张栻子孙外，尚有张枃，字定叟，张浚长子，以父恩授承奉郎，官至端明殿学士知建康府。曾因奏事得孝宗称赞。他为政颇有才干，但学术影响则不及兄弟张栻。张枃生子张忠纯，恩荫宣义郎；张忠恕（1174—1230），字行父，荫楼店务。嘉定五年（1212）进太府丞，知宁国府、户部郎官。理宗立，请法孝宗，行三年丧。宝庆初，上陈八事，朝绅传诵。知不为时容，请外补，以直秘阁知赣州。《宋元学案》称中兴四大儒朱熹、张栻、吕祖谦、陆九渊的后人中，张忠恕"最有光于世学"。张忠恕生子张献之，治家传《易》学，曾于宋宁宗嘉定年间缮录张浚的《紫岩易传》，附以自己读《易》的心得杂说，共为十卷，刊刻于春陵郡斋，并藏版于家。

三 资中李氏

资中李氏是以南宋前期四川著名学者李石及其父李嗣宗、其子李开为核心人物而形成的一个文化世家。李氏家族在学术史上的整体声望固然不及眉山苏氏、绵竹张氏等家族，但其成员勤于诗书、满腹经纶，在南宋初年蜀学陷入低潮的时代背景下，仍然对四川地区的儒学传播、发展做出了巨大的贡献。

（一）李氏先世

资中李氏出自唐朝宗室，其先祖可上溯至唐太宗第七子、蒋王李恽。李恽之下四世，有李芝兰，为资中李氏本祖。李芝兰生子李文释，迁于蜀之简州，葬于此，即李氏入蜀的始祖。自李文释之下五六代，李氏族脉屡经分合，功业不显，世系不可详考。唐末五代时，有族人李廷赞，于资州银山县为官，后人遂定居资中。李廷赞生子李玄易、李玄诏。入北宋后，李玄诏生子李惟素，李惟素生子李旦，李旦生子李仲舒，李仲舒长子李佐，即李嗣宗之父、李石的祖父。①

（二）李嗣宗

李嗣宗（1088—1144），生性醇孝，有夙成之德。幼孤，悉心侍奉照顾寡母和妹妹，"惟孝惟友"。性格淡泊，不为名利，处事以德行为重。李嗣宗博学，多通书艺，勤于研讨而不求显达，终生不以科第为念，对子女却"垂劝激训励甚"。其治学态度对李石及其后人的学术修养及造诣产生了重要影响。生子四人，即李石、李占、李召、李谷。卒后获赠官右朝奉大夫。②

（三）李石

李石（1108—1181），字知几，李嗣宗长子。自幼家境贫寒却饱读诗书，受家学影响，日诵数千言。其父慈且博学，对其言传身教。使其积累了丰富的经史知识。又跟随张子觉攻读《周易》，终生与《易》

---

① 李石：《方舟集》卷16《先君墓志铭》，载《影印文渊阁四库全书》第1149册，中国台湾商务印书馆1986年版，第717页。
② 李石：《方舟集》卷16《先君墓志铭》，载《影印文渊阁四库全书》第1149册，中国台湾商务印书馆1986年版，第717—718页。

学为伴。初习象数《易》学，后来兼通义理《易》，成为宋代融会象数、义理的《易》学大家之一。《易》学不仅对李石的学术思想产生巨大影响，而且对李石的人生观和生活态度也产生了影响，进而使《易》学思想融入其诗文创作之中。与此同时，李石又从范淑习《春秋》。其《春秋》学解经重家法，且善于以《左传》释《诗经》，具有融会多经、五经互解的特点。宋高宗绍兴二十一年（1151），李石中进士乙科，被召官太学，迁博士，试院论罢，还蜀，授成都学官，时与诸生讲肄于石室，四方就学者如云，闽越之士犹不远万里而来。复知黎州、合州、眉州，后以母老辞官不复起。所著有《方舟经学》六种、《续博物志》十卷、《司牧安骥集》三卷、《方舟集》五十卷、《后集》二十卷、《世系手记》三卷一百篇、《开成承诏录》二卷、《乐善录》十卷。李石与友人诗书往来频繁，与眉山苏氏子弟交往密切，对苏轼元祐学术十分推崇，与苏符、苏籍交游颇多，这对李石的人生信条、个人学术思想等产生了重要影响。他主张"天人合一"，以儒为本，融儒释道三教。其文以闳肆见长，自成古雅；其诗则纵横跌宕。又善画山水。[1]

（四）李石昆弟

李占（1110—），李嗣宗次子。宋高宗绍兴二十一年（1151）进士，官参军。李占善诗，有《贾司仓祠》一首："为诗直欲无前古，留骨如今锢一山。富贵当年人曷在，只君诗价满人间。"收入陆心源的《宋诗纪事补遗》。[2]

李召（1117—1171），字知来，号云巢子，[3] 李嗣宗第三子。宋高

---

[1] 王小红：《巴蜀历代文化名人辞典 古代卷》，四川人民出版社2018年版，第163页。
[2] 陆心源：《宋诗纪事补遗》卷43，清光绪刻本。
[3] 关于云巢子的身份，学界或认为是李占，或认为是李石幼弟李谷。据方俊考证，当为李召。方俊：《宋代文人李石研究》，硕士学位论文，南京师范大学，2017年。

宗绍兴二十七年（1157）登进士第，初任左迪功郎、广都主簿，后转任永川尉、左从政郎、成都府路提刑司干办、渠州学官、左宣教郎、左奉议郎、知鄞县，后病卒。李召少年时跟随李石修古学、学古文、行古道。稍长，又跟随其岳父何氏修学。李召为人好学，喜谈经书，淹贯性理，不务科举俗学，不屑于汲汲进取。所著有文集五十卷。①

李谷（1139—？），李嗣宗幼子，生平事迹不详。

（五）李氏后人

李开（1135—1176），字玄非，李石子，自号小舟，以从其父李石"方舟"之号，标明家学渊源。李开自幼好学，父李石以宋儒周敦颐"先天太极"、邵雍"皇极世经"之说教授之。叔父云巢子李召又以先秦古书章句教之，故李开能"一本圣人之正，绚六经之词以为之文，尤深《大易》《春秋》，能合传注变化"②。曾受知于周必大，少时应乡举，居第一。此后四举不利，往返江湖。因还蜀途中感目疾，医者投凉剂，胃损气浮，又误服附子，猝以卒，年四十二。受李石仕途的影响，小舟仕途亦不十分顺畅，但小舟的文学修养不仅得到了父亲的称赞，更是得到了当时在学术界极具影响力的眉山苏氏家族中苏峤的肯定。"早年即著书若干卷，籍之左方"，然今不得见。中书舍人赵达品称其"千圣下风"，正字刘望之则称其"可以世居德行堂矣"。李开生三子，即李山孙、李南孙、李眉孙，俱不显。

李圆（1137—？），李石幼子，生子李川孙、李汉孙。

除李石一支外，李召所生五子，李浩，以特奏名出身。李坼，乡贡进士。李彝禀，出继。李毅禀、李嚳禀，皆笃志向学，能传家声。

---

① 李石：《方舟集》卷17《云巢子墓志铭》，载《影印文渊阁四库全书》第1149册，中国台湾商务印书馆1986年版，第725—727页。

② 李石：《方舟集》卷16《小舟墓志铭》，载《影印文渊阁四库全书》第1149册，中国台湾商务印书馆1986年版，第727页。

李召孙辈尚有李永孙、李提孙、李观孙等。

四 蒲江高氏

蒲江高氏是南宋中期典型的士大夫家族。他们从南宋初年开始崭露头角，南宋中期最为繁荣兴盛，然后开始走向衰落，归于平淡。高氏与蒲江魏氏家族关系密切，子嗣过继频繁，在相当长的一段时间之内，两大家族"虽云亲表，实则本生"，犹为一族。该家族以诗书持家，忠孝仁义，乐善好施，在当地知名度很高，在学术上也取得了显著成绩，对南宋学术发展产生重要的影响，不仅推动了蒲江周边地区文化教育事业的发展，还促进了宋代蜀学的兴盛。

（一）高魏渊源

蒲江高氏家族先世的迁徙传承情况今已不可详考，至南宋初年，已作为土著而在蒲江长期生存。高氏先祖高皎，生子高惟谨。两人是高氏家族中有史可据的第一代、第二代先祖，但均事迹不显。

高惟谨生子高永坚、高永安两人，为蒲江高氏第三代核心成员。高永坚生二子一女，长子名高黄中，次子早夭。高永安亦生二子，长子高宏甫，次子高深甫，是为蒲江高氏的第四代成员。此后，长房高永坚之女嫁蒲江人魏革为妻；次房高宏甫先娶吴氏为妻，后继之以魏氏。自此，高氏两房都与魏氏形成了姻亲关系，蒲江高氏与魏氏的联姻与频繁过继由此开始。

在蒲江高氏的第四代成员中，高黄中无子，以自己姐妹与魏革之子魏孝璹入继，更名高大夫。高宏甫又与魏氏女生子高大中。于是高氏第五代成员中的两名关键人物——高大夫、高大中都与魏氏有直接的血缘关系。[1]

---

[1] 魏了翁：《鹤山先生大全集》卷88《祖妣孺人高氏行状》，四部丛刊本。

高大夫本为魏氏后人，入继高氏后生子六人，即高载、高稼、高崇、高定子、高茂叔、魏了翁。高大中再娶魏氏女为妻，生四子，即高道充、高公讷、高公谅、高公谟。此十人构成了蒲江高氏、魏氏第六代的核心成员。

高载生五子，即高斯立、高斯谋、高斯美、高斯和和高巽。其中，高巽早夭，高斯和则回继魏氏，更名魏尚志。高稼有四子高斯得、高斯从、高斯复、高仲和。魏了翁本为高大夫之子，亦回继魏氏，生子魏近思、魏克愚。这是蒲江高氏、魏氏的第七代人物。因为有了高大夫（魏孝璹）出继高氏和魏了翁、魏尚志（高斯和）回继，于是"在魏了翁这一代人中亲缘与血缘难分"，"在魏了翁上下三代人期间，魏、高二姓犹如一族"。①

（二）高大夫与高大中

高大夫，字纯父，即魏孝璹，原为魏革之子，因舅舅高黄中无子，被过继到高家为高黄中之子，宋光宗绍熙三年（1192），以诗赋举于乡，累赠开府仪同三司，妻谯氏赠成国夫人。高大夫善诗，有《题临安西湖》《题王文公祠》存世。

高大中（？—1171），字正道，高宏甫长子。生于两宋过渡时期，长于政局动荡的南宋初期，适逢朝廷招揽人才，被选为内舍生，但仕途坎坷，心灰意冷，无意仕进，一心"训厉诸子"。擅长辞赋、礼学，喜欢"放意水石"，"父子自为酬唱"。②

（三）高载、高稼、高定子

以高载、高稼、高定子为代表的第六代成员活跃在政坛、地方社

---

① 胡昭曦：《宋代蒲江魏氏家族研究》，载邹重华、粟品孝主编《宋代四川家族与学术论集》，四川大学出版社2005年版，第295页。
② 魏了翁：《鹤山先生大全集》卷88《知黎州监管内安抚高公崇行状》、卷70《处士高君大中墓志铭》，四部丛刊本。

会、抗蒙前线，以自身行动推动高氏家族走向繁荣鼎盛。

高载（1171—1218），字东叔，自幼好学，颖异非常。八岁就能做文章。及长，便博通六经，尤精于《毛诗》，旁涉诸子百家。遇有疑难，究根问底而不堕。宋宁宗嘉泰二年（1202）进士，历任峨眉县尉、丹棱丞、泸州录事参军、灵泉知县，颇有政声，授宣教郎。为人平易坦荡，他的文章不事雕藻，和平淡逸，自成一家。曾与刘湜、史尧辅编修地理书。

高稼（1172—1235），字南叔，号缩斋，宋宁宗嘉定七年（1214）进士。晚宋时期的抗蒙名臣，文武双全，在四川多地任职，为政清廉。端平二年（1235）十二月，高稼以利州路提点刑狱兼守沔州"以身捍蜀"，在沔州独力抵御蒙古国入侵，终因寡不敌众，壮烈死难。宁宗为表彰其忠义之举，诏进稼七官，为正议大夫、龙图阁直学士，谥曰忠，累赠太师。著有《缩斋类稿》三十卷。①

高定子（1176—1247），字瞻叔，号著斋，时称著斋先生。宋宁宗嘉泰二年（1202）举进士，"博通六经，兼熟子史"。官至权礼部尚书、吏部尚书、签书枢密院事、权参知政事。以忤史嵩之谪官，晚年退居吴中，以著述自娱。他的著作颇丰，有《著斋文集》六十卷、《北门类稿》十四卷、《薇垣类稿》二十二卷、《经说》五卷等众多作品传世。卒谥"忠襄"。②

（四）魏了翁

魏了翁（1178—1237），字华父。庆元五年（1199）登进士第，以校书郎出知嘉定府，嘉定二年（1209）丁父忧，解官回蒲江，创立鹤山书院，教授学生。开门授徒，士争从之，学者称鹤山先生。起知汉

---

① 脱脱等：《宋史》卷449《高稼传》，中华书局1985年版，第13230页。
② 脱脱等：《宋史》卷409《高定子传》，中华书局1985年版，第12317—12320页。

州、眉州、泸州，在蜀长达十七年。入朝任兵部郎中至工部侍郎，受宦官弹劾陷害，降三级，定居靖州。筑靖州鹤山书院，著述立书，教授士子，学者云集。端平元年（1234），魏了翁出任礼部尚书兼直学院，理宗将引以共政，忌者合谋排挤之，以端明殿学士、同签书枢密院事职务督视江淮京湖军马。嘉熙元年（1237）三月卒，赠太师，谥"文靖"，累赠秦国公。魏了翁在高氏、魏氏家族中名气最大，是著名的理学家、思想家、政治家。传世著作有《鹤山集》《九经要义》《古今考》《经外杂钞》《师友雅言》等书。①

（五）高氏后人

高氏家族第七代、第八代成员，生活在家族由兴盛走向衰落的南宋中后期。以高斯得为代表的家族成员继续活动于政治舞台，以高斯道为代表的家族成员，则在为官地方若干年后，辞官退隐，以书为娱。

高斯得（1201—?），字不妄，高稼长子。少年拜临邛儒李坤臣为师，绍定二年（1229）举进士，官至权兵部尚书、翰林学士、知制诰兼侍讲，进端明殿学士、签书枢密院事兼参知政事，赠太师。德祐元年（1275），因忤宰相留梦炎，被罢官。高斯得刚正不阿，"屡起而屡仆于权臣之手"，却一如既往地奋力抗争，宋理宗赞誉："高某硬汉。"宋灭亡后隐居湖州霄溪而卒。擅长史学，曾跟随著名史学家李心传编修《国史》《实录》《会要》等，著有《孝宗系年要录》《诗肤说》《徽宗长编》《耻堂文集》等。②

高斯道（1207—1272），字不器，高定子之子，生于开禧三年，荫补通仕郎。历任监彭州堋口镇税、京西等路督视军马行府准备、建康府句容知县、德庆知府等职。辞官后"日以书史篆籀为娱"，痴于经

---

① 脱脱等：《宋史》卷437《魏了翁传》，中华书局1985年版，第12965—12968页。
② 脱脱等：《宋史》卷409《高斯得传》，中华书局1985年版，第12323页。

史，熟于典故，卒赠朝议大夫。

高氏家族第七代成员除高斯得、高斯道外，还有高斯谋，荫官儒林郎，曾任导江县令。高斯复，荫官奉议郎、曾任建康府通判、池州通判。高斯从，曾任新淦知县。高斯衍，荫官通直郎，曾任无锡知县。

蒲江高氏家族的第八代成员有高纯彦、高纯嘏、高纯心、高纯鲁、高纯厚等十三人。其中，高纯嘏荫官承务郎，曾任签书建康军节度判官厅公事。高纯心荫官奉议郎，曾任奉化县丞、奉化县尹、东阳知县等。

蒲江高氏家族早世科名不显，但十分重视对子弟的学术教育，要求他们刻苦攻读，通过科举考试入仕做官。在"延师教子，有理，用不坠先志"的勉励下，多人先后进士及第，步入仕途，为家族带来兴盛。尤其是以高载、高稼为代表的第六代家族成员中进士倍增，使家族走向鼎盛。与此同时，以魏了翁为代表的中坚力量更是以理学、教育成就给家族带来了巨大的声望。但到南宋中后期，战事频繁，四川地区局势动荡，家族成员纷纷逃难。南宋覆灭后，高氏、魏氏家族成员大多辞官归隐。自此以后，家族衰落，遂趋于平淡。

五　简阳刘氏

简阳刘氏是指以北宋进士刘泾、南宋进士刘光祖及其族兄刘伯熊为代表的文化世家。古时简州城边有三条汇入沱江的小溪，一在城北五里牌坊沟古折柳桥处，称前溪；二在城南五里白塔坝，称后溪；三在河东响水滩狮子桥处，称东溪。刘泾自号前溪、刘光祖号后溪、刘伯熊号东溪，正好与简州三溪相应，故后人称之为"简州刘氏三溪"。

（一）刘氏先世

简阳刘氏和许多宋代蜀中世家一样，均是从外地迁居入蜀。刘氏之先为润州句容人，族人刘邺仕唐为宰相。刘邺诸子中，有一人跟随唐僖宗避乱入蜀，任双流县令，生三子。其次子刘诲任平泉县令，即为简阳刘氏始祖。① 平泉隶属简州，刘诲后人在平泉生息繁衍，或再有小范围的迁徙，即定居简州。② 数世后，刘氏家族成员刘昊以学行为乡贡生，宋真宗咸平、天禧年间两次参加科举考试，皆不第，遂绝进仕之念，隐居于乡，自号"后溪洞主"。仁宗天圣年间，授国子四门助教。刘昊本人虽然未尝一第，但他仍然坚持以学术传家，其子孙有"七世九人"登科。

刘讽，字纳言，刘昊次子，于宋仁宗天圣五年（1027）成进士，是简州刘氏中第一个以科举入仕者。授都官员外郎。六十三岁时，称病致仕返乡，以藏书、教子为务。宋祁赠诗："称疾本避世，辞官终引年。还家三径在，教子一经贤。"苏涣赠诗："林下人归少，君归不待年。能令两蜀士，叹甚二疏贤。"刘讽生有二子，其中一人成进士。

（二）刘孝孙

刘孝孙，刘讽子。熙宁五年（1072）以都官员外郎为御史，在政治上较为活跃，曾大力支持王安石变法，并提出过一些改革的主张。但在具体问题上，又敢于持有与王安石不同的意见，保持自己独立的政见。刘孝孙平生以治学为要，精于经学，对《诗经》学、三《礼》学尤为精通，所著有《毛诗正论》十卷、《祭服制度》《祭服图》《五服志》等，又有《柏台集》十卷、《小书》二卷。③

刘孝孙有子三人，长子刘汴，长于文学，与苏轼交好，早卒。次子刘泾，即前溪先生。三子刘汉，官至朝奉郎、通判汉州。刘汉生子刘松材，终身不仕。刘松材生子刘寔，为宣义郎，赠银青光禄大夫。

---

① 真德秀：《西山先生真文忠公文集》卷43《刘阁学墓志铭》，四部丛刊本。
② 蒋向东、陈学明、陈水章：《简州名人》，中国文史出版社2006年版，第66页。
③ 邹重华：《家学传承与学术发展——以宋代四川士人家族为例》，载《蒙文通先生诞辰110周年纪念文集》，线装书局2005年版，第368页。

刘寖生子刘光祖，即后溪先生。

（三）刘泾

刘泾（公元1043—1100），字巨济，号前溪，刘孝孙次子。宋神宗熙宁六年（1073）进士。王安石荐其才，得到皇帝的召见，授经义所检讨。久之，为太学博士。后出知咸阳县，转常州教授，通判莫州、成都府，又除国子监丞，再知处、虢、真、坊四州。神宗元符末上书，召对，除职方郎中。卒年五十八岁。[①] 刘泾是当时有名气的书画家，是米芾、苏东坡以及蔡京的书画朋友。苏轼答刘泾诗云："细书千纸杂真行。"元代著名书法家鲜于伯机藏杂帖一册，内有刘泾墨帖一纸。刘泾亦工墨竹，以圆笔作叶，成都太智院法堂有松竹画壁各一堵。[②] 除书画外，刘泾更以学术知名，所著有《前溪集》五卷、《云阳集》无卷数、《西汉发挥》十卷、《刘巨济注老子》二卷，又撰有《成都古石刻总目》一卷，搜集编纂有蜀中碑板幢柱自东汉初平迄后蜀广政年间的刻石凡二百六十八件。

刘泾生子刘松老，秉承家学，且擅书画。书仿米芾，画学东坡，皆能得其体势，足以以假乱真。

（四）刘伯熊

刘伯熊（？—1195），字元朝，号东溪。简阳刘氏后人，为刘泾曾孙辈，世系不详，一生未仕。始冠，有荣县人杨先生爱其赋，教诲他"无为俗学！"刘伯熊告谢归家后，闭户焚烧掉从前写作的草藁，从此矢志经学。读经书注解必求通晓，然后才纵观他书。十年后，再次拜见杨先生。先生观其新作，曰："可也。吾畏子矣！"后问学于李石，是李石主讲成都石室时的得意弟子，曾经协助老师整理讲义，并得到

[①] 脱脱等：《宋史》卷443《刘泾传》，中华书局1985年版，第13104—13105页。
[②] 曹宝麟：《米芾与刘泾交游考》，《中国书法》2015年第21期。

李石的《易》学精髓，深通《易》卦互体之义，每卦标两互卦之名而以爻辞证之，成《易互体例》。后来刘伯熊又把李石《易互体例》《周易十例略》《象统》《左氏卦例》《诗如例》《左氏君子例》《左氏圣语例》《左氏诗补遗》诸篇合为一篇，题曰李石《方舟集》。除整理李石著作外，刘伯熊的自著书则有《东溪易传》《东溪先生集》等。南宋著名学者叶适曾为其文集作序。朱熹与刘光祖书，论刘伯熊的《东溪语说》称："伏读再三，乃知师友渊源所自深远如此。"[1]

(五) 刘光祖

刘光祖（1142—1222年），字德修，为刘泾弟刘汉之曾孙，号后溪。幼出继外祖贾晖，以贾晖恩荫得官。后登宋孝宗乾道五年（1169）进士第，除剑南东川节度推官，辟潼川提刑司检法。孝宗淳熙五年（1178）召对，论恢复事，请以太祖用人为法，除太学正，迁校书郎，除右正言、知果州。[2] 刘光祖少从族兄刘伯熊问学，稍长，博习诸前辈先生之说而融会其异同，旁综百家而搜揽其精粹，最终自成一家。不仅如此，刘光祖治学还倾慕东坡，又十分推崇二程理学。故调和苏、程二家之学，称其源则一，而其用有所不同，皆有得于经术。后谪居房陵，取刘伯熊所传《易》续之，成《续东溪易传》一书。所著还有《后溪集》《山堂疑问》《诸经讲义》《通鉴评》《两朝圣范》《鹤林词》《江乡志》等。其《山堂疑问一书》，陈振孙的《直斋书录解题》著录："起居郎简池刘光祖修撰。庆元中，谪居房陵，与其子讲说诸经，因笔记之。以其所问于《诗》为多，遂取吕氏《读诗记》尽观之，而释以己意，附《疑问》之后。"[3]

---

[1] 朱熹著，李滉节要：《朱子书节要》卷20《别集》，岳麓书社2017年版，第638页。
[2] 卿彦：《宋人刘光祖行年考》，《新国学》2014年第10期。
[3] 陈振孙：《直斋书录解题》卷3，上海古籍出版社1987年版，第83页。

（六）刘氏后人

刘光祖生子四人，即刘端之、刘靖之、刘翊之、刘竑之。其中，刘端之为进士，官至宣教郎、知浦江县。刘靖之，字思恭，出继伯父，进士，官至承议郎、军器监兼枢密院检详，与真德秀为同年相善。刘翊之，为朝请郎，知绵州。刘竑之，为宣议郎，知龙安县。

刘光祖孙辈可考者五人。刘仲言，未仕。刘仲房，为修职郎、嘉定府司户参军。刘仲襄，未仕。刘仲文，将仕郎。刘仲益，迁居江西吉安，继承后溪家学，独传一脉。

刘光祖曾孙辈可考者二人。刘曾森（1240—1297），字存畔，于宋末元初时出蜀避难，后迁居福建。入元后，出任莆县学正，涵江学院山长，有较高的学术造诣。刘曾元，事迹不详，保存了朱熹写给刘光祖的大量书信。[①]

六　宜宾程氏

宜宾程氏是以南宋时期程公说、程公硕、程公许兄弟为核心成员的文化世家。三兄弟同科登第成进士，创造了科举史上一段佳话。此外，该家族长期默默无闻，经过多世积累后由一代三兄弟集中创造出突出的文化成就，这在其他文化世家中也是较为少见的现象。

（一）程氏先世

程氏本为四川眉山人，自唐代时已定居蜀中，在当地为望族。其家族一源衍为五脉，分合辗转，不可详考。十余世后，有族人某，为三程曾祖，以科举起家，中宋徽宗政和二年（1112）进士乙科，授州县小官，沉浮多年，累官至知夔州府。其人仕宦不显，却以学行表率

[①] 粟品孝：《简州刘光祖家世源流考述》，载邹重华、粟品孝主编《宋代四川家族与学术论集》，四川大学出版社2005年版，第336—337页。

缙绅，受世人尊重。

三程祖辈可知者二人。一为三程祖父，号飞鸟，早逝。一为三程叔祖程德隆，字廷迈，历知渠州、蓬州、蜀州、绵州，节用度、宽徭役，所在多有政绩，得士民称颂，是北宋末年程氏家族中名位较显者。

三程父辈可知者二人。一号桂隐（？—1218），即三程伯父。其人娴于礼度，嗜好读书，恪遵道义，虽然终身未出仕，却以德行闻名乡间。桂隐之弟，即三程之父，幼时即出继于旁支族人。与其相关的资料极少，据程公许诗，嘉定十四年（1221），程公许出任绵州教授，曾与其父相别于万里桥。①

程氏家族迁居宜宾的时间，今已无考。据刘光祖为程公说所作墓志铭，至少三程之父已"居于叙之宣化"，或是其出继时即已迁居。②

（二）程公说

程公说（1171—1207），字伯刚，号克斋，宋宁宗庆元元年（1195）与二弟程公硕、程公许同科登第成进士，授广都县主簿，明断公正，使人信服。后以学问优长，改任邛州教授。在职期间恪守经训，力行古道，士风为之一振。宋宁宗开禧二年（1206），吴曦叛宋降金，程公说弃官归家，携所著《春秋》诸书，潜匿宣化县西北安固山中静心著述，终成《春秋分纪》一书。后因积劳伤身，饮食失节，误服医药而卒，年仅三十七岁。程公说为人恬静安适，不慕荣利而笃志向学。深服二程学说，苦学精思、无所懈息。平日则杜门谢客，专心著述，以致废寝忘食，积稿纸如山。其学术专长在于《春秋》学，著有《春

---

① 胡晓航：《程公许诗歌研究》，硕士学位论文，山东师范大学，2014年。
② 据程公说墓志铭，宋宁宗开禧二年（1206），四川宣抚副使吴曦叛宋降金，程公说归家告变，"其父与宣化令始知之，相与惊愤不能食"。可见当时三程之父确居于叙州宣化县。刘光祖：《临邛教授程伯刚墓志铭》，载傅增湘原辑，吴洪泽补辑《宋代蜀文辑存校补》卷70，重庆大学出版社2014年版，第2262—2263页。

秋分纪》九十卷、《左氏始终》三十六卷、《春秋比事》十卷、《左氏通例》二十卷、《程氏大宗谱》十二卷、《语录》二卷、《士训》一卷、《诗文》二十卷。①

(三) 程公硕

程公硕,字仲逊,程公说弟,程公许兄。与兄弟二人同游宇文邵节之门,得张栻理学之传。宋宁宗嘉定四年(1211)又与兄弟二人同登第为进士,授益昌教授。晚年归乡,读书、讲学于叙州宣化县登龙里蟠龙书院,学徒云集,书院由此名声大噪。逢吴曦之乱,誓死不从,郁悒而死。②

(四) 程公许

程公许(1182—1251),字季与,学者称沧州先生,程公说、程公许之弟,三兄弟中最为知名。少时倾慕古文词,尝为诗章骚赋之作,然伯兄程公说多教导其读四书五经等儒家经典著作。于宋宁宗嘉定四年(1211),与二兄同中进士,调温江尉,未上,丁母忧,期满授华阳尉,勤政爱民,治绩斐然。嘉定十四年(1221)出任绵州教授,请刘光祖为诸生讲经。后知崇宁县。施政有方,县民甚德之。再通判简州、施州,迁大理司直、太常博士、秘书丞兼考功郎官,被劾去。嘉熙三年(1239)以著作佐郎召,兼权尚左郎官兼直舍人院,迁著作郎、将作少监、秘书少监,拜太常少卿,以直宝谟阁知袁州。在袁州任上,程公许勤政爱民,兴学校,聘宿儒为诸生讲经。淳祐四年(1244)拜宗正少卿,迁起居舍人,再被劾罢。后擢为起居郎官兼直学士院,除权礼部侍郎,后转升刑部尚书,以宝章阁学士出知隆兴府,命下而卒。

---

① 刘光祖:《临邛教授程伯刚墓志铭》,载傅增湘原辑,吴洪泽补辑《宋代蜀文辑存校补》卷70,重庆大学出版社2014年版,第2262—2263页。

② 黄宗羲、全祖望:《宋元学案》卷72《二江诸儒学案》,中华书局1986年版,第2419页。

赠龙图阁学士、宣奉大夫。① 程公许为人谦虚好学，有文才，著有《尘缶文集》《奏常拟益》《掖垣缴奏》《金革讲义》等。清乾隆年间，四库馆臣从《永乐大典》中辑出程公许著作，编为《沧州尘缶编》十四卷。程公许又曾参与伯兄程公说《春秋分纪》的整理、刊刻工作，使之流传于世。②

（五）程氏后人

宜宾程氏家族在三程时代最为辉煌，家族事业臻于极盛，此后便迅速衰落，后世家族成员学行几乎无可考察。在程公许现存的诗作中，有一些与其甥侄来往唱和的片段。由此知其后辈尚有侄彦威、侄彦尹、侄彦济、侄道传、甥句等，但详细情形均不可知。其诗作内容多为游览、送别以及对晚辈的劝勉。在这些作品中，程公许直言家族"门户久灰冷"，盼望后辈能"一为起家声"。可见当时程氏家道已然衰落。高中金榜、重振家势成为对后人的最大期待。

七　双流刘氏

在四川的近代史上，有一位具有深远影响的儒学大师——刘沅，他以儒为宗，会通儒释道三家理论，全新阐释传统的儒家经典，继承总结自秦代焚书坑儒以来的历代儒学大家思想，校正前贤疏错，力求恢复先秦儒学元典精神，规避宋儒理学，还原"圣学"，注释诸经，旁征博引，考辨学术，揭示人生真谛，在方法上和学术上自成一家，被誉为"川西夫子"。父作子述，家族开枝散叶，良好的家族环境、深厚的家学渊源、博采众方的宏达胸襟、求索本源的执着坚守，又使刘沅开创的"槐轩学派"继续发展壮大。经过其子孙不间断的学术传承和

---

① 脱脱等：《宋史》卷415《程公许传》，中华书局1985年版，第12454—12459页。
② 彭华：《程公说与〈春秋分记〉》，《西华师范大学学报》2020年第5期。

发扬，一个绵延两百余年，影响及于海外，蔚为大观的近代儒术世家最终出现在川西平原上。

（一）刘氏先世

双流刘氏的先祖在明代时由湖广迁居入蜀。刘朝弼，字棐忱，本为麻城廪生，为避战乱，西迁入蜀，隐于峨眉。刘朝弼生子刘宇舟、刘宇贵。刘宇舟生子六人，即刘乾、刘坤、刘进、刘发、刘贤、刘惠。其中次子刘坤，号后庵，又迁居于温江董村，再迁于双流云栖里，从此正式定居双流。刘坤因而被视为双流刘氏的始祖。由刘朝弼至刘坤，三世皆默默无闻，隐居不显。[①] 刘坤生子四人，刘嘉宾、刘嘉相、刘嘉卿、刘嘉珍。四子刘嘉珍生二子，刘汉鼎、刘汉统。三世以《易》学传家。

刘汉鼎，字君谟，著《易蕴发明》，谓"先天后天，止一太极，理气象数，释之万端，括之浑然"。刘汉鼎生子刘汝钦、刘彭铎。

刘汝钦，字敬五，"精《易》学，洞彻性理，谓……伏羲主乾南坤北，文王主离南坎北，即先天后天所由分；且《连山》首艮，《归藏》首坤，艮止坤藏之义，即《大学》止至善、《中庸》致中和之学"。刘汝钦壮年曾为岳钟琪"专办粮秣"，为人"倜傥不羁，好善而不吝于货"，故嘉庆皇帝之师朱珪赞其为"豪杰之士"。逝世后，礼部尚书纪昀亲撰《敬五公墓志铭》。所著有《玉皇尊经注》三卷、《玉皇宝忏注》一卷。刘汝钦取妻向氏，幼喜《周易》，长通诗书。"闻父兄读《周易》……喜曰：不读他书，此书岂可不读乎？"刘汝钦生二子，刘濖、刘沅。

刘濖，字芳皋，乾隆五十九年（1794）举于乡，嘉庆元年（1796）

---

① 佚名：《清阳先生传》，载双流社会科学界联合会《槐轩概述 川西夫子刘沅与槐轩学说》，上海科学技术文献出版社2015年版，第132—133页。

参加会试，中进士，先入翰林，后由庶吉士改任工部屯田司主事，迁刑部河南司、陕西司主政，官至广西郁林州知州。

（二）刘沅

刘沅（1767—1855），字止唐，号"青阳子"，刘汝钦之子，学者、儒学大师、教育家、宗教思想家、医学家。刘沅自幼聪颖，七岁能文，有神童之誉。乾隆五十四年（1789）拔贡，乾隆五十七年（1792）中举人，此后三试不第，又因家中屡遭变故，三十岁后遂绝意仕途，在家奉养母亲，潜心经史研究，著书立说，并设立私塾，教育后进。后迁居成都，新居种有百年槐树，故取名为"槐轩"，这也是刘沅讲课的主要场地。刘沅在"槐轩"开始了长达四十余年的讲学，学费不计多寡，听任学生视自家财力而定，家贫者无馈亦可。当时学子均以"槐轩门人"自居。近代陈寅恪、梁漱溟、蒙文通等国学大师皆服膺其学。后门人林鸿年把槐轩学说传入福建，槐轩学派由此声名鹊起。

刘沅之学以儒学元典精神为根本，融道入儒，会通禅佛，体大思精。刘沅治学不分门户，融汉宋、古今文、儒释道三教于一体，提倡以天理人情折中是非，其学多有独创，思想及其渊源大致有三。一是"仰承庭训"。刘氏家学是刘沅学术的重要渊源。自曾祖刘家珍开始，四世研经，三世习《易》，其家学以先天易学为特色。刘沅关于先后天的理论发明和会通元典的治学特色与家族传承有关。二是究心儒学元典。"以孔孟为师"，发扬陆九渊、王阳明心学。刘沅认为，程朱的"主静"和"格物致知"论误天下苍生，不能达天理。他毕生所追求的，便是通过存心养性以达至善、纯一和天人合一的至高人生境界。三是道教内丹学的影响。刘沅的存心养性受内丹学的影响。[①] 其代表作为《槐轩全书》。刘沅生八子，长子刘松文，咸丰二年（1852）举人。

---

① 吴振亚：《川西夫子刘沅与槐轩道》，《大江周刊》2013年第3期。

次子刘据文。三子刘椅文，同治庚午（1870）举人。四子刘桂文，光绪丁丑（1877）进士。五子刘栋文，官顺庆府训导。六子刘梖文，生员。七子刘檍文，生员。八子刘果文。

（三）刘咸荥

刘咸荥（1857—1949），字豫波，刘沅之孙、刘桂文子，1912—1949年间成都著名的"五老七贤"之一。光绪二十三年（1897）拔贡，博通经史，讲学双流桂馨书院、成都尊经书院。刘咸荥在四川省高等学堂中学部（今石室中学）任学监并执教国文期间，李劼人、郭沫若、周太玄、王光祈、魏时珍等皆从其学，而被赵朴初先生尊为"当代第一比丘尼"的佛教大德隆莲法师（俗名游永康）时从刘咸荥学习诗词创作和兰石水墨画。刘咸荥治学以劝善、行善为旨归。他本人常在南门纯化街北延庆寺合办乐善公所卖字，仿效书法家翁同龢，明码标价卖字。所得七成捐办赈济事业，三成家用。1931年，全国遭遇大水灾，成都各界助赈会发起募集寒衣活动，刘咸荥作为著名乡贤，亲自撰文《成都市各界募集寒衣助赈会公启》，文情并茂，催人泪下。

（四）刘咸焌

刘咸焌（1870—1935），字仲韬，刘沅之孙，刘檍文子。性格沉稳，嗜学。毕生致力文教、慈善事业。1915年在叔父刘梖文所办十二学堂的基础上，创办明善书塾，1918年更名为尚友书塾，发扬光大槐轩学说，培养了大批人才。工书法，尤其喜爱以吉语作对联。[①]

（五）刘咸炘

刘咸炘（1896—1932），字鉴泉，号宥斋，刘沅之孙、刘梖文子，曾因张澜亲临礼聘而出任成都大学教授。"五六岁时，先后从其父和从

[①] 何峭：《近现代百家书法赏析》，四川大学出版社1996年版，第278页。

兄咸荥学习。九岁时，更加笃学好问，日读书达数十册。1914年，其父卒，乃从兄刘咸焌受业，始究古文之格调并详究班固的《汉书》，后又研读章实斋之《文史通义》，于是益知著作体例综合之原。"① 其治学继踵槐轩而"私淑"章学诚，秉要知变，推十合一，纵览四部，横通中西，以"为前人整其散乱，为后人开其途径"为己任。在其"彗星般短暂明亮的一生中，给人类留下了475卷之多的著作231种"。著名思想家、新儒学代表人物梁漱溟曾言："余至成都，唯欲至武侯祠及鉴泉先生读书处。"② 抗战时期，著名史学家陈寅恪在成都华西坝的燕京大学任教，曾四处寻访刘咸炘的著作，认为"先生乃四川最有成就的学者"③ "一生笃学精思，明统知类，志在由博趋约，以合御分"，所著《推十书》"是其所撰哲学纲旨、诸子学、史志学、文艺学、校雠目录学及其他杂著之总集""承续了中华人文风教的传统而踵事增华"，与《槐轩全书》一起成为中华文化学术史上的两大瑰宝，在近现代学术界引起了巨大反响。

（六）刘氏后人

在刘沅孙辈中，有刘咸燿、刘咸燡，俱在清代获得生员身份。其曾孙辈中，有刘恒壁（1902—1980），字东父，为刘桂文之孙。精擅书法。青年时曾入川军刘湘幕府，后出任《济川公报》总编辑、《川康通讯》社社长、《国难三日刊》社长、川康绥靖公署秘书处长、民事处长等职。1947年退职家居，以卖字为生，1954年被聘为四川省文史馆馆员，1955年加入民革。长期从事文史资料的收集整理工作和诗书画创

---

① 刘伯谷、朱炳先：《刘咸炘先生传略》，载《推十书》壬癸合集三，上海科学技术文献出版社2009年版，第1165页。
② 施维：《推十书·编辑缘起及整理说明》，载《推十书》甲辑壹，上海科学技术文献出版社2009年版，第13页。
③ 刘开军：《试探刘咸炘的历史教育思想》，载《四川师范大学学报》（社会科学版）2011年第4期。

作，著有《刘东父书洛神赋》《旷翁诗抄》《旷翁书画》等。刘恒蓻（1929—？），字伯谷，幼年就读尚友书塾，传习"槐轩""推十"之学，长则秉承家风，教书为业。20世纪80年代开始，作为"槐轩学""推十学"的传承者，在整理《槐轩全书》《推十书》的同时，常常接待国内外前来问学的学者和门人，又应槐轩门人及爱好者所请，不辞高龄，担负起在各地讲解"槐轩学""推十学"的重任。在讲学、游学、答疑中，无不推己及人，始终以传播槐轩阐释之儒家元典精髓和做人之道为重，影响遍及国内和欧美，为人所尊仰。刘伯谷先生对《推十书》（增补全本）近六百万字的整理，基本反映了刘咸炘遗著的全貌和体例，除少量文章和著作手稿遗失外，《推十书》（增补全本）成为目前较为完整的版本。2009—2011年，以刘沅所著的《大学恒解》《中庸恒解》的基本观点为据，为门人系统讲解这两部经典，2015—2018年由刘驰、刘镛晋、刘镒晋、石华锋、明甫等家人和门人整理成《祖述槐轩——刘伯谷先生讲大学中庸》一书。刘伯谷先生将此书分为《古本大学》讲稿和《中庸》讲稿两个部分，非常具体地阐述了槐轩的先后天学说和理气学说，指出并纠正了程朱理学对儒家元典的误解，为读者准确理解儒家元典字义、文义和主旨，提供了不可多得的珍贵教材。

第三节　文史世家

除立功、立德之外，还有一部分天府文化世家是以立言而名著于世的。文史创作是其家族文化的主脉，其成员往往才华横溢、学识渊博，或以诗文表见当时，或以史著留名后世。家族成员之间或吟咏唱和不绝，或以修史大业相互勉励。他们是天府文学、史学史上的璀璨明珠，天府文化世家的形态因之而更加丰富多样。

一　大邑计氏

大邑县有确切文献可考的文化家族传自宋代，计氏一门崭露头角。以计用章、计良辅、计有功祖孙为核心成员的计氏家族诗书相继、名满天下，形成了一个以文史成就为文化印记的世家，为大邑家族文化开启了灿烂的篇章。

（一）计用章

大邑计氏先世今已不可考，刘咸炘的《十推书》所载《赵宋四川氏族表》于计氏家族以计用章为首。计用章（1002—?），字寿卿，又字虞卿，宋邛州安仁人（今大邑安仁），主要事迹附见于《东都事略·范雍传》《宋史翼》等。[1] 计用章自幼好学深思，精于五经之学。宋真宗天禧三年（1019），计用章年方十八岁，就登科而成进士。任官勤勉，稍迁至秘书丞。宋仁宗景祐五年（1038），范雍任延州知州，征辟计用章为通判，辅佐州事。计用章勤政爱民，思虑周详，深得民心。当时，延州地处西北边陲，直面西夏，正是守卫关中和内地的门户。计用章每每劝说范雍修筑城垒、筹备器械、训练士卒，以备不虞；又请朝廷加兵遣将，主动出兵西夏，以攻为守，化解关陇所面临的军事威胁。但范雍苟且因循，不以为然。其后西夏果然发兵围城，宋兵二守将陷阵而死，延州内外骚动，州城岌岌可危。范雍急忙召计用章问策，计用章答称："用章屡献言矣，而公不用。今惟有一死以报国尔。然城中老幼无辜，皆公陷之至此。"于是他批评范雍"上负天子，下负百姓"。范雍大恨。恰逢当夜天降大雪，西夏兵连夜退去。危机才得以解除。事后，范雍仍然对计用章怀恨在心，不仅不认可其协助之功，反而诬陷他守城不力，将其贬谪到雷州。至宝元三年（1040），经略延

---

[1] 赵霦等纂修：《（同治）大邑县志》卷16。

州范仲淹以及田况等人深知计用章因忠获罪，实属冤屈，于是上奏朝廷，为其辩白。宋廷即再征计用章任隋州酒税监。至康定元年（1040），又追复其原官。此后，计用章历任龙州知州、都官员外郎等职，皆为从五品。除入仕建功之外，计用章也以文学名世。著有文集《希通编》十二卷、《迂遗集》十三卷等。其中《迂遗集》有简州刘光祖、资中张方等蜀中名士为之作序。可惜两书现在均已亡佚不存。《宋代蜀文辑存》收录了他的文章一篇，尚可让后人略窥其学术风采。[①] 此外，计用章还在宋仁宗庆历四年（1044）自行出资、主持刊刻了蜀人李鼎祚的《周易集解》，亲自题写《玩记》一篇。这不仅说明计用章为保存乡邦学术文献贡献了自己的力量，也说明他本人对经典《周易》曾有深入的研究。该书蜀地计氏刻本现存残卷一部，收藏于德国柏林图书馆。

（二）计良辅

计良辅，大邑安仁县人，计用章之子，计有功之父。计良辅出身名门仕宦之家，自幼受到良好的家庭教育与熏陶。宋仁宗庆历三年（1043），计良辅高中进士，功名事业与父亲计用章相接。计氏一门祖孙三人皆登第为进士，均有著作行世，其家风传承、文化影响持久而深远。其中，计良辅的名望虽然不及乃父、乃子，但却是大邑计氏家族文化史上承上启下的关键人物。

（三）计有功

计有功（约1126年前后在世），字敏夫，号灌园居士，计用章之孙、计良辅之子，著名宰相张浚从舅。计有功幼年好学，品行优异。宋徽宗宣和三年（1121）成进士，相继任眉州、简州知州，利州路转运判官，嘉州知州。南宋绍兴年间，赴行在奏对，升任直徽猷阁学士，

[①] 王小红：《巴蜀历代文化名人辞典 古代卷》，四川人民出版社2018年版，第103页。

后又提举浙西常平茶盐公事、提举潼川府路刑狱公事。再入张浚幕府，全力支持张浚出兵抗金，因此遭到以秦桧为首的朝廷主和派嫉恨。张浚罢相后，计有功壮志难酬，于是以侍养老母为名，辞官归乡。计有功不仅为官清廉公正，政绩卓著，在史学、文学上也有颇多建树。所著有《史钞》《晋鉴》《唐诗纪事》八十一卷等书。其中，《唐诗纪事》一书价值最高，共收录1150位唐代诗人的作品，按时间先后编次，视野广阔，规模宏大，材料丰富，态度客观。首先，他不仅注重对大家名篇的采撷，还网罗散佚，兼及僧人、妇女，乃至引车卖浆者流，使许多难于传世的孤篇得以流传。如张为的《诗人主客图》一书，"独籍此编以见梗概"（《四库提要》），此为成就之一。其次，郭绍虞的《宋诗话考》云，是书所录，"即脍炙人口者，亦有足资校勘之处"。如吴骞的《论诗绝句》自注云："王之涣《凉州词》'黄河远上白云间'，《唐诗纪事》作'黄沙直上白云间'，吴修龄笃信之，以为的不可易。"最后，摘录前人品评之语，多有参考价值。如李白的《乌栖曲》，贺知章赞曰"可以泣鬼神矣"。如王士源谓孟浩然"骨貌淑清，风神散朗，救患释纷，以立义表"，"学不为儒，务掇菁藻；文不按古，匠心独妙"。其他如谓元稹"善纪事"，谓陆龟蒙"博雅多文，尤善谈笑"，"诗篇清丽"。记述李白、杜甫、韩愈、白居易等人仕履诗事，亦较翔实。然由于材料辑缀过多，未免有"榛楛勿剪"之失。书中又辑集本事与品评，兼记世系爵里，所以它既是唐代诗歌的总集，又是唐宋有关诗评的汇编，为唐诗研究提供了宝贵的资料，故而流传至今。此书有四川师范大学王仲镛教授的笺注本《唐诗纪事校笺》最便观览。著名国学大师钱钟书对《唐诗纪事》亦极为推崇。计氏家族为大邑望族，计有功之弟计有章亦有文名。

（四）计法真

计法真（1076—1155），大邑安仁人，计用章孙女，计有功从姐，北宋雍国公张咸之妻，南宋魏国公张浚之母。计法真出生于书香世家，深受传统文化与家庭教育影响，有很高的文化修养。她自幼聪明贤惠，多才多艺，成年后嫁与四川绵州大贤张咸，二十岁时诞下了后来的救时宰相、北伐名臣张浚。计法真二十四岁时，张咸病故。乡邻亲友再三劝其改嫁，计法真严词拒绝，誓不再嫁，从此洗尽铅华，长斋茹素，辛苦抚育二子。张浚刚能说话，计法真就教其读诵父亲生前读过的书，引导他要像父亲那样刚正不阿，廉洁奉公，长大报效国家。在计氏的辛勤抚育下，张浚从小便博学多才，品学兼优，最终高中进士。张浚赴任时，计氏再三叮咛儿子要牢记祖训，并写好几十条关于政务、军事、思想、道德品行、为人处事的对策交给儿子，让他带在身边，早晚诵读，三省其身。绍兴十六年（1146），秦桧踞相位，卖国求荣，欺君误国。计氏再三鼓励儿子冒死进谏。结果引得秦桧大怒，将张浚贬逐到连州。时已七十高龄的计氏送儿子去连州，并没有后悔抱怨，反而高兴儿子没有枉读圣贤之书。高宗绍兴二十五年（1155），计法真病逝，终年七十九岁。后来张浚复职，再次担任宰相，朝廷嘉奖表彰计氏，封其为秦国夫人。张浚、张栻父子扶柩归乡，让一代贤女计法真最终安眠故土。

（五）计氏后人

计孝聘，号清溪居士，为计有功之子，曾著有《清溪吟稿》，后不行于世。计仲谟，为计孝聘从孙辈，计用章六世孙，亦以文学有名于当世。二人事迹均见于《邛州志》、光绪《大邑县志》。自计用章而下，大邑计氏一门六代俱闻名当时，载于地方志乘。其家族学术兼及经学、史学、文学，其立身行事、功名风骨更为人所称道。这固然与其良好的家风、深厚的文化积累密切相关，更是大邑历史文化在家族名人领域的精彩表达。

二 华阳范氏

华阳范氏是两宋时期四川地区的一大望族。历经仁、英、神、哲、徽、钦、高、孝、光、宁、理宗十一朝，近200年间，华阳范氏家族共产生了27名进士，4名翰林，并有51人入仕。这一数据首先代表了这个"世显以儒"的传奇家族在科举仕途上的巨大成功。不仅如此，华阳范氏更因范镇、范祖禹、范冲祖孙三代"三范修史"的典故而享誉后世。可以说，在科名功业背后，始终支撑着华阳范氏家族的，正是其文史传家的文化根脉。

（一）范氏先世

华阳范氏的先祖，可以追溯到武则天时期的春官尚书范履冰。在唐代中后期，范履冰的后代已分散别居，散至全国各地。至唐末，范履冰十一世孙范隆由长安避乱迁徙入蜀，居于成都，死后葬于华阳，其后代即成为华阳人。范氏居华阳，传三四世，历前蜀、后蜀，皆不仕，但家业逐渐壮大，已成为当地大族。至范隆五世孙范度，因文行卓异而受到益州知州张咏赏识，被提拔任孔目官，范氏仕宦之路由此开启。范度生三子，长子范镒，宋真宗天禧三年（1019）进士，为陇城令，卒于官。次子范锴，终卫尉寺丞，生范百祉、范百禄。第三子即范镇。①

（二）范镇

范镇（1008—1089），字景仁，是"三范修史"中的第一人，历事仁、英、神、哲四朝。于仁宗宝元元年（1038）考中进士，补国子监生及贡院奏名，均第一名，然而仁宗因其是宰相门生，下密诏禁止范

---

① 胡昭曦：《宋代"世显以儒"的成都范氏家族》，载邹重华、粟品孝主编《宋代四川家族与学术论集》，四川大学出版社2005年版，第111—112页。

镇参加殿试，以免其他贡生质疑科举的公平性。幸而礼部惜才，向仁宗力谏保住了范镇，可殿试唱名时范镇排名七十九，后被越级授官直秘阁，又为起居舍人、知谏院，改集贤殿修纂、纠察在京刑狱、同修起居注、遂知制诰。不久后又迁任翰林学士，充史馆修撰，改右谏议大夫。庆历五年（1045），范镇在宋祁的推荐下进入书局成为编修官，开始了一生中最重要的修史工作。范镇一生曾参与编修《新唐书》《仁宗实录》《起居注》《玉牒》《日历》《类篇》，自撰《内制集》《外制集》《正言》《乐书》等十余部著作。范镇一生三入翰林院，曾四次负责贡举考试，嘉祐二年（1057），他与欧阳修、梅尧臣同为知贡举，这次考试选拔出了与范镇同出蜀地的苏轼、苏辙两兄弟。神宗继位后，范镇因为竭力反对王安石变法，被迫告老还乡。回到华阳后，他饮酒赋诗，寄情山水，撰写《东斋记事》以记录北宋的典章制度、士人逸事以及蜀地的风土人情。哲宗即位，起为端明殿学士，固辞不拜。累封蜀郡公，卒谥"忠文"，赠右金紫光禄大夫。[1]

（三）范百禄

范百禄（1029—1094），字子功，范锴之子。以进士登科，又考取才识兼茂科，熙宁年间，在川内任职，担任江东、利、梓路刑狱提点官，加封直集贤院。熙宁七年（1074），入职谏院、后入大理寺，升刑部侍郎，知开封府，夙兴夜寐，治理有方。后入翰林院，任中书侍郎。范百禄为人淡泊谦逊，正直果敢。他虽然没有跟从季父范镇从事修史工作，为人却深受范镇的影响。卒后朝廷赠封他为银青光禄大夫，谥"文简"。范百禄所生七子，即范祖修、范祖羲、范祖德、范祖述、范祖和、范祖临、范祖言。

---

[1] 脱脱等：《宋史》卷337《范镇传》，中华书局1985年版，第10783—10790页。

（四）范祖禹

范祖禹（1041—1098），字淳甫，范百祉之子，范锴之孙，于范镇为从孙，是"三范修史"中的第二人，也是司马光编修《资治通鉴》的重要助手。范祖禹从小就是孤儿，由叔祖父范镇抚养长大，性情温和、天资聪颖。仁宗嘉祐年间，中进士甲科，由于范镇与司马光交情深厚，司马光让时年二十岁的范祖禹单独负责《资治通鉴》中唐代部分的编写，历时十五年终于完成。元丰七年（1084），司马光向朝廷举荐范祖禹，称其"智识明敏，而性行温良，如不能言；好学能文，而谦晦不伐，如无所有；操守坚正，而圭角不露，如不胜衣，君子人也"。哲宗即位，范祖禹擢任右正言。后吕公著执掌朝政，而范祖禹是吕公著的女婿，避嫌辞职改任祠部员外郎，不久又辞职而除任著作郎，修《神宗实录》，后迁任著作郎兼侍讲。李廌在《师友谈记》中写道：东坡先生尝谓某曰"范淳甫讲书，为今经筵讲官第一。言简而当，无一冗字，义理明白，而成文粲然，乃得讲书三昧也"①。后迁任起居郎，又召任中书舍人。吕公著去世，召拜右谏议大夫，再兼任国史院修撰、礼部侍郎。范祖禹跟范镇一样坚决反对王安石变法，多次谏诤，在元祐年间第一次修纂《神宗实录》时，范祖禹就"尽书王安石之过，以明神宗之圣"，因此被王安石的女婿记恨。后来范祖禹所修的《神宗实录》被指诋诬神宗，从而接连被贬，直至去世。

范祖禹一生除参与编撰《资治通鉴》外，还独自撰有《唐鉴》十二卷、《帝学》八卷、《仁皇政典》六卷。特别是《唐鉴》一书，"深明唐三百年治乱，学者尊之，目为'唐鉴公'"，而苏轼称他"清德绝识，高文博学，非独今世所无，古人亦罕有能兼者"。

---

① 梁廷楠：《东坡事类》卷4"称荐"，暨南大学出版社1992年版，第77页。

（五）范冲

范冲（1067—1141），字谦益，又字子长，范祖禹长子，"三范修史"中的第三人。深受家族学术事业的影响，继承了太叔祖父范镇和父亲范祖禹的史学研究事业，三人以考证精核、论证科学、评价中肯闻名于世，成为宋代史学研究的典范。绍兴四年（1134），高宗指名范冲重修《神宗实录》《哲宗实录》，任命范冲为宗正少卿兼直史馆，负责删修神宗、哲宗两朝实录。而在这之前，范冲的父亲范祖禹就曾因修《神宗实录》落人口实，接连被贬，范冲怕引来误会，推辞不就，高宗再三说明，并以宰相赵鼎为监修，才使其领命。范冲在修《神宗实录》时，专门撰著了《神宗实录考异》"旧录以墨、删者以黄、新修以朱"世人称其为"朱墨史"。高宗非常满意重修的《神宗实录》《哲宗实录》，提拔范冲为起居郎。后又兼任侍读一职，陪侍高宗读书论学，每每借古喻今，规劝高宗从善纳谏，勤政爱民。再任徽猷阁待制兼史馆修撰兼侍讲、资善堂翊善，全权负责储君的培养。除了重修两宗实录外，范冲还曾修撰《仙源庆系属籍总要》，为司马光的《记闻》编类，然而令后世史学家扼腕叹息的是，范冲独自撰写的《范太史遗事》《范祖禹家传》《宰相拜罢录》等都已经亡佚，只在其他史书中零星可见。

（六）范温

范温，字元实，号潜斋，为范祖禹次子、范冲之弟，"苏门四学士"秦观之婿。范温自幼从黄庭坚学诗，与兄长选择了截然不同的学术道路，在文学上颇有建树，一生致力探求"韵"的美学，他撰写的《潜溪诗眼·论韵》是北宋时期著名的诗词评论著作，在文学批评史上留下了浓墨重彩的一笔。作为黄庭坚的得意门生，他承袭了黄庭坚的写作思想和风格，同时受苏轼文学观的影响，重在句法字眼，并且以禅喻诗，提倡悟入之说，对江西诗派有重要的影响。

（七）范氏族人

除上述人物外，华阳范氏中显达者尚多。自范镒、范锴、范镇以下，第二代人物有范百常，知茂州；范百祉，进士；范百朋，知邛州；范百揆，进士，以宣德郎监中岳庙；范百嘉，进士，官承务郎，秘书省正字；范百岁，太康主簿；范百虑，承务郎。

第三代人物有范祖德，右宣德郎，勾当京东下卸司；范祖修，右承务郎，勾当嵩山崇福宫；范祖述，知台州，朝议大夫；范祖羲，进士，雄州军事推官；范祖和，右承务郎；范祖直，长社主簿；范祖封，右承务郎；范祖耕，右承务郎；范祖淳，进士；范祖恩，承务郎。

第四代人物有范寥，承务郎；范游，进士；范漼，右奉议郎，知芦山县；范坝，都大主管川峡茶马司监牧公事。

第五代人物有范仲苪，右谏议大夫，给事中；范仲艺，进士，中书舍人，龙图阁直学士；范仲较，进士；范仲伦，进士；范仲圭，进士，知普州，利州路转运判官；范仲殳，进士，右迪功郎，成都府学教授；范仲熊，承议郎，直秘阁；范仲徽，进士；范仲南，进士；范仲恺，进士；范仲芸，进士；范仲壬，知江陵府，利州路钤辖；范仲武，知嘉州，成都府转运判官。

第六代人物有范子修，进士；范子奕，进士；范子庚，进士，知资州；范子长，进士，知潼川府，知泸州；范子垓，进士。

第七代人物有范荪，宗正寺丞，知邛州；范暮，国子监丞。①

三 丹棱李氏

丹棱李氏是以南宋时期著名历史学家、目录学家、诗人李焘及其

---

① 胡昭曦：《宋代"世显以儒"的成都范氏家族》，载邹重华、粟品孝主编《宋代四川家族与学术论集》，四川大学出版社2005年版，第122—124页。

子辈为核心成员而形成的文化世家。李焘与六子俱有文名，"伯仲律吕，海内号为文章家"①。同时，李氏父子更以史学名世。以他们为代表的丹棱李氏正是一个典型的文史世家。

（一）李氏先世

丹棱李氏原是唐朝宗室后裔，为唐太宗第十四子曹恭王李明之后。李明少子，为右武卫大将军李偲。武后时，李偲为避害而入蜀，遂居于丹棱，潜伏民间。至其五世孙李瑜时，逢唐玄宗入蜀。李瑜上疏自述先世事迹，得以恢复宗室身份。后又获封官长江令，死于任并还葬丹棱，其后人即为丹棱人。②自李瑜以下，由唐经五代而入宋，李氏家族在丹棱生息繁衍。后人李夔生子李凤，李凤生子李中（？—1147），于宋徽宗大观三年（1109）登第成进士，绍兴十五年（1145）知仙井监，功名不显但颇有文名。李中家藏书甚富，他由此得以通习本朝典故，开启了家族治史、修史的传统。李中生子二人，即李焘、李熹。

（二）李焘

李焘（1115—1184），字仁甫，一字子真。绍兴八年（1138）登进士第，授华阳县主簿，未赴任，于丹棱龙鹄山读书。至绍兴十二年（1142）方才出山赴任。后历官州县及朝廷史职，宋孝宗朝仕至同修国史，终高、孝二朝，均未受重用。宋孝宗淳熙十一年（1184），以敷文阁学士致仕。卒赠太师、温国公，谥号"文简"。

李焘一生精通诗文、历史、典章制度、天文、历算等，但其最突出的贡献是在史学方面，是一位优秀的史学家。他一生虽然在四川、湖北做过多任地方官，但还是以任主持修史的同修国史、实录院编修

---

① 程珌：《祭李端明文》，载曾枣庄、刘琳《全宋文》第297册，上海辞书出版社2006年版，第188页。

② 佚名：《氏族谱》"李氏"，载《巴蜀丛书》第1辑，第251页。

等官职时间为最长。在朝为史官时，李焘注重对史学人才的培养和提拔，先后举荐吕祖谦、尤袤、刘清之等十余人为史官。除了在官场上对史学的重视之外，李焘的史学相关著作更是占据了他编著的一大部分，其著作《续资治通鉴长编》，为后世留下了极高的史料价值。从绍兴十年（1140）开始，李焘数易其稿，在淳熙十年（1183），完成《续资治通鉴长编》的编著。该书取材相当广泛，史料极为详备，详细记载北宋168年的重大历史事件，共1063卷。其中，按"宁失之繁，毋失之略"的原则，采用编年体，按日记事，一日之中多事并列叙述。《续资治通鉴长编》历来被史学界推崇为《资治通鉴》之后不可不读之书，历代都得到很高的评价。进献书稿时，宋孝宗就十分称赏，称李焘是无愧于司马迁的人，命人将《续资治通鉴长编》收藏进秘阁。此外，李焘的著作还有《易学》《易大传杂说》《春秋义》十卷、《尚书百篇图》《大使杂说》《诗谱》《五经传授》《五音谱》十卷等。① 李焘共生七子，即李谦、李垕、李塈、李塾、李岱、李壁、李垠。长子李谦早逝，五子李岱生卒年代、生平事迹不详，其余五子皆能传承家学。

（三）李垕

李垕（？—1179），字仲信，李焘次子。宋孝宗乾道五年（1169），李垕得吏部尚书汪应辰荐，试贤良方正科，中式，为秘书省正字，寻迁著作郎兼国史实录院修撰检讨官。父子同主史事，同为南宋史家重臣，名显于缙绅达官之间。这表明李垕在父亲的影响下，在史学研究上也取得了成就。② 此外，他还与李壁一同致力"洛蜀会同"，对苏洛二学都很推崇，并想消弭两者裂痕使其融合在孔孟的旗帜下。明清之际著名思想家黄宗羲就指出李垕对于洛蜀二学会同起重要的推动作用。

---

① 脱脱等：《宋史》卷388《李焘传》，中华书局1985年版，第11914—11920页。
② 王东：《李垕事迹钩沉及其诗文辑考》，《西南交通大学学报》（社会科学版）2013年第1期。

（四）李垫

李垫，字叔㕍，李焘第三子。宋宁宗嘉泰元年（1201）权知忠州，后又知邛州。嘉定四年（1211）由夔州路提点刑狱任罢。李垫有史才，曾校正《华阳国志》，用力甚勤。摭比他书，相互参订以决所疑，自谓"较以旧本之讹谬，大略十得五六矣"。此后，新校本即由李垫刊布流传。①

（五）李塾

李塾（1148—1180），字季修，号约斋，李焘第四子。李焘称赏唐代刘玄华，谓"唐三百年，惟刘玄华不愧"，心慕贤良方正科，乃令李垩、李塾攻读此科，皆学有所成。宋孝宗淳熙四年（1177）曾应制科，官终承务郎。

（六）李壁

李壁（1159—1222），字季章，李焘第六子，因敬重王安石在文学上的成就，于宋宁宗开禧三年（1207）至嘉定二年（1209），大量研究王安石的诗作，较为准确、详细地对王安石的诗歌做注解，集录为《王荆文公诗李壁注》五十卷。该书是迄今为止最为详备、最有价值的王诗注本，真本已失传，日本名古屋市蓬左文库所藏的一部朝鲜语古活字本《王荆文公诗李壁注》是迄今为止发现的唯一接近原作的版本。此外，李壁还推重苏学，认为苏洵"学综六艺，词雄百家，通于王政，达于权事"，积极宣传苏学。李壁亦有深厚的理学造诣，善于将义理之学融贯于各类著述中。理学名家魏了翁称赞李壁博学多识，认为他在著述中"发挥义理之正，将以迪民彝，厚世教"，功不可没。他一生著述近千卷，对后世的文史研究具有独特意义。②

---

① 李垫：《重刊华阳国志序》，载傅增湘原辑，吴洪泽补辑《宋代蜀文辑存校补》卷74，第2362页。

② 脱脱等：《宋史》卷398《李壁传》，中华书局1985年版，第12106—12109页。

（七）李埴

李埴（1161—1238），字季允，李焘第七子。绍熙元年（1190）进士，先后任常德知府、夔州知州、礼部侍郎、沿江制置副使兼鄂州知州、资政殿学士等。端平中，累官为吏部尚书兼修国史、实录院修撰，专提领编修《高宗正史》。著有《皇宋十朝纲要》《公侯守宰士庶通礼》等。李埴与父亲李焘、兄李壁还以文学闻名当朝，当时人们比照眉山苏氏三父子，称他们为"三李"。李埴也在当时被评价为文学与史学兼具的人才，其文学方面的著作还有《李文肃集》。[①]

丹棱李氏家族在李焘及其子辈时达到极盛，"李焘父子皆长于史学，堪称史学传家的名族"[②]。自此以下，家族成员便再未出现与李焘父子比肩的人物，文史事业后继无人，世家辉煌不再。

四　新都费氏

新都诗歌文化历来兴盛。明清之际，以费经虞、费密、费锡琮、费锡璜为核心人物的费氏家族，是新都文史世家的代表。在新都地方志乘中，收录"四费"诗文往往最多。其数量之多、规模之大，足以说明费氏家族在新都地方文化、天府文化及中国文学史上的影响。

（一）费氏先世

与大多数由外地迁居四川的文化世家不同，新都费氏是一个本土的文化家族。其远祖可追溯至蜀汉谏议大夫费诗。费诗后人世居于蜀中犍为郡，后迁徙至双流，再迁灌县，复迁至新繁（今属新都），故为

[①] 黄宗羲、全祖望：《宋元学案》卷71《岳麓诸儒学案》，中华书局1986年版，第2391—2392页。

[②] 粟品孝：《宋代四川主要学术家族述论》，载邹重华、粟品孝主编《宋代四川家族与学术论集》，四川大学出版社2005年版，第14页。

新都大族。① 其先世屡次迁居的时间、族人世次今已不可考知。至明代万历年间，有族人费产明，年至九十余岁，因长寿而被朝廷赐予"寿官"。费产明生子费嘉诰（1552—1614），字良辅，万历中贡生，授大竹县训导，训士有方，颇著清誉。嘉诰为人平易，笃孝而有德行。崇祯末年张献忠之乱时，尝协助县官平息民变。所生二子，长子费经世、次子费经虞。费经世在明末为县学生员，为人慷慨仗义。遇张献忠攻城，欲招揽其致麾下。费经世坚不肯从，被杀。②

（二）费经虞

费经虞（1599—1671），字仲若，费嘉诰次子。为人孝友，万历时为贡生，崇祯年间中举，任云南昆明知县，为政仁厚，被誉为清官循吏。明亡后返乡，以设馆讲学为生，以把玩诗书、著书立说自娱，四方学徒云集。康熙时卒，门人私谥为孝贞先生。费经虞少有大志，好宏论，喜读书，于儒家经典及诸子之书无不通览，尤其爱好文学。年老时亦手不离书卷，于儒家经学、文字训诂、诗文皆有所长。所著甚多，有《毛诗广义》二十卷、《雅论》二十六卷、《字学》十卷，又有《四书字义》《古今方书》《周易参同契合注》《临池懿训》《四书懿训》《古韵拾遗》《荷衣集》等。还辑明代蜀人诗作，成《蜀明诗》十五卷，又与子费密辑《剑阁芳华集》二十卷。其诗风"平稳沉健，格调淳朴自然，不事雕琢，而格律谨严"③。费经虞在家族中是一个承上启下的重要人物，经过他的严格训导，言传身教，其子费密最终被造就为一代硕儒名家。

---

① 陈赋、林新萍：《清初诗人费锡璜简谱》，载《古籍研究》总第65卷，凤凰出版社2017年版，第216页。
② 彭遵泗：《蜀碧》，北京古籍出版社2002年版，第28—29页。
③ 毛远明、刘重来主编：《中国文化世家 巴蜀卷》，湖北教育出版社2004年版，第392—393页。

(三) 费密

费密（1625—1701），字此度，号燕峰，费经虞子。明末川中大乱，费密奉父流寓泰州，以教授、卖文为生，当道拟举鸿博，荐修《明史》，皆辞。

十岁就跟从父亲学习《通鉴》，这为他之后的史学思想奠定了基础。在流寓期间，结识了当时活跃在文坛的钱谦益、王士祯等人，基于早年父亲的教诲，费密看重历史，注重在古史中学习前朝智慧。他遍访当时江南一带的学术大家，又遵照父亲遗命，专程前往拜访孙奇逢。在与孙奇逢讨论学术时，费密"进言汉唐诸儒有功后世不可泯灭"，由此表达了讲究实学、反对宋儒空谈心性的学术主张。在理学空疏的弊端日益暴露之际，有费密等人尊崇汉儒，用训诂、名物章句来纠正空谈性理的不足，这促进了清代考据学的兴起。费密继承父亲衣钵，亦善作诗。今存诗作五十多首，他的诗平和深厚，善于寄托，不刻意雕琢。其中《朝天峡》"大江流汉水，孤艇接残春"被王士祯称堪称千古绝唱。

费密一生著述丰富，计有《中传正纪》一百二十卷、《古今笃论》四卷、《中旨定录》四卷、《中旨辨录》四卷、《朝野诤论》四卷、《河洛古文》一卷、《尚书说》一卷、《周礼注论》一卷、《二南偶说》一卷、《中庸大学古文》一卷、《中庸大学驳论》一卷、《太极图记》八卷、《圣门学脉中旨录》一卷、《古史正》十卷、《古文要旨》一卷、《蚕北遗录》二卷、《奢乱纪略》一卷、《荒书》一卷、《归来晚暇记》四卷、《历代贡举合议》二卷、《二氏论》一卷、《燕峰文集》二十卷、《燕峰题跋》六卷、《燕峰尺牍》六卷、《诗余》二卷、《杂著》二卷、《费氏家训》四卷、《集外杂存》八卷、《补剑阁芳华录》二十卷、《雅论》二十六卷、《弘道书》十卷、《燕峰诗钞》二十卷等。[①] 故张邦伸

---

① 曾晓娟：《都江堰文献集成 历史文献卷（文学卷）》，巴蜀书社2018年版，第139页。

评称说："蜀中著述之富，自杨升庵后，未有如密者。杨主综览旧闻，密则独摅己见，较杨更精。"费密的著作与杨慎各有千秋，因不同时代、不同社会环境，而不易断其高下，但二者都是明清之际蜀中著述颇丰的名家。从费密的著述情况来看，他也如升庵一般，是博学多才、笔耕不辍之人。费密生活在朝代更迭的乱离之际，社会动荡从某种程度上激发了他的才能与创作。

清道光八年（1828），马裕霖为新繁县令，因从王士祯的评论中得知新繁费密的文采了得，为表彰地方人物以劝导后人，便建费公祠。后来，新繁人向步瀛的《乡贤费氏四世祠记》提到"不尊崇费氏则已，尊崇费氏则不宜但在文艺也；不为费氏树祠则已，为费氏树祠则不宜仅乃此度也。"认为费密的成就不只是文章而已，他在医学、禅学、文学、经学、史学等多方面都真知灼见，这些也应该让后世知晓；而费氏也不只是有费密一人而已，从祖父费嘉诰，到父亲费经虞邃于经学，推崇汉儒，才有遍访群儒的费密；有诗词清丽的费密，才能有同样以诗文著称的费锡琮、费锡璜两兄弟，费氏祠堂不能只供奉费密一人，因此，胡元瑞、贾锡朋等又在东湖西重建四费祠，供奉费氏家族的四世六贤，即费嘉诰、费经世、费经虞、费密、费锡琮、费锡璜。如陈宝璋的对联，问十字千秋，父子孙曾几诗客；羡一门四世，文章忠贤六乡贤。

（四）费锡琮

费锡琮（1661—1725），字厚藩，为费密长子，无意于仕途。"克传家学"，[①] 才气过人，身为家中长子，乃有父风，处处尽显兄长风范。少时与弟锡璜吟诗论诗，长大后即云游四方，诗风劲朗，以诗文著名。费锡琮也喜欢研读史书、诸子百家，每每谈论之间总不乏深刻的见解，为人磊落刚正，六十四岁时突然中风去世。著有《白雀楼诗集》《阶庭

[①] 沈德潜：《清诗别裁》卷25《费锡琮》，上海古籍出版社1984年版，第1011页。

偕咏集》等。

(五) 费锡璜

费锡璜（1664—1696），字滋衡，为费密次子，父子三人并称"三费"。费锡璜从小聪敏，性情豪放，早有才名，康熙三十五年（1696）随父会友，作《江舫唱和》，满座皆惊。又作《北征哀叹曲》，长二千一百字，抒离乱之情。后又隐居博学，倡立古诗社。他的诗情感真切、"诗中苍苍莽莽时有古音"，因此往往广为传诵。他的文章被汇集成《贯道堂文集》，诗编为《掣鲸堂诗集》，其诗文著述丰富，造诣颇深，为后世所称道，称其"诗中有古音"[①]。《国朝蜀诗略》中收录费锡璜的诗作高达130首。

从费锡璜、费锡琮二人身上，也可以明显看到家风的影响，两兄弟都无意于高官厚禄，宁愿浮游四方；钟情于文史，明显延续了费密对于人生、仕途、学问的观念。三费诗风各自有不同，但皆谙熟音律、造句、意境等创作技巧，造诣极深。

---

① 张维屏：《国朝诗人征略》卷20《费锡璜》，中山大学出版社2004年版，第307页。

第六章　惊才绝艳的天府女性文化

　　在中国传统文化中，"男尊女卑"的思想在古代社会根深蒂固。战国时便有"产男则相贺，产女则杀之"（《韩非子·六反》）的习俗。汉代随着儒家文化地位提升，《易经》的"乾道成男，坤道成女"思想被大多数人接受。乾坤对应"阳阴"，在性别上指男女，"阳"的事物处于主导地位有积极作用，"阴"的事物处于从属地位有配合作用，因而产生了"阳贵阴贱""男尊女卑"的价值观念。[①]

　　同时，被合称为"女四书"的《女诫》《女论语》《内训》与《女范捷录》也将"男强女弱"的观点进行了强化。《内训·序》有言："古者教之有方，男子八岁而小学，女子十年而听姆教。"女性学习的不是读书认字，而是如何讲究三从四德。"三从"指妇女未嫁从父、出嫁从夫、夫死从子；"四德"即指妇德、妇言、妇容、妇功。《女诫·女行第四》中有言：

　　　　夫云妇德，不必才明绝异也；妇言，不必辩口利辞也；妇容，不必颜色美丽也；妇工，不必技巧过人也。

---

① 张立颖：《从〈女诫〉看中国传统女性伦理观》，硕士学位论文，南京大学，2015年。

身为女子，不需要才识过人，不需要巧言善辩，"无才"便是最好的品德。清朝张岱在《公祭祁夫人文》中写道"丈夫有德便是才，女子无才便是德"，认为女子能明大义即可，书不可多读，即使读书，也要读《列女传》《女诫》之类的正统书籍。①

除此之外，中国传统社会在女子的"贞洁"问题上要求近乎苛刻。《女诫》有言："夫有再取之义，妇无二嫁之文。"作为男性，可以三妻四妾，作为女性必须从一而终。如若违反，便是不洁、不忠，要受到道德上的谴责。据《春秋谷梁传·襄公三十年》记载，伯姬为了给丈夫守节，在房屋失火的情况下，宁可被烧死也不逃命，书中还称赞其"妇人以贞为行者也，伯姬之妇道尽也"，这是中国古代对女性品德评判的较早记载。明朝法典有规定，凡未满三十的寡妇守寡到五十岁，可受官府褒扬而建贞节牌坊，她的家庭也可免除徭役。出嫁前"从父"，婚后"从夫"，丈夫去世后还必须独自守寡，如若丈夫的双亲健在，还不得不承担起服侍丈夫双亲的重责，可以说古代女子一生都不曾为自己而活。

但是，独特的地理文化必然赋予天府地区人民唯属于他们的气质与品行。在诸多有关四川女性的小说中，"川妹子"一向以独立、泼辣、自信等形象出现。蜀中地区独特的地理位置形成了特有的蜀中文化，而受到此文化滋养的蜀中女儿们，生来便有了区别于外省女性的性格特点。

第一节　天府女性文化的发展及其原因

俗话说，一方水土养一方人。地域，"不止指山川、土壤、气候等

---

① 施笑梅：《女性主义视阈下中国女性形象的变化》，《科教文汇》2018年第2期。

自然现象，他们共同构成了某一地域区别于其他地域的包括自然、风俗、人群性情、价值取向、道德标准、行为方式等独有的文化特色"①。就地理位置而言，天府地区正好是东西交合、南北贯通之地。这使得作为过渡地带的蜀中既没有北方凛冽的寒风，也不如南方温和潮湿；既不像完全依赖农渔的东南，也不像以畜牧为主的西陲。四川盆地地形复杂、土地肥沃、物产丰富，班固的《汉书》有言："土地肥美，有江水沃野，山林竹木，蔬实果实之饶。""天府之国"也造就了蜀中地区人民及时行乐、悠闲自得的性格，赋予蜀中女儿们乐观、积极、向上的秉性。

同时，蜀中的盆地地形使得蜀中与中原地区有了一道天然屏障。李白的《蜀道难》便是对蜀中地区崎岖地形的真实写照，一句"蜀道难，难于上青天！"除了表达蜀中内外道路不畅之外，也暗示了蜀中地区会因为处于"四塞之地"而形成独特的地理文化。例如，在汉武帝推行"独尊儒术"之后，儒学却到三国时期才比较完整地传至蜀中②。这表明中原传统文化要想传入蜀地，不是一件易事。《华阳国志·序志》也有言："周失纲纪，而蜀先王。"这也是为何天府地区的女性会与中原地区的传统女性有所不同，相较而言更加具有"叛逆"的新思想的原因之一。

天府女性在家庭中的高地位，是蜀中家庭家长制弱化的结果，是父权和夫权未能"履职尽责"的具体体现。对于中国传统社会而言，家长制是主要家庭权力结构模式。然而蜀中地区曾经历过六次大移民，特别是第五次移民，也就是常说的"湖广填四川"，彻底改变了蜀中土著人口与外来人口的比例。正如杨燮的《锦城竹枝词》所云：

---

① 张瑞英：《地域文化与现代乡土小说生命主题》，中国海洋大学出版社2008年版。
② 袁庭栋：《巴蜀文化志》，巴蜀书社2009年版，第124页。

大姨嫁陕二姨苏，大嫂江西二嫂湖。

戚友相聚问原籍，现无十世老成都。

这样由移民带来的文化融合，不仅赋予了蜀中人民极大的包容性，也造成了由于籍贯的复杂性带来的父权弱化，使得蜀中地区难以形成严格的家长制度。在传统家长制中，父亲是整个家族的权威核心，父子关系成为一个家庭的主轴，而女性参与的"夫妻关系"成为这个家庭的附属关系，这注定了女子在整个家庭的卑微地位。据《隋书》记载，蜀中地区人民却"父子率多异居"。因此，在蜀中地区的家庭关系中，夫妻关系成为主轴，妻子地位随之抬高，在家庭中拥有一定的话语权与决策权。被誉为"曲中易安"的黄峨，在婚后能自信地写出"第一绯英上苑姿"的诗句，告诉众人是自己以极高、极美的姿态嫁与杨慎为妻，可见与其他地区女子相比，蜀中女子享有更高的社会地位。

此外，相对于其他地区"生女"的卑微而言，蜀人却偏偏"生女必举"。这种良俗使蜀乡女儿具有比中原文化区更良好的成长条件，乃至蜀女多才成为悠久的历史现象[①]。被称为"女校书"的薛涛、四大才女之一卓文君、豫剧《女驸马》的原型人物黄崇嘏等，都是蜀中女子才德过人的代表。

第二节　天府女性文化的特色

一　女性诗词文化繁荣

吴越饶歌妓，燕赵多美女，蜀中出才妇。蜀地因其独特的地理位

[①] 祁和晖：《风俗、民俗与巴蜀乡俗几个理论问题观察札记》，《西南民族大学学报》（人文社会科学版）2010年第7期。

置和文化氛围孕育出一朵朵惊艳文坛之花。老子云："万物草木之生也柔脆，其死也枯槁。故坚强者死之徒，柔弱者生之徒。"即强调男女阴阳强弱平衡。在道教文化极为繁荣的巴蜀地区，女性地位相对较高，同时由于大量移民导致家长制的削弱，使得巴蜀女儿接受教育的程度普遍较高，因而形成了女性诗词文化的彬彬之盛，且呈现出篇幅众多、独立意识强烈、以诗词论政等不同于其他地区诗词文化的特点。

巴蜀女子蕙质兰心、美丽多情，为后人留下了丰富多彩的艺术作品。蜀中才女薛涛15岁便因诗才声名远扬，一生所作诗词众多，被誉为"女校书"。状元夫人黄峨博览群书，博通古今，徐渭赞曰："旨趣娴雅，风致翩翩。填词用韵，天然合律。"如此等等，留下了丰硕的巴蜀女性诗词文化。

蜀中女儿多独立，受到封建礼教禁锢相对较少，养育出她们肆意洒脱的性格，在此性格之下，其诗词作品也多带有强烈的独立意识和冲破世俗礼教的思想。卓文君不畏礼法为爱当夜私奔，但当司马相如欲聘茂陵女子为妾时，她不似一般柔弱女子只会在家哭泣，而是愤而作《白头吟》，"闻君有两意，故来相决绝"，捍卫自己和爱情的尊严，最终使得司马相如愧疚而回心转意，两人终而携手白头。花蕊夫人的"十四万人齐解甲，更无一个是男儿"，不但讥讽了孟昶君臣面对敌人时的软弱胆怯，而且展现了虽为女子但依然愿意为国献身的傲骨和不屈精神。

此外，巴蜀地区女子诗词与其他地区最大区别在于，巴蜀女子由于受到的封建礼教限制较少，可以饱读诗书，甚至旁听父兄谈话，致使她们的诗词突破了一般女子只谈论闺阁趣事、儿女情长和柔弱情思，而含有较大程度的政治因素，在闺阁之中却思虑天下之事，甚至有着强于当时男儿的政治嗅觉。薛涛以一女子身份，在唐代以男子为主的社会文化圈中却极负盛名，曾与数十位文坛名士、社会名流诗词唱和。

她的"平临云鸟八窗秋,壮压西川四十州。诸将莫贪羌族马,最高层处见边头。"体现出高瞻远瞩的卓越见识和忧国忧民的政治情怀①。黄崇嘏在狱中的"偶离幽隐住临邛,行止坚贞比涧松。何事政清如水镜,绊他野鹤向深笼。"以"涧松""野鹤"自比,表明了自己的高风亮节,丝毫没有当时闺阁女子的小家子气与忸怩之态,使得周庠大为欣赏,丝毫没有怀疑她的女子之身,甚至推荐她做了司户参军。

古代女子在以男性为主的文坛之中留下姓名实属难得。女子诗词包含了女性的阴柔之美、千娇百媚,同时也饱含着巴蜀女子特有的直爽自信、坚忍顽强等特点,形成了在后世看来独具特色的巴蜀女子诗词篇章。

二 女性文化地位特殊

巴蜀女性的文化地位特殊,如前文所述,巴蜀女子因所受封建礼制压制较少,以其蕙质兰心从事文艺,故能文善墨的才女不在少数。女性在家地位相对较高,所以女子从小便能学习诗词歌赋,如薛涛、黄峨、卓文君等皆天资聪慧,自幼便名声在外,甚至能在文坛中留下自己的诗作,被传唱至今。虽文坛是以男性为主导,但男性终究缺乏女性的阴柔之美与独特细腻的视角,倘若诗词歌赋作者均为男性,中国古代诗词便不会有"花开不同赏,花落不同悲。欲问相思处,花开花落时"的对幸福生活的殷切期盼,也不会有"春风户外花萧萧,绿窗绣屏阿母娇"的少女娇羞,更不会有"愿得一心人,白首不相离"的爱情誓言了。

戊戌变法之后,巴蜀同样开启了通往现代化的巨大变革,对女性命运产生极大影响的便是现代妇女观的确立和教育权的获得,以男尊

---

① 赵小华:《女性生存困境与诗歌风格之形成——以薛涛其诗其人为例》,《吉林大学社会科学学报》2015年第4期。

女卑为核心的传统妇女观逐渐被以男女平等为核心的现代妇女观取代[1]。首先，在此期间女性文化作品数量大量增加，女性文化作品在中国文坛中的地位得到提升。有关女性的报刊包括《女界》《妇女鉴》《女国民报》《女铎报》《蔷薇杂志》《妇女》《四川省立第一女子师范学校校刊》《四川省立第二女子师范学校校友会月刊》等，在这些报刊上，畏尘女士、纯玉、石曼、彭俊逸等女性作者脱颖而出，留下大量文学作品。其间，具有代表性的是曾兰，她担任《女界报》主笔，同时又为《娱闲录》撰稿，常常发表社论，是彼时成都著名的女文人。曾兰撰写了影响较大的《女界缘起》，在这篇文章中，她大力抨击了男尊女卑的封建礼教，大力倡导女权："吾辈自当一扫从前屏息低首、婉转依附、深闭幽锢、卑鄙污贱之戮辱桎梏，发愤而起，以光复神圣之女权。"

其次，巴蜀的峻山秀水成为巴蜀女儿的精神原乡，让她们的文学创作更贴近历史结构的深处和巴蜀妇女自在的本性。不同于京津地区的文学作品，巴蜀地区的女性作者们更多使用的是巴蜀调笑式的日常生活中形成的幽默文风，同时蕴含着她们泼辣的性格。例如《妇女鉴》中的特色栏目"心声"，刊登了女性们具有进步思潮的只言片语，例如关于歧视寡妇的："男子间第一种可敬的人就是烈士孝子，妇人里第一种可敬的人就是抚育孤儿的寡妇。我看现在的人对待孤儿寡妇却以为他没有劳力，是可以欺负的"。如此等等，使得巴蜀地区的作品更加贴近历史结构深处和现实社会中女性生存的本相，描绘出一幅幅生动的巴蜀女性图景。

---

[1] 谭梅：《民国四川女性报刊与女性文学创作：1912—1936》，《四川师范大学学报》（社会科学版）2020年第2期。

三　女性自我意识觉醒

《华阳国志·蜀志》记载："（蜀人）与秦同分，故多悍勇。"《华阳国志·巴志》记载："巴师锐勇，歌舞以凌殷人。"从地方历史来看，四川人勇猛好斗古已有之①。巴蜀女子在"彪悍"的民风之下，同样也是叛逆、独立、不服礼教压制的，比起其他地区的传统女子，巴蜀女儿身上总是闪耀着与传统女德相悖的大义凛然、耿直爽快的光辉。乾隆《巴县志》记载："士女性好游，由元日至晦，每携香币渡江陟真武山酬愿，曰朝山，男女杂沓，急宜禁之。"可见当时的巴蜀女子性格活泼开朗，一点也不顾及传统时代对女子"男女之大防"的严格规定，而是"性好游"，这也使得巴蜀地区的女性文化，成为全国女性文化中较为独特的存在。

巴蜀女子大多都是封建礼教和传统旧道德的大胆破坏者。传统文化对于妇女有三从四德的要求，女性不必有文化，只需要顺从父亲、丈夫、儿子便可。但巴蜀女子恰恰不一样，汉有卓文君遭遇背叛时决绝的《白头吟》，唐有薛校书独闯男性文坛，五代有黄崇嘏女扮男装酬奇志。这些奇女子都用她们的才华与勇敢在历史上留下浓墨重彩的一笔。

但同时她们也受到了封建礼教的压制，在以男性为主导的社会中艰难独行。卓文君虽然敢于为爱深夜私奔，受到背叛后以《白头吟》"相决绝"，但当丈夫进京做官时，她作为妻子也只能在家苦苦等候；薛涛虽然在文坛享有盛名，但当男性对她进行评价时，也多是着眼于外貌、身份、身体等方面品评，依然将她作为"营妓之中尤物也"来进行性别上的凝视；黄崇嘏明明满腹才情，行事有方，但女性身份一

---

① 田松林：《"近代华阳国志"里的"新女性"——地域文化和地方历史视野下李劼人"大河小说"中的女性形象》，《海南师范大学学报》（社会科学版）2019 年第 2 期。

旦暴露就不得不归隐山林……

但正是因为这样,她们为抵抗世俗礼教的独立自主精神才显得更加难能可贵,她们是真正对"个人思想"的发现者,尊重了自己作为人的自然属性,展现了巴蜀女性不甘压迫、勇于抗争、追求个性解放的不屈精神。

第三节　天府女性文化的代表性人物

一　汉代才女——卓文君

杜甫的一首名为《琴台》的诗中写道:"茂陵多病后,尚爱卓文君。酒肆人间世,琴台日暮云。野花留宝靥,蔓草见罗裙。归凤求凰意,寥寥不复闻。"茂陵是司马相如病退后居住的地方,在这里代指司马相如。琴台就是司马相如和卓文君爱情故事开始的地方,而"凤求凰"便是司马相如当初为求爱抚琴之曲。这首诗用来赞叹司马相如与卓文君美好的爱情故事。古时候的女子,多以家庭为重、以丈夫为先,婚姻是否美满决定着一生是否幸福。卓文君与司马相如相伴至老,是缘、是运,但同时也是靠这位蜀中才女卓文君的智慧与气魄所维系的。

卓文君(前175—前121),原名文后,西汉临邛(今四川邛崃)人,为四川临邛巨商卓王孙的小女儿。从小善诗文、通音律,肤白貌美、姿色艳丽。刘歆在《西京杂记》中这样描写卓文君:"文君姣好,眉色如望远山,脸际常若芙蓉,肌肤柔滑如脂。"甚至被称为当时成都第一大美人。

卓文君与司马相如相识于卓王孙的一场宴会上。据《史记·司马相如列传》载,当时卓文君也早已对司马相如的名声有所耳闻,便在宴会当日悄悄躲在屏风之后偷看这位远近闻名的才子。宴席上的司马相如也对她一见钟情，便提议为大家抚琴，弹奏了那一首寻觅知音的《凤求凰》。卓文君自小便妙通音律，自然一听就懂这是司马相如在向自己表达爱意，如此大胆而又真挚的情意撩动了文君的心弦，这位闺阁女儿对司马相如更是喜欢。一曲结束，临走之时，司马相如"使人重赐文君侍者通殷勤"，再次向卓文君示爱。当天晚上，勇敢果断的卓文君下了一个决定，这个决定也缔造了中国古代爱情传奇，即她决定趁着夜色与相如私奔，追寻自己想要的爱情。

"富家小姐深夜与一名男子私奔"，这在女子婚嫁需要父母之命、媒妁之言的年代，属于离经叛道，乃至伤风败俗之举。司马相如家里又一贫如洗，为了生计，他们回到临邛开了一家小酒店，"文君当垆，相如涤器"——卓文君当垆卖酒，司马相如洗涤杯盘碗盏。大部分女子在这时都是大门不出二门不迈，而卓文君不仅敢于抛头露面，同时还拥有经商头脑懂得经营，让这家才子佳人的小酒店远近闻名，维持夫妇二人的生活。据传，卓王孙听闻自己的女儿居然当垆卖酒，深以为耻，要与自己的女儿断绝父女关系。可想而知，卓文君与相如的私奔、开小酒店，一定也背负着巨大的社会压力与邻里之间的闲言碎语，但她依然义无反顾地追寻自己想要的生活，这需要多么大的勇气！

后来司马相如因一首《子虚赋》得到汉武帝赏识，进京被封为官。文君与相如分居两地，司马相如久居京都，身边美女如云、诱惑无数，逐渐忘记了千里之外的临邛还有一位曾经患难与共、苦苦等待自己归家的妻子，竟然产生了弃妻纳妾之意。据民间传说，一日，文君收到夫君寄来的一封信，信上只有短短的十三个字："一二三四五六七八九十百千万。"一行数字中唯独少了个"亿"。聪明如卓文君怎会不懂，这是司马相如在告诉她"无忆（亿）"，暗示夫妻之间已没有共同的回忆了。夫君要将自己舍弃，这对古代传统女子而言无异于天都塌了。卓文君深爱自己的夫君，自然十分悲痛，但她与普通女子不同，既不会自怨自艾，也不会丧失理智成为泼妇。卓文君有魄力、有胆识，当初肯舍弃家缠万贯夜奔相如，今日仍是敢爱敢恨、干脆果断，绝不乞怜于爱情，于是她提笔写下那首流传后世的《白头吟》。

皑如山上雪，皎若云间月。闻君有两意，故来相决绝。今日斗酒会，明日沟水头。躞蹀御沟上，沟水东西流。凄凄复凄凄，嫁娶不须啼。愿得一心人，白头不相离。竹竿何嫋嫋，鱼尾何簁簁。男儿重意气，何用钱刀为！

全诗义正词严而又深情绵渺，彷徨忧伤而又带侠烈之气。把一个纯情女子受到严重伤害后那种长歌当哭、悔恨愤慨的心情表现得入木三分、淋漓尽致。"愿得一心人""男儿重意气"两联，掷地有声，不愧名句。是啊，当年卓文君舍弃万贯家财与司马相如"私奔"，简直视金钱为草芥！哪想到现在相如竟为了富人之女而忘掉了当初的信誓旦旦，为了"钱刀"而出卖了爱情，这是怎样一种鲜明强烈的对比！既然如此，我便与你决绝，虽为女子，但既然你已变心，我便不再奢望与你白头偕老。

随后卓文君又依据司马相如寄过来的数字，回了一封《怨郎诗》。

一别之后，二地相思，只道是三四月，又谁知五六年。七弦琴无心弹，八行书无可传，九曲连环从中折断，十里长亭望眼欲穿。百思想，千系念，万般无奈把君怨。万语千言说不完，百无聊赖十倚栏。重九登高看孤雁，八月中秋月圆人不圆。七月半，秉烛烧香问苍天。六月伏天人人摇扇我心寒。五月石榴似火红，偏遭阵阵冷雨浇花端。四月枇杷未黄，我欲对镜心意乱。急匆匆，三月桃花随水转；飘零零，二月风筝线儿断。噫，郎呀郎，恨不得下一世，你为女来我做男。

司马相如收到妻子的信之后，既惊叹于妻子的才华，又觉得羞愧万分，自此以后不再提纳妾之事，终与卓文君"愿得一心人，白首不相离"，他们的故事也流传开来，"文君当垆，相如涤器"以及《凤求凰》琴挑文君，还有这一首流传千古的《白头吟》，都成为成都女性文化、婚姻文化、酒文化以及音乐文化的典型场景而定格在历史之中。

二 一代女皇——武则天

四川广元，古称利州，是中国历史上第一位女皇帝武则天的出生地（一说生于长安），有着"正月二十三，妇女游河湾"的庆祝"女儿节"的民间活动。民间传言，唐朝武德年间，武则天的父亲武仕彠在利州任都督，每逢端午节便携夫人杨氏参加利州的龙舟盛会。公元623年"端午节"，夫妻二人正乘坐官船观看龙舟竞赛，行至黑龙潭时，一团乌云笼罩在江面，随之江中突然跃起一条乌龙，扑进官船。杨氏受到惊吓不省人事，随后发现有孕。第二年正月二十三，杨氏产下一名女婴，这个女孩就是后来的女皇帝武则天。武则天登基之后，每年的正月二十三便成为广元的"女儿节"，妇女们祭拜上天，赛龙舟，欢度节日，这也是广元最早形成的属于妇女的节日。

武则天（624—705），自名武曌。十四岁入宫，为太宗才人，因貌美而获赐号"武媚娘"。李世民在位时，武则天就表现出自己不同于其他妃嫔的英气和魄力。李世民有一匹叫作"狮子骢"的烈马，十分难以驯服。侍奉在侧的武则天就对李世民说："我可以驯服它，但需要三样东西——铁鞭、铁棍和匕首。我先用铁鞭抽打它，如果不服，就用铁棍打它的脑袋，如果还是不服，我就用匕首割断它的喉管。"李世民听了之后大为夸赞武则天的志气。但是李世民并不十分宠爱武则天，李世民在位期间，武则天一直都是才人，地位并没有得到提升。

相传，公元646年，唐太宗病重，太子李治与众嫔妃们也侍奉左右。一日，李治到院子里透气，恰逢穿着石榴裙的武则天从院中款款走过。她与李治之前见多了的小鸟依人、温顺娴静的宫廷女子都不同，武则天展现的是热烈而英气的美。李治性格懦弱，面对这样的女人，很难不一见钟情，拜倒在武则天的石榴裙之下。① 后来唐太宗去世，武则天按照礼制出家修行。但生性高傲倔强、本就与李世民没有多少情爱可言的武则天怎会甘心？于是她给已经当上了皇帝的李治写了这样一首诗：

看朱成碧思纷纷，憔悴支离为忆君。
不信比来常下泪，开箱验取石榴裙。

李治读到此诗，那日武则天穿着艳丽的石榴裙款款而过的情景又浮现在脑海中，勾起了这位当朝皇帝的相思之意。次年5月，李治为祭奠李世民入感业寺进香，与武则天相遇相认，并把她接回宫中。

"废王立武"之后，武则天成为高宗皇后，并于天授元年（690）称帝，改国号为周，定都洛阳，称"神都"，为中国历史上第一个女皇帝。武则天颇富政治谋略，在政治上发展科举，拔擢贤才；整顿吏治，广开言路。在经济上重视发展农业，轻徭薄赋。在文化上注重发展文学艺术，编纂类书，鼓励乐舞。在军事上注重巩固边疆，加强与邻国的经济文化交流等，不愧为一名出色的政治家。

除了出色卓绝的政治才能外，武则天还在诗歌、音乐、舞蹈方面有较高造诣，是一个"全能"的艺术家。《全唐诗》收录其诗46首，《全唐文》录其文4卷。郭沫若的《咏武则天》有句云："政启开元治宏贞观，芳流剑阁光被利州"，对武则天的历史功绩做出高度评价。赵

---

① 李任飞：《武则天的一条石榴裙改变了唐朝历史》，《中国青年报》2020年7月10日。

翼的《廿二史札记》云："（武则天）知人善任，权不下移，不可谓非女中英主也。"评价也颇为公允。要之，武则天虽有不少"秽迹""秽政"，但终究不失为一个多才而有为的政治家和艺术家，不愧为蜀中女性的翘楚。其一生的传奇经历，为蜀中女性文化谱写了浓墨重彩的乐章。

三 "女校书"——薛涛

在《唐名媛诗小传》中，记载了一段薛涛幼时的故事。一天，薛涛的父亲薛郧教女儿作诗，他指着院内井边的一棵梧桐道："庭除一古桐，耸干入云中。"薛涛应声接道："枝迎南北鸟，叶送往来风。"薛郧听后，"愀然久之。"按照当时迷信的"诗谶"的说法，小薛涛接上的这两句诗预示着她注定要到社会上抛头露面、送往迎来，[①] 这在推崇"遵妇道"的传统年代，是被人看不起的"下贱女子"，自然使薛郧感到万分痛心。

尽管"诗谶"的说法带有迷信，但不得不承认，何种性格便作何诗，"枝迎南北鸟，叶送往来风"体现出幼年薛涛不甘于仅仅活在父亲或丈夫的庇荫之下，而是注定要一头闯入以男权为主导的世界，凭借自己的才华与坚韧的性格自强不息，成长为一名不同于一般传统女子的才华横溢、目光高远的"女校书"，在男性文学史中留下浓墨重彩的一笔。

薛涛（770—832），字洪度，生于唐代宗大历五年，死于唐文宗大和六年。[②] 她本是长安（今陕西西安）人，幼时因父亲被朝廷派到成

[①] 宋致新：《闯进男界成"校书"彩笺岂无巾帼泪——唐代女诗人薛涛的创作及命运》，《西南民族大学学报》（哲学社会科学版）2001年第3期。

[②] 王继范：《试论唐代女诗人薛涛》，《辽宁大学学报》（哲学社会科学版）1987年第4期。

都府任职,而跟随父母来到四川成都,这一去便也终生留在了成都。薛涛自幼聪慧,擅长诗词书法,颇受父母宠爱。但谁知八九岁时,父亲的突然去世使得家境陷入窘迫之中,母亲只得守寡将薛涛带大。尽管如此,才华横溢又生得美丽、善于"扫眉涂粉"的薛涛15岁时便诗名远扬①,逐渐引得当地文人才子的倾慕。

改变薛涛一生命运的韦皋便是其中之一。德宗贞元元年(785),出任剑南西川节度使的韦皋定居在成都。韦皋虽是个武官,但对文化颇有兴趣,闻听薛涛的诗才与美貌,便将其召至治所,派给她一个在酒宴上陪达官贵人赋诗行令的差事,薛涛也随之入了乐籍②。这在当今看来,在男权社会里,在宴会上薛涛所扮演的角色其实就是一个陪酒助兴的"玩物",但对于当时的薛涛来说,这是她步入官宦与文人圈层、结识上流社会人物、闯入男权社会的不可多得的机会。从现存的薛涛诗来看,"酬答诗"占了极重的比例。与韦皋、高崇文、武元衡、王播、段文昌、李德裕等六位剑南西川节度使先后都有来往,③据明刊本《薛涛诗》小传记载:"其间与涛唱和者,元稹、白居易、牛僧孺、令狐楚、裴度、严绶、张籍、杜牧、刘禹锡、吴武陵、张祜,余皆名士,记载凡二十人,竟有酬和。"

不同于普通闺阁女子的薛涛,在当时以男性为主导地位的文人诗坛中成为被瞩目的对象,尽管世人对于"抛头露面"的女子态度较为轻贱,但也不得不被薛涛的诗词才华所折服。例如中唐李肇的《唐国史补》中以"文妖"称呼薛涛,虽然含有贬斥之意,但也无法回避其

---

① 宋致新:《闯进男界成"校书"彩笺岂无巾帼泪——唐代女诗人薛涛的创作及命运》,《西南民族学院学报(哲学社会科学版)》2001年第3期。
② 王继范:《论唐代女诗人薛涛》,《辽宁大学学报》(哲学社会科学版)1987年第4期。
③ 鲍源远:《唐代女诗人薛涛及其诗歌艺术初探》,《皖西学院学报》2009年第1期。

以文知名的事实。① 唐代著名诗人元稹也曾高度评价薛涛："言语巧偷鹦鹉舌，文章分得凤凰毛。纷纷辞客多停笔，个个公卿欲梦刀。"薛涛的"女校书"之名也是因才气而来。史料记载，韦皋任西川节度使时，准备奏明朝廷，授予薛涛"校书郎"的官职。王建诗云："万里桥边女校书，琵琶花里闭门居。扫眉才子知多少，管领春风总不如。"尽管这个官职最终未能实现，但在男尊女卑的传统社会，一名女子能获得"校书郎"的美名，从侧面体现出对薛涛过人才能的肯定与赏识。

然而一名女子，要想在以男权为主导的社会独立生存是十分困难的。即便是满腹才情的薛涛也不例外，尽管她被韦皋等人捧到了看似优越的地位，但实际上还是一个陪人赋诗助兴的歌妓，是乐籍之人，一旦不小心忤逆了主子，便会受到严惩。德宗贞元六年（790），薛涛因不明原因得罪了韦皋，韦皋一怒之下将她贬斥到远离成都、荒凉苦寒的松州边境，这一年薛涛不过才 20 岁。

松州边境生活苦寒，且当时唐军正与吐蕃军队发生战乱冲突，这对于一位 20 岁的小姑娘来说，前路不仅有生活上的艰难困苦，还有无助、恐惧与绝望。在前往松州的路上，冒着凄风苦雨前行的薛涛忍不住作诗呈给这位可以轻易决定她命运的韦皋，希望得到韦皋的宽恕。

> 萤在荒芜月在天，萤飞岂到月轮边。
> 重光万里应相照，目断云霄信不传。
> 按辔岭头寒复寒，微风细雨彻心肝。
> 但得放儿归舍去，山水屏风永不看。

在诗中，薛涛不仅仅将韦皋比作高高在上的月亮，将自己比作荒

---

① 赵小华：《女性生存困境与诗歌风格之形成——以薛涛其诗其人为例》，《吉林大学社会科学学报》2015 年第 4 期。

郊野外、渺小卑微的一只萤火虫，还向韦皋表达了内心的恐惧，并向他保证如果能放她回到成都，她将永远不再迷恋以前灯红酒绿的生活了。

　　在苦寒和充满战乱的边境之地，薛涛虽心高气傲，但要想求得生存，唯一的出路就是得到韦皋的宽恕，让她能重新回到成都。在数次向韦皋作诗认错未果后，无奈的薛涛忍辱含羞，提笔写下令人心惊、后世也颇具争议的《十离诗》。《十离诗》为组诗，每首都含有"离"字。

　　《犬离主》：驯扰朱门四五年，毛香足净主人怜。无端咬着亲知客，不得红丝毯上眠。

　　《笔离手》：越管宣毫始称情，红笺纸上撒花琼。都缘用久锋头尽，不得羲之手里擎。

　　《马离厩》：雪耳红毛浅碧蹄，追风曾到日东西。为惊玉貌郎君坠，不得华轩更一嘶。

　　《鹦鹉离笼》：陇西独自一孤身，飞去飞来上锦茵。都缘出语无方便，不得笼中再唤人。

　　《燕离巢》：出入朱门未忍抛，主人常爱语交交。衔泥秽污珊瑚枕，不得梁间更垒巢。

　　《珠离掌》：皎洁圆明内外通，清光似照水晶宫。都缘一点瑕相秽，不得终宵在掌中。

　　《鱼离池》：戏跃莲池四五秋，常摇朱尾弄纶钩。无端摆断芙蓉朵，不得清波更一游。

　　《鹰离鞲》：爪利如锋眼似铃，平原捉兔称高情。无端窜向青云外，不得君王臂上擎。

　　《竹离亭》：蓊郁新栽四五行，常将劲节负秋霜。为缘春笋钻墙破,不得垂阴覆玉堂。

《镜离台》:铸泻黄金镜始开,初生三五月徘徊。为遭无限尘蒙蔽,不得华堂上玉台。

薛涛创作的《十离诗》,意在反躬自省、绝望哀求,由此不得不低声下气、屈己扬人。《十离诗》的十个比喻,所表现的都不是人与人之间的关系,而是人与物或主人与他所使用的工具、驯养的宠物之间的关系。"犬""笔""马""鹦鹉"等被动弱势、卑贱的玩物或宠物,象征着薛涛自己;而与之相对的"主""手""厩""笼"等更为强势和占据主导地位的"主人",则象征着韦皋或当时强大的男性。这也是薛涛被现代学者所诟病,认为此组诗"格调不高",甚至怀疑是否为薛涛本人所作的原因。但实则,《十离诗》生动地写出了古代妇女卑微的地位与在男性主导的社会中挣扎着求生存的艰辛,薛涛凭借自己敏感的心灵,将当时这种极不平等的男女关系生动形象地揭示了出来。尽管当时,乃至至今许多人不愿看到、不愿承认这一点,这却是薛涛"睁了眼"看到的"血的事实"。

等薛涛终于得到韦皋的宽恕、返回成都,她也从一个天真烂漫的小姑娘蜕变成看淡世态炎凉的成熟女性。回到成都后,薛涛"愤而脱身乐籍",隐居成都西郊浣花溪,追求隐逸生活的乐趣,晚年迁至城内碧鸡坊。《全唐诗》记载,"暮年居浣花溪,著女冠服"。《唐才子传》记载,"居浣花里,种菖蒲满门"。

回到成都的薛涛虽然脱离了乐籍,但由于早年名声在外,仍未完全脱离官宦圈层。《鉴诫录》记载,"涛每承连帅宠念,或相唱和,出入车马,诗达四方,名驰上国。应衔命使车每届蜀,求见涛者甚众"。而在此期间,薛涛所作之诗早已超出闺阁女儿的生活情感,内容上表现为多与其时名公文士酬赠唱答,也有不少忧时伤乱之作,体现出一种超越女性身份和女性情感的俊朗清健的风格。薛涛的唱酬诗对象广泛，内容多样，有的是应酬之作，有的歌唱友谊，还有些表达了前后辈人之间的情感,[1] 但同时也免不了作为女子对美好爱情的向往。其中不得不提的就是她与著名诗人元稹的爱情故事。

据记载，元稹在入蜀之前就听闻薛涛的大名。元和四年（809），元稹以监察御史身份出使蜀中，居住于梓州（治所在今四川省三台县）。当时任成都府尹的严绶特地安排薛涛与他见面并写诗唱和。[2] 后来元稹回京，薛涛写有《赠远》二首，在诗中薛涛以一位妻子给丈夫写信的口吻，表达了自己深沉的思念。

其一

芙蓉新落蜀山秋，锦字开缄到是愁。
闺阁不知戎马事，月高还上望夫楼。

其二

扰弱新蒲叶又齐，春深花落塞前溪。
知君未转秦关骑，月照千门掩袖啼。

然而，以薛涛的乐籍身份，在当时想要获得一份爱情几乎是不可能的。正值事业上升期的元稹自然不会娶一位歌妓为妻。薛涛对于他，不过是一段露水情缘；而对于薛涛来说，却是一位女子付出真心后再跌入对爱情失望的深渊。自此以后，薛涛终生未嫁，她的情思与哀怨使得其诗词染上了强烈的愁绪，例如《柳絮》。

---

[1] 宋致新：《闯进男界成"校书"彩笺岂无巾帼泪——唐代女诗人薛涛的创作及命运》，《西南民族大学学报》（哲学社会科学版）2001年第3期。

[2] 宋致新：《闯进男界成"校书"彩笺岂无巾帼泪——唐代女诗人薛涛的创作及命运》，《西南民族大学学报》（哲学社会科学版）2001年第3期。

二月杨花轻复微，春风摇荡惹人衣。

他家本是无情物，一任南飞又北分。

正如薛涛幼时与父亲联诗玩乐时所接"枝迎南北鸟，叶送往来风"一样，薛涛的一生都是在"迎送"往来的男子，在以男权为主导的社会中磕磕绊绊地向前走着。薛涛的一生是悲剧的，但她在磨难之中仍保持着清醒，能以一个女子的身份留存于以男性为主的诗坛之中，在历史洪流中作为少有的女子留下名字，已属实不易且值得后人钦佩。

四 满腹才情——花蕊夫人

"花不足以拟其色，蕊差堪状其容。""花蕊夫人"，即是赞扬女子容貌生得极美。五代十国期间，一共有三位女子被称作"花蕊夫人"，分别是前蜀主王建淑妃徐氏、后蜀主孟昶的妃子费氏（一说姓徐）以及南唐后主李煜的宫人"小花蕊"。我们在此要讨论的这位花蕊夫人是后蜀主孟昶的妃子费氏，一位满腹才情、美丽勇敢的女诗人。

花蕊夫人，后蜀主孟昶的费贵妃，青城（今都江堰市东南）人。自小聪慧，善于作诗，后来得幸于蜀主孟昶，因其貌美赐号"花蕊夫人"。孟昶对花蕊夫人极为宠爱。相传，花蕊夫人最爱牡丹花和红栀子花，孟昶便命官民人家大量种植牡丹，并承诺"洛阳牡丹甲天下，今后必使成都牡丹甲洛阳"。还在宫中开辟"牡丹苑"，派人前往各地选购优良品种。[①] 而红栀子花据传是道士申天师所献，其色斑红，其瓣六出，清香袭人，引得人们争相把它画在团扇上。这花其实就是现在的芙蓉花，每当芙蓉花盛开，沿城四十里远近，都如铺了锦绣一般。据说这便是成都"蓉城"得名的来源。

[①] 《迷倒两朝皇帝的倾世皇妃——花蕊夫人》，载《民间传奇故事（A卷）》2018年第1期。

即使孟昶宠爱她，但后宫女子的生活大多是苦闷不幸的。花蕊夫人久居深宫，除了感伤自己孤独寂寞的命运之外，也对其他后宫女子苦痛的一生深深同情。于是花蕊夫人作《宫词》百首，生动展现出后蜀宫廷的生活。花蕊夫人的《宫词》描写女子被深锁于幽宫中的苦痛，丧失自由，与亲人永别，容颜和青春被无情的消磨，情感真挚，寄予深深的怜悯之情。难能可贵的是，花蕊夫人敢于抨击不合理的妃嫔制度，她清醒地看到了女子无法自主掌握命运的无奈、后宫的残忍无情等伤心惨目的情况，并将它们用诗词记录下来，使人不禁对这些美丽而不能自主的"玩偶"掬一把同情之泪。

四川自古为天府之国，地理环境优越，加之孟昶贪图享乐、日日宴饮，蜀地不见烽火、不闻干戈，上下沉湎于奢靡游乐之中。宋太祖乾德二年（964）十一月，赵匡胤命忠武节度使率军进攻蜀地，宋军人人奋勇，十四万守成都的蜀军竟不战而溃，孟昶与花蕊夫人皆被俘入宋，途中花蕊夫人满怀亡国之恨，含泪在墙壁上题词道：

初离蜀道心将碎，离恨绵绵，春日如年，马上时时闻杜鹃。
三千宫女皆花貌，共斗婵娟，髻学朝天，今日谁知是谶言。

相传，宋太祖赵匡胤听闻花蕊夫人有绝世容貌，欲思一见颜色，但直接召见又恐人议论，便重赏孟昶及其家眷侍从，料定他们必将进宫谢恩，便可见到花蕊夫人[①]。果然，见到花蕊夫人之后，宋太祖被其美貌所吸引，七天之后孟昶暴疾而终，于是太祖将花蕊夫人留侍宫中。花蕊夫人身不由己，无奈只得从命。宋太祖知晓花蕊夫人善于诗词，便命她吟诗助兴。花蕊夫人即刻将入宋途中在驿站墙上所题之词吟了

[①]《迷倒两朝皇帝的倾世皇妃——花蕊夫人》，载《民间传奇故事（A卷）》2018年第1期。

出来，吟罢愤而说道："当年在成都宫内，蜀主孟昶亲谱'万里朝天曲'，令我按拍而歌，以为是万里来朝的佳谶，因此百官竞执长鞭，自马至地，妇人竞戴高冠，皆呼为'朝天'。及李艳娘入宫，好梳高髻。宫人皆学她以邀宠幸，也唤作'朝天髻'。哪知道却是万里崎岖，前往汴京，来见你宋主，万里朝天的谶言，却是降宋的应验，岂不可叹吗？"① 宋太祖又命她作新诗，花蕊夫人丝毫不畏惧，吟出了这首《亡国诗》。

君王城上竖降旗，妾在深宫那得知？
十四万人齐解甲，更无一个是男儿！

这首亡国诗以第一人称讲述了亲身经历，将亡国之恨体现得淋漓尽致。一句"君王城上竖降旗"与"妾在深宫那得知"的对比，暗含自己愿为故国拼搏之意。在古代社会，一位深宫中的女子沦为亡国奴之后，敢于在新朝皇帝面前直白地表达自己的愤慨、不甘与恨意是需要莫大勇气的，难怪此诗句句都表现出花蕊夫人的过人胆识与气魄。薛雪称赞道："何等气魄，何等忠愤，当令普天下须眉一时俯首。"②

花蕊夫人虽不得不听命于宋太祖，但难掩故国之思，于是偷偷地将亲手画作的孟昶画像挂于寝宫，点上香烛，叩头礼拜。谁知有一日宋太祖突然进入寝殿，情急之下花蕊夫人谎称该画像是"可得子嗣的张仙像"，瞒过了宋太祖。后来宫里的妃嫔听说此事，都到花蕊夫人的宫中照样画下"张仙像"，供奉起来希望早日怀上龙裔。古时候女子都希望早日生下孩子有个依靠，于是供奉"张仙像"的女子越来越多，画像逐渐从宫里传到宫外，民间妇女也纷纷供奉"张仙像"。传至晚清

---

① 《迷倒两朝皇帝的倾世皇妃——花蕊夫人》，载《民间传奇故事（A 卷）》2018 年第 1 期。
② 郭家嵘：《蜀中四大才女声名背后的苦痛透视》，《韶关学院学报》2014 年第 7 期。

年间，民间将"张仙像"按照花蕊夫人的模样改为花蕊女身像，尊称为"送子娘娘"，流传至今。

关于花蕊夫人随后的命运，说法不一。有说宋太祖终于发现了"张仙像"的真相，一怒之下亲手杀死了花蕊夫人；有说因为花蕊夫人介入了朝廷权力之争，在立太子之事上触犯了赵匡胤之弟赵光义的利益，在一次打猎中被赵光义一箭射死；有说是被宋皇后毒杀身亡；也有说她是失宠后忧郁过度而亡……无论怎样，作为蜀中四大才女之一、拥有绝世美貌的花蕊夫人，一生终究是悲惨的。但值得钦佩的是，她在坎坷的一生中为后人留下了宝贵的诗词财富，才能让我们看到后蜀宫中女子的生活是何等的卑微与苦痛；她被俘入宋之后作亡国之诗的勇敢与私藏孟昶画像的思念故国之心，也让我们看到了在那个年代作为女子的反抗与巾帼精神。她留下的关于"蓉城"与"送子娘娘"的民间美好传说，也被人们津津乐道，流传至今。

五 《女驸马》的原型——黄崇嘏

"为救李郎离家园，谁料皇榜中状元。中状元，着红袍，帽插宫花好啊好新鲜。"1959年，随着由刘琼导演，严凤英、王少舫等主演的戏曲电影《女驸马》上映，黄梅戏的经典故事《女驸马》在家家户户广为流传。而这出戏的女主人公原型便是四川邛崃的才女、民间有"女状元"之称的黄崇嘏。

黄崇嘏（约883—924），邛州火井漕（今邛崃市火井镇）人，约生于唐僖宗中和三年（883）。黄崇嘏的故事最早见于五代时期的《玉溪编事》，随后被收入《太平广记》。据记载，黄崇嘏本在山中隐居，一日为出行方便女扮男装去了集市，不料遇到火灾。当时蜀相周庠在邛南幕府兼政，竟把黄崇嘏当作纵火之人抓了起来。黄崇嘏在狱中为自证清白，作诗一首：

第六章 惊才绝艳的天府女性文化

偶离幽隐住临邛，行止坚贞比涧松。
何事政清如水镜，绊他野鹤向深笼。

诗中以"涧松""野鹤"自比，表明了自己的高风亮节与诗词才华。全诗感情不卑不亢，既表明了自己是被冤枉的，又满含清高之意。

周庠读过此诗之后，觉得黄崇嘏颇具才气，十分赏识，便推举黄崇嘏为司户参军。在任期间，黄崇嘏勤勉廉政，周庠对她也越加喜爱，认为这位年轻人必定前途无量，于是打算将自己的女儿嫁给她。实为女儿身的黄崇嘏无奈，只得呈诗一篇。

一辞拾翠碧江湄，贫守蓬茅但赋诗。自服蓝衫居郡掾，永抛鸾镜画蛾眉。立身卓尔青松操，挺志铿然白璧姿。幕府若容为坦腹，愿天速变作男儿。

而暴露了自己女子身份的黄崇嘏，选择了重归山林，再也不见踪迹。

此后，黄崇嘏的故事便在民间流传，经过演变之后便有了多个版本。如明代徐渭的杂剧《女状元辞凰得凤》、何斌臣的传奇剧《女状元》，明末女妓梁玉儿的《合元记》。此外，还有不少化用黄崇嘏事迹的话本小说出现，如明代凌濛初的《初刻拍案惊奇》卷十九《李公佐巧解梦中言 谢小娥智擒船上盗》以及《二刻拍案惊奇》卷十七《同窗友认假作真 女秀才移花接木》，还有冯梦龙的《醒世恒言》卷二十八《李秀卿义结黄贞女》，清代的世情小说《凤凰池》、杂剧《乾坤圈》、传奇《繁华梦》等。[①]

[①] 邹静驰：《临邛女状元黄崇嘏——假凤虚凰传古今》，《四川省情》2018年第9期。

六 "蜀中木兰"——韩娥

韩娥有"蜀中花木兰"之称,这位传奇的女子于元代至正五年(1345)出生于四川阆中。她三岁丧父,七岁丧母,此后便由远在成都的叔父韩立收养。叔父叔母对待韩娥就像自己的亲生女儿,不仅处处照顾韩娥,还教她读书练剑。元末战乱的时候,韩娥刚满十二岁,她的叔父母怕她在战乱中遭受凌辱,让她女扮男装,并且改名为韩关保。

不久,韩娥被元军掳去,当了一个马夫,后来,元军被元末农民起义军领袖明玉珍部下王起岩带领的起义军包围,韩娥智勇过人,杀掉了元军副将,投降了义军。王起岩看到韩娥年纪小又机灵,十分欢喜,便让手下罗甲将军收她为义子,从此韩娥跟随罗甲南征北战一十二年。韩娥在军旅中任劳任怨,对人诚恳,常年最后一个上床睡觉,早上第一个起床,十分勤勉,颇得将士们爱戴。

后来韩娥年纪稍长,罗甲便为其迎娶了一位美貌的小姐。尽管韩娥百般推辞,但无济于事,她只得勉强结婚,却因为始终不与妻子同床共枕,遭到了长官的训斥。后来韩娥找到了她的叔父母,希望能回家侍奉二老,于是决定公开自己的女儿身份,军中同事无不发出"同行十二年,不知木兰是女郎"的惊叹。尔后,大夏朝廷下令表彰韩娥为"贞烈",批准韩娥还乡,韩娥从此结束了十二年的戎马生活。后来,由叔父作主,韩娥嫁给了同她一起从征的新都人马复宗,还生了一男二女。后来在明朝永乐年间,她的儿子为了纪念母亲,便在山上建了木兰寺,此山也更名为木兰山。

七 曲中易安——黄峨

黄峨(1498—1569),被誉为"曲中易安"的黄峨是明代工部尚书黄珂次女,与文人杨慎结婚后定居四川新都。因其过人的才情与品德,世人也尊称她为"杨夫人""黄夫人""杨安人"。可惜的是,黄峨的作品遗失很多,现只有《杨夫人诗集》一卷、《杨夫人词曲》三卷传世。

黄峨从小便接受了良好的教育。她博通经史,善于诗文,留下的曲作占据现存明代女作家曲作近半数。除了天资聪颖之外,父母在她的成长过程中提供了较为宽松的教育环境,给予她极大的宠爱。

南宋宁宗嘉定时期规定,男孩16岁、女孩14岁属嫁娶之期。黄峨成长的明代,礼法婚龄也沿袭南宋的礼法婚龄。但黄峨不同,她一心只想嫁于自己的心上人——她12岁时便仰慕的状元。因此,她到了20岁时仍然待字闺中。这种现象在明代闺秀中极为罕见。可以想象,在当时的社会环境之下,黄峨想必也承受了不少来自亲朋好友,乃至街巷世人的议论与压力。而黄峨的父母却给予她极大的婚姻自主权。在此期间,贵胄子弟仰慕她的才情纷纷上门求婚,但均被黄峨拒绝。正德十四年(1519),杨升庵原配妻子王氏病逝,杨升庵亲自从四川新都赶往遂宁,迎娶黄峨为继室,①黄峨也得到了她想要的爱情。

婚后,黄峨与杨慎开始了甜蜜的新婚生活。在那个男尊女卑的年代,对于家庭夫妻地位有明确的高低之分。《大明仁孝皇后内训》有言:

> 夫上下之分,尊卑之等也;夫妇之道,阴阳之意也;诸侯大夫及士、庶人之妻,能推是道以事其君子,则家道鲜有不盛矣。

然而黄峨嫁给杨慎后,却自信而幸福地写出《庭榴》。

> 移来西域种原奇,第一绯英上苑姿。不到深秋丹结实,独于

---

① 曹慧敏:《女性主义视角下的黄峨研究新论》,《宁夏大学学报》(人文社会科学版)2017年第5期。

夏午艳垂枝。已嫌桃李开何早，略笑芙蓉发亦迟。万点落霞明照眼，彩衣金屋正相宜。

庭榴来自西域，在这首诗中是黄峨的自比——自己是以"第一绯英"的极美姿态嫁与杨慎为妻的。自己是在夏日午后，阳光最灿烂之时在枝头散发自己明艳动人的美丽。不仅如此，自比为庭榴的黄峨还要顺带嘲笑一番早开的桃李和晚发的芙蓉，认为只有自己才是"正相宜"的那一个。这对于一个女子来说，是何等的幸福甜蜜与意气风发！男贵女贱、男尊女卑在黄峨与杨慎的关系中，已经被一双两好、才子佳人所代替。在离开父亲、以"夫妻"为主轴的家庭关系中，"夫权"也一并缺席了。

但美好生活并没有持续太长时间。嘉靖三年（1524），杨慎因"议大礼"而被贬至云南永昌，黄峨与杨慎的婚后甜蜜生活也被打断，这也是黄峨人生的重大转折点。黄峨怀着对朝廷的满腔悲愤随丈夫南下。途中恶人企图加害黄峨夫妇，但黄峨早有洞见，加派了保镖家丁，致使途中加害他们的行为没有得逞。[①] 能够分析事势时局预见夫妇二人所处的险境，对于当时的女子而言是非常不容易的。或因她出身官宦，父兄在讨论政事时亦不避讳她，所以耳濡目染，对闺门之外的官场有所感知；或因杨慎不仅视她为男女之间的亲密爱人，亦视她为超越性别的知己朋友，所以闺房之中不仅与她探讨诗情画意，亦沟通朝廷政事；或因她自幼熟读史书，所以深知政治事件会为官员带来的灾难后果。此时的黄峨，已不仅仅是一个只会读书作文的才女，还是一个心有城府、懂得朝政时事的聪慧之人。黄峨不再是男权社会下的家庭附庸品，而成为一个思想性格复杂、为人处世谨慎的家庭核心人物。

夫妻二人行至湖北江陵，由于身为罪犯的杨慎不能再带家眷，黄

[①] 梁蓓：《明代女诗人黄峨研究》，博士学位论文，华中师范大学，2008年。

峨只得与他忍痛惜别，独自回川。一年后，杨廷和病倒，三年后病逝，杨慎返川奔丧。对于这次的丧葬之事，光绪《潼川府志》记载：

> 翁廷和以议礼得罪，卒时，慎在戍所，黄夺众议，以庶人礼敛。后有欲中伤者，闻之乃止。

黄峨无论是作为杨慎的妻子，还是杨廷和的儿媳，在丧礼这种大事上应该没有话语权，并且为了表示自己的孝心，应该厚葬才是。黄峨却"夺众议"，坚持要将杨廷和"以庶人礼敛"。但是，也正是她的坚持，才致使之后有"欲中伤者"，想要加害杨家的人挑不出什么错来。黄峨再一次表现出她出色的政治洞察力，她预料到朝廷上的人不会放过杨家，一定会拿杨家"罪臣"的身份再次加害他们。她不仅想到了，而且有勇气在这种家族大事上提出想法、坚持自己的决定，这表现出黄峨身上非凡的魄力。

为杨家免除一场大灾难的黄峨得到了整个家庭的敬重，杨慎再次离开之时，也是"纪纲家务，以付慎继室黄氏"，黄峨在整个杨家获得了话语权与支配权。虽然，我们不能知晓黄峨治家是否像王熙凤一般干练利落，但可以确定的是，要想把一个大家族治理得井井有条，需要出众的管理才能，这不是一个大门不出、二门不迈的寻常女子所能做的事。几年之后，杨慎去世。据嘉庆《四川通志》记载：

> 慎卒于戍所，家人欲殓以礼服。黄曰：幸而得贬卒，天威尚难测，以《春秋》大义，自当藁葬。未几，世宗遣使启验，见青衣布袱，上感动，复原官。

丈夫去世后，黄峨再次敏锐且谨慎地揣度着政治风向，主动以罪臣的身份和礼仪为自己的丈夫办理丧事，才有后来世宗派人查验时，让杨慎"复原官"。之后，黄峨接回了杨慎所纳妾室曹氏所生的儿子宁仁抚养，还亲自抚养了孤侄有仁。晚年深居简出，但由于才情出众，常常会出现同一天内数起轿子来接她去赴宴吟诗。到现在，遂宁民间仍流传着不少关于"黄峨闹宴""即席吟诗讽太守"之类的故事①。

八 巾帼英雄——廖观音

廖观音（1886—1903）出生于金堂县，幼迁居新都石板滩。在同族大排行中居九，昵称廖九妹，真名不详。起义时被拥立为"观音"，以号徒众，故名廖观音。义和团运动爆发后，四川义和团应运而生，掀起了风起云涌的反清灭洋的运动，而以廖观音为首的红灯教，就是活跃在川的著名起义队伍之一。1902年农历五月，廖观音率领众徒，在石板滩川主庙誓师起义，正式举起反清灭洋大旗。之后，起义军转战新都、广汉、金堂、华阳、简阳等地，清军闻风丧胆，且先后击杀记名总兵孙烈全（清政府二品大员）、同知傅岳岭等数十名官吏，还一度杀进成都，致使清廷震动。在清军抚、剿兼施，实施连坐的围攻下，起义军最终失败。1903年年初，廖观音于简阳县甑子场（今龙泉驿区洛带镇）被叛徒出卖遭捕，英勇就义，时年仅十七岁。《世界日报》说："真是不能想象，世界上还有比他们更勇敢的人了！"廖观音揭竿而起反清灭洋，转战川西屡败清军，三攻成都孤军入城以及被捕后的不惧威逼利诱、痛斥慈禧及其鹰犬岑春煊（时为四川总督），最后的英勇就义，集中表现了蜀中女性坚毅刚烈的一面，在后世的女英雄赵一曼、江竹筠等人身上，还可以看到这种舍生取义的精神。

九 《女界报》主笔——曾兰

曾兰（1875—1979），字仲殊（纫秋），号香祖、定生慧室，成都

---

① 梁蓓：《明代女诗人黄峨研究》，华中师范大学，博士学位论文，2008年。

华阳人，十五岁嫁与青梅竹马的吴虞，吴虞母亲去世后，与丈夫一起迁居新都。她自幼就显示出与众不同的气质，吴虞曾在她去世后为她所作的《悼亡妻香祖二十首》中描写道：

> 小时即相识，庄雅众莫比。曾兰婚后依然每日午前从先母理箴线、习家事，午后则从予学，以为常。用功深细，《史记》、前后《汉书》《晋书》《南史》《资治通鉴》皆读数过，二十四史《隐逸传》尽取读之，尤好老、庄、列、文四子。①

曾兰生活的时期，正是各方新思潮涌动的时候。但即使这样，在这个时期倡言女权者也多为男性，这种性别差异往往会影响论述的立场与角度，对"女权"的界定不可避免地带有男性的"偏见"②。身为女子又饱读诗书的曾兰，敏锐地察觉出男女社会地位的不平等，从女子的角度出发，形成了极具自我特色的女权思想。

曾兰作为一个知识女性，担任《女界报》的主笔，同时又为《娱闲录》撰稿，常常发表社论，是彼时成都著名的女文人。她的论文《女权平议》被陈独秀主编的《新青年》杂志登载，《女界报缘起》刊入王蕴章主编的《妇女杂志》③。同时，曾兰还致力小说创作，无论是她的中式小说（以《孽缘》为代表）还是西式小说（以《俾斯麦夫人传》为代表），字里行间处处显示出她对旧社会女性悲惨命运的哀叹。

曾兰发现，晚清以来，虽然各界仁人志士都积极倡导革命，但是革命者的目标都是政治制度，鲜少有人涉及家庭与道德，而对于妇女

---

① 吴虞：《曾香祖夫人小传》，载田苗苗整理《吴虞集》，中华书局2013年版。
② 袁昊：《"国女"与"良母"的双向纠缠——曾兰女权思想刍论》，《宜宾学院学报》2016年第11期。
③ 袁昊：《"国女"与"良母"的双向纠缠——曾兰女权思想刍论》，《宜宾学院学报》2016年第11期。

而言，每日的生活却需要直面这些被人忽视的板块。曾兰意识到，只有针对家庭关系进行彻底革命，才是全面革命，才能够真正地实现男女平权，曾兰说：

> 今谓革命二字，惟政治与种族上可言，家庭与道德上则不可言，而言女权革命为尤甚。吾试问家族不可革命，则今之家族主义，能永久保持不改入个人主义乎？今之大家庭主义，能永久保持不改入小家庭主义乎？恐言者不敢坚也。道德不可改革，则历史忠臣之义，不见于共和。一夫一妻之制，特著于新刑律，言者又将何以解？

此外，曾兰在自己的所见所闻中，深刻地意识到读书的重要性，她认为女子通过教育和自我提高可以实现社会地位的提升。不仅如此，她还提出只有女子教育水平提高了，女性才能为民族国家贡献出属于自己的力量。于是，她标举兴办女学的重要性，认为女学的兴办又全在女子教育，"女子教育不昌，不惟将一国女子尽弃为无用之物，并且累及一国男子皆归于无用之地"[①]。

在男尊女卑的年代，为女性发声、倡导男女平权的仁人志士不多，而曾兰是其中最为特别的人物之一。不同于其他男女平权主义者从宏观与政治的角度出发倡导女性地位提升，曾兰看到了女性社会地位低的实质，乃是在家庭关系中地位低、没有受教育的权利等。因此曾兰所倡导的女性平权，颇具特色，也能对女性平权运动产生实际效用。

---

① 袁昊：《"国女"与"良母"的双向纠缠——曾兰女权思想刍论》，《宜宾学院学报》2016年第11期。

第七章　源远流长的出版传播文化

唐代成都是世界最早发明和使用雕版印刷术的地区，成都府成都县龙池坊卞家印刷的《陀罗尼经咒》，是世界上现存最早的一批印刷品，而卞家、过家等书坊则是我国最早的民间出版社。在唐代雕版印刷的基础上，五代两宋时期成都地区印刷术继续发展。成都诞生了世界上最早的纸币——交子。元世祖时期，纸币又传到波斯，再传入世界各地。因此，成都在建设全面体现新发展理念的城市及"五中心一枢纽"中，有一个建设"西部金融中心"的内容，可以说是有极深厚的文化底蕴和历史传承的。

第一节　唐代的雕版印刷

印刷术是中国四大发明之一，是中国文化发达的一个重要体现。马克思把雕版印刷术称为"最伟大的发明""科学复兴的手段"和"创造精神发展必要前提的最伟大的推动力"。成都，一座文化浸润之城，也是雕版印刷的发祥地之一，在中国印刷史上具有开创之功。

1944年，成都市计划整改四川大学校内荷花池到锦江边上的道路，在施工的过程中发现了一座唐墓，此唐墓中出土了一件《陀罗尼经咒》，是目前国内现存的最早的雕版印刷作品。刚发掘时，考古人员只整理出一些较为平常的陪葬物品。当他们从尸骨的右臂上取下那只装裹有《陀罗尼经咒》的银镯时，都还未注意到其中的奥秘，它被藏在戴在骨架臂上的银镯子内，因银质已朽，小处有破损，考古专家觉得其中装有弹性物品，犹如橡皮。乃将银镯剖开，才发现了这件暗藏镯内但不知比银镯本身要贵重多少倍的绝世珍品！

此《陀罗尼经咒》印本，31厘米×34厘米，对角紧紧卷裹，装置于镯中。纸为唐代茧纸，为茧、桑皮、麻加檀木浆所制，故在光线下视之，表面有光泽，甚薄而有韧力，虽在潮湿中浸润千余年之久，但仍能将其舒展。印本中央为一小方栏，栏中刻一菩萨像坐于莲座之上，六臂手中各执法器。栏外围绕刻梵文经咒17周。咒文外又雕双栏，其中四角各刻菩萨像一，每边各刻菩萨像三，而间以佛教供品的图像。据说诵此咒可以消灾祛病，持此咒能得神佛保佑，可以想象，墓主一定对此深信不疑。

值得注意的是，印本右边首题汉文一行："成都府成都县龙池坊下家印卖咒本"，字体圆活秀劲，饶具唐人书法的风格。公元757年，唐政府改"蜀郡"为"成都府"，这为专家们提供了一项有利的证据，这一印本的刊刻时间当在757年之后。但是，鉴于我国众多雕版印刷的文物流失海外的情况，成都所刻的《陀罗尼经咒》依旧是目前发现的国内保存最早的雕版印刷品之一。目前，此印本藏于中国国家博物馆。唐代成都地区雕版印刷术的兴起在"安史之乱"后，唐玄宗避难蜀地，以成都为行在，带去了大量的人才，其中就有雕版印刷术的技工。中唐以后，雕版印刷逐渐在民间普及，其中长安、成都和扬州的印刷业最为繁荣。唐末，成都进一步发展成全国最主要的印刷中心，

"雕印文字，唐以前无之，唐末益州始有墨板"[1]。现存地点可考的唐代书坊，几乎都集中在成都。就刻印地区而言，国内外现存不多的几件唐代后期的印刷品中，凡标明了刻印地点的都是"西川"刻本，即成都地区的刻本。有明确刻印地点的唐代雕版印刷品，还有1907年斯坦因在敦煌发现的《剑南西川成都府樊赏家历》（以下简称《樊赏家历》）。《樊赏家历》为浅黄色历书残页一张，系雕版印刷，长26厘米，宽8厘米，此卷仅残留三行上半段片，却保存了"剑南西川成都府樊赏家历"书名及"中和二年（882）具注历日凡三百八十四日"之题记，刻印时间、地点、刻印家姓名俱全。唐僖宗广明二年（881）避黄巢之乱，入蜀至成都避难，是年七月，改元为中和元年（881），《樊赏家历》正是唐僖宗在成都时，由成都樊赏私家刻印发售的历书。《樊赏家历》残页现藏于英国伦敦不列颠博物馆。在伦敦、巴黎、北京等地图书馆，保存着十多份带有"西川过家真印本"字样的《金刚般若波罗蜜经》，都是写在尾题经名之下，并有年月日明确题记。敦煌遗书中，还有些文献是写本抄录印本，如北京图书馆收藏的敦煌遗书的《金刚经》残卷，末有"西川过家真印本"七字识语，又有"丁卯年三月十二日八十四老人手写流传"题记，可见是据印本抄录的。丁卯为唐哀帝李柷天祐四年（907）。过家印本当为唐代印刷品。以上所记的"龙池坊卞家""成都府樊赏家""西川过家"等，是世界上最早的出版家，唐代关于成都雕版印刷十分兴盛的记载很多，唐僖宗时人柳玭到成都，每当休假，常常到城东南的书肆看书。柳玭的《家训》序载："中和三年癸卯夏（883），銮舆在蜀之三年，余为中书舍人，旬休，阅书于重城之东南，其书多阴阳、杂记、占梦、相宅、九宫、五纬之流，又有字书、小学，率雕版，印

---

[1] 朱翌：《猗觉寮杂记》卷6，载《四库全书》本。

纸浸染不可尽晓。"① 柳玭是唐代著名藏书家柳仲郢之子，黄巢之乱，随唐僖宗逃入成都避难。他看到城内书铺已有雕版印刷的书籍售卖。还说："尝在蜀时，书肆中阅印版小学书。"小学、字书为学习儒家经典的启蒙和基本读物，适应普及性文化学习的需求，因此除成都外，还销售到长安等地，甚至远销日本。唐代日本遣唐使与僧人经常出使中国求学，并购买大批书籍。唐代来华留学的日本僧人宗睿，在《新书写请来法门等目录》中，有关于唐代印本书籍的记载。宗睿为唐代日本僧人入唐八家之一，于唐懿宗咸通三年（862）归国，回去时携图书、经卷134部，143卷。其中包括"西川印子《唐韵》一部五卷，同印子《玉篇》一部三十卷"。这里明确记载是"西川印子"，可见是成都出版的雕版印刷书籍。《唐韵》和《玉篇》这样的大部头音韵学与字典类书籍，在成都均已用雕版印刷出售，并且在长安为日本僧人购买，携回日本，可见当时蜀中刊书之盛，正是成都作为唐代新兴的出版印刷业中心城市的证明。

成都在中唐之后，雕版印刷术有所发展，而唐末则发展成为重要的雕版印刷中心之一。首先，唐玄宗、唐僖宗的两次避难入蜀，为四川地区带去了大量的人才，这使得成都地区成为唐中后期的重要政治、经济、文化中心；其次，相对稳定的社会环境为经济的发展带来了一个好的外部环境，因此此地的经济比较发达，为雕版印刷术的发展奠定了雄厚的经济基础；最后，雕版印刷术的发展还源于大量的著名文人聚集在此地，因此书籍的需求量变大，这就使得雕版印刷的进一步发展有了市场需求，因此唐代成都地区成为雕版印刷产业的中心地区。此地生产的雕版印刷书籍包含了佛经、历书、字书、小学等各个方面，雕版印刷术的发展为五代时期刻印《十三经》以及宋初雕刻

---

① 叶厘：《爱日斋丛抄》卷1引柳玭《家训序》，载《四库全书》本。

《大藏经》奠定了坚实的基础。

第二节 五代宋初刻印的《十三经》及文人诗文等

五代战乱之中，唯独蜀地由于地理位置险要而鲜受战乱影响，成就了一块祥和之地。正因如此，儒家经典才能够保留于世，并继续发挥着重要作用。五代十国时期，蜀地除了用雕版印刷来保留经典，还利用石刻形式，后世称之为"蜀石经"，亦称为"孟蜀石经"。

"蜀石经"产生于后蜀孟昶时期，是当时后蜀宰相毋昭裔提倡的。毋昭裔，河中龙门人。博学有才名。酷爱古文，精通经术，嗜好藏书。《十国春秋》记载："常按雍都旧本《九经》，命张德钊书之，刻石于成都学宫。蜀土自唐末以来，学校废绝，昭裔出私财营学宫，立黉舍，且请后主镂版印《九经》，由是文学复盛。"[1] 毋昭裔任后蜀宰相后，建议后主孟昶刻印《九经》，后来又令其门人刻印了《文选》等文学作品，由此成就了蜀地文学繁盛的局面。广政初年，毋昭裔以"雍都旧本"为蓝本增刻注文。广政七年（944），先刻成了《孝经》《论语》《尔雅》，之后，陆续刻成《毛诗》《礼记》和《仪礼》《周易》《周易指略例》《周礼》《尚书》，再加上《左传》的前17卷。宋仁宗时期，才完成了《公羊传》和《谷梁传》。但在后蜀所刻的石经为整个"蜀石经"的完成打下了基础。

徽宗宣和五年（1123），知成都府席贡以孟蜀所刻石经中缺少《孟子》为由，将《孟子》补刻入"蜀石经"，连同先前刻好的12部儒家经典，"蜀十三经"正式形成，所刻石碑上千块。五代时期，蜀地由于战乱较少，社会比较稳定，蜀石经的刻印能够连续不断，再加上当时

---

[1] 吴任臣：《十国春秋》卷52《毋昭裔传》，中华书局2010年版，第769页。

蜀人对校雠严谨的态度，使得石经的质量较高，也造就了宋朝蜀学的兴盛。

《十国春秋》记载："（毋昭裔）又令门人句中正、孙逢吉书《文选》《初学记》《白氏六帖》，刻板行之。"① 在后蜀时期，《文选》等一系列文集也被刻印完成。《五代史补》中说道："毋昭裔贫贱时常借《文选》于交游间，其人有难色，发愤：'异日若贵，当版以镂之遗学者。'后仕蜀为宰，遂践其言刊之。"② 因此，蜀地文学之盛离不开后蜀宰相毋昭裔的努力和后蜀皇室的支持。《太平御览》是宋太宗命李昉等人汇编的一部大型类书，供皇帝阅读使用，全书共1000卷。庆元五年（1199），成都府转运判官兼提举学事蒲叔献上奏称蜀中文籍巨细毕备，独缺此书，于是雇工一百四十余人，雕版刊行。

蜀地为了推行文教，多次组织雕印书籍。这些都被纳入官刻品的行列，这些官刻的版本往往需要经过校勘、监雕、印造多个步骤，也设置相应的官员负责每个部分，因此当时官刻的版本质量都较高。成都地区建有经史阁，藏着数量丰富的图书，这从侧面证明了当时官方的雕版印刷数量较多。宋代所刻文学作品也较多，比较大型的一部图书是蜀刻本《太平御览》。在国内无藏，日本藏有一部。每半页13行，行约24字。白口，左右双栏。版心有"太几"或"平几"或"览几"的字样，下则记刻工的姓名。板框高6寸9分，宽5寸。日本学者导田翰考证谈道："宋椠本，一千卷，目录一十五卷，计一百一十四册。首有《经史图书纲目》及《总类》，次目录。卷首《经史图书纲目》至卷一百九十七，凡二百一十二卷廿三册；卷三百廿一至卷三百廿八，凡八卷一册；卷八百二十八至八百三十四，凡七卷一册，天正文录间抄补。卷一百九十八至三百二十，四册；卷三百二十九至五百四十四，

---

① 吴任臣：《十国春秋》卷52《毋昭裔传》，中华书局2010年版，第769页。
② 吴任臣：《十国春秋》卷52《毋昭裔传》，中华书局2010年版，第769页。

二十五册；卷五百六十七至八百二十七，三十册；卷八百三十五至卷末，十八册。"由此，我们知道蜀版《太平御览》的大概情况。

私刻文学作品的情况也比较多，这一方面是为了满足家族中文学素养提高和科举考试技能培训之所需，另一方面是为了售卖书籍，赚取利润。可以分为家刻和坊刻两种。家刻主要是家族内部行为，是为了培育家学而刻的，不以售卖为目的。宋朝成都辛氏、临邛韩醇、临邛李叔萤、蒲江魏了翁等家族都有雕刻之所，就是进行家刻的地方。家刻之中也不乏好的版本，例如，成都辛氏曾经刻有《建炎以来朝野杂记》，是家刻中较好的版本。坊刻中著名的有广都费氏进修堂、广都裴宅、西蜀崔氏书肆等。"西蜀崔氏书肆，刻王雱《南华真经注》二十卷，附《拾遗》一卷，见《瞿目》"。相比官刻本，坊刻本比较重视版权，会注明"某某书舍刊行"；但坊刻的主要目的是出售书籍牟利，因此其质量无法得到保证。叶梦得的《石林燕语》记载："蜀与福建多以柔木刻之，取其易成而速售，故不能工。"

五代宋初，蜀地的雕版印刷业比较发达，官刻了许多大部头图书，当然也有一些文学作品，这些作品往往能够保质保量；蜀地的私刻也比较发达，尤其是坊间刻，为教育的普及做出了很大的贡献。

第三节　佛、道典籍的刻印

承继五代时期成都的文化遗产，宋朝成都地区的印刷业也有较大的发展，成都作为宋代的刻书中心之一，在中国的印刷史上占有重要的地位。当时四川地区的刻印业务主要集中在成都和眉山两地。宋代成都地区官刻了不少佛教典籍，其中最著名的是宋太祖时期《开宝藏》的雕刻。《开宝藏》是《宋开宝刊蜀本大藏经》的简称，是我国第一部雕版印刷的《大藏经》。开宝四年（公元971），宋太祖派内官张从信前往成都监督雕刻《大藏经》，到太平兴国八年（983）板才雕好，历时13年，共刻板13万块，每版23行，行17字。①《大藏经》的雕版之所以选择成都刻板，主要原因有两个。首先，益州的雕版印刷业发达。唐中后期，成都逐渐成为国家的雕版印刷中心。唐中晚期成都已经出现了民间雕版印刷，证明了当时成都地区雕版印刷的成熟。其次，益州的佛教发达，且是佛教出版的发祥地。成都出土的不少唐朝的佛经就是明证，丝绸之路上也有很多雕印于四川成都并流传至丝绸之路的佛经，这都说明了当时成都的佛教事业发达，而且是最早进行雕印佛经的中心之一。根据史料记载，《开宝藏》的雕印由官方负责，有一套缜密严格的秩序，具体而言有："皇帝诏令刻印—派遣监雕—国家财政支出—利用雕版技术—保证质量—制定严格完整的版式—纸张统一定制—使用千字文编号—译经、雕版、印经三者专业分工—印刷负责制度—经版统一运送汴京管理—编修出版总目—总结出版工作—版权记录制度。"② 正是因为这样完整严谨的分工合作制度，保证了《开宝藏》的顺利完成。《开宝藏》的版式及装帧制度，一般是黄麻纸，卷轴装，每版约23行，行14字。首版起首用大字刻写经题、卷次、帙号，以下各版首用小字刻经题、卷次、张、帙号、正文，每卷末用大字刻写"大宋某年某月奉敕雕造"，加盖印工名章、施经发愿文、执事僧等墨迹。③ 在《大般若波罗蜜多经》第二百〇六卷，秋字号，刊记题记记载"大宋开宝五年壬申岁奉敕雕造"，印工墨记"陆永印"。印戳记："盖闻施经妙善，获三乘之惠因；护诵真诠，超五趣之业果。然愿普穷法界，广及无边；水陆群生，同登觉岸。时皇宋元符三年岁次庚辰八月日庆赞记。库头僧鉴智，供养主僧鉴招，印经当讲

---

① 参见何一民、王毅《成都简史》，四川人民出版社2018年版，第248页。
② 参见田建平《宋太祖与〈开宝藏〉》，《中国出版史研究》2016年第1期。
③ 参见田建平《宋太祖与〈开宝藏〉》，《中国出版史研究》2016年第1期。

僧法宪，都化缘报愿住持僧鉴峦。"可见，《开宝藏》是宋太祖下令，在虔诚信仰的基础上，借助僧侣、雕工、印工和朝廷官员等人的力量雕造出来的。

宋朝周边的附属国多次向宋朝求取《开宝藏》。西夏曾经六次向宋廷求购《开宝藏》：宋天圣八年（1030）十二月，德明派使臣向宋朝献马七十匹，求赐佛经一藏；宋景祐元年（1034）十二月，西夏元昊向宋朝求赐佛经；宋至和二年（1055），西夏第三次向宋朝求赐大藏经；宋嘉祐二年（1057）十二月，西夏向宋朝求赐大藏经并经帙、签牌等；宋嘉祐七年（1062），西夏向宋朝求赐大藏经；宋熙宁五年（1072）十二月，西夏最后一次向宋朝求赐大藏经。成都所印的《开宝藏》也被赐予高丽、日本。《开宝藏》也成为日本、高丽制作本国大藏经的蓝本。宋朝以益州所印的《大藏经》赐给西夏、高丽和日本等附属国，这就从文化上显示出一种优越性。尽管当时西夏作为"敌国"令宋朝"头疼"，但是这样的赏赐却彰显出宋朝在"天下体系"中的宗主国地位。

北宋末年，宋金之间战乱不断，北宋的《开宝藏》刻板在战乱中流失毁坏，而《开宝藏》也受到了洗劫，仅有残卷存世。现全世界保存的《开宝藏》主要有北京国家图书馆收藏的《佛说阿惟越致遮经》卷上、《杂阿含经》三十、三十九等八种，日本书道博物馆、日本京都南禅寺、美国哈佛大学也有残卷收藏。[①]

黄巢之乱时，唐僖宗避难入川，身为中书舍人的柳玭也随之入蜀。上述他看到的雕版印刷品中已有道教典籍之类，这与当时成都地区浓厚的道教信仰有密切联系。众所周知，道教的兴起在东汉时期的蜀地，且蜀地历来神仙方术盛行，因此在雕版印刷物当中出现道教典籍也不

---

① 参见赵仁春《天下第一藏——蜀中〈开宝藏〉》，《文史杂志》2014年第1期。

足为奇。前蜀任知玄雇佣工人出版了杜光庭的《道德经广圣义》，于前蜀武成己巳二年至永平三年（909—913）雕成四百六十余版，版藏龙兴观，广泛发行。成都青羊宫二仙庵中藏有中国道教珍宝《重刊道藏辑要》梨木经版。《道藏辑要》乃清康熙（1662—1722）年间由彭定求收录而成。彭定求在阅览道教典籍时感觉道教经典过于繁杂，无法很好入门，因此他决定在明本《道藏》的基础上收录一些比较实用的道教经典。他选定了道书200种，按照28星宿将书籍分为28集，编成一套丛书。丛书中将道教的经典，历代祖师真人的著作，修炼丹诀、科仪规诫、仙传谱记，悉数收录其中。清光绪十八年（1892），青羊宫二仙庵道长阎永和发起对《道藏辑要》的重新刊刻，他与井研贺龙骧、新津彭翰然等，据成都著名藏书家严雁峰家藏的蒋元庭本《道藏辑要》重新编纂并增补重要道书17种于内，即《太上道元一炁经》《观音大士莲船经》《孙真人备急千金方》《吕祖东园语录》《东园杂咏》《张三丰真人全集》《三宝万灵法忏》《太上灵宝朝天谢罪法忏》《邵康节先生击壤集》《关圣帝君本传年谱》《文昌帝君本传》《元皇大道真君救劫宝经》《文昌应化元皇大道真君说注生延嗣妙应真经》《文帝阴骘文注》《太上玄门功课经》《汉天师世家》《青城山记》。按各书的内容，分别续入28宿有关字集，为了区别于蒋元庭本《道藏辑要》而名之为《重刊道藏辑要》。此版《道藏辑要》历时9年完成。[①]

乾隆年间，青城山道士陈复慧汇编道教科仪书籍辑成《广成仪制》。《灌县志》卷十二《人士传下》对陈复慧有简要记载："陈仲远，青城道士也，淹博能文，校正《广成仪制》数十种。清乾隆间，邑人患疾，仲远为建水陆斋醮，会川督巡境临灌，闻于朝，敕赐南台真人，别号云峰羽客。著有《雅宜集》。"此书于清宣统三年（1911）在成都

---

① 参见李远国《论巴蜀的道教文献》，《西南民族大学学报》（人文社会科学版）2007年第9期。

二仙庵刊版，1913年重刊。书中收录了各类斋醮科范，广泛吸收灵宝、清微诸派科范，诸多斋醮科仪，例如度人斋为民间荐亡常行，故收度人斋仪，加上炼度、破幽、破血湖等。还有《保苗迎真接驾全集》等保苗科仪，《祀供虫蝗全集》等禳蝗灾科仪，《禳送度煞》《遣送白虎》《禳痘诊》等保育儿童科仪以及谢火、接寿等，这些仪轨都是根据中国传统习俗而设置，且很多仪轨带有浓重的地方特色。据考，此刊版原藏青城山古常道观，有若干卷已缺，由天师洞组织道人抄录配齐。今《藏外道书》所载《广成仪制》，共收书275种。其中有刻本，也有抄本。

第四节　蜀大字本

宋代四川的雕版印刷工业非常发达，成都和眉山是重要的蜀刻中心。蜀大字本代表着蜀刻最优质的水平。如《史记集解》一百三十卷（现存二十九卷），宋淮南路转运司刊本，行十六字。亦号称蜀大字本，而与上本相校刀口迥然不同，毫无含蓄之意，疑亦宋时翻刻矣。[①] 宋苏辙撰《苏文定公后集》二十卷，存第四卷十六叶，卷五、卷六全，第七卷六叶，凡四卷；宋蜀大字本，半叶九行，每行十五字，白口，左右双栏，版心题"文定后集几"，下方记刊工姓名。宋讳桓字不避。[②] 魏衍所编的《后山诗集》的原来面目今日尚保存在南宋四川刻的大字本《后山居士文集》中。卷首有绍兴二年（1132）谢克家的序言。傅增湘在弘治马暾本《后山先生集》的跋语中对这部宋刻大字本曾有以下记载："余昔日游吴门……遍观藏书，得见宋刊大字本正二十卷，字

[①]　傅增湘：《藏园群经眼录》卷3《通代》，中华书局2009年版，第139页。
[②]　傅增湘：《藏园群书经眼录》卷13《集部·北宋别集类》，中华书局2009年版，第981页。

大如钱，气息朴厚，每半叶九行，行十五字，版心刻工有眉州某某刊字，前有绍兴二年五月十日汝南谢克家序，盖南渡初蜀中刊本与苏文忠、文定二集并行，故字体行格宛然如一，因知魏衍所编诗文之外，不附《谈丛》各种者，正是此本。卷末有翁苏齐题诗，盖即荷屋旧藏。……傅氏对蜀大字本推崇备至，认为'颜书大字，精雅绝伦'。"[1]

总的来看，蜀大字本有四个特点。一是字体较其他本大。一般每页不超过二十行，每行二十字左右。而比较追求利润的建本因压缩成本，行密字小，因此阅读效果并不理想。广都费氏进修堂刊有大字本《资治通鉴》294卷，世称"龙爪本"，正以其字大，故而用"龙爪"喻之。字大就便于阅览且给人疏朗大气之感。大字本往往成本较高，说明当时读书人追求质量而非数量，这也反映了宋时商品经济的发达。二是字体优美。《书林清话》中说："北宋蜀刻经史及官刻监本诸书，其字皆颜、柳体，其人皆能书之人。其时家塾书坊，虽不能一致，大都笔法整齐，气味古朴。"宋朝时期的蜀地是一个教育发达，书法艺术繁荣的地区。三是纸墨俱佳。印刷用的是墨光如漆、墨色清香的蜀墨，印刷时墨稀而薄，不易褪色，用洁白而厚的麻纸和楮纸付印，有利于保存。临邛韩醇所刻的《新刊训诂唐昌黎先生文集》40卷被乾隆帝称赞为"字画精好，纸墨细润，天禄琳琅所贮韩集，当以是本为第一"。四是校勘严密。宋代成都地区的刻书家往往是著名的藏书家和精通古籍、长于校雠的专家。他们在雕印书籍时，尽量依据原藏善本精心校对。苏轼曾说："近世人轻以意改书，鄙浅之人，好恶多同，故从而和之者众，遂使古书日就讹舛，深可忿疾……自余少时，见前辈皆不敢轻改书，故蜀本大字书皆善本。"这就使得蜀刻本的内容可靠，文献价值更高，至今仍为人重视。

---

[1] 陈师道：《后山诗注补笺》前言《关于陈后山诗集的流传》，中华书局1995年版，第7页。

第五节　交子的印制

　　从先秦开始，成都的工商业就非常发达，历经两汉唐宋，其繁荣鼎盛，更是领先全国。汉代的"列备五都"、唐代的"扬一益二"，主要是就其工商业之繁盛而言的，"交子"的发明就是最有力的证明。在此，我们不拟过多涉及商业和城市经济的发展，仅从印刷出版的维度论析"交子"的产生。《宋史》中记载："会子、交子之法，盖有取于唐之飞钱。真宗时，张咏镇蜀，患蜀人铁钱重，不便贸易，设质剂之法，一交一缗，以三年为一界而换之。六十五年为二十二界，谓之交子，富民十六户主之。"[1] 交子，是世界上最早使用的纸币，最早出现在四川成都地区。最初，交子的功能是存款凭证。因为当时市场经济发达，而四川地区沿用了五代时期的铁钱进行交易，在进行大宗贸易时，铁钱数量多且重量大，不方便携带，因此成都的16家富商想到使用交子来方便买卖交易。他们为了保证交子的真实和不可伪造，在每岁丝蚕米麦将熟之时，用同一色纸印造交子，上面有图案、密码、画押、图章等印记，存款人把现金交付给铺户，铺户把存款人存放现金的数额临时填写在用楮纸制作的卷面上，再交还存款人，当存款人提取现金时，每1000文收手续费30文。这种临时填写存款金额的楮纸券便谓之"交子"，又名"楮币"。[2] 所设立的交子铺，随着市场经济的不断发展，其信用良好逐渐取得了众人的信任。商人之间的大额交易开始使用交子直接支付，他们也开始印刷有统一面额和格式的交子作为一种新的流通手段在市场使用。就这样，交子渐渐具备了货币的功能，成为真正的货币。不过，在交子的使用过程中，原来的富豪们也

---

[1]　脱脱等：《宋史》卷181《食货志》，中华书局1985年版，第4403页。
[2]　何一民、王毅：《成都简史》，四川人民出版社2018年版，第248页。

有出现资金短缺的情况，这样一来，交子的信用也受到了一定的威胁，产生了很多的纠纷。由于交子这种流通方式的确带来不少便利，因此时成都转运使薛田、张若谷请求置益州交子务，以榷其出入，私造者禁之。在神宗熙宁初，立伪造罪赏如官印文书法。交子的产生最初是一种民间金融行为，其刊刻时即有一定的标准和符号保证交子的真实性。天圣元年（1023）十一月，将交子收归官办，禁民私造，设置专门机构——益州交子务，发行"官交子"，"元丰元年（1078）增1员，掌典10人，贴书69人，印匠81人，雕匠6人，铸匠2人，杂役12人，廪给各有差。所用之纸，初自置场，以交子务官兼领，后虑其有弊，以他官董其事。隆兴元年（1163），使特置官一员莅之，移寓城西净众寺"[1]。官交子发行前期，朝廷的交子务当中设有掌典、贴书、印匠、雕匠、铸匠、杂役等职务，每人都有自己的分工，而所用的纸张也是自己制造的，非常严格。从形制上来讲，官交子在使用之初仍然仿照民间的交子形制，面额临时填写，只是要加盖本州的州印，且对面额进行了等级分配，从1贯到10贯。宋仁宗时期，统一改成了五贯、十贯，神宗时期则改成一贯、五百文两种。发行额也有严格规定。需要分界发行，每界三年，界满兑换新交子。第一次发行的交子本钱为360000贯，发行1256340贯；但是后来随着货币需求量的增加，交子超额发行，引发了通货膨胀，交子严重贬值，因此在1105年，交子停止发行，改用钱引。

交子的最初印制是在四川成都地区，而且基本在四川地区流通。随后逐步发展，纸币终于通行全国。元世祖时期，纸币又传到波斯，再传入世界各地。因此，成都在建设全面体现新发展理念的城市及"五中心一枢纽"中，有一个建设"西部金融中心"的内容，可以说

---

[1] 法式善：《陶庐杂录》卷2，中华书局1959年版，第55页。

是有极深厚的文化底蕴和历史传承的。那么这就出现一个问题，为什么交子会在成都地区产生呢？总结来看，原因有以下几个。

首先，成都地区的经济发达，能够保证兑换"交子"的足够资金。唐代成都的商品经济也十分发达，素有"扬一益二"之称。唐中晚期，玄宗、僖宗两位皇帝都曾避难蜀地，带去了大量的资金、人才和技术，蜀中生产力进一步提高。进入五代及北宋时期，成都的经济社会更加繁荣，形成了产生"交子"的丰厚土壤。

其次，成都地区的雕版印刷术比较发达。在唐中晚期，成都已经成为当时的重要雕版印刷中心，其印刷技术是非常发达的，而且在成都雕版印刷的种类包含佛、道、经、史、子、集等多方面的典籍，印刷技术已经相当成熟。因此，纸币的刻印也是没有任何问题的。

最后，成都地区优良的自然环境和相对稳定的政治环境为整个成都的经济发展和交子的顺利流通提供了良好的外在条件。众所周知，交子的流通主要在四川地区，此地区自唐代"安史之乱"后即未发生过大的战乱，社会较为稳定，货币易于流通。其他诸如陕西等地也曾使用过交子，但是都无法在全境顺利流通。陕西紧临辽朝和西夏，其外部的环境并不稳定，经济的发展无法得到保障，纸币流通中很容易造成通货膨胀。

交子出现在四川成都并非偶然，它是当地社会政治经济发展的必然产物，也是世界经济史上的重大事件。"交子"的出现，便利了商业往来，弥补了现钱的不足，是我国货币史上的一大业绩。"交子"作为我国，乃至世界上发行最早的纸币，在货币史、印刷史、版画史上都占有重要的地位，对研究我国古代纸币印刷技术有着重要意义。

第八章　影响深远的宗教文化

　　宗教文化是整个民族文化的重要内容之一，中国是多种宗教信仰并存的多民族国家，除道教是本土宗教外，佛教、基督教、伊斯兰教世界三大宗教都先后进入中国，都用其独特的方式对人们的知与行产生了深远的影响。成都作为中华文明的重要发祥地之一，在数千年的发展变迁中经过多元文化的碰撞、融合，成为一座具有丰富内涵的历史名城。在我们的城市中，遍布着许多著名的道观、寺庙、教堂等，这些正是各种宗教在漫长历史进程中对这座城市影响的印证。

第一节　道教

　　鲁迅曾说："中国根底全在道教。"[1] 可见道教思想影响之深远。作为我国土生土长的宗教，它植根于中国古代社会，发源于中国古代文化，内容十分庞杂，具有中国特色。"是在汉代黄老道家理论基础上，吸收古代神仙家的方术和民间巫术鬼神信仰而形成的一种宗教实体。"[2] 道教奉老子为始祖，尊老庄之书为经典，天府之国成都作为道

---

[1] 鲁迅：《鲁迅书信选·致许寿裳》，上海市中小学教材编写组出版1973年版，第5页。
[2] 王卡：《中国道教基础知识》，宗教文化出版社2018年版，"前言"第1页。

教发祥地之一，不仅出现了许多活跃在历史舞台上的著名道教人物，还留下了被列入世界文化遗产的道教名山和许多著名宫观。

一 建立及发展演变

道教从东汉后期迅速在民间蓬勃兴起，主要形成了两大教团，即东部地区的太平道和西南地区的五斗米道。"五斗米道在道教发展中的最大作用是使道教拥有大批下层信徒，并初步建立起相对稳定的一套宗教组织，使道教具有群众性和物质外壳。从此，道教不仅作为一种意识形态，作为一种方术和巫术，同时也作为一种宗教社会力量出现在中国历史舞台上。"[1] 在天府之国成都这片土地上，早期主要传播的是五斗米道。

（一）创立发展时期（汉晋南北朝时期）

五斗米道的创立学界主要有两种说法。一是任继愈先生基于历史史料进行阐释，"认为五斗米道的诞生和孕育是张陵之孙张鲁袭杀"米巫"首领张修，夺其众，成为五斗米道的新领导人"[2]；二是沛国人（今江苏沛县）张陵（又名张道陵）在四川创立的天师道（五斗米道），"张陵死后，其子张衡、其孙张鲁先后承其事业"[3]。他们建立了"三张"家族传道世系。

关于张道陵创道，在晋陈寿的《三国志·张鲁传》、晋常璩的《华阳国志·汉中志》、南朝宋范晔的《后汉书·刘焉传》等史书中略有记载。据说张道陵在东汉顺帝时期，客居蜀郡，学道于鹤鸣山（今成都市大邑县境内），造作符书迷惑百姓，入道者须交五斗米，故称为"五斗米道"，又称为"米道""鬼道"。另有传说顺帝汉安元年（142），

---

[1] 任继愈：《中国道教史》，上海人民出版社1990年版，第41页。
[2] 任继愈：《中国道教史》，上海人民出版社1990年版，第35—37页。
[3] 李远国：《四川道教史话》，四川人民出版社1985年版，第36页。

有天神太上大道君（即老子）降临蜀郡临邛县赤石城（今成都市大邑县境内），传授张陵"天师"称号及"正一盟威之道"。陵受之，能治病，于是百姓奉事之以为师，弟子多至数万户。张陵死后，子衡传其业，张衡死后，子鲁传其业。张陵自称天师，张衡称嗣天师，张鲁称系天师，"三张"祖孙创立的以成都平原为中心，覆盖巴蜀、汉中等地区的教团，后世又称为"天师道"。

"在汉末三张时代，五斗米道在巴蜀汉中分设二十四治，以天师为最高首领，下有治官，祭酒分统道民，有如郡县官吏，其组织比较严密。"① 张鲁投降曹操之后，受到曹魏政权的优待，虽然统治阶级对民间的宗教活动严令禁止，但五斗米道仍在民间传播，从成都地区、西南地区直接向全国各地发展，大本营也逐步移到北方，并不断渗透到统治阶级中间，后发展成为魏晋时期道教的正宗。

两晋之际，"天师道"在成都地区逐步恢复活动，主要有西晋武帝时期出现的陈瑞领导的活跃于益州、犍为、巴郡等地的民间道团，后被益州刺史王濬镇压；西晋末年范长生支持李特流民起义，并帮助建立的成汉割据政权，范氏天师道成为李氏成汉政权的国教；还有源起于仙人李八百的五斗米道的支派李家派，不仅流行于西蜀东吴，还传播于中原地区。

南北朝时期，以葛洪、陆修静、陶弘景等人为代表的"南天师道"，以寇谦之为代表的"北天师道"，得到了帝王贵族上层统治者的支持，使道教取得很大发展。"道教经过南北朝改造之后，其教理教义、斋醮仪范等都大大地得以充实和健全，使它逐步成熟起来，改变了早期比较原始的状态，并由民间的宗教转化为上层化的为封建统治

---

① 任继愈：《中国道教史》，上海人民出版社1990年版，第48页。

服务的士族贵族的宗教。"①

(二) 鼎盛时期（隋唐五代、宋元时期）

"自从民间道教被改造为上层化的士族贵族道教以后，道教就一直受到封建统治者的崇奉和扶植。"② 隋唐至北宋，道教便进入兴盛时期，出现了不少崇奉道教的帝王，如我们所熟悉的唐玄宗、唐武宗、宋真宗、宋徽宗等，他们都是道教的狂热分子。

唐朝统治者，因老子姓李，自认老子为祖先，奉行崇道政策。唐玄宗、唐武宗亲受法箓，自称道门弟子，成为道士皇帝。当时学道求仙、谈玄论道是一种潮流，其一是蜀中出现了大量注释《道德经》的著作。当时全国出现了许多注释《道德经》的著作，玄宗皇帝就曾亲自注释《道德经》，各地设置崇玄学，指导学习道家经典。"仅唐代诠疏笺注《道德经》者就有28家，其中四川占6家。"③ 即岷山道士张君相、绵竹道士李荣、剑南道士文如海、眉山道士任太玄、成都道士黎元兴、成都道士张惠超，几占四分之一。其二是蜀中高道辈出，名重全国。道教学者李荣（今四川绵阳人）被召入长安，成为京城道学魁首；道士罗公远（今成都彭州市人）引玄宗皇帝神游月宫的故事，使玄宗创作了著名的《霓裳羽衣曲》；什邡道士杨通幽自称能入通三界，为玄宗寻找杨贵妃。当时不仅道士众多，道姑也不少，成都女道士薛涛也是闻名全国的女冠。

唐末五代时期，前后蜀皇帝也都崇信道教，上清派弟子杜光庭深受王建宠信，所著的《道门科范大全》，汇集了天师道和茅山道的斋醮

---

① 卿希泰主编：《中国道教史》（修订版）（第一卷），四川人民出版社1996年版，"导言"第4页。
② 卿希泰主编：《中国道教史》（修订版）（第一卷），四川人民出版社1996年版，"导言"第4页。
③ 罗兰秋：《巴蜀历史与文化》，四川大学出版社2003年版，第140页。

仪式，成为道教史上的不朽业绩，是继南朝陆修静之后整理研究道教斋醮科仪贡献最多的宗师。

从唐末五代到宋初，道教内部发生了重大变革。外丹派逐渐衰落，促进了内丹术（金丹道）的兴起。金丹道在蜀地也很活跃，最为突出的是安岳陈抟，擅长"睡功"，把儒、释、道三家融于易学之中，创立了"先天易学"。在道教的宫观中，在儒家的文庙中，抬头凝望大殿横梁的正中心，都可以看到一个黑白相间的圆图，这就是被后人誉为中国古代方士黄冠上的一颗明珠——陈抟的《太极图》。

南宋金元时期，道教宗派纷起。北方出现了全真道、太一教、真大道等新派别；南方出现了金丹派南宗、天心、神霄、清微、净明等新派别；早期的天师道、上清派、灵宝派也有革新，宣扬三教合一，注重内丹修炼。当时全真教最强大，受到元朝皇室尊崇，势力扩大到北方广大地区。全真教于1270年传入成都地区，并逐渐排挤青城山天师道（正一道），此后与全真道在教理辩论中败北，青城山的道教迅速走向衰落。

（三）衰落时期（明清、民国）

明清两代，中国传统社会进入晚期，日趋腐朽没落，整个儒、释、道三教也基本陷入停滞阶段。

明代设立玄教院，管理全国道教事务。当时正一道的地位居道教各派之首，朝廷又将道教的"天师"称号改为"嗣教真人"。曾经势力最大的全真道因被朝廷疏远，也失去了与正一道分庭抗礼的实力。大形势之下，成都地区道教在民间的影响也逐渐减少，只有蜀王府对著名的道教宫观、道士仍有捐资扶持。

清代因统治者推崇儒家理学，道教颓败之势更甚，只有一些矢志不渝的道士苦撑局面。当时，青城山上的清宫也仅存小室三楹，峨眉山更是宫观道士绝迹。

1912——1949年间，政府废除"真人"封号，各地纷纷"废寺兴学"，导致道教宫观和道士急剧减少。四川军阀混战期间，军阀们变卖大量道教房产以充作军费或团防费。抗日战争期间，不少道教宫观被开辟为机关驻地或学校，不少道士同全国人民一起参与到反帝国、反封建斗争中。此时，道教在民间的影响已经微乎其微。

（四）新中国成立以后

中华人民共和国成立后，道教成为五大宗教之一，享有宪法保障的宗教自由。实行土地制度改革期间，多数道教宫观辟作他用，住持道士也分田地耕作自食；1958年，人民公社化运动，道士耕作自食也纳入管理，道教处于一种衰落势态；1962年，成都市道教协会成立；"文化大革命"期间，停止宗教活动，道士、道姑大部分还俗；1979年，道教活动逐渐恢复正常，宫观逐渐开放，道士、道姑人数逐渐回升。截至目前，成都市开放道教活动场所41处。

二　道教著名人物

浩瀚的历史长河之中，历代著名高道众多。在这里仅以不同时期与蜀中有着深厚渊源的道教人物作为代表进行简要介绍。

（一）天师世家——创始人张道陵

张陵（34—156），东汉五斗米道的创立者。"字辅汉，沛国丰县人也。本太学书生，博采《五经》。"[1]汉明帝时，"拜巴郡江州令，弃官隐洛阳北邙山，修炼形之术"[2]。顺帝时于鹄鸣山（今成都大邑县境内）修道。永和六年（141）作道书二十四篇，自称"太清玄元"，创

---

[1] （晋）葛洪：《神仙传》，载李梦苏主编《中华藏典·名家藏书》，内蒙古人民出版社2003年版，第105页。

[2] （明）张正常：《汉天师世家》卷1，载《正统道藏》第34册，商务印书馆1923年版，第815页。

立道派，凡入道者纳米五斗，故称五斗米道。

东汉后期朝廷腐败、社会动荡，天灾瘟疫等情况接二连三，导致流民无数。据《汉天师世家》记载："章帝以博士之徵，不赴。和帝即位，召为太傅，封冀侯，也不就，乃杖策游淮，入鄱阳，上龙虎山，合九天神丹。"[①] 张陵辞官后，漫游江湖，周游山川，一路追寻人生理想。入江西贵溪县龙虎山，结茅山中，炼丹筑坛，后来天师道就把龙虎山作为祖庭。之后，"闻蜀民朴素可教化，且多名山，乃将弟子入蜀，于鹤鸣山隐居"[②]。听说蜀人纯朴厚道，易于教化，蜀中名山众多，便千里跋涉来到鹤鸣山（今成都市大邑县境内）修道。

在鹤鸣山修道期间，据李膺的《蜀记》记载"张陵遁病疟于丘社之中，得咒鬼之术书，为是遂解使鬼法"[③]。向当地土著居民学习降魔驱鬼的巫术，他的道法越来越高，名声越来越大。"蜀中有一个精通黄老、天文的人，叫作王长，前往拜他为师，这就是张陵的第一个大徒弟。"[④] "弟子千余人，其九鼎大要，惟付王长。"[⑤] 张陵带领王长，在山中炼丹，精修道法。"感玄元老君屡授以经录之法，于是分形示化，复立二十四治。"[⑥] 太上老君亲临鹤鸣山，屡次授给他三洞众经、金丹秘诀等，于是便建立了二十四治，立祭酒以统道民，用《道德经》教化民众，后道教徒尊称张陵为"天师"。根据《云笈七籤》记载，这

[①] （明）张正常：《汉天师世家》卷1，载《正统道藏》第34册，商务印书馆1923年版，第815页。

[②] （晋）葛洪：《神仙传》，载李梦苏主编《中华藏典·名家藏书》，内蒙古人民出版社2003年版，第106页。

[③] 孙琪华著，蒙默、黎明春整理：《〈益州记〉辑注及校勘》，巴蜀书社2014年版，第33页。

[④] 李远国：《四川道教史话》，四川人民出版社1985年版，第34页。

[⑤] （宋）张君房：《云笈七签》卷109，载《正统道藏》第22册，商务印书馆1923年版，第746页。

[⑥] （明）张正常：《汉天师世家》卷1，载《正统道藏》第34册，商务印书馆1923年版，第815页。

样的治一共有二十四个，主要集中在川西、川北和汉中地区。张陵把民众组织起来，划分为二十四个教区，即"二十四治"。

当时蜀中鬼怪横行，残害百姓。他替天行道，普救百姓。"先时蜀中魔鬼数万，白昼为市，擅行疫疠，生民久罹其害。"[1] 张陵率众弟子扫荡鬼城龙宫，降伏群鬼。当时的青城山就是群魔的堡垒，也因此青城山成为道教的洞天福地。

"永寿二年，复迁渠亭山，出三五斩邪雌雄剑二，阳平治都功印一，授嗣天师衡，使世世相传，乃乘云上升，寿一百二十又三云。"[2] 东汉永寿二年（156），张陵死后，其子张衡、其孙张鲁先后承其事业，经过张陵祖孙三代的传教，尤其是在张鲁的努力下，五斗米道在川北、川东、汉中有了很大的发展，并建立政教合一的汉中政权。张鲁统治汉中三十年，政局安定，受到汉族和少数民族的拥护。建安二十年（215），张鲁被曹操打败，最后降于曹操。张鲁死后，据说张陵天师道祖坛重新迁到了江西贵溪县龙虎山。从张陵开始，天师世家代代相传，至今已经有六十四代，现居住在中国台湾的张源先，就是六十四代天师。

（二）成汉丞相——道教领袖范长生

《四川通志》记载："晋范友，字子元，涪陵人。隐居西山，蜀人敬之，号曰长生。"[3] 范长生，涪陵（今黔江区）人。他的先人是当地的大户。蜀汉刘备时，涪陵豪强徐巨谋反，车骑将军邓志讨平之后，迁移当地豪族徐、蔺、谢、范五千家到蜀郡，范长生家族就是那时迁

---

[1] （晋）葛洪：《神仙传》，载李梦苏主编《中华藏典·名家藏书》，内蒙古人民出版社2003年版，第106页。

[2] （明）张正常：《汉天师世家》卷1，载《正统道藏》第34册，商务印书馆1923年版，第815页。

[3] 黄廷桂、宪德等修、张亚生纂：《四库全书·史部·四川通志》卷三十八之三，清文渊阁四库全书本，第2页。

入灌县青城山的（今成都市都江堰市）。据史料记载："长生善天文，有术数，民奉之如神。"①范长生博学多艺，精通天文术数，著作有《道德经注》《周易注》。他家世代掌握部曲，本人又是天师道教主，因此世人奉他如神。

巴蜀地区，继张鲁之后，以陈瑞、范长生为首领的天师道，活跃于两晋时期，成为一股较强的政治势力。西晋元康（291—299）时，巴氏族人李特领导的流民武装斗争兴起，展开了与西晋官府的武装斗争。长期的战争，使得巴蜀地区农田荒芜，百姓大量向外流亡，以致"野无烟火，卤掠无处，亦寻饥饿"②。"惠帝时，李雄攻成都，百姓皆保险自守。长生亦率千余家，依青城山后，雄得成都。"③范长生领有千余户部曲，住在青城山武装自守。此时流民军的粮食成了大问题，军中饥荒，处于危急关头。"说贤给其军粮，雄得以振"。④流民军首领派人游说，范长生资给粮食物资，在他的大力支持下，流民军士气高涨，转危为安，数月之后，便攻占了成都。

"雄遣信奉迎范贤，欲推戴之，贤不许，更劝雄自立。永兴元年冬十月，杨褒、杨珪共劝雄称王，遂雄称成都王。"⑤李雄在范长生和流民的拥护下，于惠帝永兴元年（304）十月，称成都王。光熙元年（306）六月，李雄即位皇帝，国号大成，拜范长生为丞相，"尊为'四

---

① （清）彭洵：《青城山记二卷》卷下，清光绪刻本。
② （晋）常璩：《华阳国志·大同志》卷8，载刘琳校注《华阳国志校注》，巴蜀书社1984年版，第639页。
③ 黄廷桂、宪德等修、张亚生纂：《四库全书·史部·四川通志》卷三十八之三，清文渊阁四库全书本，第2页。
④ （晋）常璩：《华阳国志·大同志》卷8，载刘琳校注《华阳国志校注》，巴蜀书社1984年版，第639页。
⑤ （晋）常璩：《华阳国志·李特雄期寿势志》卷9，载刘琳校注《华阳国志校注》，巴蜀书社1984年版，第663页。

时八节'天地太师,封西山侯,复其部曲,军政不预,租税皆如贤家"①。后来,范长生返回青城山,李雄又于都江堰离堆为他建造了范贤馆,其遗址就是现在的伏龙观。在范长生的辅佐下,李雄执掌的成汉政权,巴蜀政治稳定,社会发展显著,文化方面也有一些进步措施。比起中原的战乱,成都称得上是一片安静的土地。这种局面的出现,很大程度上是依靠范长生为首的天师道的支持。

(三)唐末五代高道——道教科仪集大成者杜光庭

杜光庭(849—933),"字宾圣,号东瀛子,本处州人。博极群书,志趣超迈。唐懿宗朝与郑云叟赋万言不中,乃奋然入道,事天台道士应夷节"②。他在唐懿宗时期想走仕途,结果失败,跟随天台山应夷节进行修道。熟读道教经典,深知天师道和茅山派双方秘诀。"常谓道法科教自汉天师暨陆修静撰集以来,岁月绵邈,几将废坠。遂考真伪,条列始末,故天下羽调永远受其赐。"③眼看自张天师、陆修静以来流传的道教礼仪几乎要失传,便积极收集,辨别真伪,分门别类,终于编成《道门科范大全集》,成为道教仪式和科仪的专著。

唐僖宗得知杜光庭擅长道教科仪,便召他进宫,"赐以紫服象简,充麟德殿文章,应制为道门领袖"④。当时不少人推许佩服,便说:"学海千寻,辞林万叶,扶宗立教,海内一人而已。"⑤中和元年

---

① (晋)常璩:《华阳国志·李特雄期寿势志》卷9,载刘琳校注《华阳国志校注》,巴蜀书社1984年版,第663页。
② (元)赵道一:《历世真仙体道通鉴》卷40,载《正统道藏》第5册,商务印书馆1923年版,第330页。
③ (元)赵道一:《历世真仙体道通鉴》卷40,载《正统道藏》第5册,商务印书馆1923年版,第330页。
④ (元)赵道一:《历世真仙体道通鉴》卷40,载《正统道藏》第5册,商务印书馆1923年版,第330页。
⑤ (元)赵道一:《历世真仙体道通鉴》卷40,载《正统道藏》第5册,商务印书馆1923年版,第330页。

(881），杜光庭随唐僖宗入蜀，"先生知国难未靖，上表丐游成都，喜青城山白云溪气象盘确，遂结茅居之"①。杜光庭非常喜欢青城山，留于此地，主持四川道教，奉唐僖宗之命，于青城宗玄观设灵宝道场，丈人观设周天大醮，以祭告神灵，祈求消灾赐福，拯救即将灭亡的唐室。

后来王建建立前蜀，召他当皇太子的老师，王建说："昔汉有四皓，不如吾一先生足矣。"②所谓四皓，是指西汉刘邦时隐居商山的四隐士。王建赐杜光庭"广成先生"，封谏议大夫、蔡国公。王衍继位，尊为传真天师、崇文馆大学士。"杜光庭作为王建的主要谋士，虽为青城山道士，实则位极人臣，故人称'山中宰相'。"③

杜光庭后半生的岁月基本都在蜀中度过，漫游巴蜀，遍访名山，留下了许多意玄韵佳的诗文。晚年定居青城白云溪，死后墓葬清都观侧。据王瑛考证："杜光庭蜀中所撰的专著有十二部，诗有十四首，文章有五篇，碑文有六篇。"④杜光庭还非常注重对《道德经》的研究，"对以往六十余家诠疏笺注《道德经》的内容加以比较考察，概括各家意向和宗旨；他采撷众书，纂成《道德真经广圣义》五十卷"⑤。另外，他对道教经典、思想源流、历史发展、神仙怪异、洞天福地、道门科范、斋醮忏仪等都有系统的论述，有《广成集》《清净经注》《历代崇道记》《道教灵验记》《神仙感遇传》《墉城集仙录》《录异记》《洞天福地岳渎名山记》等三十余种著述。

---

① （元）赵道一：《历世真仙体道通鉴》卷40，载《正统道藏》第5册，商务印书馆1923年版，第330页。
② （元）赵道一：《历世真仙体道通鉴》卷40，载《正统道藏》第5册，商务印书馆1923年版，第330页。
③ 谢元鲁：《成都通史》卷3，四川人民出版社2011年版，第267页。
④ 王瑛：《杜光庭蜀中著述考略》，《成都大学学报》1993年第3期。
⑤ 李远国：《四川道教史话》，四川人民出版社1985年版，第54页。

（四）五代宋初高道——陈抟老祖

陈抟（871—989），字图南，自号扶摇子。出生地点说法众多，据史料记载："安岳人，生于崇龛乡，既长辞父母去学道。或居亳为亳人，或居洛为洛人，或居华山为华山人，见一统志，今崇龛，梨亦抟所植。"① "先生姓陈，名抟，字图南，号扶摇子，亳州真源人也，与老子同乡里一云普州崇龛人，恐是后来隐居之所。"② 卿希泰先生采用以上两种说法，因为"二者都出现较早"③。"及长，经史一览无遗，一云自束发不为儿戏。年十五，诗礼书数至方药之书，莫不通究。"④ 早年熟读经史百家之言，有拨乱济世之志。

五代后唐长兴年间（930—933），参加科举落第，遂四处访道，以山水为乐。后来，"因肆意山水间，自言尝遇孙君仿、鹿皮处士二人，谓武当山九室岩可以隐居，遂往栖焉。服气辟谷，以恬默自处，凡二十余年"⑤。隐居武当山，服气辟谷，修道二十多年。后晋天福（936—944）时，返归蜀中，"师事天庆观高道何昌一学'锁鼻术'（一种高深的气功——睡法）"⑥。"锁鼻术"是道家睡眠时屏住鼻息控制呼吸之术。后周时徙居华山，"常闭门卧，累月不起"⑦。后周显德三年（956），世宗柴荣召见陈抟，问以黄白事，奉对称旨，"拜'谏议大

---

① 黄廷桂、宪德等修、张亚生纂：《四库全书·史部·四川通志》卷三十八之三，清文渊阁四库全书本，第26页。
② 元·赵道一《历世真仙体道通鉴》卷40，《正统道藏》第5册，商务印书馆1923年版，第367页。
③ 卿希泰主编：《中国道教史》（修订版）（第二卷），四川人民出版社1996年版，第660页。
④ （元）赵道一：《历世真仙体道通鉴》卷40，载《正统道藏》第5册，商务印书馆1923年版，第367页。
⑤ （元）赵道一：《历世真仙体道通鉴》卷40，载《正统道藏》第5册，商务印书馆1923年版，第368页。
⑥ 李远国：《四川道教史话》，四川人民出版社1985年版，第56页。
⑦ （元）赵道一：《历世真仙体道通鉴》卷40，载《正统道藏》第5册，商务印书馆1923年版，第368页。

夫'，固辞，赐号'白云先生'"①。北宋太平兴国年间（976—984），先后两次进京觐见宋太宗赵光义，建议太宗"远者，远招贤士，近者，近去佞臣，轻者，轻赋万民，重者，重赏三军"②。甚得太宗宠信，赐号"希夷先生"。③ 北宋端拱二年（989），于华山莲花峰下张超谷中仙逝，享年一百一十八岁。

蒙文通教授在《陈碧虚与陈抟学派》一文中评价："图南不徒为高隐，而实博学多能。不徒为书生，而固有雄武之略。真人中之龙耶！方其高卧三峰，而两宋之道德文章，已系于一身。"④ 可见其学术成就很高。陈抟隐居华山期间，著有《无极图》《指玄篇》《观空篇》等，系统阐发了内丹理论。著有《太极图》《先天图》《易龙图》《正易心法·注》等，精于思辨，将儒、释、道三家学说融合于易学中，他继承了严君平、扬雄、范长生等人的易学传统，并将其发扬光大，创立了"先天易学"。这种易学深深扎根于巴蜀，在巴蜀传播，北宋理学大师程颐、程颢感叹"易学在蜀"。

陈抟在蜀中的声誉很高，大家都很熟悉他。为了纪念陈抟，宋代的安岳就建有几处庙宇。宋徽宗为陈抟故里灵山观赐额"钦真"而改名"钦真观"；云居山陈抟墓外建有"真相寺"；普州城内建有"二仙堂"。今天的陈抟故里景区，有八角井、陈抟塑像、太极塔、太极古镇、千佛岩、玉佛寺等人文景观。

---

① （元）赵道一：《历世真仙体道通鉴》卷40，载《正统道藏》第5册，商务印书馆1923年版，第368页。

② （元）张辂纂集：《太华希夷志》卷上，载《正统道藏》第5册，商务印书馆1923年版，第738页。

③ （元）赵道一：《历世真仙体道通鉴》卷40，载《正统道藏》第5册，商务印书馆1923年版，第368页。

④ 蒙文通：《校理陈景元〈老子注〉〈庄子注〉叙录》之《附论陈碧虚与陈抟学派》，载《蒙文通文集》卷6《道术辑校十种》，巴蜀书社2001年版，第720页。

（五）明代著名高道——张三丰

张三丰，因金庸武侠小说《倚天屠龙记》中塑造的正气凛然、仙风道骨、悟性超然的旷世武学奇才形象而广为人知。其实，张三丰是中国道教史上的传奇人物，他与成都也颇有渊源，源于他晚年在道教发源地鹤鸣山中天谷洞进行修行，修行时所著的《鹤鸣山》《天谷洞》等诗歌已然成为珍贵的文献资料，见证了张真人在成都鹤鸣山这段时期的事迹。

张三丰的姓名、祖籍、出生年代等问题都如其人一样，充满着神秘色彩，让人捉摸不透，诸多文献资料记载都不相同，因此存在着较大争议。在这里，就以清代李西月在《张三丰全集》中的考证进行介绍。李西月经过考证，得出结论："名全一，字三丰，同时这个名字也隐含有丹诀奥秘。认为'辽阳'人为是，因为三丰真人父母的墓在辽阳积翠山。张三丰真人生于宋，仕于元，行道于明，称其为宋时人、元时人，或称明时人都可以，然而终究称其为元时人或明时人更为妥帖，因为其主要活动都集中在这两朝。"[1]

张三丰在鹤鸣山修行也具道家仙人色彩，因其后来不知所终，留给后人无限遐想。据明蜀王府伴读蔡长通的《迎仙阁记》："洪武间，相传有仙真张三丰号玄玄子，常游于是，抱道冲素，逍遥内外，人咸称有神异之术焉。盖慕其祖道陵得道之所居，数月而去，莫知其所之。"[2] 明嘉靖壬戌（1562）应天巡抚眉山人张景贤的《修鹤鸣观醮台公署记》："本朝洪武末，张三丰真人自宝鸡来，神游于此，后入天谷洞中。"[3] 文献显示，张三丰因仰慕其远祖张道陵得道创教之地，晚年

---

[1] 董沛文主编，盛克琦、芮国华点校：《张三丰全集》，华夏出版社2017年版，"前言"。
[2] 龙显昭、黄海德主编：《巴蜀道教碑文集成》，四川大学出版社1997年版，第191页。
[3] 龙显昭、黄海德主编：《巴蜀道教碑文集成》，四川大学出版社1997年版，第232页。

栖息于鹤鸣山，入天谷洞进行修行，后来不知所终。

张三丰在天谷洞修炼期间，写下了反映他修炼情况、修炼感受的诗作。如《张三丰先生全集》卷五《鹤鸣山》："道士来时石鹤鸣，飞神天谷署长生。只今两涧潺湲水，助我龙吟虎啸声。"① 《鹤鸣山》："沽酒临邛入翠微，穿崖客负白云归。逍遥廿四神仙洞，石鹤欣然啸且飞。"②《天谷洞》："天谷本天生，长歌石窍鸣。栖神须此地，坐炼大丹成。"③

鹤鸣山景区的迎仙阁，就流传着明成祖朱棣与张三丰的故事。明代皇帝素有崇尚道家的传统。永乐时，朱棣听闻张三丰在蜀地的鹤鸣山修道，"先后遣近臣胡濙、江西龙虎山道士吴伯理访张三丰，均未见"④。胡尚书苦苦守候，直至埋骨鹤鸣山；吴道士继续寻觅，也未能见其踪影，只好在鹤鸣山的山麓处修建了一座迎仙阁，以期能在某一天相遇。迎仙阁后面的山岩上，有一古柏，高三十多米，树干数围，枝繁叶茂，相传为张三丰手植。

三 著名宫观

道教的宫观，是道士修道、祀神和举行宗教仪式的处所。道教宫观的体制，受佛教的影响，分为两种。一是子孙庙，师徒之间代代相传，庙产可以继承，有专属的门派，中小宫观这种体制居多。二是十方丛林，也叫十方常住，不允许收徒，庙产不能继承，属于天下道众共同所有，规模大的宫观基本属于这种。关于宫观名称，一般规模较

---

① 董沛文主编，盛克琦、芮国华点校：《张三丰全集》，华夏出版社2017年版，第256页。
② 董沛文主编，盛克琦、芮国华点校：《张三丰全集》，华夏出版社2017年版，第225页。
③ 董沛文主编，盛克琦、芮国华点校：《张三丰全集》，华夏出版社2017年版，第257页。
④ 四川省大邑县志编纂委员会：《大邑县志》，四川人民出版社1992年版，第720页。

大的称宫、称观,规模小一点的则称为道院,也有的称庙、称庵。

(一)最早的中央教区——阳平观

四川最早的道观是天师道创始人张陵设立的二十四治,主要分布在川西、川北地区。据《云笈七签》记载:"上皇元年七月七日,无上大道老君所立上品治八品,诀要掌中。第一阳平治(彭州),第二鹿堂山治(绵竹县西),第三鹤鸣神山上治(鹤鸣山),第四漓源山治(彭州),第五葛璝山治(彭州),第六庚除治(绵竹县西),第七秦中治(德阳境内),第八真多治(金堂县);无极元年十月五日,真正无极太上立中治八品,气要诀在掌中。第一昌利治(金堂县),第二隶上治(德阳境内),第三涌泉山神治(遂宁市境内),第四稠粳山治(新津县),第五北平治(彭山县),第六本竹治(新津县),第七蒙秦治(西昌地区),第八平盖治(新津县);无上二年正月七日,无为大道玄真立下治八品,气要诀在掌中。第一云台山治(广元苍溪县),第二浕口治(陕西汉中),第三后城山治(什邡市境内),第四公慕治(什邡市境内),第五平冈治(新津县),第六主簿山治(蒲江县),第七玉局治(成都市区)、第八北邙山治(陕西略阳)。"①

阳平观(今彭州海窝子一带),始建于东汉末年,是张道陵弘道的第一个治所,属道教二十四治之首,在道教文化发展、传播过程中占有重要地位。相传这里曾是古蜀族立国之地,蜀王鱼凫于此地成仙。当时张陵创教的基本力量是氐羌族人,因此把古蜀国立国之地作为中央教区,其祭酒必须是张陵族人才能担任,首任祭酒就是张陵的儿子张衡。其法印"阳平治都功印",为张家世代相传的镇山之宝。

张鲁降曹北迁后,道教仍继续发展,阳平治仍然保存。唐代,因

---

① (宋)张君房:《云笈七签》卷28,载《正统道藏》卷22,商务印书馆1923年版,第204—208页。

避唐高宗名讳而改为阳平化，法事仍盛。宋元以后，道教渐趋衰落，清代乾隆皇帝宣布佛教为国教后，道教阳平治的宫观，也变为佛教的太平寺。在漫长历程中，阳平观有过它的辉煌，也有过它的衰落。"文革"时期，作为封建迷信的"四旧"，阳平观被彻底摧毁。1994年，中国道教协会会长傅元天亲自主持恢复阳平治并建道教学院，恢复了它作为道教发源地和中央教区的显赫地位。重建后的阳平观，是海内外宗教学者所景仰的神踪圣迹，屹立在阳平观中央的八卦亭最引人注目，亭有五层，每一层的亭檐下都有一块横匾，第一层为"三清大殿"，第二层为"正一宗门"，第三层为"全真宗门"，第四层为"正一全真派"，第五层为"道祖宗亭"。象征着道教全真、正一两个教派将在阳平观共谋道教文化的发展，促进祖国统一，让全球道教徒在此认祖归宗。

（二）都市道观——青羊宫

南宋诗人陆游的《梅花绝句》写道："当年走马锦城西，曾为梅花醉似泥。二十里中香不断，青羊宫到浣花溪。"[1] 诗中提到的青羊宫曾在西郊，随着城市不断地发展变迁，现在已然在成都市中心，位于西一环路内侧，是市内建筑年代最为久远、规模最大的道教宫观，成为名副其实的都市道观。

青羊宫，原名青羊肆，春秋战国时期的一处物资交易所。后来此地名声大噪与老子李耳、唐代帝王息息相关。传说这里是太上老君降临的地方。《蜀王本纪》说："老子为关令尹喜著《道德经》，临别曰：'子行道千日后，于青羊宫肆寻吾。'"[2] 即今青羊宫。时隔三年，老君降临此地，关令尹喜如约前来，老君显现法相，端坐莲台，为尹

---

[1] （清）曾国藩：《十八家十钞》下，岳麓书社2015年版，第1374页。
[2] （清）严可均辑：《全上古三代秦汉三国六朝文》第二册，上海古籍出版社2009年版，第27页。

喜敷演道法。自此以后，青羊观便成了神仙聚会、老君传道的地方。

唐代，青羊观的规模已相当大。唐玄宗幸蜀，即住在这里。恰好杜甫在草堂，亲见雨映行宫，即景言情，赋诗《严公雨中垂寄见忆奉答二绝》。中和元年（881），唐僖宗避乱，逃至成都，也住在观内，当时名为"玄中观"。传说在观内挖得一块玉砖，上面刻着古篆文"太上平中和灾。"中和三年（883），下诏改为"青羊宫"。自唐代以来，每年农历二月二十五日，青羊宫要举行庙会，与当时杭州的昭庆寺庙会、南京的夫子庙庙会、西安的城隍庙庙会等齐名，是当时全国著名的庙会之一。

今天我们所见的青羊宫，其主体建筑共分六重，都构建在一条中轴线上，主要建筑有山门、混元殿、八卦亭、三清殿、斗姥殿、紫金台、降生台和说法台等。虽然现在的建筑大部分重建于清代，但是格局基本上是唐代所形成的。五代到宋代，青羊宫逐步发展为著名的游览胜地。明末，毁于兵火之中，残破颓败。清代康熙年间，由成都府臬宪赵良壁捐银，于青羊宫右侧修建二仙庵。1959年将青羊宫与二仙庵合建成青羊宫公园，1966年改名为文化公园。1982年，恢复旧观，将宫观从文化公园划出，重点维修了八卦亭、三清殿等建筑。

青羊宫最为重要的文化遗存是道教文化要籍《道藏辑要》的刻板，刻板乃清代梨木所雕，共一万四千多块，每块两面刻字，一面两页，为全国仅有。《道藏辑要》是清康熙（1662—1722）年间，由彭定求收录而成，共收道书二百多种。道教重要经典、历代祖师真人著作、科仪戒律、碑传谱记，悉有收录。

四　名山胜地

纵观道教发展历史，它都和成都这座历史文化名城有着不解之缘。目前位于大邑县境内的鹤鸣山和都江堰市境内的青城山分别是中国道教的发源地和发祥地。名山胜地一直被视为神仙栖息或修道成仙的绝佳境地。道教典籍中唐道士司马承祯编集的《天地宫府图》和唐末五代杜光庭的《洞天福地岳渎名山记》,都详细记载了道教所称的十大洞天、三十六小洞天、七十二福地所在之处。青城山则被称为"道教第五洞天"。

(一) 道教祖庭——鹤鸣山

鹤鸣山,位于成都市大邑县鹤鸣乡境内。据《四川通志》记载"形如覆瓮,有石类鹤"①,鹤鸣山也因山中有石如鹤鸣叫而得名。"鹤鸣山,在州西八十里,绝壁千寻,张道陵常居此,有白鹤止其上。"② 被誉为"道教祖庭"的鹤鸣山,历史文物、历史文献都印证了它作为天师道发源地而闻名于世的有力证据。

据明代罗洪先的《广舆图》记载:"鹤鸣山岩穴中有古鹤,鸣则仙人去。昔广成子修炼于此,石鹤一鸣;汉张道陵登仙于兹,石鹤再鸣;明张三丰得道于斯,石鹤又鸣。"③ 此段文字道出了鹤鸣山是修道成仙者的佳境。不仅有广成子在此飞鹤升仙,也有汉代张陵在此修道成仙以及明代张三丰真人在此得道。张道陵学道鹤鸣山,在山中著作道书二十四篇,创立了早期道教,二十四治之一"鹤鸣神山上治"即设立在山中。从此,鹤鸣山便名载史籍,成为高道栖居、名士聚游的胜地。

2008年8月初鹤鸣山天谷洞发掘出土的"正一碑"石刻,右刻"盟威之道"、中刻"正一"、左下刻"张辅汉"的珍贵石刻文物,据四川省社会科学院李远国教授分析,"正一""盟威"等碑刻与史书记

---

① 黄廷桂、宪德等修、张亚生纂:《四库全书·史部·四川通志》卷25,清文渊阁四库全书本,第24页。
② 黄廷桂、宪德等修、张亚生纂:《四库全书·史部·四川通志》卷23,清文渊阁四库全书本,第15页。
③ 詹石窗总主编:《百年道学精华集成》第1辑《历史脉络卷》4,上海科学技术文献出版社2018年版,第4页。

载中国道教初创时正式名称为"正一盟威之道"相符，碑的下部所刻"张辅汉"三字，即是道教创始人张陵的姓和字。就此，李教授认为，它是中国道教史上发掘历史年代最早的古碑，这为中国道教发源地就在四川大邑鹤鸣山进一步提供了有力证据。①

鹤鸣山现存主要建筑有太清宫遗址、三官庙、迎仙桥、招鹤亭、解元亭等。太清宫（老君殿），即是天师祖庭，为鹤鸣山最早的道教建筑，为张陵所建。后不断增加扩充，到 1912—1949 年间，已拥有上清、天师、紫阳、迎仙、文昌等上百间殿宇，文化大革命中则被严重破坏。鹤鸣山道观 1985 年被成都市政府批准为重点文物保护单位，1987 年又被批准为道教开放点，"中国道教文化节"也在鹤鸣山设立了会场。

(二) 第五洞天——青城山

青城山，位于成都市都江堰境内，是中国首批公布的风景名胜区之一。以青翠满目、山形如城而得名，有"青城天下幽"的美誉。而青城山道教名山的地位是离不开"天师家族"的。青城山天师洞相距道教发源地鹤鸣山仅三十公里。两山相连，鹤鸣山天柱峰尾接青城山，形成一脉。青城山作为最早的道场，五斗米道创始人张天师来到青城山，结茅传道，羽化山中。张陵其孙张鲁设立八游治，从那时起，青城山高道隐士辈出，遂成为道教发祥地之一，被道教列为"第五洞天"。

作为道教名山，青城山目前现存主要宫观有常道观（包括天师洞）、祖师殿、上清宫、老君阁、建福宫、圆明宫、玉清宫等。其中常道观（包括天师洞）、祖师殿在 1983 年被批准为道教全国重点宫观。

这座有着悠久历史、充满神话传说的道教圣地，相传轩辕黄帝曾访道山中，拜仙人宁封子为师，封其为"五岳丈人"，故后世又称青城

---

① 《百度百科》"鹤鸣山"词条。

山为丈人山，建观（丈人观）纪念。今建福宫，旧名丈人观，始建于唐开元十八年（730），宋时朝廷赐名建福宫，沿用至今。现建筑为清光绪十四年（1888）重修，殿内悬挂着清李善济长联一副，上下共三百九十四字，记录了青城山的古迹、人物、典故、千年历史。

隋唐时期道教兴盛，青城山宫观遍布，高道辈出。唐玄宗、唐僖宗先后入蜀避难，道门的一些著名人物也都出入山中，如彭晓、陈抟等曾游青城山，杜光庭、谭峭等皆终老于青城山。其中唐末五代著名道士杜光庭长期隐居青城山白云溪，整理和撰写了大量道书。唐玄宗还亲自处理青城山佛道之争，天师洞常道观甘遗荣主持将玄宗诏令刻于石碑，碑高约一米，宽约四十厘米，作为永世镇山之宝。这通唐碑至今仍完好地保存在天师洞三皇殿中，成为珍贵的道教文物，是四川省重点保护文物。

常道观（包括天师洞），古为"黄帝祠"，位于青城中心地区。因观后有张陵结茅传道所居之洞府，俗称为"天师洞"。隋代名"延庆观"，唐代名"常道观"，宋代名"昭庆观"。现存殿宇重修于清末，1912—1949年间也有修葺或扩建。观内荟萃青城山道教文化之精髓，文物古迹有唐代御碑、三皇造像、明代木刻浮雕、张天师手植银杏古树、降魔石等。祖师殿，始建于晋代，古名"洞天观"。北宋改名"清都观"。明末损毁，清代重建。文物古迹有唐代薛昌浴丹井、唐末五代杜光庭读书台、清代云松塔等。上清宫，位于青城之巅，始建于晋朝，唐玄宗时期重建，五代王衍再建，明末毁。现存殿宇为清代以及1912—1949年间陆续重建。主要文物古迹有麻姑池、八卦鸳鸯井、楠木刻板《老子》《阴符经》全文等珍贵文物。

青城山还是一座道教艺术的殿堂，在道教建筑、造像、绘画、碑刻、音乐等方面都有所贡献。隋唐时期青城山先后修建了大小上百座宫观，形成了青城山宫观建筑群。道教造像始于魏晋南北朝时期，青城山天师洞张陵天师的石像也大概造于此时。道画是以道教故事、神仙思想为题材的绘画，唐代画家道士张素卿曾画有《老子过流沙图》《五岳朝真图》《九皇图》《五星图》《老人星图》《二十四化真人像》《太无先生像》等。当代国画大师张大千绘有《张天师像》《王母像》《麻姑像》《三丰祖师像》《玉女像》等道画、刻石。道教碑刻始于南北朝，现存于青城山的有唐代的《唐开元神武皇帝刺蜀碑》（存于常道观）、宋代的《宋知宫皇甫先生碣》（存于上清宫文武殿）、明代的《界府重建秀峰山碑》（存于常道观三皇殿）、清代的《重修天师洞常道观募像碑记》（嵌于常道观三清殿后壁）等。道教音乐是进行斋醮仪式时用的音乐。唐末五代杜光庭对道教科仪及其音乐进行过规范整理，青城道教音乐还传入宫廷，唐代著名的《霓裳羽衣曲》和《紫薇八卦舞》就是吸取了道教音乐而创作的。青城山的洞经音乐更是深刻而曲折地反映了以青城山为中心的民间宗教信仰和丰富的民俗文化内容。①

第二节　佛教

作为外来的宗教，佛教在中国流传的时间最长。大约于公元1世纪传入中国，与道教创立的时间相近。佛教与中国传统的儒教、土生土长的道教，共同成为中国传统思想文化的主要内容。佛教在中国传播发展中，长期与中国文化交流融合，早已成为中国文化不可分割的部分，也几乎影响了中国文化的各个方面，给它增添了活力，注入了血液，促进了中国文化的发展。

佛学界有"言蜀者不可不知禅，言禅者尤不可不知蜀"之说。②可见，蜀中佛教之盛行，深刻地影响了巴蜀地区的文化、风物，同时

---

① 罗兰秋主编：《巴蜀历史与文化》，四川大学出版社2003年版，第141—144页。
② 冯学成：《巴蜀禅灯录》"出版说明"，成都出版社1991年版，第1页。

也为佛教的发展贡献了诸多的大师、流派、流风余韵,远播古今。单就成都来说,"明确属于佛教性质的遗址(含墓葬)16处,佛教建筑250处,佛教摩崖与石刻146处",① 这些都是佛教文化影响成都的有力证据,它早已经渗透这座城市的方方面面。

一 佛教在成都的发展

传入中国的佛教,自始至终即与中国文化与民族命运相沉浮,学界一般依据时代先后,将其历程大体分为以下几个阶段:

(一) 汉魏晋南北朝时期

佛教正式传入中国,"撇开西域佛教不言,汉哀帝时有大月氏王使伊存向博士弟子景庐口授《浮屠经》,被学界认定为佛教正式传入中土的标志"②。而佛教传入成都地区的历史可能会更早,成都是"蜀身毒道"(西南陆地丝绸之路)的起点,当时前往印度求法的僧人出自成都地区的应该会比较多,段玉明教授的《成都佛教史》一书中谈到佛教初传成都的推测,"以其独具的地理优势——介于北、南两大丝绸之路之间,古代巴蜀或是佛教最早传入的地区之一"③。

据段教授的推测,佛教传入成都地区的时间应该很早。但是佛教不依附神仙信仰系统,而作为一种单独的信仰对成都地区产生影响大致在两晋时期。

两晋时期,佛教在成都逐步发展,出现了许多高僧弘法。有以诵读《法华经》有灵——猛虎听经,神灵护佑而名扬天下的本地高僧僧生;也有长于《法华经》、阿毗昙学,重视戒律的中原高僧慧持(今山西宁武人;还有以律行见称,学通三藏的中原高僧昙翼(今河北高邑

---

① 段玉明:《成都佛教史》,宗教文化出版社2017年版,"前言"第4页。
② 段玉明:《成都佛教史》,宗教文化出版社2017年版,第1页。
③ 段玉明:《成都佛教史》,宗教文化出版社2017年版,第1页。

人）等相继入蜀弘法，互相交流融合，开展佛教活动，共同推动了成都佛教的发展。

南北朝时期，各地纷争动荡，恰巧偏处一隅、富裕安定的成都地区成为高僧大德弘法的首选之地。当时避乱入蜀的高僧纷沓而来，使得成都地区的僧人、寺院等相继增多，他们的到来，促进了成都佛教的飞速发展。据段玉明教授的《成都佛教史》载："一是甘青、西域及印度高僧来成都弘法，如昙弘、道法、畺良耶舍、阇那崛多等；二是西行求法归来的高僧移住成都，如智猛；三是江南与中原一批高僧相继入蜀，如道汪、玄畅、慧韶、僧副等；四是本土僧人外出求法学成归来促进成都佛教发展，如昙凭、宝渊、宝海、智方等。僧人们在不断地互相交流学习中，使得成都地区佛学水平不断提高，一跃成为全国著名的佛教文化中心之一。"①

（二）隋唐五代时期

隋唐五代，是中国佛教日趋鼎盛的时期，伴随着整个中国佛教的兴盛，成都佛教的发展也同时达到了自己的高峰。

唐代名僧辈出，佛学义学发达，为产生具有中国特色的佛教宗派奠定了理论基础，逐渐形成了天台宗、三论宗、法相宗、净土宗、律宗、华严宗、密宗、禅宗八大宗派，其中对成都地区佛教影响较大的宗派有禅宗、净土宗和密宗。

当时，本土僧人与外地、外域高僧交流甚多，相互学习，彼此融合，佛学义理的阐发无论在深度或广度上都空前提高，使成都逐渐形成了摄论、三论、律学等义学中心，促使成都地区的佛教走上一个新台阶。

另外，在成都发展起来的"剑南禅派"是中国禅宗史上的一个重

---

① 段玉明：《成都佛教史》，宗教文化出版社2017年版，第7—14页。

要派别,于神秀的北宗禅、慧能的南宗禅之外独树一帜。后来南宗禅一枝独秀后,成都地区也成为巴蜀南宗禅的传播重地。

蜀地高僧辈出,"根据《续高僧传》《宋高僧传》《大唐西域求法高僧传》中所载有籍贯可考的高僧,唐初,剑南道有高僧26人,其中成都府占12人;而唐代后期,剑南道有高僧9人,成都府占3人。"①

(三) 宋元时期

宋元时期,佛教进一步中国化,以更积极的姿态向社会生活等方面全方位渗透,成都佛教也更进一步地融入百姓的社会生活之中。因此,简单易行的禅宗与净土宗,一跃成为佛教信众的主要修持方式。禅宗主张明心见性,顿悟成佛,是中国佛教影响最大的一个宗派。净土宗是以称念阿弥陀佛,兼行众善,发愿临终往生净土的中国佛教宗派,是信众最多的本土宗派。

两宋时期,地方政府对佛教实行保护与扶持政策,因此成都地区的佛教呈现兴盛局面,成为势力最大的宗教。僧人数量之多、寺院遍布城市乡村。宋初,在禅、净两宗几乎一统佛教的背景下,成都地区佛教仍以佛教义学闻名,以大慈寺为中心的义学仍占据重要位置,大多寺院还是以讲经说法为重点,此时南宗禅虽已在成都传播,但是还没有得到普遍认同。北宋中期以后,在成都佛教宗派中,如问哪家最兴盛,则非禅宗莫属。从真觉惟胜开始,禅宗影响逐渐变大,慢慢取代了义学。直到圆悟克勤两次住持昭觉寺,将成都禅宗推向高峰。"成都中心地区的佛教风气为之一变,杨岐禅法取代义学成为成都信众的时尚,昭觉寺也由之成了杨岐禅法弘扬的重地。"②

宋元战争之后,唐宋佛教盛况已不复存在,逐渐走向衰落。元朝

---

① 谢元鲁:《成都通史》卷3,四川人民出版社2011年版,第287页。
② 段玉明:《成都佛教史》,宗教文化出版社2017年版,第148页。

统治者虽信仰喇嘛教，但对其他宗教如汉地佛教、儒教、道教、基督教等也不排斥，采取宽容姿态。对汉地佛教也采取一定的保护政策，因此佛教中的禅宗也流行，只是地位和影响较之两宋时期有所下降。

（四）明清时期

明清时期，尽管佛教发展整体呈衰退趋势，但成都地区佛教发展反而相对平稳，段玉明教授的《成都佛教史》一书中谈道："巴蜀佛教逐渐从输出人才的著名地区转而有了更为自立的发展特色。"[1] 不仅出现了楚山绍琦、丈雪通醉、佛冤彻纲、懒石觉聆等享誉全国的佛教龙象，还出现了昭觉寺、文殊院、宝光寺等享誉全国的名寺巨刹。

明代，尽管弘法环境艰难，但活跃于成都地区的弘法高僧还是很多，尤其"以楚山绍琦为中心的楚山禅系和以丈雪通醉为中心的丈雪禅系，深刻地影响了晚近成都地区的佛教发展"[2]。"楚山禅系"，以天成寺（今成都龙泉石经寺）为中心，代表人物楚山绍琦（1404—1473），禅学思想"以真如自性之心为宇宙万法的根本，力倡心物一体不二、儒道佛三教一致，主张由渐修而至顿悟，禅净结合，参究话头"[3]。"丈雪禅系"，以昭觉寺为中心，代表人物丈雪通醉（1610—1693），禅学思想承继其师破山海明（1597—1666）"从'痛棒到底'到'内外贯通'兼容的佛学思想"[4]"要求学人融通禅教；引导学人于平常生活中'一切放下'，做'无事人'；方法上继承临济刚猛峻烈的禅风，以呵佛骂祖的方式启示学人断除言教执着，直下顿悟"[5]。

---

[1] 段玉明：《成都佛教史》，宗教文化出版社2017年版，第189页。
[2] 段玉明：《成都佛教史》，宗教文化出版社2017年版，第190页。
[3] 吕有祥：《楚山绍琦禅学思想概述》，载素慧主编《禅心映天成，显密照石经——纪念禅山绍琦禅师诞辰600周年，能海上师诞辰120周年学术研讨会论文集》，宗教文化出版社2007年版。
[4] 熊少华：《破山禅师评传》，宗教文化出版社2003年版，第293—311页。
[5] 段玉明：《成都佛教史》，宗教文化出版社2017年版，第194页。

清代，统治者主要崇奉藏传佛教，对汉地佛教采取限制政策，佛教逐渐式微。清代前期，四川各任督抚对各大丛林的恢复建设经常给予扶持，以至于多数寺庙都是在康熙、乾隆年间所建。段玉明教授"就目前所见的清代方志材料统计，当时整个成都地区寺院的数量最保守的统计也已达到了978座"①。

（五）1912—1949年间

辛亥革命推翻了清朝的统治，佛教也随之失去政治依靠。当时，中国佛教一直处于颠沛流离的生存状态，成都佛教为了生存和发展，也对自身加以改造，成立佛教协会、组建居士团体、创建佛教学院、创办佛学刊物。1912年，佛源法师、德风法师在成都创立了四川省佛教分会；1924年，成立四川佛学院，佛源法师任院长。"以佛源、雪岑、刘洙源等为代表的高僧大德，以开坛讲经为其本事、佛学研究为其辅助，带动了成都佛教讲经说法以及佛学研究的兴盛。"②

20世纪20年代以后，藏传密教也被引入成都，代表人物是能海上师。能海上师（1886—1967），姓龚，名学光，字缉熙。早年从戎，偶遇佛法，皈依佛门，法号能海。两次入藏求法，"获得宗大师嫡传二十八代之殊胜传承"③。"将藏传佛教格鲁派的教理和修法，完整系统地介绍到汉地，首创汉密第一道场，使藏密佛法第一次在内地传播。"④ 他一生中，于佛法世法，均有建树，广建三宝、住持正法、译文著传、传习熏修、入世弘法，"一贯提倡爱国爱教，佛法在世间，不离世间觉"⑤。

弘扬佛法，本以僧宝为主，当时成都佛教不仅出现了以成都维摩

---

① 段玉明：《成都佛教史》，宗教文化出版社2017年版，第204页。
② 段玉明：《成都佛教史》，宗教文化出版社2017年版，第234页。
③ 宗顺：《能海上师传》，西藏藏文古籍出版社2014年版，第9页。
④ 宗顺：《能海上师传》，西藏藏文古籍出版社2014年版，前言。
⑤ 宗顺：《能海上师传》，西藏藏文古籍出版社2014年版，第66页。

精舍为代表的居士弘法团体,开创者袁焕仙(1887—1966),主张以佛为主融通三教。还出现了积极参与保护佛寺、护持佛法的诸多社会名流,他们都是坚定的佛教支持者。

(六) 新中国成立以后

新中国成立初期,成都佛教积极融入新社会,以能海法师为代表的僧人积极推动和平解放事业,成都僧众积极参加一系列爱国主义运动,自觉组织时事政治学习等,以尽快与新社会相适应。1957年1月,成都市佛教协会成立;土地改革以后,僧人生活主要依靠自养;"文化大革命"期间,寺庙多数被毁,僧众成为专政对象;十一届三中全会以后,开启成都佛教的恢复和发展工作,恢复佛教协会工作、寺院开放、宗教活动等。进入21世纪,一批成都佛教高僧相继圆寂,新一代僧尼接下老一辈高僧大德的接力棒,高举爱国爱教旗帜,以"人间佛教"思想为宗旨,开启成都佛教发展新局面。[①] 目前,成都开放佛教活动场所165处。

二 佛教龙象

在漫长的成都佛教历史中,不同时期都出现过不少高僧大德,尤其是隋唐两宋时期,成都佛教龙象辈出,在这里,主要介绍与成都颇有渊源、"走出去、学回来"的高僧典型,他们对成都佛教的影响都有着举足轻重的作用。

(一) 译经高僧——玄奘

隋代末年,天下动荡,成都偏得安定,义学兴盛,成为天下学术的中心,佛教义学大师多聚成都,中原僧俗前来问道求学者不绝于途,最为大家所熟悉的,当属唐代著名高僧、经译家、法相宗创始人玄奘,

---

[①] 段玉明:《成都佛教史》,宗教文化出版社2017年版,第292—343页。

也就是《西游记》中唐僧的历史原型。

《续高僧传》卷四《玄奘传》:"释玄奘,本名祎,姓陈。汉太丘仲弓后也,子孙徙于河南,故又为洛州缑氏人焉。祖康,北齐国子博士。父慧,早通经术。"① 玄奘本姓陈,名祎,洛阳缑氏(今河南偃师缑氏镇)人,出生于儒学世家,家学渊源,文化水平高。玄奘最为世人津津乐道的事迹,也就是我们所熟悉的《西游记》中西天取经的故事。有学者称"成都是玄奘西行求法的发祥地"②,可见,玄奘与成都有一段不解之缘。

玄奘在唐武德元年(618)跟随其兄长捷法师入蜀,入蜀之后,其兄长捷法师住锡于成都空慧寺,而玄奘则游学各大寺庙,遍访名师问学,学业精进神速。武德五年(622),玄奘21岁,于成都受具足戒,离开成都之前,已经成为"雄伯沙门",被人视为"神人"的义学高僧。③ 武德六年(623)以后,离开成都,开始了他游学中原及西行求法的壮举。

玄奘在成都游学求法虽然只有短短的五年时间,但对其一生的影响是巨大的。根据《大唐大慈恩寺三藏法师传》和《续高僧传》所载,玄奘一路走来,师从明空、慧景、道基、宝暹、道振等老和尚,跟随他们学习《涅槃经》《摄大乘论》《阿毗昙论》《迦延》(《大毗婆沙论》)《成实论》《俱舍论》等法典。可见,玄奘在游学求法期间,转益多师、涉猎广泛、功底深厚。

《大唐大慈恩寺三藏法师传》卷一:"益部经论,研综既穷,更思入京,询问殊旨,条式有碍,又为兄所留,不能遂意,乃私与商人结

---

① (唐)释道宣:《续高僧传》卷4,载《大正藏》第50册,佛陀教育基金会出版社部1990年版,第446页。
② 段玉明:《成都佛教史》,宗教人民出版社2017年版,第68页。
③ (唐)释道宣:《续高僧传》卷4,载《大正藏》第50册,佛陀教育基金会出版社部1990年版,第447页。

侣，汎舟三峡，沿江而遁。"① 短短几年时间，玄奘法师对成都各大寺庙所传经论已经做了全面、详细、深入的研究，这里已经不能解决他在佛法中遇到的疑难问题，便回到长捷法师处，希望能回长安求学，遭到兄长劝阻，但玄奘去意已决，于是私自与商人结伴离开成都，此后便有了玄奘西行求法的壮举。

后来，玄奘名声大噪之时，也不曾忘记成都佛教义学高僧。玄奘受敕翻译佛教经典，特邀道因法师一起斟酌、商讨；永徽三年（652），还专门送舍利与道兴供养。成都是玄奘法师从少年到成年所在的地方，是他深入学习佛法、参透佛法的起点，是成就他成为一代高僧的地方之一。

（二）洪州宗创始人——马祖道一

马祖道一（709—788），俗姓马，名道一，四川什邡市人。最初在当地罗汉寺出家，后来依资州德纯寺处寂（唐和尚）剃发，最后在渝州依圆律师受具足戒，正式成为比丘。开元年间，游方于南岳衡山，修习禅定，投师于慧能嫡传弟子南岳怀让门下，学习南宗禅法。关于马祖得到其师密受心印，还有一个有趣的小故事。据《景德传灯录》卷5记载，

> 开元中，有沙门道一（即马祖大师也）住传法院，常日坐禅。师知是法器。往问曰：大德坐禅图什么？
>
> 马祖曰：图作佛。
>
> 师乃取一砖，于彼庵前石上磨。
>
> 马祖曰：师做什么？
>
> 师曰：磨作镜。

---

① （唐）慧立本，彦悰笺：《大慈恩寺三藏法师传》卷1，《大正藏》第50册，佛陀教育基金会出版社部1990年版，第222页。

马祖曰：磨砖岂得成镜耶？

师曰：坐禅岂得成佛耶？

马祖曰：如何即是？

师曰：如人驾车不行，打车即是，打牛即是？师又曰：汝学坐禅？为学坐佛？若学坐禅，禅非坐卧；若学坐佛，佛非定相，于无住法，不应取舍。汝若坐佛，即是杀佛。若执坐相，非达其理。

一闻示诲，如饮醍醐，礼拜问曰：如何用心，即合无相三昧？

师曰：汝学心地法门，如下种子。我说法要，譬彼天泽。汝缘合故，当见其道。

马祖又问曰：道非色相，云何能见？

师曰：心地法眼，能见乎道，无相三昧，亦复然矣。

马祖曰：有成坏否？

师曰：若以成坏聚散而见道者，非见道也。听吾偈曰。

"心地含诸种，遇泽悉皆萌，三昧华无相，何坏复何成。"①

怀让禅师以"磨砖作镜"之喻，重在说明成佛的根本，不在打坐。如果执着打坐，即是著相。佛法无定相，不应取舍，不应执着。马祖闻言，即求禅门无相之法的用心，并由此大悟。随侍怀让禅师十余年之后，于建阳、临川、南康、西蜀等地弘法，住锡开元寺时间最长，声名大振，学者云集。说法直示禅宗心髓。

一日谓众曰："汝等诸人各信自心是佛，此心即是佛心。达摩大师从南天竺国来，躬至中华，传上乘一心之法，令汝等开悟，又引《楞伽经》文，以印众生心地，恐汝颠倒，不自信，此心之法，各有之。

---

① （宋）道原：《景德传灯录》卷5，载《大正藏》第51册，佛陀教育基金会出版社部1990年版，第240—241页。

故《楞伽经》云,佛语心为宗,无门为法门。又云,夫求法者,应无所求,心外无别佛,佛外无别心。"①

马祖说法住世四十多年,入室弟子139人,各为一方宗主,以其充满个性、明快而峻烈的禅风,创立了"洪州宗",《宋高僧传》卷11记载:"于时天下佛法,极盛无过洪府。"②不仅在当时影响相当广泛,而且一直影响着后世禅宗各派。

马祖指导禅修,特别能够应机化人,非常灵活,其"即心即佛""非心非佛""为止小儿啼"等,句句都是无上法门,句句都引人悟入甚深法义,而其"平常心是道",更是将佛法最上心要运用到一切世间生活之中,更让我们认识到平常之心蕴含着甚深智慧。

马祖不仅在说法,同时也在解构人们对于种种法门的执着。

僧问:和尚为什么说即心即佛?

师云:为止小儿啼。

僧云:啼止时如何?

师云:非心非佛。

僧云:除此两种人来如何指示?

师云:向伊道不是物。

僧云:忽遇其中来人时如何?

师云:且教伊体会大道。③

种种的执着、种种的成见消解后,并不是一片精神的废墟,"且教

---

① (宋)道原:《景德传灯录》卷5,载《大大藏》第51册,佛陀教育基金会出版社部1990年版,第246页。
② (宋)赞宁等:《宋高僧传》卷11,载《大正藏》第50册,佛陀教育基金会出版社部1990年版,第773页。
③ (宋)道原:《景德传灯录》卷6,载《大正藏》第51册,佛陀教育基金会出版社部1990年版,第246页。

伊体会大道"，也是一种指点，原来大道也还是需要真参实学的。

对于我们极为熟悉的"平常心"，再经马祖指点后，却发现原来一点也不"平常"。

> 江西大寂道一禅师示众云："道不用修，但莫污染。何为污染？但有生死心，造作趣向，皆是污染。若欲直会其道，平常心是道。谓平常心无造作，无是非，无取舍，无断常，无凡无圣。经云：非凡夫行，非贤圣行，是菩萨行。只如今，行住坐卧，应机接物尽是道。道即是法界，乃至河沙妙用，不出法界。若不然者，云何言心地法门？云何言无尽灯？一切法皆是心法，一切名皆是心名。万法皆从心生，心为万法之根本。①

人人都有一片心，只是常常弄糟了。爱乐声色、分别高下、惹是生非、度化众生，这些行为，在马大师看来，都是将心"染污"了。要是会用"平常心"，行住坐卧，上班经商，也都是智慧和觉悟境界了。那么，怎样领会这个"平常心"呢？马祖说："无造作，无是非，无取舍，无断常，无凡无圣"，就是平常心。这片心不像凡夫，整天烦烦恼恼；也不像罗汉，出离世间，万事不关心。原来这片"平常心"，是菩萨心。有善良、有热情、有智慧地生活在世间，这就是"平常心"的妙用，也可以称为"无尽灯"，照亮了一切的无明和黑暗。因为一切事物都是心的显现，心是万法的根本，自由和幸福都在这里。

"马祖思想的出现有划时代的意义。马祖的思想部分吸收了前代思想，但就其简洁性和对后代的影响而言，把'佛性'和'作用'直接等同的马祖'作用是性'说确有其特殊性。"② 马祖以后的禅宗史主要

---

① （宋）道原：《景德传灯录》卷28，载《大正藏》第51册，佛陀教育基金会出版社部1990年版，第440页。
② 土屋太祐：《北宋禅宗思想及其思想史》，巴蜀书社2008年版，第247页。

围绕着马祖思想而展开,影响着后世禅宗各派。后世的沩仰宗、临济宗皆出自南岳怀让—马祖法系,临济宗又分出黄龙和杨岐两派,与青原行思—石头希迁系下的云门宗、法眼宗、曹洞宗合称为禅门"五家七宗"。其中临济宗流传最广,影响最大,直到现在也十分流行,还传播到日本、韩国、越南等国家。

(三) 临济高僧——圆悟克勤

两宋时期禅宗最盛,此时盛行的主要是南岳系的临济宗和青原系的曹洞宗。两宋之际,成都地区影响最大的人物就是临济杨岐派高僧圆悟克勤。他两次住持成都昭觉寺,使得杨岐禅法取代义学成为成都佛教的主流,也将昭觉寺发展成著名丛林。

圆悟克勤(1063—1135),名克勤,字无著,彭州崇宁(今郫都区唐昌镇)人。宋徽宗政和年间(1111—1118)赐号"佛果禅师",宋高宗建炎年间(1127—1130),赐号"圆悟禅师",故世称"圆悟克勤"。宋高宗绍兴五年(1135)示寂,谥号"真觉禅师"。

《五灯会元》卷19载:"依自省祝发,从文照通讲说,又从敏行授楞严。俄得病,濒死,叹曰'诸佛涅槃正路不在文句中',吾欲以声求色见,宜其无以死也。"[①] 克勤幼年依自省法师出家,受具足戒之后,又师从文照、敏行学习经论,深得奥义。后来生病,濒临死亡,感悟出"诸佛涅槃正路不在文句之中",转依真觉惟胜禅师学习禅法。真觉惟胜没有给他直接开示,并鼓励其尽早出蜀参禅求法。

宋哲宗元祐元年(1086)离开成都,克勤到各地参禅访学,"首谒玉泉皓,次依金銮信、大沩喆、黄龙心、东林度,佥指为法器,而晦

---

① (宋)普济辑,朱俊红点校:《五灯会元》(点校本),海南出版社2011年版,第1682页。

堂称'他日临济一派属子矣'。最后见五祖，尽其机用，祖皆不诺。"①先后参谒玉泉承皓、金銮信公、真如慕喆、黄龙祖心、东林常总等禅师，后参谒五祖法演，在法演门下前后十多年，潜心领悟佛理，终得法演真髓，得其心印。

宋徽宗崇宁年间（1102—1106），克勤以"母亲年迈"为由，返回成都。"还里省亲，四众迓拜。成都帅翰林郭公知章请开法六祖，更昭觉。"② 先受府帅郭知章奉请，于大慈寺六祖院开坛讲法，法席之盛，僧俗诚服。随后奉请驻锡昭觉寺。他第一次返回成都，从驻锡大慈寺六祖院到昭觉寺，"八年的努力，杨歧门风基本上在巴蜀立下了跟脚③。宋高宗建炎四年（1130），克勤以"还蜀养老"为由，再次回到成都。仍住持昭觉寺，开堂传戒、讲经说法。他凭借辗转各处寺院住锡的丰富经验，经过四年左右，将昭觉寺的发展推向高峰。

圆悟克勤的《碧岩录》，被丛林目为"宗门第一书"。《碧岩录》的内容以雪窦重显的《颂古百则》为基础，分10卷，每卷有10个部分，解释10个公案，每一个部分都有5项内容，依次是"垂示"、公案"本则"、雪窦"颂文""著语""评唱"。除《碧岩录》外，传世著作还有《圆悟佛果禅师语录》20卷、《佛果击节录》2卷以及《圆悟禅师心要》2卷。

三 著名丛林

丛林，佛教僧众聚集修行的处所，中国佛教中多指禅宗寺院。寺庙的兴亡与朝代的更替、社会经济的兴盛衰败都是息息相关的。旧时，

---

① （宋）普济辑，朱俊红点校：《五灯会元》（点校本），海南出版社2011年版，第1682页。
② （宋）普济辑，朱俊红点校：《五灯会元》（点校本），海南出版社2011年版，第1683页。
③ 释演法主编：《圆悟克勤传》，宗教文化出版社2012年版，第63页。

成都有"内四大寺"和"外四大寺"的说法。

所谓内四大寺，指的是城内东城的大慈寺、西城的万佛寺、南城的延庆寺、北城的文殊院4座寺院；所谓外四大寺，指的是城外东郊的净居寺、西郊的草堂寺、南郊的近慈寺、北郊的昭觉寺4座寺院。此8座寺院都是明清成都的著名寺院，构成了晚清成都寺院的基本框架。另外，新都宝光寺也以其旧貌新颜的相续，跻身于成都著名的寺院行列。[1]

(一) 千年古刹——大慈寺

大慈寺位于成都市锦江区东风路一段，坐落在成都中心地带，属于最繁华的春熙路商圈。它与远洋太古里在同一空间，形成了一种历史文化与商业交融的独特氛围，古刹与都市，传统与现代，古朴与潮流，宁静与喧嚣融为一体。成都市以大慈寺为中心着力打造大慈寺片区旅游文化街区，如今的大慈寺与太古里的结合，已经成为成都的文化名片，展示了这座千年古城传统文化与现代文明交相辉映的独特魅力。

大慈寺，又名大圣慈寺。"大圣慈寺"得名，源于天宝十五年(756)"上皇驻跸成都，内侍高力士奏：城南市有僧英干，于广衢施粥以救贫馁，愿国运再清克复疆土，欲于府东立寺为国崇福。上皇说，御书大圣慈寺额"[2]。唐玄宗避"安史之乱"于成都，内侍高力士告诉玄宗，有僧人英干在成都城南街头施粥，救济贫困百姓，并为国家祈福，意欲在城东兴建佛寺为国崇福。玄宗为其善举感动，赐书"大圣慈寺"。大慈寺的蓬勃与辉煌，与唐代两位帝王关系密切。对于大慈寺的兴建和扩张，唐玄宗可谓居功至伟，《佛祖统纪》卷40载："赐田一

---

[1] 段玉明：《成都佛教史》，宗教文化出版社2017年版，第204—205页。
[2] (宋) 志磐：《佛祖统纪》卷40，载《大正藏》第49册，佛陀教育基金会出版社部1990年版，第376页。

千亩,勒新罗全禅师为立规制,凡九十六院,八千五百区。"① 由于得到了帝王官贵的支持,大慈寺自其建立即有很大的规模。因有玄宗皇帝赐书匾、赐良田,大慈寺得到了最高权力的庇护,使它蒙上了浓厚的皇家色彩,免受了唐武宗时期的"会昌灭佛",大慈寺是当时成都地区唯一被允许保留下来的寺院。趁此机遇,大慈寺归并了诸多将毁的寺院,使其规模不断壮大。中和元年(881),唐僖宗因"黄巢之乱"入蜀,"史上虽然没有明确记载僖宗皇帝李儇到过大慈寺,但五代宋初成都人黄休复在其《益州名画录》里说道:'僖宗幸蜀回銮之日,蜀民奏请留写御容于大圣慈寺。'这条记载,开创了大慈寺成为瞻仰皇帝,乃至官吏真容的场所"②。两位皇帝避乱来蜀,给成都带来了大批人才,造就了前后蜀时期成都绘画的繁荣,使得大慈寺壁画在中国绘画史上占有不可磨灭的地位。

大慈寺自唐代以来就以壁画精美而著称于世,有各种精彩壁画一千五百多幅,寺中所藏丰富,曾被苏轼赞誉"精妙冠世"。明代张献忠入蜀,大慈寺被焚,千年名胜,化为灰烬。这是一座极其珍贵和罕见的艺术宝库。据宋黄休复的《益州名画录》和范成大的《成都古寺名笔记》等记载,当时在大慈寺画过壁画的有名画家就有67人,唐代画家吴道子、卢楞伽,后蜀画家黄筌等都曾在此留下艺术精品。

大慈寺历经唐宋极盛之后,规模逐渐变小。明代,大慈寺在成都市内依然占有非常重要的地位,佛教事务机构僧纲司设在寺内。明末清初,大慈寺遭战火破坏,昭觉寺住持丈雪通醉先恢复重建了大慈寺方丈寮,其弟子懒石觉聆时为大慈寺住持,开始全面恢复重建工作。之后,大慈寺屡有翻新修缮。新中国成立后,大慈寺被列为重点文物

---

① (宋)志磐:《佛祖同纪》卷40,载《大正藏》第49册,佛陀教育基金会出版社部1990年版,第376页。
② 冉云飞:《古蜀之肺:大慈寺传》,四川文艺出版社2010年版,第62页。

保护单位，2003年年底，经成都市人民政府批准，成立大慈寺恢复开放筹备小组，2004年4月8日，正式对外开放。

(二) 都市禅林——文殊院

文殊院位于成都市青羊区文殊院街。与邻近的五岳宫、爱道堂、金沙庵等多处庙宇和道观，共同成为禅院休闲区，为都市禅林的代表。与2006年建成的文殊坊宗教文化和民俗文化旅游区融为一体，成为市民放松身心的好去处。共同诠释和传播成都的人文风貌、民俗风情和休闲文化精髓，是展示成都特质的文化名片。

文殊院正门的横额高悬"古信相寺"。相传隋朝时，绵竹有民名信相者，夙具慧根，早通禅理，蜀王杨秀迎至成都，秀妃特为"圣尼"（在佛教中是指"得道"获得出世智慧的比丘尼）信相建寺，故称"信相院"。唐五代时期称"妙圆塔院"，宋代仍称"信相寺"。明代末年毁于战火，建筑俱毁，唯有10尊铁铸护戒神像和两株千年古杉。清康熙二十年（1681），慈笃禅师在荒址上修建茅屋，于此修行，诵经声不绝，老百姓常在夜里看见有灵光闪现于锦城西北角，被信众视为文殊菩萨应身。康熙三十六年（1697），信众捐资助力，慈笃禅师恢复重修此寺，并将寺名改为"文殊院"。由于慈笃禅师德行高洁，声名远扬，康熙皇帝慕其声名，多次下诏邀请进京，都被禅师婉言谢绝。康熙四十年（1701），康熙皇帝御赐"空林"匾额一块，因此，文殊院又名"空林堂"。文殊院现存建筑始建于清康熙二十年（1681），经嘉庆、道光年间数度扩建，大致形成今日规模。

文殊院堪称佛教文物荟萃之地。信众瞩目的，首先是寺内所藏佛陀舍利和玄奘大师的顶骨舍利。舍利之外，寺内各处供奉的大小三百余尊佛像，有铜铸、铁铸、彩塑、脱纱、木雕、石刻等，这些塑像具有很高的文物价值和艺术价值。寺内馆藏诸多名家字画，最著名的是康熙御赐的"空林"墨迹以及康熙临宋代书法家米芾的《海月》条幅，还有宋元明清以来诸多祖师字画及文献作品。此外，还馆藏有印度贝叶经、唐代日本鎏金经筒、千佛袈裟、发绣观音、挑纱文殊和舌血经书等佛教文物。

（三）第一禅林——昭觉寺

昭觉寺位于成都市北郊青龙乡，素有"川西第一禅林"之誉。在历代住持的不懈努力下，一步一步发展壮大，逐渐成为四川现存最大的汉地佛教寺院，至今仍被日本和东南亚不少禅宗寺院视为祖庭。

昭觉寺，始建于唐代贞观年间，初名"建元寺"。萧遘的《昭觉寺记》称："该寺本为眉州司马董常故宅，舍宅为寺后，名建元寺。"[①]唐僖宗避乱入蜀，曾召住持休梦禅师（禅宗曹洞宗传人）前往说法，休梦禅师的佛法深得僖宗之心，于是下诏大修建元寺，赐名"昭觉"。昭觉寺在唐代末年颇受皇帝重视，发展迅速，在成都各大寺院中仅次于大慈寺，成为一方名刹。

五代十国时期，受战乱影响，其寺庙建筑多被毁坏，直到宋代才得以重建。宋真宗大中祥符元年（1008），住持延美（了觉第五代传人），耗时三十余年终使该寺面貌一新，殿宇由原来的一百余间增加到三百余间，一跃成为全国著名的寺院。[②]至元丰（1078—1085）末，成都府帅奏改昭觉为十方丛林，请纯白禅师担任住持，号为"昭觉第一代"，昭觉寺成为成都地区的佛教重镇。[③]崇宁二年（1103），圆悟克勤第一次返回成都住持昭觉寺，用时8年将其变成了巴蜀杨岐禅法的弘传基地。建炎四年（1130），圆悟克勤第二次返回成都再次住持昭觉

---

① 萧遘：《昭觉寺记》，载赵明诚《金石录》卷10，齐鲁书社2009年版。
② 李畋：《重修昭觉寺记》，载袁说友等《成都文类》卷37，中华书局2011年版。
③ （明）居顶：《续传灯录》卷18，载《大正藏》第51册，佛陀教育基金会出版社部1990年版，第587页。

寺，"使昭觉寺名震成都诸山丛林，成为国内禅宗的重镇"①。

明代洪武二十七年（1394），明太祖接受蜀献王建议，由智润禅师任住持，赐号"光照禅师"②。自蜀献王开始，历代蜀王对昭觉寺均别有眷顾，使寺院进一步得到拓展。

明末清初战乱，昭觉寺也与成都其他寺院一样惨遭破坏。康熙二年（1663），丈雪通醉重修昭觉寺，历时二十余年方使殿宇次第完备，寺貌焕然一新。康熙二十六年（1687），佛冤彻纲任住持，为寺竖立界碑，昭觉寺规模已经很大。丈雪通醉之后，后继者佛冤彻纲、守仁际定、道魁了元、弟超凡达仍有修建，绵延到清朝末年。经过他们的不懈努力，此时昭觉寺成了成都最大的寺院。

（四）宝光禅院——宝光寺

宝光寺坐落于成都市新都区内，与成都文殊院、江苏镇江金山寺、扬州高旻寺并列为长江流域的"四大丛林"，即所谓"上有文殊、宝光，下有金山、高旻"是也。

相传宝光寺建于东汉，当时的名称已无法稽考。隋代名"大石寺"，寺中有塔，名"福感塔"。中和元年（881），避难入蜀的唐僖宗驻跸寺址行宫，夜间古塔废墟霞光四射，令人挖掘，出一石函，内有舍利13颗。僖宗以为祥瑞，即命悟达国师重修宝塔，再建寺院，并赐名"宝光寺"。③唐僖宗因避"黄巢之乱"入蜀，在寺内修建行宫，并命悟达国师重修庙宇。宋代香火极盛，僧侣众多。元明时期，寺院残破损毁。清康熙九年（1670），笑宗禅师任住持，恢复重建此寺，历时十多年，终使宝光寺初具规模。因此功绩，笑宗被后人视为清代宝光

---

① 释演法：《圆悟克勤传》，宗教文化出版社2012年版，第8页。
② 中恂：《重修昭觉寺志》卷1，载《成都旧志》第2册，成都时代出版社2007年版。
③ 曹学佺：《蜀中广记》卷5，清文渊阁四库全书本。

寺中兴第一代。① 此后一百多年间，不断扩充、改建，至清咸丰年间，才奠定了现有规模。

宝光寺以"舍利宝光"和"罗汉堂"两大宝而名扬天下。

第一宝"舍利宝光"，据说是唐僖宗为避黄巢农民起义军，于880年携群臣逃往新都，以大石寺作为行宫。他常在晚间看见福感塔下有异光，便向方丈悟达禅师询问原因。悟达答曰："光出塔下舍利子。唐僖宗便命人发掘，挖出一石匣，果发现内藏13颗舍利子，便命其重修殿宇，改寺命为"宝光寺"，将福感塔改建为13层砖塔，仍放回舍利子，名"舍利宝塔"。

第二宝"罗汉堂"是清道光二十九（1849），妙胜禅师以杭州净慈寺、灵隐寺罗汉堂图为蓝本，带领僧徒，多方募化，聘请工匠，历时两年有余艰苦努力而完成，一举成为全国著名的罗汉堂之一。② 宝光寺内共有罗汉像500尊，佛、菩萨、祖师像77尊。罗汉，是阿罗汉的简称，是小乘佛教修行的最高成就。宝光寺的罗汉像是依天台山五百罗汉应化道场的传说而立，故所塑圣像，多现世间众生相。"有的身材高大，有的皮肤黝黑，有的须发卷曲，有的目光炯炯，有的蓬头垢面，有的疾恶如仇，表现出鲜明的个性特征。罗汉塑像姿态各一，有参禅打坐的，有撞鼓击钟的，有摘日捞月的，有降龙伏虎的，形象生动，线条明快，造型完美，会聚南北各流派之风格于一体，且取材广泛，不落俗套。既逼近于世俗生活，亲切可人，又超越于世俗之上，智慧深远，实为难得的佛教艺术的总汇。"③

（五）普贤道场——峨眉山

峨眉山位于四川省峨眉市西南，《峨眉郡志》云："云鬟凝翠，鬓

---

① 冯修齐：《宝光寺》，四川人民出版社2004年版，第17—18页。
② 刘景伯：《宝光寺罗汉堂记》，载龙显昭主编《巴蜀佛教碑文集成》，巴蜀书社2004年版，第809页。
③ 李成良主编：《可爱的四川》，四川文艺出版社1995年版，第49页。

黛遥妆，真如螓首蛾眉，细而长，美而艳也，故名峨眉山。"① 峨眉山是普贤菩萨道场，与浙江普陀山、山西五台山、安徽九华山并称为中国佛教四大名山。它以其出色的自然风光和佛教圣地这两项成为中国著名的旅游胜地。

相传峨眉山最初流行道教，是道教的"洞天福地"之一，称"第七洞天"。后佛教传入峨眉山，较长时期都处于佛道共存，直到明代逐渐衰落，清代羽士绝踪，全山皆为佛寺，道教在峨眉山仅存遗迹。如中峰寺还有纯阳殿；仙峰寺侧之九老洞中，现仍有财神殿，塑供赵公明像等。

唐宋时期，佛教极为鼎盛，也促进了佛教在峨眉山的发展。唐代，诸多外地高僧前往此地结茅、建寺、弘法。牛心寺、华严寺、光相寺、西坡寺、灵岩寺、华藏寺等在这段时间相继建成。唐僖宗时（874—888），慧通禅师入蜀，见峨眉山山峦起伏，地域宽广，是弘扬佛法的好场所，他四处募化，得朝廷资助，重兴六寺。宋代，传说一采药老人在山上见到普贤菩萨瑞相，而于968年在此塑造普贤菩萨像；太平兴国五年（980），宋太宗诏令白水寺住持铸造巨型普贤坐象的铜佛像，建阁安置，并将白水寺改名为白水普贤寺（今万年寺），太宗、真宗、仁宗三朝，对白水普贤寺敕赐颇多。明清时期，山上的庙宇多达150座，佛教活动异常兴盛，现存有二十多处，其中著名的有报国寺、伏虎寺、万年寺、清音阁、洪春坪、仙峰寺、洗象池等。

报国寺是入山的门户，是游山的起点。始建于明万历年间（1573—1620），为明代明光道人所建。最初报国寺名"会宗堂"，取儒、释、道"三教"会宗之意。清初迁建于现址，顺治九年（1652）重建；康熙四十二年（1703），康熙皇帝取佛经"四恩四报"中"报

---

① 蒋超撰，（清）释印光修《峨眉山志8卷》卷3，1934年排印本，第117页。

国主恩"之意，御题"报国寺"匾额，王藩手书；报国寺历史上经过数次修葺，寺院得以完整保存，1986年重新修建了山门。报国寺殿宇雄伟，有弥勒殿、大雄宝殿、七佛殿和普贤殿四重殿宇，依山而建，逐级升高。

伏虎寺，始建于唐代，南宋绍兴年间改建，清顺治年间，贯之和尚重建，历时二十载，为全山最大的寺庙之一。因山形如卧虎，遂将寺定名为"伏虎寺"。现在，全山比丘尼都集中于伏虎寺居住，该寺随之成为中国较大的比丘尼道场之一。寺内建筑有山门、弥勒殿、大雄宝殿、观音殿、客堂、斋堂等。

从伏虎寺开始朝圣之旅，经雷音寺、纯阳殿、圣水禅院（原名神水阁）、中峰寺、广福寺，来到清音阁。清音阁，又称卧云寺，唐僖宗年间，慧通禅师修建，供有释迦牟尼、文殊、普贤大师之像。继续沿着洪椿坪上行，过仙峰寺，到达海拔两千多米的洗象池，传说普贤菩萨曾于此水池中给所乘白象洗澡。洗浴之后，乘象升天。从洗象池出发，经雷洞坪的接引殿，过太子坪就到了金顶。

金顶是峨眉山的象征。明万历年间，有个妙峰和尚募捐巨款，在湖北荆门铸造了一座铜殿，高8米，宽4.8米，进深4.3米，运到峨眉山最高处现场组装而成。这座金殿中供奉着普贤菩萨铜像，殿顶渗金，闪闪发光，照耀千里，故称"金顶"。可惜此殿清代时毁于一炬。金顶的金佛是峨眉山的标志，金佛系铜铸镏金工艺佛像造像，通高48米，总重量达660吨，由台座和十方普贤像组成。登上金顶，可以饱览日出、云海、佛光、圣灯四大奇观。

由金顶下山，回到洗象池，经华严顶、息心所到万年寺。万年寺，始建于晋隆安三年（399），为慧持创建，原称普贤寺；唐僖宗时慧通禅师重建，更名白水寺；宋时又更名白水普贤寺；明万历二十九年（1601），神宗皇帝为给太后祝贺七十大寿，赐名为圣寿万年寺。清代又加以修建。1946年大火，除砖殿外，几毁坏殆尽，现在的万年寺是1954年人民政府拨款修复的。寺内有一尊普贤骑象的铜像，是北宋太平兴国年间铸造的，高7.35米，重约68吨，殿内圆顶四周供有数百尊小佛像，称"千佛朝普贤"，十分珍贵。

第三节　基督宗教和伊斯兰教

一　基督宗教

基督宗教是天主教、基督教（新教）和东正教三派的合称。四川地区，是天主教和基督教的重要传播区域。关于基督宗教入川，秦和平教授在《基督宗教在四川传播史稿》一书中谈道："唐代，景教传教士阿罗本来到长安，建立教堂，传播景教。成都是当时的全国商贸中心和文化名城，经济活跃，文化繁荣，景教也随之传入，建立堂点，在成都大秦寺开展传播活动。后南诏军队入侵成都，大秦寺遭受严重破坏，景教在四川消失。元代，也可里温来到四川，在成都、重庆等地先后建立堂点，开展活动。由于活动的局限性，难以延伸发展，随元朝灭亡也为之消失。明代，西班牙传教士沙勿略来到广东省上川岛，将天主教传入中国。明末，天主教进入四川，积极传播，四川逐渐成为重要的传播区，延续至今。"[①] 基督宗教入川后，在人才培养、科技传播、医疗技术、经济建设、文化多样性等方面对四川地区都起到积极作用，影响深远。

（一）天主教发展概况

崇祯十五年（1642），意大利传教士利类思、葡萄牙传教士安文思

[①] 秦和平：《基督宗教在四川传播史稿》，四川人民出版社2006年版，第1—2页。

相继入川传教，因有朝廷官员照拂，传教相对顺利。之后天主教不断在消沉与复苏中艰难发展，张献忠入蜀、吴三桂叛变、教会内部的"礼仪之争"、清政府的禁教活动等都导致其发展缓慢，传教事务一度消沉。天主教在川活动重要的一次复苏，源于"湖广填四川"的大规模移民潮，据秦和平教授统计《圣教入川记》中记载情况，"52户天主教徒家庭的籍贯，明确为湖广等省移民者有23户，占44.2%；土著居民仅1户；剩下28户因记载不明，不敢臆断"①。

康熙末年开始，清政府全面实行禁教活动，全国各地天主教受到严厉打击。当时四川还没有被政府稽查，部分信徒急于寻找宽松环境，纷纷入川逃避打击；四川官员向雍正皇帝奏明情况，拟开展清查惩治，因统治者有所宽容，遂放弃清查四川；一批有坚定信仰的教徒，积极回应禁教，以灵活的方式，开展传教活动，谋求新的发展。在相对宽松的社会环境和教会、教徒的不懈努力下，四川地区天主教得以长期存在，持续发展。

鸦片战争后，清政府实行弛禁政策，教会抓住机遇，大力发展。咸丰末年，《天津条约》《北京条约》的签订，天主教受到清政府保护，外国传教士可以进入内地传教。此时，"巴黎外方传教会向四川增派23名传教士，还派遣7名传教士进入藏区；将四川教区一分为三，组建川东、川北和川南教区；接管了西藏教区，扩展了传教事务"②。

1856年，成都教区成立，当时名为川西北代牧区。1929年划出13县成立顺庆（南充）代牧区后，改称川西代牧区，又称成都代牧区。1946年更名成都主教区，1992年更名为四川省天主教成都教区。主教府位于成都市平安桥街29号。1949年成都教区管辖成都、华阳等49县市；1984年官辖成都、绵阳（除遂宁外）、德阳3市地教堂；2010

---

① 秦和平：《基督宗教在四川传播史稿》，四川人民出版社2006年版，第6页。
② 秦和平：《基督宗教在四川传播史稿》，四川人民出版社2006年版，第17页。

年管辖成都、德阳、绵阳、广元 4 市教堂。教职人员 34 人，其中主教 1 人，神父 24 人，修女 9 人。教堂 56 所，教友 10 万余人。目前，成都开放天主教活动场所 24 处，如成都平安桥天主教堂（青羊区）、金堂苏家湾天主教堂（金堂县）等。

（二）基督教（新教）发展概况

基督教（新教）入川时间比天主教晚很多。1868 年，伦敦会杨格非和大英圣书会伟力结伴来川，为传播活动进行前期考察。1858 年《中法天津条约》的订立，外国人有了进入内地传教的自由，1876 年《中英烟台条约》的订立，外国人有了进入内地传教的安全保障。1877 年，内地会麦嘉底从上海出发，沿长江到达重庆，租房传道，开始了基督教在四川的传播。随后，美以美会、伦敦会、圣公会、美国浸礼会、加拿大美道会等基督教三十多个大小派别先后入川传教布道。

19 世纪八九十年代，基督教在四川的传播发展相对缓慢，教会活动较为薄弱。"1899 年，基督教在四川有教堂 29 处，布道点 25 间；有外籍传教士 142 人，中国籍助手 32 人，教徒 859 人；医院 6 间，施药点 15 处；小学 31 所，在校学生 806 人。"[①]

20 世纪初，基督教在四川地区发展较为迅猛。1901 年，《辛丑条约》的签订，清政府保证严禁民众仇外活动，实行责任追究制度，降低了矛盾冲突。基督教教会内部也正视问题，总结经验，力求改进，适应社会，调整传教方式，以文字传播、教育影响、医疗发展等社会事业，使基督教在四川得以较大发展。"1907 年，基督教在川建有总教堂 54 座、布道点 407 处，外籍传教增至 329 人，中国籍助手 195 人，受餐教徒 6450 人，学校 173 所，在校学生 3316 人。"[②]

[①] 秦和平：《基督宗教在四川传播史稿》，四川人民出版社 2006 年版，第 123 页。
[②] 秦和平：《基督宗教在四川传播史稿》，四川人民出版社 2006 年版，第 124 页。

20世纪20年代开始，基督教受第一次世界大战（1914—1918）、世界经济危机（1929—1933）、第二次世界大战（1939—1945）等影响，传播发展进入相对缓慢时期。四川当时虽有真耶稣教、基督教聚会处等新兴教派入川开展活动，但是发展情况也不容乐观。"1949年年底，全川教徒2.6万人，中国教牧人员514人，其中牧师、会督204人，教堂611处（其中107处已停止活动），各类学校近百所，医院31所，诊所19处。"[①]

1949年，新中国成立之后，基督教进入新的发展阶段。1950年9月，中国基督教开展了"三自革新运动"；1950年11月，成都市基督教徒学习委员会成立；1955年2月，成都市基督教三自爱国运动委员会成立；1958年2月，四川省基督教三自爱国运动委员成立。[②]从此实现了四川基督教在爱国、爱教基础上，积极参加社会各项建设事业和社会公益事业，办好教会、服务社会。1978年以后，随着国家宗教政策的落实，四川各地"三自"爱国会组织逐渐恢复。1980年，四川省基督教协会成立，是基督教全省教务机构，根据"三自"原则办好基督教会。目前，成都市开放基督教场所55处，如成都市上翔堂（青羊区）、成都市恩光堂（锦江区）、金堂五凤福音堂、都江堰市福音堂、龙泉洛带福音堂等。

(三) 基督宗教社会事业

基督宗教入川后，为了适应社会，调整传教方式，在四川曾经创建的层次不同、规模不等的学校、医院以及所开展的文化、慈善活动等，虽然初衷是为了服务于传教布道活动，但是也推动了四川地区教育、医疗、科技、经济等事业的发展，起到了积极的作用。

[①] 刘吉西等编：《四川基督教》，巴蜀书社1992年版，第7页。
[②] 刘吉西等编：《四川基督教》，巴蜀书社1992年版，第517页。

1. 天主教

天主教早期主要通过灌输宗教知识，培养中国籍神职人员，建立健全传道组织等进行传教活动。20世纪初，受"平民运动"等影响和推动，总结经验，汲取教训，明白直接的"福音"传播已经难以适应新形势的发展，因此，调整传教方式，积极开办经言学校，积极从事医药、福利等社会事业，协助传教士开展传教活动。

天主教入川后，一直重视医药的服务功能及影响效应，借此进行宗教传播。尤其是在严厉禁教时期，医药服务成了传教士与民众之间的载体，通过看病施药，进行秘密传教活动。1860年以后，天主教从农村走向乡镇，从隐蔽走向公开，在积极建立教堂的同时，也积极建设医疗点；进入20世纪后，改变业余行医状态，办好专业服务，积极创建医院。"1901年，四川天主教有10处医院，一百八十余处诊所（施药点）；1907年，10处医院规模扩大，诊所增至277处；1933年，大小医院27处，诊所77处；1948年，教会医院22所，主要有成都教区圣修医院、重庆教区仁爱堂等。"[1] 天主教以仁爱和慈善为宗旨，医院、诊所不仅仅服务于教会、教徒，也面向社会开放，服务于大众，拉近距离，便于传道。位于成都市二环路北二段的成都大学附属医院的前身就是法国天主教会于1901年创办的圣修医院。

天主教教育事业发展相比其医药事业而言，时间晚很多。教会教育，是"礼仪之争"的产物。"在禁教的环境中，为了教育后代，巩固信德，增强凝聚力，传承信仰，于是教会积极开办经言学堂。"[2] 经言学堂，主要传播教理、教规，传承宗教活动，教徒们缺乏与主流社会沟通，容易造成社会脱节，引发民教之间的冲突。天主教重视宗教教

---

[1] 秦和平：《基督宗教在四川传播史稿》，四川人民出版社2006年版，第358—359页。
[2] 秦和平：《基督宗教在四川传播史稿》，四川人民出版社2006年版，第344页。

育，四川天主教"尤其注重女童教育，多数时候，女校数量、培训人数均较男校（人）为多。意图通过教育妇女影响家庭、传授子女，物色贞女，培养经言学堂教师等"[①]。由于长期忽视世俗教育，19世纪末，四川地区持续爆发斗争，各教区才开始对世俗教育加以重视。因此，天主教相比基督教（新教）而言，教育起步晚，学校数量少、规模小、层次低；小学多系初小，中学多系初中，校舍简陋，设施缺乏，不在同一个档次上。

2. 基督教（新教）

基督教（新教）入川虽然晚于天主教，但是在其传教活动中，为了使基督教教义更易被当地民众接受，传教士们选取了医药和教育两种与民生结合最为紧密的方式作为切入点，使得民众渐渐与之接近并了解，进而逐渐传播基督教思想，发展教徒，促进教会发展。

基督教将兴办和推广教育作为重要手段，重视世俗教育，注意办学层次及数量，广泛培养人才，借此扩大影响，改变受教育者的观念，推动教会发展。

在人才培养方面，有专门培养神职人员的神学院，始建于19世纪末，较著名的有阆中天道学校、华西协和神学院、重庆神学院、四川神学院（1984年创办）等。还从创办发展小学入手，建立了集幼稚园、小学、中学、大学以及职业教育、特殊教育等完整的现代教育体系。教会学校始建于19世纪80年代，初期兴办的主要是小学，收录学生也主要是教徒子女。20世纪，开始增设其他层次办学，扩大招生规模。"1899年差会在四川办的小学仅有31所，学生共806人，到1907年，小学猛增至173所，学生达到3316人。"[②] "1913年，有学校

---

① 秦和平：《基督宗教在四川传播史稿》，四川人民出版社2006年版，第23页。
② 刘吉西等编：《四川基督教》，巴蜀书社1992年版，第341页。

316 所,学生人数 9340 人;1920 年,有学校 482 所,学生人数 18663 人;到 1949 年,四川基督教有大学 2 所(华西协合大学和重庆求精商学院)、中学 23 所、职业学校 5 所、小学 39 所、幼儿园 29 所,在校学生数量不详,与二三十年代蓬勃发展的状况比较,确有天壤之别。"①

基督教重视对女性的教育。女性传教士的到来打开了四川女性的独立意识之门。第一位进入四川的女传教士是英国内地会的克拉克夫人,她与丈夫于 1878 年来到四川。到 1920 年年底,四川地区的传教士有 543 人,其中女传教士就有 339 人。女传教士们带领四川女性接受教育、摒弃旧习。她们将西方具有"女性主义"特征的思想带到了四川,使得四川的妇女逐渐认识到女性也可以有作为。② 19 世纪 80 年代,基督教的美以美会女布道会便开始在四川组织妇女读书会,倡导放脚,反对缠脚。1887 年,女传教士柯立亚在重庆开办了第一所女子小学,后迁往成都陕西街,1908 年更名为"华美女子中学"。1896 年,英美会女传教士白宝玉在成都开办"华英女校",以音乐教育闻名,1952 年被政府接管,更名为成都市第十一中学。

基督教在尚未建立学校之前,各差会就已经在四川建立了 3 所医院和 7 家诊所,宣传西医功效,实施免费治疗,扩大影响,吸引民众,以推动传教事业的发展。享誉全国的四川大学华西医院就起源于美国、英国、加拿大等国的基督教会于 1892 年在成都创建的美道会成都仁济医院、美以美会成都存仁医院。虽然基督教以医药作为传道手段,但是也帮助四川建立了现代医疗体系,培养了一批掌握现代技术的医务工作者。

---

① 秦和平:《基督宗教在四川传播史稿》,四川人民出版社 2006 年版,第 374 页。
② 王锐:《民国时期来川女传教士的角色审视——以华西协合大学为中心》,《长江师范学院学报》2018 年第 6 期。

二 伊斯兰教

(一) 伊斯兰教概况

伊斯兰教是7世纪初穆罕默德在阿拉伯半岛创立的一种宗教。"伊斯兰"是阿拉伯语音译，本意为"顺服"。信奉伊斯兰教的人统称为穆斯林（意为顺从者）。

伊斯兰教传入中国的方式和途径主要是在华经商并留居的阿拉伯和波斯穆斯林商人（或贡使）。回教传入中国的确切年代还没有定论，但比较可信的有两种说法。一说为唐贞观二年（628），一说为唐永徽二年（651）。① 但回教传入中国大约为公元7世纪中期的说法是得到广泛认可的。

伊斯兰教传入中国后在元明之际发展较快，并不断吸收融合了不少中国文化思想。② 一方面，唐朝平突厥后，中西方的商贾来往从地中海经波斯、中亚细亚、天山南路等到达唐都城长安。另一方面，穆罕默德的继任者阿布伯克不断东伐西征，唐朝高仙芝军队与阿拉伯兵相持，后双方妥协互通使节。趁此商贾来往和军事相交之便，回教徒便有机会由陆地进入中国，并日益繁盛，在河南、山西、河北、山东一带均有踪迹。唐末互市被禁止，陆地交通隔绝，回教徒便开始从海上进入，由波斯湾，经印度洋，绕马来半岛，以达广州。③ 这个时期，回教徒取得了中阿间的海上霸权。因此，回教进入中国是由海陆两条道路，并逐渐广布全国各地的。值得注意的是，回教传入中国早期并未正式设立教堂进行宣教，而是通过商贾之间的习惯感化。

虽然伊斯兰教是10世纪初才随军入川，但成都有伊斯兰教徒居住

---

① 傅统先：《中国回教史》，宁夏人民出版社2000年版，第13页。
② 秦惠彬：《中国伊斯兰教基础知识》，宗教文化出版社2018年版，第12—21页。
③ 傅统先：《中国回教史》，宁夏人民出版社2000年版，第20页。

的历史可以追溯到唐末五代时期。五代时有波斯人李珣、李玹、李舜弦兄妹定居在此。宋何光远的《鉴戒录》卷4载:"李珣,字德润,本蜀中波斯。"宋黄休复的《茅亭客话》卷2载:"李四郎,字廷仪,其先波斯国人,随僖宗入蜀,授率府率。兄珣,有诗名,预宾贡焉。"其妹李舜弦是前蜀后主王衍昭仪,与兄珣诗词闻名。另有文献记载的"土生波斯"还有石处温。据路振的《九国志》卷7载:"石处温是'万州人,本波斯之种'",也是个"土生波斯",历任利州司马、宁江军节度副使、万州刺史等职,加检校司空衔。这也是中国穆斯林为官者。

回族穆斯林入川主要是元、明、清时期。元代,由于西征蒙古军屯成农垦,其中大批的回族军士也开始建礼拜寺,并围寺而居。川中西昌一带的邹家屯、四百户、回回村、星宿屯等均为因此而形成的穆斯林聚居地。

明代大批回族穆斯林从陕甘、湖广、云南迁徙四川。明代成都马姓回民较多。回民马福肇,系成都府石子地人,为朝廷官员,因家道中落,于明万历七年(1579)移居广西桂林。另一支马姓,系成都府十字路口人,因触犯官府,被发配广西,定居桂林。成都马姓迁广西,后发展成为广西马姓之两大支。明代成都、灌县、新都均迁入不少穆斯林,也建有清真寺。《民国灌县志》载:"南寺始建于明朝末年。"《民国新都县志》载:"清真罗家寺,在县东李家营,明成化七年建》";明天启《成都府志·三衢九陌宫室图》标有"回回寺"一座,位于成都市西北郊。

清代是穆斯林入川的高峰期,四川穆斯林人口因此大为增加,伊斯兰教进入兴盛期。穆斯林聚居的地方多建有清真寺,有些是以建寺者的姓氏和籍贯命名的,如成都青白江的马家寺、罗家寺、虎家寺、湖南寺,成都和重庆市的江南寺等。康熙年间,清廷迁湖北麻城县庙杆乡回民入川,安置在南溪的李家庄、犍为的罗成铺、仁寿的青杠垭、内江的观音滩和隆昌的殷家坝等。后来，仁寿的青杠垭的部分回民又迁入成都皇城坝定居。散居在川南的各地回民也有陆续迁入皇城坝的。清同治十二年（1894）陕南回民起义失败后，清廷将俘虏的义军押送至成都附近的新都弥牟镇、郫县的崇宁管制屯田，这部分屯田回民约有一千多户。清代成都经商的穆斯林也不少。清代成都回民人数众多，已有较大势力。清同治《成都县志》卷首例言说："成都境内回民繁衍，武功素称极盛，近则文学文秩正复不少。"清政府对回族实行歧视压迫政策，清代四川修地方志一般是不记载回族的，此例言提及回民，足见成都回民之兴盛。①

四川伊斯兰教派属逊尼派、遵哈乃斐教法学。清初，由于受苏菲主义学派影响，使嘎迪林耶、哲赫林耶开始在四川北部传播，之后依赫瓦尼又传入四川。清代随西北回族穆斯林入川，门宦制度也随之传入。1982年，四川有信仰伊斯兰教民族人口90933人，呈大分散、小集中态势。

（二）宗教教育与国民教育并举

伊斯兰教入川后非常重视通过文化教育弘扬伊斯兰精神。受近代"教育救国""科技救国"思想的影响，四川的穆斯林一方面非常重视基础教育，另一方面也提倡改革宗教教育，实行"经书两通"宗教教育制度。能办经文大学，培养阿訇人才的寺有成都皇城寺、奉节清真寺。

寺院经堂教育是伊斯兰教宗教教育的基础。自明代伊斯兰教学者、经师胡登洲开创伊斯兰经堂教育以来，中国文化与伊斯兰文化相互结合、互相融入，在注重伊斯兰教的宗教教育的同时，也重视对中国传统文化的学习，增强了回族信众对于中国文化的心理认同。中国的伊

---

① 张泽洪：《四川伊斯兰教史述略》，《宗教学研究》1991年增刊第2期。

斯兰经堂教育是两部制的教育制度，分小学和大学。四川伊斯兰教经堂教育始于清初，四川一般清真寺、特别是城镇清真寺、几乎都办有经文小学。成都皇城寺自清初建成后即开办经堂教育，为全省经堂教育中心。该寺有一定经济实力，且多聘请国内知名阿訇任教，至40年代末已培养学员300余人。成都13所清真寺，共有大学生百余人，小学生二百余人，故苏德宣在《四川穆民概略》中评价："成都一地，为教门渊薮，昔年阿洪，多由此地所学成，故为各地所仰望。"[①] 尤其值得一提的是1928年成立的万县伊斯兰师范学校。这是一所专门培养阿訇的学校，教学实行中阿并授，出版的《回文读本》先由对译起，渐至高深文理，是一本非常便于教学的回教教材。虽然该校于1936年因经费拮据停办，但其为全国各地输送了40余位阿訇人才，在全国范围内的伊斯兰教人群都产生了一定影响。

伊斯兰穆斯林兴办的学校不仅有弘扬伊斯兰精神的宗教教育机构，还有为数不少的属于国民教育的基础教育机构。参照现代教育制度大力创办新式学堂，在政府拨补的经费之外，还发动回民自筹和申请回教救国会等宗教组织给予补助。早在光绪二十九年（1903年），成都回民马昌华等人便发起了兴办清真义学，先于其他诸省在皇城坝创办了成都市私立清真小学堂。1925年，成都回民创办私立清真女子小学；1943年又创办回民基础小学；1950年，三校合并为成都市回民小学。清宣统末年，在广元开办了清真小学，开设了儒家经典和阿拉伯文的伊斯兰教经典等课程。由此可见，伊斯兰教在川的文化教育于早期就呈现出与中国传统经典和文化相融合的特征。20世纪初至30年代，四川穆斯林人口较多的地方，尤其是城镇，基本上都办有规模不等的清真小学。不仅小学，伊斯兰教还在川创立了不少中学，如成都

[①] 苏德宣：《四川穆民概略》，《月华》第6卷第3期。

西北中学、西昌健生中学等。西北中学前身是 1928 年由白崇禧、马福祥、孙绳武等回族人士创立的北平西北中学。1938 年抗战爆发后迁至成都、兰州两地，如今已发展为四川省示范高中。西昌当地回民丁珍亭主持西昌回教救国会工作，创办了伊斯兰小学和健生中学。健生中学于 1950 年改制为西昌市第二中学，对西昌地区的教育普及起重要作用。

（三）百花齐放的文化事业

1. 刻经——教义传播与组织发展的融合之道

四川伊斯兰教经书刻印、出版始于清代。四川省图书馆馆藏古籍中，有成都宝真堂、成都马氏、广元马氏、成都周氏敬畏堂、清真书报社等刻本，其中以清道光年间成都宝真堂刻本《天方典礼择要解》为最早。这些刻印机构中，时间最长、刊印版本最多、影响最大的也数"宝真堂"。

成都穆斯林在清代刊刻了不少汉译经书，特别是余海亭先生在当时创办的"宝真堂"，刊印汉文经本。《清真指南》《天方典礼》《天方性理》《至圣实录》等汉译名著，"宝真堂"都有刊印。当时四川版、镇江版、云南版，是伊斯兰教书籍流通中最重要的三个版本系统。

19 世纪 20 年代，宁属（今西昌）回教俱进会刻印的《古兰经》选本《亥听》发行。万县伊斯兰教师范学校编辑出版的《回语读本》在全国发行。抗日战争时期，中国回教救国协会内迁重庆，一些伊斯兰教刊物，如《月华》《伊光》《救国协会会报》《回民论坛》《伊斯兰青年》等也在四川发行。

1982 年，四川省伊斯兰教协会不定期刊印《四川穆斯林简讯》，发至全省各地清真寺、伊协。成都市伊协编印了《会讯》，发至省内外部分伊协、清真寺，宣传党的宗教政策，介绍各地清真寺的活动和伊协工作经验等。

2. 商教合一的建筑艺术

四川多数清真寺为中国传统的四合院建筑格局，为木结构或砖木结构，同时遵循伊斯兰教建筑的一些基本原则。主要建筑一般都有礼拜大殿、沐浴室，大殿内部有窑窝，大殿西北角置宣教台。礼拜大殿一律坐西朝东。清真寺内，尤其大殿内绝对不供奉偶像，也不用动物图形为饰，多采用云纹、卷草、花卉、几何图案或艺术阿拉伯文字做装饰。寺内摆设香炉、悬挂宫灯，多碑匾、挂经字画中堂、对联等。

成都皇城清真寺采用中轴线对称结构，置数进四合院。都江堰南街清真寺的邦克楼和望月楼，采用中国传统楼阁式，木结构，多为三层，四边形或六边形不等。青白江唐家寺大殿隔扇门的木雕梅兰竹菊，做工精细。成都鼓楼南街清真寺大殿顶部结构更是独具匠心，在长方形平面间架上落重檐爪角顶，再在檐前后两端做一重檐歇山式样，屋脊平面呈工字形。在四川，能体现清初蜀中建筑风格的清真寺现仅此一座，颇受建筑学界重视，已作为典型载入《中国古代建筑史》。

第九章 高度发达的科技文化

第一节 冶金

从世界范围看，一般认为最早的冶金术诞生于西亚安那托利亚等地，由此向埃及、巴尔干、希腊、印度等方向传播。公元前3000—4000年，美索不达米亚首先进入青铜时代。中国冶金术早在公元前3000年已经产生，甘肃东乡林家出土的一件用单范铸成的青铜刀，表明已进入早期青铜时代[①]。而从三星堆出土的文物看，古蜀时期的冶金术已高度发达。

一 冶铜

古代蜀国的冶金术，在公元前2000年中期已达到高度成熟的发展阶段。广汉三星堆遗址一、二号祭祀坑出土的大量青铜器，是迄今已知年代最早的蜀国大型青铜制品群。无论从合金水平还是制作技术来看，这些青铜器与同一时期华北商王朝相比，都并不逊色，而又明显

[①] 孙淑芸、韩汝玢：《中国早期铜器的初步研究》，《考古学报》1981年第3期。

地分属于不同的文化系统。广汉三星堆遗址祭祀坑所出青铜器，初步预测总重量近1吨，这在当时的中国范围内是不多见的。这些青铜器中的绝大多数，都与同一时期蜀国的陶、石等器物形制不同，显然早已脱离模仿其他原料器物的初级阶段。在造型技术上，诸如大型青铜立人、各种青铜人头、面具、神树等，其工艺之复杂，远远超出其他任何质料所做器物的技术难度，而同出的玉石器中却有模仿青铜器的情况。就器物性质和用途来看，多数为礼仪性非实用器。这些都是青铜时代高级阶段的显著标志。这一切显然意味着，蜀国冶金术的起源时代更早，远远早于这批大型青铜器群的瘗埋时代。

自20世纪20年代以来，蜀国青铜器在四川盆地及周边地区陆续出土，以成都和附近各市县所出为多。年代上起殷商，下迄西汉。出土数量以商代和战国时期为多。就用途和性质划分，可大致分为生产工具、兵器、礼器和生活用器、雕像等类别，每一类又包含若干分类和形式。青铜生产工具主要有刀、锛、斧、斤、凿、曲头斤、锯、削、雕刀、锥等，从商代到战国时代都有发现。而历年来蜀国兵器出土数量和种类也相当多，富于明显地域特征。主要器型包括戈、矛、剑、戟、钺、镞、弩机、胄等，除胄为防御型兵器外，其余均为攻击型兵器。

现成都地区已发现的秦统治期间即战国晚期至秦代的墓葬中，往往出土有铜器，是了解当时冶铜业的重要资料。如成都羊子山172号墓，出土铜器包括剑、矛、戈、镞、鼎、瓯、甑、操、画、盘、铳、蠡、炉、镜、带钩、印、锯等。1990年3月，在成都市西郊光荣小区曾发现一座被认为可能是"秦灭蜀的将领"的土坑墓葬，出土铜器包括矛、剑、胄及大批生产工具。在成都龙泉驿区北干道木椁墓群早期墓（战国晚期）中，出土有铜婺戈、矛等；中期墓（秦）出土铜器有鳌、矛、钺、剑、削等。1986年，在成都京川饭店工地发掘的战国晚期墓，出土铜器有戈、矛、剑、钺、削、斧、斤、凿、锯、签、镜等。1993年在成都金沙巷战国晚期土坑墓中，出土铜器有刻刀、敦、壶、盘、豆、刀、锯、编磬等。

西汉早期的铜器实物在成都地区也屡有出土。如成都龙泉驿区北干道木椁墓群晚期墓（西汉早期）出土的铜钺、印等。2001年4月在成都苏坡乡西窑村西城家园工地发掘的战国晚期至西汉初期土坑墓，出土铜矛及八件小口圜底釜等。总的看来，西汉初期、早期墓葬中，铜兵器较以前已大幅度减少；随着交通条件的改善、马车推广，各种铜车马器剧增，各种铜生活用品迅速普及，如鉴、釜、钧、壶、洗、盘、碟、尊、勺、锅、耳杯、瓷、熏炉、灯、镜、书刀等。各种具有"巴蜀文化"传统风格的产品，大幅度减少，有的器类甚至基本消失。这一时期，由于受到新的冶铁业的挑战，加之政府的种种限制，冶铜业在工商业及整个社会经济生活中的地位已大幅度下降。

西汉中期，武帝抑商，巴蜀地区的私营冶铜作坊从此一蹶不振，官营作坊成为铜器生产的主体。这种局面经西汉末年、东汉末年的大变乱，迄蜀汉仍无大的变化。这一时期，以日用器皿为多，揭示出人们追求小康、豪富生活的心态。铜器以生活用具为主，常见纹饰有铺首衔环、凸弦纹、凹弦纹、四叶纹等，铜镜纹饰有蟠螭纹、羽状纹、横方格纹、弦纹、草叶纹、螭纹、乳纹、联弦纹、三螭纹、连弧纹。从西汉中期至蜀汉，铜器、铜生产工具较以前大幅减少，多被铁器取代。仍用铜冶铸的，主要有以下几类：一是具有特殊宗教意义的殉葬品。从西汉中期开始，成都地区常殉葬铜马，在成都青白江、大邑等地多有出土。大邑一座土坑墓出土铜马二件，长72厘米，高60厘米，扬头竖耳，张口露齿，长尾高翘，四肢矫健，是当时蜀马的形象。出土时，黄沙内模尚在肚内，说明此种铸法是不取内模的。二是炊具。铁易锈，两汉炊具仍多用铜，常见的有釜、甑、鼎等。三是饮食器或与饮食有关的容器，如杯、勺、访、锤、洗、壶、瓮等。四是对光洁度、反光度、撞击声要求较高的日用杂器，如铜镜、铃、灯、盒、带钩等。五是铜量器，如斗、斛、升等。六是兵器，如弩机、戈、剑格、剑勒等。七是货币。秦汉三国时期，由于漆器的发展，一些过去用铜制造的饮食器、容器又有一部分被漆器取代，如杯、盒、奁等。早期，为适应贵族心理，往往在漆器上较多地使用铜部件，如盖、足、耳等；入汉以后，高级漆器上的铜部件逐渐减少，常见的有耳杯箍等。

总的说来，成都地区东汉铜器常见生活用具，主要有镜、洗、鉴、盆、盒、灯、釜、盘、印章、带钩、羽觞、簋、钵、博山炉；铜车马器当卢、盖弓帽、铜泡等，成都北郊曾发现多套鎏金者。汉时私印、闲章普及，也普遍用铜制。东汉铜器纹饰较简单，见有连珠纹、云纹、蝙蝠纹、双鱼纹、弦纹等。这一时期还在部分铜器上铸造立体鸟禽、动植物，以装饰器物。各地出土甚多的摇钱树，也主要是由铸造的树干、树枝、树叶、鸟禽、神话人物、神话动物、钱币等立体图案铸接而成，是融冶铜技术、神话、宗教为一体的艺术精品。

二 冶铁

大量文献、文物资料证明，西南地区最早（战国晚期至秦汉）、最大的一批冶铁业，主要集中在成都地区。秦入蜀前，成都地区的铁器量少质劣，且多为铜铁合铸；冶铁业尚处于襁褓阶段，未发展为单独的手工业部门。巴蜀盆地，在战国中晚期之际才出现小型铜铁合铸器。这时已经有了铁器，但还不等于进入铁器时代[①]。

成都地区什么时候进入铁器时代？从现有资料看，应以秦入主巴蜀为界。秦惠王二十二年（前316），秦人入主巴蜀后，即下大力推

[①] 《成都通史》编纂委员会主编：《成都通史 秦汉三国（蜀汉）时期》，四川人民出版社2011年版，第235页。

广、发展冶铁业。秦武王元年（前310），秦政府在新筑成都城的同时，在成都城内设置了专管冶铁业的"铁官"衙门，长官为长，副手为丞①。从长官称谓看，按秦官制，与县同级。可见，此设在成都城内的"铁官"，直接隶属于蜀郡郡府，为主管全郡冶铁的行政机构。以此为标志，成都地区开始了铁器大发展的第一高潮；也以此为标志，成都地区正式进入铁器时代，开始了冶铁革命。

武帝中期，是巴蜀政治、经济、文化的一个重大转折期。元狩四年（前119），为增加军费开支，开始实行盐铁官营政策和算缗、告缗等打击富商大贾的崇本抑末政策。"敢私铸铁器、煮盐者，釱左趾，没入其器物。"② 又统一货币权，禁止郡国和私人铸钱。当时的算缗、告缗运动使全国中等以上的商贾之家，大都破产，何况程氏、卓氏"富侔公室，豪过田文"，且其以冶铁、铸钱致富，为当时政策所严禁，为重点打击对象。元狩四年后，再也见不到卓氏、程郑后人的活动踪影。成都长期发展起来的私营工商业，遭受沉重一击。许多重要行业，如盐、铁的产销，全被收为官营。长期实行的地方政府铸钱和私人铸钱，则被完全取消。卓氏、程郑作为冶铁家族，在成都、临邛活跃了3~5代，约110年，为成都冶铁业的发展、为西南民族经济的发展做出了巨大贡献。

从考古发现的有关资料看，成都的冶铁技术应主要是从关中等地传入的。秦入巴蜀之前，成都地区传统的炼铁方法主要是块炼铁。我国块炼铁技术约始于春秋时代，估计其后不久就传入了成都。所谓块炼铁，即在较低的冶炼温度下，将铁矿石固态还原为海绵铁，再锻打成铁块。后来还掌握了脱碳、热处理技术，即韧性铸铁。秦入巴蜀后，成都地区主要使用堆锅炼铁法。同时，炼铁竖炉规模进一步扩大。本

---

① 常璩：《华阳国志》卷3《蜀志》，上海古籍出版社1987年版，第117页。
② 司马迁：《史记》，中华书局1982年版，第1429页。

时期，还发明了可重复使用的"铁范"（用铁制成的铸造金属器物的空腹器）。至迟至西汉中期，成都地区已使用炒钢技术，即利用生铁"炒"成熟铁或钢的新工艺，产品称为炒钢，或称"百炼钢"。炒钢是将生铁加热到1150℃～1200℃时，在熔池中反复搅拌，使其中所含的碳氧化，氧化完全则成为熟铁或低碳钢；在脱碳不完全时终止炒炼而得到的是中碳钢或高碳钢，然后出炉反复锻打，即利用热处理使铸铁在固体状态下脱碳成钢。成都西郊汉墓出土的铁镞、新津汉墓出土的铁刀等，便是用这种工艺制成的钢件。

西汉中期，成都地区的铁器在兵器、工具、农具、日常生活用具诸领域全面普及。铁农具的普遍使用，使得汉代农业生产有显著提高[1]。正是铁农具在社会经济生活中所起的作用越来越大，西汉中期才形成这样一种观念："铁器者，农夫之死生也。死生用则仇雠灭，仇雠灭则田野辟，田野辟则五谷熟。""农，天下之大业也；铁器，民之大用也。器用便利，则用力少而得作多。"（桓宽《盐铁论》）西汉中期，政府曾下大力推广牛耕，甚至把它作为一项国策来推行。此时成都地区，包括民族地区和周边的山区，应已基本推广牛耕。至东汉时期，铁农具种类已相当齐全。东汉刘熙所著的《释名·释用器》载当时的农具有耒、耜、犁、镭、檀、耙、锄、耨、钩、铍、镰、枷等。这整套铁器的出现，为小农经济提供了技术前提，为秦汉三国时期成都地区农业大发展奠定了坚实的基础。

铁农具如锄、锹、铲的广泛使用，为普遍挖水池鱼塘等提供了可能。史载秦入巴蜀不久，张若筑成都城时，在城北10里处取土，挖成一池，即以后的万岁池[2]。由此开始了在巴蜀挖池建塘的漫长历史。秦

---

[1] 《成都通史》编纂委员会主编：《成都通史 秦汉三国（蜀汉）时期》，四川人民出版社2011年版，第241页。

[2] 常璩：《华阳国志》卷3《蜀志》，上海古籍出版社1987年版。

汉三国时期是巴蜀历史上第一次挖池建塘的高峰期，数量数以万计，可以说基本上形成了古代成都地区人工水池的基本格局。巴蜀各地皆出土有不少汉代陶田模型，可清楚地看出当时稻田与水渠、水塘相依托的关系。几乎所有的稻田，都与水渠相连接；约有一半稻田，旁有专门的水池鱼塘。各地出土的稻田模型中多见有鱼，皆可证当时蜀中普遍实行冬水泡田、养鱼。鱼米之乡，正是成都作为天府之都的要素之一。

在交通方面，铁工具的普及，为成都带来了崭新的变化、质的飞跃。铁工具对制造各类车辆，无疑大大提高了效率。秦至蜀汉的579年间，成都地区几乎所有的交通干道都被改造，多数可以通大车。道路改造的重点之一是桥。正是铁锯、铁锤等铁工具的普遍使用，成都江河上的木桥、石桥才普遍取代了过去的索桥。各类车辆制造是秦汉时期成都地区新兴的大行业。它们的兴起、发展，正是以铁工具的普及为前提的。在水路交通方面，先秦时代，成都长期流行整木挖制的独木舟等。秦汉三国时期，造船业突飞猛进。正是锯、斧、锛、铲、钳、钻、锚、铡、叉、钉、铆等铁工具的普及，为大规模的伐木、改料、打眼、合缝等提供了技术保证，造船业才在本时期迅速发展起来。造船业的发展，促进了水上交通的发展，也促进了商业、文化的快速交流。其深远影响，无论怎么评价都不过分。如当时新出现的大木船，对河面的宽度、码头规模等提出了新的要求。秦汉时期，成都地区几乎改造了所有江河道上的船码头，也涌现了许多著名的新码头（当时称津），并以此为依托，建立起一大批新的城邑名镇。铁器的普遍使用，促进了成都水陆交通的大改观、大革命，极大地方便了成都对外交通。唯因如此，成都才能承担起秦战略大后方的重任，为秦统一全国做出了重要贡献；唯因如此，刘邦才能以汉中和巴蜀为基地，建立起大汉王朝；唯因如此，成都城才可能在西汉时期迅速发展为全国第二大城市,才可能成为王莽时期全国的"五均"城市之一,才可能成为威名远扬的蜀汉之都①。

在兵器方面,铁器的优越性更为突出。成都地区多山,较注重短兵器的发展。铁剑在西汉早期基本取代了青铜剑。商周以来长期流行的铜戈,在西汉中后期也被铁矛、戟取代。总的来说,迄西汉时期,钢铁兵器,特别是钢铁剑已盛行,青铜剑已衰弱。东汉时期,成都地区基本上已全是铁剑,少见铜剑,其他铜兵器也很少见到。在边疆、民族地区虽仍使用铜兵器,但大幅度减少。此时箭镞也发生了飞跃。秦至西汉早期,多为铜镞铁铤,西汉中期后流行铁镞,三国时期基本上全是铁镞。一般来说,箭镞是一次性消耗品,价格是否便宜,关联着它的使用率。铁镞比铜镞便宜约十倍,这是其巨大优势。本时期铁铠甲也逐渐多了起来。蜀汉丞相诸葛亮曾专门制定《作刚铠教》,命令:"敕作部皆作五折刚铠"。一般铁铠甲容易生锈,但炼成了钢,不仅可防锈,坚硬度也远胜铜、皮铠甲。另外,在防守上还大量使用铁蒺藜。

在铁兵器方面,"蜀刀"是成都的品牌产品。"蜀刀"首先是指兵器中的长刀、大刀、环首柄铁刀等。这些在秦、西汉时期,差不多都是新出现的兵器。蜀刀至迟在汉武帝时已颇负盛名。武帝时,一柄蜀刀便值数百钱,应是极贵重的。

三国时期,成都地区还产生了一位具有神话色彩的冶铁技术专家,以制作"蜀刀"而闻名的临邛人蒲元。蒲元为诸葛亮西曹掾。相传诸葛亮北伐时,蒲元曾在斜谷为其铸刀 3000 口。蒲元铸刀,只用成都岷江水,用外地水则质量不好。一说刘备曾令蒲元造刀 5000 口,皆连环

---

① 《成都通史》编纂委员会主编:《成都通史 秦汉三国(蜀汉)时期》,四川人民出版社 2011 年版,第 250 页。

及刃口,刻"七十二炼"①。

在日常生活、风俗习惯方面,铁器普及对巴蜀人民生活的影响可以说是巨大而深远。如锄、锹等铁工具为人们开挖、开凿水井,提供了技术保证。铁器出现前,成都地区已有水井了,但数量不多,相对较浅。考古发现的巴蜀早期水井,主要是秦汉时期的。水井的普及,意义甚大。如居宅由此可迁离江河湖边,一些城市集镇也可不必全部沿江河布局。在干旱少水的季节,井水可以补充水源。这都对城市的发展产生重大影响,对人们的日常生活也提供了极大方便。秦入巴蜀后新筑成都城,之所以能摆脱过去那种完全沿江河布局的长方形形态,与此不无关系。汉代成都能发展为全国第二大城市,与水井的普及也有密切关系。

秦汉时期,成都私营冶铁业能迅速发展的原因主要有四条。第一,成都、巴蜀,乃至整个西南地区,过去冶铁业的基础薄弱;第二,拥有广阔的市场;第三,拥有丰富的铁矿资源,大量使用"西南夷"奴僮作业,具有极廉价的劳动力;第四,政府以及内地的其他经济部门等皆欲利用铁器与周边民族进行物资交换。

铁器具有低成本、低损耗、高效能等特征。成都铁矿资源丰富,铁器在秦汉三国时期迅速普及于各族人民的生产、生活、军事等各个领域,影响广泛而深远。技术革命掀起了社会变革,改变了成都社会的方方面面,是一场伟大的革命。如果说都江堰水利是天府之母,那么冶铁革命便是天府之父。

三 制陶业

蜀国制陶业相当发达,各种生活上不可缺少的炊器、饪器、食器、

---

① 《成都通史》编纂委员会主编:《成都通史 秦汉三国(蜀汉)时期》,四川人民出版社2011年版,第251页。

饮器、酒器以及一些工具，在社会各阶层广泛而大量地使用。陶礼器也是祭祀礼仪中必备的器种，无论统治阶级还是被统治阶级，在当时观念的支配下，都要随葬多寡精粗不等的陶器，陶土还是制作工艺品的理想材料之一，可塑性大，黏性强，工艺简便，成型烧制后，耐蚀耐久，具有一般金属器所没有的优越性。

蜀陶颇有特色。大体说来，商周时期以圈足豆、小平底罐、尖底罐、高把豆、鸟头柄勺、喇叭形器、三足形炊器等为典型器物群，春秋战国时期则以圈底罐、盂、签、喇叭状口矮圈足豆等为典型器物群。前后两期陶器组合的变化，反映了文化面貌的发展演变。

新石器晚期蜀地陶器多为手制，到三星堆二期以后，轮制已占绝大多数，有快轮和慢轮两种制法，反映了制陶术的巨大进步。从三星堆陶质陶色的变化，可以看出蜀人制陶水平的不断提高和成熟。第一期以泥质灰陶为主，第二期以夹砂褐陶为主，第三期夹砂褐陶有所增多，第四期仍以夹砂褐陶为主，夹砂灰陶比例增高。[①] 陶质的变化，尤其是以某种陶质为主的情况，是人们有意识地选择某种陶土的结果。一般说来，早期的制陶原料多为就地取材。成都平原三星堆一带主要是灰色土，故第一期陶器大多是泥质灰陶。第二期以后泥质灰陶的急剧减少，夹砂褐陶的不断增多，显然不是随意的行为，而是经过专门的选择，反映出蜀人对陶土性能认识能力的极大提高。

古蜀文化的陶器纹饰十分丰富，有粗细绳纹、弦纹、压印纹、附加堆纹、划纹、几何形纹、方格纹、戳印纹、圆圈纹、F形纹、人字形纹、波浪纹等，多施于器物的特定部位。晚期的陶器纹饰大多简单，以粗、细绳纹为主。

---

① 四川省博物馆：《广汉三星堆遗址》，《考古学报》1987年第2期。

第二节　钻井术与井盐开采

食盐在人类生活中是不可缺少之物。战国末叶以前的食盐，主要通过晒、煮富含盐分的土、石、水等方式获得，故有海盐、池盐、岩盐、泉盐等。古代蜀人的食盐，主要有泉盐、池盐、岩盐。

产盐之地，据《华阳国志·蜀志》所记，南安（今乐山市）有"盐溉"。溉，张澍的《蜀典》卷7释曰："溉，为水中滩碛之名。"南安盐溉，应是蜀人就地取煮盐水之地。《水经·江水注》说南安是"蜀王开明故治"，也应与开明王朝控制南安之盐有关。

岷江上游是另一产盐之地。《太平御览》卷五十二引《华阳国志》记载："汶山有碱石，煎之得盐。"《后汉书·駹驰夷传》记为"地有咸土，煮以为盐"。《太平御览》卷八百六十五引任豫《益州记》又说："汶山有咸石，先以水渍，既而煎之。"是为岩盐之类。

古文献中关于蜀人制盐的记载虽然不多，但从《华阳国志·蜀志》所记秦灭蜀后第五年就在成都置"盐、铁、市官"来看，蜀的产盐量应该很大，故置盐官以主其税。[①]

成都盐井的出现与发展，也是铁工具普及后的产物。战国晚期，李冰主蜀时期开凿了广都（今双流）盐井，为我国最早的盐井。西汉时间，盐井大幅度增加。仅宣帝时期便在临邛、蒲江新开盐井20所。至西汉晚期，巴蜀已有十余个县产盐。当时巴蜀各地井盐的共同特征是大口浅井，井身结构有束腰式、立桶式、坑洼式等。秦至蜀汉的579年间，成都地区盐井井口由大到小，有一逐步发展过程。秦李冰时，"纵广三十丈"，称之为"盐井诸陂池"，入西汉后井口大幅度缩小，

[①] 常璩：《华阳国志》卷3《蜀志》，上海古籍出版社1987年版。

不再称盐井为"池"。据画像砖资料，到东汉时期，井口只能容1~2个直径约40厘米的汲卤桶出入，井口直径在60~130厘米之间，到蜀汉时，在广都县开凿小井口的"小井"成功。井盐的普及，是成都在汉代能成为天府之国的重要动因之一。

秦汉三国时期，成都是全国最著名的井盐生产区。这一时期，也正是我国井盐生产大发展的第一阶段。成都的井盐生产技术，代表了全国这一时期的最高水平。当时成都井盐产品除自供本区外，还大量输出到周边广大地区，为成都外贸大宗之一。

秦武王元年（前310），秦在建成都城的同时，在成都城中设置了专门负责盐务的衙门"盐官"[①]。该盐官直接隶属于蜀郡，与县府同级，是专职管理全郡盐务生产和销售的行政部门。汉承秦制，西汉时期，又在成都的临邛、蒲江增设盐官。

前316年，秦惠王遣兵灭古蜀国，至昭襄王即位后，为将蜀地建成重要基地，并治理岷江水患，任命李冰（前322—前247）为蜀郡郡守。李冰在任期间领导当地群众，兴修大型水利工程都江堰，灌田万顷（100万亩）促进农业发展，又在广都（今四川双流）凿井取盐，因而"蜀于是盛有养生之饶"，成为天府之国。《华阳国志》说"周灭后，秦昭襄王以李冰为蜀守"，按《史记·秦本纪》，昭襄王五十一年（前256）灭东周，则李冰任蜀守、凿广都盐井时间为前256—前251年间。书中没有谈到所凿盐井深度，从当时的技术发展水平与后世盐井比对来看，李冰时代的盐井应是大口径浅井。他幸运地在今四川双流区一带找到距地表不太深的地下盐卤水暗流。含盐浓度不会高，但有开采价值。

在战国末期李冰奠定井盐开采技术的基础上，汉代得到进一步发

[①] 常璩：《华阳国志》卷3《蜀志》，上海古籍出版社1987年版。

展，产盐区扩大，盐产量随之提高。西汉时蜀郡成都出生的文学家扬雄（前53—后18）在《蜀王本纪》中写道："宣帝地节中（前69—前66），始穿盐井数十所"，这是说，在汉宣帝地节年间又新开盐井数十口。东汉史家班固的《前汉书》卷九十一《货殖传》载，成帝、哀帝时（前32—前1），成都人罗裒财至巨万，用平陵（今陕西咸阳）人石氏资本往来于巴、蜀经商，数年内积金千多万，"擅盐井之利，期年所得自倍，遂殖其货"[1]。成为西汉晚期全国罕见的大商人和大实业家。这也说明当时巴蜀井盐产品曾大量运销外地。这条史料说明，西汉时出现靠经营盐井致富、使资本增值的实例。除文献记载外，有关汉代盐井形象的实物资料也有出土。20世纪50年代在成都市和邛崃县东汉墓中发现反映井盐生产的画像砖，生动描述了盐井形制和盐工工作的情景。此画像砖拓片发表后，美国汉学家鲁道夫（Richard C. Rudolph）很快就在1952年用英文做了介绍。出土的1世纪东汉盐井画像砖共二枚，内容大同小异，可互相补充。盐井开凿于山上，上面立有高架，架上安装有辘轳，用以转动系在绳上的吊桶在井内上上下下，木架分两层，每层各有二人相对站立，左侧的二人将装有盐卤水的吊桶从井中向上提升，右侧二人则将空吊桶向下拉入井中以灌入卤水。提至井上的盐水，注入井右侧的立方形卤水槽中，由此再通过竹筒引至煮盐灶旁的五口大铁锅内，灶前一人摇扇以助火力，后有烟囱。山上另有二人背着盐包向山下走去，运至库房。吊桶直径40~50cm，井径1.6~2.0m。井内可由二人作业，坐在竹筐内由辘轳引至井下，以锥、锸、铲、凿等铁制工具挖掘破碎岩石，再将其送出井外。如此重复作业，越凿越深，直至发现盐卤层。为防井体塌陷，井壁周围抹上一层由石灰、河沙、黄土及黏米糊构成的三合土，外面再以厚木板或条石加固。

---

[1] 班固：《汉书》卷91《货殖传》，中华书局1962年版，第3960页。

李冰时代以来的早期盐井，就是用上述方法凿成的。

唐人李吉甫（758—814）的《元和郡县图志》载，四川仁寿县陵井"纵广三十丈（93m），深八十三丈（257m）"，是一庞然大井。《旧唐书·地理志》载"泸州（今四川富顺）界有富世盐井，深二百五十尺（77.5m）"。此井井身以柏木加固，井侧设大绞车系牛皮囊入井汲盐水，像如此大的盐井非一般盐商所能为之。史载，陵井初由东汉五斗米道教教主张道陵（34—156）于顺帝（126—144）时聚广大教徒之资开凿。其他盐井在规模和深度上都不能与陵井相比。

大口径盐井开凿技术，随着时间的推移，其局限性逐步凸显。一是投入的人力、物力过大，而采出的又是浓度较低的盐水，加大了煮盐的工作量。二是凿井速度缓慢，动辄十多月至数年。如费力凿出一井，却不见卤水，该井就废弃。由于频繁的开采，地下浅层的盐卤资源已逐步呈现出枯竭态势，需要向更深的层位凿井，才能见卤获利，而用传统挖井方法已无能为力。唐末五代以来的盐务政策又束缚了盐业的发展，因而10世纪起大口井盐生产开始衰落，公元前3世纪李冰开创的井盐技术经过一千二百多年的发展，已完成其历史使命，也为后世留下一笔宝贵的遗产。

成都也是全世界最早利用天然气煮盐的地区。东汉三国时期，临邛县有火井，"取井火煮之，一斛水得五斛盐。家火煮之，得无几也"。诸葛亮对火井甚为重视，亲往查看研究，利用其煮盐等，对当时开发利用天然气起了很好的带动作用。其他地区，从画像砖的灶眼等资料看，主要是利用木柴煮盐。

诸葛亮极为重视盐业的管理，专门设置"司盐校尉"一职，在成都建立独立的衙门"盐府"，管理蜀汉盐的生产和销售。他选拔以善于理财著称的王连为司盐校尉。王连上任后，对盐业实行全面改革，将部分盐井收归国有，由官府直接经营。对私有盐井则加强管理和税收。

当时以成都为中心的蜀地井盐外销量很大，一些盐商还走私到邦外甚至敌国。盐府的管理工作还涉及边关、武装等。在王连等的努力下，盐业税收迅速大幅度地增加。因人手不够，王连还奏请选用了吕义、杜祺、刘幹等为盐府有关官员。盐业国有，抑制了豪族垄断、任意抬价、牟取暴利等行为，其赋税为蜀汉政府的一大进项①。

到了宋庆历、皇祐年间（1041—1054），自贡盐工采用竹筒井（原井壁为木石质）采盐。清人王培荀记载蜀中盐井："井口如碗，以巨竹去节，牝牡相衔，周贴井身，以隔淡水。竹壤有隙能补，坠物如针能取，巧侔鬼工。又以竹之差小者，出入井中为桶。"并作《盐井行》盛赞竹筒、竹桶采盐水："盐产于海或在池，蜀中产盐盐更奇。水伏于地数百尺，地下有无孰得知。欲识地脉深水窟，还凭巧匠凿山骨……一旦水通如通潮，长绳竹竿贯一条。淡水渗漏偏能补，肯使点滴得混淆？"②宋人文同说："盖自庆历以来，始因土人凿地植竹，为之卓筒井，以取咸泉，鬻炼盐色，后来其民尽能此法。"③

卓筒井（竹筒井）的发明和推广，为明清小口深井的出现奠定了基础，更使得整个宋代井盐产区迅速扩大。据《文献通考》卷十五、十六提供的数字统计，北宋前期有井 628 口，年产 1630 万斤；至高宗时则增至 4900 口，年产约 6000 万斤。明代巴蜀开始出现"以牛革为囊，数十人牵大绳汲取之"的、深达六七十丈的小口深井。它同卓筒井（一般深三四十丈）一样也被称作"竹井"。明代后期至清前期，犍为、富顺一带又在卓筒井的基础上开凿出深达八九十丈或百余丈，乃至三四百丈的深井（但简阳等地仍多几十丈深的竹筒小井）。开钻深

---

① 《成都通史》编纂委员会主编：《成都通史 秦汉三国（蜀汉）时期》，四川人民出版社 2011 年版，第 382 页。
② 王培荀：《听雨楼随笔》卷 6，巴蜀书社 1987 年版，第 372—373 页。
③ 文同：《丹渊集》卷 34，四部丛刊本。

井技术的出现与推行，使自流井区盐产量一跃居于全川之冠。道光十五年（1835），自流井还开凿成深达 1001.42 米的燊海井，成为当时世界上第一口突破千米大关的深井。

第三节　天然气利用

早在西汉时期，约公元前 1 世纪，蜀郡临邛（今四川省邛崃）就有了天然气开采技术，是火井采气的发端。巴蜀是世界上最早掌握开采利用天然气的技术并用作煮盐的地区。

西汉末的扬雄《蜀都赋》有云："东有巴賨，绵亘百濮。铜梁金堂，火井龙湫。"据宋人章樵对《蜀都赋》的注释，火井当系西晋张华的《博物志》中所提到的临邛火井。因而，扬雄的《蜀都赋》中所记火井，应是世界上最早开发与利用天然气的记载。这也说明中国天然气的开采与使用，比西方国家早了一千六百多年（西方利用天然气最早记录是在 1668 年的英国）。张华的《博物志》（范宁校证本）卷二说临邛火井一所，"从（通纵）广五尺，深二三丈。井在县南百里。昔时人以竹木投以取火，诸葛丞相往视之，后火转盛热，以盆盖井上，煮盐（范宁疑当作'煮水'）多得盐"。西晋左思也有《蜀都赋》描述临邛火井："火井沈荧于幽泉，飞焰高煽于天垂。"刘逵注云："欲出其火，先以家火投之。须臾许，隆隆如雷声，焰出通天，光辉十里。以筒盛之，接其光而无炭也。"此处"接其光"（指接通天然气）的筒（竹筒），相当于今天的采气与输气管道。刘逵注又说："取井火还煮井水，一斛水得四五斗盐；家火煮之，不过二三斗盐耳。"当时临邛盐井（刘逵注谓"水"或"井水"）附近多伴有气井（刘逵注谓"燥"或"井火"），所以刘逵注说："火井，盐井也。"我们从刘逵注得知，取火井（即气井）之"井火"煮盐井之"井水"，比一般木炭柴火（即家火）

煮盐可提高产量一倍。此外，当时巴蜀居民还以竹筒接天然气以夜行照明。《华阳国志·蜀志》说临邛人："以竹筒盛其光（即取其气）藏之，可拽行终日不灭。"这些都是古代巴蜀人民有利于经济开发、有功于社会生活的伟大创造，是古代巴蜀对人类进步、对世界文明进步的一个伟大贡献。[①]

直至近代，四川富顺、荣县仍沿袭古临邛竹筒采气法（当然有所改进）。清道光年间（1821—1850）于荣县等地为官的王培荀在《听雨楼随笔》里记载，在天然气井井盖（木制）上"穿穴不拘数，每穴承以竹笕（长竹管）。每竹笕接处箍以铁，于笕凿孔，竖以竹筒。气从筒出，置锅其上，引以人火，合同而化，光焰蓬勃。隆隆有声，异于常火。铁热而竹不燃，猪脬盛之，可以赠远"[②]。这说明当地百姓日常生活里也是用天然气做柴火的。王培荀又记，天然气采完后，又可用废井再采石油和盐，"三者兼利无算"。林振翰所著的《川盐纪要》还叙述了直接在天然气井上砌灶煮盐法："以竹去节入井中，用泥涂口，以火引之即发。周围砌灶置锅，煮盐恒昼夜不息。"当时每口天然气井大者能供给二三百口盐锅煮盐使用，次者能供给七八十口，小者也能供七八口，为巴蜀盐业的发达提供了最必需的燃料资源。所以王培荀作《火井行》叹道："火井焰腾汉祚复，巴蜀幸邀如天福。……竹竿引气如引泉，支分派别竹续竹。煮盐无复费柴薪，更比人间烟火速。……诸葛当年称盛治，通商富国共尸祝。"

汉晋间临邛盐井—火井的开发，乃是建立在战国李冰开凿广都盐井的基础之上的；换言之，如果没有最早的广都盐井，便不会有后来兴旺发达的巴蜀井盐与天然气的大规模开发与利用。而李冰领导蜀人在成都平原上开凿盐井，则当视作在巫、巴泉盐被阻断后或称三峡经

[①] 管墨：《古代巴蜀的盐业和天然气开发》，《文史杂志》2011年第2期。
[②] 王培荀：《听雨楼随笔》卷6，巴蜀书社1987年版，第373页。

· 408 ·

济带转枢不灵背景下的一种自力更生、发奋图强。同时，成都平原上的井盐开采，也当视为李冰与蜀人沿着三峡巫、巴先民开采泉盐的路子，在其丰富的历史经验的启迪下而进行的。

第四节　医药学

巴蜀自古医药发达，名医辈出。汉代的涪翁、郭玉，唐代的昝殷，宋代的唐慎微，明代的韩愁，清代的郑钦安、唐宗海等皆为巴蜀名医。两宋时期巴蜀医学繁盛，为当时中国医学发展中心之一，其主要表现为医家众多，名医辈出；医药著述丰富，很多医药著述的成就居于世界前列[1]。史崧、唐慎微、史堪、石藏用、单骧等皆为名重一时的医家，《证类本草》《苏沈良方》《集验方》《十产论》《麫本草》等皆为医学名著。两宋时期巴蜀医学所取得的成就能较为全面地反映当时中国医学在本草学、预防医学、产科学及内外科等学科的先进水平[2]。

一　医学传承

两宋时期巴蜀地区医学教育不仅有传统的私人师承授受方式，也发展了地方一级的官办医学学校。宋朝官办医学教育机构是太医局，北宋庆历时期，各州郡开始设置州学，发展地方教育。史书记载，北宋徽宗政和五年（1115）春正月己丑，诏令诸州县置医学，立贡额[3]。这是中国历史上专业教育第一次发展到县一级[4]。

宋时朝廷设置安济坊以救济贫病者，宋徽宗时期诏令各郡县都设

---

[1]　贾大泉：《四川通史：五代两宋》，四川人民出版社2010年版。
[2]　潘秋平：《两宋时期巴蜀医学繁盛原因》，《安徽中医学院学报》2013年第3期。
[3]　脱脱等：《宋史》卷19《徽宗本纪》，中华书局1985年版，第394页。
[4]　袁征：《中华文化通志·学校志》，上海人民出版社1998年版，第175页。

置安济坊。南宋时期，朝廷诏令各州设置惠民局。《宋史·高宗本纪》记载绍兴二十一年（1151）二月"诏诸州置惠民局，官给医书"。由国家太平惠民局提供医书，以作为标准。宋代各级地方政府中，州级有派驻医官，后来徽宗兴办医学校时则普及到了县级①。

二 药材丰富

四川盆地四面环山，属于亚热带季风湿润气候，生态环境复杂，丘陵、高峡、雪山、河谷、平原皆有，自古即盛产药材。《资治通鉴》记载唐僖宗乾符六年（879）"西川节度使崔安潜……甲子，出库钱千五百缗，分置三市"，胡三省注："成都城中鬻花果、蚕器于一所，号蚕市；鬻香、药于一所，号药市；鬻器用者号七宝市"②。说明早在唐朝，成都即形成固定药市。《宋史·地理志》记载："川峡四路……踏青、药市之集尤盛焉，动至连月"③。宋人笔记言："益州有药市，期以七月七日，四远皆集，其药物多品甚众，凡三日而罢，好事者多市取之"④。从以上记载可以看出，宋代巴蜀地区有固定药市，并定期举办贸易活动。

宋代四川是全国著名的药材产地，品种多，产量大，出现了专门采药、种药的农户。《宋史》记载两宋时期，巴蜀地区进贡朝廷的中药材包括麝香、当归、羌活、苦药子、续随子、红椒、巴豆、曾青、空青、天门冬、牡丹皮、白药子、胭脂、红花、巴戟、羚羊角、天雄、木药子、车前子、朱砂等。

巴蜀地区独特的生态环境和气候条件，为两宋时期巴蜀本草学的

---

① 王振国：《中国古代医学教育与考试制度研究》，齐鲁书社2006年版，第200页。
② 司马光：《资治通鉴》，中华书局1956年版，第8212—8213页。
③ 脱脱等：《宋史》卷85《地理志》，中华书局1985年版，第2230页。
④ 杨亿：《宋元笔记小说大观 杨文公谈苑》，上海古籍出版社2001年版，第544页。

发展和巴蜀医学地域特色的形成创造了条件。宋时石藏用长于使用热药，陈承善于使用凉药，体现了温、凉两种医学流派的学术特征。后世巴蜀民间出现"火神"派医家，善用辛温、辛热之药，可谓渊源有自。北宋史堪为蜀医，名噪京师，因蜀地湿气重，易患气滞血瘀，史堪用药多三棱、教术等活血之品以及巴戟、桑寄生等强健筋骨之药。

三　本草学

成都地区的本草学在中国药学史上占有特殊的地位。来自四川梓州（今四川三台县）的前蜀词人李珣所撰写的《海药本草》也是我国目前保留的第一部和我国古代唯一的一部专门介绍外来和南方药物的专属本草学著作，这部著作既是对唐末五代南方出产药物的总结，也是最早记载南方药物的本草专著。之后的宋代成都名医唐慎微所撰的《经史证类备急本草》（简称《证类本草》）集前代和当时本草学之大成，将我国本草学推向了一个新的高度，在宋代，以至中国古代的药学史上闪耀着不灭的光彩。

李珣，字德润，何光远（五代时蜀人）的《鉴诫录》中记载："本蜀中土生波斯也。少小苦心，屡称宾贡，所吟诗句，往往动人。尹校书鹗者，锦城烟月之士，与李生常为善友，遽因戏遇嘲之，李生文章扫地而尽。诗曰，'异域从来不乱常，李波斯强学文章。假饶折得东堂桂，胡臭熏来也不香'。"[①] 从以上文献记载不难看出李珣为五代时前蜀（907—925）的人，并且以经营香药为业，这为《海药本草》的撰写奠定了现实基础。

李珣所著的《海药本草》是继唐代郑虔的《胡本草》之后的又一部专门研究外来和南方药的专著，只可惜郑虔的《胡本草》，早已佚

---

① 何光远：《鉴诫录》，中华书局1985年版，第112页。

失。《海药本草》收载药物131种（依据《证类本草》和北宋傅肱的《蟹谱》所载），全书共分玉石、草、木、兽禽、虫鱼、果米六部，分六卷。第一部玉石类载玉屑、波斯白矾、石硫黄、金屑、银屑、阳起石等药共13种；第二部草类载药达38种，主要有人参、木香、通草、昆布、海藻、阿魏、延胡索、补骨脂、仙茅、白附子等；第三部木类载药48种，如丁香、沉香、乳香、降真香、槟榔、龙脑香、芜夷、没药、安息香、海桐皮、胡椒、椰子等；第四部兽禽类3种；第五部虫鱼类载药17种，如牡蛎、秦龟、珍珠、石决明、鲤鱼、青鱼、海蚕沙、蛤蟆、贝子、甲鱼等；第六部果类载豆蔻、荔枝、橄榄等12种，米部1种。《海药本草》中有16种为李珣首次在本草中正式记载，这16种药物是车渠、金线矾、波斯白矾、瓶香、钗子股、宜南草、藤黄、返魂香、海红豆、落雁木、莎木、栅木皮、无名木皮、奴会子、郎君子、海蚕①。

在该书收录的药品中，注明外国产地的有96种，如金屑出大食国，安息香、诃梨勒出波斯，捌木出安南，龙脑香出律国等。在131种药品中，有40种见录于《唐本草》，54种见录于陈藏器的《本草拾遗》，有15种见录于其他本草，如《药性论》《食疗本草》等。②

李珣的《海药本草》广收海药，旁征博引，所载药物，内容详尽。在131种药物条文中，援引前代的书名或人名有58次。③ 所引用的书有《山海经》《尔雅》《汉书》《唐志》《广州志》《岭南表》《交州记》《南越志》等多种文献。对药物的产地、生态形状、性能、用途以及真伪优劣等亦详加记载，比如，《海药本草》对于药物品质优劣的记载，

---

① 汪悦：《李珣与〈海药本草〉》，《南京中医药大学学报》（社会科学版）2001年第2期。
② 尚志钧：《李珣与〈海药本草〉小考》，《江苏中医药》1982年第5期。
③ 李珣：《海药本草》（辑校本），人民卫生出版社1997年版，第104—105页。

钗子股,"忠、万州者佳";乳头香,"紫赤如樱桃者为上";又云:"红透明者为上";金线矾,"打破内有金线文者为上。"该书对药物的产地逐一介绍,如车渠,书中云:"《集韵》云生西国";人参条下亦云:"出新罗国所贡"。书中还记载金线矾"生波斯国",波斯白矾"出大秦国"。其他如落雁木、海红豆生南海等。《海药本草》对每味药的性味、功用及主治等记载亦颇全面,如关于荜茇的性味及主治病症,书中云:"其味辛温,又主老冷心痛,水泻,虚痢,呕逆,醋心,产后泄痢"。阿魏"其味辛温,善主于风邪,鬼注,并心腹中冷"。琥珀"主止血,生肌,镇心,明目,破癥瘕气块,血晕,闷绝,儿枕痛等"①。

李珣所著的《海药本草》是我国第一部专门记载进口及南方药物的专著,该书收载海外及南方药物百余种,每味药都从药物形态、产地、真伪优劣、性味、主治、用法和注意事项等多方面详加介绍。历代医家多方引用《海药本草》,包括唐慎微的《证类本草》和李时珍的《本草纲目》亦多方引用,可见该书对本草学的发展做出了很大贡献。此外,该书对中药临床、教学、科研、生产等,包括中外医药文化交流,都有一定的研究价值。

而宋代名医唐慎微则将前人的研究成果与四川本草学相结合,撰写出《证类本草》一书。《证类本草》是宋代本草学集大成之作,对巴蜀道地药材记载翔实,为研究两宋时期巴蜀道地药材提供了重要文献资料。据《证类本草》记载,赤涅、硝石、朴硝、空青、曾青、金屑、川芎、附子、大黄、常山、蜀漆、巴戟天、羊不吃草、续随子、白附子、曼游藤、竹叶、合欢、五倍子、巴豆、蜀椒、甘蔗、麝香、犀角等皆为巴蜀道地药材。唐慎微长期生活在四川,这里的本草学本

---

① 唐慎微:《重修政和经史证类备用本草》,人民卫生出版社1957年版,第297页。

身就具有悠久深厚的传统。晋代蜀人常璩的《华阳国志》、唐代客居蜀地的段成式的《酉阳杂俎》等名著中已有不少关于蜀中药物的记载。唐末前蜀梓州（今四川三台）人李珣曾撰《海药本草》，主要记载了其家所经营的舶来药物，也包括部分当地药物。后蜀"尤详于名物之学"的翰林学士韩保升受命"取《唐本草》参校增注，为《图经》二十卷。后主（孟昶）自为制序，谓之《蜀本草》"①。《蜀本草》图说药物形状，"颇详陶、苏也"，"陶"为陶景弘，"苏"指苏敬。它不仅保存了晋唐本草的大量成果，还特别增加了当地的药物知识，尤为杰出。宋《嘉祐本草》引用书籍，"以唐、蜀二《本草》为先"，可知《蜀本草》在本草学上占有重要地位。另外，唐代后期蜀医昝殷曾著《食医心鉴》；五代时曾客居蜀地的陈士良撰有《食性本草》，是有关食疗类的本草著作；宋初洪雅（今四川洪雅）人田锡撰有《曲本草》，记载了药酒的制作方法。北宋中期生长于蜀地的大文豪苏轼也于医学十分留意，后人将其医学著述与科学家沈括有关著述合编为《苏沈良方》传世。与唐慎微大体同时的四川阆中人陈承也在进行着与唐氏类似的工作，将《嘉祐本草》和《本草图经》合编为《重广补注神农本草并图经》，并增以"别说"共44条。可以说，宋代的四川是祖国以本草学为重心的传统医学最受关注的地区之一。正是在这种重视药物学的文化氛围熏陶下，才有如此卓越的民间药学家产生。唐慎微生活在北宋相对偏远之地四川，以私力撰成空前宏著，实为难得。特别是他善于吸纳本地优秀的药物学知识，使得他的这部巨著更有特色。

《证类本草》全书31卷，前两卷为"序例"，收载了前代有关本草的重要资料；卷三至二十九是药物部分；卷三十为"有名未用"类；卷三十一将嘉祐《本草图经》一书中增入的植物药品98种分别收载，

---

① 吴任臣：《十国春秋》卷56《后蜀九·韩保升传》，中华书局2010年版，第817页。

标明各药的原文及图形。共收药物 1746 种，若不计有名未用者，其中动物性药品为 301 种，植物性药品为 1069 种，矿物类 253 种。分为玉石、草、木、人、兽、禽、虫鱼、果、米谷、菜等共 10 类，每类按照上中下三品排列。每味药物都详记其别名、药性、功效、产地、制法以及单方、医案等。不但使用起来十分方便，且使前代各家医籍同异一览而知。

本书详尽而全面地总结了前人的本草学成果，具有很大的实用价值，故其一问世就受到朝廷和医界的重视，出现了大量的复刊本、增注本和改编本，不胫而走，很快流传到了四川以外的地方，甚至日本、朝鲜等地，为推动我国及世界药学事业的发展起到了重大作用。[1] 宋代以降，蜀中的著名医家和著作不绝于世，历来是中医药的重镇。限于篇幅，此处就从略了。

第五节 历数在蜀

一 落下闳

关于星历灾异等诸多问题，落下闳是一个重要对象。因为他是汉代巴蜀研究星历最早而又最精的一个人。《史记·历书》说："至今上（武帝）即位，招致方士，唐都分其天部，而巴落下闳运算转历。"《史记·自序》说："太史公学天官于唐都，受易于扬何，习道论于黄子"唐都是司马谈的前辈，可见唐都、落下闳在汉武帝时，都已经是老师宿学了。他是阆中人，从狭义的"天府文化"范围看，不属于我们论述的对象。但作为第一批"四川十大历史文化名人"之一，且为

---

[1] 《成都通史》编纂委员会主编：《成都通史 五代（前后蜀）两宋时期》，四川人民出版社 2011 年版，第 411 页。

"历数在蜀"的代表,对中国天文历法影响巨大,故一并论列。

《史》《汉》所载落下闳是被征参与制定《太初历》的民间人士,他主要负责"运算转历",也就是复杂的天文运算。落下闳是杰出的天文学家、历算家,这是毋庸置疑的。但《太初历》是一部相当成熟且复杂的天文年历,不是一般意义上的年历日表,它的制定绝非一人一时所能完成的。《汉书·律历志上》说:"故历本之验在于天,自汉历初起,尽元凤六年(前75),三十六岁,而是非坚定。"有学者据此推断,汉朝着手制定《太初历》,当在元封元年(前110)之前。说明整个制历过程至少经历了6年时间,颁行三十多年后,才最终确定。《汉书》还记载了参与改历者"凡二十馀人,方士唐都、巴郡落下闳与焉"。可见它是集体成果,绝非某一个人所能专享。

扬雄的《法言》及陈寿的《益部耆旧传》均载落下闳"营(转)浑天",于是有的学者就认为落下闳是"浑天说"最早的代表人物,浑仪(测量仪器)和浑象(演示仪器)也是由落下闳研制的。扬雄所谓"营之"者,即转动或营造之义,并非创造性的发明制作。任何思想观念和发明创造都应该是历史的产物,不可能是一时间的遽尔所得。据天文史学者的研究,中国的浑天思想,远在春秋战国时期已经萌芽了,战国时的《甘石星经》和西汉早期的马王堆帛书《五星占》等已有恒星赤道坐标及五星行度的精确度数,尤其前者精确到"度"以下的"太"(3/4度)、"半"(1/2度)、"少"(1/4度)、"强"(1/8度)、"弱"(少于1/8度)等小数,且有纬向的去极度;如此精确的度数和去极度,只有浑仪才能测出,而式盘、髀表等只能测量赤道经度,所以"落下闳之前当已有浑仪及其所本浑天说"。因此,说落下闳是杰出的天文学家和历算家,参与制定了《太初历》,是符合历史事实的。[①]

---

① 查有梁:《世界杰出天文学家落下闳》"前言",四川辞书出版社2008年版。

2004年9月16日，国际天文学联合会国际小行星中心和国际小行星命名委员会审议批准，中国科学院国家天文台将其发现的国际永久编号为16757的小行星命名为"落下闳星"，这是对落下闳这位中国古代杰出天文学家和历算家的最高评价和最好纪念。

二 《太初历》概说

《太初历》是西汉武帝中期一次重大历法改革的成果。主要由邓平、落下闳等人制定，前后行用188年（西汉武帝太初元年即公元前104年至东汉章帝元和二年即公元85年），其基本历法数据和历法术文经过西汉末年的刘歆改造而保存在《三统历》之中，是故《太初历》是我国现存第一部有文献记载的完整历法。[①]

这部历法在继承前代历法科学性与合理性的基础上，又有了新的发展，主要表现为以下几个方面。

第一，以太初元年前十一月甲子朔旦夜半冬至为新的历元，并以此作为推算气、朔时刻及五星位置等天文历象的共同起算点；

第二，以律起历，日法81，月法2392，朔策和岁实分别为 $29\frac{43}{81}$ 和 $365\frac{385}{1539}$，这是《太初历》的基本常数，法术为平朔平气法；

第三，闰法19，闰周为19年7闰，并且确立"无中置闰"的原则，改变以往"归馀于终"的置闰方法，调整了太阳周天与阴历纪月不相协和的矛盾，使以二十四节气为标志的太阳历与以朔望月为特征的太阴历有机结合，气策 $15\frac{1010}{4617}$，让中气保持在固定月份。这样可以使中气、月份与物候相差不致太远，以利于农业生产和社会生活的安

[①] 张存良：《略说〈太初历〉及其历史影响——兼谈落下闳其人其事》，《西华师范大学学报》（哲学社会科学版）2018年第6期。

排，比此前的年终置闰法更为合理，在历法史上具有里程碑意义，也使中国历法具有明显的阴阳合历性质；

第四，根据天象实测和史官记录，测定以 135 月为朔望之会，即交食周期，其间太阳经过黄白交点 23 次，相应地会发生 23 次日食，则日食平均间隔为 $\frac{135}{23}$ 月，据此可以推算未来的日食。历法疏密，验在交食，这是中国现知最早的数据确凿的交食周期[①]；

第五，定出了新的五星会合周期和五星在一个会合周期内的动态表，以及在此基础上预推五星位置的方法；

第六，测定了二十四节气太阳所在宿度表和二十八宿赤道宿度表（赤经差）等，这些数值沿用八百多年，直到唐玄宗开元十二年（724）才被僧一行测定的新值所取代；

第七，改秦至汉初"以十月为岁首"为"以正月为岁首"，合乎春夏秋冬的自然物候顺序，使国家的政治年度、会计年度与人民生产生活的自然年度协调统一，为两千多年来的中国历法所承用，影响深远。

三 落下闳的"以律起历"及其法术

落下闳的历理就是"以律起历"，将音律的相关数据引入历法的计算，具体法术就是"八十一分法"。

《汉书·律历志上》曰，"其法以律起历"，曰："律容一龠，积八十一寸，则一日之分也。与长相终。律长九寸，百七十一分而终复。三复而得甲子。夫律阴阳九六，爻象所从出也。故黄钟纪元气之谓律。律，法也，莫不取法焉。"与邓平所治同。[②]

[①] 张培瑜等：《中国古代历法》，中国科学技术出版社2013年版。
[②] 班固：《汉书》，中华书局1962年版，第976页。

音律中有十二律，而一年有十二个月，貌似是一种对应关系。黄钟律管的容积与量器一龠同，律管长九寸，内管底面积为九平方分，体积为八十一平方分，落下闳谓之八十一寸。以此为日法（81），经过 9 个闰周之后冬至、合朔同日（19×9=171），这就是"百七十一分而终复"的历面解释；再经过 9 个闰周，则至、朔同时同刻，即 19×9×9=19×81=1539，1539 年谓之一统；"三复而得甲子"，即 1539×3=4617，谓之一元，至、朔同时同刻且相会于同一甲子日，此即《太初历》的上元历元所在。由此进一步推算，可以得出朔策为 $29\frac{43}{81}$，岁实为 $365\frac{385}{1539}$。有了历元、朔策和岁实，改历就可以有理有据地进行了。

将天文数据和毫不相干的音律联系在一起附会比况，其实是一种"借尸还魂"的临时权宜，目的就是为了表明自己数据的神圣性。但是这种说法神秘玄妙，使本来就不被一般人所了解掌握的天文历法披上了更加神圣玄惑的外衣，成为沟通人神的特异法术，这对于笃信"受命于天"时时盼望与神仙相会的汉武帝来说，意义非同凡响，无疑是内心深处的一剂灵丹妙药，当然更加乐于接受。而一旦被认可接受，则又形成了一种近乎正统的思想，加上西汉中期以后兴起的象数易学的影响，天算、历学与音律、易数进一步融汇合流，成为此后天算律历的主流，进而成为中国天文学与历算数最为明显的特征。"以律起历"的高明之处，就在于不着痕迹地回避了"不能为算"的难题，同时使改历具有神秘神圣的色彩，依"天命"而行，既取悦主上，又杜塞旁议。其实"八十一分律历"的数据并不科学，更谈不上精密。其朔策和岁实分别是 $29\frac{43}{81}$ 和 $365\frac{385}{1539}$，这个数值比此前行用的秦《颛顼历》的误差更大，行用 125 年便会出现历面后天 1 日的现象，日食就会发生在晦日或晦前一日。为了使历数具有沟通人神的功用，使改历更具合法性，不得不牺牲天文数据的客观性，从而使这两个基本数据的精确度反而倒退了，这显然是《太初历》的粗疏之处。

这种瞒天过海的做法在当时即为天文历算家所察觉。太初改历之后的27年，即昭帝元凤三年（前78），太史令张寿王就对新历提出异议，说"阴阳不调，宜更历之过也"，原因是"《太初历》亏四分日之三，去小馀七百五分，以故阴阳不调，谓之乱世"①。当然因为历法新改，加之邓平、落下闳等人对于历元起算点的调整，这时候主历使者鲜于妄人等派人校验的结果还是以《太初历》最为第一，张寿王终因"诽谤益甚"而下吏治罪。但是百余年后，《太初历》出现了"历稍后天，朔先于历，朔或在晦，月或朔见"②的现象，"（冬至）后天四分日之三，晦朔弦望差天一日，宿差五度"，历法不得不改。于是东汉章帝于元和二年（85）下诏改行编䜣、李梵校订增修的四分术，取代太初历法，是为东汉四分历。

---

① 班固：《汉书》，中华书局1962年版，第978页。
② 范晔：《后汉书》志第二《律历志》，中华书局1965年版，第3025页。

第十章　闻名世界的美食文化

第一节　中国主要产粮区

2020年,国家统计局、中商产业研究院发布2020年全国各省市粮食产量排行榜,其中黑龙江粮食产量最高达7541万吨;河南排名第二,粮食产量6826万吨;山东位居第三,粮食产量5447万吨。而排名前十的省份中,西南地区仅一省上榜,四川排全国第九名,总产量3527万吨。

有学者研究,纵观1992—2014年,中国的主要产粮省份包括黑龙江、吉林、辽宁、内蒙古、山西、河北、山东、河南、江苏、安徽、四川、湖南、湖北、广东、广西、云南、江西17个省,[1] 四川赫然名列其中。

一　中国主要产粮区:成都平原

四川位于大西南地区,而成都平原是四川省粮食生产的最发达之

---

[1] 姜德波、汝刚、秦永:《劳动力转移、技术进步与粮食产量——基于中国主要产粮省份的经验分析》,《南京审计大学学报》2017年第14期。

地。位于四川盆地中央的成都平原,是全省唯一的大平原,平原面积约9500平方公里。成都平原海拔450~750米,地势平坦,由西北向东南微倾,平均坡度仅3‰~10‰,地表相对高差都在20米以下,为岷江、渝江、石亭江、绵远河、西河、斜江、邮江、南江等8条主要河流重叠连缀而形成复合的冲积扇平原。成都平原地表松散,沉积物巨厚,平原中心地带沉积物厚度达300米,第四纪沉积物之上覆有粉砂和黏土,结构良好,宜于耕作,是四川盆地最肥沃的土壤。由于降水量较多,河流水量充沛,地表水、地下水资源丰富。岷江进入平原后,水势减缓,有大小支流数十条,河渠纵横,呈纺锤形河网,每隔3~5公里就有一条较大的河流,是四川盆地河网最稠密的地区。

成都平原属于亚热带湿润季风气候,冬无严寒,夏无酷暑,雨量充足。优越的地理区位和亚热带温暖湿润的气候为成都农业的发展提供了有利条件,也为成都城市的兴起创造了优越条件。

二 成都平原农业的变迁

蜀地农业开发的历史相当久远。《史记·货殖列传》称颂说:"巴蜀亦沃野,地饶卮、姜、丹砂、石、铜、铁、竹、木之器,南御滇僰,僰僮,西近邛笮,笮马、牦牛。然四塞,栈道千里,无所不通,惟褒斜绾毂其口,以所多易所鲜。"

经专家考古,成都平原古蜀文化的各个遗址普遍出土各种炊煮谷类食物的陶质炊器、容器、食器、饮器和用器以及各种用于农耕的石斧、石刀、石锄、石凿、石矛、石杵等生产工具。[①] 由此证明,早在四五千年以前,成都平原以及边缘丘陵山地就已得到初步开发。至夏商时代,蜀的农业经济不断发展,西周时代已是当时全中国农业先进

---

① 段渝:《成都通史·卷一》,四川人民出版社2011年版。

的富庶之区。春秋战国之际，蜀国由于水利的大规模兴建，促进了农业的长足进展，不仅"民食鱼稻，亡凶年忧，俗不愁苦"①，而且富于"桑、漆、麻、纻之饶"，"其山林泽渔，园囿瓜果，四节代熟，靡不有焉"②。由是沃野千里，"利尽西海"③，以富饶著称于中华。

秦汉时期，成都平原是全国最重要的粮仓之一，见于记载的成都地区的农作物有水稻、麦、芋、瓜、瓠、姜、葱、蒜、莲藕等。

两晋南北朝隋唐时期，虽经历代动乱与破坏，农业生产一度衰落，但由于成都平原优越的自然条件与水利工程基础，一旦社会恢复安定，农业就会迅速复兴并迎来新的发展。隋唐及以后时代，成都平原都是全国最著名的粮仓。

五代两宋时期，社会的安定与经济的发展使成都地区人口陡增。于是五代两宋时期对农田进行了持续的整治，表现为开辟新地、水利整治两方面，宋代成都地区闲地的开辟和水利的整治，为农业生产打下了坚实的基础。吴郡人范成大在南宋初年到成都，看到成都及彭、蜀诸郡的农业生产情况，说"绿野平林，烟水清远，极似江南"④。可见成都地区在当时也是与江南地区相当的重要粮食产地了。

元朝，全川人口数量未恢复到宋代水平，耕地面积和粮食产量也未达到宋代水平。明一代，前期是农业恢复时期，后期是发展时期，并在达到宋代水平之后有了一定的新发展。

明末清初战乱之后，移民浪潮、农田水利工程的完善以及地丁制度施行后，经济作物的大量种植和交易，成都社会经济出现快速恢复

---

① 班固：《汉书》卷28下《地理志下》，中华书局1962年版，第1645页。
② 常璩：《华阳国志》卷3《蜀志》，上海古籍出版社1987年版。
③ 刘向：《战国策》卷3《秦策一》，岳麓书院2006年版，第186页。
④ 范成大：《吴船录》卷上，载孔凡礼点校《范成大笔记六种》，中华书局2002年版，第187页。

的局面，并很快成为全国最为稳定的西部大粮仓。

1912年之后，中国开始了早期现代化进程，各个行业发生巨大变化，但唯有农业变化微小。20世纪20—30年代，成都平原农村的农业生产大部分仍然是手工操作，生产工具十分简陋，于是农民多采用畜力助耕。1912—1949年间，成都平原农户开始大量饲养牛、猪、鸡、鸭，并成为中国重要的产猪区之一。

成都平原各县的主要农作物为水稻、小麦、油菜、蚕豆及蔬菜，一般为一年两熟制，即夏季大春种水稻等，冬季小春种大麦、小麦、蚕豆等，蔬菜的种类很多，四季皆种。除此之外，在成都平原的地势起伏地带也有部分农区栽种玉米、大豆、红薯、花生等。水稻为成都平原各地最主要的粮食作物，平均占夏季农作物种植面积的70%以上，有的地区则高达95%，甚至部分农户则在夏季将全部农田用于栽种水稻。[①] 在殷周之际，古蜀的腹心之地成都平原已发展成为中国栽培水稻的中心种植区之一，并盛产菽、黍、稷等农作物。

成都平原粮食稻作农业的发展完善，带动了整个四川粮食市场的繁荣及长江中下游省区商品经济的发展。同时，也正是因为这片土地的丰饶，成都在历史的长河中还留下了丰富多彩的美食文化。

第二节　果蔬王国

四川是全国重要的蔬菜产区及"南菜北运"和冬春商品蔬菜生产基地，45个县进入国家蔬菜产业发展规划区域，产业发展位居全国第三。这都得益于四川的地理、气候区位因素。而成都平原自秦汉时期起，就以出产丰富的蔬菜和水果闻名于世。

---

① 潘鸿声：《成都市附近七县米谷生产与运销之调查》，四川省建设厅1941年版。

秦至蜀汉时期，由于城市人口的剧增，商业渠道的疏通，交通运输等客观条件的改善，促进了以果蔬为主要内容的成都园植业大发展。大量成都水果外运，产生了一大批园植专业户。此外，广大农户也把园植作为副业，利用屋周、地头、田边加以发展。①

左思的《蜀都赋》说"于是乎邛竹缘岭，菌桂临崖，旁挺龙目，侧生荔枝。布绿叶之萋萋，结朱实之离离，迎隆冬而不凋，常晔晔以猗猗。家有盐泉之井，户有橘柚之园。其园则有林檎枇杷，橙柿桴樗。樱桃函列，梅李罗生。百果甲宅，异色同荣。朱樱春熟，素柰夏成"。此赋生动、准确地反映了当时成都地区的果树种类和园植业的发展状况。邛竹，即邛崃山脉的竹子，秦汉三国时期邛竹杖俗称"邛杖"，全国知名。菌桂，一种药用的桂。龙目即龙眼，即桂圆。朱实，红色的果实。离离，错落地垂挂。

两晋南北朝隋唐时期，这一农业特色依然鲜明。唐贾耽的《十道志》说："巴蜀土地肥美，有江水沃野，山林、竹木、蔬食、果实之饶，橘柚之园，郊野之富，号为近蜀丹青文采。"②

一 蔬菜

对于蜀中蔬菜，晋左思的《蜀都赋》有概括的描述："其圃则有蒟蒻茱萸，瓜畴芋区，甘蔗辛姜，阳蓲阴敷。日往菲薇，月来扶疏，任土所丽，众献而储。其沃瀛则有攒蒋丛蒲，绿菱红莲。杂以蕴藻，糅以蘋蘩，总茎柅柅，裹叶蓁蓁，蓲实时味，王公羞焉。"③ 按左思的记述，汉晋时代的成都平原，物产丰富，蔬菜的品种也不少，园圃里生

---

① 罗开玉著，贾大泉、陈世松主编，吴康零副主编：《四川通史》卷2《秦汉三国》，四川人民出版社2018年版，第278页。
② 乐史：《太平寰宇记》卷72，中华书局2007年版。
③ （清）胡绍煐：《文选笺证》上，黄山书社2014年版，第132页。

长药蓣、茱萸,瓜类和芋类,还有甘蔗、辛姜等调味品。陂塘中还出产荪笋(即攒蒋)、香蒲、绿菱、红莲等水生蔬菜。元明时期,据天启《成都府志》记载,蔬菜类品种众多,蓊、蓣、茄、瓜、蕨、笋、葺、葱、芋、蒜、藕、椒、薤、荪等数十种。

在蜀中众多的蔬菜中,最著名的是芋。芋又名芋头,为多年生草本植物,作一年生植物栽培。球茎富含淀粉及蛋白质,供菜用或粮用,也是淀粉和酒精的原料。芋在秦汉隋唐时又被称为"蹲鸱"。《史记·货殖列传》说:"蜀卓氏之先,赵人也,用铁冶富。秦破赵,迁卓氏。卓氏见房略,独夫妻推辇,行诣迁处。诸迁虏少有余财,争与吏,求近处,处葭萌。唯卓氏曰,'此地狭薄。吾闻汶山之下沃野,下有蹲鸱,至死不饥,民工于市,易贾'。乃求远迁,致之临邛。"由于司马迁的记载,成都的芋扬名天下。蜀地之芋有多种类型,可依生态条件和食用部位不同而加以区分。

蒟蒻,今称为"魔芋",是一种生长在海拔250~2500米的山间多年生草本植物。中国早在两千多年前就开始栽培魔芋。《华阳国志·巴志》说:"蔓有辛蒟,园有芳蒻。"左思的《蜀都赋》中说:"其圃则有蒟蒻、茱萸。"可见在汉晋时蜀地即已人工种植魔芋。食用历史也相当悠久,按《蜀中广记》的记载,蜀人在汉晋时代即已知道用魔芋块茎淀粉生产魔芋冻,其形酷似多孔海绵,味道鲜美,饶有风味,蒻根与蒻茎均为蜀中蔬食珍品。北宋初益州路转运使薛田的《成都书事百韵》诗说:"气蒸蒟蒻根须润,日罩梗楠树影圆。"[1]把蒸魔芋作为成都美食的代表。

竹笋,是蜀地富有特色的蔬菜,在我国自古被当作菜中珍品。竹笋是竹类的幼芽,竹原产热带、亚热带,喜温怕冷,主要分布在年降

---

[1] 薛田:《成都书事百韵诗》,载袁说友等编《成都文类》卷2,中华书局2011年版。

雨量1000~2000毫米的地区。四川是竹的原产地之一，在秦汉隋唐时期的成都平原及周边山地丘陵，密布着品类丰富的竹林。能作为蔬食的笋，主要有毛竹、慈竹、麻竹等。在春天破土而出的是春笋，夏秋时节收获的叫夏笋，冬季收藏在土中的便是冬笋。温庭筠的《锦城曲》说："蜀山攒黛留晴雪，獠笋蕨芽萦九折。"① 正是说初春时节，成都周边的蜀山上雪尚未化尽，竹笋就已冒出地面，供人采摘。

葵是蜀地另一种主要菜蔬，为锦葵科草本植物。葵的种类较多，作为蔬菜的主要有冬葵、蜀葵和龙葵等。冬葵今称"冬寒菜"，古称为百菜之主，《齐民要术》说，葵"不拘肥瘠，地皆有之"。龙葵，《蜀中广记·方物记·食馔》载："《本草》，益州有苦菜，即龙葵也。"在北宋时，龙葵还成为向朝廷进贡的土产，《太平寰宇记》所载的益州土产蔬菜就有"龙葵"②。还有蜀葵，今又名棋盘花，唐宋时在蜀中庭院间普遍种植。宋祁的《蜀葵》说："红白相嗣繁，色钝香亦浅。相对庭户间，俗尚焉能免。"③蜀葵嫩叶可食，为蔬菜之一种。

巢菜，有大小两种，均为蜀中民间最为普及的蔬菜。大巢菜为豆科野豌豆属，原产自欧洲南部、亚洲西部，是一年生或越年生豆科草本植物，古人称为薇菜，即不结果实的野豌豆。唐李峤的《二月奉教作》："和风泛紫若，柔露濯青薇。"说明唐代春天采薇菜已成风俗。小巢菜学名叫苜蓿，也是一种越年生蔓性豆科草本植物。苜蓿也是一种从西域传来的植物，既是很好的肥料，又是优质的饲料。巢菜今俗称"苕菜"，春天铺满田地的紫色的苕菜花，曾是成都平原乡野中常见的景象。

芸苔，为十字花科芸苔属芸苔种中的植物油菜，其嫩茎叶和

---

① 温庭筠：《锦城曲》，载《全蜀艺文志》卷5，线装书局2003年版。
② 乐史：《太平寰宇记》卷72，中华书局2007年版。
③ 宋祁：《蜀葵》，载袁说友等编《成都文类》卷10，中华书局2011年版。

花梗亦称为芸苔，今成都俗称"油菜尖"。芥菜，为一年或二年生草本植物，有若干品种，如叶用芥菜，今称"雪里红"；茎用芥菜，今称"榨菜"；根用芥菜，今称"大头菜"等。芥菜科中的大头菜，古代称为蔓菁，又名芜菁。芸苔和芥菜早在两晋南北朝时，蜀中即已作为蔬菜普遍栽种。

其他如莴笋、芹菜、韭菜、葱、薤等，也是当时蜀中普遍种植的蔬菜。莴笋又名莴苣，杜甫在蜀中写的《种莴苣》诗序说："既雨已秋，堂下理小畦，隔种一两席许莴苣，向二旬矣。按莴苣，江东名莴笋。"[1]

除了园圃蔬菜外，山野间的野生蔬菜这一时期也已进入蜀中食谱。其中较著名的有蕺菜和蕨菜。蕺菜为多年生草本植物，茎上有节，叶互生。茎和叶有腥味，全草入药，亦称"鱼腥草"，其根嫩白，今俗名又称"折耳根"，为成都人日常餐食中最喜爱的爽口嘉蔬。蕨菜属于蕨类植物门的蕨科，蕨为林地、灌丛、荒山草坡最常见的植物，为大型多年生草本。春天长出的嫩叶，俗称蕨菜，清香可口，有"山珍之王"的美称。

姜、蒜和椒是蜀中传统的蔬食和调味品。姜，姜科姜属植物，也称"生姜"，有刺激性香味的根茎。生姜含有姜辣素，味辛、性微温，具有解毒杀菌的作用，根茎鲜品或干品可以作为调味品。蒜，为一年生或二年生草本植物，味辛辣，古称葫，又称葫蒜。以其鳞茎、蒜薹、幼株供食用。大蒜原产于欧洲南部和中亚，最早在古埃及、古罗马、古希腊等地中海沿岸国家栽培，汉代由张骞从西域引入中国，后遍及全国。大蒜传入中国后，很快成为人们日常生活中的美蔬和佳料，作为蔬菜与葱、韭菜并重，作为调料与盐、豉齐名，食用方式也多种多

---

[1] 杜甫：《种莴苣》，载《全唐诗》卷221，黄山书社1999年版，第1582页。

样。椒，指花椒，为落叶灌木或小乔木，原产于我国北部至西南部地区，为川菜传统调味品。汉晋到隋唐时期，成都平原上普遍种植姜、蒜、椒，并作为菜肴及调味品。①

二 水果

晋左思的《蜀都赋》中，对成都出产的果木，就有生动的描述，汉晋时期成都郊外，"夹江傍山，栋宇相望，桑梓接连。家有盐泉之井，户有橘柚之园。其园则有林擒枇杷，橙柿樗榯，樕桃函列，梅李罗生，百果甲宅，异色同荣。朱樱春熟，素柰夏成。若乃大火流，凉风厉，白露凝，微霜结，紫梨津润，橡栗罅发，蒲桃乱溃，石榴竞裂，甘至自零，芬芳酷烈"。成都平原及周边山地丘陵，"家有盐泉之井，户有橘柚之园"。盛产种类繁多的水果，如橘、柚、林禽、枇杷、橙、柿、桃、梅、李、樱、梨、栗、葡萄、石榴等，气味芬芳，色泽喜人，一年四季都有时鲜水果可供采摘。元明时期，据天启《成都府志》记载：果实类别众多，有桃、李、杏、樱桃、枇杷、梅、柑、桔、梨、栗、柿、枣、石榴、银杏、胡桃、金橘、水晶葡萄、林擒、荸荠、莲子等数十种。

两晋南北朝隋唐时期，成都最著名的水果为橘和柚。橘和柚均是芸香科柑橘属的水果。柑橘属的水果，包括橘、柚、柑、橙等多个品系，在成都平原及周边地区广泛栽种。宋人郭思的《秋日游合江戏题之亭上》，更是形象地描绘了成都郊外锦江边的橘园景象："秋风锦水乐无涯，独上亭轩四望嘉。橘子满林金作块，芦梢拂岸雪飞花。"② 黄

---

① 谢元鲁：《成都通史》卷3，《两晋南北朝隋唐时期》，四川人民出版社2011年版，第205—212页。
② 郭思：《秋日游合江戏题之亭上》，载袁说友等编《成都文类》卷8，中华书局2011年版。

金色的秋橘，映衬在碧叶和芦花之中，正是绝好的秋景。

桃与梨是我国历史上各地栽培最为普遍的果树，在隋唐时代的成都亦很多。桃是一种果实作为水果的落叶小乔木，花可以观赏，果实多汁味美。梨的栽培起源亦早，根据《诗经》和《齐民要术》等古籍记载，我国梨树栽培的历史在 4000 年以上。成都周边出产的梨品质优良，早在南北朝时即已闻名于世。如梁沈约的《应诏咏梨》："大谷来既重，岷山道又难。"① 梁刘孝绰的《于座应令咏梨花》："玉垒称津润，金谷咏芳菲。"② 都是说岷山和都江堰的玉垒山一带的梨品质优良，驰名全国。

林檎又名花红、沙果。宋代的张冕有诗云："海棠栽植遍尘寰，未必成都欲咏难。山木瓜开千颗颗，水林檎发一攒攒。"③ 把林檎、木瓜和海棠并列为成都常见果木。

李、梅子和樱桃也是隋唐时期成都常见的水果。杜甫的《诣徐卿觅果栽》："草堂少花今欲栽，不问绿李与黄梅。石笋街中却归去，果园坊里为求来。"④ 可见杜甫在成都草堂中种植的梅与李也很多。成都的梅煎在唐代还列入进献朝廷的土贡之列，可见梅子的品质十分优良。⑤

但隋唐时期成都最引人注目的水果则是荔枝。《扶南记》记载："荔枝始传于汉世，初惟出岭南，后出蜀中。"说明荔枝从汉代传播开来，当初只产于岭南，后来才传播到四川地区。早在汉晋时期，成都的邛崃山地就有野生荔枝生长。晋左思的《蜀都赋》说："邛竹缘岭，

---

① 沈约：《应诏咏梨》，载《汉魏六朝百三家集》卷 88，文渊阁四库全书本。
② 刘孝绰：《于座应令咏梨花》，载《汉魏六朝百三家集》卷 96，文渊阁四库全书本。
③ 陈思：《海棠谱》卷中，四库全书本。
④ 杜甫：《诣徐卿觅果栽》，载《全唐诗》卷 226，黄山书社 1999 年版。
⑤ 范成大：《上巳日万岁池坐上呈提刑程咏之》，载袁说友等编《成都文类》卷 9，中华书局 2011 年版。

菌桂临崖。旁挺龙目，侧生荔枝。布绿叶之萋萋，结朱实之离离。"①对荔枝生长地的地形、植被环境以及荔枝的枝叶与果实特点做了生动细致的描述。到唐代，对成都荔枝的记载更多。统治者又偏爱荔枝，这就促进了四川荔枝的兴盛，故有"蜀中之品，在唐为盛"的说法。唐张籍的《成都曲》："锦江近西烟水绿，新雨山头荔枝熟。"② 说成都郊外即有荔枝生长。与此同时，唐代荔枝进贡形成了专业的荔枝道，荔枝道从涪州乐温县出发，取陆路通州、万源，翻越巴山至洋州，再循子午道至京师长安，全长2000里左右，驿速提高后，一日夜可达六七百里，故而三日之内就能到达长安。《方舆胜览》卷六十八引《洋川志》载："杨贵妃嗜生荔枝，诏驿自涪陵由达州取西乡入子午谷至长安才三日，香色俱未变。"

直到北宋时，成都依然出产荔枝，薛田的《成都书事百韵诗》说："月季冒霜秋肯挫，荔枝冲瘴夏宜然。"③ 把荔枝与月季同作为顺应季节变化的物种，可见当时成都荔枝种植仍很普遍。苏颂的《图经本草》说："荔枝，今蜀之嘉、蜀、渝、涪州及二广州郡皆有之。其品以闽中为第一，蜀州次之，岭南为下。"④ 苏颂为北宋仁宗时太常博士，书中所说蜀州荔枝为天下第二，蜀州即今成都西部的崇州，可见直到宋代，成都所出产荔枝品质依然优良，为全国所熟知。

成都在汉唐时期，气温高于现在2~3摄氏度，适于荔枝树生长结实。但从南宋时起，中国气候由温暖湿润转变为干燥寒冷，四川盆地除南部长江沿岸地区外，均不再适于荔枝生长，因此成都在宋代以后

---

① 左思：《蜀都赋》，载袁说友等编《成都文类》卷1，中华书局2011年版。
② 张籍：《成都曲》，载《全唐诗》卷382，黄山书社1999年版。
③ 薛田：《成都书事百韵诗》，载《全蜀艺文志》卷5，线装书局2003年版。
④ 李时珍：《本草纲目》卷31 "果之三荔枝"，集解引苏颂《图经本草》，崇文书局2015年版。

不再出现荔枝成荫的盛况。今日之成都更早已不再种植。①

无论从水果的培育种植历史还是从水果的种类、产量以及其他各方面，四川都是全国当之无愧的"水果大省"。多样的气候类型为四川果树资源的多样性和产业发展的多样性提供了优越的条件，随着时代的发展和多年的努力，造就了早熟水蜜桃、早熟梨、优质枇杷、红肉猕猴桃、晚熟杧果、晚熟荔枝、晚熟龙眼、晚熟柑橘等一大批在全国独具优势的特色水果产业，四川水果产业已成为助推产业精准扶贫和乡村振兴的重要产业之一。②

第三节　川茶

茶，发乎神农，闻于周公，兴于唐，盛于宋，具有药用、食用、饮用三大用途，位列世界三大无酒精饮料（可可、咖啡、茶）之一，是中国三大传统出口产品（丝绸、陶瓷、茶叶）之一。

四川是我国茶叶的原产地之一，是古籍记载中可知的历史最久远的产茶区和饮茶地。《神农本草》记载："茶树生益城山谷、山陵道旁，凌冬不死。"《华阳国志·巴志》称周武王时期，巴国（今四川）有香茗，并把其作为贡品。公元前59年，西汉王褒所作的《僮约》中有"武阳（今眉山市彭山区）买茶""烹茶尽具"的记载，可见当时蜀地已经有了茶叶集市，饮茶已成为社会风尚。③ 这两句话，是涉及我国茶具、茶叶交易和我国茶文化历史的最早、最可靠的文字史料。武阳从此也成为我国茶史、世界茶史中第一个被文字记载的、最早的茶市，

---

① 蓝勇：《历史时期西南地区荔枝种植分布研究》，《古代交通生态研究与实地考察》，四川人民出版社1999年版。

② 姜德波、汝刚、秦永：《劳动力转移、技术进步与粮食产量——基于中国主要产粮省份的经验分析》，《南京审计大学学报》2017年第1期。

③ 向晓东：《品味川茶历史　弘扬川茶文化》，《四川档案》2017年第5期。

说明当时成都或其附近已有专门的大型茶市。

茶树喜温、喜湿、耐阴。四川地处北纬30度，气温、降雨量、湿度、土壤都适宜茶树生长，尤其是蒙顶山、峨眉山独特的高山环境，为茶树提供了得天独厚的生长条件，多种茶叶闻名全国。

成都是世界种茶、饮茶和茶文化的起源地。在我国饮茶史（当然也是世界饮茶史）上，巴蜀地区有十个第一。①

一是我国先秦时期，在巴族地区即今川东鄂西地区最早将茶作为药物食用，故而《茶经》开篇第一句论"茶之源"时就说："茶者，南方之嘉木也，一尺、二尺，乃至数十尺，其巴山、峡川，有两人合抱者。"但各地的称呼不同，到了西汉时，文献中有三处记载，即司马相如的《凡将篇》、扬雄的《方言》、王褒的《僮约》，全部出于巴蜀。

二是茶叶作为饮料的最早文字记载（实际生活中当然还要早），有上述《僮约》中的"烹茶尽具"；三国时魏人张揖所撰《埤仓》中的"茶，今蜀人以作饮"（《尔雅释文》引）；张揖所撰《广雅》中的"荆巴间采茶作饼…其饮醒酒，令人不眠"（《太平御览》卷八六七引）。以茶为饮料的风习，是从蜀地传到中原及其他各地的。顾炎武在《日知录》卷七《茶》中就曾明确指出："自秦人取蜀而后，始有茗饮之事。"

三是最早将野生茶树变为人工栽培，是在巴蜀地区，这已是茶史专家的一致看法。如陈椽在《茶叶通史》中说："我国最早的茶事记载都在四川"，"四川茶树栽培可道追溯到西周初年"。陈祖梨、朱自振在《中国茶叶历史资料选辑·导言》中说："我国饮茶和把茶叶的生产发展为一种事业，不是北方而是从四川开始的。"②

---

① 袁庭栋：《巴蜀文化志》，第235页。四川出版集团巴蜀书社2009年版。
② 参见陈椽《茶叶通史》，农业出版社1984年版；陈祖渠、朱自振《中国茶叶历史资料选辑》，农业出版社1981年版。

四是茶叶作为商品的最早文字记载，也见于上述《僮约》："牵犬贩鹅，武阳买茶。"武阳，即今彭山区。彭山至今仍产茶，而且在仙女山（古称彭望山）顶有古茶园。

五是最早明确记载各地出产好茶的可靠文献是蜀中晋代史学家常璩的《华阳国志》，书中有几处记载，如《蜀志》："什邡县，山出好茶"，"南安、武阳皆出名茶"；《巴志》涪陵郡，"惟出茶"。

六是目前可知姓名的最早的种茶人是西汉宣帝年间在名山县蒙山种茶的吴理真，他种茶的时间与王褒写《僮约》的时间大致同时。宋孝宗曾追封吴理真为甘露禅师，历代供祀吴理真的石屋至今仍在蒙山。吴理真种茶的事在山上的历代碑刻与四川的多种地方均有记载，从无异辞。也得到近代茶叶研究家的承认。目前已知的最早的人工种茶的茶园，是名山县蒙山顶上的上清峰茶园（今称为"皇茶园"），遗址至今仍存，可供观赏。

七是将茶叶作为中央贡品的最早记载，见于《华阳国志·巴志》："园有芳蒻、香茗"；"丹、漆、茶、蜜……皆纳贡之"。我国第一次被誉为全国名茶之冠的茶叶是蒙顶茶。唐人李肇的《唐国史补》卷下载："风俗贵茶，茶之名品益众，剑南有蒙顶石花，或小方，或散牙，号为第一。"

八是目前已知的最早开茶馆卖煮好之茶的是一位"蜀妪"，事见西晋人傅咸的《司隶教》："南方有蜀妪做茶粥卖之"，这位"蜀妪"应是今天四川数不清的茶馆业主的鼻祖。我国饮茶方法古今不同，宋以前无冲泡茶，而是先做饼后煮粥的"茶粥"。今天四川还有一种小吃叫"油茶"，正是古人"茶粥"的余绪。

九是目前已知最早的大型商品化茶园出现在唐代蜀中的彭州。见《太平广记》卷三七《阳平谪仙》条："初，九陇（今彭州）人张守珪，仙君山有茶园，每岁召采茶人力百余人，男女佣功者杂处园中。"

（按相同内容又见于《云笈七籤·二十八治》）有男女佣工百余人的茶园，已是规模不小的茶园，必然经过了一个很长的发展过程。

十是最早记载茶叶的文学家是蜀中的汉代著名文学家司马相如、扬雄与王褒，不特此也，现存最早的一首咏茶诗也出现在成都，即西晋张载的《登成都白菟楼》："芳茶冠六清，溢味播九区。人生苟安乐，兹土聊可娱。"

如上所述，巴蜀地区是全世界名副其实的茶饮之乡，在世界饮茶史上的十个第一，将永载史册。①

我国茶业和茶叶文化，在先秦时期首先孕育于或者说初兴于成都及其附近地区。清初学者顾炎武考察研究中国古代茶事，得出结论："自秦取蜀而后，始有茗饮之事"，认为饮茶是秦统一巴蜀之后才在中原地区传播开来的。

秦汉时期，蜀人又称茶为荼（音茶）、葭萌、蔎、诧、荈诧、茶荈；外地人称其为茗、蔎等。从文献记录看，秦汉时期成都人饮茶已极普遍。成都"市"上和成都城邑内还有一些小型的茶市。扬雄的《蜀都赋》说成都"百华（花）投春，隆隐芬芳。蔓茗荧郁，翠紫青黄"，揭示出当时蜀人普遍种茶、饮茶。

到了隋唐时期，茶、桑成为支撑隋唐时期成都农业的重要支柱。唐陆羽的《茶经》中，记载了当时产茶的31个州，川西平原及其周围地区就占有彭、绵、眉、邛、雅、蜀、汉七州，其中成都府所属雅州蒙顶茶列为最上品，驰名全国，成为皇室的贡品，"扬子江中水，蒙顶山上茶"，是古今赞美蒙顶茶的名句。这说明了成都地区茶叶生产的发达。韩愈在宴请河南府秀才时作诗说："芳茶出蜀门，好酒浓且清。何能充欢燕，庶以露厥诚。"②

---

① 袁庭栋：《巴蜀文化志》，巴蜀书社2009年版，第235—236页。
② 韩愈：《燕河南府秀才得生字》，载《全唐诗》卷339，黄山书社1999年版。

五代两宋时期，成都地区茶叶生产取得了较大的发展。北宋蜀人范镇说道："蜀之产茶凡八处，即雅州之蒙顶、蜀州之味江、邛州之火井、嘉州之中峰、彭州之期口、汉州之杨村、绵州之兽目、利州之罗村。"[1] 这八处当是产茶最多、茶质优良的地区，其中成都地区就列有蜀州、邛州、彭州三处，可见成都地区也是一个重要的产茶区。宋代成都地区的茶叶生产是一种分工生产，同时出现了雇佣生产关系以及茶叶包买商，这些都反映了成都地区茶叶的发展和茶园经营方式的进步。宋代四川地区的茶业承担着与西北、西南少数民族进行战马交换的职能，而成都设有茶马司管理茶马贸易，是茶马贸易的中心地区，因此茶马贸易也从侧面反映了宋代成都地区茶业的发展。

到了元明时期，四川的制茶工艺得到发展和创新。元代川茶的制法，仍继承宋代传统，以制末茶、饼茶为主，只不过在碾磨的石质工具和点香品类方面多了一些讲究。官宦人家所用之茶的制作方法更是精益求精。元末，明玉珍据蜀，命宫人碾制海棠花茶，"取涪江青麻石为茶磨，命宫人以武隆雪锦茶碾之，焙以大邑县香靠亭海棠花，味倍于常。海棠无香，独此地有香，焙茶尤妙"[2]。明代在制茶上有革命性的变化，即宋元时期的散茶——叶茶制作从少许变成了制茶的主流，而末茶、饼茶逐渐被淘汰。制作上，元代以前是"蒸青"，明代是"炒青"。明代的叶茶，按政府课茶的要求，有芽茶、叶茶、乌茶、剪刀粗茶等4个品种。芽茶，以初春嫩芽所制，是上品；叶茶，以清明后萌发的叶片所制；乌茶是由较老的叶蒸压而成，茶叶中青边黑；剪刀茶，是秋季采摘的连枝带叶的粗茶，民间又称"刀子茶"，茶色味俱浓，但不经泡，这是下等茶，主要供应藏区，故又称"吐蕃茶"。明朝政府用于"茶马贸易"的边茶，主要是"剪刀茶"，也有"乌茶"。

---

[1] 范镇：《东斋记事》卷4，中华书局1980年版，第37页。
[2] 孔迩：《云蕉馆纪谈》，丛书集成初编本。

一 蒙顶茶

传说蒙顶茶是西汉末年甘露寺普慧禅师吴理真精心种植而成的,他在蒙山五顶中最高的上清峰顶种植的七棵茶,成为当地茶树之祖,蒙顶山的其他茶树都是由它们逐渐繁育起来的。吴理真蒙山种茶一事不见于正史记载,但西汉时成都附近的武阳(今彭山区)就已出现茶市[①],其周边地区应已有茶树种植。武阳与蒙山相去不远,茶的种植技艺传播到这里,也是完全可能的。到了唐代,蒙顶茶已成为贡茶,受到人们无比的喜爱和赞赏。白居易的《琴茶》将蒙顶茶与著名琴曲《渌水》相提并论,称"琴里知闻唯渌水,茶中故旧是蒙山"[②]。唐诗人郑谷入蜀后,吟诗称颂说,"夜无多雨晓生尘,草色岚光日日新。蒙顶茶畦千点露,浣花笺纸一溪春"。把蒙顶茶叶与浣花笺纸这两种产品,并列为唐代成都最著名的产品。从唐代开始,蒙顶茶作为贡茶,岁岁皆进贡朝廷,一直沿袭到清代长达一千余年,这在中国茶叶史上十分罕见。

蒙顶茶之所以成为千年贡品、人间第一茶,与它绝佳的生长环境和优异品质密切相关。蒙顶山位于四川邛崃山脉中段、成都平原之西,地跨名山、雅安两县,蒙顶五峰环列,状若莲花,最高峰上清峰,海拔1456米。山上古木参天,山势巍峨,峰峦叠秀,云遮雾绕,年平均气温15℃,年降雨量1800~2000毫米,空气湿润。这一切使得茶树生长茂盛、茶叶品质优异。

蒙顶茶是蒙山出产的各类名茶的总称,包括雷鸣、雾钟、雀舌、白毫、鸟嘴、龙团、凤饼等,采制都很精细,品质十分优异。其中,

---

① 王褒:《僮约》:"牵牛贩鹅,武阳买茶。"参见《汉魏六朝百三家集》卷6,清文渊阁四库全书本。
② 白居易:《琴茶》,载《全唐诗》卷448,黄山书社1999年版。

最著名、品质最佳的有蒙顶甘露、蒙顶黄芽。以蒙顶甘露而言,它采摘细嫩,每年春分时节,当茶园中5%左右的茶芽发出时便开始采摘,只选择单芽或一芽一叶初展者,通过高温杀青、三炒三揉、解块整形、精细烘焙等工序加工而成。此茶外形紧卷多毫,嫩绿色润,香气馥郁,泡出的茶汤不仅色碧微黄、清澈明亮,而且滋味鲜爽、浓郁回甜,名扬天下。

唐孟郊的《凭周况先辈于朝贤乞茶》:"蒙茗玉花尽,越瓯荷叶空。锦水有鲜色,蜀山饶芳丛。云根才剪绿,印缝已霏红。曾向贵人得,最将诗叟同。"① 蒙山茶树初春方吐绿,即已采摘新茶,只有富贵之家,才能一品芳茗。施肩吾的《蜀茗词》:"越碗初盛蜀茗新,薄烟轻处搅来匀。山僧问我将何比,欲道琼浆却畏嗔。"② 以越地的茶具盛蜀地新茶,堪比最美的琼浆。

二 青城茶

另一种唐代的成都名茶是青城茶。青城茶产于成都府的蜀州和彭州境内的青城山区。青城山素来号称"纵横八百里,有峰三十六"。在层峦叠嶂的山峰中,云雾飘渺,古木参天,曲径通幽,有"青城天下幽"之誉。这里的土壤、气候十分适宜茶树的生长。唐代陆羽的《茶经》载:"青城县有散茶、贡茶。"青城茶的品种较多,五代时毛文锡的《茶谱》言:"青城,其横芽、雀舌、鸟嘴、麦颗,盖取其嫩芽所造。"这些茶叶形状与名称俱佳,颇含雅意。青城茶叶小而嫩,其芽犹如"六出花",品质极佳,为皇室贡品,又称为"青城贡茶"。

---

① 孟郊:《凭周况先辈于朝贤乞茶》,载《全唐诗》卷380,黄山书社1999年版。
② 施肩吾:《蜀茗词》,载《全唐诗》卷494,黄山书社1999年版。

三 盖碗茶

唐代蜀中产生了独具特色的茶具"盖碗茶",包括茶盖、茶碗、茶船三部分。茶船,又叫茶舟,即承受茶碗的茶托。据记载,唐德宗建中年间,西川节度使崔宁的女儿因喝茶时,直接用手端茶杯烫手,于是将茶杯放入木盘中承托,为了防止喝茶时杯倾倒,又设法用蜡融化后将木盘中央环上一圈,使杯子便于固定。这便是最早的茶船。后来,她又命工匠用漆环代替蜡,使杯与盘可合可分。对此发明,人人称便。以后茶船的形制和材料日益新奇,最后基本固定为茶盖、茶碗为瓷器,圆形茶船为金属制成,正中有一圆形凹坑,正好可使茶碗圈足嵌之。与其他茶具相比,三件头的盖碗茶具有明显的优越性。茶船既可固定茶碗,又方便端放;茶碗大小适当,可不断更换茶水,并保持温度和新鲜度;茶盖既可使茶水保温,也可用来调茶水并阻挡茶叶,从而方便饮用。

"四川茶馆甲天下",素来为人们所津津乐道,其中尤以成都为甚。清宣统元年(1909),成都平均每条街道就有一家茶馆。随着经济社会的发展,如今,成都茶馆发展到2万余家,饮茶、品茶、论茶以及以茶为中心的休闲生活已成为成都一道靓丽的风景。

第四节 川酒

提到成都,除了得天独厚的自然环境,丰饶的果蔬,和历经几千年的川茶,川酒也是人们津津乐道的话题。

成都酿酒历史悠久。秦汉时期,人口剧增,交通改善,市场空前扩大,酿酒业也又有了很大发展。汉代成都饮酒之风盛行,官吏富豪、文人墨客、百姓民众都饮酒,甚至奴仆也普遍饮酒。《僮约》就曾限制奴仆"不得嗜酒。欲饮美酒，唯得染唇渍口，不得倾杯覆斗"①。

"卜肆至今多寂寞，酒垆从古擅风流。"② 唐李商隐的这首诗歌，对秦汉以来，成都就是一个佳酿辈出、诗酒风流的城市，做了形象的描述。

秦及西汉初期，成都城邑内外出现了专门酿酒的作坊，市场中有专门批发酒的商铺，路边道旁涌现一大批专门沽酒的小店。道上常见推酒的独轮车、挑酒的挑夫。正是在这一文化背景下，发生了"文君当垆，相如涤器"的故事。司马相如与卓文君结合后，在成都一贫如洗，无以为生。他二人回到临邛，卖了车骑，买了一间小酒馆。相如穿上犊鼻裈（围裙或裤子，犹成都今日所言"窑裤"），与招聘的小工庸保一起跑堂，刷洗碗盘酒杯，干杂活，等等。当时饮酒，需先将酒烫热。文君当垆，即亲自掌刀切菜，为客人烫酒等。

武帝时期，曾一度"禁民酤酿"，不准百姓酿酒与卖酒，但不久禁令就被冲破。蜀汉早期，也曾一度禁酒。当时规定酿酒有罪，要刑事处罚；甚至在百姓家中发现酿酒的工具，也要按酿酒罪论处。③

秦至蜀汉时期，成都地区的名酒有"少曲多米，一宿而熟"酿制简单的粮食酒"甘酒"、浓度较高的清醪酒以及用酚花酿制的酴醿酒。从当时成都高度发展的经济、文化水准看，从在上海发现汉代铜蒸馏器的情况看，汉代成都局部地区出现蒸馏酒是完全可能的。

两晋南北朝时期，成都的酿酒技术有了很大的发展，饮酒风气盛行于上层社会。晋朝左思的《蜀都赋》描绘了当时蜀都达官贵人饮酒享乐的场面："如其旧俗，终冬始春，吉日良辰，置酒高堂，以御嘉

---

① 罗开玉、谢辉：《成都通史 秦汉三国（蜀汉）时期》，四川人民出版社2011年版，第385页。
② 李商隐：《送崔珏往西川》，载《全唐诗》第10册，黄山书社1999年版。
③ 陈寿：《三国志》卷38《简雍传》，中华书局1975年版，第970页。

疊。金罍中坐，肴㮣四陈，觞以清醥，鲜以紫鳞。羽爵执竞，丝竹乃发，巴姬弹弦，汉女击节。起西音于促柱，歌江上之飂厉。纤长袖而屡舞，翩跹跹以裔裔。合樽促席，引满相罚，乐饮今夕，一醉累月。"左思说蜀都的宴会饮酒歌舞为沿袭已久的"旧俗"，可见饮酒已成为蜀地的风俗传统。"觞以清醥"的"清醥"是一种清酒。曹植的《酒赋》曰："宜城醪醴，苍梧缥清。或秋藏冬发，或春酿夏成；或云沸川涌，或素蚁如萍。""醪醴"即没有滤过糟滓的浊酒，"缥清"即"清醥"，亦即清酒。

北魏贾思勰在《齐民要术·七·笨曲饼酒》中详细记述了蜀酒的生产工艺。他说："蜀人作酴酒法，十二月朝，取流水五斗，渍小麦曲两斤，密泥封。至正月二月冻释，发泲去滓。但取汁三斗，谷米三斗，炊做饭，调强软合和；复密封数十日，便熟。合滓餐之，甘、辛、滑如甜酒味，不能醉人。多啖，温温小暖而面热也。"① 贾思勰对蜀人所作酴酒的特色做了详细的描述。酴酒是一种未过滤糟滓，又未经重酿的米酒，即后代的醪糟酒。南北朝萧梁时，萧子显的《美女篇》云："朝酤成都酒，暝数河间钱。"② 可见"成都酒"已成当时美酒的代语，具有很高的知名度，显示出南北朝时成都酿酒技术已日趋成熟和规范化。

唐代成都地区普遍酿酒，蜀地的酒业在两晋南北朝三百多年的发展基础上，酒的品种比两晋南北朝更多，产量更大。

一 成都春酒

唐代成都以出产春酒著称，史籍中对此有不少记载。《新唐书·地

---

① 贾思勰：《齐民要术》卷66，吉林文史出版社2018年版。
② （宋）郭茂倩编：《乐府诗集》，上海古籍出版社2016年版，第790页。

理志》载，成都府的土贡有生春酒①。《新唐书·德宗纪》又载大历十四年（779）闰五月，"癸未，罢梨园乐工三百人、剑南贡春酒"②。《旧唐书》载，大历十四年（779）德宗登位后，减轻民间贡赋，"剑南岁贡春酒十斛，罢之"。这就是说，在大历十四年以前，剑南道每年要向皇帝进贡十斛春酒。当时的剑南烧春曾是宫廷指定用酒。

李肇在《唐国史补》中记载了当时闻名全国的十几种美酒："郢州之富水，乌程之若下，荥阳之土窟春，富平之石冻春，剑南之烧春……"从以上记载可看出，唐代剑南道首府成都地区出产的剑南春酒名扬天下，成为难得的宫廷贡酒。唐代的春酒指春天酿造的酒。唐代用原始酿酒法酿酒，天气冷暖至关重要，天暖酿造的酒容易变酸。春天气温低，最适宜酿酒，这个季节酿出来的酒一般都是好酒。许多文人学士都称颂成都的春酒味美，对成都春酒情有独钟。

二　郫筒酒

郫筒酒是产自成都郊外郫县的一种佳酿。郫筒酒历史悠久，大致起源于魏晋时期。明代曹学佺的《蜀中广记》引唐代古《郫志》云："县人刳大竹，倾春酿其中，号郫桶酒（即郫筒酒）。相传山涛为郫令，用筼管酿荼蘼作酒，兼旬方开，香闻百步。"③ 正史中虽不载山涛为郫令，但至少表明郫筒酒可能创于魏晋之间。传说山涛酒量有八斗，遂附会其名，以广流传。唐代李德裕的从事张周封所著的《华阳风俗录》提到了这种酒的具体制法："郫人刳竹之大者，倾春酿于筒，包以藕丝，蔽以蕉叶，信宿香达于林外，然后断之以献，俗号郫筒酒。"④ 明

---

① 欧阳修：《新唐书》卷42《地理志》，中华书局1975年版，第1079页。
② 欧阳修：《新唐书》卷7《德宗纪》，中华书局1975年版，第184页。
③ 曹学佺：《蜀中广记》卷65《方物记》，清文渊阁四库全书本。
④ 陈耀文：《天中记》卷44引《风俗录》，清光绪四年刊本。

代学者王嗣奭认为此"香醪"即是郫筒酒。仇兆鳌注引《杜臆》:"香醪,指郫筒酒。"郫筒酒美,香甜宜人。杜甫自阆中归成都途中作诗回忆起这种美酒,"鱼知丙穴由来美,酒忆郫筒不用酤"①。

由上述记载可知,郫筒酒是一种用竹筒酿制的酒,是一种未过滤糟滓,又未经重酿的米酒,与近代四川农村家酿的甜醪糟相似。李商隐曾经在旅途中作诗提及此酒:"海石分棋子,郫筒当酒缸"②。竹筒盛酒,可谓别具一格。

三 青城山乳酒

青城山乳酒是道家酿制的一种传统酒品。杜甫诗云:"山瓶乳酒下青云,气味浓香幸见分。"③ 因其酒色似乳,气味浓香,所以称为乳酒。《全唐诗》中还载有青城丈人赠酒诗:"峨眉仙府静沉沉,玉液金华莫厌斟。"④ 青城丈人所赠太乙真君的酒称"玉液金华",饮之以保健延年,与杜甫诗中的乳酒当属一类。至今青城山所酿的"洞天乳酒",仍号称"青城四绝"之一。

四 临邛酒

邛州临邛县历来以出美酒闻名。西汉时司马相如与卓文君在此当垆卖酒,留下了千古佳话。临邛酒、文君酒屡屡为后世文人吟咏,俨然已成为蜀地美酒的代名词。曹学佺认为"烧春,酒名,其法始于卓

---

① 杜甫:《将赴成都草堂途中有作先寄严郑公五首》,载《全唐诗》卷288,黄山书社1999年版。
② 李商隐:《因书》,载《全唐诗》卷540,黄山书社1999年版。
③ 杜甫:《谢严中丞送青城山道士乳酒一瓶》,载《全唐诗》卷227,黄山书社1999年版。
④ 青城丈人:《送太乙真君酒》,载《全唐诗》卷862,黄山书社1999年版。

文君"①。《新唐书》载邛州土贡有酒杓②。酒杓既成为贡品,也反映出邛州酒业之盛。

五 荔枝绿

唐宋时代,宜宾"重碧"(又名荔枝绿、春碧)酒享誉全国。"重碧春酒",始见杜甫的《宴戎州杨使君东楼》,"重碧拈春酒,轻红擘荔枝。楼高欲愁思,横笛未休吹"。郭知达编《九家集注杜诗》"重碧拈春酒,轻红擘荔枝"句注:"食荔枝而饮春酒,盖煮酒也。"说明重碧也是春酒,属于"清酒"。宋代诗人黄庭坚在戎州写的7首诗词,几乎每首不离酒,酒名"荔枝绿"出现了2次,由此可见其对荔枝绿的钟爱。荔枝绿(即重碧春酒),为全国"公酝",即官家用酒。王公权家酿造的荔支(枝)绿酒则为戎州第一。南宋时,戎州重碧酒,仍然维持其酒中翘楚的地位。③

与其他地区的酒相比,唐时"成都酒"闻名全国,李商隐诗"美酒成都堪送老,当垆仍是卓文君"④,杜甫诗"岂无成都酒,忧国只细倾"⑤。唐代蜀地出产的酒具有如下显著特点。一是酒文化历史源远流长,影响甚广;二是酒精度较高;三是酒味浓香。

总的来说,唐代成都酒肆的普及程度大大超过了以往任何一个时代,唐代巴蜀地区酒业之盛,考其原因,首先,与当地酿酒历史悠久、饮酒之风盛行有关。在唐代诗人咏颂蜀地的诗歌中,大都把蜀地的美酒列为成都最具魅力的象征。宴饮风气发达,自然促进了酿酒业的发

---

① 曹学佺:《蜀中广记》卷104《诗话记》,清文渊阁《四库全书》本。
② 韦庄:《河传》,载《全唐诗》卷892,黄山书社1999年版。
③ 江玉祥:《重碧倾春酒 轻红擘荔枝——宜宾酒史札记》,《中华文化论坛》2009年第4期。
④ 李商隐:《杜工部蜀中离席》,载《全唐诗》卷539,黄山书社1999年版。
⑤ 杜甫:《八哀诗·赠左仆射郑国公严公武》,载《全唐诗》卷222,黄山书社1999年版。

展。其次，唐代四川经济繁荣，粮食产量高，为酒业的兴盛创造了条件。最后，四川盆地气候湿润，水质优良，所谓"自古好酒不离佳泉"，再加上主产大米、糯米、高粱、小麦等，使酿酒有着得天独厚的物产与自然资源。

而川酒的酿酒技术，也随着前行的时代步伐不断变革。中国蒸馏酒技术究竟出现于何时？现在学术界暂无定论。但蜀中地区是中国最早掌握此种技术的地区之一，这是毋置疑的。据我们的初步研究，蜀中普遍使用蒸馏技术来酿酒应在唐宋时期。① 与蒸馏同时并行的还有对工艺技术水平要求不高的传统的发酵酒。所谓发酵酒，即将米麦或果子加入酒曲发酵成酒，或将渣与汁一起饮，或滤出渣而只饮酒汁；而蒸馏酒是将其酿成的酒汁再行蒸馏，蒸气至锅顶冷凝为"酒露"，这就完全排除了发酵酒汁中的水分和渣滓。蒸馏酒液，颜色清亮而酒味浓烈。大多数学者认为，白酒蒸馏技术是元代才出现的，蒸馏酒代表着元明时期酿酒生产的新技术、新工艺②。

明代四川酿酒业，在川酒历史上占据着重要的一页。一方面，民间传统的一些品牌酒继续生产；另一方面，四川人采用了当时先进的蒸馏酒技术发展酿酒业③，并且出现了以酿酒为业的作坊"槽坊"。1958年，一组来自全国的考古文物和酿酒技术专家，对"国窖"名酒泸州大曲的酿造工艺和老窖窖龄进行专门考察与研究，一致认为这些老窖建成于明代后期，"三百年老窖"名副其实④。绵竹酿酒，唐朝已名扬天下，历朝绵延不断，剑南"烧春"曾作为宫廷贡酒，其酒质酒力大为文人称道，"烧春"也变成了"烧酒"（白干）。但"烧"字未

---

① 参见杨玉华《"剑南烧春"的前世今生》，《文史杂志》2021年第6期。
② 李映发：《中国蒸馏酒的起源与发展》，《自然辩证法通讯》1993年第6期。
③ 李映发：《蒸馏酒的探源与勾兑》，载《酒都宜宾国际酒文化学术研讨会论文集》，神州食品出版社1992年版，第50—54页。
④ 泸州老窖史话编写组：《泸州老窖史话》，巴蜀书社1987年版，第24页。

变，这说明"剑南之烧春"即是用加温蒸馏（即"烧"）的方法酿制而成的。

1998年8月，四川全兴酒厂的成都水井街曲酒车间在进行厂房改建时，发现一处与酿酒密切相关的古代文物遗存。1999年3—4月，成都文物考古研究所、四川省文物考古研究所联合对水井街酒坊遗址进行了全面考古发掘，揭露面积达280平方米，发掘出晾堂三层数十处、酒窖8座、灶坑4座、灰坑4个、灰沟1条、蒸馏器基座一处，还发现少量明代、元代、宋代的瓷片。经专家们研究认定，第三层晾堂和路基的废弃年代为明代中期。始建于明代的这处遗址，清代曾经延续使用，当今全兴酒厂车间就建在这处古遗址上。由此可见此地酿酒的历史悠久和延续性。这种古今酿酒厂址、坊址相叠压的遗迹，属全国首例。1999年，该遗址发掘被评为全国十大考古新发现之一；2001年6月25日，国务院批准它为全国重点文物保护单位。[1] 据专家研究指出，水井街酒坊遗址考古发掘是目前国内，乃至世界上首例对古代酒坊遗址进行全面发掘的专题性考古发掘工作，为酿酒工艺研究提供了十分珍贵的实物资料。根据遗址内揭露的种类丰富的酿酒遗迹、出土的众多饮食器具遗物，可以复原出传统白酒酿造工艺的全部流程，该遗址堪称中国白酒的一部无字史书，可誉为中国白酒第一坊[2]。

随着时代的发展，五粮液、泸州老窖（高端者为"国窖1573"）、剑南春（高端者为"东方红"）、郎酒（又分青花郎、红花郎）、沱牌曲酒（高端者为"舍得"）、全兴大曲（高端者为"水井坊"）被誉为川酒"六朵金花"，除郎酒属酱香型风味外，其他五大品牌皆是浓香型白酒。由此，川酒在新时代也得到了持久的发展。

---

[1] 陈剑：《水井街酒坊遗址初步研究》，《四川文物》2001年第6期。
[2] 陈剑：《四川酒文化考古新发现述析》，《中华文化论坛》2001年第2期。

第五节　川菜及成都名小吃

提起西南地区的美食，人们通常第一时间会想起川渝两地的辣味美食。而成都真的是一个很讲究吃的地方。

如前文提到的，成都因其地理区位、气候等优越条件，物产丰富，宜业宜居宜生活，被誉为"天府之国"，在这片土地上的先人们也通过自己的努力和创造，将美食、川茶、川酒流传到了今天。这也能看出，在这片土地上的居民对生活发自心底的热爱和追求，同样的，对美食的追求，他们也从未停歇。

一　川菜的发展

蜀人好辛香美味，好娱乐游玩的风气，大概秦汉时已形成，经魏晋南北朝之发展而造极于唐宋时期。两宋以降，此风不替。明代中后期，随着商品经济的发展，社会物质财富的增加，人们的享受欲望不断膨胀，改变着人们的生活方式，其结果必然由俭而奢，于是，浮靡奢侈之风又盛行起来。正是在这种背景下，重娱乐、重消费、重享受、重排场就成为城市社会生活追逐的目标。

严格说来清代成都人并不都是明代成都人的延续，而是南北各省移民长期融合、繁衍形成的。经过清代二百多年混居同处，形成以汉族为主体，包括满、蒙、回、藏、羌、苗等族在内的多民族成都居民。尽管各民族生活习惯、风土人情、饮食习俗不一，但随着岁月流逝，饮食习俗互相兼容，日常一日三餐或一日两餐，稀饭、干饭、面条、杂粮搭配主食，玉米红薯作糊，十天半月打个"牙祭"，大体是你中有我、我中有你，求同存异、和而不同，但在正规餐饮、宴席上，或在迎新送旧的庆典上，形成了成都的饮食典范。

1912—1949年间，即使是在不太平的日子里，成都人忙里偷闲地发明了若干种吃的办法，这不得不说是一件饶有兴味的事情。由于成都位于天府之国的腹心地带，物产十分丰富，食品原料品种也很多，因此饮食选择的余地很大，成都人吃的方式也多种多样，而且不断地改进和创新，这成为成都被称为美食之都的一个重要原因。

19世纪初，成都的蔬菜品种约有57个，至1910年，发展为113个[1]。据清末《成都通览》记载："成都地土肥沃，近城一带蔬菜繁盛，城外则城根周围一带皆菜地，城内之隙地种菜者数十户"。城内有菜园31处，售菜市场10处，每天"菜担甚多，沿街挑卖"[2]。农业的发达及农产品的丰富为成都市民的饮食生活提供了极大的方便，并且使成都的饮食消费生活极其发达，这反映在川菜、小吃和酒菜饭馆的变化等方面。

近代以来，成都政治动荡，军阀割据，人口增多，川菜的发展并未受到限制，反而进入一个新的发展时期。近代川菜的发展大致经历了以下几个阶段。

第一，清末民初，现代川菜口味基本形成。清代前期，川菜处于长期停滞阶段，清末士绅讲求革新、崇尚新学，川菜也获得大发展，兼纳百家、博采众长，由相对粗疏、程式化走向精华、细腻、花样翻新，以麻辣见长的口味基本形成。

第二，防区制时代，川菜获得进一步发展。成都实行防区制时期，各路军阀轮番进驻成都，从下江、川东引进大量外地菜肴，外省馆子也陆续在成都出现，使川菜有机会兼收并蓄，推陈出新。

第三，抗战时期，川菜逐渐成熟。抗战时期，大量外籍人士来川，

---

[1] 杨为宪：《浅谈成都的蔬菜》，《成都志通讯》1988年第4期。
[2] 傅崇矩编：《成都通览》，巴蜀书社1987年版，第34页。

带来新的菜肴烹制技术和方法，西式的油炸、生菜等做法对川菜也产生了一定影响。川菜获得又一次发展的机会，逐渐走向成熟。

从川菜在近代的发展可以看出，川菜是在成都社会处于极度动荡、人口增多的时期获得发展机遇的。人口聚集，外来人口增多是川菜获得发展的一个重要因素。20世纪20—30年代，成都筵蒸业（餐饮业）发展壮大到每月就有一次集会，由各大餐馆轮流做东，宴请同行，各家都以自己的名菜献技。据时为记者的车辐先生回忆："荣乐园的汤（加上蓝光荣的白案）、枕江楼龙元章的脆皮鱼、静宁的填鸭、哥哥传的坛子肉、蜀风的凉粉鲫鱼、广寒宫的豆瓣鱼、竟成园的芙蓉鸡片、颐之时的开水白菜与白汁鱼唇、耀华的西餐、撷英餐厅的北方大菜、明湖春的葱烧海参，还有四五六的江浙味、冠生园的广东味等，各显其能……"① 时局的变动并未对成都市民追求美食有丝毫的影响，相反，川菜因社会变迁得到了大发展，形成别具一格的风味和特色，一直流传至今。②

二 川菜和成都名小吃

（一）川菜

川菜是成都人的主要饮食，历史悠久。西汉扬雄的《蜀都赋》、西晋左思的《蜀都赋》对川菜都有过记载；唐代诗人杜甫流寓四川，对川菜赞不绝口；南宋诗人陆游自蜀返浙后，自称"未尝举箸忘吾蜀"。可见，川菜在唐宋时期就已脍炙人口。明清时期，大量外籍官员入川，厨师随行，把南北菜系的特点带进四川，川菜由此吸收南北各家之长，形成一套比较完整的烹饪技术，与鲁菜、京菜、粤菜构成

---

① 王泽华、王鹤：《民国时期的老成都》，四川文艺出版社1999年版，第89页。
② 张莉红、张学君：《成都通史 民国时期》，四川人民出版社2011年版，第379页。

我国四大菜系。①

正宗川菜,其风味特色可以概括为清鲜醇浓并重,以清鲜为上;广集民间风味,以麻、辣兼备见长;烹制方法多种多样,以干烧干煸、爆火煎炒驰名;选料范围极广,以禽畜鱼品蔬鲜为主;刀工技法特殊,贵在快、稳、精、巧,能雕出动人图案,能切出赏心悦目的菜肴花样,如凤尾、腰花、荔枝肉花等。川菜作料十分讲究,如名产叙府芽菜、资中冬菜、涪陵榨菜、永川豆豉、郫县豆瓣、夹江豆腐乳、保宁醋等均为正宗川菜调味佳品。仅以主要作料酱油而论,成都正宗川菜使用的老号名品就有犀浦酱油、德阳窝油、中坝口茉酱油、成都太和酱油、白豆油、甜红酱油等十余种。厨师依据不同菜肴的色香味要求,配备不同作料,制作出色香味美、花样翻新的菜肴。川菜特别注重色、香、味、形,尤其强调口味,因此人们对川菜的评价有:"一菜一格,百菜百味。"川菜的特色菜既有大众菜如"回锅肉""宫保鸡丁""白油肝片""水煮肉片"等,又有高档名菜如"干烧鱼翅""蟹黄凤尾""红烧熊掌"等。如宫保鸡丁,传说是四川总督丁宝桢发明的一道颇具地方风味的糊辣鲜香的菜肴,因他官职上加太子少保衔,故其菜冠以"宫保"。宫保鸡丁选取鲜嫩鸡胸脯肉切丁,将干海椒剪短下油锅煎成棕红色,取其红油香味,而后和鸡丁爆炒,加花椒、油酥花生米,调以糖醋合炒而成。宫保鸡丁热烫鲜嫩,富有糊辣香味,又略带荔枝般的甜酸香味,成为脍炙人口的美味。②

川菜名菜多达三百余种,按其烹制方法不同,可分为凉菜、炒菜、蒸菜、烧菜、汤菜等数十种。凉菜一类,就有红油、麻辣、椒麻、姜汁、蒜泥、白油、芥末、麻酱、糖醋、怪味、酸辣、咸甜等十多种风味。即使汤菜一类,亦分清汤、奶汤、红汤、鱼汤、毛汤等,制作方

---

① 张莉红、张学君:《成都通史 民国时期》,四川人民出版社2011年版,第377页。
② 张莉红、张学君:《成都通史 清时期》,四川人民出版社2011年版,第536页。

法精细、考究，风味迥异。川菜讲究配菜，按价格高低，配材高、中、低档全席。高级筵席，代表菜有干烧鱼翅、家常海参、红烧熊掌、清蒸江团、蟹黄凤尾、凉拌麂肉、孔雀开屏、熊猫戏竹、开水白菜、鸡蒙葵菜、干贝菜心、烤酥方、樟茶鸭、鸡豆花、干烧野鹿筋、冰糖银耳羹、枸杞牛尾等。这类席桌用料考究，制作精细，色香味俱美。普通筵席代表菜有粉蒸肉、咸烧白、甜烧白、烧什锦、烧杂绘、清蒸鸡鸭、清蒸肘子、酥肉汤，再配以韭黄肉丝、宫保肉丁、白油肝片等几样炒菜。这种席面，民间称之为"九大碗"，特点是就地取材，菜味鲜香，经济实惠。

(二) 辣椒的引入

1. 引入

1492年哥伦布登上了美洲大陆，当他发现辣椒时还以为这是欧洲大陆渴求的胡椒。当哥伦布把辣椒带到欧洲以后，地中海地区最先开始种植辣椒，并很快喜欢上辣椒的滋味。而辣椒最后的全球化可能要归功于葡萄牙人。葡萄牙人的贸易船队把辣椒作为其全球香料和调料贸易的主力，在印度南部建立第一个殖民地时便带去了辣椒，后来又将辣椒传播到其他地方。辣椒可以晒干，储存和运输都很方便，这个特点使它很快遍布全世界。

辣椒如何漂洋过海来到中国的说法很多。中国学者蒋慕东、王思明等认为，辣椒是从三个主要地点进入中国的，即从东南亚到中部沿海，从朝鲜进入东北以及通过荷兰人带入中国台湾。而认为从日本和中亚传进来的说法并不可信，因为中国种植辣椒的时间比日本还早，而中亚开始种植辣椒的年代与中国差不多。辣椒最有可能通过葡萄牙商人从海路先抵达当时属广东的澳门半岛，然后扩散到中国沿海，再逐渐向内陆和西部扩散，于1684年到达湖南和四川，最后传播到中国其他地区。直至今日，中国很多地方还把辣椒称为"海椒"，间接佐证了辣椒从海路而来。

2. 最早记载

就目前所发现的资料，中国关于辣椒的记载最早为明代高濂的《遵生八笺》中的以下文字："番椒丛生，白花，子俨秃笔头，味辣，色红。甚可观。"① 该书刊行于公元1591年，书中高濂将番椒记入"燕闲清赏笺"的"四时花纪"中，表明此时辣椒属于观赏植物而非食用蔬菜。高濂为钱塘（今浙江杭州）人，上引文字中记述辣椒栽培技术已较详备，可确信辣椒传入浙江的时间当比1591年早。比较与高濂同时代的李时珍编撰的《本草纲目》所记，没有涉及辣椒的文字。史载李时珍为编撰《本草纲目》，曾遍访湖广、江西、江苏、安徽等省。按《本草纲目》成书于1578年推断，此时辣椒还未流传到湖广、江西、江苏安徽等省份。综合高濂和李时珍所撰资料，可以确信辣椒在明末已进入中国，且最早出现在浙江杭州一带。

3. 观赏时期

明崇祯十二年（1639），上海人徐光启编撰的《农政全书》付梓，辣椒附记于"椒"条下："番椒，亦名秦椒，白花，子如秃笔头，色红鲜可观，味甚辣。"② 高濂的《遵生八笺》刊行后约八十年，辣椒仍作为观赏植物而种植，但作调味品使用，已见于文字记载。康熙十年（1671）《（浙江）山阴县志》记："辣茄，红色，状如菱，可以代椒。"③ 是最早记载国内用辣椒代替花椒或胡椒食用的地方志。但同时期1688年陈淏子所撰的《花镜》中仍将辣椒归属为花木，可见，此时辣椒替代花椒或胡椒可能只是偶尔为之，或仅限少数地方。也就是说，在1688年，辣椒仍属观赏植物。

---

① 高濂：《遵生八笺》，人民卫生出版社2007年版，第528页。
② 徐光启：《农政全书》，岳麓书社2002年版，第610页.
③ 高登先等：康熙《山阴县志》卷7《物产志》，康熙十年刻本，第3页。

4. 调味食用时期

从 1688 年延续到 1722 年的对辣椒的文字记载——"以代胡椒""可充花椒用""用以代盐"等，说明康熙年间，辣椒由明末时的观赏花卉，偶尔成为饮食中的调味品替代物。

清人陈淏子的《花镜》有如下记载："番椒，一名海风藤，俗名辣茄。本高一二尺，丛生白花，秋深结子，俨如秃笔头，倒垂，初绿后朱红，悬挂可观。其味最辣，人多采用。研极细，冬月取以代胡椒。收子待来春再种。"① 陈淏子，字扶摇，自号西湖花隐翁。所载"冬月取以代胡椒"表明这个时候辣椒作为替代调味料为人食用，其食用范围不普遍。

其后，康熙《杭州府志》、乾隆《湖州府志》也有"辣茄"的文字。可见早期人们种植辣椒的用途，主要是供人观赏，偶尔替代胡椒。同时，《致富全书》（17—18 世纪）亦有用辣椒替代花椒的文字："味辣，可充花椒用。"此后，贵州地区《思州府志》："药品海椒，俗名辣火，土苗用以代盐。"甚至到乾隆二十年（1755）江西《建昌府志》记载："椒茄，垂实枝间，有圆有锐如茄故称椒茄，土人称圆者为鸡心椒，锐者为羊角椒，以和食，汗与泪俱，故用之者甚少。"反映此时江西进食辣椒并不普及。嘉庆十三年（1808）《丰城县志》载："辣椒，……味辛宜酱，即北方之所谓秦椒酱也。"反映了嘉庆年间江西对辣椒的物性已经非常熟悉，加工成酱了。直至章穆纂述的《调疾饮食辨》云："辣枚子：近数十年，群嗜一物名辣枚，又名辣椒，……初青后赤，味辛，辣如火，食之令人唇舌作肿，而嗜者众。"按《调疾饮食辨》成书于清嘉庆十八年（1813），文中所记"近数十年"，推知时间应为乾隆

---

① 陈淏子：《花镜》，转引自《红辣椒在中国的前世今生》https：//www.sohu.com/a/243541419_607873。

中后期到嘉庆（公元 1796—1820）这段时间，食用辣椒在江西已十分普及，成为"群嗜"。

（三）风味独特的名小吃

晚清成都，已是全川风味独特的名小吃荟萃之地。从各色面食、糯米制品到豆类制品，从腌卤佳肴到凉拌冷食，从锅煎蜜饯到糕点汤圆，品类繁多，琳琅满目。

蛋烘糕。道光年间成都文庙前街师姓老者创制，以新鲜鸡蛋、发酵面清、红糖调配烘烤，加芝麻、核桃、花生、樱桃等，为甜食；加猪、牛肉馅、菜馅为麻咸鲜味。香酥可口，五味俱全，老幼咸宜，食者接踵。当时，石室书院一位老儒吃到这种美食后，连声称赞："蠢长八旬，无此口福，食之晚矣，真乃天宫珍馐味，人间哪得几口尝！"他当即提笔书写对联一副，即齿存蛋香，锦绣文章增异彩；口留酒甜，龙凤巨像生奇花。[①]

麻婆豆腐。咸丰、同治年间，陈春富夫妇于成都北门外万福桥头开了一家小饭铺"陈兴盛"，卖素饭小菜兼客栈。万福桥是成都通往新繁、彭县的大路，粮油贩运络绎不绝，常有挑油篓的负贩脚夫在店歇脚吃饭。省吃俭用的脚夫们从店坊买来新鲜豆腐、牛肉，再从自己油篓里舀出一勺菜油，请陈大嫂加工烹制。陈大嫂用上等花椒、海椒，与足量菜油单锅煎烧，做出的大碗豆腐红亮细嫩、形整不烂，麻、辣、烫、嫩、香，色香味俱全。自此，陈氏豆腐享誉四方，城内居民和食客也专程光顾，生意兴隆，从此改换门庭。因陈大嫂脸有天花痘疤，此菜遂称"麻婆豆腐"。

担担面。原本成都街头夜宵，小贩挑担沿街叫卖。担中火炉清汤、锅碗勺箸、新鲜面条，各类作料俱全。面条以小碗煮制为佳，事先在

---

① 文闻子主编：《四川风物志》，四川人民出版社 1985 年版，第 548 页。

碗内放上红油、花椒末、太和酱油、芽菜末、葱花、香醋等调料，菲叶面条煮好捞入，外加碎肉炸酱。搅和之后，热气腾腾，麻辣香鲜，是成都风味独特的大众小吃。

赖汤圆。光绪年间，赖姓汤圆店创制。汤圆粉用上等糯米制作，不浑汤，不粘筷子，不粘碗，还不粘牙齿，筋丝好，皮薄心子香。汤圆心有黑芝麻油酥、洗沙心、冰橘、玫瑰等四色原料。它的黑芝麻、鸡油洗沙心子尤其有名。四色汤圆上桌时，还配有小碟白糖芝麻酱蘸着吃，更是滋润香甜，是十分可口的甜食佳品。

饼类。清末，成都小吃荟萃、名目繁多，不仅在用料上讲究，而且制作也十分精美。如饼一类，就有菊花饼、梅花饼、荷叶饼、松饼、甘露饼、茶饼、重阳饼、春饼、萝卜饼、七星饼、铁烧饼、竹叶饼、芝麻饼、双麻饼、洗沙饼、枣泥饼、葱油饼等。

糕类。有状元糕、松子糕、千层糕、西洋糕、桃糕、绿豆糕、荷叶糕、山药糕、菊花糕、藕荷糕、竹节子糕、栗子糕、葡萄糕、槽子糕、蛋豆糕、喇嘛糕、百合糕、枣泥糕、莲子糕、荔枝糕、西瓜糕、扁豆糕、芝麻糕、扬州糕、芙蓉糕、桃子糕、寿桃糕等。

饺子。汤面饺、小粉饺、南瓜饺、鹅掌饺、芙蓉饺、火腿饺、万字饺、附油饺、起酥佛手、芝麻薄碎、鸡蛋棋子块、韭菜盒子、炸馒首、油果条等。

此外，见于晚清资料记载的成都食品还有澹香斋茶食，抗饺子，大森隆包子，钟汤圆、包子，都一处包子、点心，嚼芬坞油堤面，开开香蛋黄糕，官兴正席面，三巷子米酥，广益号豆腐干，厚义元席面，德昌号冬菜，王包子瓢肠、腌肉，山西馆豆花，科甲巷肥肠，九龙巷口大肉包子，王道正直酥锅盔，便宜坊烧鸭，青石桥观音阁水粉，楼外楼甜鸡，等等。还有街面寻常小吃，如虾羹汤、荞面、合芝粉、凉粉、糖、醋豆腐脑、相料馓子豆腐脑、蒸蒸糕、糍粑、醪糟、油糕、

· 455 ·

天鹅蛋、黄糕，等等。

　　清末民初，西方的千层蛋糕、卷筒蛋糕、牛奶酥饼、松仁酥饼等西式糕点传入成都，因其价格不高（一般在一角到三角），被成都市民所接受，1912—1949年间更是得到较大发展，从而开始普及。而各类用西法所制的果汁，如香蕉糖汁、葡萄糖汁、波罗蜜糖汁、豆蔻糖汁、樱桃糖汁、柠檬糖汁、无花果糖汁也在成都市场上出现。西式酒类饮料如啤酒、葡萄酒、白兰地等价格不菲，一般只有上层人士享用。

　　1912—1949年间成都饮食消费变迁具有如下特点。饮食消费逐渐大众化；川菜本身在吸收外来文化的过程中，兼收并蓄，不断完善、成熟，形成具有地方特色的一大菜系；西式饭菜以及西式糕点、饮料传入成都市场，使成都的餐饮文化更加多元化，但对成都居民的饮食结构并未发生重大影响。因此，这一时期成都的饮食结构仍然是以传统习俗为主，并未受到西餐的冲击。

　　这一时期成都饮食消费变迁的特点，其实和当今时代没有太大的不同。这片土地上留下的每一分努力、创造、文明，都由一代又一代的后人深爱并传承着，未来也必将越发璀璨。除了美食美味外，成都小吃在知识产权和原产地保护方面也有着深刻的认识。如前言的"钟水饺""赖汤圆""麻婆豆腐"以及"X记XXX"等店招，常常在所经营食品前冠以发明者或经营者的姓（名），其实代表的是一种保护知识产权的意识。又如"耗子洞张鸭子""蒲江雀舌"（茶叶）等则代表的是一种原产地保护意识，这说明蜀中商家的经营理念是非常先进且符合现代商业发展要求与趋势的。

　　随着经济的发展和人口的流动，各地都出现了许多带有"成都小吃"等类似IP的店铺。然而，这些店铺所用的招牌、商标，很多是不符合法律规定的。如以下案例。

　　2013年6月，四川省伤心食品连锁有限责任公司发现重庆瓷器口有一家名叫"碗碗香面庄"的小吃店在其店内外多处使用自己"伤心凉粉"的商标,遂将该店店主廖某告上了法庭,要求其停止侵权,并赔偿相应损失4万元。对此,廖某则认为,"伤心凉粉"是民间通用小吃类菜品名,因为自己经营的凉粉里加了小米辣,才命名为"伤心凉粉",属合法经营,不构成侵权。

法院审理查明,伤心食品公司经国家工商行政管理总局核准,注册了一系列与"伤心"有关的商标,包括由"伤心"文字、"SHANGXIN"拼音、圆形图案及云彩图案组合而成的商标,由"伤心凉粉"文字及拼音组成的商标,核定使用商品为食用淀粉产品、粉丝(条)、食用冰粉、小吃用冰、豆粉等。同时,该公司还注册了"客家伤心"文字商标,核定使用商品为淀粉食品、粉丝(条)、通心粉等;核定服务项目为自助餐厅、餐厅、自助餐馆、快餐馆、流动饮食供应、餐馆等。案件审理时,该公司注册的一系列商标都在有效期内。因此,廖某使用"伤心凉粉"商标构成了侵权。

2009年3月,伤心凉粉获得"第23届中国成都国际桃花节十大名小吃"称号;2010年11月,获得第七届中国国际美食旅游节组委会、成都市美食之都促进会"经典菜品奖"。2012年1月,成都市工商行政管理局颁发证书证明"客家伤心"文字商标为成都市著名商标。

2019年10月,成都旅游协会5A级餐饮专委会继川菜"回锅肉"申非遗成功后,"水煮肉片""藿香鲫鱼""酸辣粉"也相继申报非遗,贯彻践行《四川省人民政府办公厅关于印发四川省促进川菜走出去三年行动方案(2018—2020年)的通知》,川菜掀起了申非遗热潮,饕林毛血旺、活渡鱼也举行了申非遗启动仪式。

四川省旅游协会副会长、成都旅游协会常务会长兼秘书长温儒杰对四川餐饮人让"川菜走出去"申报非遗所表现的热情表示了肯定和支持,他认为,非物质文化遗产是祖先留给我们的物质和文化财富,代表着人类精神高度，具有重要的历史和现实价值，对传承中华文明，建设社会主义核心价值体系具有重要的意义。传承这些文化遗产，挖掘保护和规范并重是我们作为餐饮人义不容辞的神圣使命。

成都旅游协会餐饮专委会会长兼电视剧《川菜在广岛》总编剧姚席平在接受媒体采访时表示，川菜的足迹已经遍及全国，并早已走向海外，成为外国人日常生活中的美味佳肴。川菜目前是涉及人口多、经营门店多的菜系，从全国餐馆营业额统计来看，川菜影响力已跃居第一位。川菜申非遗有利于规范地保护非物质文化遗产，避免过度开发、人为破坏或者被其他国家或地区抢先申请，避免像泡菜被韩国拿走世界非物质文化遗产这样的憾事发生。

由此可见，成都众多小吃具有知识产权保护意识，并且成都当地政府对于成都美食的文化传承、保护意识格外深刻，这也有利于成都美食的发展与流传。

第十一章　巧夺天工的工艺美术文化

　　四川工艺美术文化历史悠久，源远流长。千百年来，勤劳智慧的四川人民，创造巴蜀文明，蜀锦蜀绣、川扇、漆器、竹编等工艺品皆为其中彰明较著者。这些工艺品历经后世的传承和创新，在经纬交融、深浅变幻中，形成了独特的艺术神韵，融合了丰富的巴蜀文化与浓郁的诗情画意。

　　成都是具有深厚传统文化底蕴的历史文化名城，丰富多彩的文化遗产在这片土地上被创造出来并延续至今，其中就包含着种类繁多的美术工艺。美术工艺作品不仅承载了本地民众的集体审美精神，而且见证了区域文化的兴起、融合与流变过程。四川巧夺天工的工艺美术作品以其深厚的文化底蕴和精湛的工艺向世人展现出巴蜀灿烂的精神文明与物质文明。

　　截至目前，成都有国家级非物质文化遗产代表作名录20项，其中传统工艺类项目有10项，涉及传统美术、传统技艺两大类。2006年，蜀绣、蜀锦织造技艺，成都漆艺被列入第一批国家级非物质文化遗产名录；2008年，成都银花丝制作技艺和瓷胎竹编入选第二批国家级非物质文化遗产名录；2018年5月，蜀锦织造技艺、道明竹编、成都漆艺项目入选《第一批国家传统工艺振兴目录》。①

第一节　蜀锦蜀绣

一　蜀锦与锦官城

很多人都因杜甫的诗句"晓看红湿处,花重锦官城"而记住了成都的别称"锦官城",却很少有人记住为成都博得"锦官城"名号的蜀锦。在很多人眼中,蜀锦早已如古诗一样,成为历史的绝响。蜀锦自诞生以来,就一直以蜀之名,为蜀扬名。蜀锦与云锦、宋锦、壮锦并称"四大名锦"。后三大名锦,都是在明清时期成型、成名。而这时的蜀锦早已经历过千年繁盛,甚至在杜甫做下"花重锦官城"的诗句以前,蜀锦就已功成名就。

蜀锦的起源可以追溯到古蜀文化的"五代蜀王"时期,在举世闻名的三星堆遗址出土文物中,就发现了丝织品遗迹(《三星堆考古新发现—古蜀国的一"丝"痕迹》,载《潇湘晨报》2021年6月6日),距今已有三千多年历史,故蜀地是中国最早的丝织品产地之一(也是世界最早的丝织品产地之一)。到了战国时代,中原各国郑、卫、齐、鲁皆产锦。只不过古蜀文明是一支相对独立发展的文明,蜀地与中原交往不多,故中原人不知蜀锦之美,蜀国人不知中原织锦市场之大。但随着地域文化交流的加深,类似褒斜道、连云栈等古栈道的修建,中原织造工艺随着古道西渐,精美的蜀锦也开始销往中原广大的市场。

公元前316年,秦惠王派大将司马错伐蜀,结束了古蜀国开明王朝的统治,在今天的成都建立蜀郡,蜀锦织造开始大盛。秦国东出函

---

① 中共成都市委宣传部文化传承发展处课题组:《振兴传统工艺　弘扬天府文化》,《先锋》2019年第11期。

谷关统一六国后,用"焚书坑儒"结束了"百家争鸣"的春秋战国。而几乎在同一时期,蜀锦东出褒斜道、连云栈古栈道,开始了蜀锦进入全国市场的光荣之旅。到汉朝时,朝廷更是在成都设立了官办织锦机构、选任专司织锦的官员,至此成都开始被称为"锦官城"。东汉时期,蜀锦生产大发展,至迟在东汉末年已跃居全国锦类生产第一位。公元214年,刘备占领益州后,发现刘璋国库中丝织品甚多,于是就赏赐给诸葛亮、关羽、张飞、法正等人蜀锦各1000匹。

卓文君与司马相如成婚后,其父曾分与她100名奴僮。其中便有专门织锦的工奴。据说,卓氏工奴"鸣梭静夜,促杼春日",辛勤织锦,"回文重锦",质量很高。锦上疏叶、密花,布局非常恰当,蝶飞凤舞,栩栩如生,一群群的小鸟,更是清晰可见,色调鲜明、厚重,青的好像"禁柳",红的好像"宫花"。特别是在濯于锦江中时,好像"芳树映落涧中""晴霞色照潭底",和落日晚霞的自然景色一样优美。[①] 唐朝诗人郑谷也热情地赞美卓氏工奴织的蜀锦,说它像朝霞一样的美丽,像凤舞花丛一样的妖娆。当时,蜀锦配色织图时,已采用了加金丝、银丝技术,在全国织锦业中颇具特色。扬雄的《蜀都赋》赞曰:"若挥锦布绣,望芒兮无幅。尔乃其人,自造奇锦。""发文扬采,转代无穷。"[②]

蜀汉之世,锦作为军资,为军费的主要形式之一。蜀汉赏赐将军多用锦,动辄千匹,调拨军资也多用锦,动辄数十万匹。作为商品,精美绝伦的蜀锦无疑是达官贵人、富商巨贾竞相购买的珍品,也是走私吴、魏、远域邦外的最高级的商品。当时三国关系极为紧张,但魏国商人、吴国商人仍通过种种渠道购买蜀锦。山谦之的《丹阳记》说:"历代尚未有锦,而成都独称妙,故三国时魏则市于蜀,吴亦资于蜀,

---

① 曹学佺:《蜀中广记》卷67引唐张何《文君春日濯锦赋》,清文渊阁四库全书本。
② (梁)萧统编,(唐)李善注:《文选》,太白文艺出版社2010年版,第116页。

至是始有之。"曹操在百战之际，还亲自派人入蜀购锦。相传魏文帝曹丕收藏蜀锦甚丰，一次新得蜀锦后曾叹道："前后每得蜀锦，殊不相似！"蜀锦作为礼品，又是当时各国、各民族间交往馈赠的佳品。邓芝、费祎等多次赴吴，都携带大量蜀锦。朝廷及各级官府，还常将蜀锦作为奖品，赏赐、奖励各级有功人员。蜀锦为蜀汉财政的支柱。故诸葛亮在颁布的教令中曾说："今民贫国虚，决敌之资，惟仰锦耳。"蜀汉垂亡之际，府库中仍有"锦、绮、彩绢各二十万匹"。

杜甫在《白丝行》中写道"缫丝须长不须白，越罗蜀锦金粟尺。象床玉手乱殷红，万草千花动凝碧。已悲素质随时染，裂下鸣机色相射。美人细意熨帖平，裁缝灭尽针线迹"。意思是说越地的罗和蜀地的锦都要用镶有金粟的尺子来量，络丝之后，用各种花草的染料将它染成美丽的颜色。这时的锦已经因素净的质地被恣意染色而悲伤，但当它从织机上被剪下时仍然为它的华美而赞叹。小心地将它熨得服帖平整，裁缝用它来制衣时将针线的痕迹都掩盖起来。可见蜀锦的华贵与美丽。

宋代晏殊也在《山亭柳·赠歌者》写道"家住西秦。赌博艺随身。花柳上、斗尖新。偶学念奴（念奴为唐玄宗时著名歌女，词牌《念奴娇》即因其得名）声调，有时高遏行云。蜀锦缠头无数，不负辛勤。"意是说："我家住在西秦，开始只是靠小小的随身技艺维持生活。在吟词唱曲上别出心裁，翻新花样。我偶然学得了念奴的唱腔，声调有时高亢能遏止行云。所得的财物不计其数。没辜负我的一番辛劳。"由此可见在当时蜀锦被视为重要财物。

二 蜀锦在不同时代的审美文化

在我国的战国时代、明代和清代，蜀锦的纹样和色彩都随着民众的审美变化而改变，这些精美的纹样都具有丰富的图案组合方式以及寓意，代表了不同时期人们对生活中美的追求，所以在不同的时期，蜀锦具有不同的纹样，所传达的审美价值和观念都是不同的。①

秦汉和战国时代的蜀锦，其纹样主要以几何回纹为主，通过往复循环的线条以及简明的图案组合，构成了富有变化的韵律和节奏。对于汉代的蜀锦，其用色以及制造技法则比较丰富，为了符合当时的道家思想，蜀锦艺术中加入了藤萝枝蔓、山间云气以及鸟兽神仙等图案，这些蜀锦的颜色主要是黄、红、青、黑和白，正好对应了阴阳五行学说中的方位以及元素。②

隋唐时期，蜀锦图案中加入了一些西域的文化内容，许多异族文字、西方神祇、胡商、胡人等成为锦中的崭新题材。相应的图案主要是联珠，并且具有多边龟甲骨架、两方连续以及四方连续的架构。到了唐代，蜀锦的工艺逐渐提升，蜀锦中加入了生动的动物图案。在唐代，佛教比较盛行，所以相应的莲花图案比较多，这代表了佛教徒的独特出世人格，并且属于当时的主流题材内容。③

宋代的蜀锦以纹样秀美雅致著称，一方面继承了唐代写生花鸟图案的艺术手法，另一方面发展了在几何骨架上满布规矩花纹的清秀典雅的装饰图案风格，成为色彩更为复杂的工艺品，较有代表性的有"铺地锦""八答晕锦""灯笼锦""樗蒲锦""落花流水锦"等。为了适应书画和装帧等文化艺术装饰的需要，宋代蜀锦产品中发展了一类以满地小花纹作地，或以几何骨架作地再添花的产品，在图案上比较严谨、淡雅。这类装饰性较强的锦纹不如唐锦唐花那样丰腴、艳丽，而显得规整、古朴，是宋以来比较流行的新颖图案。宋史上说，四川

---

① 刘静：《地域文化在文化创意产业发展中的应用模式——以皖江城市带为例》，《四川戏剧》2013 年第 5 期。
② 马丽娃：《蜀锦传承发展与保护的价值意义》，《艺海》2017 年第 5 期。
③ 邝梦雨：《蜀锦蜀绣在诗文中的传承与发展》，《青年文学家》2013 年第 10 期。

"织文纤丽者穷于天下"[1]。

元代蜀锦的产品基本上承袭了宋代锦的纹样风格，在缠枝花卉的应用上，金时女真人官服制度上就有明确规定，用缠枝花朵大小定品级尊卑，三品以上的官员许用大缠枝，其余用小缠枝，花朵变化很多，色调丰富。蒙古贵族爱好织金锦作装饰，元代生产的一种叫"纳石矢"的金锦十分著名，贵族的官服和衣领边沿装饰使用较为普遍。元代统治阶级为了限制民众的反抗，普遍实行"火禁"，晚上不许老百姓点灯，使成都民间的丝织生产受到很大的限制。朝廷在成都设有绫锦局，但规模和产品远不及以往的时代。

到了明代，蜀锦在技法上继承了唐宋以来盛行全国的卷单、串枝、散花、折枝花卉等纹样章法，创造了许多新的样式。如落花流水锦就有许多种不同纹样的产品。樗蒲锦、灯笼锦、宝照锦也得到了进一步发展，遗存均较丰富。珍藏在四川省博物馆的一幅明代生产的卷草蝴蝶纹锦，它以枝叶缠卷的艺术形式，用流畅自如的线条组成一个个相互串接的蝴蝶纹样，层次丰富、色调明朗、形态活泼、新颖，是一幅构思十分精巧的佳作。[2]

清代的蜀锦图案多以写生花鸟和团花为主，同时继承发展了宋明时代的传统纹样，如八答晕、铺地锦、遍地方胜、八仙八宝八吉祥以及龙凤、麒麟、如意、博古等。到清末，成都机坊约有2000处，织机数万架，机工4万多人，成都东南隅和华阳都是民间兴旺的织锦中心。[3]嘉、道年间的成都著名竹枝词人杨燮的《锦城竹枝词》有云：

---

[1] 王君平、王斌：《蜀锦图案风格及其发展沿革（续）》，《四川纺织科技》2002年第5期。
[2] 王君平、王斌：《蜀锦图案风格及其发展沿革（续）》，《四川纺织科技》2002年第5期。
[3] 王君平、王斌：《蜀锦图案风格及其发展沿革（续）》，《四川纺织科技》2002年第5期。

"水东门里铁桥横,红布街前机子鸣。日午天青风雨响,缫丝听似下滩声。"所写即当时纺织作坊中机鸣人忙的景象,从中可见成都织锦业的兴旺发达。乐山市的苏稽、白杨坝等场镇中,几乎是"家家有织机,户户出丝绸",蜀锦生产又发展到一个短暂的黄金时代。在辛亥革命前后,蜀锦艺苑中出现了一批优秀的代表品种,形成了当代蜀锦的骨干。如巴缎、贡缎、民族缎、通海缎、珍珠缎、芙蓉缎、浣花锦、雨丝、月华、方方、百子图被面等著名传统产品,这些产品具有浓郁的生活气息、鲜明的民族风格和地方色彩。

三 蜀绣

蜀绣起源于川西平原,是我国古代传统纺织工艺中技术成就较高、极具地方特色的刺绣手工艺,与苏绣、湘绣、粤绣并称为中国"四大名绣",距今已有三千多年的历史。蜀绣以真丝彩线和绸缎等为主要材料,在成都地区自然环境和文化艺术的长期孕育中,不断被丰富和完善,具有深厚的人文底蕴和珍贵的艺术价值。

蜀绣具有浓厚的蜀都地域特色,针法丰富,线条细腻、优美流畅,画面注重写实,绣制的物象鲜活生动。整个绣品具有构图简练、针法严谨、虚实适宜等特点。据目前的考古资料表明,早在四千多年前蜀人已掌握纺织技术,随着社会生产力的不断提高,刺绣也随之诞生,至西周和春秋战国时期蜀人的纺织技术已非常高超,这也是织锦、刺绣等纺织业发展的必然结果。[①] 蜀绣运用花鸟鱼虫、山水楼阁、巴蜀特色文化素材等纹样,以丰富多变的绣法、严谨细腻的针法、淡雅清秀的色彩充分展现了人们对美好事物、美好生活的向往与期盼。

---

① 乔熠、乔洪、张序贵:《蜀绣传统技艺的特性研究》,《丝绸》2015年第1期。

（一）蜀绣的起源与发展

蜀绣与蜀文化的崛起密切相关，蜀是四川的代名词，蜀文化至少是在大约 4500 年前的宝墩文化，3200—4500 年前的三星堆文化基础上，以成都为中心发展而成的。[1] 四川的地形特殊——盆地地形，造就了该地区特殊的风土人情，同时也使蜀绣蓬勃发展成为独具一格的刺绣方式，蜀绣和西蜀的绘画艺术相辅相成，碰撞出别样的美感。当时巴蜀文化的发展，使文化艺术（文学艺术）和民间习俗（游玩观赏）相互结合，融会贯通。

蜀绣的绣稿与当地工笔绘画的发展密不可分。唐末五代十国时期，蜀地地势偏远，受中原战乱的影响较小。同时地区的偏远和丰饶的土地造就了他们当时相较于战乱频发的中原地区更好的经济实力。在经济发展、生活富足时，蜀地人民自然而然地发展了艺术和文化。唐宋时期蜀地的绘画艺术得到了长足发展，其绘画主要以工笔画为主，这样的绘画模式为蜀绣的绣稿提供了丰富的艺术借鉴，从而提高了刺绣水平，并具有与众不同的刺绣风格。现收藏于西南大学的出土蜀绣文物"双冠图片"，如果仔细观察就可以发现该图的刺绣针法严密，所绣的图案逼真，完全不输现代刺绣。[2] 因为蜀绣从开始就和绘画结合紧密，所以蜀绣也被称为"蜀画"。在漫长的历史长河中，蜀绣将这一特点发扬光大，形成了绘画和刺绣艺术结合的特殊形式。

（二）蜀绣纹样

和中国古代大多数艺术品一样，蜀绣多以代表美好、吉祥的物象为素材，花鸟鱼虫、日月星辰、山石云水、人物神像及约定俗成的吉祥图案等蜀绣纹样无不反映出人们对大自然的认知和对美好生活

---

[1] 曾子桐：《蜀绣文化导论》，《商业文化》2020 年第 8 期。
[2] 曾子桐：《蜀绣文化导论》，《商业文化》2020 年第 8 期。

的向往。

蜀绣绣品种类丰富,花鸟鱼虫等自然题材较多,如象征尊贵的龙凤,寓意幸福夫妻的鸳鸯,象征幸福、爱情的蝴蝶常出现在蜀绣绣品中。熊猫和金丝猴是四川特有的珍稀动物,亦是蜀绣中常见的题材。1983年芙蓉花成为成都市市花。传说五代后蜀皇帝孟昶为讨爱妃欢心特颁诏令,在成都尽种芙蓉,秋间盛开,蔚若锦绣,故称"芙蓉城"。芙蓉极具浓郁的蜀地特色,被称为"爱情花",同时谐音富贵荣华。①

鲤鱼在典籍中被称为诸鱼之长,古有鲤跃龙门,作为吉祥、勇敢的化身,鲤鱼被予以独特的寓意,爱鲤崇鲤的习俗作为一种民间文化,如今鲤鱼依然是吉祥、幸运的象征而常常作为蜀绣的题材。以人物为题材的纹样最早出现在战国时期,直至秦汉人物纹样主要以几何形体为主,魏晋时期受外来文化影响,人物纹样逐渐反映出一些世俗生活的欢乐场景,人物纹样发展的鼎盛时期是明清时期,清代出现了大量反映民族风俗、生活意趣的人物纹样。

蜀绣是记录巴蜀历史、社会和生活变迁的文化载体,与蜀地的自然生态、历史渊源和文化内涵相辅相成,紧密相连。传统蜀绣纹样除了源于自然与生活,还源于文字和约定俗成的吉祥图案。《尚书·洪范》中称"五福"为寿、富、康宁、攸好德、考终命,后世衍化为福禄寿喜财;佛教中"万字符"义为吉祥万德之所集。这些也都成为蜀绣纹样的素材,表达人们求吉纳福、避灾驱邪的美好愿望。

(三) 蜀绣的特点

主题上,刺绣最常见的主题便是动物和植物,而在四川最有名的动物莫过于熊猫和金丝猴,哪怕是现在我们也可以在动物园里见到,特别是熊猫还被誉为"国宝"。除了现实存在,还有虚拟的动物,其中

---

① 吴楠等:《蜀绣纹样的美好寓意》,《服装服饰》2018年第12期。

最出名的就是龙凤。植物则以牡丹、芙蓉为多，蜀绣中有一幅《芙蓉鲤鱼》是最负盛名的。

技法上，由于蜀绣是"画绣"，与绘画结合紧密，自产生以来蜀绣就受到各个文人画师的影响。很大一部分画师的画稿都会被采纳成为绣稿。比如蜀绣中有一幅《怪石丛条图》，它就是模仿郑板桥的《竹石》而绣成的。

其中技法的最高层次就是异绣。异绣是一种双面异型、异色、异绣法的刺绣艺术。这种绣法对加工者的技艺要求极高。最出名的莫过于《稚趣图》。《稚趣图》是由蜀绣大师康宁创作而成的。《稚趣图》刺绣在极薄的半透明纱上，这纱薄如蝉翼，一面是卓文君，另一面是大熊猫母子。"双面异形绣"的要求极为苛刻，要求加工者对蜀绣技法极其熟悉，要求"密不成堆，稀不见底，光亮平齐，短针细密，外实内松"。这是文学大师对于《稚趣图》的最高评价。同时因为康宁呕心沥血，使她成功探索了"双面异形绣"，形成了自己独特的艺术风格，成为"康宁绣"的创始人。康宁绣传承了蜀绣的精华并独成一派，其双面异形彩绣被誉为"蜀绣一绝"。

（四）蜀绣的文化价值

蜀绣具有技术之美。上文已经提到过蜀绣和绘画的关系，我们知道蜀绣的绣稿大多数以画稿为素材。这些画稿一般都是大家所作，里面蕴含着高超的艺术技巧和丰厚的文化内涵。蜀绣追求的是简洁、清新，颜色要求典雅、细腻，给人以精致和朴素相结合的优雅时尚感。蜀绣结合当地的文化艺术，把思想和精神融入刺绣，使其产生了新的生命力。

蜀绣具有意境之美。[1] 首先，蜀绣和绘画的关系，使得蜀绣也表达

---

[1] 曾子桐：《蜀绣文化导论》，《商业文化》2020年第8期。

了绘画的那种意境，蜀绣的构图模仿的是古代诗歌的排章和布列之美，把刺绣融入诗歌，把精神和追求融入具体的物象。蜀绣在发展过程中不仅仅融入了绘画，其实还集合了各种国学文化精髓。其次，蜀绣的色彩清新淡雅，调和颜色的技法丰富，是一种表现意境的很好的方式。最后，蜀绣具有一气呵成、气韵连贯的艺术效果。蜀绣的完成往往不得中断，这得益于严谨有序的构图、复杂多变的造型、严格分割的纹样以及富有层次感的图案样式，这种优雅天真之趣铸就了蜀绣的特殊文化气韵，同时蜀绣也正是对巴蜀人民恬淡闲逸的胸襟与生活态度的真实写照。

第二节　制车及其他物件（车官城、工官城）

一　车官城

随着成都在汉代时期的社会繁荣，贸易增多，商业发展迅速，社会生产就需要大量的车马。官吏贵族、富商大贾以及一些民众对代步车马的需求也逐渐增多。那时，成都便出现繁多的车马。《后汉书·舆服志》中说："一器而群工致巧者，车最多"，说明造车业已成为当时成都的一个产业。[①]

为了更好地管理车马，东汉时期管理车辆的衙门以及制造车辆的工厂所在地——车官城便出现在了成都。据《华阳国志》记载，在成都城的西面内江和外江之间，修筑了车官城。车官城并非一座孤立小城，城的东南西北四个方向都设有军营，将它拱卫其中。

1956年，成都市跳蹬河出土了一块车马过桥画像砖，画像砖画面

[①]《鲜车怒马 汉代成都人的车马生活》，手机搜狐网 https：//m.sohu.com/a/303918194_120237。

上有一座结构复杂的木桥，桥上有护栏，桥板横竖交铺，下有桥柱四排，每排四柱，桥上一辆两马有盖的轺车奔驰而过，车上坐着一名车夫和一名官吏，还有一名骑吏，紧随其后。从车马画像砖中，我们可以推测当时成都交通发达，可供车马通行的桥梁众多。从现在成都市的诸多地名我们也可以看出这一点，比如升仙桥、万里桥、二仙桥、七星桥等。

二　工官

"工"一词最早见于商朝的甲骨卜辞中，是当时管理工匠的官吏。传说中的尧舜时代，设"倕"为工师，掌管各种工匠。《尸子》曰："古者，倕为规、矩、准、绳，使天下仿焉。"殷周时，又有司空、司工之职，掌管城郭、道路、沟洫、宫室的兴建。工官制度是国家机器的一部分，在中国历代国家机构的组织形式中占有重要地位，对中国建筑技术的发展，起重要作用。

秦汉时期，官府在成都先后设有大型官营作坊。秦叫"工室"，汉代叫"工官"。秦在全国部分郡设置工室，承担朝廷、地方官府所需部分物品及军工品的生产。秦在蜀郡成都设有工室，名"东工"。秦蜀郡工室生产的项目包括冶铜和制造兵器、制陶、漆和漆器生产等，规模皆很大。其中冶铜的工匠人数，至少超过2000人；整个工室的人数，至少在5000人以上。工室主要是按照朝廷的计划、指标安排生产。秦器需在铭文中刻上相邦、郡守的名字，这表现了当时对军工生产的严格控制，实际上他们并不直接参与管理。工师是工室的具体负责人，臣、工是器物的具体制造者，或者说是具体责任承担人。根据《秦律》，若将来发现器物不符合质量要求，则要据铭追究责任人。西汉早期仍沿称工室，景、武时期发展为工官。西汉时期在蜀郡、广汉郡设有工官，蜀郡者称"西工"。王莽时期，曾把蜀郡西工改为成都郡工官。东汉时期,恢复"西工"原称。蜀汉工官叫"作部",大体沿用东汉旧制。①

汉代工官经营项目又有增加,包括各种兵器、治车、漆器、铜器(已发现的有鼎、镜、书刀、壶、洗等)。两汉工官仍实行"物勒工名"制度。

两汉蜀郡工官"西工",在当时成都城西郊外。汉代"西工"规模较秦"东工"更大,最多时总人数可能达到上万人。蜀汉继承了汉代工官制度,在成都建立了专门的直属朝廷的工官作坊。诸葛亮曾颁布《作匕首教》《作刚(钢)铠教》《作斧教》等专用于工官作坊的管理条例。② 除朝廷直属作部外,蜀汉还有由郡府负责管理的次一级的工官作坊,主要负责生活用品等方面的生产,如已知蜀郡所属作坊负责漆器等生活品的生产、当时产量极高的蜀锦的生产等。

三 漆器

所有的艺术门类都有自身独特的艺术语言,漆器艺术作为一门独特的艺术形式,也有其特有的表达方式和表现形式。漆器既是历代习俗的重要见证,也是中国传统审美观念的重要载体。

我国漆器的历史可以追溯到春秋战国,汉代是漆器发展史上的鼎盛时代。当时青铜容器已开始衰落,瓷器还处在早期摸索阶段,漆器美观、轻便、耐用、不易破碎,最为时髦。

成都正好是在漆器最走俏、最时髦的时期成为全国最大的以官办为主的漆器生产基地,素有"中国漆艺之都"的美誉③。中国,乃至世界最早的漆艺品之一,现存于成都市青羊区,迄今已三千多年,是

---

① 贾大全、陈世松:《成都通史》卷2,四川人民出版社2011年版,第339页。
② 诸葛亮:《诸葛亮集》,段熙仲、闻旭处编校,中华书局2018年版,第34页。
③ 尹利萍:《浅析成都漆艺的历史与当代》,《中国生漆》2017年第4期。

我国宝贵的文化遗产。

(一) 成都漆器的发展历史

三千多年来，成都漆艺经历了商周时代的初创期，春秋战国的发展期，西汉时代的鼎盛期，绵延唐宋明清至现代，以丰富的生活用具、神秘的宗教祭祀品及兵器车辇鞍盾等，清晰地展示了发展轨迹、手工技艺、艺术表现形式和工艺技术等。

1. 成都漆艺的初创期（周—战国中期）

成都漆器工艺可上溯至三千五百多年前的商周时代。三星堆祭祀坑出土的雕花木漆器碗残片是四川地区发现的距今最早的漆器[1]，"以木为胎，外施土漆，木胎上有镂孔，器表雕有花纹。"经测试发现，金面罩粘接铜像之间的"一层极薄的呈枣红色的硬壳"是"用'中国漆'（又名'土漆'）之类的树脂作为黏合剂的"[2]，由此可见三星堆时期的古蜀人已熟练掌握了制漆用漆工艺。

2. 成都漆艺的发展期（战国中期—秦）

经过夏商周近2000年的演进和积淀，成都平原的商业、手工业进入了快速发展期，漆艺作为当时重要的制造业纳入四川地区的手工业生产管理中，出现了管理漆器手工业作坊的机构"成亭"，它是郡县级设置，用来管理本地手工业的政府机构。

这一时期，漆艺得到很大发展，技艺日臻成熟，生产规模闻名遐迩。漆器的数量和器型种类显著增加，漆器的制作水平也超越了前期，出现了薄胎器型和夹纻胎等较为先进的制作工艺。漆器的装饰技法也有很大的提高，主要表现为脱胎工艺和钿器的产生。

3. 成都漆艺的鼎盛期（两汉）

汉代中国是当时世界的强国，也是成都漆艺的顶峰时代和"中国

---

[1] 尹利萍：《浅析成都漆艺的历史与当代》，《中国生漆》2017年第4期。
[2] 杨小邬：《浅谈三星堆出土金面铜像的修复工艺》，《四川文物》1992年第1期。

漆器史上的黄金时代"。在战国、秦代漆工艺蓬勃发展的基础上，借助先进的生产关系和生产力，成都漆器制作达到了一个新的高度，更加兴盛发达，出现了众多的漆艺作坊，成为全国漆器制作中心。署名"成市"的漆器作品蜚声国内外，深受上层社会的喜爱，是地位和身份的象征。[①] 漆器生产制作分配主要掌握在统治阶级手中，官府设有漆器工坊，由中央和地方工官特管，工坊规模宏大，采用按专业分工的流水作业，工序细分，专人负责。在贵州清镇和朝鲜乐浪郡出土的部分漆器刊有蜀郡、广汉郡官营工场所造的铭文。

4. 成都漆艺的延续期（三国时期—1949年）

三国时期，西蜀的成都、广汉依然是当时的漆器生产中心。这一时期，成都漆器工艺一方面传承延续了两汉的工艺特色，同时又有新的发展。唐代由于政局稳定和经济繁荣，文化艺术空前发展，是中国传统文化的黄金时代，也是漆器工艺百花齐放、争奇斗艳的时期。成都漆器工艺在众多的漆器工艺流派中仍占有极其重要的地位，由钿器发展而来的金银平脱饰技法展示了成都漆器工艺在这一时期的独特魅力。

两宋至明清，由于目前出土文物较少，成都漆器工艺的发展难以推测，但从文献资料记载看，成都漆器工艺仍在众多漆器工艺流派中占有极其重要的地位。[②] 成都漆艺在这一时期的特点主要表现为民间化、大众化。以造型不拘的日用品为胎体，配以彩绘、雕填装饰方法，因而其品种众多，价格低廉，为漆器的民间化、大众化开辟了道路。如武侯祠、青羊宫的金漆牌匾、贴金神像，妇女用的梳妆台、镜匣等。

清末民初，成都漆艺已呈颓废之势。成都虽开办了四川通省劝工总局，有周善培建劝业场传授漆艺，也出现了瑞昌、同发等名家字号，

---

① 尹利萍：《浅析成都漆艺的历史与当代》，《中国生漆》2017年第4期。
② 尹利萍：《浅析成都漆艺的历史与当代》，《中国生漆》2017年第4期。

但由于国运飘零,到新中国成立前夕这些作坊陆续倒闭,大量艺人改行。

新中国成立后,成都漆艺得到了恢复与发展,1954年将散落在民间和其他行业的漆器艺人集中组织起来成立了成都卤漆社,1956年正式成立成都卤器厂(成都市漆器工艺厂前身)。成都漆器工艺厂曾是轻工部的重点漆器企业。[①] 是与北京、福州、扬州、平遥齐名的全国五大著名漆艺之一,长期以来,对我国的对外交流和外贸创汇做出了很大的贡献。成都漆器工艺厂注册商标"神鸟"牌成都漆器凭其精湛的技艺和丰富的文化内涵曾多次荣获国内大奖,在工艺美术界享有良好的声誉。

(二)成都漆器工艺特色

成都漆艺被誉为"雕镌知器,百伎千工",具有工艺多、做工细、耗时长等特点,其原料配方复杂为中国古代在化学工艺方面的研究做出了重要贡献。成都漆器制作工艺主要分为精炼漆油的技术、制作造型优美木胎的木工技术、漆工上漆的技术以及雕花堆漆等工艺技术,使其具有造型优美高贵,漆面晶莹剔透如美人照镜,色泽干净典雅的审美效果。[②]

在漆器的纹饰上,成都漆器不同于其他漆器,讲求变换造型、风格不同,成都漆器造型通常大方简洁,细看却是无比精致,主要通过装饰纹样来表达漆器精致优雅有内涵。成都漆器的构成形式主要是点线面结合,不同形状的点线面构成一条装饰带。装饰带只是整体画面中的点缀,一般都比较窄,不会占整个画面太多的比例,但就是这样的一条装饰也是需要设计者精心设计的。这些纹饰带可起到分隔作用,

---

[①] 尹利萍:《浅析成都漆艺的历史与当代》,《中国生漆》2017年第4期。
[②] 刘艺、刘奕廷:《浅析成都漆器纹样的设计艺术特征》,《西部皮革》2020年第15期。

将中心主体纹样和辅助纹样间隔开，从而达到主次分明、视觉冲击强烈的效果。部分漆器有汉画的构图风格，又有成都漆器适形造型与多层分割的构图特点。[①] 成都漆器装饰艺术形式丰富多样。

1. 动物纹样

成都漆器中的动物纹样造型富于变化。一类是现实中存在的动物纹样，这类纹饰往往通过夸张、变形的手法在器物上表现出来；另一类是奇异的动物纹样，他们是通过人类想象与神话故事结合创造出现实生活中不存在的生物。成都漆器中的动物纹样则是人们想象而物化的产物，观其外形能发现它与现实生活之中某些动物相似或形似，或神似。

2. 几何纹样

成都漆器中的几何纹样主要在主体纹样间起衬托作用，所以在画面中占比不大，具有组合自由、运用灵活的特点。

3. 人物纹样

成都漆器中人物类纹样较少，主要采用整体场景式构图，大多以人兽结合形象、神话中的神仙、现实生活中的人物为主。

4. 自然景观纹样

成都漆器中的自然景观纹样占成都漆器纹样中很大一部分，主要有云纹、雷电纹、浪花纹、水波纹等，其中云纹变幻莫测令人惊叹，在成都漆器纹样中运用较多。

5. 植物纹样

在成都漆器纹样中植物纹样运用相对较少，且这类纹样只起装饰点缀作用。主要纹样包括茎叶纹、草纹、花形纹、树纹等。

---

① 刘艺、刘奕廷：《浅析成都漆器纹样的设计艺术特征》，《西部皮革》2020年第15期。

(三) 成都漆器与地域文化

地域文化语境对漆器装饰风格的影响不容忽视,在蜀文化独特的背景之下,成都漆器纹样图案具有独特的艺术风格。漆器纹样与人们日常生活中的美好事物紧密结合,表达了人们心中的希冀。而成都漆器基于其不同的地域文化语境,经过历史上各个朝代纹饰风格发展,从质朴无文到风格的千变万化,形成了今天独特的艺术风格。

成都漆器的色彩以黑色和红色为主,或朱地黑绘,或黑地朱绘,红、黑两色的使用与中国漆器中以红、黑为主的色调是相符合的。成都漆器纹饰所呈现出的特征不仅与中国传统文化相关,而且与它所处的蜀文化有着密切联系。蜀文化在其自身形成演变的过程中,不断以开放的姿态吸收外来文化,形成了兼收并蓄的文化品格,当然这种文化也影响了成都漆器,使成都漆器形成了多元的文化特质[①]。

在古蜀时期,漆器的主要目的是"增敬盛礼"。漆器纹饰总体延续了商周青铜礼器庄重的风格,漆器纹样来源于对青铜纹样的模仿和神灵崇拜,纹样多是幻想的对象、观念的产物和巫术礼仪的图腾,并且这一时期漆器的使用有着严格的等级制度。[②] 至秦汉时期,随着漆器礼教功能的消退,漆器开始向生活层面靠近。这一时期器物的造型和装饰风格都较之前呈现出明显的不同,造型转为注重实用性,装饰纹样也由之前的单一样式转为多样化和自由化。

进入东汉以后,"贵真""崇实"的文化旨趣与审美旨趣对漆器的发展产生影响,漆器的装饰图案由以往对形式感的重视转为追求画面的叙事性和绘画性,漆器装饰纹样在这一时期呈现出观赏性大于实用

---

① 胡慧燕:《地域文化对漆器纹饰的影响——以平遥漆器和成都漆器为例》,《文物鉴定与鉴赏》2019 年第 1 期。
② 胡慧燕:《地域文化对漆器纹饰的影响——以平遥漆器和成都漆器为例》,《文物鉴定与鉴赏》2019 年第 1 期。

性的特点,着重追求漆器的工艺性和艺术性。[1] 魏晋南北朝以后,成都漆器以实用为主的基调出现转变,工艺性和装饰性成为漆器的发展方向。所以,成都漆器的装饰技艺极其丰富、变化多端,器物呈现出精致华美、纹饰图案绚丽多彩的特点。

四　川扇

川扇,又称蜀扇,主要是指四川生产的折扇。川扇作为创制最早的扇种之一,具有画题广杂、品种繁多、数量巨大的特点。在我国工艺史上,川扇不仅一度誉驰朝野,流布海外,更是凭借做工精美、用料精细而享誉四方,团扇、蒲扇、纨扇、纸扇、绢扇、竹丝扇、羽毛扇等皆有生产。

(一) 始于唐朝

明代川籍学者杨升庵在《桐花凤画扇》一文中指出唐西川节度使李德裕的《画桐花凤扇赋并序》云:"成都夹岷江矶岸,多植紫桐。每至春暮,有灵禽五色,小于玄鸟,来集桐花,以饮朝露。及花落,则烟飞雨散,不知其所往。有名工绘于素扇,以偿稚子。余因作小赋,书于上者也。其略云:'未若绘兹鸟于珍箑,动凉风于罗荐;非欲发长袂之清香,掩短歌之孤啭。'愚按,此川扇之始也。"[2]后来,号称"明季四公子"之一的博物学家方以智也认为"掐扇唐时已有矣"[3]。可见,川扇在唐朝就已经出现。

当时四川土产的素折扇,在工艺上不及作为贡扇传入的高丽折扇。而且唐时蜀道艰危,川扇也未能流播广造。但是高丽折扇的传入,直

---

[1] 胡慧燕:《地域文化对漆器纹饰的影响——以平遥漆器和成都漆器为例》,《文物鉴定与鉴赏》2019年第1期。
[2] 杨慎:《全蜀艺文志》,刘琳、王晓波校点,线装书局2003年版,第21—23页。
[3] 戴德源:《川扇史话》,《四川大学学报》(哲学社会科学版)1982年第2期。

接或间接地刺激了川扇工艺的改进与发展。到五代时期,川扇又以轻罗团扇驰名天下。晚唐诗人杜牧的诗中写道:"银烛秋光冷画屏,轻罗小扇扑流萤。天阶夜色凉如水,卧看牛郎织女星。"指的就是这轻罗团扇。

(二) 改于宋朝

宋朝的折扇工艺已经达到相当精美的水平,并且承唐时蜀纸"矾潇云母粉"的遗制处理扇面,使这种经过加工的沙料,更加晶莹富丽,然后绘上蜂梅,扇头再扣以玉环,其精雅可见一斑。

北宋元丰年间,钱穆父和郑阴中先后出使高丽,使得高丽国的松扇和画扇流入中国,中国得以吸收外来优良技术。同时,又因宋时"高丽纸和蜀中冷金纸很像,这便为四川制扇作坊仿造高丽扇提供了材料上的方便"。在这种吸取外来优良技术热潮的影响下,川扇的形制,也随之进行了一次改革。

陆游在侧重记录两宋时蜀中掌故的《老学庵笔记》卷三里说:"宣和末……竹骨扇以木为柄,旧矣;忽变为短柄,止插至扇半,名'不彻头'。"[1] 宋时的蜀地,还出现了一种新兴的制扇技术——扇面雕印。运用这种制扇技术,以文人画为模板制作的扇子就是印版扇。北宋成都十二月贸易集市中,五月正是"扇市"。竹枝词写道:"扇市游人似锦丛,弃捐休说太匆匆。来年依旧深闺里,掩映桃花半面红。"

在天府之国的蜀中,有名扇叫作"桐花凤罗扇",以在纨扇上绘画一种名叫"桐花凤"的小鸟而得名。桐花凤比燕子小巧,羽毛呈淡草绿色,上面五彩斑斓,每年暮春三月,成都锦江沿岸紫桐盛开时,群聚树上,盘旋飞翔,姿态轻盈蹁跹,是四川西南的名鸟,也称五色鸟、么凤。苏东坡诗中"故山亦何有,桐花集么凤"所说的"凤"就是指

---

[1] 戴德源:《川扇史话》,《四川大学学报》(哲学社会科学版)1982年第2期。

此鸟。古人曾经描摹它的动作，创作么凤舞。蜀中画家以此为题材，绘在纨扇上，成为名噪一时的艺术珍品。唐剑南节度使李德裕为之作《桐花凤扇赋》，其中有："美斯鸟兮类鸳鸯（"鸳鸯"《全蜀艺文志》作"鹚鸾"），具体微兮容色丹。彼飞翔于霄汉，此藻绘于冰纨。虽清秋之已至，常爱玩而忘飡。"从此，桐花凤扇更是身价倍增。[1]

（三）盛于明朝

明朝，折扇流行起来。当时出产的扇子，唯有苏杭和川扇出名。明朝川扇的工艺水平已经超越前朝，明初已经进入极盛时期。无论御用贡扇或民用折扇，当时都已经有了精细灼扇骨镂刻工艺。其中，四川贡扇的品种和数量最多。明朝的川扇除了供王朝的帝君及其九宫六嫔拂暑赏乐之外，大部分用于颁赐勋臣国戚或国际交往间的馈赠。而且，还是当时文人学士的雅玩和相互馈赠的上品。[2]

明朝，中外交往空前繁荣。高丽的折扇、琉球（今琉球诸岛）的榴子扇和日本的屡扇陆续传入我国，越南陈朝的艺宗还通过使者将本国纸扇送给太祖朱元璋。永乐五年（1407）及以后的十余年间，越南北方的六个府，每年都会向明朝政府献上一万把扇子（见《安南志原》卷二）。于是，各种风格、各种形制的折扇大批传入我国，使得我国的扇子能够集扇艺之所长，制扇产业得以快速发展。

万历二十三年（1595）4月7日，神宗朱翊钧即命传旨，要四川布政使按年例进贡钦降花样的彩画面各样龙凤扇八百一十柄。其式样及工艺画面有金钉绞彩画面浑贴雕边骨龙凤舟船扇、寿比南山福如东海扇、四阳捧寿福禄扇、百子扇、群仙捧寿扇、松竹梅结寿禄扇、七夕禄河会扇、菊花兔儿扇、天师降五毒扇、四兽朝麒麟扇、孔雀牡丹扇、

---

[1] 林锡旦：《中国传统雅扇》，人民美术出版社2015年版，第12页。
[2] 戴德源：《川扇史话》，《四川大学学报》（哲学社会科学版）1982年第2期。

苍松皓月扇、菊花仙子扇、闲花扇、满地娇翎毛扇、金菊对芙蓉扇、锦帐花木猫儿扇、人物故事扇、四季花扇、茶梅花草虫扇、聚番扇、白泽五毒扇、盆景五毒扇、八蛮进宝扇、百鸟朝凤扇和盘桃捧寿扇共三十三种。[1]

  1972年4月，文物工作者在四川乐山徐浩长征制药厂工地明墓出土的一柄丝面川扇（现藏乌尤寺文物陈列室），书遒画工，制作精良，这便为上述记载提供了一项宝贵的实物佐证。[2] 由此可见，川扇工艺技术于明初即已进入极盛时期。而明朝后期川扇的生产，却因王室横征暴敛而遭摧残。清朝，川扇的生产已经有所衰减。新中国成立后，川扇的传统工艺，得到了恢复和发展。不同质料、不同品种、不同式样的产品，已经广销国内外。陈三岛的《川扇》说："险绝蚕丛地，由来宫扇传。大都白帝竹，尽用锦官笺。出匣风初转，垂纶月半圆。人间遗玉柄，犹是汉宫年。"关于川扇，可从此诗中窥见一二。

  首联中的"蚕丛"是蜀人祖先，是蜀国首位称王的人，他是一位养蚕专家，古代神话传说中的蚕神。在李白大名鼎鼎的《蜀道难》中也提到过"蚕丛及鱼凫，开国何茫然"。"险绝蚕丛地，由来宫扇传"是说地势险要的蜀地正是生产宫廷扇子的地方。

  颔联则交代了制作川扇用到的材料"白帝竹"和"锦官笺"，即扇骨和扇面。川扇闻名天下，这与四川盛产竹子是分不开的。蜀地盛产木材和竹子，所以原材料供给丰富，这为扇子的生产提供了便捷之处，川扇得以大量面世，产量不菲。扇子做得好不好，不仅在于用竹子做扇骨，更在于四川所产纸张的特别。这种纸柔性好，经得住反复折叠，加上川人心灵手巧，所制扇子柔软轻盈，巧夺天工，成为时尚。颈联则写出了川扇唯美的样子，打开盛着川扇的精致匣子，在面前轻

---

[1] 戴德源：《川扇史话》，《四川大学学报》（哲学社会科学版）1982年第2期。
[2] 戴德源：《川扇史话》，《四川大学学报》（哲学社会科学版）1982年第2期。

摇扇子便有阵阵微风袭来，扇子在一摇一摆之间好似半圆的月亮，十分美丽。

五 竹器

竹类器皿的使用源于中国。成都地区是我国最早种竹，并用其为生活、生产服务的重要地区之一。司马迁说巴蜀广泛使用竹木之器;[①]班固说巴、蜀、广汉富有竹木之饶;[②] 常璩称岷山多梓、柏、大竹，并将其作为蜀地致富的重要因素之一。[③] 两汉之际，巴蜀地区"名材竹干，器械之饶，不可胜用"[④]。左思的《蜀都赋》盛赞成都"邛竹缘岭"。

自古以来，竹与人们的衣、食、住、行密不可分。宋代诗人苏轼曾言："宁可食无肉，不可居无竹。无肉令人瘦，无竹令人俗。"竹之自然与人之气质的统一造就了中国民间艺术奇葩，工匠将自己的情感和品德寄托于精湛的工艺，创造出精美的竹编与邛竹杖等工艺品。竹编与邛竹杖因其蕴含的独特艺术魅力和审美价值，成为中国竹文化的璀璨明珠。

（一）竹编

竹编技艺是千百年来人们在劳动中总结出的凝聚着人们智慧与审美的艺术结晶。四川是竹的主产地，是翠竹青山、竹林茅舍、拥江长廊、村庄绿荫的绿色家园。古往今来，四川各地的竹编艺人将古老的技艺一代代传承下来，为我国非物质文化遗产增砖添瓦。

瓷胎竹编，最早的技艺产生于清朝道光时期，是成都地区独特的

[①] 司马迁：《史记》卷129《货殖列传》，中华书局1982年版，第3261页。
[②] 班固：《汉书》卷28《地理志》，中华书局1962年版，第1645页。
[③] 常璩：《华阳国志》卷3《蜀志》，巴蜀书社1987年版。
[④] 范晔：《后汉书》卷13《公孙述传》，中华书局1965年版，第535页。

传统手工艺品。瓷胎竹编最早脱胎于竹编技艺,四川崇州人(今属成都)张国正创造性地创新了竹编技艺。竹编技艺原来并无胎可依,是比较实用的储物用品,其实用价值比较高。张国正对其在竹编的基础上"将竹篾越划越薄,竹丝越劈越细,器具编织得越来越精致。渐渐地,竹丝细得没有了骨力,难以自己成型,张国正就选用了瓷器、漆器来作为底胎,让竹编依附在底胎上,竹编技艺便从无胎成型进入了有胎依附的新阶段,瓷胎竹编的前身诞生了"[1]。

张国正发明的瓷胎竹编技艺由于技艺精湛,而被选为贡品,并在1916年被选送到巴拿马国际博览会参展,获得银奖。光绪年间,张国正作为教师在劝业局开展授徒教学,主要讲授有胎竹编技艺。这样一来,有胎竹编的技术就有了师徒传承。但是由于当时战乱不休,一般民众连吃饭都成问题,这样的艺术品并无太大市场,因此其传承也就失去了动力。后来林绍清成为当时有胎竹编的继承者。林绍清,四川广汉人,1929年来到成都,"师从竹编艺人刘福兴学习有胎竹编技艺。3年后出师,又帮了师傅6年,而后在成都市内的东御街开店从事竹编产品生产销售。生产的产品主要是以漆器和锡器为底胎的饭盒、烟盒等,销往重庆、上海、南京等地,那时也给在成都的美军官兵编织玻璃酒瓶"[2]。

林绍清仅靠竹编技艺无法维持生活,因此他返回家乡,通过务农,同时制作有胎竹编来维持生计。新中国成立后,林绍清的困境有所改变。当地政府看中其有胎竹编技艺,邀请他重新回到此行业。依靠政府,林绍清在有胎竹编的基础上发展出瓷胎竹编,这样的

---

[1] 李凌虹、张福昌、宫崎清:《成都瓷胎竹编——起源于清代的西蜀工艺品》,《中华手工》2004年第1期。

[2] 李凌虹、张福昌、宫崎清:《成都瓷胎竹编——起源于清代的西蜀工艺品》,《中华手工》2004年第1期。

瓷胎竹编具有"精选料、特细丝、紧贴胎、密藏头、五彩丝"的技艺特色，从制丝到编织成型均为手工操作，技艺独特，玲珑精致，林绍清因此于1956年被评为老艺人，1988年被评为工艺大师。他招收艺徒，成立工厂，实现了规模化生产，瓷胎技艺也乘势发展起来。在生产中以景德镇瓷器为胎，以慈竹丝为编织材料，竹篾柔韧适中，原材料比较合适。最重要的是竹篾经过特殊处理，因此编成品耐干燥、不变形、不会被虫蛀、耐水可清洗。

瓷胎技艺在艺人的不断创新下有了新的发展，"主要有特细编、疏编、疏密结合编、元心起花、弧形锁花、条花、格花、链花、浪花、别花、穿花、贴花、漏花等十多种新工艺"[1]，技艺精湛的艺人还可以在竹编上制作出山水花鸟、飞禽走兽、人物故事等惟妙惟肖的成千上万的精美图案。瓷胎所用胎主要是中国瓷器，瓷器中比较常用的是花瓶，"瓷胎竹编花瓶小至5厘米，高达2米，颜色有朴实无华的本色烤色，也有五彩斑斓的热带色或深沉高雅的蓝色。"[2] 除了花瓶以外，还有茶壶、文具、首饰盒、笔筒、工夫茶具、酒具、烟具、沙发、咖啡具等实用性较强的有胎竹编。

竹编作为国家级非物质文化遗产，其传承和创新是有目共睹的。成都瓷胎竹编技艺的产生代表了成都手艺人的创新精神，竹编的出现与四川地区丰富的竹资源有密切关系。成都手艺人基于大自然赋予的资源而编制成具有观赏性的手工艺品，体现了天府创新创造和优雅时尚的文化特质。但同时也应该认识到，在现代以商品经济为主的社会中，竹编艺术的传承出现一定的窘境，主要表现为两个方面。其一，

---

[1] 李凌虹、张福昌、宫崎清：《成都瓷胎竹编——起源于清代的西蜀工艺品》，《中华手工》2004年第1期。
[2] 李凌虹、张福昌、宫崎清：《成都瓷胎竹编——起源于清代的西蜀工艺品》，《中华手工》2004年第1期。

竹编的创新形式不够。现有的竹编图案以传统为主，竹编的颜色也以原色为主，因此这在一定程度上影响了竹编的美感。再加上，欧美风格工艺品的流入，一定程度上对传统竹编产品造成了市场压力。其二，竹编的传承人技艺不精。目前竹编的传承人以中老年为主，他们能够做到精通全套工序手艺，从选竹到加工编织都能一步到位。但是他们没有办法招收到更优秀的学徒，学徒们大部分将竹编作为一种爱好，因为经济原因，他们无法全身心投入竹编技艺当中。因此，传承人少，精力的分散导致艺人们无法潜心竹编，做出高级的工艺品。蜀中竹编呈现出总体的风格特色和蜀风雅韵，但各地竞相探索创新，因此有同中有异，形成了代表不同地域的风格流派。主要有以下几类。

1. 青神竹编

四川青神竹编是技术与艺术的完美结合，将传统手工艺、竹材特质、文化艺术融于一体，具有实用价值和艺术价值。四川青神竹编通过不断发展，已经形成了平面竹编、瓷胎竹编、立体竹编三大艺术类别。

四川青神竹编大师通过精湛的编织技巧与技艺创新，将竹编与艺术、文化相结合，将竹编从实用层面提升到艺术的高度，不断赋予竹编艺术新的生命和光彩，形成了"新、奇、特、绝"的艺术特色，让四川青神竹编蜚声中外，正所谓："似绢似锦又似纱，似绒似缎又似麻。疑是织女朝圣物，道是青神竹艺葩。"

四川青神竹编艺术大师和工匠积极从传统竹编技艺中汲取营养，与时俱进，勇于创新，将日常生活作为艺术创作的源泉，重视挖掘地方文化，在竹编艺术创作中融入地方文化和民俗文化等特色元素，如"百寿有鱼""松鹤延年""梅兰竹菊""熊猫戏竹"等不同吉祥寓意的图案，通过艺术创新，编织出许多具有代表性的作品，如《蔬园》《群仙祝寿图》等。

四川青神竹编国家级非遗传承人陈云华根据竹丝的特性和光的折

射原理，独创"单色双面隐形"竹编技艺，作品形神兼备、惟妙惟肖，令人叹为观止。以陈云华等为代表的四川青神竹编大师选用优质慈竹，经过几十道工序，将竹篾制作成薄如蝉翼、细如发丝、不腐不蛀、永不褪色的竹丝，再用挑、压、破、拼等多种编织绝技，运用提花编织的原理，通过明暗虚实的变化，巧妙融入书画名家的书法、绘画元素，手工编织而成的竹编字画既保持了传统竹编的艺术风格，又融汇了国画、书法的艺术神韵，形神兼备，淡雅清秀，栩栩如生，独具魅力。这种竹编的精细程度和艺术神韵完全可与刺绣相媲美。代表作如《清明上河图》《中国百帝图》《中华情》《五百罗汉图》《百虎图》《隐形观音》《鹊华秋色图》《幽远》《老北京》等，形成了青神竹编特有的风格。[1]

四川青神竹编历史悠久，源远流长。据相关文献记载："蜀王蚕丛氏，着青衣，教民农桑，民皆神之。"古代青神先民砍竹破篾，编篾成箩，以箩养蚕，缫丝织绸，编竹器用于生活。四川青神竹编历经后世的传承和创新，在经纬交融、深浅变幻中，形成了独特的艺术神韵。2008年，四川青神竹编被列入国家级非物质文化遗产名录。四川青神竹编技艺精湛，融合丰富的色彩与浓郁的诗情画意，被联合国教科文组织专家誉为"竹编史上的奇迹"。

2. 刘氏竹编

渠县刘氏竹编的历史可以追溯到2300年前，品种繁多、工序复杂，从设计图纸到竹丝制作，从产品编织到成品，需经过一百多道工序，每道工序环环相扣，精细严密，全由手工操作。编织一件成品少则数天，多则数月，少数精品及大型作品要经过数年时间才能完成。

---

[1] 刘晓波：《四川青神竹编的艺术特色及审美价值研究》，《美术教育研究》2020年第5期。

渠县刘氏竹编用料考究，做工精细、技艺独特、品种繁多，主要品种有竹编字画、瓷胎竹编、双面竹丝编三个大类。竹编工艺主要传承人刘嘉峰首创了主编字画、提花编织法，推动了我国竹编技艺的发展。

刘氏竹编"以竹作画"，技艺精湛，画面极富笔情墨趣，各种图案栩栩如生。在我国的竹编艺术中可谓独树一帜。2008年，竹编技艺被国务院批准列入第二批国家级非物质文化遗产保护名录。

3. 道明竹编

道明竹编是以成都崇州市道明镇为中心，辐射济协、东关、白头、公议等乡镇的农业产业带。道明竹编拥有两千多年的悠久历史，特别是从清代初年至今的三百多年时间里，道明镇竹编经历了由粗到精，由简到繁的发展过程。

一棵棵竹，经过去青皮、剖片、日晒、划篾丝、染色等工序后，再通过编、绞、琐、插、拉、穿、扣等工艺技法，编制出造型优美，工艺精湛，丰富多彩的竹编工艺品、日用品等。包括各式笾、篮、盘、瓶、灯、扇、盆、椅、画近15个大类，八百多个花色品种，艺术竹编有壁挂、花插、茶具、凉帽、竹包、仿古家具、竹丝彩绘等，尤其是竹编书画堪称一绝。

道明竹编制品，以其新颖、独特的外形，常常作为馈赠佳品，深受消费者喜爱，享誉全国，甚至远销海外。1992年道明镇被四川省文化厅命名为"竹编艺术"之乡。2004年道明竹编被收入由文化部社会文化图书馆司主编的《中国民间艺术之乡概览》。20世纪80年代，道明镇的胡思礼等4名竹编技师曾先后走出国门，到哥伦比亚、牙买加、格林纳达等国家，传授竹编技艺，受到所到国及其人民的热烈欢迎。

(二) 邛竹杖

邛竹杖，即用邛竹制作而成的手杖，是四川有名的工艺品。邛竹又名石竹、罗汉竹，原产于四川邛崃，此竹独特，非常稀有。"邛竹杖"一词最早见于汉代。《史记》载，汉武帝元狩元年（公元前122），张骞通西域到大夏国（今阿富汗），就看到了蜀布和四川产的邛竹杖。[①]

古代邛竹杖具有较强的实用价值。在古代，由于生产力和交通条件的限制，商旅运输货物主要依靠人力、畜力。始于成都的西南丝绸之路位于我国地形第一阶梯和第二阶梯交界处的横断山脉地区，那里地形复杂多样，山谷向南北延伸，道路艰险。商人往来其间，往往需要借助邛竹杖扶持去穿越崎岖的山间道路。这就是邛竹杖最初的实用价值，也是其能够销往印度并转口贸易最终出现在大夏国的原因。[②]

早在西汉以前，邛竹杖因其所具有的实用价值得以作为外贸商品出现在中外市场，它见证了两千多年前的古蜀与南亚、西域国家贸易交流的繁荣景象。1958年，邛竹杖还曾作为礼品送给党和国家领导人毛泽东、朱德、贺龙以表深情，邛竹杖受到了中央领导人的很高评价。

历代文人墨客也给予了邛竹杖充分的关注，他们纷纷托物言志，将邛竹杖由物质形态上升为文化形态。南北朝时期的庾信、唐代杜甫、北宋苏东坡、南宋陆游等人都在其著作中赞颂过邛竹杖。他们把邛竹杖或作为作者品行与操守的象征，或作为表达思念之情的载体。北宋黄庭坚的《邛竹杖赞》曰："厉廉隅而不刿，故窃比于彭耽之寿。屈曲而有直体，能独立于雪霜之后……"其赋予邛竹杖忠信、笃恭、内圣、廉、直、节的品格，属于诸多赞颂之一。

六 川西园艺

川西山水奇秀，植物众多，俗好游乐，唐宋以降，园林艺术即十

---

① 李绍明：《说邛与邛竹杖》，《四川文物》2002年第1期。
② 古代巴蜀产邛竹杖的地方在文献里是哪些？何灵太_中国四川眉山雅文化研究_新浪博客 http：//blog.sina.com.cn/s/blog_50b598530102waew.html。

分发达。经过长期发展，遂形成了具有独特风格的川派园林盆景艺术。宋人王十朋的《剑南盆景》正好可以作为这方面的历史材料，使我们对此有大致了解。

剑南盆景

二公心古貌清癯，趣在林泉兴味疏。寸碧来从锦江远，九嶷分向锡山居。山中丘壑如金谷，笔下波澜陋石渠。我有千峰藏雁荡，擎天一柱插空虚。

此诗作者王十朋（1112—1171），字龟龄，号梅溪，温州乐清（今属浙江省）人。历经饶州、夔州、湖州、泉州知府，龙图阁学士。有《梅溪集》。《宋史》卷三百八十七有传。他是宋代状元、名臣、学者、诗人，曾为夔州（当时属四川）知州，在蜀中多有善政，颇得拥戴。作者原序云："金华先生有奇石名碧，远携来自蜀陈洪州。……予家雁荡群峰错峙，皆几案间物。"可知此诗描写的是一座友人所赠的剑南盆景。剑南盆景犹称川派盆景，是中华民族优秀的传统艺术，也是园林艺术中的珍品，为中国盆景五大流派之一，以古朴严谨、虬曲多姿著称。其主要特点是对称美、平衡美、韵律美，活泼而有序，庄重而灵动，是对大自然的艺术概括与艺术加工。基本技法为自然树的顺势加工和十种身法及三式五型。

王十朋为绍兴二十七年（1157）状元，在宋代名气很大，曾注过苏轼诗，又在夔州做过知府，熟悉热爱蜀中风物，留下了有关诗作。此诗即为描写剑南园林艺术瑰宝——川派盆景的作品。

诗先写送盆景之人金华先生与陈洪州。剑南盆景因取法雪压老树、蟠屈难伸之状，故造型多虬屈盘旋如龙蛇，颇显苍老之风神，与"二公古貌"神似，故虽写二公，实际上是写盆景。并且进一步说，因二公志在真正的自然林泉，故对人工的盆景兴趣并不是非常浓厚。接着写这名为"碧"的小巧盆景,远从成都锦江来到浙江,途中又经湖南九嶷山和江苏锡山,最后才到浙江雁荡山。不仅写路途之远,来之不易,而且经过了那么多名山大川,吸收山川灵气,可见此盆景是何等名贵难得了。第三、第四联则诗中有"我",直抒胸臆,借盆景言志,表现自己广阔的胸襟、过人的才华和高洁的人格。诗意说这盆景虽小,但自有丘壑,犹如西晋石崇金谷园一样蕴含丰富、优美动人,而我才高八斗、笔扫千军,对朝中的御用文人根本不屑一顾。雁荡山的千峰万壑都在我的心里,而那擎天一柱,直插云霄,格外令人倾心神往,赞叹不已。在此,作者乃是以雁荡千峰在胸暗寓自己的胸襟广阔,以直插云霄的擎天柱暗寓自己顶天立地的高洁人格。因此,此诗实质上是一首以物(盆景)明志、喻志、托志之诗。由于作者心胸既阔,立意又高,使得此诗雄健奔放,神完意足,读后使人欲长啸高歌,浮一大白。

第十二章 "诗意栖居"的游乐文化

第一节 蜀人好游乐

蜀人自古以来就好游乐，尤其是成都。成都拥有独特的城市河流景观和风景名胜，为市民游乐提供了良好的条件。成都被称为"天府之国""水旱从人，不知饥馑"，农业发达，物产丰饶，生活富足。这种环境培养了成都人热爱休闲、享受生活和亲近自然、热爱自然的习性。元人费著的《岁华纪丽谱》对此有精彩的描绘。

> 成都游赏之盛，甲于西蜀。盖地大物繁，而俗好娱乐。凡太守岁时宴集，骑从杂沓，车服鲜华，倡优鼓吹，出入拥导，四方奇技，幻怪百变，序进于前，以从民乐。岁率有期，谓之故事。及期，则士女栉比，轻裘袨服，扶老携幼，阗道嬉游。或以坐具列于广庭，以待观者，谓之遨床，而谓太守为遨头……田公况尝为《成都遨乐诗》二十一章以纪其实。而薛公奎亦作《何处春游好诗》一十章，自号"薛春游"，以从其俗，且欲以易尹京之旧称（原注：公知开府，专以严治，人谓之"薛出油"）。此皆可以想

承平之遗风也。……①

一 古代蜀人好游乐的成因

(一) 多元的社会文化积淀

"轻松自在、安逸逍遥"的诗意生活态度是四川人尤其是成都人真实的生活写照。历史和环境给了成都人特有的品质和性格，因而也造就了他们传统的生活态度。四川向来拥有多元的社会文化，譬如宗教文化、诗文化、酒文化、茶文化等，成都城市文化的发展脉络凸显出和谐包容的文化气度，开拓创新的文化精神，崇文重教的文化传统，张弛有道的文化心理等四大文化特质。② 人们的生活态度则是社会文化的综合反映。在中国，具有辛勤劳动与开拓创新文化品质的城市并不少，但在辛勤劳动的同时又善于享受生活的城市，也许成都可以称得上是其中之一。这正如有人所感言："成都人的生活始终是勤劳中伴随着永恒的优哉游哉。"③

(二) 优越的自然地理条件

自然环境是地域文化特征形成的基础，塑造着城市的气质和性格，也决定了一个城市的发展肌理。就成都城市文化而言，同样深受自然地理环境因素的影响。成都位于成都平原中部，其北部有高耸入云的秦岭、大巴山作天然屏障，冬季北方的寒冷气流不易长驱直入，气候温暖；夏季因太平洋、印度洋暖湿气流的影响，降水丰沛，形成这里温暖湿润的亚热带季风气候。因此，成都平原四季分明、土地肥沃的

---

① 元费著：《岁华纪丽谱》，载杨慎编，刘琳、王晓波点校《全蜀艺文志》，线装书局2003年版，第1708—1712页。
② 何一民：《成都城市历史文化特质简论》，《四川师范大学学报》2012年第2期。
③ 陈锦：《市井成都》，《华夏地理》2006年第11期。

特点和地理条件最适宜农作物生长。盛产稻米、丝麻、水果、茶叶、井盐等,物产尤为丰富。优越的自然地理条件造就了成都"天府之国"的美名,正如《成都古今集记》说:"成都,蜀之都会,厥土沃腴,厥民阜繁,百姓浩丽,见谓天府。缣缕之赋,数路取赡。势严望伟,卓越他郡。"①

(三) 丰富的商业经济活动

成都自秦汉以来就十分富庶,"巴蜀有江水沃野,山林竹木,蔬食果食之饶,民食稻鱼,亡凶年忧,俗不愁苦,而轻易淫佚"。② 优越的自然条件和富庶的经济使成都在东汉末年就已赢得"天府之国"的美誉。而成都人勤劳与闲适游乐相辅相成的生活态度和生活方式也正是肇始于此时。隋唐时期,由于经济日渐发达,成都成为中国屈指可数的工商繁华城市,世人称之为"扬一益二",即当时论工商的繁华以扬州为第一,益州(即成都)为第二。③ 由于经济的繁华进而推动了成都文化的兴盛和游乐之风的盛行。宋以后,一方面由于成都城市经济高度繁荣,各种手工业商品和农副产品十分丰富,因而推动商贸活动的发展;另一方面,成都的寺庙文化发达,城内外寺庙林立,各种宗教信仰盛行,故而随着经济的繁荣和宗教的兴盛,推动了成都的商业贸易集市与寺庙文化、民间传统节日的游乐活动的结合。逛蚕市、逛花会、逛夜市、逛灯会等是当时的主要游乐活动。

二 古代蜀人游乐活动的特点

宋代成都人游乐之盛,仅以《岁华纪丽谱》所载,一年共有游乐

---

① 范百禄:《成都古今集记》序,载杨慎编《全蜀艺文志》第792页,线装书局2003年版。
② 班固:《汉书》卷28《地理志》,中华书局1962年版,第1645页。
③ 何一民:《休闲之都:成都游乐文化的历史成因与特点》,《中华文化论坛》2012年第2期。

活动 24 次之多，大致有游江、游山、游寺、郊游等几大类。在这些游乐活动中，参与者众、官民众乐、城乡同乐，这在宋人诗文中留下了很多生动的描绘。如成都官民在浣花溪百花潭游江、郊游踏青、游学射山、游海云寺、元宵放灯等都有翔实的记载。除了成都之外，蜀中其他地区的游乐之风亦同样兴盛，如元宵之时，"村落闾巷之间，弦管歌声，合筵社会，昼夜相接"（张唐英《蜀梼杌》）。单是郫县唐安镇，就有"三千官柳，四千琵琶"（陆游《夜雨怀唐安》诗自注）。

这种群众性的出行游乐，有几个很重要的特点。

第一，游乐内容丰富，地点相对集中。从时间来看，成都古代的游乐活动都是按照一定的时节或是节庆来开展的，如正月的灯会，春日的踏青、登山以及游江。从地点来看，古代成都休闲游乐的地点相对集中，一是以锦江为纽带，带动两岸的文化娱乐和经济活动；二是以名刹古寺以及风景名胜区为主，如大慈寺、青羊宫、武侯祠、望江楼等；三是以重要的商业街区为载体，如夜市、灯会等游乐活动则多设在城区的商业街区。

第二，官方出面主持，官民同乐。"成都太守自正月二日出游，谓之遨头，至四月十九日浣花乃止。"（苏轼）《岁华纪丽谱》则有更详细的描绘："士女栉比，轻裘袨服，扶老携幼，阗道嬉游。"甚至认为成都游乐之风，远盛于京师（开封）。从倡导者来看，官府在古代成都游乐活动的发起与举办中扮演了重要的角色。成都定期兴办的游乐活动，均得到地方官府的倡导和支持，甚至有的活动是地方长官亲自参与其中，且设宴"以从民乐"。

第三，与商贸活动结合。如成都每月都有时令性的专业集市，除此之外，还有米市、炭市、麻市、渔市等。不仅街市河边，连一些大的寺院也是市场，如著名的大圣慈寺就是"合九十六院，地居冲会，百工列肆，市声如雷"（郭印《超悟院记》），不仅白日有市，还有夜市。每逢这类集市之期，就是人们出行游乐之时。

第四，有各种演艺活动吸引游客。唐宋时期的蜀地，戏剧、歌舞、杂技（即百戏）、木偶、猴戏都很活跃，优人乐妓的表演是游乐活动的重要内容。庄季裕的《鸡肋编》卷上就描绘了成都自上元至四月十九日"游赏几无虚辰"的由广大群众参与的戏剧表演比赛。

第五，有群众性的竞技体育活动穿插其中，让游客亲自参与。如成都百花潭的"水戏竞渡"、游成都学射山时的射箭比赛等活动，游人均可参加。从规模和参与者来看，古代成都的游乐活动规模甚是宏大，游乐并非上层社会所独享，而是不同社会阶层、不同社会群体、不同性别、不同年龄层次的人都广泛参与，可谓老少男女皆喜游乐。

三　诗意栖居的游乐歌舞文化

蜀人好游乐，于玩赏游乐中实现生活的艺术化，达到诗意生存的人生高境。前蜀后主王衍的《醉妆词》云："者边走，那边走，只是寻花柳。那边走，者边走，莫厌金杯酒。"生动描述了五代时期成都游赏娱乐的盛况。宋代成都人游乐之胜，仅以《岁华纪丽谱》所载，一年即有24次之多，大致有游江、游山、游寺、郊游等几大类，而歌舞宴饮及各种演艺活动穿插其间，使得游乐活动精彩纷呈，使人们流连忘返。[①]

（一）歌舞

游乐总要伴随着歌舞表演及各种游娱活动。成都艺文发达，乐舞尤为擅胜。成都出土的东汉说唱俑可见一斑。说唱俑蹲坐地上，右腿扬起，左手抱一圆形扁鼓，右手执鼓槌做敲击状，嘴部大张，满脸憨

[①] 杨玉华：《成都的"清明上河图"——从薛田〈成都书事百韵〉看北宋成都的繁盛》，《成都大学学报》（哲学社会版）2020年第3期。

笑。这个陶俑是滑稽戏的俳优造型，一边说唱，一边击鼓伴奏，可以说是中国说唱艺人的先驱。汉代，成都盛行宴饮之乐，富人举办筵席时，常有歌舞表演助兴。成都出土的汉代画像石，宴饮图占了很大一部分。陶俑里除了著名的说唱俑，还有丰富的舞乐俑、抚琴俑，足以说明汉代成都娱乐之兴盛。

《蜀国弦》《蜀道难》都是自六朝就流行的乐府，杜甫诗"锦城丝管日纷纷，半入江风半入云。此曲只应天上有，人间难得几回闻"更说明成都在唐代即是音乐之都。《成都书事百韵》对这方面做了传神的描写。一则曰"坊题金马促管弦"，再则曰"对陪霓袖竞舞翩"，三则曰"锦亭焰烛明歌障，绣阁香球熨暖毡"，可谓缓歌慢舞、丝竹齐奏，呈现出一派繁盛之景。

（二）各种集市

成都的游乐活动常常与商贸活动结合在一起，每月都有时令性的专业集会。张澍的《蜀典》卷六引《成都古今记》说："正月灯市，二月花市，三月蚕市，四月锦市，五月扇市，六月香市，七月七宝市，八月桂市，九月药市，十月酒市，十一月梅市，十二月桃符市。"[1] 此外，还有米市、炭市、麻市、渔市等。不仅白日有市，而且还有夜市。每逢这类集市之期，就是人们出行游乐之时。《成都书事百韵》中写到了药市和花市。而人们出行时的兴高采烈、热闹非凡及"蜀人游乐不知还"（苏轼《和子由蚕市》）的欢乐快意，也在诸如"似簇绮罗偏焕耀，如流车马倍喧阗""避暑亭台珍簟设，纵闲池沼钓丝牵"以及"嘉趣必臻尤伫望，胜游争倦更迁延"等诗中表现出来。[2]

及至今日，成都的游乐休闲活动在新的条件下仍显示出旺盛的生

---

[1] 严铭、马炳：《汪元量成都述略》，《成都大学学报》（社会科学版）2018年第1期。
[2] 杨玉华：《成都的"清明上河图"——从薛田〈成都书事百韵〉看北宋成都的繁盛》，《成都大学学报》（社会科学版）2020年第3期。

命力，并在表现形式、时空分布上也发生了一定的变化，从古时的赏花会、逛庙会、春游锦江等活动形式向各式各样的主题花会（如龙泉桃花节、新津梨花节等）、灯会、游江会转化，并且受到了广大市民的喜爱。现代成都的游赏休闲活动在运作方式上已经逐渐成熟，给成都市带来了很大的社会效益和经济效益。

　　成都也有众多小酒馆，给人们提供了表演的舞台，也带动了整个城市的娱乐氛围。从过去的选秀之都，到现在的网红之都，这种相互关联的文化现象，说明了成都这座城市的生活文化、市民文化、大众文化、娱乐文化的传统一直在延续。可以说，娱乐是刻进成都人民骨子里的基因。史书上有记载，成都人"勤稼穑，崇文学，好娱乐"，或者"好音乐，少愁苦"。高频次出现的"好乐"，证明了成都人的娱乐基因也培养出蜀人热情开放、乐观向上、热爱生活的开朗性格和生活态度、生活方式。

　　需要强调的是，成都这种喜好游乐、善于休闲的文化习俗并非是消极的、不思进取的表现，恰恰相反，蜀人对生活所具有的积极态度，正是热爱自然、热爱生命的表现。可以说，从璀璨的古蜀文明到丰富多彩的现代城市文化，从茶馆小憩的祥和到流行时尚的动感，蜀人不停地追逐着生活的品位和质量，追逐着生命的精髓和真理。正是这种"热爱生命、快乐人生"的精神，推动着蜀人不断地追求、创造。[①]

第二节　大游江、小游江

　　成都历来就有游江的习俗，这一活动在唐五代逐渐盛行，进入宋代，成都的游江娱乐活动达到顶峰，每年有二月二日的小游江，更有

---

① 何一民：《休闲之都：成都游乐文化的历史成因与特点》，《中华文化论坛》2012年第2期。

· 496 ·

四月十九日的大游江,大游江期间,浣花遨头与民共同祭拜冀国夫人和杜甫,然后乘坐彩舫泛游锦江之上,岸边游人搭棚观舟,其热闹不可胜言。

一 游江产生的缘由

宋初,蜀地虽然战乱频繁,入宋前三十年就先后发生了四次大的战乱。北宋政府在总结蜀地之乱时认为应归因于蜀地百姓"多事游赏",进而形成"轻易淫佚"的民风,最终导致的蜀地之乱,淳化五年(994)七月宋太宗对引起王小波、李顺的蜀中之乱归结为:"太宗闻蜀贼起,顾侍臣曰:'蜀土之民,近岁日益繁盛,但习俗嚣浮,多事遨赏,物极必反,今小寇惊动,岂天意抑其浮华耶'。"[①] 由于吴元载禁止蜀地百姓沿袭已久的"奢侈好游娱"的风俗,故"人多怨咎",可以说,北宋初期对成都的游宴活动一度采取抑制政策,主政官员不顺从民俗,肆意强行禁止百姓游娱,遭到了蜀中百姓的强烈反对。

张咏,太宗淳化五年(994)九月首任益州。张咏的观点和当时以宋太宗为首的北宋朝廷将巴蜀之乱归结为蜀地奢侈的游娱之风是一致的。同时他认为,作为主政官员有责任引导一方风俗,使之归于"淳化",就是由于"当时布政者,罔思救民瘼。不能宣淳化,移风复俭约"才致使巴蜀大乱。虽然张咏也将蜀中之乱归为蜀地过于奢侈的游乐之风,但是他并不反对游乐本身,而是认为"狂佚"的、过于奢侈的娱乐之风才是致乱的根本。正是因为张咏对蜀地游乐之风的正确认识,使之将其放到维护政治统治的高度来对待。镇蜀期间,张咏既遵从蜀人游乐之民俗,同时积极通过亲自参与、开发新的游乐项目等方式来引导蜀人的游乐活动,很快蜀地大安。

---

① 刘术:《张咏与宋初成都的游乐之风》,《成都大学学报》(社会科学版)2016年第5期。

由此可见，北宋统治者"被迫"向当地文化让步，代之"以从民乐"，蜀地重新回归到晚唐五代的轨道，从而将成都的游宴活动推向鼎盛。①

二　小游江

宋代乖崖公张咏治蜀将二月二日踏青改为游江。盖南门万里桥一带，数十艘彩船嬉游其中，称"小游江"。小游江的路线是从万里桥至浣花溪宝历寺，太守和官员们乘坐锦绣装扮的彩舫，几条表演歌舞的游船随行，最前面的船上是唱歌奏乐的艺人。几十条彩船浩浩荡荡出发，水上歌舞表演吸引了沿岸的百姓。

游江船只抵达宝历寺后，太守还会在宝历寺举行宴饮活动。费著的《岁华纪丽谱》对此有言："二月二日，踏青节。初郡人游赏，散在四郊。张公咏以为不若聚之为乐。乃以是日出万里桥，为彩舫数十艘，与宾僚分乘之，歌吹前导，号小游江。盖指浣花为大游江也。士女骈集，观者如堵。晚宴于宝历寺。"②

为了吸引更多的百姓参与，乖崖公张咏又于宝历寺前创立蚕市，吸引百姓在此买卖货物，嬉戏游乐畅饮于市场之中，百姓直到傍晚才陆续归家。③ 张咏作有《二月二日游宝历寺马上作》，诗云："春游千万家，美女颜如花。三三两两映花立，飘飘尽似乘烟霞。我身岂比浮游辈，蜀地重来治凋瘵。见人非理即伤嗟，见人欢乐生慈爱。花间歌管媚春阳，花外行人欲断肠。更觉花心妒兰麝，风来绕郭闻轻香。昔贤孜孜戒骄荡，猖狂不是风流样。但使家肥存礼让，岁岁春光好游赏。"④

---

① 杨倩丽：《政治与文化的互动：唐宋时期的成都游宴活动探微》，《宋史研究论丛》2015 年第 2 期。
② 杨慎：《全蜀艺文志》，线装书局 2003 年版。
③ 刘术：《两宋时期成都的游江娱乐活动》，《四川旅游学院学报》2016 年第 2 期。
④ 张咏：《张乖崖集》，中华书局 2000 年版。

三 大游江

浣花游江起源于唐朝。四月十九日，官府组织军士水嬉竞渡，盛况空前，各船彩旗招展、笙歌杂沓，两岸观者如云，热闹非凡，至日晚方歇，为与二月二日小游江相区别，谓为大游江。大游江的活动内容主要有以下几种。

第一，祭拜冀国夫人和杜甫。唐宋时期，成都四月十九日浣花溪大游江活动主要是为了祭拜冀国夫人和杜甫。《游浣花记》载成都之俗，每岁四月十九日，都人士女行十里，首先"入梵安寺，罗拜冀国夫人祠下，退游杜子美故宅"。所以大游江的路线大致从成都城的笮桥门开始，出笮桥门陆行"十里"至浣花溪畔梵安寺冀国夫人祠祭拜，接着游杜甫草堂，然后在梵安寺设厅宴饮，吕大防在五代韦庄所建草堂的基础上重建草堂于梵安寺侧，草堂内建沧浪亭，从此遨头浣花游江宴饮之地由梵安寺设厅改为杜子美沧浪亭。可见，唐代游杜甫草堂的时间是四月十九日，而现在正月七日（人日）游草堂吟诗之习俗起源颇晚，因为元人费著的《岁华记丽谱》中就未提及，所以最早亦在明清时期了。

第二，遨头同游。苏轼的《次韵刘景文周次元寒食同游西湖》自注云："成都太守自正月二日出游，谓之遨头。至四月十九日浣花乃止。"陆游的《老学庵笔记》卷八："四月十九日，成都谓之浣花遨头，宴于杜子美草堂沧浪亭。"宴饮结束，太守与其僚属，乘坐彩舫，歌吹相随，妓乐数船相伴，一路表演，从浣花溪登船顺流而下，直到百花潭，也即笮桥门外不远处的锦江上。任正一的《游浣花记》也记载了大游江的路线："南出锦官门，稍折而东，行十里入梵安寺，罗拜冀国夫人祠下，退游杜子美故宅，遂泛舟浣花溪之百花潭，因名其游与其日。"[①]

---

① 袁说友：《成都文类》，中华书局2011年版，第81页。

张咏作为治蜀名臣，其所制定及带头实施的成都岁时节庆的游乐活动已经形成了一种普遍的风气，游乐程序、游乐时间、游乐内容都有了固定的程式，因此说"岁率有期，谓之故事"。而其中最被人津津乐道的"故事"即是太守作为邀头在节庆活动中与民同乐，带头游乐。浣花大游江作为一年游乐活动的最高潮，邀头游乐自不可少，并被命名为"浣花邀头"。

第三，彩舫游江。浣花大游江的主要内容是各种彩舫游弋于锦江之上，彩舫分为三大类，一是以太守所乘之船为首的官舫以及服务船只，二是歌舞舫等表演船只，三是游江之民船。无论哪一类彩舫无不是装饰繁复，色彩艳丽。《游浣花记》写道"凡为是游者，架舟如屋，饰以绘彩，连樯衔尾，荡漾波间"。

第四，岸边观舟。浣花大游江期间更多的参与者是在岸上观看水上彩舫游江表演的士庶百姓。他们在锦江浣花溪到百花潭沿岸搭建各种漂亮而色彩各异的棚子观看江上彩舫往来，欣赏江上歌船乐舟的各种娱乐表演，还有精彩的水嬉竞渡表演。他们边看表演边呼朋引伴一起纵饮吃喝。更有小生意人趁着如此多的人流穿梭其间售卖各种小吃、水果等商品。

蜀人自古好游乐。蜀官蜀民辛勤劳动、运用智慧创造了许多游乐活动，有的已经消歇久矣，如文中所提到的四月十九日游浣花溪，还有一些继续为当今百姓所热衷，如传承着杜诗文化精神的人日游草堂。这些游乐活动留下了丰富的物质和非物质的文化遗产，因此重视和保护民间传统活动是十分重要且有意义的。[①]

---

① 张芷萱：《蜀中游乐之"浣花"与"邀头"》，《杜甫研究学刊》2018 年第 3 期。

第三节　各种节会

四川民间节庆种类繁多，其中最具传统色彩、最为红火热闹的节庆，汉族有成都灯会、成都花会、龙泉桃花节、郫都区望丛祠赛歌会、自贡恐龙灯会、都江堰放水节、五通桥龙舟会、广元女儿节等；彝族的有大凉山火把节、彝族年节；藏族的有黄龙寺庙会、塔公草原赛马会、康定转山会、木里藏族俄喜节、马尔康赏花节、白马歌会、藏历年；泸沽湖摩梭人的朝山节；羌族的祭山会、羌年节、羌族端午节；德昌等地傈僳族的阔拾节等。汉族的各种节会，则以宋人田况的《成都遨游乐》组诗21首、元人费著的《岁华纪丽谱》及清末傅崇矩的《成都通览》所载为最著。

第一，《岁华纪丽谱》所载成都节日共24个（21个条目，再加上中伏、末伏及冬至后一日），还没有算上诸如除夕、花朝节（二月十五日，乃百花生日，成都花会以此日开市）、"四立"（立春、立夏、立秋、立冬）、"二分二至"（春分、秋分、夏至、冬至，《纪丽谱》记载了冬至）、中元节（七月十五日）等全国性的节日。与田况的《成都遨游乐》组诗相比，还少了乾元节（十月十四日，宋仁宗生日），可见当时成都的节日之多、游乐之盛。

第二，在所有节日中，如以类别而论，以蚕市最多。蚕市不仅仅买卖与蚕产业有关的用具，而且可以买卖各种农具和日常用品，即田况诗中所说的"百物"，也是重要的游乐节日（可参苏轼《与子由蚕市》诗）。后世的农贸集市就是从蚕市演化而来的。

第三，以地点而论，则大慈寺最多。可见当时宗教生活在民间的流行以及大慈寺的热闹非凡。大慈寺是当时成都的地标和"网红打卡地"，犹如今天的春熙路。现在大慈寺旁的太古里也是外地游客心驰神往的购物游览胜地,正可谓传统文化与现代文明交相辉映、相得益彰。

第四,有人说,"人日(正月初七)游杜甫草堂"起源于唐宋,但《岁华纪丽谱》及田况的组诗都没有提及此节日。看来,此一习俗兴起较晚。虽然唐人高适有"人日题诗寄草堂"之句,清人何绍基有"锦水春风公占却,草堂人日我归来"之联,但并未与游园相联系。倒是四月十九日"大游江"在"罗拜冀国夫人祠"后,还要"游杜子美故宅"(任正一《游浣花记》)。陆游的《老学庵笔记》卷八也说:"宴于杜子美草堂沧浪亭",可见宋代游杜甫草堂的时间是四月十九日。至于现在的人日游草堂之习,应该形成于明清时期。

第四节　花市

成都传统的花会,又或称花朝、花市,有一千多年的历史。所谓花朝,指的是农历二月十五日,是古人给百花所确定的一个共同的生日,以花为媒在青羊宫举办花市,而且这种民俗活动一直延续至今。从唐代诗人萧遘在的《成都》一诗中"月晓已开花市合"的诗句来看,当时早有花市。每年春夏之交百花齐放之时,成都市民多往青羊宫到浣花溪一带游玩赏花,这就是成都花会的起源。五代时期,成都已是一座繁花似锦的城市,赏花则是上层王公贵族所钟爱的游乐形式之一,并经后蜀主孟昶将赏花的风尚推而广之,民间也十分盛行。[①] 宋初张咏做益州知州时,决定将城郊各处踏青活动"聚之为乐",以利安全,遂规定自万里桥往青羊宫到浣花溪为"游江"之所,由政府主办游春大会,传统的蚕市与药市集会也一并举行,成为游春赏花与物资交流两者综合的盛会,故而当时又称为花市,如赵抃的《成都古今集

---

① 何一民:《休闲之都:成都游乐文化的历史成因与特点》,《中华文化论坛》2012年第2期。

记》："成都二月花市，各地花农辟圃卖花，陈列百卉，蔚为香国。"

宋代花会的特征一直保持到近代。正如著名文士刘师亮在《青羊宫竹枝词》中所写，"通惠门前十二桥，游人如鲫送春潮"；"丘田顷刻变繁华，开出商场几百家"；"城市纷纷有若狂，今年更比往年强。乡间妇女尤高兴，背起娃娃赶会场"。这种集游春、赏花、贸易、美食于一体的花会，仍在成都塔子山公园或三圣花乡年年举行，规模愈办愈大，游人越来越多，成为川西地区远近闻名的盛会。

一 成都花会的由来与发展

成都的花会起源于唐宋，据文献记载，从每年春节开始直到四月，达官贵人、骚客文士、淑女名媛纷纷西出笮桥门踏青赏花，正如陆游诗中所描述的"当年走马锦城西，曾为梅花醉似泥。二十里中香不断，青羊宫到浣花溪"。在经历了元明的衰落后，花会在清代得到恢复。然而直到清末，花会仍没有固定场所，每年农历正月末、二月初便租用青羊宫、二仙庵附近的农田，临时搭棚，作为会场，"奇木珍卉，连圃接畦，异鸟佳禽，层笼累立，农耕蚕器，与夫家居必须竹木各具，儿童游弄细物，鳞萃其中。古书籍字画，真赝参半，盈摊满壁。游人场中簇拥，车马郊路喧闹，往来如织，积日不衰，始终三四十日而后罢散"[①]。

直到光绪三十二年（1906）春，传统花会改变成新式花会，第一次新式花会即"劝业会"开幕，共展出三千四百多件来自各店铺、作坊、工厂的货物，并提供了住宿及娱乐场所。由于准备充分，组织得力，该会取得圆满成功，赴会商家获利丰厚。从此，一年一度的花会（劝业会）便成为春季成都最大规模的公共聚会和物资交流活动。这种

---

① 李致刚：《成都花会考——即花会导游记》，载易君左《川康游踪》，中国旅行社1943年版，第224—225页。

由政府"利导扩充"的新式花会可谓"中西合璧"。它既发扬了传统庙会的商贸功能，又借鉴了西方博览会的形式与长处。无论是传统庙会还是新式花会，娱乐都并非其首要功能，但实际上，花会改办劝业会后，其娱乐功能并没有降低，反而大大增强。每到举办之期，除了成都城内的居民，周围十里八乡前来游玩者亦不可胜数。

进入20世纪后，已在成都延续千年的花会开始向新式劝业会转化，传统庙会空间也由过去以信仰为核心的单一型转化为集文化、商业、娱乐为一体的多元型。在这一过程中，花会的娱乐功能得到极大的加强。在花会的游乐项目中，既有对传统的继承和发展，也有对新事物的引入与推广；既有大众喜闻乐见的老节目，也有市民前所未见的新娱乐——新旧的彼此借鉴与相互交融，是花会在20世纪前半程始终保持活力的根本原因。从著名诗人吴芳吉（江津人）的《成都》一诗中仍可看到当时成都花会的倩影芳姿。

> 成都富庶小巴黎，花会年年二月期。艇子打从竹里过，茶亭常伴柳阴低。夕阳处处闻歌管，芳径人人赛锦衣。城阙连宵都不禁，骑驴更醉草堂西。

二 花会中的娱乐活动

根据史料可知，花会中的娱乐活动主要有戏曲歌舞表演、"打金章"和展览陈列三类。

戏剧表演是花会的传统项目，1912—1949年间增加了新戏。1926年第六次劝业会时，群益新剧社租定劝业会门口搭棚演唱新剧，"每天分早台、午台各演两次"，"售票营业，男女兼售"。[①] 到1936

---

① 孙跃中：《近代成都劝业会研究》，硕士学位论文，四川大学，2006年。

年，舞台演出的内容更加丰富，新剧、歌曲、杂艺，每隔数日就有新花样上演。

国术擂台赛是花会中最吸引人的娱乐活动。1918年，四川军政当局以团结尚武为号召，在花会举行首次全省打擂。比赛设有普通组、军人组、女子组，参赛者既有武林人士，也有军队和社会各阶层民众，无论男女老少，会武术者皆可上台表演。获胜者不仅有证书，还有金章、银章、蓝章，因此，擂台赛又俗称"打金章"。

对于既不爱看戏又不爱凑热闹的知识分子，花会也有吸引他们的地方。早在清末，组织者便开始在二仙庵的殿堂里举办展览。展柜里的东西种类繁多，展品主要是官报局出版的教科书、挂图、体育器械、古董、书画等。当时的花会会场中还有动物园，饲养着一批来自川西高原的动物，如松鼠、锦鸡、熊、獐子等，参观费每人十文。虽然动物园设备简陋，"徒有其名"，但毕竟为古老闭塞的成都引进了一种新鲜事物，也为"俗好娱乐"的成都市民提供了一种现代的休闲方式。[①]

三 现代成都花市

如今在市民都市休闲旅游需求和统筹城乡、发展乡村经济的驱动之下，花卉与旅游联姻，以"花节"为引擎，带动了以花卉景观为主题的乡村休闲旅游，形成了眼下成都地区生机勃勃的花卉旅游产品群。[②] 成都地区的花卉旅游资源非常丰富，除了传统的赏花项目梅花、芙蓉、桂花、牡丹、菊花等外，近年来成都的花卉观赏由以盆花、切花为主转变为以果木的花卉观赏为主。从1987年3月11日成都龙泉驿区举办第一届成都龙泉驿国际桃花节至今，成都地区发展相对成熟的

[①] 余文倩：《青羊花市景无边——花会与民国时期成都市民的娱乐生活》，《文史杂志》2012年第1期。

[②] 董瑾：《成都地区花卉旅游发展研究》，学位学位论文，四川师范大学，2012年。

花节有数十个。观赏花卉的地方众多，比如新津的梨花、杜鹃花；金堂的梨花、油菜花、橙花、柚子花；青白江的樱花、桃花、李花、杏花；新都的桃花、油菜花、郁金香、桂花、荷花；崇州的李花、油菜花；彭州的梨花、油菜花；蒲江的樱桃花、郁金香、百合花、玫瑰花；郫都区的油菜花、海棠花；龙泉驿的桃花、梨花；双流的梨花、玫瑰花；都江堰的梨花、油菜花；邛崃的山茶花、温江梨花、油菜花、花卉基地，还有三圣花乡综合花卉基地。同时，形成了四川省春季十大赏花胜地和首批十八条赏花主题线路。

2019年3月15日，成都市第五十五届花会在市文化公园正式开幕。本届花会以"百花灿烂芳蓉城"为主题，以贴近民众生活为目的，着力营造"绿满成都、花重锦官、水润天府"的生态环境，推进美丽宜居的公园城市建设。花会以春季花卉为主体，以精品花卉（牡丹、蝴蝶兰、红掌、百合等）为特色，在文化公园内设置10组精美景点。重点体现节点文化花卉雕塑，展出传统花卉牡丹、玉兰、梅花、海棠等，引进外国名贵花卉红掌、凤梨、花毛茛、丽格海棠、三色堇等几十个品种，还增设水中景观。花会期间还有花朝节花祭仪式、我为公园城市献花环、绵竹年画制作及插花艺术讲演培训体验等互动活动，以及各州市区县的林产业成果展销活动，让市民体验"花艺与生活"的美感和乐趣。

四 成都市花木芙蓉

随着成都花卉旅游的发展，无论在本地市场还是外地市场都面临激烈竞争和挑战，而所谓本土花木旅游品牌要强调差异性和地方特色，这里便不得不提及作为成都市市花的木芙蓉。

1983年5月26日，成都市第九届人民代表大会通过会议决定，把木芙蓉正式定义为成都市市花、银杏树为成都市市树，确定每年农历九月初九为成都市的"市花市树日"。木芙蓉原名为芙蓉,锦葵科落叶灌木。芙蓉盛开于秋末冬初,原产国为中国,中国栽培芙蓉的历史悠久。在五代十国时,相传为后蜀主孟昶下令所栽培,每年秋末成都全城芙蓉花开,四十里如锦似绣,故成都也被称作"蓉城",简称"蓉"。

芙蓉与成都还有一则历史故事。相传五代十国时期,后蜀主孟昶钟爱其妃子,其妃子面容娇媚,喜欢赏花,被称作"花蕊夫人"。有一年她看到满树的芙蓉竞相开放,宛如天上的彩霞,甚是喜欢,孟昶为让妃子开心,下令全城尽种芙蓉。待到深秋盛开,全城上下犹如锦绣,孟昶赞叹道:"自古以蜀为锦城,今日观之,真锦城也。"[①] 从此以后,成都每年深秋时节四十里如锦绣,孟昶携妃子一同登上城楼,相互依偎观赏这盛景。因为成都每年灿若朝霞的木芙蓉竞相开放,自此也就有了"芙蓉城"的美名。数年后,蜀国遭遇灭亡,孟昶这位钟爱的妃子被宋朝皇帝赵匡胤夺入后宫,但她因常常思念已故夫君,便悄悄珍藏夫君的画像,以寄托思念夫君之情。后来此事被赵匡胤知道,强迫她交出已故夫君画像,但她坚决反抗,赵匡胤一怒之下将其杀死。后人为了敬仰"花蕊夫人"对爱情的忠贞不渝,把她尊称为"芙蓉花神",所以芙蓉还有另外一个富有含义的名字——"爱情花"。

金秋,是观赏芙蓉花最佳的时节。在成都植物园、鲜花山谷、百花潭公园、浣花溪公园、人民公园里,都能看到美丽的芙蓉花。明代文震亨撰写的《长物志》中说:"芙蓉宜植池岸,临水为佳"。水光与花色辉映,"照水芙蓉"历来被视为一种极致的美景。成都多水,在白花潭公园靠近南河的岸边,遍开连绵的芙蓉,是木芙蓉的最佳观赏地。在深秋草木凋零的季节,芙蓉花仍然给成都人民带来生机与诗情画意。

---

① 郑福田主编:《永乐大典精华第1卷》,"锦城芙蓉",内蒙古大学出版社1998年版,第85页。

经调查发现，普遍群众对成都的"符号"定义主要为熊猫、火锅、太阳神鸟。而芙蓉花这一符号，综合其产业价值以及生态价值，可以使这一形象普及百姓生活的方方面面。由于当下芙蓉花在成都市区种植较少，其符号价值未能较好体现。2017年6月27日，市政协提案委联合组织民盟界别委员召开了"擦亮蓉城名片，打造芙蓉文化产业"的工作推进方案专题协商会。计划在2017年总共种植11万余株，每个区都有对应的芙蓉种植任务，并且将在成都植物园建设30亩市花专业园，在大邑沙渠湿地公园和金堂建设市花赏花基地。

第五节　灯会

元宵灯会在古代中国各地十分普遍，它起源于传统的元夕观灯。蜀中地区的元宵灯会不仅有着悠久的历史，而且还有地方文化特色。东汉时期成都就出现过"原始灯会"，即"五斗米道"的信众用"七星灯"来象征七星，举行"燃灯祭斗"仪式。三国西晋时期，成都的元宵灯会已初具规模。唐代以后，每逢元宵佳节，成都城内外张灯结彩，一片灯火辉煌的景色。元明时期，成都元宵灯会情况亦多见记载，清朝中后期达到兴盛。每至夜晚，人们就"闹元宵"，如龙灯、狮灯、车灯、高跷、猜灯谜等。到元宵之夜到达高潮，放烟火，"烧龙灯"，倾城出动，万人空巷，半夜方归。新中国成立之后，包括成都在内的各地春灯都逐步改为各地的灯会，从各街巷分散上灯改为集中一处。一般都在正月开始，延续月余。油灯已改为电灯，而且从传统的纸扎、绢花工艺发展到运用各种手段，在形、色、声、光、动五个方面推陈出新，制成若干成组的自动彩灯，各种民间故事、戏曲人物、城乡新貌、社会热点等都可以用彩灯来表现，真是火树银花、光怪陆离、热闹非凡、气象万千。

一　川南自贡灯会

元宵灯会这一民俗文化活动至今以川南自贡灯会最为出名。灯会以灯火、焰火、装饰、光影为主要表现形式，内容以中国传统文化及四川当地习俗为主，也会加入一些时尚、现代元素，展示丰富多彩的民间生活。自贡自唐以降便有新年燃灯的习俗，延至清代即有"狮灯场市""灯竿节"；到20世纪初，又逐渐形成节日的提灯会，更有放天灯、舞龙灯、戏狮灯、闹花灯等活动。

自贡灯会以其气势壮观、规模宏大、精巧别致、迷离奇异的特色，组成了时代的交响诗和历史的风情画，以其富有个性的文化品位和艺术魅力，轰动神州，走出国门，名播四海；赢得了"天下第一灯"的美称。

二　自贡灯会历史由来

据史籍记载，唐宋时自贡地区已逐步形成新年燃灯、元宵节前后张灯结彩的习俗。唐朝是我国封建社会的一个鼎盛时期，经济发达，文化昌明，国力强盛。元宵灯节在这样的社会背景下，受经济文化的有力驱动，得到进一步发展，唐代的史籍称灯节为"灯影之会"，自此，元宵灯节又称"灯会""元宵灯会"。唐朝的皇帝们为了显示"与民同乐"，不仅是元宵灯节、灯会的决策者、倡导者，而且是积极的参与者。

宋代是传统的文学艺术和各种民间艺术高度发达的时期，元宵灯节、灯会也得到了极大的发展。南宋淳熙二年（1175），著名爱国诗人陆游曾在其《沁园春》一词中写道："一别秦楼，转眼新春，又近放灯"，可见唐宋时期，新年和元宵放灯、燃灯之时，民间杂技、杂耍等表演活动亦尽现其间，深得观灯民众的喜爱。

元、明、清三代的元宵节仍是一个重要的节日，明清时期的元宵灯会更普及全国各州县乡镇，"花灯烟火照通宵，锣鼓杂耍闹达日"，各地在元宵节前夕，都开设了灯市，灯的种类亦日益繁多。灯文化沿着民间化、大众化的方向前行，元宵灯节以绚丽多彩的风姿展示了人民群众的聪明才智和民俗民情，其丰厚的文化内蕴和迷人的艺术魅力，如同磁石般吸引着千家万户，男女老幼。

新中国成立后，古老的灯文化在新的层面上得到了继承与弘扬。元宵灯节、灯会经过千余年的发展，形成一种特殊的魅力、特殊的格韵。在新中国成立后不久，各地陆续恢复元宵灯节、灯会的群众娱乐活动，并注入了新的内容，出现了新的灯具和灯组，灯诗、灯词、灯谜的创作和流传更加活跃。

60年代初开始，四川的成都办起了"春节灯会"，黑龙江的哈尔滨每年举行"冰灯游园会"，带动了不少城市举办元宵灯会，形成了新时期的年节文化活动。改革开放以来，传统的元宵灯会与现代科学技术相结合，与经济贸易活动相结合，与群众文化活动相结合，使中国灯文化的发展揭开了新的篇章。四川省自贡市的国际恐龙灯会，黑龙江哈尔滨市的"冰雪节"都使中国灯文化在新的历史时期大放异彩。元宵灯节、春节灯会不仅成为文化艺术的载体，而且成为经济贸易的媒介，进而发展成为社会主义市场经济中的一种新型产业。

三 自贡灯会的发展

自贡灯会"形、色、光、声、动"一体展现，"教、科、文、经、贸"有机耦合，形成了特有的社会功能——灯会搭台、经贸唱戏，以文化力驱动了经济的发展，为自贡这座全国历史文化名城的二次创业、重铸辉煌走出了一条经济和文化互动联动，一体发展的新路。同时为积厚流广、源远流长的中国灯文化在新的历史时期如何弘扬光大探索了新的途径。"年年岁岁花相似,岁岁年年灯不同",在中国传统年节文化中独树一帜的元宵灯节和灯会,植根于华夏民族文化的沃土,枝繁叶茂。

截至2021年,已举办27届自贡国际恐龙灯会。除了每年大年初一至元宵节的灯会展外,自贡灯会也不断"走出去",2020年11月4日,"走入"国家会展中心(上海)现场。一盏盏点缀着"自贡彩灯,点亮进博"八个发光大字的进博主题彩灯分外耀眼,为在此举办的第三届中国国际进口博览会添加一抹亮丽的色彩。12月23日,自贡彩灯以百组之气势、顶级之工艺、奇巧之创意亮相深圳锦绣中华,是自贡灯会冲破新冠疫情雾霾,实施"彩灯+"和"+彩灯"跨界融合、借灯出海战略的重大举措,是自贡彩灯该年国内最大规模、最高水准的展出。

第六节　农家乐

蜀人好出行游乐的习俗,发展到20世纪80年代,产生了一种新的游乐形式——以"农家乐"为载体的乡村旅游。农家乐"一词是乡村旅游在中国的特殊叫法。乡村旅游源于19世纪60年代的欧洲,最早在西班牙初具雏形。1865年,意大利成立"农业与旅游全国协会",专门介绍城市居民到农村去体验野外生活,以逃避城市工业污染和快节奏的生活,这标志着乡村旅游的正式诞生。此后,乡村旅游就逐渐在全世界蓬勃兴起并发展。这种集吃、住、行、游、购、娱为一体,花费不高而又老少咸宜的休闲旅游方式,正是对"蜀人好游乐"传统的传承与创新,是蜀人对世界旅游文化的独特贡献,因而它的最早产生地——成都市郫都区农科村也被国家旅游局授予"中国农家乐发祥地"的称号,中国首次乡村旅游节亦于2006年在锦江区三圣花乡举办。从此,借鉴成都"农家乐"模式的"渔家乐""牧家乐"等如雨后春笋,遍及全国各地。中国乡村旅游发展如火如荼,并且成为党的十九大确定的"乡村振兴战略"的重要内容。

一 农家乐的由来及发展

我国乡村旅游的发展历史可以追溯到八百多年前,南宋著名诗人陆游曾在广安《岳池农家》中写下了赞美农家的诗句:"农家农家乐复乐,不与市朝争夺恶",以抒发自己在农家的亲身游历和感受。这是目前国内见诸史料最早提出的"农家乐"。

现代"农家乐"旅游起源于成都郫都区农科村。1987年,农科村花木种植户为了方便花木交易客商的接待,利用宅基地和花木院落,添置一些简易的接待设施,接待客商用餐和休息。在此基础上,逐步引入旅游服务理念,完善旅游接待设施,面向成都市民开辟了农业观光、游览、休闲等项目,形成了"农家乐"旅游的雏形。农家乐以"吃农家饭、干农家活、住农家屋、赏农家景"为主题使城市游客享受到回归田园生活,找寻"采菊东篱下,悠然见南山"的意境,唤起"种豆南山下,草盛豆苗稀"的记忆。农家乐通常地处城郊区和乡村地区,通常具有优美的自然风光,完好的民俗风情。[①]

2006年4月12日,在首届中国乡村旅游节开幕式上,国家旅游局授予了成都市"中国农家乐旅游发源地"的称号。成都市十五届人大三次会议上提出要将成都建设成为世界现代田园城市,以"自然之美、社会公正、城乡一体"为其核心理念,发展农家乐正是这一核心理念的有力体现。成都市农家乐以一种淡定从容的姿态向世人展示着蜀人

---

① 曾凤娇:《慢城理念在成都农家乐中的初探》,硕士学位论文,四川农业大学,2013年。

闲适、恬淡的生活情趣以及自由、洒脱的生活理念。

二 成都市农家乐文化内涵探究

文化是所有事物本质及精神的体现，成都市农家乐的景观特色所涉及的文化内涵丰富多样。

其一，宗教文化的浸染。道教起源于四川，是中国土生土长的具有世界影响力的宗教派别，其创始地就位于今成都境内的青城山。佛教则在东汉晚期传入四川，与道教、儒家思想融合，形成儒、释、道三教合流的趋势。受其影响，中国古人历来推崇"天人合一"的思想，而这一传统文化主体思想催生的"和谐自然"观在农家乐中又得到了很好的体现。

其二，四川人传统的生活态度受到诗文化、酒文化、茶文化等多元文化影响。古代巴蜀地区虽地势险要、交通不便，但封闭内向的地理形态造就了激情、豁达、开放的诗人豪情。酒文化在巴蜀地区历经千载而不衰，巴蜀大地的人们逍遥飘逸和自由浪漫的性格与酒文化相融相生，共同造就了酒的品质和人的精神。而川人爱饮茶，茶馆在四川随处可见。人们在茶馆里喝茶、聊天、打麻将、听川剧、读书看报等场景比比皆是。可以说茶馆是四川社会生活的一种写照，也反映了四川人安逸悠闲、轻松自由的生活态度。

其三，成都的休闲文化与慢城理念不谋而合，拥有许多共通之处。20世纪末在欧洲兴起并逐渐发展起来的慢城理念主要包含三个方面，即低碳、可持续发展、诗意的生活。成都市农家乐在其发展过程中，形成的内容与特色都与慢城理念相当契合。[①]

到目前为止，成都市农家乐已经经历了两代的发展过程，正向着

---

① 朱晓清、甄峰：《慢城运动对国内城市宜居建设的启示》，《现代城市研究》2011年第9期。

第三代农家乐模式转变。由最初"吃农家饭、干农家活、住农家屋"以农事体验为主的原生态粗放型的第一代农家乐,到以花为媒,以节庆为载体,以乡村文化品牌为主,各具特色,客源稳定的第二代农家乐,再到郫都区农科村目前提出的以"田园深度体验"为主导的第三代农家乐,成都农家乐的发展脚步没有停歇,继续引领全国农家乐的发展。[①]

[①] 王强、丁廷发:《成都市农家乐景观特色与文化内涵研究》,《安徽农业科学》2013年第34期。

第十三章　天府文化的创造性
转化和创新性发展

前文已对天府文化悠久丰富、特色鲜明、精彩纷呈的历史进行了系统的梳理介绍，对天府文化创造性转化与创新性发展的历史遗存、当代资源有了较为清晰的认识。在此基础上，就需要进一步研究如何利用这些优秀的历史文化资源，在成都建设世界文化名城的宏伟战略格局中，继续推进当前的文化建设，在此机遇与挑战并存的新时代背景下寻求适应时代的有效发展。

第一节　天府文化的特质

什么是天府文化的特质（特点、特色、特征等）？这是一个见仁见智、言人人殊，不可能有标准答案的问题，但由于人类思维中偏好于对认知对象进行抽象归纳的天性，此类明知无解（至少是无确解）的问题，尝试为之作解者却大有人在。由于天府文化概念出之既晚，故而对其特征、特质进行研究之论著寥寥无几。成都市十三次党代会报告中，把天府文化特点总结为"创新创造、优雅时尚、乐观包容、友善公益"十六个字，这当然是高度精练浓缩、汇集了众多专家学者智慧的精彩概括。但天府文化既是一个新近提出的概念，对其"特征"的研究探索及认识也必然要经历一个长期的过程。作为一个代表数千年成都历史文化丰富内涵的概念，也需要多维度、多方面加以研究挖掘。在此，试从以下几个方面谈谈自己对天府文化特质的认识。所谓"特质"，当然是指天府文化独有的、鲜明的、公认的、辨识度和显示度较高的地域文化特征。

一是地理气象条件优越。前已言及，四川盆地位于北纬26～34度之间，30度纬线横贯中央，天府文化的中心区域——成都市正位于北纬30度，是古代世界众多文明的发生带。其因在于地处北温带，气候温润，雨量充沛，特别适宜人类生存与发展。具体来说就是适宜植物与农作物生长，生态环境良好，从古至今，都是农业文明最发达的地区。再加上成都平原是岷江和沱江的冲积平原，平原上河流密布，水系分支如扇形，地势西北高东南低，天然适宜自然灌溉，且发达的河渠水系，还为交通运输提供便利。特别是李冰治水修建都江堰工程以后，对水的控制与利用更加自如。而冲积平原土壤又天然具有肥沃平旷（所谓"沃野千里"）的农业优势。严格来讲，我们今天所称的各具特色的地域文化，基本都是形成于古代、经数千年发展演进而承传遗存至今的。故论及天府文化的特色，则上苍恩赐的得天独厚的自然地理气象条件奠定了尔后人文繁盛的基础。

二是山川秀丽。四川盆地在远古时期为浩渺之海洋，后由于不断的"造山运动"，形成了西边龙门山的喀斯特地貌。大自然的鬼斧神工，使得广袤的成都平原高山、丘陵、平原兼备，壮美的名山大川和秀美的小桥流水共存，形成"形胜古今称乐国，年年春色为人留"（明·高士彦），"水绿青天不起尘，风光和暖胜三秦"（唐·李白）的人间仙境。我们今天到西岭雪山、天台山游玩，在高山土壤中还可以发现小螺蛳、小贝壳，并且在龙门山成都段还有温泉、高山溶洞、飞来峰，又是大熊猫的栖息地，无论动植物多样性还是旅游资源的富集性，在全国都罕有其匹。在成都行政辖区内，就有都江堰—青城山、大邑西岭雪山、邛崃天台山、崇州鸡冠山、彭州九峰山、蒲江朝阳湖、石象湖、长滩湖等诸多山水名胜，成都市外而同属天府文化圈者则有乐山的峨眉山、眉山的瓦屋山、雅安的蒙顶山等诸多名胜。植物的丰茂、生态的优良，使得蜀中山光水色别具韵味、苍翠葱茏，诱人神往。正因蜀中一直是中国旅游的主要目的地之一，许多诗人作家得江山之助而催生奇情壮采，故后世又有"自古诗人皆入蜀"之说。

三是物产丰富。成都平原自古即是"栋宇相望，桑梓连接，家有盐泉之井，户有橘柚之园"①。上已言及，成都平原沃野千里，物产丰富。且资源品种各样，分布较广。由于地理气象条件适宜动植物生长，故成都平原的植物种类繁多，仅各种中草药就达四千余种，各种竹类生长繁茂，为中国竹类最丰富的地区。各种果蔬充盈，为我国重要的蔬菜基地，被列入国家保护动物的珍稀动物有熊猫、金丝猴及扭角羚等。此外，矿产资源丰富，蜀绣、漆器、竹编等工艺品自古以来就驰名全国。蜀地的物质文化特别发达，如茶、酒、盐、蚕桑、果蔬等，享誉全国，皆与此有关。近代以来，成都的工业产品（包括轻工产品）、服务类产品也都有不少的名牌，在国内外市场颇有竞争力。

四是生活富足。正是由于土地肥沃、气候温润、物产丰富，才使成都平原赢得了"天府之国"的美誉，也才使得成都平原家给人足，生活富足，成为众人羡慕的"乐土"。天府文化中的诸多元素，就是以此为基础而催生、衍生、发展起来的。举其显著者言之。首先，蜀人

---

① （晋）左思：《蜀都赋》，参见清胡绍煐《文选笺证》上，黄山书社2014年版，第132页。

"尚滋味""好辛香"。川菜以"一菜一格,百菜百味"而成为世界性菜系,成都名小吃的品类繁多、风味独特,乃至成都"美食之都"的桂冠,都与此有关。道理很简单,只有先解决"吃饱"问题,然后才有余力研究"吃好""吃美"的问题。如果物产有限,亦不可能提供制作丰富多样美食的原材料。天府文化中为何酒文化特别发达,亦与蜀中从先秦开始就是中国重要的产粮区,因而除口粮外还有大量的余粮用来外销或发展副业有关。如果一个地方连人们的口粮都保证不了,就不可能有大量的余粮用来酿酒和养殖畜禽等。因此,我们可以得到这样一个结论,凡是酒文化发达的地方,同时也是农业高度发达之地,甚至同样也是人类文明繁荣发达之所。验之于世界文明发展史,可谓合若符契,而天府文化尤为其中显例。其次,蜀人"好游乐"。宋初张咏有诗云:"蜀国富且庶……狂佚务娱乐"[1],把蜀人喜欢狂欢娱乐的原因归结为"富且庶",这是切中肯綮的。"游乐"属于满足了基本生活后的精神享受,是需要具备一定的物质条件的,即生活的富足。我甚至认为,蜀人爱好游山玩水、打麻将、看戏、泡茶馆、宴饮都与此有关。蜀地的工艺美术发达,学术文化、文学艺术兴盛,都是以生活富足作为基底、作为前提、作为依托的,丰富灿烂的天府文化的基础正是蜀地高度发达的物质文化以及蜀人生活之富足,这与马克思主义经济基础决定上层建筑的论断是一致的。

五是开明开放。市十三次党代会报告指出:"成都平原被誉称为'天府之国',是古蜀文明发祥地,孕育沉淀出思想开明、生活乐观、悠长厚重、独具魅力的天府文化特质。"这是非常精辟的有识之论。特别是天府文化"思想开明"的特色,一反传统上认为蜀文化封闭保守,甚至落后之论。而验诸天府文化发展史上的诸多史实事件,又在

---

[1] (宋)张咏:《乖崖先生文集》卷2《悼蜀四十韵》,北京图书馆出版社2004年版。

可证明天府文化中开放、改革、创新的文化特质。首先，古蜀文明是有其独立而悠久的史源，有独特的文化模式的文明类型，是一支高度发达且灿烂的古代文明，是中华文明的发源地之一，三星堆文化是与中原夏商王朝平行发展的另一个文明中心（李学勤、段渝等），那种认为古蜀文明是受中原夏商文明影响而发展起来，特别是在前316年秦王朝统一蜀国后才逐渐发展兴盛起来的论点是站不住脚的。秦灭蜀国前的古蜀文明就极其繁荣，可与中原文明媲美而无愧色。其次，"南方丝绸之路"早在公元前14、15世纪即已开通（段渝），最早流布到印度，乃至欧洲的丝绸产自成都，公元前4世纪印度文献中的"支那"，不论从史实还是音读考证，当为"成都"之称（段渝）。也就是说，成都是最早被世界认识的中国城市。成都通过"南方丝绸之路"与西方世界的交往，比史记所载的"张骞通西域"要早一千多年。一般论者只注意到以成都平原为中心的蜀地是"四塞之国"，其北、西、东三面高山高原大江限制了蜀人与外界的交往，只强调了"蜀道之难"，而没能换一个角度把眼光转向南面，对成都作为"南方丝绸之路"起点的重要意义更是认识不足。再次，三星堆遗址出土的青铜雕像群、金权杖、金面罩、青铜神树以及海贝、象牙等文物，不仅与中国文化异趣，而且在古代巴蜀也无其来源的蛛丝马迹，而这些文化因素却能在西亚近东文化中找到渊源（段渝），还有学者认为"巴蜀图语"与印度河文字有密切联系（何崝），这些都可证明天府文化是一个开放的体系。最后，开明开放的思想导致改革和创新。天府文化史上的数十个中国（包括世界）第一，无不证明天府文化中奔涌着勇于开拓、创新创造的精神。即便在新中国成立之后，天府大地也有许多在全国叫得响的经验与创新。如在农村改革中的承包地"三权分置"、农村产权制度改革、交通管理中的"机非时空分离法"等。张之洞说："蜀中人士，聪明解悟，向善好胜，不胶己见，易于鼓励，远胜他省。"①，准确指出蜀人头脑灵活，不固执己见，虚心从善的开放灵活心态。

六是人文发达。蜀地自古称为文教冠冕，艺文渊薮。虽偏于西南一隅，但数度成为中国的文化高地。古蜀本有极灿烂之文化，再加上战国时期诸国中秦并巴蜀最早，受秦陇文化浸染较深较长，故自西汉文翁兴学，即造就了天府文化之兴盛繁荣。以兴教育人为基础，蜀中的哲学、文学、艺术，乃至科技都人才辈出，彬彬之盛，远迈他地。尔后的唐宋及清中后期，天府文化又两度兴盛。司马相如、扬雄、诸葛亮、李白、杜甫、"三苏"、杨慎、张问陶、李调元、郭沫若、巴金、李劼人等一流大家纷纷登上历史舞台，留下了一流的作品、一流的成就、一流的影响和魅力，为天府文化添彩增辉。直到今天，成都仍然是全国市民文化素养最高的城市之一。高校、在校大学生、博物馆、实体书店的数量以及市民年均阅读量等都居全国前列。因此，成都建设世界文化名城是有基础、有条件、有底气的。

七是智慧风趣。《华阳国志·蜀志》说蜀人是"君子精敏，小人鬼黠"，准确概括了蜀人富有智慧、幽默风趣的特点。开放冒险的性格，教育的发达，提升了蜀人的文化素质，养成了多智善思的特点，使蜀地成为中国才智型人才的产地。诸葛亮虽不是蜀人，但他的"智慧型"形象是在蜀地塑造完成的，乃至他成了中国文化中"智"的化身。难怪鲁迅在评论《三国演义》时说书中描写诸葛亮"多智而近妖"②。蜀中人士留下的名著佳作、创造发明、辉煌功业无一不展示了高度的智慧。明代状元杨慎被贬谪到永昌（今保山市）达数十年，在许多云南的民间故事中，他犹如维吾尔族的阿凡提，也以足智多谋著称，这也

---

① 张之洞：《张文襄公全集》卷214《致谭叔裕》，中国书店1990年版，第1249页。
② 鲁迅：《中国小说史略》，载《鲁迅全集》卷9，人民文学出版社2005年版，第135页。

许代表了外地人对蜀人多智的看法。蜀人多智的另一表现是幽默风趣，而幽默是一种需要高超智慧的艺术。与川人交往，你往往会发现他们身上的幽默可爱之处，如爱用歇后语，爱摆轻松愉快的龙门阵（尤其是常喜欢带点"颜色"），再加上四川方言节奏感强、抑扬顿挫特别气足神完，有时候使你忍俊不禁。此外，语言的生动活泼也是造就蜀人多趣的原因之一。如唱歌有"荤歌"（有女性陪侍）与"素歌"（好友聚唱）之分，睡午觉也有"素瞌睡"（一人午休）与"荤瞌睡"（有女性陪睡）之别。称"仔母鸡"是"没有谈过恋爱（交配）的母鸡"，称骟过的猪为"不能再谈恋爱的猪"，等等，风趣幽默，不一而足。

八是乐观包容。很多论者在谈到巴蜀文化的特质时，几乎一致肯定兼容并蓄是其最显著的特点。这种特点的形成，与成都平原土地肥沃、山川秀丽、物产丰富、生活富足安逸有关，也与历史上长期频繁的移民运动有关。历史上曾有秦灭巴蜀及秦并六国后移民入蜀，成汉时数万西北流民入蜀，唐朝玄宗、僖宗入蜀所带大量大族随从留居蜀地，明初国家号召大批外省流民入蜀以及清初长达近一个世纪的"湖广填四川"等移民运动，而大批蜀民迁移外省的情况却并不多见（主要有秦灭巴蜀后蜀安阳王带数万蜀民入越南）。就成都而言，在历史上一直是人口净流入的城市。正是由于长期受五音繁会、八方辐辏、东南西北交融的移民文化影响，形成了蜀人热情好客、包容友善、尊贤爱才、博采众长等特点，显现出极强的涵容性、多元性以及能容异量之美的特征。这在蜀人的语言、川菜、川剧中得到集中体现，这都是立足自我而又博采众长的结果。同时，在开明开放的思想以及多方面因素的合力作用下，蜀人又形成一种豁达乐观的生活态度。最能代表此特点的是汉代的说唱俑，其每一个细胞都充满了笑乐风趣的神情状貌，给人留下了生动而难忘的印象。

九是优雅时尚。《华阳国志·蜀志》中认为蜀人"多斑采文章"。

确实，蜀中不仅教育发达，民众文化素养较高，而且尚文好艺，成为人文渊薮、艺术殿堂，故形成了"自古诗人皆入蜀"的风气。此种风气的形成的原因有几个方面。第一，蜀中山川秀美，易得"江山之助"，为文学艺术增奇情壮采。第二，蜀中人文荟萃，再加上李白、杜甫、陆游等或生长蜀中而得天地之灵秀，或居留蜀地而得山川之陶染，皆入蜀而诗艺文技大进，居蜀后而为大家名家，故引起后人纷纷效仿。第三，蜀中文学生态良好，其"奇文共欣赏，疑义相与析"的切磋研究氛围，为诗人作家提供了最理想的创作环境。第四，蜀中物产丰富，浪漫神秘，多奇人异事，地域文化特色鲜明，文人好玩好奇，心驰神往，具有独特的吸引力。第五，两宋以后，蜀中文化已非昔日之盛，为了激起重现昔日文化繁荣局面的自信，蜀人"夸述其胜"，津津乐道。同时，由于天府文化兼收并蓄、雅俗共赏的包容性特色，在正统的雅文化、精英文化繁盛的同时，俗文化、流行文化、民间文化也长盛不衰，并且常常能引领潮流风气，流为时尚。你看成都女孩的穿着打扮，其时尚前卫，与北、上、广、深相比而无愧色；你看成都的五星级宾馆和"苍蝇馆子"虽价格不可同日而语，但同样热闹兴盛。总之，成都是一个能满足不同人群需求的立体城市，任何人都能找到自己的位置而自得其乐，精英与大众，雅与俗，因与革，新与旧等都能有机结合，互融互摄，相映成趣，相得益彰，形成优雅而又时尚的文化品格。

十是务实勤劳。各种地方史志都有蜀人"厚朴""敦厚""勤勉"等评论，这大抵是正确的。蜀地（特别是成都平原）由于人多地少，一方面是土地金贵，故长于精耕细作；一方面则因人多地少，遂形成一种男性竞相外出谋生打拼的传统，外出务工及经商的意识较强。但无论是哪种情形，都需要吃苦耐劳，就西南地区而言，蜀人的吃苦耐劳为滇黔等地所不及。四川话把"工作""劳动"叫作"做活路"，即工作劳动是生活（存）之路，其对劳动的认识是何等深刻。我们常常能看到，四川人能干好别人不能或不愿干的最苦最脏最累的体力活，当然其前提是报酬比一般工作高。在长期的历史发展过程中，与吃苦耐劳相一致，蜀人继承了务实肯干的传统，即舍得出力气干活又讲求吃喝享受，并且深知"幸福在今生"，重视现时的享乐，看重眼前的利益，追求当下即得的快乐，而不求虚名虚声。蜀中有谚语云，宁可活着粗茶淡饭吃饱吃撑，不可死后斋茶敬酒吃好吃精，这充分体现了蜀人务实的特点。正是由于务实勤劳苦干，蜀人才创造了一个个奇迹，成就了一桩桩伟业，培育出一批批干练之才，形成了干事创业必期所成的又一天府文化特质。

第二节 整理出版有关典籍及研究成果

天府文化的创造性转化和创新性发展，首先有赖于对天府文化资源的整理与研究。在这一方面的相关工作中，整理出版与天府文化密切相关的文献典籍及研究成果十分必要。目前已经出版的代表性成果主要集中在如下几个方面。一是整理出版了一批天府文化的重要典籍，校注出版反映天府文化基本面貌和特点的重要典籍，整理出版历代天府作家学者的文集和有影响的总集（包括选集）等。二是出版了《天府文化研究》丛书，从政治、经济、文化、社会、生态文明等各个方面对天府文化进行专题研究，形成规模效应与较大影响。三是编撰与天府文化密切相关的工具书及普及宣传读物。四是精选精注精评了历代天府文学作品，形成了《成都最美古诗词100首详注精评》[①]等一批高质量普及读物，扩大天府文化受众面及影响力。

[①] 杨玉华编著：《成都最美古诗词100首详注精评》，成都时代出版社2020年版。

一 天府文化重要典籍

(一)《成都文类》

《成都文类》五十卷，是宋代袁说友等人编辑的有关蜀地的诗文总集，总共收录了诗、文、赋体一千余篇。全书共有赋一卷，诗歌十四卷，文三十五卷，以门类相从属，设为十一门，故被称为"文类"。该书收录的内容可以上溯至西汉，其下限则在南宋孝宗淳熙年间。所记内容多是历代文人吟咏蜀地山川之灵秀、文物古迹之繁盛的作品。因为本书收录的诗文作者大多来自蜀地，而编辑者又在成都做官，故取"成都"为名。该书现已由中华书局整理出版。

(二)《全蜀艺文志》

《全蜀艺文志》是明代杨慎编辑的一部有关四川的诗文选集。杨慎在选编前人文字时，以与蜀地有关联作为准选录标准，共收入了有姓名可考的作者六百多人，诗文一千八百余篇。全书是按照不同文体分类编排的，并按时间先后排列。书中附录了相关的引用书目以及作者和文章篇名的索引。该书已由四川大学刘琳、王晓波先生整理点校，于2003年由线装书局出版。

(三)《成都诗览》

冯广宏著，华夏出版社2002年出版。全书共选录了诗歌两千多首，作品起自远古时期，下至1949年。本书的编撰目的是以诗歌推证史事，用史事诠释诗歌，让诗与史相互印证、发声，为历史学、诗词学、方志学、民俗学研究提供必要的参考资料，也便于热爱成都的读者鉴赏、引用。

(四)《成都竹枝词》

竹枝，作为民间民歌，也在唐代传入成都。唐朝的成都作为文化容器，因以其唐代众多诗人或游历、或流寓，而成为唐诗创作的中心，为成都富积了丰厚的影响、绵长的诗学文化土壤。具有民歌味的竹枝虽说没有在唐时流行于坊间里巷，却为之后竹枝词的兴盛收藏与贮存了竹枝词诗体的种子。林孔翼整理编辑的《成都竹枝词》于 1986 年在四川人民出版社出版。

（五）《蜀中广记》

曹学佺于万历三十六年（1608）任四川布政使司右参政，次年春季入蜀。四年后离任返回福建。在蜀期间，他游历了四川各地，做了比较详细的记录，最终撰成《蜀中广记》。《蜀中广记》规模宏大，内容十分丰富。全书共有 108 卷，分为十二记，其中《名胜记》30 卷、《边防纪》10 卷、《人物记》6 卷、《宦游记》4 卷、《蜀郡先古今通释》4 卷、《风俗记》4 卷、《方物记》4 卷、《神仙记》10 卷、《著作记》10 卷、《诗话》10 卷、《画苑》4 卷。《蜀中广记》是反映明代之前巴蜀历史文化的百科全书，曹学佺在编纂前做了大量的文献搜集准备工作。《蜀中广记》文献资料来源极为丰富，对涉及巴蜀古代历史文化的典籍多有征引，如各种正史、杂史、野史、地理书、方志、别集、总集、佛经、道书、石刻，等等，数量众多。引用的典籍有的现已失传，故《蜀中广记》有保存文献之功。杨世文校点的《蜀中广记》（上海古籍出版社 2020 年 11 月）择其善本加以参校，凡有改动，皆出校记。对于学界已有的研究成果，也尽量加以参考。书后附录了曹学佺的传记资料、《蜀中广记》序跋、藏书题跋等，对了解、研究《蜀中广记》大有裨益，是目前最好的《蜀中广记》整理本。

（六）《益州名画录》

《益州名画录》，一名《成都名画记》，全书共分上、中、下三卷，是产生于北宋时期的绘画史名著，由黄休复编撰。《益州名画录》是地区性的画史，它记述了由唐末、五代至宋初百余年间西蜀寺院壁画的代表作品。此书以人统画，用列传体裁记载了孙位等五十余位画家的小传及其创作的壁画，又按照"逸品、神品、妙品、能品"等四格对其分类编排，拟定高下。黄休复在记述画家和作品时，很少对其展开艺术性的分析，而是在全书开篇的目录中，先行揭示"四格"的区分，然后对每一格的特点，用精要文字进行说明，以此作为评定画家们艺术水平高低的统一标准，同时反映了作者自身对艺术的见解。在黄休复看来，"逸格"的画作是最难能可贵的，所以被他评定为"逸格"的画家只有孙位一人。在介绍其他画家时，《益州名画录》还涉及画院制度、人员招录、职位待遇、师承关系、社会地位、艺术特色等信息，这为研究当时蜀地画院的专业活动及其对宋初画院的影响提供了关键资料。

（七）《成都通览》

编著者傅崇矩是四川简州人，自幼随父亲迁居省城，遂以成都人自居。他是个博杂通晓的人，知识渊博、涉猎很广，且又思想开放。傅崇矩曾到日本游历考察，购回了当时成都第一部电影放映机。他还办过报纸，编撰了很多地理书籍。《成都通览》就是这样一部博通的作品。其内容包括成都的气候地势、山岗田土、江河水域、城市布局、街巷沿革、农工商贸、市井生计、官场规矩、市肆百物、旁门左道、三教九流，可谓应有尽有，不啻一部清末民初的成都百科全书。该书已于1987年由巴蜀书社出版。

（八）《华阳国志校补图注》

《华阳国志》（又名《华阳国记》），晋穆帝永和四年至永和十年（348—354），常璩撰写。这是一部专门记述古代中国西南地区地方历史、地理、人物等的地方志著作。四川大学任乃强教授详注精校，深入考索而成的《华阳国志校补图注》，由上海古籍出版社于 2009 年出版。全书包括巴志，汉中志，蜀志，南中志，公孙述、刘二牧志，刘先主志，刘后主志，大同志，李特、李雄、李期、李寿、李势志，先贤士女总赞，后贤志，序志并士女目录等篇目，共计 12 卷，超过 11 万字。《华阳国志》记录了从远古时期到东晋永和三年（347）之间的巴蜀史事，记录了这些地方的风物土产与历史人物。"华阳"一名，最早见于《尚书·禹贡》："华阳黑水为梁州。"意思是说梁州北至华山之阳，西至黑水之滨。全书主要由三部分内容组成。一至四卷主要记载巴、蜀、汉中、南中地区各个郡县的历史沿革与地理信息，其中还包含了这一地区的政治史、民族史、军事史等材料，但主要还是记地理为重，其性质相当于历代正史中的地理志；五至九卷则以编年体记录公孙述、刘焉刘璋父子、刘备刘禅父子和李氏成汉等四个割据政权的历史，这一部分又相当于正史中的本纪；十至十二卷记录的是从西汉到东晋初年梁、益、宁三州的贤士列女，这部分就相当于正史中的列传。

二 天府文化研究论著

（一）《天府文化与成都的现代化追求》（中/英文版）

《天府文化与成都的现代化追求》是一部对"天府文化"的实质内涵、历史渊源、当代表达进行深入研究的学术专著。该书呼应成都市建设全面体现新发展理念的国家中心城市、打造世界文化名城的现实需求，结合历史文献与考古资料，提炼、借鉴了前人的研究成果，对天府文化的源流做出了个性化的综合论述。全书脉络清晰，精要地阐释了与天府文化"创新创造、优雅时尚、乐观包容、友善公益"特质相关的人、事及其他历史资源，有助于准确把握天府文化，在历史和现实中感受天府文化的魅力。该书站在学术前沿，布局谋篇不同于前人，章节体例自成一系，但它同时也关注阅读需求，为市民百姓了解、掌握、传承天府文化提供了素材。与该书的中文版对应，《天府文化与成都的现代化追求》的节要英文版，则是西方社会了解认识成都的标志性人文学术窗口，为国外的读者熟知天府文化提供了不可或缺的资料，以供西方学界和社会各界参考。《天府文化与成都的现代化追求》(Tianfu Culture and the Modern Pursuit of Chengdu)将成为成都走向世界的重要文化基奠和桥梁，亦是对外传播天府文化的有力渠道。以此为依托，成都和天府文化的国际传播走向了一个崭新的层面。

(二)《天府文化研究》系列论文集

《天府文化研究》主要是对天府文化源流、内涵、特征进行梳理、研究，从不同角度、不同领域展开论述，以求全面准确反映天府文化核心思想的系列论文集。成都市十三次党代会提出了"创新创造、优雅时尚、乐观包容、友善公益"的天府文化，"创新创造"是文化基因，"优雅时尚"是文化特质，"乐观包容"是文化气度，"友善公益"是文化表达。这十六个字代表了天府文化在传承巴蜀文明、塑造城市个性、涵养天府人文、促进人类发展等方面的独特魅力。成都平原坐拥最佳的地理环境，沃野千里、物产富饶，自古被称为"天府之国"，这是从成都平原的生活富足、社会安定来定义的。"天府文化"正是根植在这片沃野之上，是在4500年文明史的积淀中产生的。每段荡气回肠的历史，每件刻骨铭心的事件，每位载入史册的人物，都是构成天府文化的重要元素。"天府文化"凝聚着"天府之国"的经济、历史、社会、政治、人文、地理、交流等各方面的传承与发展，是"天府之国"区别于其他城市的鲜明标志。因此，《天府文化研究》的意义有以下几方面。第一，辨明天府文化的本质内涵，传承天府文化的历史根脉，稳固成都城市发展之根本。第二，追源溯流天府文化的古今传承，更好地建设世界文化名城，明确国家中心城市的定位。第三，彰显天府文化的时代风采，展望天府文化的未来发展，促进人文成都享誉世界。《天府文化研究》是一个逻辑严密的文化研究系列，分为四个专辑，即"创新创造"卷、"优雅时尚"卷、"乐观包容"卷、"友善公益"卷。"创新创造"卷重在研究天府文化的内在动能，"优雅时尚"卷重在呈现天府文化的生活态度，"乐观包容"卷重在展现天府文化的"气质神韵"，"友善公益"卷重在传达天府文化的价值观念。先秦以来，巴蜀先民创造了"道德仁义礼"的核心价值观，与中原轴心文化倡导的"仁义礼智信"有共性，更有鲜明个性，具有"顺应自然""法天则地""三才合一""尊道贵德""形上形下兼顾""体用合一"的特点，实现了最早最持久的三教融通和近代以来的五教合一，使天府文化始终有自己独特的文化体系与个性。故可以用"道德仁义礼"五个字表达《天府文化研究》四个专辑之间内在的逻辑关系——"创新创造"的深厚根基在于天府文化中形上形下兼顾、体用合一的"道"；"优雅时尚"的深厚根基在于追求自由心性、在乎人生顺遂的"德"；"乐观包容"的深厚根基在于"仁、义"的巴蜀表达；"友善公益"则是巴蜀地区"礼"的深刻体现。

(三)《成都走向世界文化名城之路》

《成都走向世界文化名城之路》是第一本精确论述天府文化与成都城市发展内在联系的研究专著，解析成都走向世界文化名城进程中的文化驱动力，呈现以天府文化为内核灵魂的世界文化名城建设历史及其前瞻性未来。该书立足于成都市委市政府关于成都建设世界文化名城的决定，从历史经验、阶段成果、前瞻未来等多层面为建设世界文化名城提供学术研究的有力印证。通过梳理古今文献与考古材料，参考前人的代表性成果及历年来成都发展规划大数据等，剖析成都走向世界文化名城之路的历史源流和发展阶段，挖掘成都在中外文化交流传播中的独特地位和卓越贡献，凝练概括成都在天府文化的驱动下走向世界文化名城的辉煌成绩与成功经验，聚焦城市发展的文化内核，做系统深入、全面客观、层次分明的生动论述。以中华文化精粹为根底，以天府文化本质为动能，立足学术前沿，形成不同于前人的谋篇布局和自成体系的学术范例；同时通过叙议结合、深入浅出的写作风格以及简洁生动、富有文采的行文，钩沉历史、关照现实、引领未来，体现雅俗共赏的可读性、闻名远近的传播力。为成都建设世界文化名城提供学术支撑，为市委市政府、相关企事业单位挖掘运用世界文化名城建设资源提供参考，为国内外广大读者熟知、传承天府文化，了解成都建设世界文化名城提供不可或缺的资料。

(四)《成都城坊古迹考》

由四川省文史馆编著，于1987年由四川人民出版社出版。其第一部分为"建置篇"，简述了秦时设成都县及后为县与蜀郡治所。蜀汉以降，先后为益州署及节度署所在。宋以后，成都县与成都府并存。每遇分裂时代，又为割据者之京师。本篇亦简述由成都县分出之华阳、犀浦、灵泉等县沿革。第二部分为"城垣篇"，叙述自张仪筑城迄1949年成都城之变化。对秦之大城、少城，晋平夷秦少城，隋扩筑城垣，唐筑罗城，五代筑羊马城及宋末清初两次毁城与元、明、清三度重筑城垣，均有考述。对城外小城，如锦官城、车官城、赤涂城等，亦均兼论及之。城内外市场及历代衙署、宫殿，亦各有专章。第三部分为"水道篇"，先略述开明辟河道，再依次叙述李冰开二江，唐代之解玉溪、金水河、清远江、西濠及明御河；最后略述近代附郭水道。对古今桥梁，亦于此章中略加考证。第四部分为"街坊篇"，叙述街巷，不以行政区为纲，而是按大街分布状况，分为中、东、北、西、南、外北、外西、外东、外南等区。每区分为若干线，一线之内，又以大者为主街，邻主街者为支街或支巷。街皆记有方位、街名变革，祠宇、会馆、有名商号等亦在所述之列。街巷长度可知者，均一一注明。对于各种口碑材料,则记于各有关街道之下。篇末并附有1983年颁布之街巷名称表,供读者参证。第五部分为"杂考篇",上半部考述成都的名胜古迹,选题据《蜀中广记·名胜记》所列而略有增省。考述时以武担山、惠陵、合水尾、电讯大楼、正府街五处为判定其他胜迹方位之坐标点,并注意各种名胜古迹在历史上用原名易地重建者。如碧鸡坊,唐、宋时各有一处;玉局观,唐、宋、明、清,各在一处,均其例也。下半部简述成都社会面貌,包括会馆、宗祠、文化娱乐、风俗习惯等。清末新政与1912—1949年间之学校、报刊、宗教等,亦均有简要叙述。

(五)《成都街巷志》

《成都街巷志》是一部通过成都的街巷,细致展现成都历史文化,特别是近代历史文化的著作。作者袁庭栋是著名的巴蜀文化研究专家,以二十多年积累的资料,图文并茂地展示了成都五百多条街巷以及城池、河道、桥梁的命名缘由、历史变迁。全书包含70万字和1209幅图片。主要通过成都的城、河、桥、街、巷来呈现这座城市。以基本稳定的河、桥体系为基础,通过一条条街巷来介绍成都的历史文化。本书把这些基础部分置于全书之前,把街巷部分置于其后。包括街巷中的名人掌故、趣闻轶事,重要的历史事件与民俗活动、重要的学校、企业、地下出土的历史文物。全书资料丰富、论述严谨、文字流畅、引人入胜。书中编有地名索引和珍贵的历史地图,具有实用价值,特别是大量老照片,包括晚清外国驻华使馆、当代美国《国家地理》记者拍摄的照片,1912年、抗日战争时期的照片以及当代摄影家拍摄的大量摄影作品,还有博物馆、图书馆、档案馆的藏品和部分私人收藏,这些照片可谓弥足珍贵。

(六)《成都佛教史》

宗教文化出版社2017年出版。《成都佛教史》是国内外佛学界第一部有关成都佛教的通史性著作,兼具学术性与通俗性,对挖掘整理成都佛教历史文化特点和总结发展规律,推动"佛教中国化"研究意义重大,影响深远。这部著作体例完整、规模宏大,精确而完整地重现了成都佛教的兴衰起落。作为区域佛教史研究的专著,《成都佛教史》不仅为佛教研究提供了非常有意思的个案探索,其编撰体例和学术思想更是拓宽了当前佛教史研究的视野。

(七)《街头文化:成都公共空间、下层民众与地方政治,1870—1930》

王笛著,中国人民大学出版社 2006 年版。这是一部下层阶级的历史。在这本书中,我们不仅可以体验到微观历史下丰富的日常生活和迷人的街头文化,还可以看到现代中国政治、经济和社会动荡的宏大叙事。当历史舞台总是被精英的话语霸权所主宰时,本书从社会最底层和所有在历史上没有留下名字的人的角度来审视人们在改革、革命和社会动荡中的经历,发出了失去旧世界而没有获得新世界的悲叹和沉重的结论。从作者对公共空间与下层阶级日常生活关系的详细分析中,不难看出他对下层阶级命运的深切关注。作者抛开历史的层层藩篱,让后人看到下层民众在这些变幻莫测的旗帜和欢快的口号下,是如何一步步失去生存空间和文化传统的,揭示了人们是如何拿起"弱者的武器"为自己的命运而战的。该书以其学术重要性、独创性、研究深度、方法精湛、示范性强、对城市史研究领域的巨大贡献,于 2005 年获得美国城市史研究学会两年一度的最佳书籍奖。

(八)《茶馆:成都的公共生活和微观世界,1900—1950》

王笛著,社会科学文献出版社 2010 年版。本书应该说是研究中国历史、新文化史和微观历史的实践。它有助于我们从成都的角度来了解茶馆的社会、文化和政治作用,其微观上的研究,也有助于我们了解中国城市、城市社会以及与20世纪中国政治的关系。微观上的历史研究可以为我们提供一个城市内部的空间。这对于研究下层阶级的活动是很重要的,因为我们可以仔细地观察他们日常生活的细节,即使这些细节很微小。

(九)《成都通史》

《成都通史》是成都2300年来的第一部大型通史,由四川人民出版社于2011年出版,分为古蜀、秦汉三国、南北朝、晋隋唐五代(蜀前后)、宋元明、清、1912—1949年间等七卷。每卷一册,全集3357000字,分为"概述""专题""事件"三个部分。内容涵盖了成都经济、政治、文化、社会的历史演变和发展过程,强调了城市文明的基本发展。

三 天府文化工具书/普及读物

(一)《成都历史文化大辞典》

《成都历史文化大辞典》由成都市社会科学院组织编写,社会科学文献出版社于2018年出版,是一本集历史与文化于一体的工具书,涵盖先秦至1949年,覆盖成都市21个区(市)县,涉及历史、政治、经济、文化、民族等方面,共分为行政区划、官制演变、历史事件、历史人物、工商业、农业金融、水利交通、村镇、历史街区、历史街区、名胜古迹、民俗、教育、古籍文献、文学、书法、绘画和音乐、宗教文化、物质文化遗产、非物质文化遗产、考古遗址、精美考古文物以及历史事件和典型方言附录等19个篇章,约165万字。

(二)《天府文化》杂志

《天府文化》杂志旨在深入挖掘和广泛传播天府文化,成为引领和推动天府文化创意发展和创意转化的文化品牌,成为传承和发展天府文化的重要载体，成为体现成都人文精神，展示成都高端文化消费和海外广告的有效形式。杂志以天府文化为切入点，以生动的内容体现时代精神，展现成都的生命力、强大的内源性力量和内在品质，以成都历史为时间轴，关注成都的过去、现在和未来，挖掘深厚的文化积淀，突出过去、未来、发展和创新的时代潮流；立足成都，面向世界，从三个角度体现成都的文化特色、创业精神和国际视野。成都《天府文化》杂志的诞生，将在弘扬社会主义核心价值观的指导下，为了解和传播天府文化，发展成都文化创意产业提供有力的智力支持。天府文化将肩负起传承和弘扬巴蜀文明、发展巴蜀天府文化的重任，以建设充分体现"创新创造、优雅时尚、乐观包容、友善公益"的国家中心城市为目标，充分发挥媒体平台作用，塑造城市形象，促进文化创意产业发展，凸显城市发展温度，提升市民人文素质，打造人文城市，推动西部文化创意中心和世界文化名城的建设。

(三)《天府文化四季译丛》

《天府文化四季译丛》是立足于成都城市发展、天府文化国际传播和世界文化名城建设需要，以英文展示、表达天府文化精华的一套意趣高雅、内容丰富、装帧精美、方便携带的优质权威读物。该书选取天府文化中最具代表性的"诗"与"茶"元素作为主题，传递"吟诗、品茶、听故事"的闲雅阅读情趣，向国际读者讲述"天府之国，魅力成都"的精彩故事。该书以春、夏、秋、冬四季分别象征天府文化创新创造、优雅时尚、乐观包容、友善公益的四方面内涵。《春之卷：创生万物》，春季为一年之始，万物蓬勃创发，天地咸与维新，其推陈出新、生生不息的永恒活力，与天府文化的创新创造精神相应。《夏之卷：繁华大雅》，夏季万物繁茂盛美，焕彩成章，如花如锦、如诗如画，其五彩斑斓的盛夏图景与天府文化崇尚优雅、引领时尚的生活美学相应。《秋之卷：乐享其成》，秋天是收获的季节，天府之民因充实富足而欢乐喜悦,天府之地因万物有成而包容并蓄,与天府文化的乐观包容心态相应。《冬之卷:善暖天地》,冬季酷冷严寒,但成都人仁民爱物、兼济天下的无疆大爱往往传递着真诚与温情,在寒冬温暖人心,与天府文化的友善公益情怀相应。该系列丛书篇幅简短精练,图文并茂。用简洁活泼、生动有趣、引人入胜且符合英语读者心理和阅读习惯的语言,讲述成都古今最精彩、最有趣、最感人、最难忘的故事,以此彰显成都城市风采和天府文化个性魅力。

(四)《成都精览》

由成都市方志办编撰,电子科技大学出版社2014年出版。主要内容包括文明起源、古蜀三王、望丛二帝、定居成都、秦汉名都、二城并列、移民之城、李冰之功、天府之富、栈道千里、文翁化蜀、相如作赋、文君当垆、大儒扬雄、君平治易、王褒僮约、道教之源、艺苑三绝、成家政权、蜀汉光辉、三分鼎足、前出师表、李密陈情、陈寿撰志。

四 天府诗文精选精注精评

在这一类作品中,较有代表性的是《成都最美古诗词100首详注精评》。成都历来就是中国诗歌重镇,天府文化是诗性文化,成都是诗歌沃土,杜甫草堂是诗歌殿堂。成都历代名家名作辈出,真可谓灿若星辰、艳如桃李,彬彬之盛,叹为观止,是名副其实的诗歌之城,并且在中国文学史上形成了有名的"文宗自古出西蜀""自古诗人皆入蜀""诗家律手在成都"等具有一定规律性的"巴蜀文学定律",为中华文学的创新发展做出了巨大贡献。本书以《成都商报》动员社会各界广泛参与所评选出的"成都最美诗词100首"为鉴赏对象,对"成都最美古诗词"里的名篇佳句深入解读,对每首作品进行详尽注释、精要评析,以同时满足初解诗意与精研深思之需,为读者展示了一个富有诗意的成都。所选诗词从不同的角度反映了成都的繁华富庶，更反映了成都独特的民风民情，展现了成都这座城市古往今来的独特魅力，有力地佐证了成都是一座令人向往，并且来了就不想离开的城市。本书的注释部分则探本溯源、古今映照，评析则彰显特色、别有匠心，更结合时下成都建设"三城三都"的时代背景，给予诗歌全新的解读。本书内容丰富、史料翔实，展示了成都作为"诗歌之城"的独特魅力。该书荣获第五届中国出版政府奖和2020—2021年成都市优秀版权作品奖。

第三节　传承非物质文化遗产

非物质文化遗产是一个国家和民族历史文化成就的重要标志，它不仅对于研究人类文明的演进具有重要意义，而且对于展现世界文化的多样性也具有独特作用，是人类共同的文化财富。就天府文化的创新发展而言，梳理、传承、保护、开发天府之国的非物质文化遗产，不仅可以进一步挖掘珍贵的、具有重要价值的天府文化信息资源，还可以为新时代背景下进一步推动天府文化资源的转化发展提供可贵的素材和灵感，意义十分重大。目前，四川地区较有代表性的非物质文化遗产中，在天府文化创新发展方面有较大潜力的有蜀锦、蜀绣、川剧、成都漆艺、四川竹琴以及银花丝制作技艺。

一　蜀锦

蜀锦又称作"蜀江锦"，主要是指古代在蜀地生产的，具有典型的四川地方风格的传统多彩提花丝织物。蜀锦与南京的云锦、苏州的宋锦、广西的壮锦一起，并称为四大名锦。蜀锦以图案古雅、富有民族和地方风格而著称于世。蜀锦的传统构图大体可以分为雨丝锦、方方锦、条花锦、散花锦、浣花锦和民族缎六种。具体的图案取材则十分广泛、丰富，诸如神话传说、历史故事、吉祥铭文、山水人物、花鸟禽兽等都可以作为织锦的花纹图案。经过千百年来的不断发展、提炼，蜀锦纹样已具有高度的概括性和艺术水平，其中寓合纹、龙凤纹、团花纹、花鸟纹、卷草纹、几何纹、对禽对兽纹以及方方、晕裥、条锦群等传统纹样仍为广大人民群众喜闻乐见，至今尚在流传。据《尚书》记载，早在春秋战国时期，人们就已经将成都出产的锦专称为"蜀锦"。西汉时，蜀锦名闻全国，并通过丝绸之路销往中亚、欧洲，其品种花样甚多，用途亦广，成都由此成为"锦城""锦官城"。而从成都城外流过的江水，也因有众多织工在其中洗濯蜀锦而得名"锦江"。三国时，诸葛亮曾云："今民贫国虚，决敌之资，唯仰锦耳"。可见蜀锦在当时的国计民生和蜀汉经济中发挥着十分重要的作用。到了唐代，蜀锦在品质和产量上进一步提高，那时的蜀锦代表着我国古代丝织技艺的最高水平。贞观年间首开文字织锦之先河，四川进贡的一件以丝线织成的文字锦王羲之的《兰亭序》是其最杰出的代表作，被当作宝物收入宫中。时人陆龟蒙的《纪锦裙》记载有一幅织有 20 只口衔鲜花的白鹤和 20 只势如飞起的鹦鹉锦裙。唐使郭崇韬破蜀后，献给唐庄宗的蜀锦就有 50 万匹。唐代蜀锦的图案有格子花、纹莲花、龟甲花、联珠、对禽、对兽等。唐代末期，又增加了天下乐、长安竹、方胜、宜男、狮团、八答晕等图案。宋代，成都又设"锦院"，招募工匠数百名，每年用丝 125000 两进行织造，专造贡锦以供应王朝。锦院所织的"灯笼锦"和"落花流水锦"流行于民间，成为当时的时尚会。南宋以后，蜀锦生产开始衰落。而在明末清初蜀地经历了多年的战乱，蜀锦纺织业几乎被摧残殆尽，锦坊尽毁，花样无存。清代初期，织品花样只残存了天孙锦一种。直至康熙年间，外逃或被俘的锦工才回到成都，重操旧业，此后蜀锦纺织业不断得到恢复和发展。太平天国期间，清政府将织造府西迁成都，当时成都大约有织机 30000 台，织工十万名，年产锦缎三百多万米，产生了被称为"晚清三绝"的月华锦、雨丝锦和方方锦，是近代蜀锦生产最兴旺的时代。第一次世界大战后，日本丝织品倾销四川，加上四川军阀连年混战，蜀锦生产一蹶不振。新中国成立以后，蜀锦获得新生，用染色熟丝织造，质地坚韧，色彩鲜艳，行销国内外。2006年，蜀锦织造技艺经国务院批准列入第一批国家级非物质文化遗产名录。

二　蜀绣

又称"川绣"，是以四川省成都市为中心的刺绣品的总称，与苏绣、湘绣、粤绣合称为中国四大名绣。自古以来，四川盛产丝帛。汉末，蜀锦、蜀绣已经驰名天下。隋唐后，随着丝绸之路的贸易往来，织绣品需求剧增，蜀绣得以迅速发展。明清两代，除闺阁女红外，四川出现了许多刺绣作坊。到20世纪70年代末，川西农村几乎是"家家女红，户户针工"，刺绣从业人员达四五千人之多。蜀绣以本地织造的红绿色缎和散线为原料，一般绣品都采用绸、缎、绢、纱、绉作为面料，并根据绣物的需要，制作程序、配色、用线各不相同。其技艺以针法见长。常用的针法有晕针、铺针、滚针、截针、掺针、沙针、盖针等。其针法平顺光亮、针脚整齐、施针严谨、掺色柔和、车拧自如、劲气生动、虚实得体，任何一件蜀绣都淋漓地展示了这些独到的技艺，据统计，蜀绣的针法有12大类，122种。蜀绣常用晕针来表现绣物的质感，体现绣物的光、色、形，把绣物绣得惟妙惟肖。如鲤鱼的灵动、金丝猴的敏捷、人物的秀美、山川的壮丽、花鸟的多姿、熊猫的憨态等。当今绣品中，既有巨幅条屏，也有袖珍小件；既有高精欣赏名品，也有普通日用消费品。比如北京人民大会堂四川厅的巨幅"芙蓉鲤鱼"座屏和蜀绣名品"蜀宫乐女演乐图"挂屏、双面异色的"水草鲤鱼"座屏、"大小熊猫"座屏，就是蜀绣中的代表作。这些五彩缤纷的衣锦纹满绣、绣画合一的线条绣、精巧细腻的双面绣和晕针、纱针、点针和覆盖针等，根据需要各种针法交错使用，形成了蜀绣严谨细腻、光亮平整、构图疏朗的风格。[1] 2019年，蜀绣被列入国家级非物质文化遗产代表性项目保护单位名单。

三 川剧

川剧，又称川戏，是汉族戏曲剧种之一，流行于四川东中部、重庆及贵州、云南部分地区的汉族地区。川剧的源流沿革可以追溯到晚唐的"杂剧"、南宋的"川杂剧"，甚至有川剧高腔尚早于江西"弋阳腔"、清代蜀伶魏长生所唱秦腔系四川之"秦腔"等种种不同的说法，足见川剧起源甚早。川剧由昆腔、高腔、胡琴、弹戏、灯调五种声腔组成。五种声腔皆有为其伴奏的锣鼓、唢呐曲牌以及琴、笛曲谱等特定音乐形式。其中，除灯调源于本土以外，其余各种唱腔均由外地传入。川剧音乐博采众长，兼收并蓄，囊括吸收了全国戏曲各大声腔体系的营养，与四川的地方语言、声韵、音乐相互融合，衍变成形式多样、曲牌丰富、结构严谨、风格迥异的地方戏曲音乐。高、昆、胡、弹、灯在融会成统一的川剧的过程中，又各有其自身的情况。昆腔，源自江苏，流入四川，演变成具有本地特色的"川昆"。高腔，在川剧中居主要地位。源于江西弋阳腔，明末清初已流入四川，楚、蜀之间称为"清戏"。在保持"以一人唱而众和之，亦有紧板、慢板"的传统基础上，又大量从四川秧歌、号子、神曲、连响中汲取营养，发展出"帮、打、唱"紧密结合的特点，形成具有本地特色的四川高腔。除唱腔以外，川剧脸谱也是川剧表演艺术中重要的组成部分，是历代川剧艺人共同创造并传承下来的艺术瑰宝。在川剧演出中，随着剧情

---

[1] 冯骥才主编：《中国非物质文化遗产百科全书》，中国文联出版社2015年版，第676页。

转折，人物内心世界发生变化，脸谱也会对应发生改变。因此表演者往往会事先戴上用草纸绘制的脸谱，表演时以烟火或折扇掩护，层层揭去脸谱。新中国成立后，变脸绝技飞速发展，制作脸谱的材料也发展成为绸缎面料，极大地方便了演员的表演。川剧分小生、须生、旦、花脸、丑角五个行当，各行当均有自成体系的功法程序，尤以"三小"——小丑、小生、小旦的表演最具特色。在戏剧表现手法、表演技法方面多有卓越创造，能充分体现中国戏曲虚实相生、遗形写意的美学特色。川剧戏装有很多种，蟒袍、靠子、官衣、褶子等都有与之相对应的固定角色，角色穿衣也有严格讲究。剧团历来对戏装都有严格而细致的分类，有所谓的"大衣"柜和"二衣"柜。大衣，就是剧中帝王将相、娘娘嫔妃、内阁大臣等所穿的服装，有蟒袍、官衣、蓝衫等；二衣，就是剧中元帅大将、马步兵丁等所穿的服装，有铠甲、靠子、袍子等。演员舞台上一亮相，身上的戏装就先透露了角色的身份、性格、情绪等。川剧由于各种声腔流行地区不同和艺人师承关系的差异，逐渐形成一些流派。在这些流派中，除象旦行浣（花仙）派、丑行傅（三乾）派、曹（俊臣）派等以杰出艺人称派外，主要是按流行地区分为四派。一是"川西派"，包括以成都为中心的绵阳地区各县，以胡琴为主，形成独特的"坝调"；二是"资阳河派"，包括资中、资阳、自贡及内江、泸州等市县，以高腔为主，艺术风格最为谨严；三是"川北派"，包括以南充为中心的西充、三台、遂宁、阆中等地，以唱弹戏为主，受秦腔影响较多；四是"川东派"，包括川东以及重庆一带，由于来此演出的外地剧种很多，导致其戏路杂，声腔多样化。2006 年，川剧经国务院批准列入第一批国家级非物质文化遗产名录。

四 成都漆艺

成都生漆有着非常悠久的生产历史，可以追溯到三千多年前的古蜀时期。至战国时，成都漆艺的水平已经相当发达，成都漆器产品遍及中国各地。西汉时期，在原有技术基础之上，成都漆艺工人又发明了针划填金法以及用稠厚物质填成花纹的堆漆法。特别是在器顶镶嵌金属花叶，以玛瑙或琉璃珠作钮，器口、器身镶金银扣及箍等手法都十分流行。当时的蜀郡、广汉郡已是全国漆器生产中心，主要产品有盒、筐、盘、耳杯、扁壶、案、卷筒等。漆器上有用色彩精心描绘的禽、兽、神仙等图案，十分精致美观。当时，四川境内的成都、郫县和广汉县城北所产漆器已经形成了自己的风格，自成一体。五代时，成都的金银镶嵌漆器达到了相当高的工艺水平，从王建墓大量出土的棺、椁、册匣、宝录、镜盒等漆器来看，成都漆艺在当时几乎达到了无法超越的高度。王建墓出土的器物中，有用稠漆堆塑成型的有凸起花纹的堆漆；有用贝壳裁切成物象、上施线雕并在漆面上镶嵌成纹的螺钿器；有用金银花片镶嵌而成的金银平脱器等，充分彰显了当时成都漆器的高超技艺。到了明清时期，成都已经成为全国雕漆填彩漆器的重要产地，漆器的种类达到14个大类。有一色漆器、罩漆、描金、堆漆、填漆、雕填、螺钿、犀皮、剔红、剔犀、款彩、戗金、百宝嵌等。发展到当代，成都漆器更形成了自己独特的风格，其具有的雕花填彩、银片丝光、镶嵌描绘等传统手工技艺和地域特色受到人们的一致称赞，当代仍是与北京、福建、扬州、广东阳江齐名的全国五大漆器中心之一。2006年，成都漆艺经国务院批准列入第一批国家级非物质文化遗产名录。

五 四川竹琴

四川竹琴源于四川道教音乐，最早的演唱形式为多人分角色坐唱。20世纪30年代，由贾树三创造出单人演唱形式，一人以坐唱或走唱方式演绎多个角色。他将扬琴唱腔引入竹琴，经过嫁接、融会，并按唱本内容和人物性格逐一予以充实、润色，从而创造出一种充满生气的新派竹琴——"扬琴调"。在长期发展过程中，四川竹琴音乐由单一的曲调演变成多种风格各异的派别调型，之后又在曲调的基础上形成多个演唱派别。四川竹琴的代表曲目有《三国演义》《包公案》《白蛇传》《风波亭》等。2008年6月7日，由四川省成都市非物质文化遗产保护中心、重庆市三峡曲艺保护传承中心申报的四川竹琴，经国务院批准列入第二批国家级非物质文化遗产名录。

六 银花丝制作技艺

成都金银器制作在秦汉时代就颇为发达，至清代中叶已形成一定规模，已有两千多年的历史。银花丝技艺的特点，是采用"平填"技术，无胎成型，反映出艺人高超的技艺。银花丝产品主要有瓶、盘、薰、鼎、盒等传统摆件及钗、环、镯等饰品。成都银花丝制作技艺以白银为材料，综合运用花丝和錾刻、填丝、垒丝、穿丝、搓丝、焊接等技艺，按照设计要求精心制作出各种手工艺品，其成品具有较高的艺术和收藏价值。2008年，成都银花丝制作技艺经中华人民共和国国务院批准列入第二批国家级非物质文化遗产名录。

近年来，为弘扬天府文化，创新非遗表达，探索非遗传承的新路径，成都市举办了多届国际非物质文化遗产节，通过丰富多彩的节会活动，推动非遗国际交流互鉴，促进文旅经济发展，彰显了成都的国际识别度和美誉度。

第四节 天府文化与文创产业发展

在文化创造方面，天府文化一向能整合、凝聚各项创造性技术，共同助力城市文化的发展。在古代，四川地区是中国西南，乃至全国的经济中心，其农业、手工业创造成果长期大量输往全国各地，诞生于此地的第一张纸币交子引领了中国古代金融革命。近年来，国家级天府新区、国家自主创新示范区、全面创新改革试验区、内陆自贸区等重大改革创新机遇在此交汇，荣获了全球最佳新兴商务城市、中国十大创业城市、中国最佳表现城市等殊荣，以"创新创业之都"蜚声海内外。乘此机遇，四川地区的高校、科研机构、文创机构、艺术团体正在加强合作，加速推动天府文化研究成果的转化，推动影音、舞台作品、文化产品的发展，形成了数量可观的专利授权、知识产权，融天府文化元素于文创产品之中。

可以说，天府文化创新创造的基因已经发挥了强大动能，正在拉动当地文创产业的发展。2017年，成都实现城市GDP13890亿元，同比增长8.1%，在全国位列第八，其中有相当部分来自文化创意产业。目前已经开启的"国际音乐之都"建设，使2017年音乐产业市场收入达到了327亿元人民币，比2016年增长了18.4%。以城市音乐厅为中心，以四川音乐学院、四川大学为依托，在中心城区建设面积约1.2平方公里的"成都音乐坊"，同步建设"东郊记忆"国家音乐产业基地、武侯区"城市音乐坊"、青羊区"少城视听产业园区"、龙泉驿区"321音乐产业园"。以古典音乐小镇彭州白鹿镇、民俗音乐小镇崇州街子镇、文化演艺小镇龙泉驿洛带镇、博物馆音乐小镇大邑安仁镇为代表的特色音乐小镇正在高效建设中。以张靓颖"少城时代"、谭维维"草台回声"、李宇春"黄色石头"为代表，众多知名音乐企业相继落户成都。乘着这股东风，继续加大音乐产业园区、表演场馆的建设力度，引进音乐人才、演艺公司，开展更多的大型音乐节会，必将使天府天籁响彻全城，让音乐创意产业蓬勃发展。除此以外，成都还在高标准建设世界旅游名城，打造国际会展之都，通过旅游产品结构优化、全域旅游发展、公共服务配套提升、旅游智慧双创发展、"旅游+"产业融合、绿色低碳发展、对外开放合作、旅游国际化营销等八大工程建设，全面提升旅游业国际化水平。以专业化、国际化、品牌化、信息化为方向，通过全面塑造发展环境提升城市软实力，高标准打造国际会展之都。文化创意产业的发力不仅优化了产业结构，也提升了城市文化经济的影响力。

围绕这一目标，科研机构、高校、文化单位等各方面力量可以进一步加强合作，搭建专业系统的科研、科普平台，加强对成都文化演进脉络、基本走向、时代风尚，特别是其当代表达的研究。通过一系列文创精品力作和其他传播形式，让市民百姓知晓文化的来龙去脉，了解其实质内涵，把握其精神特征，并能够将文化与现实、与日常生活相联系、相对应，激活市民群体对城市的历史记忆、文化记忆、精神记忆。街道办、社区、农村等基层单位和市、区（县）各级各类媒体可以根据实际情况，结合实时热点，适时组织各种宣讲会、座谈会、讨论会，鼓励市民积极发现、认识、传承日常生活中的成都文化元素。与此同时，高校、科研机构、艺术团体、媒体还可以加强合作，加速推动研究成果的转化，制作系列科普读物、影音作品、舞台表演作品、文化产品，使之与其他宣传形式有机结合，多渠道、多方式地传播天府文化。更进一步，则是充分发挥市民群体、基层群众的能动性，让继承、发展天府文化的市民群众真正成为塑造、传播、践行城市精神的主体。为实现这一目标，可以充分依托社区与乡村，充分动员社区达人、地方文化名人、基层新乡贤、"五老"，使其在协调邻里关系、处理地方事务、构建基层文化时，自觉、主动地汲取提炼、发挥运用成都文化实质内涵与当代表达中积极向上的正能量，立足实地、"接地气"地传播、倡导城市文化，以此强化其在地方上的根基，培育符合时代潮流的文化。

具体来说，在知识文化创意产品供给方面，可以围绕博物馆、书店两大特色资源拓展公众参与空间。如统计数据所示，四川的博物馆绝对数量虽有所不足，但既有博物馆的天府文化特色却十分鲜明，在国内外享有较高的知名度。三星堆博物馆、金沙遗址博物馆、杜甫草堂博物馆、武侯祠博物馆、蜀锦博物馆、四川省博物院、成都市博物馆、建川博物馆都从不同侧面较为专精地展现了成都历史文化，是成都市面向市民及外地游客提供知识性文化服务的重要载体。在此基础上，可以再高质量地打造一批针对性更强、地域特色更突出、更易被市民群众接受的博物馆。如客家文化博物馆、川剧博物馆、川菜博物馆、四川方言博物馆、天府文化名人堂等。这些场馆可以更丰富、全面地提供与天府文化直接对应的知识性服务，为其创新创造积蓄力量。同样，依托"中国书店之都"的良好口碑，再鼓励、建设一批优秀的特色书店、主题书店，再大量投放一批公共电子阅读设备、自助借阅设备，让书香弥漫成都，从形式上、内容上共同提升天府文化的知识性传播。

在艺术文化创意产品的供给方面，也应充分挖掘天府文化资源，着重提供独具地方特色的公众服务，以激励文化艺术元素的创新转化。比如充分利用各种极具成都特色的公共文化活动空间，将川剧、四川评书等天府文化传统艺术与现代都市生活紧密结合。再比如通过对城市历史文化的梳理，对地方故事、民风民俗、非物质文化遗产技艺的开发，依托各种传统民情风俗节日，组织具有较高艺术水平和观赏价值的展演活动，提升民众参与文化活动的积极性，将成都文化元素以全新的方式融入市民生活。

在休闲文化创意产品的供给方面，四川地区同样有着深厚的积累，在城市文化的实质内涵与现代表达中，都有休闲元素的精彩呈现。现在通过休闲文化供给增强市民的文化参与性，也可以从多渠道着手。比如国际上通常以酒吧、夜店的数量作为考察城市文化活跃程度的重要指标。而在四川地区，带有浓厚地方特色的茶馆则是天府文化中一道靓丽的风景，是市民重要的公共休闲文化交流空间，它在很大程度上发挥了西方城市酒吧、夜店的功能。在设计文创产品的过程中，茶馆文化完全可以与现代时尚元素完美结合，进而催生新的艺术、休闲文化形态。比如小型的音乐驻唱可以在茶馆进行，文创产业的发布会可以在茶馆中开展，甚至电影也可以回归茶馆（成都最早的电影就是在茶馆中放映的）。此外，古代盛极一时的游赏休闲文化也可以在当代得到全新形式的表达。相关部门或民间文化团体可以有计划地主导恢复一些有意义的传统民俗节会，将天府休闲文化与城市发展需求相结合，在提供休闲文化服务，增强市民参与性的同时，也助力世界旅游名城、国际会展之都建设。

第五节　恢复、新建天府文化标志性建筑物

文化形象是指市民和外部公众对城市历史、现实文化活动成果的综合印象和评价认知体系。它是"人们对城市文明的一种主观文化感知，是具有主客观统一性的总体印象"。良好的城市文化形象，"是一座城市的无形资产和文化资本"，不仅"有利于提高城市的知名度"，还可以"全方位提高城市的品位，甚至引导城市发展的方向"。[1] 总的来说，文化形象关系到一座城市在世界范围内的辨识度、美誉度，决定了城市在全球的文化影响力、吸引力、号召力，对城市文化建设至关重要。"城市是被感知的存在，城市形象要素既有具象的也有抽象的；既有物化的也有文化的"[2]，城市文化标志是具象的、物化的、实体的，是通过建筑、交通工具、道路、服饰、绿地等构成的

---

[1] 刘士林：《中国城市科学》，上海交通大学出版社2012年版，第109—110页。
[2] 谭昆智：《营销城市》，中山大学出版社2004年版，第182页。

文化现象复合体，包括全球知名的城市文化地标，在国际上受到广泛关注的城市文化景观，被高度肯定的城市建筑风貌，领先世界且充满活力的城市公共文化空间等，可以直观反映城市文化的个性特征。当代的城市管理者、城市文化的研究者已经充分认识到，城市文化标志的打造升级，可以有效"提升城市文化水平和品质，促进城市文化、经济和社会的有机融合和共同进步"[1]。

"文化地标是城市中因为其文化背景和内容而被记住和识别的节点，是城市文化精神的象征。"[2] 要以国际城市的先进经验为参照，恢复、新建天府文化标志性建筑物。

一是历史性。经历史沉淀、文化传承而形成的文化地标是城市中突出并且相对稳定的存在。以伦敦为例。伦敦本身就是一座历史悠久的城市，有着十分丰富的历史文化遗产，众多的文化名人和古老建筑，还有大量的博物馆、艺术馆等。依托、利用这些资源，结合该城市在时尚领域、设计领域的重大影响力，围绕既有建筑、公共活动空间进行设计、布置、宣传，伦敦有效打造了一系列标志性的城市文化核心，在欧洲，乃至全球彰显出独特的城市文化魅力。这一点是最易于被中国城市借鉴的。中国城市大多历史悠久，有丰富历史遗迹、古建筑遗存。将历史积淀与城市的现代文化个性相结合，合理开发打造，通过有效的传播渠道进行宣传推广，是构筑新时代城市文化标志的可行路径。

二是集中性。文化地标往往是一个地区文化的集中点，是城市结构中具有一定控制地位的存在。从前文的数据分析中可以看出，中国内地城市公共文化空间占比——城市绿地率基本都保持在一个较高的水平。但是，从全面提升文化标志指数的角度考虑，仍有必要进一步

---

[1] 肖波：《人文城市建设研究》，贵州大学出版社2017年版，第33页。
[2] 徐建刚等：《智慧城市规划方法》，东南大学出版社2016年版，第301页。

提升城市公共空间的艺术与文化氛围。在这一方面，纽约的成功经验可资借鉴。早在数十年前，纽约市民就已充分认识到公共空间对城市文化生活至关重要，并且深感共同参与城市文化生活的机会太少。作为一座移民城市，纽约拥有大量跨种族、跨阶级、跨地域、跨文化背景的市民和艺术家。当他们聚集到一起时，需要足够的公共文化空间来进行集中交流，以激活创作的灵感与热情；他们需要在公共空间中体验城市文化的包容性。为实现这一目标，纽约市于1982年开始执行"艺术百分比计划"，每年将城市资助建筑项目预算的1%固定用于公共艺术空间建设，以创造蓬勃发展的公共文化社区，增加文化交流的包容性、开放性，减少艺术家在组织公共文化活动时的障碍。最终，一座充满文化活力的纽约呈现在世界面前。对比纽约经验思考中国城市的文化发展，在城市绿地率都保持较高水平的基础上，进一步通过政策鼓励、资金投入、氛围营造，提升公共空间中的文化活力，将对城市文化标志指数的上升具有积极意义。

对中国的城市而言，其城市绿地率已经接近并稳居世界前列，但堪称世界级的文化地标还不多。恢复、新建天府文化标志性建筑物，扩大城市文化标志在全球的识别度、认可度将是未来工作的重点。

第六节　培育一支研究、传承、创新天府文化的人才队伍

文化是由人创造的，人才队伍的建设是文化传承和发展的重中之重。因此，持续深入推动天府文化的创造性转化和创新性发展，也需要打造一支可靠的专职历史文化传承、创新、转化队伍，以深厚的人才储备迎接天府文化创新发展过程中所面临的一切机遇与挑战。

一　天府文化人才队伍建设中存在的问题

结合目前实际情况来看，政府部门、研究院所、企事业单位中普遍缺乏一支推动天府文化在整个社会生根、发芽、开花、结果的专门人才队伍，人才队伍建设有待加强，相关工作中还存在着一些亟待解决的问题。

一是领导和管理人才匮乏。领导和管理人才是人才队伍的重要组成部分，加强天府文化人才队伍建设，首先应从领导和管理人才抓起。就目前的情况来看，在政府宣传系统、高校教学管理部门、科研管理部门中普遍存在主管、分管领导对天府文化的传播工作缺乏足够重视，缺乏专业认知，缺乏广阔视野，缺乏推进动力等情况。除极个别高校以外，在各个文化单位及其下属业务部门的综合管理层中，很少有专职从事天府文化研究、传播工作的实际负责人。

二是研究、教学人才匮乏。作为实施人才培养、传播地方文化的主阵地，许多四川地方高校中普遍存在着研究、教学人才匮乏的情况。受学校用人编制、学校定位及发展特色和专业设置等多方面因素影响，职业院校中也很缺乏专门进行天府文化学术研究的研究人员和研究团队。在解读天府文化内涵、发展天府文化的过程中，往往需借助其他院校及研究机构的研究成果。大量的本科院校拥有非常强的科研能力，有独立的科研团队，也有相应的研究成果，但在天府文化课程设置、教学培养上缺乏足够重视，从而出现教学人才匮乏的情况。很多高校将弘扬传统文化、打造校园文化，与传承天府文化混为一谈，将国学课、传统文化讲授视为天府文化课程，这是需要进一步调整与改变的。

三是文创人才匮乏。天府文化的创造性转化和创新性发展需要大量的文创专业技术人才和复合型运营人才，包括设计人才、创意人才、推广人才、开发人才等。他们既需要对天府文化有深入、准确的了解，又需要熟知文创产业的创作规律和运营规律。就目前的情况来看，在天府文化的研究成果向社会转化的环节中，非常缺乏做强做专文创作品的人才，特别是缺乏出自四川本土的创意人才。而四川已有的文创人才或是对天府文化内容比较生疏，或是高校、研究院所与文创企业间信息交流相对比较闭塞。同时，地方上也缺乏对优秀人才以及优质团队的多样化引进、使用机制。这些不足都在一定程度上限制了天府文化的进一步转化推广。

四是能够策划、组织天府文化推广活动的人才骨干很少。尽管四川省以及各地市都非常重视自身文化形象的推广，但在城市文化的宣传推广中，真正能高质量策划、组织天府文化主题活动的人才骨干相对较少。虽然各地市都有许多与传统文化、地方文化相关的文化企业、策划公司、创意团队，也应城市发展要求组织过各种形式的文化宣传活动，但缺乏以"天府文化"为主题的、成系列的精品文化活动。之所以会出现这样的情况，首先，各级各类学校开展天府文化课程教育的力度不够；其次，各级各类学校对培养专门普及天府文化的学生骨干的重视不够；最后，开展天府文化宣传活动所需要的人员、经费、配套设施及与相关部门的配合不足。人才是普及天府文化的动力源、主力军，因此，培养宣传天府文化的人才骨干，就对各相关单位普及宣传、大力弘扬天府文化提出了更高、更具体、更切实的要求。

二　加强天府文化人才队伍建设的路径

针对以上问题，结合天府文化研究、传播、转化中的实际情况，加强地方天府文化人才队伍建设可以从以下几个方面着手。

首先，要营造一个良好的人才成长环境。一是要加强对本土人才的教育培养，在国民教育和干部培训中增加天府历史文化的内容。具有地方特色的历史文化资源，是值得深入挖掘和开发的优质资源。利用天府文化优质、丰富的资源内容，针对爱国主义教育、思想道德教育、人文知识增长、综合素质提升等方面而加以开发，就可以为国民教育和干部培训提供独具特色的鲜活材料。二是支持文化研究者、非遗传承人开展研究、教学、交流、展示、出版等活动，通过政策鼓励、支持，为其文化工作营造良好的环境。三是对文化研究工作给予一定的资金补贴。四是组织各类交流培训活动，以期培养出本地的文化名家、学问大家、技艺专家。

其次，要规范人才队伍的管理。一是要健全机制，使天府文化人才培养工作步入日常化、规范化的轨道。二是要建立机构，定期组织开展文化人才队伍培训和理论研究工作，提升本地文化人才队伍的整体素质。三是配套支持。对文化研究、传承活动给予场地、资金扶持。在文化人才集中的区域设立研究基地、传习中心等。四是落实天府文化本土人才培养计划，积极开设天府文化专题课程，组织撰写课程教材，指导学生展开实践调研。积极组织开展、协作参与和天府文化研究及传播相关的各级各类人才培训，积极促进天府文化创新人才培养，在各项文化交流活动中推广天府文化人才培养理念，实施学术研究、文化普及、人才培养三位一体共发展。

最后，也要加强文化人才的引进，建好人才智库。可以由省、市组织宣传部门牵头，各文化行政部门具体负责实施，启动文化人才引进计划，并根据全省文化建设的实际需要进行科学分类、建档管理，为引进域外文化人才打下坚实的基础。同时还要注意广泛引入各类专业人才，特别是针对天府文化文物资源，组建科学高效的遗址、文物修复队伍，及时发现文物保护工作中的安全隐患，完善重点文物保护单位的保护、修复规划方案编制，对文物本体有残损或存在重大安全隐患的不可移动文物，及时汇报并进行抢救性保护、修复工作。

第七节　扩大天府文化在世界的传播与影响

　　文化因交流互鉴而精彩。2014年，习近平主席在巴黎联合国教科文组织总部发表重要讲话时指出："文明是包容的，人类文明因包容才有交流互鉴的动力。"① 世界文化名城就是一个人类文明、多元文化交流互鉴的广阔舞台，建设世界文化名城，就是要充分发挥天府文化的包容特性，增强其国际认可度。

　　文化的国际传播，是世界认可天府文化的过程；同时也是天府文化包容、借鉴、汲取其他文化元素的过程。在此期间建设世界文化名城，就是在文化之间建立一座平等对话、相互沟通的桥梁，建立一种同理心，一种世界性伦理，一种普世的感性，把各种各样的人、各种各样的文化聚合到一起，凸显现代城市多元包容的魅力。而天府文化显然是具备这样的包容性的。其实质内涵、当代表达与世界主流价值观之间可以形成有效沟通，可以包容其他思想意识，通过文化的黏性，吸引具有其他文化背景的人关注四川成都。"是人吸引着人去一个城市，因此，在所有城市中，人们都渴望以一种非程序化的方式，找寻时间和空间与其他人在一起，并使他们互相联系、观察和延续关系。"② 这种文化包容性、吸引力让大量的游客从境外涌向天府之国。2016年，成都成为世界第二高增长的旅游目的地，是全球15个最快乐的地方之一，前往成都的机票在线预订率保持了最高的增长。

　　利用这样的优势，继续发扬天府文化的包容特性，推动其国际传

---

① 李君才编选：《中国文化年报2014》，兰州大学出版社2014年版，第105页。
② 《2018世界文化名城论坛·天府论坛特别报告》，2018年版，第40页。

播，首先应该加强多层次的世界文化互动，这是成都建设世界文化名城，让天府文化走向国际的首要任务。为此，可以更加积极地搭建跨国家、跨区域的文化交流平台，鼓励政府部门、文化传播机构、企业、民间团体组织实施各种各样的会议、活动、节会、赛事，让文化交流的空间更为广阔，渠道更为通畅。

在充分交流沟通的基础上，多元文化的相互认可、借鉴、吸引、融合更为重要，这是天府文化能否被世界普遍接受，能否真正实现国际传播的关键。这就需要在充分认识天府文化实质内涵与当代表达的前提下，进一步提炼其精神特质与世界主流价值观之间的共同性、契合点，并面向世界做好解读宣传工作，建立跨文化的同理心。针对这一目标，可以借助以下元素来扩大天府文化在世界的传播与影响。

一是借助大熊猫文化打造天府文化视觉形象。中国在很长一段时期，其文化符号是"龙"，但是"龙"在其他国家的文化中，却是负面的符号，不容易让人亲近。而大熊猫软萌可爱、温柔和善的形象却是和平的象征，更能获得国际认同。根据调查，俄罗斯、美国、日本三个国家对中国文化符号的认知，第一印象都是大熊猫。在天府文化的国际传播活动中，以"熊猫外交"为代表的动物媒介可以跨越语言符号的鸿沟，在国际传播中发挥重要作用。

二是依托川菜文化，构建天府文化走向世界的国际传播策略。在打造国际美食之都的战略背景下，开拓川菜文化的国际传播思维与视野，打造富有特色的川菜产业，提升以餐馆消费为特色的川菜门店、菜品、服务文化内涵，培养优秀川菜品牌和企业，加快川菜的国际化步伐，将纯正的川菜推向国际；加强川菜在国内外的宣传力度，打造符合国际卫生和检疫标准的川菜原辅料生产基地，深化川菜特色、特性、风味、营养标准的基础研究，推进特色川菜菜肴的工业化；拓宽川菜体现方式和文化传播发展路径，将有助于提升川菜国际竞争力和影响力。

三是利用蜀锦蜀绣，深化与世界的交流。蜀锦与蜀绣是天府文化非物质文化遗产的杰出代表。在全球化的国际舞台上，运用新媒体工具传播蜀锦蜀绣文化，可以使外国民众更加了解蜀锦，更深入地认识蜀绣，进而对其所蕴含的天府文化有更好的把握。同时，加强与东亚、东南亚国家的合作，在相近的文化背景和审美情趣的联系下，加强关于蜀锦蜀绣的交流合作、项目开发，可以更好地形成合力，借助蜀锦蜀绣这一直观实在的文化载体来推广天府文化。

四是加强天府文化重要作品的译介工作力度。天府文化的国际传播还需要依赖有规模有体系的重要作品译介来完成，这些译介成果在实现天府文化的经典、研究著作文本转换方面，在推动天府文化"走出去"的过程中将发挥重要作用。这项工作可以通过文本向海外读者呈现一个直观的、立体的、有深度的天府文化世界，为西方社会近距离地了解天府文化、认识天府文化提供资料和窗口，成为天府文化走向世界的重要途径和桥梁。

五是加强国际交流合作。继续加强整合成都学术界、文化界、传播界的力量，广泛展开国际性的交流会议、学术论坛，深入开展国际文化交流合作，向世界有效传递天府文化的核心价值，增进了解、沟通、包容。面向国际市场，加大文化创意品牌的打造和营销力度，以迅速提升其国际传播力。充分挖掘外事外侨和国际友好城市资源，精准强化以文化为核心的城市形象宣传，在国际上充分展示天府之国的时代风采和文化魅力。

参考文献

一　古籍（按四部分类法排序）

杨伯峻：《孟子译注》，中华书局 1960 年版。

司马迁：《史记》，中华书局 1982 年版。

范晔：《后汉书》，中华书局 1965 年版。

陈寿：《三国志》，中华书局 2006 年版。

魏收：《魏书》，中华书局 1974 年版。

萧子显：《南齐书》，中华书局 1972 年版。

刘昫等：《旧唐书》，中华书局 1975 年版。

李肇：《唐国史补》，上海古籍出版社 1979 年版。

脱脱等：《宋史》，中华书局 1977 年版。

张廷玉等：《明史》，中华书局 1974 年版。

毕沅：《续资治通鉴》，上海古籍出版社 1987 年版。

司马光著，胡三省注：《资治通鉴》，中华书局 1956 年版。

徐宗元：《帝王世纪辑存》，中华书局 1964 年版。

张觉：《吴越春秋校注》，岳麓书社 2006 年版。

常璩著，任乃强校注：《华阳国志校补图注》，上海古籍出版社 1987 年版。

彭遵泗：《蜀碧》，北京古籍出版社2002年版。

吴任臣：《十国春秋》，中华书局2010年版。

贺次君：《括地志辑校》，中华书局1980年版。

杜大珪：《名臣碑传琬琰集》，文海出版社1967年版。

黄宗羲、全祖望：《宋元学案》，中华书局1986年版。

梁廷楠：《东坡事类》，暨南大学出版社1992年版。

焦竑：《国朝献征录》，载《续修四库全书》史部第525册，上海古籍出版社2002年版。

张维屏：《国朝诗人征略》，中山大学出版社2004年版。

佚名：《氏族谱》，载《巴蜀丛书》第1辑，巴蜀书社1988年版。

河南省文物研究所：《千唐志斋藏志》，文物出版社1984年版。

陈振孙：《直斋书录解题》，上海古籍出版社1987年版。

杨慎：《全蜀艺文志》，线装书局2003年版。

永瑢等：《四库全书总目》，中华书局1965年版。

傅增湘原辑，吴洪泽补辑：《宋代蜀文辑存校补》，重庆大学出版社2014年版。

傅增湘：《藏园群书经眼录》，中华书局2009年版。

高文、高成刚编：《四川历代碑刻》，四川大学出版社1990年版。

严遵：《老子指归》，中华书局1994年版。

王先谦：《荀子集解》，中华书局1988年版。

孙诒让：《墨子间诂》，中华书局2001年版。

许维遹：《吕氏春秋集解》，中华书局2009年版。

沈括：《梦溪笔谈》，上海古籍出版社2015年版。

孙光宪：《北梦琐言》，上海古籍出版社1981年版。

朱翌：《猗觉寮杂记》，四库全书本。

朱存理辑：《珊瑚木难》，上海古籍出版社1991年版。

杨亿：《宋元笔记小说大观·杨文公谈苑》，上海古籍出版社2001年版。

黄休复：《益州名画录》，四川人民出版社1982年版。

白居易：《白居易集》，中华书局1979年版。

司马光：《温国文正公文集》，四部丛刊本。

欧阳修：《欧阳修集编年笺注》，巴蜀书社2007年版。

苏轼：《东坡题跋》，中华书局1985年版。

孔凡礼校：《苏轼文集》，中华书局1986年版。

苏舜钦：《苏舜钦集》，上海古籍出版社1981年版。

蔡襄：《蔡襄全集》，福建人民出版社1999年版。

吕陶：《净德集》，中华书局1985年版。

王珪：《华阳集》，商务印书馆1935年版。

李石：《方舟集》，载《影印文渊阁四库全书》第1149册，中国台湾商务印收馆1986年版。

张咏：《张乖崖集》，中华书局2000年版。

曾巩：《曾巩集》，中华书局1984年版。

曾枣庄、刘琳：《全宋文》，上海辞书出版社2006年版。

李东阳：《李东阳续集》，岳麓书社1997年版。

叶厘：《爱日斋丛钞》，中华书局1985年版。

袁说友编、赵晓兰点校：《成都文类》，中华书局2011年版。

陈师道撰：《后山诗注补笺》，中华书局1995年版。

薛凤昌：《吴江叶氏诗录序》，载《邃汉斋文存》，清稿本。

厉鹗：《宋诗纪事》，上海古籍出版社2013年版。

柳永：《柳永词集》，上海古籍出版社2009年版。

仇兆鳌注：《杜诗祥注》（全五册），中华书局1979年版。

浦起龙：《读杜心解》（上下册），中华书局2010年版。

温庭筠著，（清）曾益等笺注，王国安标点：《温飞卿诗集笺注》，上海古籍出版社1988年版。

邹同庆、王宗堂：《苏轼词编年校注》（上中下册），中华书局2002年版。

西南师范大学中文系古代文学教研室选注：《东坡选集》，四川人民出版社1987年版。

曹学佺：《蜀中广记》（全二册）上海古籍出版社1993年版。

张邦伸：《锦里新编》巴蜀书社1984年版。

孙桐生辑：《国朝全蜀诗钞》，巴蜀书社1985年版。

薛涛著，张蓬舟笺注：《薛涛诗笺》，四川人民出版社1981年版。

花蕊夫人著，徐式文笺注：《花蕊宫词笺注》，巴蜀书社1992年版。

李谊辑校：《历代蜀词全辑》，重庆出版集团·重庆出版社2007年版。

李谊辑校：《历代蜀词全辑续编》，重庆出版集团·重庆出版社2007年版。

王培荀著，魏尧西点校：《听雨楼随笔》，巴蜀书社1987年版。

傅崇矩编：《成都通览》，成都时代出版社2006年版。

曹学佺著，刘知渐点校：《蜀中名胜记》，重庆出版社1984年版。

二　研究著作（以出版时间为序）

童恩正：《古代的巴蜀》，四川人民出版社1979年版。

顾颉刚：《论巴蜀和中原的关系》，四川人民出版社1981年版。

徐中舒：《巴蜀文化》，四川人民出版社1981年版。

蒙文通：《巴蜀古史论述》，四川人民出版社1981年版。

吕思勉、童书业：《古史辨》，上海古籍出版社1982年版。

王文才纂：《青城山志》，四川人民出版社1982年版。

萧涤非、程千帆等编：《唐诗鉴赏辞典》，上海辞书出版社1983年版。

文闻子主编：《四川风物志》，四川人民出版社1985年版。

袁庭栋、张志烈：《历代文化名人在四川》，四川人民出版社 1985 年版。

杨伟立：《前蜀后蜀史》，四川省社会科学院出版社 1986 年版。

许肇鼎：《宋代蜀人著作存佚录》，巴蜀书社 1986 年版

唐圭璋主编：《唐宋词鉴赏辞典》，江苏古籍出版社 1986 年版。

周询：《芙蓉话旧录》，四川人民出版社 1987 年版。

缪钺、霍松林等编：《宋词鉴赏辞典》，上海辞书出版社 1987 年版。

四川文史馆：《成都城坊古迹考》，四川人民出版社 1987 年版。

任继愈：《中国道教史》，上海人民出版社 1990 年版。

冯广宏：《洪水传说与鳖灵治水》，载《巴蜀历史·民族·考古文化》，巴蜀书社 1991 年版。

蓝勇：《南方丝绸之路》，重庆大学出版社 1992 年版。

屈小强、李殿元、段渝：《三星堆文化》，四川人民出版社 1993 年版。

李学勤：《禹生石纽说的历史背景》，载四川省大禹研究会编《大禹及夏文化研究》，巴蜀书社 1993 年版。

成都市对外文化交流协会编：《成都之最》，成都出版社 1994 年版。

杨武能、邱沛篁：《成都大辞典》，四川辞书出版社 1995 年版。

舒大刚：《三苏后代研究》，巴蜀书社 1995 年版。

孙华：《成都十二桥遗址群分期初论》，载《四川考古论文集》，文物出版社 1996 年版。

胡昭曦等：《宋代蜀学研究》，巴蜀书社 1997 年版。

李朝正、李义清：《巴蜀历代名媛著作考要》，巴蜀书社 1997 年版。

四川省文物考古研究所编：《三星堆祭祀坑》，文物出版社 1999 年版。

曾枣庄：《三苏后代考略》，载《三苏研究》，巴蜀书社 1999 年版。

成都市文联、成都市诗词学会编：《历代诗人咏成都》（上下册），四川文艺出版社 1999 年版。

孙华：《四川盆地的青铜时代》，科学出版社 2000 年版。

冯广弘：《夏禹文化与巴蜀史》，载《夏禹文化研究》，巴蜀书社 2000 年版。

高大伦：《蜀文化礼器初探》，载卢丁、工藤元男主编《羌族社会历史文化研究——中国西部南北游牧文化走廊调查报告之一》，四川人民出版社 2000 年版。

刘少匆：《三星堆文化探秘及〈山海经〉断想》，昆仑出版社 2001 年版。

杨世明：《巴蜀文学史》，巴蜀书社 2003 年版。

毛远明、刘重来主编：《中国文化世家 巴蜀卷》，湖北教育出版社 2004 年版。

冯修齐：《宝光寺》，四川人民出版社 2004 年版。

彭邦本《三星堆：先秦时期长江上游灿烂的青铜文化中心》，载《三星堆与长江文明》，四川文艺出版社 2005 年版。

邹重华、粟品孝主编：《宋代四川家族与学术论集》，四川大学出版社 2005 年版。

张熙惟：《中华名门才俊 陈氏名门》，泰山出版社 2005 年版。

鲁迅：《汉文学史纲要》，载《鲁迅全集》，人民文学出版社 2005 年版。

关也维：《唐代音乐史》，中央民族大学出版社 2005 年版。

祝尚书：《巴蜀宋代文学通论》，巴蜀书社 2005 年版。

蒋向东、陈学明、陈水章：《简州名人》，中国文史出版社 2006 年版。

刘正成：《中国书法鉴赏大辞典》，中国人民大学出版社 2006 年版。

成都金沙遗址博物馆编：《金沙遗址》，五洲传播出版社 2006 年版。

四川省成都市锦江区地方志编纂委员会办公室编：《锦江记忆》，新华出版社 2008 年版。

冯广宏、肖炬主编：《成都诗览》，华夏出版社 2008 年版。

查有梁：《世界杰出天文学家落下闳》，四川辞书出版社 2008 年版。

袁庭栋：《巴蜀文化志》（修订本），四川出版集团·巴蜀书社 2009 年版。

邓小南主编：《宋史研究论文集2008》，云南大学出版社2009年版。

肖平：《古蜀文明与三星堆文化》，四川人民出版社2010年版。

贾大泉、陈世松主编：《四川通史》（七卷），四川出版集团·四川人民出版社2010年版。

《成都通史》编纂委员会：《成都通史》（七卷），四川出版集团·四川人民出版社2011年版。

张绍诚：《巴蜀竹枝琐议》，四川出版集团·巴蜀书社2011年版。

释演法：《圆悟克勤传》，宗教文化出版社2012年版。

成都市锦江区地方志编纂委员会办公室编：《锦江街巷》（上、中、下卷），新华出版社2012年版。

白郎主编：《锦官城掌故》，成都时代出版社、四川文艺出版社2014年版。

杨倩描：《北宋人物辞典下》，河北大学出版社2015年版。

谭良啸、吴刚主编：《文物为成都作证》，成都时代出版社2015年版。

流沙河：《老成都·芙蓉秋梦》，重庆大学出版社2016年版。

吴刚、谭良啸主编：《楹联上的成都记忆》，成都时代出版社2015年版。

林文询主编：《诗意成都》，中国旅游出版社2016年版。

肖平：《成都物语》，成都时代出版社2016年版。

竺可桢著，施艾东编：《天道与人文》，北京出版集团公司·北京出版社2016年版。

蒋蓝：《蜀地笔记》，四川人民出版社2017年版。

郭文元、韩树明书：《丹棱历版县志诗词疏注》，内部资料2017年版。

袁庭栋：《成都街巷志》（上、下），四川文艺出版社2017年版。

段玉明：《成都佛教史》，宗教文化出版社2017年版。

幸晓峰、沈博、钟周铭：《南方丝绸之路文化带与中国文明对外传播与交往》，电子科技大学出版社2017年版。

曾晓娟：《都江堰文献集成历史文献卷（文学卷）》，巴蜀书社2018年版。

郑光路：《成都旧事》，四川人民出版社2018年版。

谭平、冯和一、唐婷、周翔宇编：《天府文化与成都的现代化追求》，巴蜀书社2018年版。

天府文化研究院主编：《天府文化研究·创新创造卷》，巴蜀书社2018年版。

天府文化研究院主编：《天府文化研究·优雅时尚卷》，四川大学出版社2018年版。

天府文化研究院主编：《天府文化研究·乐观包容卷》，四川大学出版社2018年版。

天府文化研究院主编：《天府文化研究·友善公益卷》，四川大学出版社2018年版。

王小红：《巴蜀历代文化名人辞典 古代卷》，四川人民出版社2018年版。

周啸天编：《历代名人咏四川》，四川人民出版社2019年版。

张义奇：《蜀都水香 依水而生的天府锦城》，西南交通大学出版社2019年版。

杨玉华编：《成都最美古诗词100首详注精评》，成都时代出版社2020年版。

三　论文（以发表时间为序）

熊传新：《长沙新发现的战国丝织品》，《文物》1975年第2期。

冯汉骥、童恩正：《记广汉出土的玉石器》，《四川大学学报》1979年第1期。

李学勤：《论新都出土的蜀国青铜器》，《文物》1982年第1期。

戴德源：《川扇史话》，《四川大学学报》（哲学社会科学版）1982年第2期。

沈仲常：《新都战国墓出土铜印图像探原》，《江汉考古》1982年第2期。

荆州地区博物馆：《湖北江陵马山砖厂一号墓出土大批战国时期丝织品》，《文物》1982年第10期。

杨继忠：《李冰是"秦蜀守"吗?》，《社会科学研究》1983年第1期。

童恩正：《试谈古代四川与东南亚文明的关系》，《文物》1983年第9期。

李复华、王家祐：《关于"巴蜀图语"的几点看法》，《贵州民族研究》1984年第4期。

沈仲常：《从出土的战国漆器文看"成都"的得名》，《四川文物》1985年第2期。

冯广宏：《鳖灵事迹重考》，《天府新论》1986年第1期。

王继范：《试论唐代女诗人薛涛》，《辽宁大学学报》（哲学社会科学版）1987年第4期。

任乃强：《中西陆上古商道——蜀布之路》，《文史杂志》1987年第1期。

林向：《三星堆遗址与殷商的西土》，《四川文物》1989年第1期。

孙华：《巴蜀文物杂识》，《文物》1989年第5期。

廖渝方：《万县又发现虎纽錞于》，《四川文物》1991年第1期。

张泽洪：《四川伊斯兰教史述略》，《宗教学研究》1991年第2期。

张文：《巴蜀符号琐谈》，《四川文物》1992年第2期。

段渝：《巴蜀古文字的两系及其起源》，《考古与文物》1993年第1期。

段渝：《古代巴蜀与南亚和近东的文化交流》，《社会科学研究》1993年第3期。

程地宇：《魂归太阳：神树、离鸟、灵舟》，《三峡学刊》1994年第4期。

江章华、颜劲松、李明斌：《成都平原的早期古城址群——宝墩文化初论》，《中华文化论坛》1997年第4期。

中日联合考古调查队：《四川新津县宝墩遗址1996年发掘简报》，《考古》1998年第1期。

陈剑：《四川酒文化考古新发现述析》，《中华文化论坛》2001年第2期。

蒋成、陈剑：《岷江上游考古新发现述析》，《中华文化论坛》2001年第3期。

黄剑华：《三星堆时期古蜀国与远方的文化交流》，《文史杂志》2001年第4期。

朱章义、张擎、王方：《成都金沙遗址的发现、发掘与意义》，《四川文物》2002年第2期。

马宣伟：《谢无量及其书法艺术》，《文史杂志》2002年第2期。

吴怡：《浅析铜罍在巴蜀青铜文化中的地位及其特点》，《四川文物》2002年第5期。

段渝：《三星堆与巴蜀文化研究七十年》，《中华文化论坛》2003年第3期。

黄瑞欣：《五代时期西蜀绘画的发展与演变》，《郑州大学学报》（哲学社会科学版）2003年第4期。

黄剑华：《太阳神的绝唱——金沙遗址出土太阳神鸟金箔饰探析》，《社会科学研究》2004年第1期。

李凌虹、张福昌、宫崎清：《成都瓷胎竹编——起源于清代的西蜀工艺品》，《中华手工》2004年第1期。

成锦：《成都皮影戏》，《四川戏剧》2004年第2期。

黄昊德、赵宾福：《宝墩文化的发现及其来源考察》，《中华文化论坛》2004年第2期。

江章华：《岷江上游新石器时代遗存新发现的几点思考》，《四川文物》2004年第3期。

黄剑华：《金沙遗址出土象牙的由来》，《成都理工大学学报》2004年第3期。

江玉祥：《华大博物馆与皮影戏艺术》，《四川文物》2004年第4期。

刘道军：《金沙遗址中"太阳神鸟"的象征意义》，《成都大学学报》2006年第2期。

冯广宏：《金沙"太阳神鸟"文化解读》，《西华大学学报》2007年第1期。

陈德安：《古蜀文明与周边各文明的关系》，《中华文化论坛》2007年第4期。

李德书：《北川、汶川、理县、茂县、什邡禹迹考辨》，《成都理工大学学报》（社会科学版）2008年第2期。

李星星：《从"都广之野"到"邛都之野"——略论蚕丛及古蜀族群历史变迁》，《中华文化论坛》2009年第S2期。

祁和晖：《风俗、民俗与巴蜀乡俗几个理论问题观察札记》，《西南民族大学学报》（人文社会科学版）2010年第7期。

胡艳津：《从出土音乐文物看三星堆时期古蜀国的音乐形态》，《金田》2011年第10期。

何一民：《成都城市历史文化特质简论》，《四川师范大学学报》2012年第2期。

宋治民：《"禹生石纽"的考古学考察》，《四川文物》2012年第4期。

吴振亚：《川西夫子刘沅与槐轩道》，《大江周刊》2013年第3期。

张如柏、张玉玉：《三星堆玉（石）器上发现的指南针及古文字新释》，《成都理工大学学报》2013年第4期。

王小盾：《邛崃〈竹麻号子〉研究的赋学意义》，《四川师范大学学报》（社会科学版）2014年第3期。

李林：《谢无量学术研究倾向对其书法艺术风格的影响》，《商丘师范学院学报》2014年第8期。

卿彦：《宋人刘光祖行年考》，《新国学》2014年第10期。

田旭中：《学厚识远 胸旷韵高——写在谢无量诞辰130周年、逝世50周年》，《文史杂志》2015年第2期。

赵小华：《女性生存困境与诗歌风格之形成——以薛涛其诗其人为例》，《吉林大学社会科学学报》2015年第4期。

杨栋：《"禹生石纽"传说的文化阐释》，《中原文化研究》2015年第5期。

严志斌、洪梅：《巴蜀印章钟形符号考察》，《四川文物》2015年第5期。

何琨宇：《宝墩遗址：成都平原史前大型聚落考古新进展》，《中国文化遗产》2015年第6期。

周丽：《成都平原史前文化陶器纹饰研究》，《江汉考古》2017年第1期。

刘晓东：《谢无量书法与诗歌的合一》，《中国书法》2017年第2期。

唐林：《蜀锦与丝绸之路》，《中华文化论坛》2017年第3期。

杨代欣：《大学者 大书家谢无量》，《文史杂志》2017年第5期。

蒋修辉：《古蜀国音乐源流考》，《大众文艺》2017年第8期。

朱鸿伟：《宝墩文化：4500年前的成都》，《先锋》2017年第5期。

四川大学历史文化学院考古学系、成都文物考古研究院、新津县文物管理所、赵殿增：《三星堆祭祀形态探讨》，《四川文物》2018年第2期。

何锟宇、周丽、张寒冬：《成都市新津县宝墩遗址田角林地点2013年的发掘》，《考古》2018年第3期。

刘俊男：《宝墩文化来源研究》，《中华文化论坛》2019年第2期。

邓威：《云无心以出岫——谢无量先生书法管窥》，《书画世界》2019年第2期。

崔广生：《浅论苏轼绘画的审美观和创作观》，《名作欣赏》2019年第3期。

魏铭童、徐辉：《文人画最有力的提倡者——苏轼》，《美与时代（中）》2019年第7期。

杨勇：《树风声于当时　标新意于来者——谢无量书法蠡测》，《中国书法》2019年第12期。

刘嘉侨：《浅析四川民间糖画艺术》，《大众文艺》2019年第21期。

罗兰秋：《湮没在历史记忆中的成都皮影》，《四川戏剧》2020年第1期。

谭梅：《民国四川女性报刊与女性文学创作：1912—1936》，《四川师范大学学报》（社会科学版）2020年第2期。

许外芳：《浅论苏轼对魏晋书法的推崇》，《书法赏评》2020年第3期。

蒋志琴：《从意造和境界看苏轼书法理论的特色》，《书法》2020年第10期。

杨玉华：《成都的"清明上河图"——从薛田〈成都书事百韵〉看北宋成都的繁盛》，《成都大学学报》（社会科学版）2020年第6期。

杨玉华：《永久的城市记——成都的桥》，《中外艺术研究》2020年第2期。

杨玉华、万春林：《天府文化与成都超大型城市治理》，《成都大学学报》（社会科学版）2021年第4期。

杨玉华：《天府文化二题》，《四川戏剧》2021年第6期。

杨玉华：《"剑南烧春"的前世今生》，《文史杂志》2021年第6期。

四　其他（以发表时间为序）

牛梦笛、李韵：《四川宝墩遗址：能否揭开三星堆文明之谜》，《光明日报》2014年5月5日第9版。

张擎：《金沙遗址黄金面具揭秘》，《中国文化报》2014年12月30日第7版。

曾江：《三星堆文化与金沙文化存延续性》，《中国社会科学报》2016年1月8日第6版。

李雪艳：《宝墩文化早期水稻成主食》，《成都日报》2018年2月6日第7版。

霍魏：《三星堆文明的世界性意义》，《四川日报》2018年11月2日第6版。

雷雨：《三星堆古蜀文明探索之路》，《中国文物报》2019年7月23日第4版。

后　　记

　　此论著为四川省2019年社科基金课题研究成果。自2019年10月批准立项以来，经过课题组全体成员的不懈努力，终于在2021年"国庆节"期间完稿，其间之甘苦曲折，非数语能尽。一是因"天府文化"乃新近提出的概念，缺乏相关研究资料和可以依傍取法的相关研究成果，须筚路蓝缕，"自家凿破此片田地"（严羽语）；二是对于"天府文化"的概念界说、时空界限、基本内涵、主要内容、特色特征等学界都少有研讨，只能大胆探索，"自铸伟词"，所言所论是否准确公允，还要经受同行和广大读者的检验；三是书稿成于众人之手，水平参差不齐，行文风格各异，虽数易其稿，我作为课题负责人也做了大量统一体例、增删修改、润饰加工等工作，但仍有不少需要优化完善之处。

　　此书的研究撰写历时两年多，由我谋划统筹，包括拟定全书框架结构及具体章节提纲、各章写作要点及参考资料以及交叉重复内容的归并去取、章节之间的弥缝衔接等。通过大家的共同研讨和分工合作，一部40万字的书稿终于完成。全书对天府文化的内涵及其历史嬗变进行了深入梳理，从文化横向切面对天府文化中的学术思想、文化艺术、科技水利以及宗教、女性、游乐文化等诸多专题进行系统研究，同时对天府文化的转化利用提出了建设性意见，可视为学界的第一部"天府文化概论"，或"天府文化简史"。各章节写作分工如下。

我除了拟定全书章节写作提纲及统稿外，还撰写了绪论、第三章、第十三章第一节；黄毓芸（成都大学文新学院讲师）撰写第一章、第二章、第七章；张映晖（成都大学天府文化研究院博士）撰写第四章；周翔宇（成都大学天府文化研究院副教授）撰写第五章、第十三章第二、第三节；罗子欣（四川省社会科学院新闻所研究员）撰写第六章；喻瑾（成都大学资产经营公司职员）撰写第八章；罗宇（成都大学文新学院硕士研究生）撰写第九章；杨淼（成都大学文新学院硕士研究生）撰写第十一章；吴新雅（成都大学文新学院硕士研究生）撰写第十章、第十二章。周翔宇还协助我做了一些联络协调及统稿工作。

本课题之所以能如期完成，与各有关方面的支持帮助密不可分。在此，我要表达对他们的由衷感谢！要感谢四川省社科联规划办把此课题批准为 2019 年四川省社科基金课题，使我能在此名义下组建团队，合力攻关，大胆探索，终于完成这一颇具基础性、原创性、前瞻性和运用性的课题；要感谢课题组全体成员，我们经常就有关问题进行研讨，对于我有时过于严苛的要求也总能给予一种"理解之同情"，因为高质量完成课题是大家一致的追求；要感谢四川省社科院杰出研究员谢桃坊先生赐序，他对地域文化研究的精辟见解为拙作增彩添辉；要感谢彭邦本教授（四川大学）、舒大刚教授（四川大学）、王川教授（四川师大）、潘殊闲教授（西华大学）等巴蜀文化研究名家，我不时向他们求教请益，常小叩而大响，虚往而实归，受益匪浅；还要感谢曹顺庆、田蓉、刘强、王清远、曾明、杨晓阳、段从学等众多师友和同事，他们一直关心、支持着我的研究著述事业，当此书稿即将出版之际，也要向他们及所有关心支持帮助过我的恩人表达诚挚的谢意。

行文至此，司马迁"究天人之际，通古今之变，成一家之言"的名言突然涌上心头，漫成一诗，以见心情。

耳顺道宽欲何求？种树著书自悠悠。
长养栋梁千嶂秀，陶铸诗骚百代猷。
思入风云觅佳句，笔师造化动高秋。
才见夕阳无限好，又看明月正当头。

杨玉华

2021年国庆节于成都濯锦江畔澡雪斋

成都大学文明互鉴与"一带一路"研究中心学术丛书

书目（第一辑共七卷）

一、《天府文化概论》，杨玉华 等著

二、《唐诗疑难详解》，张起、张天健 著

三、《阿恩海姆早期美学思想研究》，李天鹏 著

四、《雪山下的公园城市——大邑历史文化研究》，杨玉华 主编

五、《中国广播电视国际传播能力建设研究》，车南林 著

六、《龙泉古驿道历史文化研究》，杨玉华 主编

七、《日据时期韩国汉语会话书词类研究》，张程 著